미국의 한반도 지배사 4

아부세력 장기 독재·수탈·불평등화로 서민대중 고통 심화

미국의 한반도 지배사 ❹

초판 1쇄 인쇄일 2018년 12월 18일
초판 1쇄 발행일 2018년 12월 25일

지은이 박지동
펴낸이 양옥매

펴낸곳 도서출판 책과나무
출판등록 제2012-000376
주소 서울특별시 마포구 방울내로 79 이노빌딩 302호
대표전화 02.372.1537 **팩스** 02.372.1538
이메일 booknamu2007@naver.com
홈페이지 www.booknamu.com
ISBN 979-11-5776-695-6 (04910)
ISBN 979-11-5776-644-4 (세트)

이 도서의 국립중앙도서관 출판시도서목록(CIP)은 서지정보유통지원 시스템
홈페이지(http://seoji.nl.go.kr)와 국가자료공동목록시스템
(http://www.nl.go.kr/kolisnet)에서 이용하실 수 있습니다.
(CIP제어번호 : CIP2019004502)

미국의 한반도 지배사

4

| 박지동 편저 |

책나무

자주·평등·민주·정의·복지 세계 실현을 위한
우선 과제는 진실역사의 공정한 인식과 실천

생명체로서의 인간은 누구나 고통의 감각을 지니고 있기 때문에 대체로 육신과 정신에 평안과 즐거움을 주는 평화와 행복을 추구하며 괴로움을 주는 육체노동이나 불쾌한 정신작용은 가능한 한 피하려 하지요. 그러나 불행하게도 인구가 늘어나 경쟁사회가 되면서 의식주 해결에 필수적인 노동고통을 피하고 노동의 결실만을 빼앗고 싶어하는 일부의 인간집단들은 이웃(개인과 민족)을 수탈하려는 욕구에서 정치·경제·군사적으로 근로민중을 침해 겁탈함으로써 집단간의 모순·충돌·학살전쟁까지도 서슴지 않고 저질러 왔습니다.

봉건시대의 지배세력은 「예의 도덕과 질서의 존중」이라는 우수한 보편적 이념을 앞세워 표방하면서 의식주 생산에 필수적인 고통스러운 농업노동을 신분이 고정된 약자들에게만 맡겨놓고 수탈과 피수탈의 범죄적 모순대치관계를 형성해오다가 결국은 다수의 피수탈계층의 거듭되는 불만 폭발에 의해 마지못해 조금씩 자유롭고 평등한 정치경제관계의 길을 가까스로 열어가게 되었습니다.

그러나 시간이 지나 다음 단계인 자본주의체제에서도 제국주의 침략집단이 기승을 부리면서 자본계층과 근로계층간의 불평등관계는 봉건시대 못지않게 대를 이어 악화되어 갔지요.

그리하여 인류는 한층 더 각성하여 수탈 없는 평등·민주 지향의 사회주의 이념에 의한 단결투쟁으로 수탈모순 타파에 성공하는 듯했으나 「육체노동을 싫어하고 불로소득과 자산증식·독점소유를 좋아하는 인간들의 욕망」은 여전히 지속되어 어떠한 정치경제체제의 윤리도덕으로서도 백약이 무효한 지경으로 치달아가게 되었습니다.

한반도의 경우 3·1운동 전후시기에서 볼 수 있듯이 일본제국주의자들은 "반항하면 닥치는 대로 고문하고 때려죽였으며, 고분고분 말을 잘 듣거나 아부하는 소수의 지주·자본가·지식인들에게는 관직과 재물로 출세를 보장하여 충성할 기회를 제공함으로써" 총칼의 폭력에 겁먹은 식민지 민중을 농락하면서 분열·음해·증오를 조장하였습니다.

일본제국이 주도적으로 도발한 동아시아 침략전쟁은 다행히 연합국의 승리로 돌아오긴 했으나 많은 희생을 치른 연합국들 역시 본래 제국주의 속성을 가지고 있었던 데다 식민지 해방의 은공을 빌미삼아 또 다른 점령을 강제함으로써 조선반도의 백성들은 보다 더 확고한 조국분단의 운명을 짊어지게 되었지요.

해방의 기쁨에 들떠있던 상황도 잠깐 사이에 지나가고 동포 형제자매들의 몸과 마음은, 제국주의와의 민족(외부) 모순에다 식민지 아부세력과의 내부모순에 꽁꽁 얽혀, 자주독립 투쟁 및 지향세력은 오히려, 친일반역으로 비난받던 아부세력이 미점령군의 후원으로 권력을 잡자 보복적 억압정책을 펴는 바람에 자주·평등·민주화의 정당한 요구도 못한 채 또 다시 기를 죽이고 살아가게 되었습니다.

2차대전 후 해방의 사도처럼 등장한 미국 점령군은 일본 제국군 보다는 민주화된 합리적인 통치술을 표방했음에도 불구하고 역시 제국주의 전통의 지배세력으로서의 자세를 버리지 못함으로써 분열 상쟁하고 있던 한반도 구성원 가운데 수탈적 지위의 친일계층을 영합지원하고 피수탈 노동자·농어민 계층을 배제하는 불평등·불공정한 통치사회를 방임 내지는 조장하여 왔던 것입니다.

바야흐로 해방 분단 70년이 지난 오늘의 한반도 상황은 한쪽은 지난 조선전쟁에서 무자비하게 당한 공중폭격의 참혹한 기억에 이어 세계 최대 군사강국들의 최악의 파멸 위협 속에 자주국방무력 강화에 국력을 집중시키다보니 대다수의 서민대중은 궁핍과 굶주림에 시달리도록 방치되어 있고, 다른 한쪽의 상층부는 철옹성의 재부를 콘크리트 빌딩으로 감싸 안은 채 만고강산, 불로소득의 자유가 당당히 보장되어 있는 한편 중하층 서민들은 가난 해결과 실직의 고통에 대대로 시달리고 있습니다.

이상의 모든 고통의 핵심 근원은 바로 일본제국의 식민지 분열통치와 미군의 장기간 점령·주둔 및 전쟁 주도에 있었다고 생각되며 이들 외세지배의 역사를 다시 기술하는 목적도 바로 이 같은 동포 형제자매 증오 조장의 근원을 반성의 자료로 추적해 보려는 데 있습니다.

사실 한반도의 경우는 앞에서 서술된 보편적 모순(빼앗고 빼앗기는 두 주체의 싸움에서, 이겨서 즐기는 쪽⊕과 져서 고통을 당하는 쪽⊖이 이루는 zero sum game의 대결 관계)에 더하여 제국주의 나라들에 의한 장기간의 극악한 식민통치로 인한 민족 분단·수탈 모순에다 동포형제가 칼부림하는 증오·분열의 모순이 굳게 굳게 얽혀 있어 어지간한 자연·사회·역사 과학적 지혜가 아니고는 풀어가기 힘든 상황에 이르렀습니다.

지난 200년간 한반도를 둘러싸고 전개된 동북아 주변 열강들의 전쟁과 외교사를 대충 살펴보면 한반도를 분단 관리하게 된 목적은, 자국 이익의 보장을 위해 쟁투하여 왔다는 것이 분명해졌습니다. 강대국들은 자기들끼리의 국익을 타협하면서 한반도 전체 또는 절반을 자국의 이익보장의 장터로, 혹은 침략의 발판이자 항구적인 전초기지로 삼으려는 데 있었습니다.

이처럼 4대 군사대국이 총을 겨눈 채 눈을 부라리며 대결하고 있는 상황에서, 그들의 요구대로 갈라져있는 분단국 백성들은, 동포형제자매끼리 피를 뿜는 살육의 참극을 거듭해왔고 앞으로도 계속할 수밖에 없는 위험한 미래를 훤히 내다보고 있습니다.

현실이 이처럼 비인도적이며 동포에 대한 패륜적 사태로 역행하는 엄혹한 상황임에도 불구하고 외세의 분열장단에 맞추어 춤을 추어온 어리석은 아부세력은 사리사욕의 화신이 된 채 민족공동체의 이익에 반하는 수탈통치를 거침없이 수행했으며 이는 필연적으로 근로민중의 민주 평등화 요구와 저항에 부닥치게 되었습니다.

민족과 국민의 요구에 부응하지 않으려는 내부 통치세력은 무서운 탄압법의 시행과 함께 '붉은 악마' '좌익 ×××'라는 저주의 구호를 외쳐댔고, 그에 따라 고문과 처형을 직간접적으로 경험해온 선량한 국민들은 '살인자'라는 지탄보다 훨씬 더 무섭게 들리는 이 공포의 악담을 피하려고 귀와 입을 막고 움츠려 왔습니다.

「아는 것이 힘」이라고 했습니다. 독자제현은 아무쪼록 애국과 반역의 역사를 올바로 이해하고 인간의 도리를 정확히 실천함으로써 당당히 정의로운 공동체 역사 창조의 주인이 되어주시기를 간절히 바라면서 이 책 출생의 소망으로 기원하여 봅니다.

그리하여 영국이 제국주의 시기에 개척한 세계 도처의 식민지에 앵글로 색슨의 여러 우방을 수립했듯이, 정반대의 경우이지만 '동족 우방'으로서 상호 인정과 경제교역 정도는 충분히 가능함에도 불구하고 오히려 외세에 질세라 앞장서서 적대감을 부추겼고 군비경쟁을 심화시켜 왔던 어리석음을 깨닫고 이제는 발달된 정보수단에 의해 가능해진 지피지기와 아량의 성숙한 자세로 평화공존과 세계평화에 기여하는 인정어린 사람들이 되어주시기를 기대해 봅니다.

   편저인으로서는 서툴고 부족한 정리 편집 능력으로 말미암아 독자 여러분에게 끼칠 지루하고 불편한 독서의 수고를 크나큰 인내심으로 감내해 주시기를 부탁드리는 바입니다.
   본 저술에서는 역사자료 수집과 연구에 무능력한 편저인이 쉽게 얻을 수 없는 「역사적 진실들」을 다음에 열거된 저술들에서 무엄하게 제공받음으로써 크나큰 은혜를 입었습니다. 선배 저술인들의 염원과 저의 소망이 일치하리라는 주관적 이유를 달아 예의 없이 인용한데 대해 송구스러운 마음과 감사의 마음을 함께 드립니다.
   저로서는 이들 여러 학자 · 교수 분들이 땀 흘려 탐색 · 수집 · 정리해 놓은 서책과 도해자료들을 해설 · 전달하는 「기자의 역할」에 그치는 일만을 거들었을 뿐입니다.

강인순 · 이옥지 『한국여성노동자운동사』 한울 2001
강준만 『권력변환』 인물과 사상사 2000
강준만 『한국 대중매체사』 인물과 사상사 2007
국가정보원 과거사건 진실규명을 통한 발전위원회 「김대중 납치사건 진실규명」 『과거와 대화, 미래의 성찰』 2007
국방부 군사편찬연구소 『증언을 통해 본 베트남전쟁과 한국군 1』 2001
김남주 『솔직히 말하자』 임헌영 「김남주의 시세계」 풀빛 1989
김대중 『김대중 자서전』 삼인 2010
김삼웅 『사료로 보는 20세기 한국사』 가람기획 1997
김상현 『한국 매스미디어 사회』 나남 1987
김영삼 『김영삼 회고록, 민주주의를 향한 나의 투쟁』 백산서당 2000
김영흠 『미국의 아시아외교 100년사』 1988
김학민 『만들어진 간첩』 서해문집 2017
김형욱 『김형욱 회고록』 아침 198
김효순 『조국이 버린 사람들』 서해문집 2015
동아자유언론수호투쟁위원회 『자유언론』 2004
문화방송 『문화방송 30년사』 1992
박태균 『베트남 전쟁』 한겨레 출판 2015
부마민주항쟁기념사업회 외 편 『부마민주항쟁 10주년기념 자료집』 1989
부산문화방송 『부산문화방송 30년사 1959~1989』 1990

서중석 『한국현대사』 웅진 2006

서중석 「3선개헌 반대, 민청학련 투쟁, 반유신 투쟁」 『역사비평』 1호 1988

안병용 「남민전」 『역사비평』 10월호 1990

원우현 『한국미디어 문화비평』 나남 1987

유재천 『한국언론과 언론문화』 나남 1986

윤충로 「베트남전쟁 시기 한국의 전쟁 동원과 일상」 『사회와 역사』 제95호, 한국사회사학회 2012

이상우 『한국신문의 내막』 삼성사 1969

이철 「민청학련 사건에서 사형수가 되기까지」 『역사비평』 14호 1991

전 YH노동조합 『YH노동조합사』 형성사 1997

정대수 「이승만과 박정희의 언론통제론」 『민중과 자유언론』 아침 1984

정진석 『한국 현대언론사론』 전예원 1985

조선자유언론수호투쟁위원회 『자유언론, 내릴 수 없는 깃발』 두레 1993

천관우 회견기사 『기자협회보』 1969, 1월 10일자, 제62호.

한홍구 「박정희 정권의 베트남 파병과 병영국가화」 『역사비평』 62호 2003

한홍구 『유신』 한겨레출판 2014

홍세화 『나는 빠리의 택시운전사』 창작과 비평사 1995

KBS 『인물현대사』 「여공, 유신을 몰아내다, YH사건 김경숙」 2005.2.4. 방송

　　많은 한자와 영어 낱말까지 겹쳐서 까다롭고 시간이 걸리는 타자에 참여해주신 여러분들과 편집해주신 분에게 깊은 감사를 드립니다. 그리고 평생 반실업자가 된 가장의 무리한 행동에 묵묵히 참고 협력해준 가족들에게도 미안하고 감사하는 마음입니다.

　　　　　　　　　　　　　　　　　　　　　　2019년 2월　박지동 올림

차 례

자주·평등·민주·정의·복지 세계 실현을 위한
우선 과제는 진실역사의 공정한 인식과 실천

제1장 민중 소망 억압하고 점령외세에 충성한 아부세력 집권시대

제2장 유신정권 창출 종신집권 획책, 민주화 투쟁 희생자 속출

제3장 유신정권, 「붉은 악마」「간첩」이라며
착한 청년들을 고문·학살

제4장 학생·근로자·시민의 「민주화 요구」를
모두 「국보법」으로 학대

제5장 외세지배의 결과, 남북동포 원수 되고 수탈전쟁 영구화

제1장
민중 소망 억압하고 점령 외세에 충성한 아부 세력 집권시대

1. 만주군 출신 박정희 군사쿠데타, 미국 따라 베트남 참전

1961년 5월 16일 0시 15분경 박정희 소장 일행이 지휘소로 정한 서울 제6관구 사령부에 도착하면서 쿠데타는 시작되었다. 얼마 후 해병대가 김포가도에 헤드라이트를 켜고 서울로 전진해왔다. 제6군단 포병대 및 공수특전단도 출동했다. 해병 제2중대는 한강대교(지금의 노량진과 용산 사이의 다리)에서 헌병 제7중대와 부닥쳐 교전 끝에 저지선을 뚫었다. 새벽 3시 40분경 제6군단 포병대가 삼각지 육군본부에 진입했고, 4시 넘어 해병대와 공수단이 시내에 진입했다. 반란군 병력은 3,600명쯤 되었다.(서중석 『한국현대사』 웅진 2006, 209~230쪽)

시내에 들어온 공수단 1개 소대는 방송국으로 달렸고, 해병대는 치안국과 시청으로, 해병 1개 수색소대는 중앙전신국으로 달려갔다. 5시경 중앙방송국에서 쿠데타 제1성이 나왔다. 이날 상오 "혁명정권인 군사혁명위원회는 공공 안녕질서를 유지하기 위하여 서기 1961년 5월 16일 9시 현재로 대한민국 전역에 걸쳐 비상계엄을 선포한다"라는 군사혁명위원회 의장 육군중장 장도영 명의의 비상계엄령이 선포되었다.

소수의 병력으로 쿠데타가 성공한 데에는 우연한 요소나 운도 따랐다. 쿠데타를 진압하는 데 가장 중요한 지위에 있었던 장면 총리는 미국을 지나치게 믿어서인지 국방부장관에 군을 잘 모르는 민간인을 임명했다. 결정적 실수는 매그루더 유엔군사령관 추천으로 이기붕의 양아들이라고 비난받았던 장도영을 육군참모총장에 앉힌 것이었다. 쿠데타

정보를 들은 장면은 두 번이나 장도영에게 확인했지만 장도영은 걱정 말라는 말만 했다. 장도영은 양다리를 걸쳤다. 쿠데타가 일어나자 장 총리는 사태를 수습하지 않고 수녀원으로 도피하여 나타나지 않았다. 또한 장면과 사이가 나쁜 윤보선 대통령이 쿠데타가 일어나자 "올 것이 왔다"고 하면서 진압을 회피한 것도 성공의 중요 요인이었다.

쿠데타 성공의 관건은 군사작전권을 장악하고 있는 미8군사령관의 향배에 달려있었다. 매그루더 장군과 그린 주한미국 대리대사는 쿠데타 진압의 필요성을 인정했으나 적극적이었다고는 보기 어렵다. 특히 미국 케네디 정부는 쿠데타를 진압하려는 의사가 없었다.(군사동맹국 간의 사태와 인물들의 심리적 연결관계는, 구태여 사전 명령·복종 표시가 없다하더라도 목적이 같은 이상은 언제라도 상호 호응이 이루어지게 되어 있었다. 한국사회에서의 형식적 민주주의는 반공독재의 효율성에 의해 언제라도 파괴될 수 있었으니까.)

5월 18일 군사혁명위원회는 군사혁명위원 30명과 고문 두 명의 명단을 발표했다. 군사혁명위원회 의장은 장도영이 맡았고, 혁명위원은 박정희와 연합참모본부총장, 해·공군 참모총장, 해병대사령관과 장성 및 영관급으로 구성되었다. 군사혁명위원회는 5월 19일 명칭을 국가재건최고회의(약칭 최고회의)로 바꾸고 20일 내각 명단을 발표했다. 장도영이 내각수반과 국방부장관을 겸임한 것을 비롯해 내각은 모두 군인으로 임명되었다. 뿐만 아니라 서울특별시장·각 도지사·시장·군수·읍장·면장 등 중요 직책이나 장자리는 대부분 군인이 차지했다. 고려 무신란 이후 처음으로 군인세상이 왔다. 박정희는 44세였지만, 장도영 38세, 김종필 35세, 차지철 27세 등 쿠데타 주역은 대부분 30대였다. 30대 군인들의 세상이었다.

◎ 쿠데타 거사의 동기

5·16군부쿠데타는 군 내부를 정화하려는 정군整軍운동으로부터 출발했다. 한국 군대의 특성상 단기 교육으로 수료한 육사 7기까지는 진급이 빨랐다. 빠르면 20대 후반에 별이 번쩍거리기도 했고, 30대에 별 두셋을 다는 것은 예사였다. 그렇지만 수자가 많았던 육사 8기부터는 진급이 지연되었다. 또 장성들 가운데에는 부패분자 아닌 사람이 드물다고 할 정도로 부패한 군인이 많았다. 이 때문에 1960년 5월 김형욱 중령 등 8기생 여덟 명이 정군을 건의하기로 합의했다. 정군운동 논의 과정에서 쿠데타 모의가 시작되었다. 4월혁명이 일어난 지 5개월 만인 9월 10일에 김종필 등은 현석호 국방부장관에게 정군 건의를 하려다가 좌절된 후 쿠데타를 일으키기로 합의를 보고 부서까지 결정했다. 이들은 박정희 소장을 지도자로 추대했다. 첫 번째 쿠데타 거사 일자는 1961년 4월 19일이었으나 격렬한 시위가 없어 실패로 돌아갔다. 그들은 다시 5월 12일 쿠데타를 일으키려다 실패하고 5월 16일 거사를 하였다.

22일 최고회의는 모든 정당·사회단체를 23일을 기해 해체한다고 발표했다. 6월 6일 「국가비상조치법」이 공포되었다. 이 법의 제1장 총칙은 "국가재건최고회의는 5·16군사혁명 과업 완수 후에 시행될 총선거에 의하여 국회가 구성되고 정부가 수립될 때까지 대한민국의 최고통치기관으로서의 지위를 가진다"라고 규정했다. 윤보선은 대통령이었지만 그야말로 명목뿐이었고, 헌법과 헌법기관이 정지되는 등 특수체제로 들어가게 되었음이 명백했다. 이 날짜로 장도영은 국방부장관 및 육군참모총장에서 해임되었다. 그가 허세임이 드러났다.

7월 3일 박정희가 최고회의 의장이 되었고(부의장 이주일), 내각 수반에는 송요찬이 임명되었다. 7월 9일 중앙정보부 차장 서정순 중령은 7월 3일부터 장도영 중장 등 장교 44명을 구속하여 수사하고 있다고 발표했다. 권력투쟁에 패배한 장도영은 반혁명분자로 규정되었다.

쿠데타의 실세 김종필은 쿠데타가 성공하자마자 중앙정보부를 조직했다. 중앙정보부는 최고회의 직속기관이었지만 최고회의보다 더 힘이 센 곳이라는 평을 들었다. 중앙정보부는 정보·사찰 기능뿐만 아니라 수사 기능도 가지고 있었고, 국외 정보뿐만 아니라 국내 정보 수집도 맡고 있어 미국의 CIA와 FBI를 합쳐놓은 것 같았다. 또한 중앙정보부는 여야 정치인, 고급 공무원, 각계 중요 인물, 학생운동 리더 등을 감시하거나 회유, 협박하는 활동도 하여 무소불위의 힘을 가졌다. 물론 사상범이나 요시찰자들은 석방 후에도 계속 감시했다.

1) 미국의 정보기관과 동일 명칭의 반공안보 명령체계 확립

박정희 정치는 정보정치였고, 중앙정보부장은 박정희 정권 18년을 지킨 수호신으로, 역대 중앙정보부장은 박정희 다음의 권력을 보유하였다. 군부정권은 「반공법」을 제정하고 「국가보안법」을 개정하였으며, 경찰 정보부서를 강화해 「중앙정보부」의 지휘 아래 국민을 물샐틈없이 감시했다. 군인들은 「혁명공약」의 첫 번째로 "반공태세의 재정비 강화"를 내세웠는데, 극우반공 체제는 박 정권에 와서 완성되었다.

극우반공 체제는 '혁명재판'을 통해서도 강화되었다. 군부정권은 쿠데타를 합리화하고 정체성을 세우기 위해 6월 21일 「혁명재판소 및 혁명검찰부조직법에 관한 임시조치법」을 공포했다. 혁명재판소에서는 부정선거관련자처벌법 위반사건, 부정축재처리법 위반

사건, 특수반국가행위에 관한 사건, 쿠데타에 대해 정보를 누설했거나 방해한 반혁명적 행위사건, 전(前) 정부 국무위원·국회의원 독직사건 등을 다루었다.

부정선거 원흉의 처단과 특수반국가행위에 관한 사건 처리는 쿠데타 권력의 반민주적 성격을 적나라하게 보여주었다는 데 의미가 있다. 특수반국가행위사건 관련자들은 6월 22일 공포된 특별소급법 「특수범죄처벌에 관한 특별법」에 의해 처벌받았는데, 혁신계 정당·사회단체 관계자, 교원노조 관계자, 피학살자유족회 관계자, 학생운동 리더들이 주요 대상이었다. 이들 가운데에는 대한민국 임시정부 국무위원이었던 장건상과 김성숙 등을 포함해 통일운동 관계자가 많았다. 특수반국가행위사건 관련자들은 부정선거 관련자들보다도 훨씬 더 많이 재판을 받았고, 부정선거 관련자들이 장기형을 선고받았어도 대부분 1962, 1963년에 석방된 것에 비해 이들은 상당수가 1968년에 가서야 석방되었다.

(1) 민주 혁신계에 철퇴

쿠데타 주도 세력은 혁신계를 철저하게 탄압하였다. 쿠데타가 발생하자마자 혁신계는 대거 검거되었고, 석방이 되었어도 계속 감시를 받았다. 또한 거창피학살자 유족회 등 한국전쟁 때 군경에 의해 집단 학살당한 수많은 피학살자유족회 관계자들이 검거되고 구속된 데 이어 피학살자 합동묘지가 파헤쳐졌고, 비석은 땅속에 묻혔다. 제2의 학살이라고 말해지는 비인간적 행위가 저질러진 것이다. 현대판 능지처참이었다.

부정축재자 처리는 장면 정권 시기 못지않게 우여곡절을 겪었다. 군부정권에는 영남과 함경도 출신의 실력자가 많았는데, 부정축재처리위원회 관계자가 설경동과 이양구 등의 함경도계 재벌을 봐주었다고 하여 구속되었다. 두 계열의 권력싸움에서 영남계가 승리한 것이었다. 그 뒤로 경제계는 영남재벌이 주류의 지위를 공고히 했다.

1961년 10월 26일에는 부정축재처리법 중 개정 법률이 공포되었다. 그리하여 부정축재 기업인이 공장을 건설해 그 주식을 납부함으로써, 부정축재 금액을 대신할 수 있게끔 조치해주었다. 이제 부정축재 기업인들은 오히려 정부 보증 등으로 외자를 도입하여 공장을 건설해서 새롭게 성장할 수 있는 기회를 갖게 되었다.

군부정권은 쿠데타를 합리화시키기 위해 장면 정권을 몰아세웠다. 1961년 7월 4일 장면 정부의 '용공정책' 진상이 최고회의를 통해 발표되었다. 7월 13일에는 장면 등 19명이 업무상 횡령 및 장물취득건으로 검찰에 기소되었다. 1962년 6월에는 소위 구舊민주당, 이주당二主黨계 반혁명사건으로 장면이 구속되었다.

장도영 등의 반혁명사건은 권력의 비정한 속성을 남김없이 보여주었다. 쿠데타 당시 육군참모총장으로 군사혁명위원회 의장을 맡았던 장도영을 비롯하여 쿠데타 당시 공수특전단을 지휘한 박치옥 대령, 제6관구 포병부대를 이끈 문재준 대령, 해군소장으로 최고회의 재정경제위원장을 지낸 김동하, 최고위원·건설부장관·2군 사령관 등을 역임한 박임항, 혁명검찰부장 박창암 등 쿠데타 주역들이 반혁명사건과 쿠데타 음모사건에 연루되어 제거되었다.

쿠데타 권력은 파쇼권력답게 이른바 사회정화작업이라는 것을 폈다. 쿠데타 직후인 5월 21일 군사정권은 깡패들을 잡아들여 "나는 깡패입니다. 국민의 심판을 받겠습니다"라는 피켓을 목에 걸고 시민들이 보는 가운데 시가행진을 시켰다. 5월 22일 범국민운동방침을 발표하고, 6월 10일부터 국가 재건을 위한 자립경제를 구축하고 악습과 부패를 정화한다는 명목으로 재건국민운동을 대대적으로 전개했다. 전국 행정 단위마다 재건국민운동촉진회가 설치되어 생활개선사업으로 재건복(신생활복) 입기·재건체조 보급·국민가요·저축운동 등이 추진되었다. 그러나 이러한 재건국민운동은 일제 말기의 군국주의 일본의 전시동원 국민운동과 비슷한 점이 많았다. 이 때문에 한 신문은 재건체조는 일제 말기의 라디오(보건) 체조를, 신생활복은 국민복을, 국민가요는 말 그대로 일제 말기의 국민가요를 연상시킨다고 꼬집어 비판했다. 5월 23일에는 정기간행물 1,200여 종을 폐간시키는 등 언론기관을 대대적으로 축소시켰다. 또한 6월 1일 대학생 제복 착용과 고교생 삭발을 지시했는데, 이것도 일제 말기를 연상시켰다.

6월 9일 최고회의는 농어촌고리채정리법을 공포했다. 고리채에 허덕이는 농민을 구제한다는 취지는 좋았으나 고리채를 쓰지 않으면 살 수 없는 농촌의 현실을 외면한 채 형식적으로 처리해 결국 임기응변적으로 끝나고 말았다. 1962년 6월 9일에는 환화를 10분의 1 비율로 원화로 바꾸게 한 화폐개혁을 단행했다(제2차 화폐개혁). 음성자금을 장기저축으로 유도하려는 것이었는데, 물가만 앙등시켰을 뿐 별 성과가 없었다.

군사정권의 경제정책은 실패의 연속이었다. 특히 민주공화당의 정치자금을 만드는 과정에서 터진 '4대의혹사건'은 군사정권의 도덕성에 큰 상처를 입혔다. 그렇지 않아도 가진 것 없던 군인들이 쿠데타 이후 특권 생활을 하는 것에 곱지 않은 시선을 보냈던 서민들은 신악이 구악보다 더하다고 분통을 터뜨렸다.

(2) 「정치활동정화법」, 정치인 완전 통제

박정희 등 쿠데타 주동자들은 가능한 한 군정을 연장시키고자 했다. 그러나 4월혁명이 일어난 지 얼마 안 되었고, 미국도 하루빨리 민간정부 형태를 띠는 것이 좋겠다고 판단했다. 1961년 8월 12일 박정희 최고회의 의장은 1963년 여름을 정권 이양의 시기로 발표했고, 그해 11월 케네디 미국 대통령과의 공동성명에서 다시금 확인했다. 혁명주체 세력은 민정 이양에서 두 가지 비열한 행동을 했다.

하나는 기성 정치인들의 모든 정치활동을 금지시킨 상태에서 중앙정보부를 동원해 사전 창당활동을 한 행위이다. 신당 정책개발 책임 임무를 맡은 중앙정보부 관계자와 학자들로 구성된 대외문제연구소는 1961년 10월 중순경 신당 준비작업에 들어갔다. 신당은 1962년 1월부터 사전 조직작업에 착수해 3월 말까지 중앙조직의 충원과 골격을 마련했고, 이해 말까지 1,000여 명을 중앙정보부 모처에서 '밀봉교육'시켰다. 신당은 사무국 중심으로 운영되는 이원체제로, 국회의원 후보와 국회 운영까지도 사무국 중심으로 이뤄지게 되어 있는 특수한 체제였다. 1961년 1월 신당 명칭이 민주공화당(약칭 공화당)으로 확정되었다. 이 과정에서 김동하 최고위원 등이 거세게 반발했다.

다른 하나는 「정치활동정화법」을 만든 일이다. 1962년 3월 최고회의를 통과한 이 법에 의하면 정치활동정화위원회에서 적격 판정을 받지 못하면 1968년 8월 15일까지 6년여 동안 정치활동을 못하게 되어 있었다. 김종필 중앙정보부장은 '보균자'들에게 한 번 내지 두 번 정도 국회의원만 되지 말아달라는 것이라고 속마음을 털어놓았다. 며칠 후 이 법에 대한 항의 표시로 윤보선이 대통령에서 물러나 박정희가 대통령 권한대행이 되었다. 정치인들의 거센 반발 속에 다음 해 2월까지 적격 판정이 있었고, 민주당·혁신계 등의 주요 정치인 269명이 이 법에 묶이게 되었다.

민정 이양을 앞두고 헌법을 어떻게 처리할 것인가도 논란이 되었다. 국민의 대의기관이 아닌 최고회의가 헌법문제를 다룰 수 있느냐가 문제의 핵심이었다. 1962년 10월 최고회의는 10월 개정 절차를 취하겠다고 발표했지만, 최고회의 의결을 거쳐 국민투표로 확정하는 것이어서 개정이 아닌 명백한 제정이었다. 11월 5일 헌법 개정안이 공고되었고, 12월 5일 비상계엄이 경비계엄으로 바뀌었다. 헌법은 12월 17일 국민투표로 확정 절차를 밟았다. 부통령이 없는 대통령중심제여서 이승만 정권보다도 대통령이 더 독단적으로 통치를 할 수 있게 되었다. 또 무소속으로 대통령 출마를 할 수 없게 하여 야당 난립을 유도했다.

1963년 1월 공포된 국회의원선거법에는 처음으로 전국구 비례대표를 두었다. 득표율이 높은 제1당이 과반수 득표 이하일 경우 2분의 1을 차지하고, 과반수를 넘으면 3분의 2를 차지하게 되는, 제1당 중심의 이상한 비례대표제였다.

민정 이양 과정은 해프닝의 연속이었다. 박정희와 김종필 등이 군복을 벗고 출마하겠다고 공언했는데도, 국방부장관과 군 일부 세력이 프랑스의 드골 장군처럼 깨끗하게 처신하라고 압력을 넣었던 것이다. 박정희가 그때까지만 해도 완전히 군을 장악하지는 못했고, 군 내부에는 원칙을 지켜야 한다는 목소리가 있었다. 1963년 2월 18일 박정희는 민정 참여를 하지 않겠다고 발표했다. 다음 날 박병권 국방부장관과 3군참모총장이 배석한 가운데 군 중립화가 선언되었다. 27일에는 정치인들이 국방부장관, 3군참모총장 등이 참석한 가운데 박정희가 2·18 수습방안을 수락한다는 엄숙한 선서를 하였다. 정말로 민주주의가 실현될 것 같은 감격적인 분위기였다.

그런데 아니나 다를까 특수부대 군인들이 3월 15일 시위를 벌이면서 군정 연장을 요구했다. 박정희는 기다렸다는 듯이 다음 날 군정을 4년간 연장하는 문제를 국민투표에 붙이겠다는 성명을 발표했다. 곧 버거 주한 미국대사가 박정희를 만났고, 얼마 후 모종의 '타협'이 이루어졌다. 4월 8일 박정희는 3·16성명을 보류한다고 발표했다. 군 중립과 민주주의를 위해 박정희가 나와서는 안 된다는 여론에 저항하다 보니까 이러한 사태가 일어난 것이었다. 5월 27일 공화당 전당대회에서는 박정희를 대통령 후보로 지명했다.

예상한 대로 야당이 분열되어 여러 정당이 생겨나서 각각 대통령 후보를 추대하자, 7월에 민정당, 신정당, 민우당 등의 영수들이 회합하여 하나의 당을 만들기로 합의했다. 그리하여 9월에 국민의당이 탄생했으나 윤보선이 승복하지 않아 대통령 후보로 국민의당에서 허정, 민정당에서 윤보선이 나왔다. 자유민주당은 내각수반이었던 송요찬을 지명했는데, 며칠 후 구속되고 말았다.

(3) 박정희 대통령 당선

8월 15일 정부는 대통령 선거는 10월 15일에, 국회의원 선거는 11월 26일에 치른다고 발표했다.

대통령 선거전은, 박정희 후보가 9월 23일 중앙방송국을 통해 "이번 선거는 민족적 이념인 자유민주주의와 가식의 자유민주주의와의 대결"이라고 말한 것에 대한 윤보선 후보의 격렬한 응수로부터 '사상 논쟁'으로 비화했다. 24일 윤 후보는 이번 선거는 민주주의와 가장된 민주주의와의 대결이라고 응수한 뒤, 여수반란사건의 관계자가 정부에 있다는 것을 상기시켰다. 박 후보를 친일파로 공격하기에는 윤 후보도 한국민주당 관계자였으므로 적절하지 않다고 생각한 것 같았다. 윤 후보는 계속 박 후보를 '이질적' 사상의 소유자로 몰아붙였다. 그렇지만 결과적으로 색깔공격은 잔존한 좌익이나 혁신계, 피학살자 가족 등의 분노를 불러일으켜 오히려 박 후보를 찍게 했다. 친일 반공 역적이 오히려 동지감을 준 얄궂은 사상풍토의 덕을 본 셈이었다.

10·15 대통령 선거는 허정 후보와 옥중의 송요찬 후보가 사퇴해 박 후보와 윤 후보의 양자대결이 되었다. 선거 결과 박정희 후보가 윤보선 후보를 불과 15만여 표 차이로 누르고 당선되었다. 역사상 가장 근소한 차이로 당선이 결정된 것이다. 박정희는 경상도와 전라도 등에서 많은 표를 얻었고, 윤보선은 서울·경기 지역과 충청도·강원도에서 많은 표를 얻어 표의 남북 현상을 보여주었다. 대체로 해방 직후 좌익세가 강했던 지역에서 박정희의 표가 많이 나왔다. 근소한 차로 패배한 윤보선은 자신을 정신적 대통령이라고 주장했다.

11월 26일 치러진 국회의원 선거에서는 무소속 출마금지로 인한 야당 난립으로 공화당이 무난히 다수 의석을 확보했다. 12월 16일 최고회의가 해산되고 다음 날 박정희가 대통령에 취임했다.

1963년 제5대 대통령 선거 결과

지역	윤보선 득표	박정희 득표	지역	윤보선 득표	박정희 득표
서울	802,052	371,627	전북	343,171	408,556
부산	239,083	242,779	전남	480,800	765,712
경기	661,984	384,764	경북	543,392	837,124
강원	368,092	296,711	경남	341,971	706,079
충북	249,397	202,789	제주	26,009	81,442
충남	490,663	405,077	합계	4,546,614	4,702,640

2) 5·16 쿠데타세력의 언론검열과 반민주 언론의 곡필

박정희 소장이 이끈 쿠데타군은 서울에 진주하면서 가장 먼저 각 언론기관을 접수했다. 접수와 동시에 언론의 사전검열을 자행했다. 1961년 5월 16일 조간부터 모든 언론은 쿠데타군의 철저한 사전검열을 받는다. 해방 후 정치사상 첫 군사쿠데타를 당한 언론계나 지식인들, 이른바 '문관'들은 총칼로 무장하고 전권을 장악한 군의 '무관'들에게 감히 도전할 엄두를 내지 못하고 그들이 시키는 대로 따르는 수밖에 달리 방법이 없었다.

19년 후인 1980년 5월 17일 이른바 전두환집단에 의한 두 번째 쿠데타 때는 그래도 언론인들이 개인적으로 또는 집단적으로 사전검열 등에 저항하는 기세를 보였지만 5·16 당시에는 거의 대부분의 언론, 식자들이 체념과 비굴의 모습을 보였다. 불과 1년전의 이승만 독재에 항거하여 민권혁명의 불을 붙였던 기개에 비하면 참으로 격세지감의 현상이었다. 군사쿠데타의 서슬에 그만큼 겁을 먹었던 것인지, 아니면 일제시대 이래 체질화된 순응의 자세였던지, 모든 언론은 5·16 쿠데타를 '인정'하고 '사실보도'에 이어 '동조'하는 논평과 기사로 메꾸어진다. 5·16 쿠데타에 대해 『경향신문』 『동아일보』 『조선일보』 등 3대 일간지의 논조를 살펴봄으로써 전체언론의 흐름을 알아보기로 한다.(김삼웅 『곡필로 본 해방 50년』)

(1) "빛나는 군사혁명"으로 찬양한 『경향신문』

자유당 정권에 의해 필화를 입고 강제 폐간되었다가 4월 혁명 이후 복간된 『경향신문』은 5·16 사태에 지극히 무골충적인 순응의 자세로 표변한다. 이 신문은 쿠데타 다음날인 5월 17일자에 「군사혁명위에 바라는 것」이란 사설을 싣고 있다. 쿠데타 이래 첫 사설인 셈인데 사전검열 과정에서 단 한 줄의 삭제도 없이 무사통과된 내용이다. 쿠데타 다음날의 사설이 한 부분도 검열에 걸리지 않았다는 사실 자체가 역설적으로 곡필일 수밖에 없는 것이다.

4·19 이후 혁명과업 수행에 있어 정부가 보여준 불투명한 태도와 무능, 그리고 혁명정권으로서의 확고한 소신의 결여는 날이 갈수록 사회불안과 정부불신의 분위기를 조장하였을 뿐 국민에게 뚜렷한 방향과 희망을 주지 못했던 것은 세인이 이미 주지하는 바와 같다. 장 정권이 수립된 지 1년도 못가서 다시 비정상적 방법에 의해 정권을 교체하지 않을 수 없는 경지에 도달한 것은 여하튼 이 민족을 위해 하나의 비극이 아닐 수 없다. 이와 같은 사태를 초래하게 한 것은 궁극적으로 말해서 기성정치인의 구태의연한 사고방식과 부패, 무능과 파쟁의 소치라 하여도 과언이 아니며, 드디어 올 것이 왔다는 감을 짙게 한다.
… 쿠데타에 의해서 굳이 혁명위원회를 조직하였지만, 장 정권이 하지 못했던 이러한 과업을 어떻게 할 것인지는 아직까지 예측을 불허한다. 그러나 이러한 과업이 국민의 희망을 충족

시켜줄 정도로 합리적으로 해결되지 않고서는 현재와 같은 사회적 불안을 일소할 수 없으며 불안과 민생사고가 가시지 않는 한 쿠데타의 위험을 항상 내포하지 않을 수 없는 것이다.

… 부패하고 무능한 기성정치인에 의해서 국사가 올바로 다루어지지 못할 바에야 여하튼 어떤 새로운 세력에 의하여 정권이 교체되어야 하겠지만 부패하고 무능한 기성정치인을 대체할 새롭고 썩지 않고 추력 있는 정치세력이 이 땅에 배양되지 못했음을 더욱 슬프게 생각한다.

혁명주체에 대해서 우리가 바라는 바는 국민의 여론을 올바르게 반영시켜 장 정권이 못했던 혁명과업을 과감하게 그리고 신속히 단행한 후에 국민의 여망을 배반하지 않을 새로운 정치세력에 하루속히 정권을 이양해 주라는 것이다. 라틴아메리카 제국에서 흔히 볼 수 있는 군독재의 부패를 이 땅에 배양하는 일이 있어서는 민족의 장래를 더욱 그르치는 결과를 가져올 뿐이다. 최근 버마에서 일어났던 군에 의한 쿠데타처럼 정치를 바로잡는 거름이 되어주기 바라며 매사에 신중을 기해 주기 바란다.

합법정권을 폭력으로 타도한 쿠데타 정권을 구정권의 무능부패를 이유삼아 정당화시키고 "올 것이 오고야 말았다"는 따위의 곡필을 사설로 쓴 『경향신문』의 '빛나는 전통' 앞에 처연함을 느끼게 했다.

일찍이 필화까지 입었던 『경향신문』의 5월 17일자 「여적」난에는 "군사혁명이라면 우리는 흔히 '피'를 상기한다. 그리고 대부분의 전례가 많은 '피'와 공포로 아로새겨졌었다. 그에 반하여 우리나라의 군사혁명은 그야말로 '무혈혁명'이라는 다행한 결과를 가져왔다 … 빛나는 군사혁명이 제2단계로 진입한 지금도 몰지각한 일부 국민은 매점매석에 여념이 없는데, 이런 족속들은 타인의 '피'를 무시한다는 의미에서도 엄벌에 처해져야 할 것 같다'라고 쓰고 있다.

사설에서는 "올 것이 오고야 말았다"고 쓰고, 칼럼에서는 "빛나는 군사혁명" 운운하면서 쿠데타의 부당성 지적보다는 '무혈혁명'만을 칭찬하고 나선 것이다.

『경향신문』은 5월 19일자의 사설 「혁명완수에 거족적으로 단결하자」, 20일자의 사설 「군정의 목표와 국민의 협력」 등에서도 앞서 인용한 사설 내용과 비슷한 논조를 펴고 있다.

『경향신문』은 쿠데타가 발생한 지 한 달째인 6월 16일, 한 페이지를 온통 「빛나는 혁명 한 달의 일지」란 특집을 만들어 대대적으로 홍보한다. 이 특집의 서문은 "5·16 군사혁명이 일어난 지 한 달 …… 동안에 혁명정부가 이룩해 놓은 업적은 이루 말할 수 없이 많다. 비록 짧은 한달이나마 10여 년에 걸쳐 쌓인 부정과 부패는 깨끗이 씻겨져 가고 있다'라고 쓰면서, 「10년 묵은 부정부패 불식」, 「온갖 구질서를 쾌속조로 개혁」 등의 미사여구에 넘친 제목을 달고 있다.

이 신문은 6월 29일자에서부터 쿠데타의 주동자인 박정희 장군의 「지도자도指導者道」를 연재하였다. 이 신문이 연재를 요청한 것인지, 박 장군이 『경향신문』을 특별히 선택한 것인지는 알려지지 않았지만, 박 장군의 이 연재는 바로 쿠데타 실권자의 특별기고라는 데서 특별한 관심을 모은다.

「지도자도」의 서언에서 박정희는 다음과 같이 쓰고 있다.

누적된 부패와 부정을 물리치며 국내적 대외적인 적의 침략으로부터 조국을 방위하며 국가를 재건하기 위하여 국민과 국군의 총역량을 기울여야 할 이 때에 처하여 무엇보다도 긴급한 문제는 그러한 역량을 옳게 지도해 나가야 할 지도자도의 확립이야말로 무엇보다도 선결되어야 할 과제이다.

사실 5·16 군사혁명은 지난날의 우리나라의 모든 지도자라고 하는 자들이 확고한 지도자도를 갖지 못함으로써 국민을 도탄에 빠뜨리게 하고 국가를 누란의 위기에 몰아놓은 결과 불가피하게 취해진 조치였다. 지금 국가재건의 선두에 나선 우리 지도자들이 또다시 그 길을 그르친다면 국가와 민족을 다시 구해낼 수 없는 마지막 궁지에 몰아넣고 말 것이다. 이제야말로 국가존망을 판가름하는 때이다. 국가의 번영과 안정을 가져오기 위하여 우리는 올바른 지도자도를 시급히 확립해야 한다.

특히 혁명기에 처해 있는 지도자도란 영웅적이라야만 한다. 우리 사회가 불타오르겠다는 기름바다라면 이 바다에 점화 역할을 해주는 신화적 작용이라야 한다. 이를 위해서는 안일주의, 이기주의, 방관주의 및 숙명론자로부터 탈각하여 피지도자(국민)가 부르짖는 것을 성취하도록 이끌어 나가야 한다.

박정희의 이 연재는 자신의 정치사상을 잘 집약하고 있다. 그는 이 글에서 영웅사관적 지도자란 바로 자신이며, 혁명기의 지도자도란 영웅적이라야 한다는 주장을 세우고 있는 것이다. 모든 권력의 원천은 국민이라면서 지도자는 영웅적이라야 한다는 그의 논리는 자신의 행동을 합리화시키는 궤변이고 곡필일 수밖에 없다.

5·16 이후 장장 18년 동안을 국민은 박정희의 이 같은 '지도자도'의 논리, 즉 박 자신의 영웅논리에 의해 지배당해왔다. 총칼의 폭력과 함께 한 곡필의 폐해는 일제 총독정치 못지 않게 가혹한 것이었다.

(2) 친일반공의 동지 『동아일보』 "혁명완수로 총진군하자"

『동아일보』 5월 16일자 지면은 군데군데 검열관의 삭제흔적이 지저분할 정도로 심한 상처를 입는다. 그러나 이튿날부터는 사설과 고정칼럼인 「횡설수설」이 전혀 '상처'없이 나타난다.

5월 17일자 사설 「당면 중대국면을 수습하는 길」은 예의 장면 정권의 무능부패를 장황히 거론, 혁명불가피론을 입증하면서 다음과 같이 쓰고 있다.

이번 쿠데타와 함께 우리가 느끼는 것은 무엇보다도 '피를 보지 않은' 그것이 불행중 다행이라고 말하지 않을 수 없다. 만약에 4월혁명 그때처럼 인명의 희생자를 냈더라면 어찌됐을까에 생각이 미칠 때 … 다시 한번 표연한 마음을 금할 수 없었을 것이었지만, 그것이 천행으로 없었다는 것을 우선 국민과 함께 다행스럽게 여겨야 할 뿐이다.

혁명위원회는 국민에게 공약한 6개항목 발표문 중에서 첫째로 … 지금까지 구호에만 그쳤던 반공체제를 재정비한다. 둘째로 … 유엔헌장을 준수하고 국제협약을 성실히 이행하며 미국을 비롯한 자유우방과의 유대를 한층 더 견고히 한다. 셋째는 … 현정권의 부패와 구악을 일소하고 퇴폐한 국민도의와 민족정기를 진작시킨다. 넷째로 … 절망과 기아 속에서 허덕이고 있는 민생고를 시급히 해결하고 국가자주경제체제를 완성한다. 다섯째로 … 국민의 숙원인 국토통일을 위하여 반공실력을 배양한다. 여섯째로 … 이와 같은 우리의 과업이 성취되면 새롭고 양심적인 정치인들에게 정권을 이양하고 우리들 본연의 임무에 복귀할 것이라는 등 이번 거사의 '동기'와 '소신'을 밝힌 것은 극히 주목을 끌게 한다.

위에서 말한 여섯 가지 조건 중에 첫째, 셋째, 넷째 항목에 있어서는 현실에 적응하면서도 국민이 다 같이 평소에 바라는 바를 그대로 표현한 것이므로 거기에 이론을 제기할 사람은 없을 것 같다. 그리고 장 내각이 진작 이 세 가지 면에서 회천적인 서정쇄신을 실천에 옮겼더라면, 오늘처럼 불행한 사태에까지 이르지 않았을 것이라는 것을 한번 생각해본다. 그렇게 볼 때 민주당-장 정권은 분명히 좌절·자살을 한 결과를 가져왔다는 것을 또한 부정하지 못하리라.

그러면 이 위기 속에 빠진 국면, 이 불안 속에 감도는 정치를 어찌 수습, 진정시킬 수 있을 것인가. … 장 내각은 어째서 국민의 불신을 사기도 했으려니와, 이번과 같은 군부내의 거사를 보게 되었는가를 각성, '최후의 결의'라 함은 곧 정치도의적 전 책임을 지고 흔연히 용퇴, 국민 앞에 진사하는 성의의 일단을 분명하고 솔직하게 표명하라는 것이다.

우리가 이렇게 강조하는 까닭은, 앞으로 장면씨나 민주당의 장래 정치적 재생의 길을 영원히 막아버리지 않기 위해서도 그렇고, 아울러 앞으로 최악의 사태를 빚어내지 않기 위해서도 그렇고, 한 걸음 더 나아가서는 혼란이 날짜를 끌수록 철벽 같은 반공태세에 만의 일이라도 균열을 일으키지 말게 하기 위해서라도 또 아니 그럴 수 없다는 것이다. 그뿐더러, 그것은 대부분의 여론이 그와 같은 이상, 장면 내각은 이제 마지막 태도를 결정 아니치 못하게 됐다. 그리고 나선 어떠한 대책이 있을 것인가는 종차의 문제이므로 다음 단계에 논할 성질의 것이다.

참으로 무책임한 글이다. 아무리 비상계엄이 서릿발 치는 시기라 하더라도 합법정권의 총리에게, 쿠데타세력 앞에 나와서 투항하고 용퇴하라는 글을 어떻게 쓸 수 있는가. 아마 『동아일보』로서는 쿠데타의 배후에 미국이 있다고 보고 미국이 바라고 있는 바가 적극적 반공이며 반공을 하려면 장면정권과 같은 허약한 자세는 안 된다고 생각하고 있음을 박정희도 신문 논설자도 똑같이 머리를 굴렸을 것이다. 역시 이 신문은 같은 날짜의 칼럼 「횡설수설」에서도 4·19후의 통일운동을 용공좌경으로 몰아붙이고 있다.

무능부패한 정부, 정당 아닌 도당, 혁명을 팔고 다니는 학생 아닌 정상배, 심지어 김일성 앞잡이들까지 멋대로 놀아나서 바야흐로 세상은 난장판이 되었다. 이틈에서 좌경기회주의 분자, 회색분자, 부역자들이 때를 만난 듯이 실없는 통일방안이라는 것을 쳐들고 돌아다니면서 사회는 더욱 어수선만 해갔다. '적기가'를 부르는 무리가 나와도 겨우 15일의 구류, 공산괴뢰들과 판문점에서 만나 같이 부둥켜안고 울겠다고 괴상한 연극을 꾸미는 분자들도 법이 없다는 핑계로 수수방관하는 세상이다. …

모처럼 일기 시작한 통일운동의 기운을 용공좌경분자들의 소행으로 몰아붙이고 '질서'만을 강요하는 이런 따위의 글들이 군사쿠데타의 당위성을 입증하기 위해 쓰여졌음은 췌언이 필요치 않다.

『동아일보』는 쿠데타 열흘 후인 5월 26일자에 「혁명완수로 총진군하자」라는 사설을 싣고 있다. 이 사설은 노골적으로 군사쿠데타를 지지하는 내용이다.

5·16 군사혁명은 문자 그대로 혁명이기 때문에 '비민주적인 방법이기는 하나' 장 정권의 무능과 부패를 이 이상 묵인하여 준다고 함은 다시 걷잡을 수 없는 위험한 사태를 초래하는 것이 될 수도 있다는 것이 국민의 공통된 느낌이었으니 한국의 민주주의를 수호하기 위해서는 다소간 '비민주적인 방법'이라 하더라도 이를 피할 수 있는 도리는 없을 것이다. 그러므로 5·16 군사혁명이 민주적이냐 또는 합헌적이냐 혹은 지휘권을 누가 가지고 있느냐 하는 문제에의 논의는 이미 기정사실화한 이 혁명을 반공, 민주건설을 향해서 이끌고 나가야 할 이 단계에 있어서 백해무익한 것이라고 하지 않을 수 없는 것이다.

인용하기조차 두려운 내용이다. '비민주적인 방법이긴 하나' 부패 무능력 정권을 타도하는 것이 불가피했다는 논지야말로 박정희의 유신 그리고 전두환의 5·17을 가져올 수 있는 '명분'을 제공했던 것이 아닐까. 이 사설의 다음 부분을 더 인용해 본다.

그러므로 지금 과감하게 실천되고 있는 혁명과업의 수행을 설령 무의식적으로라도 가로막는 일이 만일에 있다면 이는 이 나라의 민주화를 가로막는 것일 뿐 아니라 이 나라의 공산화를 촉진하는 것과 동일한 결과를 초래한다는 점을 잊어서는 안될 것이다. 군이 만일에 장기집권을 생각하고 있다고 하면 모르지만 참신한 정치가들이 나올 수 있도록 부패분자나 용공분자가 또다시 발효하지 못하도록 환경정리를 마친 연후에는 청신한 정치가들에게 정권을 이양하겠다고 한 공약에 대하여 의심할 필요가 있을 것 같지는 않기 때문이다.

…… 지금 진행되고 있는 혁명이 만일에 성공을 거두지 못한다고 하면 한국의 자유는 다시 구출될 수 없는 절망의 심연 속으로 빠져 없어질 수밖에 없다는 것이 이 현실의 진상이다. 다시 말하면 우리는 이 혁명의 목표를 향해서 일도매진하여 성공을 전취하느냐 혹은 실패해서 전국민이 다 싫어하고 미워하는 공산학살극을 택하느냐? 이 둘 중에서 하나를 고를 수밖에 없는 것이 우리 국민이 지금 직면하고 있는 역사적 현실인 것이다.

(3) "혁명의 공약과 국내외의 기대"— 5 · 16 쿠데타와 『조선일보』

『조선일보』 5월 16일자의 지면은 쿠데타에 대한 사실보도는 온전한데 「국민의 진로를 바로잡기를 기약하라」는 사설의 일부는 삭제된 채 발행되었다. 이 사설은 군부거사의 불가피성을 인정하면서도 조속한 시일 내에 군 본연의 임무로 복귀하라는 논지를 펴고 있어 특별히 곡필한 것은 아니었다.

그런데 19일자의 사설 「혁명의 공약과 국내외의 기대」에서부터는 점차 군사쿠데타를 긍정하는 내용을 담기 시작했다.

군사혁명이 완전히 성공함에 즈음하여 우리는 세 가지 점에서 그를 높이 평가하지 않을 수 없다. 그 첫째는, 군사혁명이 전격적인 무혈혁명이었다는 것이요, 둘째로는 군사혁명위원회가 발표한 혁명공약에서 발견할 수 있고, 셋째로는 국내외적인 지지를 받았다는 것이다. 이는 다 같이 유기적인 관계를 가지고 있는 것으로 이러한 요소와 함께 혁명이 성공하게 된 것은 서상한 중에서도 기실 혁명의 목적이며 정신의 구현인 혁명공약에 집약된다고 보아야 한다. 혁명공약의 골자를 보면(이하 6개항 약술—필자주) 과거의 비정 내지 실정은 물론 민족사상의 분열과 혼란 그리고 민생고가 극심하였던 만큼 누구나 자기대로의 위기의식을 가지지 않을 수 없었고 어떤 형태의 구국운동이 절감되었던 것이다. 나아가서는 공산적과 직접적으로 대치해서 부단히 그들의 침략위협을 받고 있다는 데서 자유와 국토수호라는 지상명제까지도 걱정하지 않을 수 없었다. 군사혁명은 이런 불행한 여건하에서 보다 나은 입장을 마련하기 위하여 감행된 것으로서 이것이 거국적인 단결과 함께 국내외적인 찬사와 지지를 받게 된 소이가 실로 여기에 있다고 하겠다.

무혈혁명과 전격적인 행동, 혁명공약 때문에 군사쿠데타의 성공을 높이 평가한다는 참으로 한심스러운 내용의 사설이다. 도대체 이 시대 언론인들의 정신상태에 의문을 제기하지 않을 수 없다. 사설들이 한 줄도 삭제되지 않은 점으로 보아 원문 그대로인데 그렇다면 혁명 다음날부터 대부분의 언론인들은 묵시적이든 명시적이든 쿠데타에 동조하고 있었다는 증거가 된다. 『조선일보』의 20일자 사설을 살펴보자. 이 사설은 「제2공화국의 붕괴와 최고회의의 사명」이란 제목을 달고 있다.

장 내각의 총사퇴에 이어 작 19일 하오에는 다분히 형식적이기는 하지만 여태까지의 국가원수였던 윤보선 대통령이 하야함에 이르렀다.
이에 앞서 혁명당국은 상·하 양원의 해산을 선포한 바 있으며 사법권도 혁명당국의 장악하에 들어갔으므로 이제 윤 대통령의 하야를 마지막으로 제2공화국은 그 기초가 되는 헌법이 발표된 작년 6월 15일 이래 3백 99일의 역사를 남기고 완전히 그 자취를 감추게 된 것이다. … 응당 오고야 말 것이 왔다고는 하지만 여기 제2공화국을 장송함에 제하여 우리의 회오와 반성은 심각한 것이었다. 돌이켜 생각하면, 4·19 학생의 봉기와 더불어 팽창한 범국민적인 우리들의 혁신의욕과 기백은 그야말로 충천하는 바가 있는 것이었다. 그러하였음에도 불구하고 무위와 유안과 사리와 사욕에 심신이 마비되었던 기성정객들은 재빨리 부패, 재벌과 야합하는 가운데 '혁명의 비혁명적 방법에 의한 처리'라는 기만적인 구호를 내세우고 혁명과업을 수행하는 일을 태만히 하였다. 뿐만 아니라 자신과 자파와 자당의 이익을 국가의 이익보다 우위에 두는 가운데 무소불위로 나라의 기강을 좌지우지하는 것이었다. … 꾸준히 전진하여 쉬지 아니하는 역사의 긍정적인 철학을 불신하고 그 '되풀이되는 부정적'인 철학을 몸소 실천하는 가운데 대다수의 국민이 그 지향할 바에 갈피를 못잡은 것이 이제는 사라진 제2공화국의 모습이었다. …

'혁명의 비혁명적 방법에 의한 처리'가 어떻게 비난받을 수 있는가. 더욱이 민주당 정권은 4·19혁명이라는 민중욕구의 폭발과 공권력, 특히 이승만독재의 하수인으로 전락했던 경찰의 신뢰가 땅에 떨어진 상황에서 치안과 행정의 어려움이 하나둘이 아니었다. 그리고 5·16이 일어날 무렵에는 데모사태나 혼란도 어느 정도 진정되고, 민주당 정부는 경제개발5개년 계획을 성안, 발표직전에 있었다. 또 나중에 자세히 밝혀졌지만 각료들의 부패도 소문과는 전혀 실상이 달랐다. 혁명의 비혁명적 방법에 의한 처리는 합당한 방법론이었다. 아니면 프랑스혁명 후의 로베스피에르처럼 살육과 공포정치를 했어야 한다는 말인가.

심지어 『조선일보』는 20일자의 한 칼럼에서 5·16 쿠데타를 조선조의 인조반정에까지 비유하고 있다. 이 칼럼은 이조 중엽 민심을 이탈한 실정을 거듭하다가 인조반정으로 쫓겨난 광해군이 강화에서 제주로 귀양을 옮기면서 지은 시 한수를 소개하고 있는데, "무더운 비바람이 성두를 지나가고 숨막히는 찌는 열기 백척루에 서렸거니, 창해의 노한 물결 황혼을 구비치고 푸른 산 추심 빛은 청추에 저물도다. 다시 못갈 왕손초엔 귀심이 엉키었고 호화롭던 옛 추억은 객몽을 놀래고녀. 고국의 흥망사는 소식조차 끊겼는데, 연파 강물 위에 조각배 누웠노라"(한시 원문 생략)는 내용이다. 장면 총리를 은연중에 광해군과 비유하고 쿠데타를 인조반정처럼 격상시키고 있는 것이다. 참으로 무섭고 두려운 역사적인 곡필이라 아니할 수 없다.

(4) 군사정권의 문화방송 헌납 강요

KBS-TV가 탄생되기 얼마 전 서울엔 새로운 민간 라디오 방송국이 문을 열었다. 1961년 12월 2일 서울에서 부산문화방송과 네트워크를 형성한 한국문화방송주식회사 HLKV가 바로 그것이다. 그런데 사주인 김지태는 1962년 5월 한국문화방송은 물론 부산문화방송과 『부산일보』의 경영권을 재단법인 5·16장학회에 넘기고 물러났다. 『문화방송 30년사』는 그걸 단 한 줄로 가볍게 기록하고 넘어갔지만, 내막은 김지태가 5·16 쿠데타에 협조하지 않았다는 이유로 군사정권이 강탈한 혐의가 짙다. 당시 김지태는 부정축재자로 몰렸는데, 후일 김지태는 자신의 결백을 다음과 같이 토로했다.(강준만 『권력변환』 인물과 사상사 2000, 문화방송 『문화방송 30년사』 1992)

혁명 후 10개월 만인 1962년 3월 27일 국내 각 신문들은 큼직큼직한 활자로 「부정축재 처리위반법, 국내재산 해외도피 등의 혐의로 김지태씨 입건」이라는 제목 아래 소상한 기사를 썼다. … 내가 끝까지 결백을 주장하고 맞서는 경우를 생각해보니 나 개인보다는 우선 산하 기업체 간부들이 희생을 당하는데다가 기업 경영이 엉망이 되어 수천 종업원이 실직하게 될 것이 안타까웠다. 신문사나 방송국은 공영사업이므로 누가 경영하든 이 나라 매스컴 발전에 이바지할 수만 있으면 된다는 심정으로 협상에 응할 심산이었다. 그러나 구속된 조건 아래 그런 서류를 작성한다는 것은 옳지 못하니 석방된 연후에 약속을 이행하겠다고 버티었으나, 막무가내로 어느날 작성해 온 양도서에 강제로 날인이 이루어진 것이다. 이렇게 되자 며칠 안 되어 경남 고등군재(고등군사재판소)는 "피고인들은 자기의 죄과를 뉘우치고 국가 재건에 이바지할 뜻이 농후하다"는 이유를 들어 나를 비롯한 전원에 대하여 공소 취하를 선고했다. 이렇게 하여 1948년 4월 이래 14년간 애지중지 가꾸어놓은 부산일보와 만 4년 동안 막대한 사재를 들여

궤도에 올려놓은 문화방송과 부산문화방송은 1962년 5월 25일, 5·16 재단으로 넘어가고 말았다. 이 기본 재산을 토대로 하여 「5·16 장학회」는 그해 7월 14일에 발족을 보게 되었다. 그리고 이와 동시에 「부일장학회」의 기본 재산인 부산 시내 토지 10만 평을 헌납했다.(부산문화방송 『부산문화방송 30년사 1959~1989』 1990년, 117쪽)

그렇다면 5·16 이전에 무슨 일이 있었던 것일까? 1961년 4월 말로 접어들면서 박정희는 거사 자금 문제로 고민을 하고 있었다는 걸 주목할 필요가 있다. 이에 대해 조갑제는 다음과 같이 말한다.

5월 3일 박정희는 부산으로 내려가서 대구사범 동기 황용주 부산일보 주필을 송도 덕성관에서 만났다. 군수기지사령부의 참모장 김용순 준장을 데리고 온 박정희는 황용주를 옆방으로 불러내더니 거사 계획을 설명하고는 이렇게 부탁하는 것이었다. "급히 김지태 사장에게 부탁하여 5백만환만 융통해줄 수 없겠나." 황 주필은 난감했다. 부산일보 김지태 사장에게 자신이 그런 부탁을 할 처지가 아닐 뿐만 아니라 김 사장이 과연 성공이 불확실한 쿠데타 계획에 손을 댈 것인지 자신을 가질 수도 없었다. 박정희는 대답을 망설이는 황용주에게 이런 말을 덧붙였다. "김 사장에게는 서울의 모 장성이 요청한다고 말하든지 그래도 반응이 없을 때는 쿠데타 계획을 약간만 비쳐주어도 괜찮다." "가능성이 희박하지만 어떤 계기를 만들어서 이야기해보지." … 황용주 주필이 김 사장에게 그 뜻을 전하지 못하고 있는 사이 쿠데타가 발생했다. 김지태가 그런 부탁을 전달받았다면 어떤 태도를 취했을지는 알 수 없다. 김지태 사장은 5·16 직후 밀수 혐의로 구속되고 부산일보와 문화방송의 운영권을 빼앗긴다. 협조해주지 않은 데 대한 혁명 주체들의 보복이란 주장이 있다. 협조 요청을 받은 적이 없는 김지태 측으로선 할 말이 많을 것이다.(조갑제 「내 무덤에 침을 뱉어라!」 『조선일보』 1988년 8월 14일~17일)

3) 매국적 「한일기본조약」 회담에 격렬한 반대 시위

박정희 정권이 직면한 가장 중요한 일은 한일 국교 정상화 문제였다. 미국은 중국과 소련에 대항하여 한·미·일 3각 안보체제를 강화하기 위해 양국의 국교 정상화를 강력하게 요구했고, 정통성의 취약점을 경제개발로 만회하려는 박 정권은 이에 적극적으로 임했다. 그런데 박 정권은 이승만 정부나 장면 정부에 비해 대일자세가 굴욕적이고 저자세라는 비판을 수없이 들었다. 박정희가 친일파였고 쿠데타로 정권을 잡았기 때문에라도 국민을 설득하면서 신중하게 처리했어야 했는데, 그렇지 못했던 것이다. 특히 1962년 10월, 11월에 있었던 김종필과 오히라 일본 외상의 밀실회담은 모종의 흑막이 있다는 의혹을 강하게 샀다.

(1) 김종필 제2의 이완용 되다

1964년 봄부터 박정희 정권은 격렬한 한일회담 반대 투쟁에 직면했다. 1964년 3월 23일 김종필 공화당 의장이 도쿄에서 오히라 외상과 만나 한일회담 일정에 의견의 일치를 본 것으로 알려진 다음 날인 3월 24일, 서울대·고려대·연세대 등의 학생 약 4,000명이 김종필 즉시 귀국을 요구하며 시위를 벌였다. 시위가 계속 확산되자 박 대통령은 27일 김종필을 다음 날 귀국하도록 했다. 5월 20일 서울대학교 문리대에서는 한일굴욕외교반대학생총연합회 명의로 박정희와 김종필이 주장한 "민족적 민주주의 장례식"을 치렀다. 시위는 서울대학교 문리대생들이 단식투쟁을 하면서 6월 초부터 격렬해졌고, 6월 3일에는 서울의 주요 대학 학생들이 거리로 쏟아져나왔다. 이날 미국의 강력한 지지를 받으며 계엄령이 선포되었다. 계엄령 선포 후 정부는 「인혁당사건」과 「민족주의비교연구회사건」 등을 잇달아 터뜨려 학생운동 세력을 제압하고자 했다. 또한 언론에 재갈을 물리기 위해 「언론윤리위원회법」을 제정하려고 시도했다. 국회를 통과한 이 법은 언론계의 반발로 잠시 보류되었다.

◎ 민족주의비교연구회사건

1963년 9월 서울대학교 문리대 학생들을 중심으로 민족주의비교연구회(민비연)가 조직되어 1964년 3·24시위 등 한일회담반대 학생시위를 주도했다. 민비연을 몹시 못마땅하게 보았던 박정희정권은 민비연 관계자들을 1964년 6·3사태 이후 내란선동 등의 죄목으로 군재에 회부하였고(민비연 1차사건), 1965년 9월에는 내란음모 등으로 다시 구속하였다(민비연 2차사건). 그리고 세 번째로 1967년 7월, 북한 대남간첩단(동백림간첩단)의 한 공작부서로 활동하며 한일회담 반대투쟁을 배후조종했다고 조작하여 국가보안법 위반 등으로 구속하였다(민비연 3차사건).

전 국민적인 반발에도 불구하고 1965년 2월 20일 「한일기본조약」이 가조인되었다. 5월 박 대통령이 미국을 방문했다. 6월 22일 일본 도쿄에서 한일기본조약이 조인되었고, 30여 개의 제 협정 및 그 부속문서에 양국 외상이 서명했다. 이로써 한일 간에 국교 정상화가 이루어졌지만, 가장 중요한 일본의 사죄는 어물쩍 넘어갔다. 기본 조약이

가조인되었을 때 이동원 외무부장관은 "과거의 어느 기간에 양 국민에게 불행한 관계가 존재했다"는 대단히 애매모호한 말을 했고, 시나 일본 외상은 "이러한 과거의 관계는 유감이며 깊이 반성하고 있다"라는 말로 얼버무렸다. 도대체 '과거의 어느 기간'이란 무엇이고, '양 국민에게 불행한 관계'란 무슨 말인가. 박 정권의 비굴하기 짝이 없는 저자세를 단적으로 보여주는 표현이 아닐 수 없다. 한일기본조약 제2조에서 한일합병조약과 그 이전의 조약이 '이미(already)' 무효임을 확인한다고 하여 1910년까지 강압에 의해 맺어진 조약의 당시 효력도 애매모호하게 넘어갔다. 박 정권이 가장 매달렸던 청구권 자금(무상 3억 달러, 유상 2억 달러, 민간 차관 3억 달러)도, 우선 '무상' '유상'이라는 표현도 잘못된 것이었지만, '일괄 타결'을 명시해 협정 체결 이후 터져나올 일제가 입힌 조선민중의 각종 피해에 대한 일체의 보상 요구를 봉쇄했다. 일본측에선 「배상금」이란 용어도 쓰기 싫어서 「독립축하금」이라는 말로 일제의 침략범죄 사실을 아예 없었던 일로 숨기려고 애썼다.

한일회담 14년의 경과

① 1차 회담(1952. 3. 5~1952. 4. 21)
· 도쿄의 점령군최고사령부 주선으로 예비회담을 열고 본회담 개최
· 한국에 남겨둔 일본인 재산의 반환을 요구하는 일본의 역청구권 주장으로 회담 결렬
② 2차 회담(1953. 4. 15~1953. 7. 23)
· 청구권 및 어업협정문제로 대립
· 별다른 진전 없이 휴전협정을 앞두고 휴회
③ 3차 회담(1953. 10. 5~1953. 10. 21)
· 일본의 한국식민지 지배가 한국에 유익했다는 일본 수석 대표 구보타 망언으로 회담 결렬.
  이후 4년 반 동안 중단
④ 4차 회담(1958. 4. 15~1960. 4월)
· 예비회담 거쳐 본회담 재개
· 대일 청구권문제와 어업문제로 논쟁
· 재일동포 북송문제와 4·19로 중단
⑤ 5차 회담(1960. 10. 25~1961. 5. 15)
· 장면 정부의 적극적인 노력으로 회담속개
· 한국이 제시한 8개 항목의 청구권을 항목별로 토의
· 5·16쿠데타로 중단
⑥ 6차 회담(1961. 10. 20~1964. 4월)
· 미국의 압력과 군사정권의 적극적인 요구로 회담 재개

· 1962년 11월 12일 김종필과 오히라 일본 외상 간의 '메모' 교환으로 청구권문제 '타결'(무 상공여 3억 달러, 유상정부차관 2억 달러, 민간차관 1억 달러)
· 1964년 3월 학생들의 반대시위로 회담 중단

한일기본조약이 조인되자 비준 반대 투쟁이 격렬해졌다. 김재준 목사 등 기독교 교역자, 역사교육연구회 등의 학회뿐만 아니라 5·16쿠데타에 가담했던 김재춘 등도 학생·재야인사들과 함께 투쟁대열에 나섰다. 그렇지만 단일 야당인 민중당 국회의원 사퇴서가 제출된 다음 날인 8월 13일에 공화당 단독국회에서 베트남파병동의안이 통과되었고, 14일에는 한일 간의 제 조약이 비준되었다. 계속 학생들의 데모가 격화되자 8월 25일 무장군인이 학원에 들어갔고, 곧이어 법적 근거가 불확실한 위수령이 발동되어 6사단 병력이 서울에 투입되었다. 학생들이 구속되었고 21명의 저명한 교수들이 대학에서 추방당했다. 공교롭게도 을사조약 강제(1905년 11월 17일) 60년이 된 12월 18일에 한일협정 제 문서가 교환되었다.

한일기본조약에 반대하여 1964년 3월 24일부터 6월 3일까지 일어났던 학생운동은 1960년 3, 4월 학생운동과 달랐다. 마치 1894년 전봉준의 농민군이 고부에서 시작되긴 했지만 진용을 갖춰 창의문을 발표한 것은 무장이기 때문에 무장에서 본격적인 농민전쟁이 시작되었듯이, 학생운동은 3·24에서 본격적으로 시작되었다고 볼 수 있다. 3·24학생시위와 그 뒤의 학생들의 투쟁은 조직적으로 전개되었는데, 1960년 3, 4월 시위는 비조직적이었고 단발로 끝난 경우가 많았다. 3, 4월 시위에서는 투쟁의 대상이 명확하지 않았으며, 이승만 정권에 대한 비판도 단순했다. 반면 3·24 이후의 시위는 투쟁 목표와 투쟁 이념이 분명했으며, 박정희 정권에 대한 비판과 분석도 비교적 철저했다. 또 3·24부터 시위는 단순 시위에 그치지 않고 장례식·화형식·단식투쟁·연극·굿놀이 등과 결합되면서 그 방식도 다양해졌다. 3, 4월 시위에서는 노래도 애국가나 군가 등으로 단순했는데, 3·24 시위 이후에는 다양한 형태와 내용의 노래가 나왔다.

(2) 베트남 참전, 용병 비난받으며 목숨 건 돈벌이

박정희 정권은 주한미군이 베트남으로 파견되는 것을 막고, 전쟁 특수를 통해 경제개발에 필요한 자금을 마련하기 위해 우리나라 젊은이를 베트남에 파견하는 것에 적극적이었다.

극우반공 이데올로기와 박정희 식의 '잘 살아 보세'가 영향을 주었기 때문이겠지만,

베트남 파병은 한일회담과 다르게, 최근의 이라크 파병과도 차이 나게 반대활동이 많지 않았다. 1964년 9월 이동 외과병원과 태권도 교관단 파견을 시작으로 1965년 2월에는 약 2,000명의 경비대대와 공병대대 병력을 파견했고, 수렁에 빠진 미국 정부의 전투부대 파병 요청으로 그 이후에도 계속해서 전투병력을 파견했다. 이로써 한국은 오스트레일리아·뉴질랜드·타이·필리핀·대만·스페인이 베트남에 파병한 총병력의 약세 배인 5만여 명을 파견했다.

미군의 용병이라는 비난도 들었지만, 베트남 파병부대의 비용은 미국이 부담했다. 또한 이것에 수반해 건설사업에 참여했고 수출도 했다. 미국을 제외하고 베트남에 가장 많은 군대를 보냈고, 그 비용을 미국이 댄다는 것은 명백히 자주성이 훼손되는 것이었으나, 정부와 많은 국민들이 그것을 환영했다. 다만 윤보선과 장준하 등이 강하게 반대하였고, 야당에서는 미온적으로 반대하였을 뿐이다.

베트남 전쟁의 참전으로 한국은 경제적으로는 이익을 얻었으나 국제적 사회적으로는 많은 비난을 받았다. 한국은 미국에 심하게 종속된 국가라는 이미지를 국제 사회에 심어주었으며, 전쟁의 참전 명분도 설득력을 얻기가 어려웠다. 베트남 전쟁으로 5,000여 명의 한국 젊은이들이 목숨을 잃었다. 뿐만 아니라 베트남에서 한국군이 저지른 여성 겁탈과 양민학살문제는 한국이 제국주의 침략 가해자란 점에서 심각한 비난이 뒤따랐다.

4) 군부정권의 등장과 신문의 상업화 촉진

(1) 박정희 정권의 지배전략과 언론정책

박정희를 중심으로 한 일부 정치지향적인 군부세력은 1961년 5월 16일 새벽에 장면 정권의 불안정성을 기회로 군사쿠데타를 일으키고 정부를 전복시켰다. 이들의 정권 찬탈과 군사정권의 등장은 장차 쿠데타 및 정치군인의 재등장, 그리고 반민주적 강권통치의 악순환을 예고하는 것이었다.

그럼에도 불구하고 당시 신문들은 쿠데타 세력에 영합하는 방향으로 쿠데타와 관련된 보도를 함으로써 곡필의 극치를 보여주었던 것이다. 『언론노보』 1993년 5월 22일에 인용된 그때의 신문보도는 김영삼 대통령의 회견(1993년 6월 3일)에서 '쿠데타'라고 규정지은 '5·16사태'에 대해 다음과 같이 왜곡하고 있다.

… 빛나는 군사혁명이 제2단계로 진입한 지금도 몰지각한 일부 국민은… (1961년 5월 17일 『경향신문』)

5 · 16 군사혁명이 민주적이냐 또는 합헌적이냐…하는 문제에의 논의는 이미 기정사실화한 이 혁명을 반공, 민주건설을 향해서 이끌고 나가야 할 이 단계에 있어서 백해무익한 것… (1961년 5월 26일, 『동아일보』)

군사혁명은 이런 불행한 여건 하에서 보다 나은 입장을 마련하기 위하여 감행된 것으로서 이것이 거군적인 단결과 함께 국내외적인 찬사와 지지를 받게 된 소이가 실로 여기에 있다고 하겠다. (1961년 5월 19일 『조선일보』)

군사정권의 지배집단은 말할 필요도 없이 정치장교들과 구 정치인 · 기술관료 · 일부 지식인들로 구성되었다. 이들 중에는 친일파 인사들과 일본군 출신들이 적지 않았다.

따라서 이들은 정권의 정당성을 확보하기 위해 반공이데올로기를 역시 지배이데올로기로 채택한 가운데 과감한 개혁을 주장하면서 경제성장을 추구하는 방향으로 지배전략을 수립했다. 그리하여 박정희 정권은 이후 20년 가까운 기간 동안 세계 자본주의 경제체제와 냉전이데올로기 체제의 틀 속에 안주하면서 독점자본과 연합하여 영구집권을 기도했다. 이렇게 볼 때 5 · 16군사쿠데타는 프랑스의 민주공화주의를 백년간 후퇴시켰다는 '테르미도르 9일 쿠데타'와도 같은 것이었다.(정대수 「이승만과 박정희의 언론통제론」 『민중과 자유언론』 아침 1984)

박정희는 반공이데올로기와 함께 자유민주주의를 지배이데올로기로 채택했지만 자유민주주의의 실현보다 경제성장 중심의 근대화 추진에 정책의 우선 순위를 두었다. 그가 가시적인 경제성장 정책의 추진이 필요했던 것은 4 · 19혁명 세력인 학생과 지식인 사이에 정치적 기반을 강화하기 위해서였다.[1] 어쨌든 경제적 근대화를 추진하기 위해 권위주의적 체제를 선택한 박정희 정권은 민정참여를 둘러싼 우여곡절부터 시작하여 유신독재체제를 출범시키기까지 숱한 무리수를 두면서 권력기반의 강화와 권력의 영속화의 길로 치달았다.

이러한 가운데 언론인에 대한 불신이 깊었던 박정희는 1961년 5월 23일 포고 제11호를 발동함에 따라 5월 28일에 1차 통폐합을 단행 1,170종의 일간지 등 간행물을 폐간함으로써 언론부터 장악하기 시작했다.[2] 남은 간행물은 일간 39개, 일간통신 11개,

---

1) 임종철 「한국경제의 발전 : 한국경제학에 대한 도전」 유네스코 한국위원회 *Social Science Journal*, Volume 3, 1975, 178~179쪽.

2) 송건호, 앞의 책(1990), 131쪽 ; 주동황, 앞의 논문, 66~69쪽.

주간 32개 등 485종으로써 종전에 비해 언론통제가 그만큼 쉬워졌으며, 언론의 독과점과 획일화의 길을 열어주었다.

1차 언론통폐합의 명분은 "…신성한 언론자유를 모독하는 사이비 언론 및 언론기관을 정화하고, 진정한 민주언론 창달과 혁명과업 완수에 이바지 할 수 있는 국민재건의 태세를 갖추고자…"한 것이었다.3) '사이비 언론'을 내세워 언론 통폐합을 단행한 것은 마치 이승만 정권의 언론정비계획이나 장면 정권의 사이비 언론 단속 방침과 궤를 같이 하는 것이었다.

사이비 언론이 발붙일 수 있도록 사회적 토양을 만든 책임은 바로 정권 담당자들에게 있음에도 불구하고, 한결같이 사회개혁보다 언론통폐합을 통한 언론 길들이기에 관심을 가졌던 것이다. 그리고 이러한 그들의 대언론 조치가 앞으로 집권자들의 모델이 된다.

1962년 6월 28일에는 시설기준을 구체화한 언론정책을 발표하여 언론의 독과점에 대해 사실상 행정적인 뒷받침을 하게 되었으며 1963년 12월 12일 공화당 정부의 출범을 앞두고 「신문·통신 등의 등록에 관한 법률」을 제정함으로써 거대시설을 갖출 수 있는 언론매체만 법률적인 보장을 하게 되었다.

언론정책은 기본방침 5개항과 세부방침 20개항으로 되어 있었는데 기본방침에 언론기업의 건전성과 언론정화도 포함되어 있었다. 그리고 세부방침 중에는 언론기업의 육성과 관련하여 다음과 같은 내용들이 포함되어 있었다.

제1항 실력 없는 신문기업체의 자체정리를 권장한다.
제2항 신문기업의 육성에 필요한 자금융자 등 최대한의 지원과 편의를 도모한다.
제3항 무익한 경쟁과 외자의 낭비를 방지하기 위해 난립된 통신사를 1,2개사로 통합하도록
  권장한다.
제5항 신문지면을 대폭 증면한다.
제7항 신문용지와 원목의 수입관세에 대한 인하조치를 취한다.
제8항 신문기업체의 세금 등을 지원해 줄 방안을 연구, 조치한다.4)

이어 1962년 7월 31일에도 '언론정책시행기준'5)을 발표하고, 언론정책을 구체적으로 추진하고자 했다. 특히 용지 대책과 자금융자 대책은 1961년 포고령에서 언급한

---

3) 정대수, 앞의 논문(1990), 294쪽.

4) 주동황, 앞의 논문, 80쪽.

5) 위의 논문, 80쪽.

뒤6) 이처럼 언론정책을 통해 용지난과 자금난에 허덕이던 신문사들에게 특혜를 주게 된 것이다. 이처럼 일면 통폐합, 일면 특혜지원 등의 양면정책 구사는 말할 필요도 없이 몇 몇 재벌급 신문을 키워 지배이데올로기의 재생산 수단으로 활용하기 위해서였다.

이러한 의도에서 언론사 통폐합과 함께 언론통제 입법을 시도했으나 강력한 저항에 부딪히자 언론인의 구속과 테러, 이와 아울러 기관원의 언론사 상주常駐 등 자의적 법집행과 비합법적 폭력 및 위협, 그리고 노골적인 개입 조종을 통해 언론을 길들이면서 경제적 근대화의 추진과정에서 언론을 국민동원의 수단으로 활용하려 했다.(당시 중앙정보부·보안사·치안본부·경찰서·파출소 등 5개 정보 및 수사기관이 개인 및 집단을 대상으로 접근, 겁을 주었다.)

1961년 5월에 군정당국이 언론정화와 관련, 포고령을 발표하는 등 으름장을 놓게 되자 언론계에서도 자율적인 정화활동의 필요성을 느껴 한국신문윤리위원회를 9월 12일에 발족시켰다. 사실상 한국신문편집인협회 등이 이미 군사쿠데타 전에 이와 같은 자율기구를 발족시키기로 했다가 쿠데타 바람에 뜻을 이루지 못해 오다가 뒤늦게 발족을 보게 된 것이다.7)

그런데 군정당국은 1964년에 와서 새삼스레 '학원보장법'과 함께 '언론윤리위원법'의 제정을 강행했다. 민정불참의 약속을 깨뜨리고 결국 박정희가 권력의 전면에 등장한 공화당 정부가 출범하자마자 한·일 굴욕외교를 추진하는 바람에 1964년 상반기는 뜨거운 여론으로 들끓고 있었다. 군복을 벗어 던지고 민간으로 둔갑하여 권력욕을 충족시켰던 박정희 세력은 채 집권방향을 잡기도 전에 이렇듯 정당성의 위기에 직면하고 있었던 것이다.

그러자 박정희는 비상계엄령을 선포하여 강권통치를 시도하다가 소위 6·3사태의 발생으로 여의치 않자 야당과 타협하면서 학원과 언론 통제를 위한 입법을 서둘렀다. 즉 공화당 정부에 비판적인 양대 세력에 대해 법률로써 통제를 가하려 했던 것이다. 그러나 이것마저 제대로 되지 않았다. 특히 언론윤리위원회 법안의 일방적 국회 통과는8) 기존 윤리위원회가 자율적으로 해야 할 사항을 일방 하향적으로 강제 규제하려는 의도에서 비롯되었던 만큼 한국신문편집인협회는 악법 폐기운동을 전개할 것이라는 성명을 8월 3일에 발표했다.

---

6) 한국언론연구원 편『한국의 언론 1』한국언론연구원, 1991, 169쪽 ; 金尙鉉『한국 매스미디어 사회』나남, 1987, 27쪽.

7) 송건호, 앞의 책(1990), 124쪽.

8) 위의 책, 139쪽 ; 劉載天『한국언론과 언론문화』나남, 1986, 26~30쪽.

이를 계기로 각 기자단이 언론악법 투쟁에 나서는가 하면 8월 5일에는 언론윤리위원회법 철폐투쟁위원회를 결성,1958년 협상선거법 반대투쟁에 이어 대대적인 언론계 투쟁이 전개되기에 이르렀다. 이 과정에서 8월 13일에 기자들은 의사와 힘을 결집시킬 필요성에 공감하고 한국기자협회를 결성하기에 이르렀다.9) 그리고 잇달아 9월 2일 양당을 비롯 종교·법조계·학계·언론계 등 각계 인사들이 망라된 '언론자유수호 국민대회 발기준비회'를 구성하고, 한국예술문화단체총연합회(예총)와 한국기독교 교회협의회, 서울시내 11개 대학신문 기자대표들이 투쟁에 동참하는 등 범 국민조직이 전면에 나서기 시작한 것이다. 여기에 국제신문인협회(IPI)회장이 9월 5일에 박대통령에게 윤리위법 폐지요청 전문을 보내는 등 사태가 불리하게 되자 이른바 유성회담儒城會談을 통해 돌파구를 찾았다. 즉 언론대표들의 건의를 받아들이는 식으로 해서 법 시행을 일단 유보하는 선에서 마무리 짓기로 했다.10)

이에 따라 언론윤리위법은 국회에서 통과는 되었으나 공포는 하지 않은 이상한 상태가 계속되게 된다. 그후 1965년 7월 2일에는 '비밀보호와 보안조사법안'을 국무회의에서 의결, 취재원의 봉쇄와 기밀누설자의 중벌을 통한 언론통제를 시도하다가 이것 역시 반대에 부딪쳐 실패했다.

박정희 정권은 언론통제를 위한 입법이 사실상 실패한 것을 전후해서 노골적인 언론사와 언론인 탄압에 나섰다. 언론인에 대한 군사정권 초기에 반공법·포고령 등의 위반 혐의로 마구잡이 검거에 나서 1962년 6월 22일까지 체포되거나 재판에 회부된 기자는 무려 9백60명에 이르렀다.11) 물론 이 과정에서 부패언론인이 몇몇이라느니, 명단을 공개하겠다느니 하면서 겁만 주고, 막상 명단을 발표하지 않았다. 그러면서도 계속해서 언론정화문제를 들먹거렸다. 이것이 바로 언론 길들이기 작전이었던 것이다. 특히 진보적이었던 『민족일보』에 철퇴를 가하여 1961년 12월 21일에 조용수 사장에 대해 사형을 집행하는 일도 서슴지 않았다.

1964년에는 정권의 위기를 가까스로 극복하고, 한일회담과 월남파병을 통해 미일과의 동맹체 형성을 가속화시킨 박정권은 이때부터 경찰이나 군인을 동원, 언론인에게 폭력을 가하기 시작했다. 특히 1965년 9월 7일 『동아일보』 편집국장 자택 폭파사건, 1966년 4월 25일 『동아일보』 정치부 기자 테러 사건 등이 잇달았다. 이와 아울러 1967년에 접어들어서 기자 구속이 다시 고개를 들었다. 심지어 1966년 1월 25일에는 『경향

---

9) 송건호, 앞의 책(1990), 140쪽 ; 유재천, 앞의 책, 41쪽.

10) 위의 책, 50~52쪽 ; 송건호, 앞의 책(1990), 143쪽.

11) 송건호, 앞의 책(1990), 131쪽.

신문』을 공매처분하는 사상 유례없는 횡포를 저질렀다.12) 정부비판지로 활약하던 『경향신문』의 사장 이준구(李俊九)를 1965년 4월에 반공법 위반 혐의로 구속한 것을 시발로 하여 결국 자유언론를 변질시키는 일을 서슴지 않았던 것이다. 『경향신문』은 친 여당 신문으로 이후 활동하다가 1980년대까지 쿠데타 세력의 방계단체인 5·16 장학재단 소속으로서 제 모습을 찾지 못했다.

어쨌든 1967년 국회의원 선거를 앞둔 언론계에는 이렇듯 외압에 눌려 곤욕을 치르고 있었다. 이때는 이미 장기집권 구상을 하고 있던 쿠데타 세력이 개헌선을 확보하기 위해 선거를 앞두고 비판적인 언론을 무력화시키고자 했던 것이다.13) 따라서 언론인 구속, 테러뿐만 아니라 소위 기관원을 언론사에 상주시켜 언론을 관리 조종 통제하기 시작했다.14)

이때부터 언론자유문제가 심각하게 논의되면서 비판과 한탄의 소리가 들려오게 되었다. "신문이 편집인의 손에서 떠났다"15)든지 "신문이 연탄 중독에 걸렸다"16)는 얘기가 나옴으로써 박정희 정권의 언론 길들이기가 효과를 나타내고 있음을 알 수 있었다. 언론계에서는 '국민의 알 권리를 찾자'(1967), '신뢰받는 신문'(1968), '신문의 자주'(1969) 등 신문주간 표어를 내걸어 친일·친미 독재자의 지배이데올로기의 재생산 수단으로 전락해 가고 있는 신문의 위상을 바로잡고자 몸부림치고 있었다. 박정희는 이에 덩달아 1970년 제10회 신문의 날 기념 치사에서 "60년대는 언론의 자각과 건전한 자세로 국가발전을 위해 공동 기여의 전통을 확립한 시기였다"17)고 찬양하고 있었다.

그러나 6·8 부정선거로 개헌선을 확보한 박정희는 이미 1969년부터 3선개헌 음모를 드러내기 시작, 끝내 국회 제3별관에서 야당의원들이 모르는 가운데 야도적(夜盜的)

---

12) 송건호, 앞의 책(1990), 154~155쪽 ; 이상우 『한국신문의 내막』 삼성사, 1969, 196~233쪽.

13) 송건호, 앞의 책(1990), 155쪽.

14) 위의 책, 156~157쪽. 1967년 4월에 신민당이 상주 등 언론탄압을 자행하는 데 대한 항의로써 IPI(국제신문기구) 등에 언론탄압 실태에 관한 소명서를 보내기로 하자 오히려 각 신문이 신민당을 비난했다고 한다. 기자협회 「우리의 주장」, 『기자협회보』 제26호, 1967. 6.15와 기자협회 「우리의 주장」, 『기자협회보』 제60호, 1968. 12.20 ; 朴權相 「60년대 언론 회고」, 『기자협회보』 제108호, 1969. 12.5 ; 송건호 「한국현대언론사론」, 한국기독교사회문제연구원 편 『언론과 사회』 민중사, 1983, 250~252쪽 ; 정대수, 앞의 논문(1984), 195쪽.

15) 정대수, 앞의 논문(1990), 295쪽 참조 ; 崔錫采 회견기사 『기자협회보』 1968. 12.27일자. 제61호.

16) 천관우 회견기사 『기자협회보』 1969. 1월 10일자, 제62호.

17) 문공부 편 『박정희 대통령 연설문집』 제7집, 1971.

수법으로 3선개헌안을 통과시켜 장기집권의 길을 터놓았던 것이다. 그리고 앞으로 개발독재를 강행하게 된다. 1968년 11월 『신동아』의 차관필화사건, 그리고 1970년 9월 29일 당시 '오적'(五賊)과 관련하여 반정부적이었던 『사상계』를 폐간시키는 등 언론인의 구속과 연행, 언론사 탄압이 계속되었다. 1969년 8월 국민투표법을 제정하면서 언론규제조항을 삽입한 것을 시발로 다시 언론통제입법을 시도했다. 즉 1971년 4월 대통령 선거 후 사법부 파동, 10·2항명파동, 대학가의 반정부시위, 수도권 위수령 발동 등 군부정권 출범 10년만에 정당성의 위기에 몰리자 '국가비상사태'를 선포하면서 국가보위법과 군사기밀보호법 등을 제정, 언론통제 장치를 만들었다.

공화당 정부는 이와 때를 같이 하여 12월말에 신문 발행인들로 하여금 '언론 자율에 관한 결정'을 타율적으로 결정하도록 하여 엉뚱하게 기자등록제인 프레스 카드제를 실시하기에 이르렀다.18) 언론역사상 처음으로 1972년 2월 2일부터 프레스 카드제를 실시하면서 동시에 각 부처의 기자실과 출입기자를 줄이는 정부출입기자 대책을 발표했다. 이 때 행정부 산하 47개 기자실에 790명의 기자들이 출입하고 있던 것을 18개 기자실에 465명의 기자들만 남도록 축소했다. 프레스 카드제를 통해 정부의 눈밖에 난 기자는 행정부처 출입을 못하게 하는 한편 부처 기자실과 출입기자의 축소로 그만큼 취재원에의 접근을 제한하게 되는 것이었다. 말하자면 국가비상사태를 일방적으로 선포하여 공포분위기를 조성해 놓은 후 이의 여세를 몰아 신문의 취재·보도 활동을 위축시켜 나갔던 것이다.

그리고 『대구일보』와 『대구경제일보』를 폐간시켰던 바 이것은 1973년에 있을 제2차 언론통폐합을 예고하는 것이었다.19)

(2) 신문의 상업주의적 성장과 논조의 약화

신문기업의 상업적 성장은 1965년 한일국교 정상화에 따른 일본자금의 국내유입을 계기로 시작된 반면 언론의 논조는 이 시기를 고비로 하여 1960년대 말에 눈에 띄게 약화되었다. 이와 관련하여 다음과 같은 언론에 대한 시대적 관찰을 눈여겨볼 만하다.

60년대는 한국 언론사상 처음으로 기업으로 근대화의 길을 걷게 된 획기적 단계라고 할 수 있으나, 이 60년대가 동시에 언론이 독립을 상실하게 되는 시기가 된다는 점에서도 획기적 시

18) 송건호, 앞의 책(1990), 173~174쪽.
19) 송건호, 앞이 책(1990), 175쪽.

대라고 할 수 있을 것이다.[20]

　1965년 5월에 상업주의를 표방하면서 『신아일보』가 창간된 데 이어 9월에는 『중앙
일보』가 창간됨으로써 서울에 소위 '중앙지'라고 하는 대열에 2개 신문이 추가되었다. 그
런데 이 두 신문의 창간은 단순한 양적 증가의 의미만 가진 것이 아니라 한국 언론사에
중요한 의미를 갖는 것이었다. 즉 언론사의 통폐합에 관심을 보여왔던 박정희 정권이 신
문이라는 대중매체의 증가로 언론의 다양화 가능성이 많아질 것이라는 점을 내다볼 수
있는 데도 한 해에 2개 신문의 창간을 허용했다는 것, 그리고 이것이 장차 신문들 간에
상업주의적인 경쟁이 불붙게 될 것임을 예고하는 것이었다.

1960년대 전국 정기간행물의 연도별 현황

일시 \ 간별	일간	통신	주간	월간	기타 간	계
1961.12.31	38	12	33	178	83	344
1962. 7. 1	33	12	34	175	81	335
1963.12.31	34	8	38	156	82	318
1964. 8.25	35	9	55	270	106	475
1965.12.31	39	10	104	352	164	669
1966.12.31	42	10	76	334	142	604
1967.12.31	43	10	81	340	145	619
1968.12.31	43	10	93	367	150	663
1969.12.31	44	7	101	405	190	747
1970.12. 1	44	7	91	450	193	785

출처 : 한국신문협회 『한국신문협회 20년』 1982, 373쪽.

　박정희 정권은 한편 갖가지 채찍을 휘두르면서 다른 한편에서는 당근을 가지고 언론
을 길들였다. 경제적 근대화 정책의 추진과정에서 신문의 기업화에 눈뜬 경영진은 새로
운 시설투자, 기자 증원, 이를 통한 회사 규모의 확대를 도모하게 되었다. 바로 이때에 2
개 신문이 창간되면서 상업주의적 경쟁의 시동을 걸었으며, 일본으로부터 들여온 차관
의 일부가 언론계의 자금수요에 충당되었던 것이다.

　이에 따라 일간신문이 1965년을 고비로 40종 이상으로 늘어났으며, 부수도 크게 증
가했을 뿐 아니라, 불입자본금도 1964년 이후에 크게 증가했다.[21] 고속윤전기도
1967년에 3개 서울 소재 신문에 8대가 확보되어 있는 상태였으며, 일반 고속윤전기는

---

20) 위의 책, 165쪽.

21) 주동황, 앞의 논문, 97쪽 ; 이용준 「1960년대 한국신문산업 구조에 대한 연구」 39쪽.

3개 서울소재 신문에 6대, 일반윤전기는 7개 서울소재 신문에 모두 20대 있었다.

또한 1960년대부터 사세확장의 하나로 사옥의 신·증축과 대규모화를 추진했다. 예컨대 『동아일보』의 1962년,1968년 두 차례 증축, 『조선일보』의 1968년 신축 및 코리아나호텔 건축, 『중앙일보』의 1965년 신축, 『한국일보』의 1968년 신축, 『서울신문』의 1965년 별관 신축, 1969년 신축 등을 들 수 있다.

주요 일간지의 매출액을 보면 『동아일보』는 1962년에 2억 1천 5백만원에 불과하던 것이 1965년에 6억 4백만 원을 상회하여 3년 뒤인 1968년에 16억 6천 4백만 원, 1969년에는 20억 원을 넘어서게 되었다.22) 『중앙일보』는 창간 당시인 1965년에 5천 6백만 원이던 것이 다음해인 1966년에 3억 9천6백만 원으로 크게 신장했으며, 1969년에는11억 8천4백만 원이나 되었다.(중앙일보사 『중앙일보 20년사』 1985) 특히 신문광고의 수입이 차지하는 비율은 1968년에 41%로 신장되었으며, 1970년에는 거의 50%에 육박할 정도로 광고수입의 비중이 높아지게 되었다.

이상에서 본 바와 같이 박정희 정권의 '당근정책'에 의해 신문용지에 대한 관세율 감면, 은행융자, 차관제공 등 혜택을 받은 신문사들은 지대 및 광고 수입의 증가, 사옥과 시설의 확장 등 상업주의적 기업으로서 모습을 갖추게 되었다.

그러나 이 시기에 기자들의 월급은 경제기획원이 산출해낸 도시생활의 최저 생계비인 2만 80원에도 못 미치고 있었다. 서울 소재 일간 신문의 경우 1961년에 초봉 3천 원에 선임기자 7천 원이었으며, 1969년에는 초봉 1만 2천2백원에 선임기자 3만 5천 2백원이었다.

서울소재 신문기자 월급(단위:원)

	수습기자	초 봉	3년기자	5년기자	선임기자	부장급	지방주재
1961	2,000	3,000	5,000	–	7,000	10,000	–
1965	4,000	7,100	10,000	–	15,200	20,000	5,600
1967	7,800	11,400	13,900	18,400	22,700	33,600	11,000
1969	8,800	12,200	19,200	30,600	35,200	50,825	–

출처 : 이용준 「1960년대 한국신문사업구조에 대한 연구」, 1989, 중앙대 석사논문. 48쪽.

당시 언론계에서는 전반적으로 생활급이 되지 못하는 상황에서 처우개선 투쟁이 간간

22) 동아일보사 『동아일보社史』 권3 1985, 524~525쪽.

이 있기는 했지만 언론노동자로서의 의식이 아직 일깨워지지 않은 상태였다. 장면 정권 하에서 언론노조가 잠시 고개를 들다가 군사 쿠데타에 짓밟힌 후로는 언론노조뿐 아니라 노동조합에 대한 사회 일반의 의구심(빨갱이 공포)과 백안시白眼視 때문에 언론노조의 결성에 엄두를 내기가 어려운 상황이었다. 1968년 신동아 사건 때 신문편집인협회장이 약화된 언론의 위기를 뚫고 나가기 위한 방법으로서 노조의 결성을 제의한 바 있으며, 그 후에도 기자협회 같은 데서 노조결성의 필요성을 다루었으나 이것이 현실화되지는 못했다.(1969년에 『기자협회보』와 『저널리즘』에서 기자노조 결성을 역설함)

이의 큰 이유는 반공이데올로기의 틀 속에 안주해 온 사회전반적인 분위기가 노조에 대한 부정적인 시각을 보편화시킨 데 있었다. 그리고 상업주의를 지향하는 시점에서 경영진이 노조를 걸림돌로 생각한 데다 기자들 자신들도 언론노동자로서의 의식이 확립되지 않았으며, 특히 '부르주아적 자유언론관'을 가졌기 때문인 것으로 볼 수 있다.

이러한 가운데 1960년대 언론의 성격은 중반을 넘어서면서 언론노동자인 기자들에 의해 조종되지 못하는 대신 언론자본과 산업자본, 나아가 국가권력에 의해 조종될 수밖에 없게 되었다. 물론 외형적으로는 국가권력에 의한 집요한 간섭·조종·통제로 언론의 약화 현상이 나타났지만 구조적으로 볼 때 신문기업의 상업주의 지향 때문에 그러한 국가권력의 영향을 받을 소지를 안고 있었다.

더구나 1960년대 중반을 넘으면서 『주간중앙』을 비롯 『선데이 서울』, 『주간조선』, 『주간경향』 등 일간 신문이 주간잡지를 자매지로 발행하기 시작하여 매체의 집중화 현상이 나타남으로써 언론자본의 언론에 대한 조종력이 그만큼 커졌다. 이와 같은 주간지 붐은 1970년대에 스포츠 신문의 창간과 지역신문의 주간지 창간에로 이어지게 된다.

인쇄매체 복합 소유 실태

신 문	경향신문	동아일보	서울신문	조선일보	중앙일보	한국일보
소 유 매 체	주간경향 소년경향	소년동아 신동아 여성동아	선데이서울	소년조선 주간조선 월간 산	주간중앙 소년중앙 여성중앙 월간중앙	일간스포츠 소년한국 주간한국 주간여성 학생과학

출처 : 지재원 「한국신문사의 출판사업실태와 전망에 대한 연구」 중앙대 석사학위 논문. 1988.

일반 주간지와 소년주간지, 그 외에 월간 종합지 등의 창간일은 모두 1960년 7월 17

일 (『소년한국일보』)에서 1969년 (『소년경향』 1월, 『주간여성』 1월, 『일간스포츠』 9월, 『여성중앙』 12월)에 이르기까지이다. 이 중 1960년대 중반 이후 창간된 것이 대부분이었다. 1966년에 재벌의 언론기관 독점을 방지하는 방안을 입법화하려고도 시도했지만 실제로는 언론독점자본의 형성에 이바지하는 방향으로 나갔던 것이다.

신문기업의 소유형태를 보면 『경향신문』 기아산업, 『동아일보』 고려중앙학원과 인촌기념회, 『조선일보』 방씨 일가, 『중앙일보』 삼성그룹, 『한국일보』 장기영, 『강원일보』 동부그룹, 『부산일보』 5·16재단, 『국제신문』 럭키그룹, 『경남일보』 구태회와 국제신문사, 『전남매일』 로케트 건전지 등 재벌 또는 언론독점자본에 의해 운영되고 있었다.

따라서 당시 신문기업의 상황으로 볼 때 국가권력으로부터 자유로울 수 없었으며, 이 때문에 "신문이 연탄중독에 걸렸다"고 할 정도로 언론이 무력화되었던 것이다. 그리고 언론독점자본은 국가권력과의 결탁을 통해 잉여가치의 창출에 전념하게 되었다. 그 결과 광고를 통해 산업자본으로부터도 영향을 받지 않을 수 없게 됨으로써 신문은 기자들을 제외한 나머지 요인들의 영향권을 벗어날 수 없게 된 것이다. 말하자면 신문의 세 가지 구성요소인 경제, 기술, 정신 중 정신적 요소, 즉 취재보도의 사명을 담당한 기자들의 역할이 구조적으로 제한을 받는 상황이 조성되었다.

박정희 정권은 1965년을 '일하는 해'로 설정한 데 이어 '건설의 해'(1968), '싸우면서 건설'(1969), '자주·자조·자립'(1970) 등 구호를 내걸고 경제성장과 안보 중심의 선전 활동을 전개하는 가운데 신문을 지배이데올로기(반공·친미·친독재)의 재생산도구화 하려 했다. 그 결과 언론에 대한 불신이 1967년을 고비로 깊어져 가면서 결국에는 '언론 화형식'이라는 전대미문의 규탄행사마저 나타나게 되었다.

이에 언론계에서는 신문주간 표어를 통해 신문의 신뢰성과 자주성을 부르짖는 한편 언론자유 수호운동을 벌이기도 했지만 이미 대세는 기울어져 가고 있었던 것이다. 대학가에서 언론규탄의 소리가 높아지자 1971년 4월 15일 대통령 선거를 앞둔 시점에서 『동아일보』 기자들이 '언론수호선언'을 발표, 『경남매일』과 『국제신문』 등 지역신문으로까지 언론자유수호운동이 확산되기에 이르렀다. 박정희 정권은 3선의 문턱을 넘어 장기집권의 길에 들어서자 국가 비상사태를 선포하는가 하면 국가보위법을 제정하는 등 강권통치의 발판을 마련했다.

2. 한국전쟁의 공중폭격·살육 끝내기 바쁘게 베트남전쟁 일으켜

1) 약소국 독립 한사코 꺾으려는 미국, 베트남 민중 대량 살육

1787년 미국의 건국 지도자들이 공화국 헌법을 기초하기 위해 필라델피아 시에 모였을 당시, 멀리 떨어진 아시아의 한 구석에서는 위에Hue의 왕 지아 롱Gia Long이 안남의 제위帝位를 노리는 그의 경쟁자를 쳐부수기 위해 프랑스 지원병의 도움을 요청하고 있었다. 그의 계승자인 민 망Minh Mang 제帝는 헌신적인 유교儒敎 전통주의자로서 기독교의 전파를 반대하였는바, 그는 기독교를 유교에 대한 저주로 생각하였다. 1833년 민 제帝는 기독교를 믿는 자는 사형에 처하는 칙령勅令을 공포하였다. 그 후 프랑스 선교사들은 그의 제국에 의해 박해와 투옥·사형을 당했다. 기독교민들에 대한 박해는 그 후 제국의 확고한 정책이 되었고, 제위를 계승한 역대 왕들은 더욱더 열렬히 그러한 정책을 고수하였다. 대원군·고종 집권 시대의 조선과 비슷한 상황이었다.

1840년대에 프랑스 정부는 투옥되어 있는 선교사들을 무력으로 구출하기 위하여 베트남에 해군 함대를 파견하였다. 그러나 프랑스는 곧 1848년의 혁명들, 1852년의 제2제정 출범, 그 후 크리미아 전쟁Crimean War개입과 같은 국내외적인 혼란 속에 휘말리게 되었다. 1859년 초에야 프랑스는 다시 베트남에 관심을 돌릴 수가 있었다.

(1) 제국주의의 선두주자 프랑스의 강제점령·식민지화에 이은 재점령

프랑스·스페인 연합 기동부대가 투란Tourane(Da Nang의 프랑스 식민지 시대 이름)과 사이공을 점령키 위해 베트남으로 파견되었다. 프랑스는 사이공 근처의 3개성들을 점령하였고, 이 영토 정복은 베트남 통치자와 체결된 조약으로 1862년 정식으로 승인되었다.

5년 후 프랑스는 코친차이나Cochin China(베트남 최남부 지방)를 점령하였고, 그 후 북쪽으로 이동하기 시작하였다(베트남은 북부의 통킹, 중앙의 안남, 남부의 코친차이나 등 세 지역으로 이루어져 있다). 프랑스의 소함대는 1873년에 하노이를 점령하였지만, 프랑스 정부는 이 사실을 부인하였다. 10년 후인 1883년에 프랑스 해군 소함대는 하이퐁과 하노이를 획득하였고, 1883년 8월 25일에 체결된 조약으로 베트남 통치자는 정식으로 그의 왕국에 대한 프랑스의 보호제도를 승인하였다. 베트남 전체가 프랑스 식민지로 되었고,

베트남 독립은 끝장이 났다. 1887년에 베트남과 두 개의 또 다른 보호령들(라오스와 캄보디아)은 인도지나 연합Indochinese Union으로 조직되어 프랑스의 절대적인 식민통치로 들어가게 되었다.(김영흠 『미국의 아시아외교 100년사』 1988, 265~300쪽)

베트남인들은 자주적인 민족 고유성은 상실하였지만, 바로 이 때문에 그들의 민족주의는 반反프랑스 혹은 반식민주의적 독립운동의 형태로 더욱 격렬해지게 되었다. 1939년 베트남 민족주의자들은 베트남 독립동맹인 베트민Vietminh을 조직하였는 바, 이 단체는 민주주의자들·사회주의자들·공산주의자들 등 그 밖의 여러 그룹들로 이루어진 하나의 연합이었다. 이들의 공통된 목적은 민주적 원칙에 기반을 둔 국가독립과 사회개혁이었다.

제2차 세계대전이 발발한 후 히틀러는 1940년 6월에 프랑스를 패배시켰고, 비시Vichy에 괴뢰정부를 수립하여 프랑스의 나머지 미점령 지역을 떠맡겼다. 프랑스의 모든 해외 식민지들은 페탱M. Petan원수를 수반으로 하는 비시정부의 관할 하에 놓이게 되었다. 1940년 9월 베를린으로부터의 압력으로 인도지나 주재 비시 정부는 일본군과 하노이 협정Hanoi Convention을 체결하여, 일본이 아시아 내에서의 프랑스 이권을 존중하는 대신 일본인들이 프랑스의 시설물들을 이용하도록 허락하였다. 일본군은 즉각 진격하여 인도지나를 점령하기 시작하였다. 베트남인들은 이제 이중적인 억압 속에 빠지게 되었고, 호지명胡志明(호찌민)의 지도 하에 있던 베트민은 "정복자 프랑스 인과 일본인 타도"라는 슬로건으로 강력한 지하 저항운동을 전개하였다.

1945년 3월, 일본인들은 전쟁에서의 패배가 목전에 다다랐음을 인식함으로써 프랑스 관리들을 내쫓고, 베트남·라오스·캄보디아가 각각 독립을 선언할 수 있도록 허락하였다. 따라서 프랑스령 인도지나는 세 개의 국가로 갈라져 각기 다른 독자적인 길을 걸었다.(일본이 침략전쟁을 벌이고도 아시아 해방전쟁을 했다고 거짓 선전하는 핑계거리가 바로 이 대목이다.)

베트남은 안남安南의 바오 다이Bao Dai 제帝가 주도하였는데, 그는 프랑스 치하에서 유명무실한 통치자였고, 지금은 일본치하에서도 그러하였다. 반면에 남지나에 본부를 두고 전략 사무국OSS의 원조를 받은 베트민은 베트남 임시정부를 조직하였다.(OSS : 「전시정보국」으로, 미국 중앙정보국 CIA의 전신) 일본이 연합국에 항복하자 바오 다이 역시 호지명 임시정부에 자신의 제위帝位를 양위하였고, 호지명 정부는 국가 권력을 인수하고 하노이로 이동하여 1945년 9월 2일에 국가 독립을 선언하였다. 임시정부가 공표한 독립선언獨立宣言 중 일부를 보면 다음과 같다.

"모든 인간은 평등하게 창조되었고, 각자 신神에 의해 생명·자유·행복 추구라는 양도할 수 없는 권한을 부여받았다"는 이 불후의 진술은 1776년 미합중국 독립 선언서에 들어 있다. …그럼에도 불구하고 80년 이상이나 프랑스 제국주의자들은 …인류애人類愛와 정의에 위배되는 행동을 하였다. …그들은 비인간적인 법률을 시행하였고, …학교보다는 더 많은 감옥을 지었으며, 우리는 테헤란과 샌프란시스코에서 제국諸國의 자결과 평등의 원칙을 인정했던 연합국들이 베트남 독립을 승인하기를 거부하지 않을 것이라고 확신하는 바이다. …이러한 이유로 우리 베트남 임시정부 요원들은 베트남이 자유롭고 독립된 나라가 될 권한을 가지고 있음을 세계에 선언하는 바이다. 우리는 또한 베트남 국민들이 독립과 자유를 수호하기 위해서는 어떠한 희생도 감수할 각오가 되어 있음을 선언하는 바이다.

국가 독립을 위해서는 어떠한 희생도 감수하겠다는 베트남인의 결의는, 결과적으로 독립을 얻기 위해 현대판 30년(식민지로 떨어진 때(1862년)로부터 미군 철수 시기(1972년)까지 110년) 전쟁을 치러야 했던 것이다.

한국에서와 마찬가지로 점령을 목적으로 프랑스령 인도지나는 16도선으로 분할되었다. 이 선의 이북은 중국의 국민당군이 점령하였고, 이남은 영국에 의해 점령되었다. 이들의 과업은 패전한 일본군을 소집하여, 무장 해제시켜 본국으로 송환하는 일이었으며, 법과 질서를 회복시키는 일이었다. 영국인들은 자국의 점령이 호지명 임시정부의 전복을 가져와 프랑스의 권한을 회복시킬 것으로 생각하였다. 이들은 일본군에 사로잡혔다가 풀려난 약 5천 명의 프랑스군을 재무장시켰다. 1945년 9월, 권력을 장악하기 위한 시도로서 이 군대는 베트남 임시정부의 사이공 본부를 공격하였고, 양군 사이에서 전투가 개시되었다.

이것이 프랑스령 인도지나 식민지 전쟁의 시작이었고 그 이후 나타난 모든 것에 대한 성격을 결정지었다. 이해 말 영국이 철수준비를 하고 있을 때, 프랑스는 무력으로 다시 지배체제를 수립하기 위하여 남부 지대에 약 5만의 군대를 집결시켰다.

북부에서 중국의 점령 당국은 하노이 임시정부의 관할권을 사실상 인정하였고, 하노이에 잔류하는 수천 명의 프랑스군을 오히려 엄격한 통제 하에 두었다. 1946년 2월, 호지명 정부·프랑스·중국 사이의 3자협상이 있은 후 국민당군은 베트남을 떠났다. 이때 호지명은 미국과 그 밖의 주요 열강들이 "정당한 해결의 중재를 위해 인도지나에 개입하여 전쟁을 중지시켜 줄 것"을 호소하였다.

3월 6일, 호지명과 프랑스 정부는 하나의 협정을 체결하였는 바, 이에 의해 프랑스는 베트남을 프랑스연합과 인도지나 동맹에 소속된, 독립되지는 않았지만 자유로운 국가로

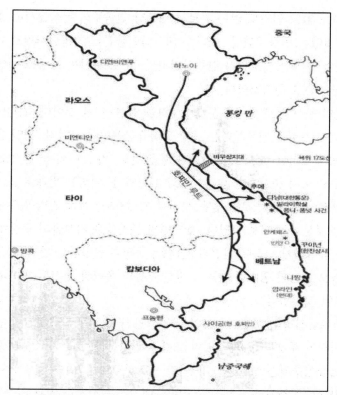

베트남 약도. 호찌민 루트route는 밀림 속 땅굴. 일본과 프랑스 식
민지에서 간신히 벗어난 조선과 베트남은 미국과의 재차대결(특히
무자비한 공중폭격)에서 버티기 위해 무장시설과 활동의 통로를 지
하에 설치하느라 피나는 고통을 겪어왔다.(박태균『베트남 전쟁』
한겨레출판 2015)

인정하였다. 그러나 실제에 있어서 이 협정은 인도지나 전체에 대해 절대적인 지배를 회
복하고 호지명으로부터 권력을 빼앗으려는 프랑스의 결의가 결코 바뀌지 않았기 때문에
일종의 정전停戰에 불과한 것이었다. 결과적으로 이 해의 남은 기간 동안 프랑스·베트
남 관계는 악화되어, 11월 23일 프랑스는 하노이를 폭격하였고 수천 명의 베트남인들이
목숨을 잃었다. 전면전쟁全面戰爭은 점점 더 통킹과 안남 북부 전역으로 확산되었고, 코
친차이나에서도 다시 전투가 시작되었다.

　프랑스는 때때로 승리하기도 하였지만 군사적 수단으로써만 승리를 바랄 수는 없음이
여실히 드러났다. 프랑스 인들은 단지 정치적 공격으로써만 호지명의 추종자들을 패배
시킬 수 있다고 생각하였다. 이러한 생각 끝에 1949년 프랑스는, 양위 후 프랑스에 망명
했던 바오 다이를 수도인 사이공에 급파 베트남 국가원수로서 취임시키려고 하였다. 바

오 다이는 세력도 없고 인기도 없는 자로서 베트남 민족주의를 상징하는 호지명을 대신하기에는 보잘것없는 인물이었다. 대다수 베트남인들은 호지명이야말로 대對프랑스 투쟁에서 자신들의 유일한 지도자라 간주하였지만, 바오 다이는 프랑스 식민주의와 제국주의의 산물(앞잡이)로 생각하였다.

양측 전투원의 구성을 보면, 이 분쟁의 성격을 알 수 있을 것이다. 1949년 말까지 약 15만 명에 달하는 프랑스 전투부대는 프랑스 정규군뿐만이 아니라, 독일 용병傭兵, 프랑스 외인부대, 해외 프랑스계 모로코 인들과 뱅골 인들, 바오 다이 군 등으로 구성되었다. 이들은 겨우 주요 도시 중심지만을 장악하려고 하였다. 이와는 반대로 호지명군은 거의 젊고 열렬한 베트남 전사戰士로서 높은 사기를 지녔으며, 전국 방방곡곡에 걸쳐 있었으며 농촌 주민 대부분의 충성을 얻었다. 호지명의 부하들은 자신들의 주장에 대한 광범한 국민적 지지를 규합하기 위하여 친절과 관대함, 동정과 공평함을 가지고 행동하였다. 프랑스 인이나 바오 다이와 협력한 자들에 대한 이들의 폭력과 테러도 제멋대로가 아닌 신중하고 선별적인 것이었다.

처음부터 베트남전쟁은 식민지주의의 반동적인 구질서와 민족주의의 진보적인 신질서 사이의 역사적인 투쟁이었다. 그러나 프랑스 인들은 자신들이 식민전쟁을 하고 있는 것이 아니라 반공산주의 전쟁을 하고 있다고 주장하였다. 그들은 스스로 아시아에서 동양의 이교주의異敎主義와 무신론적 공산주의에 대항하는 서구 문명과 기독교의 수호자임을 자처하였다. 미국은 이러한 주장들을 받아들였고, "바오 다이가 베트남 인 대다수의 소망을 대표하고, 날마다 새로운 지지를 얻고 있다"고 믿기 시작하였다.

1950년 2월 7일, 미국은 바오 다이 정권을 정식으로 승인하였고, 5월에는 다음과 같은 내용을 발표하였다.

소련 제국주의가 지배하는 어떠한 지역에서도 국가 독립이나 민주적 발전은 있을 수 없다고 확신한 미국 정부는 인도지나 상황이 인도지나 연합국들과 프랑스에 경제원조 및 군사장비의 제공을 정당화할 정도인 것으로 간주하는 바, 이것은 그들이 안정을 회복하고 평화적이고 민주적인 발전을 추구하도록 원조하기 위해서이다.

트루먼 대통령은 한국전쟁이 발발한 지 불과 이틀 후 "프랑스 군대와 인도지나 연합국들에 대한 군사원조와 이러한 군대들과의 밀접한 실질적 관계를 제공할 군사단의 파송을 가속화시키겠다"는 자신의 정책을 되풀이하였다. 그러나 인도지나전쟁은 당시 미국의 최우선권을 차지한 한국전쟁의 발발로 일단은 미뤄졌다.

미국이 한국전쟁을 승리로 이끌지 못한 욕구 불만을 나타내고 있을 당시, 인도지나에서의 프랑스 연합군은 전면적인 붕괴에 직면해 있었다. 1954년 4월에 프랑스군은 디엔비엔푸 성채에서 포위당해 있었다. 이때 덜레스 미국 국무장관은 미군 개입을 감행하고자 하였지만, 의회의 지지와 연합작전을 위한 영국의 협력을 얻을 수가 없었다. 1954년 5월 7일 디엔비엔푸는 함락되었다. 이것으로 인도지나의 프랑스 식민전쟁은 끝이 났다. 호지명은 민족 독립이 마침내 자신의 수중에 들어왔다고 느꼈다. 그러나 그것은 단지 그가 공언한 '어떠한 희생' 중 첫 부분에 불과한 것이었다.

(2) 식민지를 빼앗기지 않으려던 미·영·프 3국의 침략전쟁 모의

디엔비엔푸가 베트민의 포위 하에 놓여 있던 1954년 4월 3일, 덜레스 국무장관은 군 및 의회 지도자들이 참석한 고위 국가안전보장이사회(National Security Council, NSC)를 개최하였다. 그는, 아이젠하워 대통령은 자신이 인도지나에 포위되어 있는 프랑스군을 구조하기 위하여 공군 및 해군력을 사용할 수 있도록 허가하는 상·하 양원의 합동결의안을 필요로 한다고 진술하였다. 의회 지도자들은 그와 같은 행동방침에 당황하였고, 회의적이었으며, 덜레스에게 다른 연합국들, 특히 연합작전을 위해서는 영국으로부터 적극적인 지지와 협력을 얻을 수 있는지를 타진해 보도록 촉구하였다. 일 주일 후, 덜레스 장관은 영국으로 건너가 영국 외상인 이든A. Eden과 의논하였다. 그러나 영국의 지지를 얻을 수 없게 된 그는 파리에 들러 프랑스 외상인 비돌G. Bidault과 잠시 회담한 후 워싱턴으로 돌아왔다.

덜레스 계획에 협력하기를 거절한 영국은, 인도지나 전쟁에 즉각적인 미국의 개입을 막으려는 의도를 가지고 있었다. 그러나 이것은 또한 아이젠하워 행정부내 일부 각료들의 열망과 호전성好戰性을 고조시켰는 바, 닉슨R. M. Nixon부통령은 다음과 같이 언급하였다. "미국은 자유 세계의 지도자로서 더 이상 아시아에서 후퇴할 수 없다. 미국이 거기에 군대를 보내지 않게 되기를 바라지만, 만일 이 정부가 그것을 피할 수 없다면 그러한 상황에 감연히 맞서 군대를 파송해야 한다." 닉슨 연설에 대한 국민의 반응은 너무 냉담하여 이 행정부의 강경론자들의 태도는 다소 풀이 죽었다.

덜레스 장관은 한번더 비돌과 논의하기 위해 왕복 외교차 파리로 다시 건너갔다. 이든도 이들과 합류하였다. 회담이 진행되는 동안 비돌은 디엔비엔푸를 구하기 위해 적에 대한 대대적인 미공군의 공습을 요청하였다. 덜레스 장관은 래드포드A. Radford 합참의장의 지원을 받고 있었는데, 래드포드 의장은 인도지나 상실喪失이 "모든 동남아시아 상실의 전조가 될 것이며, 더 광범한 지역에 대한 하나의 위협이 될 것"이라고 믿어 공습을 지지한 바 있었다. 이 당시 미국 군사 원조안은 프랑스 전쟁 비용 중 78%에 상당하는 11억 달러 이상에 달했다.

영국 외상 이든은, 서구 연합국들과의 연합작전이라는 명목하에 인도지나에 단독으로 개입하려는 미국의 분명한 결의에 깊은 관심과 우려를 나타내었다. 그는, 인도지나 전쟁을 협상으로 해결하기 위한 제네바회담 직전에 미국이 비록 제3차 세계대전은 아니지만 아시아에 전면전全面戰을 일으킬지도 모를 군사행동을 무모하게 제기하고 있다고 느꼈다. 한국에서 얻은 모진 교훈(패배하거나 이길 수 없다는 가능성)을 이미 망각했다는 것이 믿을 수 없는 일이었다.

이든은 자기 정부와 협의하고자 런던으로 날아갔다가 확고한 부정적인 대답을 가지고 4월 25일에 돌아왔다. 다음 날 제네바회담은 미국의 '오기와 심술Sour Grapes'로 우울한 분위기 속에서 개최되었다.(그 협상 동안 가장 중시할 점은 협상에 참석한 덜레스 국무장관이 중국 대표단 단장인 주은래의 악수 제의를 거절, 묵살해 버린 것이다. Edgar Snow, *Red China Today : The Other Side of the River*(New York : Vintage Books, 1970, p. 660.)

제네바회담은 두 가지 두드러진 국면을 가지고 있었는데, 그 하나는 한국문제이고 또 다른 한 가지는 인도지나에 관한 것이었다. 1954년 2월, 독일과 오스트리아 문제를 다루기 위해 베를린에서 열린 4개국(미국·영국·소련·프랑스) 외상회담에서 이들은, 한국의 평화적 통일을 실현시키고 인도지나에 평화를 가져오기 위해 1954년 4월 26일 제네바에서 회담을 소집한다는 데 동의하였다. 한국문제(앞의 3권에서 서술)는 곧 교착상태에 빠졌고, 영구히 미해결로 남게 되었다. 둘째 국면인 인도지나 문제에 관한 회담은 디엔비엔푸 함락 다음 날인 5월 8일에 시작되었다.

회담은 곧 인도지나 문제를 거론하였지만, 어떠한 해결이 나오든 그것은 미국의 입장에서 결정될 운명에 놓여 있었다. 덜레스 장관은 프랑스가 인기 없는 전쟁을 피하고자 하나의 해결책을 협상하고 있다고 느꼈다. 회담이 열린 같은 주일에 미국의 국가안전보장이사회는 아이젠하워 대통령이 프랑스 정부에게 공산주의자들에 대한 유화적인 태도는 프랑스 강대국 지위뿐만이 아니라, 계속된 미국의 원조도 위태롭게 할 것이라고 통고하도록 촉구하였다. 국가안전보장이사회의 정책안은 만일 프랑스가 만족스럽지 못한 해결책을 협상하려 한다면, 미국은 연합국가들과 함께 전쟁 자체를 지속시키는 방안을 고려해야 한다고 진술하였다.

미국의 목표는 인도차이나에서는 못이룬 군사적 승리를 한국에서 거두는 일이었다.

덜레스 장관은 개인적으로 회담의 결과에 관련되지 않기 위해 미국 대표단을 스미스W. B. Smith 국무차관에게 맡겨둔 채 워싱턴으로 돌아왔다. 제안과 대안, 교착상태와 새로운 전환책으로 가득찬 일련의 협상이 진행되는 동안, 6월 12일 프랑스의 라니엘Laniel 정부는 실각하였고, 망데스 프랑스P. Mendes-France가 새로운 정부를 구성하도록 지명되었다. 5일 후 그의 정부는 정식으로 출범하였고, 새 수상은 만일 7월 20일까지 인도지나에 평화적 해결을 이루지 못한다면 사임할 것이라고 선언하였다.

1954년 7월 20일, 휴전협정이 프랑스 군과 베트민 군 사이에서 체결되었다. 이 휴전협정의 가장 중요 부분들은 다음과 같다.

1. 3백일 동안 민간인은 물론 군대의 재분류를 위해 잠정적인 군사분계선을 17도선에 수립할 것.
2. 분계선 이북 재분류 지대의 민간행정부는 베트민의 수중에 두고, 이남은 프랑스의 수중에 둘 것.
3. 남북 공히 베트남 전체에 증원 부대 혹은 각종 형태의 무기 반입 금지, 새로운 군사기지의 설치를 금함.
4. 양측 모두 어떤 군사동맹의 참여도 금하고, 어떤 외국 세력도 양측 지대에 소재한 군사기지를 이용할 수 없음.
5. 이 협정 조항들의 적절한 실행을 감독하기 위해 캐나다·폴란드 대표로 구성된 국제조정위원회International Control Commission, ICC를 구성할 것.

다음날 라오스와 캄보디아의 휴전협정은 물론 전술한 베트남 휴전협정을 찬성하는 최종 선언이 발표되었다. 최종선언에서 가장 중요한 두 항목은 다음과 같다.

6. 이 회담은, 베트남과 관련된 협정의 본질적인 목적이 교전을 종식시키기 위해 군사문제를 해결하는 것이고, 군사분계선은 잠정적이며 어떠한 경우이든 정치적 혹은 영토적 경계선을 수립하는 것으로 해석되지 말아야 한다는 것을 밝혀 둔다. 이 회담은, 현재의 선언과 휴전협정에서 명백히 밝힌 세부 사항이 실행이 가까운 장래에 베트남의 정치적 해결을 위한 필요한 기반을 가져온다는 확신을 표명하는 바이다.
7. 이 회담은 베트남에 관한 독립·통일·영토보존 등의 원칙에 대한 존중을 기반으로 하는 제반 정치문제의 해결이 베트남인들로 하여금 비밀투표에 의한 자유로운 총선거로 수립된 민주제도들에 의해 보장된 기본적인 자유를 누릴 수 있도록 할 것임을 선언하는 바이다. 지금까지 이루어져 온 평화 회복에서의 충분한 진보와 국민 의지의 자유로운 표현을 위해, 필

요한 모든 조건들을 확보하기 위해 총선거는 휴전협정에서 언급되어진 바 있는 국제감독위원회의 회원국 대표들로 구성된 국제위원회의 감독 하에 1956년 7월에 치러질 것이다. 이 문제는 1955년 7월 20일 이후부터 양측 대표자들간에 서로 논의하기로 하였다.

프랑스군의 패배로 호지명은 군사작전으로 조국을 쉽게 통일시킬 수 있을 것이라는 확신을 갖게 되었다. 그러나 소련과 중공은 제네바회담이 와해될 경우 대대적인 미군의 개입이 있을지도 모른다는 사실을 우려한 나머지 호지명으로 하여금 1956년 총선을 제안한 상기 선언을 받아들이도록 설득하였다. 또한 호지명의 관심은, "본 협정의 조약자들과 그 기능에 있어 이들의 계승자들은 협정조항의 준수·시행을 보증하는 데 책임이 있다"는 정전협정 제27조에 의해 한층 더 보장되었다고 지적했다.

그러나 결과적으로 바오 다이 정권과 프랑스를 대신한 (이미 미국의 조종을 받고 있던) 베트남 공화국(남부 베트남) 건설자들은 이 규정 준수를 거부하였고, 그 부분적인 이유로는 제네바 체제 전체가 무너지기 시작하였다.

최종 선언이 공표되자 예상했던 대로 미국은 제네바협정 내용 중 어느 것도 지지하기를 거부하였다. 그러나 미국은 특별히 선거문제와 관련한 발표를 일방적으로 내놓았다. 스미스는 다음과 같이 언급하였다.

베트남 자유선거에 관한 선언에서 나온 진술과 관련하여 미국 정부는 1954년 6월 29일 워싱턴에서 행해진 선언에서 표명한 바 있는, "국민 자신들의 의지와는 반대로 지금 분할된 양국의 경우에 있어서 우리는 그들이 공평하게 행동하도록 보증하기 위한 방편으로 유엔 감독하의 자유선거를 통해 통일을 성취하도록 계속 추구할 것"이라는 입장을 분명히 하기를 원하는 바이다.

식민지 강압통치 하에서 민족·민중에 대한 반역자들을 지배세력으로 혼합해놓은 유엔감시 하 선거는 전혀 자주·민주적 성격을 담고 있지 못하다는 사실을 묵살한 처사를 미국은 조선반도와 베트남에서 똑같이 저지르려 했으나 나중에 이것이 불리해지자 자유선거를 아예 거부했다.

미국은 또한 스스로 내놓은 공약의 한 형태로, 협정을 교란하는 위협이나 무력행사를 삼갈 것이고, 전술한 협정을 위반하는 어떠한 침략의 재개도 심히 우려스러운, 국제 평화 및 안전을 중대하게 위협하는 것으로 간주할 것이라고 선언하였다. 베트남의 진정한 자주독립 세력에 의한 통일정부 수립 노력을 사전에 견제하려는 심사였다.

이리하여 획기적인 제네바회담은 끝이 났다. 그러한 협정들이 얼마나 효과적으로 언명된 목적들을 수행할 것인가는 두고 볼 일이었다. 회담의 의장이었던 이든의 말대로 제 협정은 그들이 궁리할 수 있는 최선의 것이었던 바, 모든 것은 이제 그러한 협정이 준수·이행되어지는 추세에 영향받게 되었다. 스미스에 따르면 미국의 입장에서 볼 때 제 네바협정은 미국이 그와 같은 상황에서 얻을 수 있는 최선의 것이었다. 공개적으로 미국은, 제네바가 뮌헨은 아니지만 또다른 판문점이 될 수 있다는 견해를 제시하였다. 그러나 내적으로 미국은 제네바회담을, "동남아시아를 집어삼킬지도 모를 공산주의가 중요한 거보巨步를 내딛도록 한 재난"으로 간주하였다.

사태가 진전됨에 따라 제네바회담은 판문점회담보다 더 불리하게 진행되었다. 왜냐하면 판문점회담의 경우 협상은, 공산주의 침략을 격퇴하기 위해 강력한 미군이 참여하였던 전쟁을 제어한 반면, 제네바회담의 경우 협상은, 공산주의 팽창을 억제하기 위해 아직 어떠한 미군도 관여하지 않았던 전쟁을 종식시켰기 때문이다.

이와 같은 경우 제네바회담으로 인해 예상되는 결과는 '재난'이었다. 왜냐하면 "외교란 전장에서 얻지 못하고 차지하지 못한 것을 회담 테이블에서는 더욱 얻을 수 없기" 때문이었다. 전쟁이 국가정책의 기본수단이라는 제국주의 논리에서 보면 군사적 수단 혹은 전쟁이 외교의 결정 요인이기 때문이다.

미국은 재난이라고 호칭을 붙인 제네바협정을 거부함으로써 마치 베트남 수호의 짐을 떠맡은 인도지나의 고독한 치안경찰과 같이 혼자 힘으로 싸워 나갈 무대를 마련하였다. 알게 모르게 이러한 과정 중에 아이젠하워 행정부는 제네바 협정을 망치기 시작하였고, 아시아에 또 하나의 전쟁의 씨앗을 뿌렸던 것이다.

2) 공산주의 이념을 악으로 보고 도미노이론 펴며 또다시 전쟁 도발

(1) 착취와 억압의 식민지에서 해방되겠다는데, 미국은 기어이 행패

한국전쟁은 20세기 아시아에 있어서 미국의 네 번째 전면적이고 직접적인 군사개입이었다. 남과 북을 갈라놓은 비무장지대는 아시아 대륙 중 가장 멀리 위치한 미국의 최전방의 군사기지가 되었다. 당시 미국의 방위 돌출부는 알래스카로부터 알류샨 열도, 일본·한국·대만을 거쳐 필리핀까지에 걸쳐 있었다. 공산주의(근로대중을 중심으로 착취를 거부하는 여러 계층의 인민들이 연합한 인민공화체제 지향의 이념과 이상)의 확산을 막기 위한 미국의 세계 전략이라는 관점에서 볼 때, 아이젠하워 행정부는 (미국 지배세력이 싫어하는 이념 침투의) 가장 허약한 고리는 동남아시아라고 결론을 내리게 되었다.

1950년 2월 초 국가안전보장이사회가 인도지나에 있는 프랑스에 군사원조를 확대하기로 결정하였을 당시, 후에 알려진 소위 도미노이론Domino Theory을 선언하였던 바, 이것은 이 지역에 대한 미국의 개입을 정당화하는 기본적인 이론적 근거였다. 이 이사회는 동남아시아에 있어서 더 이상의 공산주의 팽창을 막기 위해 할 수 있는 모든 조처가 취해져야 함은 미국의 안전에 중요한 일이라고 진술하였다. 이 이사회는 도미노 효과가 유럽 안전마저도, 엄밀히 말하여 자산가 중심 수탈세력의 영구독점체제를 얼마나 위태롭게 할 것인지를 다음과 같이 기술하였다.

> 공산주의 침략으로 동남아시아 국가 중 어느 한 국가를 상실하게 되면, 그 결과는 심리적·정치적·경제적인 면에서 결정적인 영향을 입게 될 것이다. 어느 한 국가가 상실되었을 경우 즉각적이고 효과적인 반격을 하지 않는 한 남아 있는 국가들은 비교적 빠른 속도로 공산주의와 제휴 유혹에 빠져들게 될 것이다. 더 나아가 동남아시아와 인도의 나머지 국가들은 물론 장기적으로 볼 때 중동(적어도 파키스탄과 터키는 제외)까지도 십중팔구 점진적으로 적화赤化될 것이다. 이와 같은 적화의 확산은 유럽의 안정과 안전도 위태롭게 할 것이다.

◎ **맹목적 반공주의의 부당성** : 지구상 어느 지역 현지 주민들의 「자주·평등·민주·무착취 요구·호소」를 「악의 공산주의」로 일방적으로 매도할 경우, 그것은 바로 그 집단의 "인간적 자유·자주·민주주의적 소망과 의지와 실천에 반대한다"는 뜻이 된다. 게다가 편파적 매도에만 그치지 않고 군사무력으로 살상을 통해 강요할 경우 극단적 반자주·반평등·반민주주의 악의 폭력으로 직결된다고 볼 수 있다.

「붉은 악마」라는 용어(극악스런 악담)에 담겨진 혐오스러운 「저주의 내용」은 어림짐작으로만 느끼고 있을 뿐이지만, 역사상에서, 특히 봉건체제하의 계급차별 철폐와 수탈 제거 요구에서나 제국주의 침략에 맞서 온 약소민족의 자주독립 투쟁의 역사에서 보면 피억압 민중의 「호소」와 제국주의자들이 전쟁 구실로 내세우는 「악마」저주는 정반대의 의미를 내포하고 있음을 알 수 있다.

절대적 봉건시대의 경우나 식민지 상태 하에서는 인간의 인격 자체가 태어나면서부터 차별받게 되어 있고 따라서 생존수단의 소유나 생산노동의 권리에서 일방적인 통제를 받게 된 근로대중은 자연스럽게, 그리고 당연히 자유·자주·평등·민주를 부르짖었고 수많은 고난 끝에 조금씩 조금씩 실현시켜온 것이 바로 인류 역사의 발전 과정이었다. 영국·프랑스·러시아·중국이 그렇게 발전되어 왔고 제국주의 제1주자가 된 미국도 같은 과정을 밟아왔다. 이처럼 저마다 피흘려 쟁취하여온 거룩한 자주·평등·민주의 이상理想을 식민지 쟁탈 야욕을 가진 어느 제국주의세력이 힘센 무기를 가졌다고 위세를 부리며 빼앗으려 한다면, 더구나 엉뚱한 「붉은 악마」 타령으로 윽박지른다면 그 자체가 이번에는 저주받을 「푸른 악마」이거나 「검은 악마」의 짓거리가 되는 셈이다.

○ 앞에서 언급된, 근로대중의 소망과 이상理想으로서의 「자주·평등·민주」 등의 주장은, 개인 또는 민족·국가 집단이 다른 개인 또는 민족·국가와 동등하게 자유와 권리의 기회를 누리겠다는 것으로서, 다른 집단으로부터 침해를 받고 있을 경우 빼앗긴(부분의) 자유와 권리를 찾아야 한다는 선善 지향의 현실적·실체적 호소이다.

이에 반해 대체로 가해자加害者들에 의해 증오의 표시로 주창되어온 「붉은 악마」라는 용어는 실체가 없는 가상假想의 존재에 대한 표현으로서, (악법·고문·투옥과 함께) 인간들의 공포와 증오의 대상에게 쏘아대는 악의적 주장이다.

인간들은 옛날부터 인간 실체 밖에 인간을 닮은 보이지 않는 유령이나 도깨비라는 존재가 있다고 믿거나 또는 재미로 상상하여 왔고 그 중 특히 인간을 해치는 악한 행위를 한다고 가정된 도깨비를 '악마'라고 부르게 된 것으로 보인다. 그런데 언제부턴가 착취세력이 적반하장격으로 근로대중에게 「악마표」 칼날을 겨누어 온 것이다.

봉건시대·자본주의 시대(발전된 어느 시대에도)의 가장 큰 문제는 생존과 관련이 깊은 수탈과 착취였다. 이 경우 착취·수탈자에게 당해온 피수탈 근로민중은 분노하게 되었고 따라서 이에 반응하는 수탈자측의 증오는 더 크고 사납게 닥쳐왔다. 이 사나운 역逆증오의 표현 중의 하나가 바로 「붉은 악마」 저주였다. 이 용어는 제국주의 시기부터 거세게 터져나오기 시작했다. 침략·침탈세력은 안에서나 밖에서나 대상자들이 반항할 때마다 「붉은악마」라는 말을 밥 먹듯이 쏟아냈다. 한국에서는 일본 침략자들은 물론 그들이 물러간 뒤 친일 역적으로 몰리던 수탈세력이, 특히 이 말을 즐겨썼고 여러 가지로 가지를 붙여서 읊어대기 시작했는데 벌써 100년을 지나고 있다. 이 말을 씀으로써 친일파와 그 후손들은 합법적으로 '애국자'와 '매국노(죄인)'의 구별의식을 제거시키고 근로민중의 '왼쪽'과 수탈가능 계층의 '오른쪽'의 구별을 확연히 내세우게 되었고, 마침내는 '왼쪽'만을 죄인·역적으로 몰아갈 수 있게 되어 사회공동체 전구성원의 의식주를 생산해주는 생존의 은인인 근로민중을 억누르며 「수탈과 축재의 자유」라는 행복을 누려가고 있다.

수탈세력은 다른 사람의 노동력을 자유롭게 「수탈 가능하게 방임된 사회」를 「자유민주주의 체제」라고 위장시켜 아름답게 이름 붙여 당당하게 선전하고 있다.

(2) 소련·중국 제압 욕구를 중간의 약소민족 학살로 성취 기도

아이젠하워 대통령은 1954년 4월 7일 기자회견에서 도미노현상에 대해 언급하였고, 제네바협정이 최종적으로 조인되기 2주일 전인 7월 7일에 덜레스 장관은 최종 선언에서 천명되었던 1956년 총선에서 최초의 도미노가 쓰러질 것(공산주의 지향자들이 주도하는 정부 수립)을 예견하였다. 덜레스는, "총선이 결국 호지명 하의 베트남 통일을 의미한다는 것"은 의심의 여지가 없는 사실이라고 말하였다.

그러므로 제네바회담 이후 미국의 가장 긴급한 대對 동남아시아 정책은 가장 취약한 지역을 강화시켜 이 지역의 적화를 막는 일이었다. 이러한 심사숙고로부터 제네바협정 후 두 달도 채 안되어 동남아시아조약기구(Southeast Asia Treaty Organization, SEATO)가 구성되었다. SEATO는 미국의 동남아시아 프런티어frontier(최전선)를 위협하고 있는 '붉은 무리'를 막기 위해 급히 둥근 반원형으로 대형을 이룬 현대판 포장마차였다. 그러니까 침략의 탱크대열을 꽃마차로 꾸미기 시작했던 것이다.

디엔비엔푸의 위기 동안 덜레스 장관은 연합 행동하의 군사개입에 대한 영국의 지지를 얻고자 무진 애를 썼다. 이에 실패한 그는 그 대신 연합 행동을 가져올 수 있는 집단적 자위自衛기구를 마련하려는 구상을 떠올렸다. 시간은 빨리 흘러가 재난으로 간주했던 제네바협정도 하나의 현실이 되었다. 1954년 9월 6일, 덜레스 장관은 영국·프랑스·오스트레일리아·뉴질랜드·필리핀·태국·파키스탄 등의 대표들이 참석한 마닐라회담 Manila Conference을 소집하였다.

외관상 '백인들만의 모임'이라는 약점을 피하고자 인도네시아·인도·버마·실론 등 많은 동남아시아 국가들이 초대되었지만, 중립주의 정책을 추구하고자 한 이들 국가들은 회담 참석을 거절하였다. 이틀 후 8개국 대표들은 동남아시아 집단방위조약 및 의정서(마닐라협정)에 서명하였다. 이 조약은, 외부로부터 침략당할 경우 각 조약국들은 "각국 헌법규정의 절차 방법에 따라 공동 위험에 대처한다"(제4조 1항)는 사항을 명기하였다. 그러나 미국에 관한 한 이 조항은 '공산주의 침략에만' 적용될 것임에 주목해야 했다. 또한 국가 전복의 위험에 처했을 경우 각국은 공동 방위를 위해 취할 조처에 대한 동의를 얻고자 다른 조약국들과 논의하게 되어 있었다.(제6조 1항) SEATO 조약국들은, 첨부된 의정서에 의하면 캄보디아와 라오스, 그리고 남부베트남공화국 관할권하의 지역을 위에 언급된 조항의 보호 하에 둘 것을 지시하였다. 미국 개입의 튼튼한 밧줄이었다.

SEATO협정이 담고 있는 몇 가지 함축된 내용은 무엇이었는가? 첫째, 의정서에 의해 지시된 '베트남 국 관할권하의 자유지역'이라는 구절은 남부베트남에게 라오스와 똑같은 국가로서의 지위를 부여하는 것이었다. 제네바협정이, 17도선을 잠정적인 경계선으로 하여 분할된 두 개의 재분류 지대로 이루어진 베트남에 단지 하나의 정치적 실재만이 있음을 인정하였기 때문에 베트남 국은 결론적으로 자유지역(남)과 비자유지역(북)을 가지는 한 국가가 될 것이었다. 여기서 미국은 베트남 상황에 베트남 분단의 공식을 적용하려고 하였다. 아시아 대륙 남단의 약소국을 쪼개어 점령하는 수법이었다.

친일파 중심의 아부세력 분단국을 세워놓고 북쪽까지 영토로 가정하는 독단적 종속국 형태였다. 두 나라 사이에는 몇 가지 유사한 점들이 있었다. 우선 38도선과 17도선의 본래 목적과 성격은 동일한 것이었다. 한국인들과 베트남인들은 둘 다 식민통치로부터 해방되었다. 이들은 자신들의 국가독립을 되찾았고, 자신들의 민족통일을 이루기 위해 싸우고 있었다. 한반도와 베트남은 둘 다 자본주의 세계와 공산주의 블록간에 벌어지고 있던 냉전의 국제 무대가 되었다. 그러나 여기에는 미국이 식별치 못하고 혹은 일부러 무시한 몇 가지 기본적인 차이점들이 있었다.

베트남에서는 베트민 세력이 프랑스에 대항하여 반식민지 민족해방전쟁을 했었고, 마침내 자신들의 이전 지배자들을 물리치는 데 성공하였다. 실로 베트민 독립전쟁은 미국 독립전쟁과 비교할 수 있었다. 호지명이 베트남의 죠지 워싱턴G. Washington으로 간주되었던 사실은 피상적인 수사修辭 이상의 실질적인 의미를 가진 것이었다. 그런데 미국은 남부 베트남 국 State of Vietnam이 베트남 전체에 대한 합법적·자주적인 국가라는 (실재하는 현실과 다른) 자기 기만적인 환상을 만들었다.

그리고 베트남 국은 17도선 이북의 '비자유지역'에 대한 관할권을 행사할 수 없었기 때문에 미국은 암암리에 이 선이 최종 선언의 취지와 정신에는 위배되는 영구적인 정치적·영토적 경계선이 되도록 시치미를 떼어 내버려두었다.

SEATO는 NATO와는 달리 군사령부는 갖추지 않았으므로 가입국들의 군대로 구성된 SEATO군이 없었다. 이 조직의 위력은 단지 핵무기로 무장된 미국 군사력뿐이었다. SEATO는 제네바협정을 대체하는 약한 실체實體였다. 한 평론가는 다음과 같이 적었다.

SEATO는 덜레스 자신이 연구하고 실행하였던 국제법의 실제적인 주의主義들을 자신의 반공운동反共運動에 대한 독자적인 열정과 결합시키려고 했던 덜레스의 강요로부터 나온 산물이었다. 그의 잘못은 미국의 주요 동맹국들, 특히 영국과 프랑스는 물론 그 밖의 미심쩍어하는 국가들에게 미처 숙고할 여유도 주지 않고 급히 SEATO를 강요하려고 했다는 데에 있다. 비돌G. Bidault에 따르면, 덜레스 국무장관은 그에게 두 차례나 미국의 원자폭탄 사용을 제의하였다. 그러한 일련의 행동에 대한 두려움 때문에 비돌은 디엔비엔푸 작전에 있어 프랑스 군 참모총장 엘리 장군에게 비원자非原子 무기만 사용할 것을 인정했다.(Roscoe Drummond and Gaston Coblentz, *Duel at the Brink* : New York Doubleday, 1960, pp.116-23)

1954년 8월 초 미국은 베트남에 대해 다음과 같은 세 단계의 계획안을 채택하였다. ① 군사적으론 남베트남 군을 훈련시켜 증강시키고, ② 경제적으론 이전과 같이 프랑스 채널을 통해서가 아니라 직접 베트남인들에게 원조를 제공하며, ③ 정치적으론 제네바협정이 체결되기 바로 두 주일 전인 7월 7일 이 협정을 지지하기를 거부하고 취임한 고 딘 디엠Ngo Ding Diem 수상과 함께 일하는 것 등이었다.

아이젠하워 대통령의 특사였던 콜린즈L. Collins 장군에 따르면 디엠은 무질서한 행정, 파산한 경제, 부패한 사회질서, 만성적인 당파싸움, 혼란한 정치제도, 떼지어 모여드는 피난민과 같은 중대한 제반문제를 해결할 어마어마한 과업을 다루기에는 적합한 인물이 아니었다. 콜린즈는 덜레스 장관에게 디엠의 제거를 건의하였지만, 덜레스는 "우리는 베트남에 대한 원조와 디엠에 대한 지원을 계속하는 수밖에 다른 방도가 없다"고 대답하였다.

1955년 10월, 국민투표로 바오 다이는 물러나고, 초대 대통령이 된 디엠에 의해 남베트남공화국은 미국의 축복하에 선포되었다. 그리고 1956년 7월 제네바회담에서 규정한 베트남 남북을 통한 총선 날짜가 다가옴에 따라 디엠은, 남베트남 정부는 제네바협정에 서명하지 않았다는 구실로 그에 대해 구속받지 않는다고 주장하며 총선을 거부하였다. 총선 거부에 대해 디엠과 함께 미국이 실제로 공모하였으리라는 것은 명약관화明若觀火한 사실이었다.

이 당시 분명한 것은 남베트남에 대한 미국의 원조가 거의 전적으로 군수품에 집중되었다는 사실이고, 농업·교육·운송기관도 대부분 실제로는 군사 지향적인 사업으로 들어갔다. 이러한 사정이었으므로 대량의 미국 원조자금은 베트남 국민의 대다수인 시골 주민들의 생활에는 좀처럼 미치지 못한 반면, 디엠에게는 상당한 돈이 흘러 들어갔다. 디엠은 열악劣惡한 상태에 있는 주민 생활 개선에는 거의 관심이 없었고, 스스로 국민들의 기본적인 경제적·정치적 실재와는 동떨어져 있었다.

1956년 총선일이 평온무사하게 지나간 뒤 반反디엠 폭동이 일어나기 시작했다. 무기를 들고 일어선 사람들 중 대부분은 남부 베트남 국민들이었고, 이들이 내세웠던 대의명분大義名分은 결코 하노이 정권에 의해 기도된 것은 아니었다. 이러한 '폭도'들은 미국이 프랑스의 식민주의적 망토로 치장하고 있다고 간주하였고, 또한 이들은 바오 다이 정부가 프랑스의 괴뢰정권이었던 것과 마찬가지로 디엠 정권을 미국의 꼭두각시인 것으로 생각하였다. 1957년 10월 베트콩(베트남 공산주의자) 게릴라들이 미정보국(United States Information Agency, USIA)과 군사원조고문단(Military Assistance Group, MAG) 건물을 포격하였고, 1958년 7월에는 비엔 호아Bien Hoa에 있는 베트남 군사기지를 공격하여, 여러 명의 미국 군사원조 고문단원들이 죽거나 부상당했다.

1959년 말까지 베트콩은 남베트남의 3분의 1을 장악하였다. 이들은 1년 내에 이 나라의 반을 차지할 것이라고 주장하였고, 디엠의 군대는 도처에서 수세에 처해 있었다. 디엠은 자신의 정부에 대한 불만이 고조됨에 따라 점점 더 자신의 가족, 특히 동생인 고 딘 누Ngo Dinh Nhu에게 의지하여 국사國事를 이끌어 나갔다. 그는 점점 더 권위주의적이고 도학적이며 완고하고 관료주의적이며 의심으로 가득 차서 고립되게 되었다. 사이공 주재 미국 관리들은 내적으로는 비관적이었지만, 공개적으로는 "해마다 계속 진보하고 실질적으로 기적과 같은 향상"을 거듭하고 있는 듯한 모습을 미국 국민들과 의회에 제시하였다.

한편 1954년부터 1958년까지 하노이의 호지명 정부는 내적 발전에 전념하였고, 제네바에서의 최종 선언에서 규정한 총선을 통해서든 혹은 미약한 디엠 정권의 필연적인 붕괴를 통해서든 재통일을 성취하겠다는 자신감에 차 있었다. 호지명의 대對남부 전략으로 그는 공산주의 간부들에게 디엠에 대항하여 전복활동을 벌이지 말고 남부에 남아 있으라는 명령을 내렸다. 이들 베트콩 간부들은, 디엠의 공산주의 근절계획으로 죽임을 당할 것인지 아니면 저항하지 말라는 호지명의 명령을 따를 것인지의 기로에 놓이게 되었다.

그러나 이들 간부들은 반항의 길을 선택하였다. 반항이 점점 더 성공적으로 나타나자 북베트남의 지도자들은 1959년 5월 반항자들을 조종하기로 결정하였고, 북으로 도망쳐 왔던 남부의 간부들을 다시 남부로 침투시켰다. 1960년 10월, 베트남의 민족해방전선(National Front for the Liberation of South Vietnam)이 조직되었다. 이제 전쟁의 속도는 갑자기 빨라지기 시작하였다. 바로 이러한 상황 속에서 1961년 1월 케네디J. F. Kennedy가 대통령직에 취임하였다.

(3) 케네디 · 존슨 · 닉슨의 독려에도 불구 남베트남의 기세는 점차 하락

1961년 1월, 케네디 대통령은 그의 취임연설에서 "여러분의 나라가 여러분을 위해 무엇을 해줄 수 있는가를 묻지 말고, 여러분이 여러분의 나라를 위해 할 수 있는 일이 무엇인가를 물어 보라"고 하였다. 그는 계속하여 미국민들이 "자유의 존속과 성공을 보장하기 위하여 어떠한 대가도 치르며, 어떠한 짐도 지고, 어떠한 고난에도 대처하고, 어떠한 친구도 지지하며, 어떠한 적도 반대할 것"을 요구하였다. 케네디가 자신의 취임연설에서 요구한 미국민의 결의·서약·희생은 호지명胡志明이 그의 독립선언에서 요구한 '가장 무거운 희생'과 기묘하게 엉킨 역사적 아이러니로서 베트남의 치열한 분쟁에서 맞부딪칠 운명이었다. 베트남 분쟁은 지칠 줄 모르는 베트남의 민족주의 세력과 미국의 침략적 프런티어 모험주의 세력과의 싸움이었던 것이다.

케네디 대통령의 취임 당시, 베트남은 하나의 위기로 치닫고 있었다. 디엠의 지위가 급격하게 악화되고 있었던 데 반하여, 베트콩 공산게릴라들의 수적인 강세는 꾸준히 증가하였다. 1954년 제네바 정전 협정 때 약 1만 명의 베트콩 기간요원들이 남부의 농민들 사이에 남아 있었던 때문이다.

이들은 공산주의자들이 구축해 놓은 새로운 세력의 핵심이 되었다. 그 숫자는 북으로부터의 잠입은 물론, 각 지역에서 실시된 신병 징모新兵徵募로 대략 2만 2천 내지 2만4천의 정규병에 이르렀고, 또한 10만이 넘는 지역의 비정규병까지 있었다. 이들 군대의 장비는 대체로 원시적이고 구식이며 노획한 것이었다. 최근 몇 달 동안엔 몇 가지 정교한 장비가 대정부군 전투에서 사용되었다.

5월에 케네디 대통령은 아시아 순방 길에 오른 존슨L. B. Johnson 부통령으로 하여금 아시아 동맹국들에 대한 미국의 계속적인 지원 약속을 재확신 시키게 하였다. 사이공에서 존슨 부통령은 개인적으로는 고 딘 디엠Ngo Dinh Diem(응오 딘 지엠)을 탐탁하게 여기지 않으면서도 공개적으로는 그를 동남아시아의 처칠W. Churchill이라고 추켜세웠다.

존슨은 귀국하자마자 동남아시아의 여러 나라에 대한 지원으로 미국은 즉시 발전할 것이며, 그렇지 않다면 미국은 안전하고 견고한 '요새要塞 미국'이라는 신념에 만족하거나 샌프란시스코까지 방위선防衛線을 후퇴시켜야 한다고 억설臆說을 늘어놓았다. 이러한 선동과 과장에도 불구하고 존슨은 태평양을 가로질러 캘리포니아 해안까지 무너지는 붉은 도미노Domino를 마음속에 그렸다. 러스크D. Rusk 국무장관도 마찬가지로 북쪽의 도미노는, "남베트남공화국을 파괴하기 위해 북베트남의 공산주의 정권에 의한 선전·침투·전복 등 단호하고 사정없는 작전" 때문에 남쪽으로 무너질 것이라고 확신하였다. 그런 후 그는 북조선의 남한 공격을 생생히 기억하면서, "북으로부터의 침략"이라는 논지를 전개하였다.

10월에 케네디 대통령은 당시 대통령의 개인적인 군사고문인 테일러M. D. Taylor 장군과 당시 백악관 수석 보좌관인 로스토우W.Rostow에게 진상 파악의 임무를 주어 베트남으로 파견하였다. 테일러 · 로스토우 보고서와 건의는 아시아 문제의 군사적 측면, 즉 필요하다면 미군의 개입도 불사하는 미국의 증대된 실행에 의해서만 아시아 문제는 해결될 수 있다고 강조하였다. 그들의 건의를 대부분 받아들임으로써 패배란 생각할 수도 없는 것으로 간주한 케네디 행정부의 '신황무지 개척자'들은 정치적 개혁보다는 전쟁의 군사적 측면에 우선권을 두면서 베트남 방어에 대한 광범한 수행을 시작하였다. 이 정책이 처음부터 지닌 기본적인 결함은 미국이 군사적 수단으로써 정치적 문제를 해결하려 한데 있었다. 미국은 민주 정치의 원리인 국민의 마음과 생각을 사로잡는 정치적 · 경제적 · 사회적 개혁을 디엠이 시도하도록 설득하거나 촉구하지 않았던 것이다.

1931년 일본의 군국주의 및 제국주의자들은 만주를 중국으로부터 떼어내어 그들이 주장한 이른바 "국민의 자유롭게 표시된 의사"에 따라 소위 독립된 주권을 가진 만주국滿州國이라는 것을 창설하였다. 당시 국무장관이었던 스팀슨H. L. Stimson은 만주국의 인정을 거부하였고, 소위 스팀슨주의를 선언하여 "미국은 국제법 및 협정에 위배되는 수단으로 야기된 어떠한 상황 · 조약 · 협정도 인정하지 않을 것"이라고 강경하게 주장하였다. 만일 닉슨 행정부가 혹은 그 전임자들이 역사적인 통찰력과 정치적 총명, 도덕적인 정직성을 가졌었다면 베트남전쟁은 일어나지도 않았을 것이고, 그렇게 오랫동안 쓸데없이 질질 끌지도 않았을 것이다.

대통령직에 취임한 지 약 일 주일 후 최초의 기자회견에서 닉슨 대통령은 "새로운 책략이 있게 될 것이다. 우리는 이 새로운 책략은 과거보다 더 성공할 것이라고 믿는다"라고 언급하였다. 그가 말한 새로운 책략이란 1967년 9월에 수립되었던 구엔 반 티우Nguyen Van Thieu 정부를 강화시키는 정책인 것으로 드러났다. 후에 알려지기로 소위 베트남화Vietnamization라는 이 정책은 본질적으로 존슨 정책의 연속을 의미하는 것이었으며, 베트남에서의 미국의 목표에는 어떠한 실질적인 변화도 없었다. 맥거번G. McGovern 상원의원은 이 정책을 미국이 베트남에 무기한으로 남아 있을 것을 제안하는 것으로 간주하였다.

닉슨 대통령은, "역사로부터 교훈을 얻지 못하는 사람은 똑같은 잘못을 다시 반복할 것이다"라는 산타야나Santayana의 격언을 존중하지 않았다. 겉으로 볼 때 일본과 프랑스는 바오 다이Bao Dai를 장악하고 있었고, 아이젠하워 대통령과 케네디 대통령은 고 딘 디엠Ngo Dinh Diem을, 존슨 대통령은 듀옹 반 민Duong Van Minh · 구엔 칸Nguyen Khan · 구엔 카오 키Nguyen Cao Ky 장군들을, 그리고 지금 닉슨 대통령은 구엔 반 티우

Nguyen Van Thieu를 앞잡이로 끌어 붙잡고 대륙봉쇄·침략정책을 고수하려하였던 것이다.

사이공과 티우 정부는 닉슨 행정부가 진심으로 지원과 원조를 해줄 것이라고 확신하였고, 북베트남과 민족해방전선에 대해서는 강경하고도 비타협적인 정책을 계속 추구하고 있었다. 이러한 확신은, 워싱턴이 티우의 행동에 지지를 보낼것으로 내다보고 있는 비공산주의자건 반공주의자건 공히 이러한 모든 국내의 반대자들에 대한 티우의 억압적인 조치에 의해 반영되었던 것이다. 그는 '피닉스 프로그램'(Phoenix Program : CIA의 지도 하에 공산주의자나 그 혐의자를 체포·학살하는 것)의 결과를 떠벌리는 한편 공산주의자들은 그들의 공격능력을 상실하였다고 깔보듯이 비난하였다.

티우는, 공산군이 1969년 2월 새로운 총공격을 감행하여 남베트남 인과 미국에게 엄청난 사상자를 내었을 때에도 자신의 주장을 거의 바꾸지 않았다. 닉슨 대통령은, 미국은 계속된 공격을 묵과하지 않을 것이며 적절한 보복조치를 취할 것이라고 북베트남에게 경고함으로써 즉각 반응하였다. 이 당시 베트남 주둔 미군은 54만1천5백 명에 달하여 그 절정을 이루었다.

1969년 5월 14일, 텔레비전 방송에서 닉슨 대통령은 자신이 처한 상황은 초기 시절과는 전연 다른 것이라고 미국민들에게 말하였다.

한 가지 차이는 우리가 개입이 아닌 어떠한 선택도 더 이상 가지고 있지 않다는 사실이다. 우리는 이미 그 다리를 건너갔다. …우리는 베트남전쟁에 참전해야 할지의 문제에 대해 정직한 토론을 벌일 수 있다. 그러나 오늘 긴급한 문제는 현재 그 곳에 있는 우리가 무엇을 해야 할 것인가이다. …우리는 전장戰場에서 순전히 군사적 해결만을 강요하려는 시도는 제외시켰다. 우리는 또한 베트남으로부터의 일방적인 철수나 미국의 패배라는 구실 하에 가져올 조건들에 대한 파리에서의 수락을 배제시켰다.

근본적으로 대통령이 미국 국민들에게 말하고 있었던 바는 이러한 것이었다. 즉 미국이 베트남 참전에 있어서 많은 잘못을 했고, 전쟁을 수행하면서도 잘못을 저질렀지만 염려하지 말라. 그러나 이제 우리는 거기에 있으니, 거기에 머무르며 더 많은 잘못을 계속해 가며 어떤 일이 일어나는지를 두고 보자. 결국 대통령은, 미국이 그렇게 오랫동안 취해 왔던 기본적인 입장에 어떠한 실질적인 변화도 제시하지 않았다.

예를 들어 닉슨 대통령은 "베트남에서의 우리의 본질적인 목표는 베트남인들이 외부 간섭 없이 자신들의 정치적 장래를 결정할 수 있도록 그 기회를 추구하는 것"이라고 선언하며 남베트남은 독립된 주권국인데 북베트남(국외자局外者들)이 남베트남의 국내사에 간섭하였다고 분명히 주장하였다. 미국에 대적對敵하면 응분의 대가를 받을 것이라는 그의 성명은 은연중 협박 내지는 위협을 하는 것이었지만, 어떠한 희생도 감수하며 30년 동안 국가 독립을 이루기 위해 전쟁을 해왔던 단호한 베트남 민족주의자들에게는 아무런 영향도 주지 못하는 것이었다. 더욱이 미군철수에 대한 그의 제안은 동시에 북베트남도 남베트남의 영토로부터 떠나야 한다는 조건이 붙은 것이었다. 하노이에서 볼 때 그와 같은 조건이란 마치 강도가 어느 집에 침입하여 자기가 시키는대로 집주인이 제반 조건을 포기할 때에만 집을 나갈 것이라고 주장하는 것과 같은 것이었다. 호지명 정부와 민족해방전선은 둘 다 「상호 군대철수」에 관한 어떠한 제안도 베트남의 기본적인 국권을 침범하는 것이라고 비난하였고, 전면적이고 무조건적인 미국의 철수만을 주장하였다.

프랑스의 패퇴로 베트남이 민족자주적 독립국이 되려는 순간 미국은 소련을 비롯한 중국·조선 등 대륙 사회주의권을 무력으로 봉쇄·제압하여 이른바 민중혁명세력의 도미노적 확산을 막겠다는 욕심을 부렸다.

결국 미국은 한반도에서와 똑같이 식민지고통에서 벗어나려는 약소민족을 침략하여 남쪽 반을 분단시켜 괴뢰정부를 세워 경제·군사지원을 하면서 반공전쟁을 벌였다. 한국군과 필리핀 군대까지 동원하여 공중폭격과 함포사격으로 학살과 고엽제살상으로 생지옥을 만들다가 1975년 마침내 패퇴, 앵글로색슨족의 전쟁 살육의 역사에서 최초의 패배를 맛보았다. 이 책에서, 전쟁의 경과와 참상은 생략하기로 한다.

이 전쟁에서 베트남 해방세력은 주로 『난단』지를 통해 적의 침략성을 폭로하고 자신들의 정당성을 홍보하였으며, 미국은 『뉴욕타임즈』를 비롯한 모든 일간지와 AP·UPI 통신을 통해 승리와 패배의 소식을 전 세계에 자국이기주의에 입각하여 때로는 사실대로, 때로는 왜곡시켜 보도함으로써 그 통신과 신문의 영향권 안에 있었던 세계인들의 의식을 '도미노이론'까지 들먹이는 반공편견으로 세뇌시켰다.

3) 일본에 군신君臣의 예로 충성한 사람, 미국에도 결사보은으로 충성

(1) 식민지 시기 징병제와 유사한 외부전쟁 징병체제로 국민 철저 통제

1967년 10월 31일 베트남을 방문한 정일권 국무총리는 험프리 부통령을 만났다. 이

만남은 매우 중요했다. 1965년 이후 대규모 전투부대의 베트남 파병으로 한국과 미국은 가장 좋은 관계를 유지하고 있었지만, 1966년 말부터 한반도의 안보위기가 심화되면서 한·미 관계가 악화되기 시작했다. 한쪽에서는 더 많은 원조를 받기 위해 노력하고 있었고, 다른 한쪽에서는 한국 정부를 진정시킴으로써 한반도의 안보 위기가 또 다른 한국전쟁으로 확대되지 않도록 하고자 했다.

이 만남에서 험프리 부통령은 조선에 대한 보복 행동을 자제할 것을 강력히 요청했다. 남한이 '돌발적인 일탈 행동'을 벌이지 말아달라는 것이었다. 이 자리에서 험프리는 한국군의 추가 파병을 요청했고, 정일권은 한국에게 더 많은 수출 기회를 줄 것과 제대군인의 재 파병 가능성을 타진했다. 두 사람의 만남은 당시 미국 정부와 한국 정부가 서로 동상이몽을 하고 있었음을 잘 보여준다. 한국군의 추가 파병은 양국 정부가 모두 일치하는 정책이었지만, 목적은 서로 달랐다.

정일권 총리는 험프리 부통령의 일침에 주춤하기도 했지만, 여전히 자신감이 있었다. 게다가 정 총리는 한국 사람들을 파견해서 반전 시위를 막을 수 있다고 말하면서, 반전 시위자들을 모두 한국에 보내면 이들을 모두 교육시켜서 생각을 바꾸겠다고까지 말했다.(주사이공 미국대사관 전문, 1967년 10월 31일)

한국은 베트남에서 승리할 때까지 함께할 것이다. 그런데 반전 시위가 도를 넘어서고 있다고 하는데, 이들을 한국에 보내면 모두 전향시킬 수 있다.다음 베트남 참전 7개국 회의 때는 20만 명을 보내서 반전 시위를 침묵시키겠다.

반전 시위에 대한 정 총리의 이러한 자신감은 어디서 나온 것일까? 한국사회에서는 반전 시위가 전혀 없었고, 한·미 동맹이 하나의 성역이 되어 있었기 때문이었을까? 한국에서는 반공절대주의가 관철되고 있었기 때문에 고문과 죽음을 각오하고까지 시위에 나설 사람은 없었다.

베트남전쟁 시기를 통해 박정희 정부는 한국사회에 대한 통제에 자신감을 갖게 됐다. 물론 그 과정은 간단하지 않았다. 우선 베트남 파병에 대해 국민들로부터 동의를 얻어야 했다. 스스로의 안전을 책임지지 못하면서 다른 사람의 안전을 책임지겠다는 주장이 설득력을 갖기 힘들었다. 스스로의 안보를 지키지 못해서 다른 나라 군대가 주둔해 있는 상황에서 다른 나라의 안보를 지키기 위해 우리의 군대를 보낸다는 것이 과연 합리적인 선택이었을까?(박태균 『베트남 전쟁』 한겨레 출판 2015)

파병을 위해 사회적 동의를 얻고 사람들을 전쟁에 동원하는 것은 쉬운 일이 아니었다.

국경을 맞대고 있는 이웃나라를 위해 파병 하고자 사랑하는 아들을 보내야 했던 마오쩌둥은 그 전선에서 아들을 잃었고, 전쟁포로의 일부가 귀환을 거부함으로써 중국군의 동원이 자발적 동원이 아니었음이 만천하에 밝혀져 어려움을 겪어야 했다. 이웃 국가로의 파병도 이렇게 어려웠는데, 이역만리 떨어져 있는, 그 것도 너무나 생소한 지역에 군대를 파견하기 위해서 한국 정부는 특별한 조치를 취해야했다.

물론 불과 10여 년 전에 전쟁을 경험했던 한국사회는 동원하기에는 좋은 조건을 갖고 있기는 했다. 반공이데올로기가 사회 운영의 기본 이념으로 작동하고 있었고, 1963년 16.3%, 그리고 1965년 14.5%에 이르는 도시 지역 비농가의 높은 실업률은 전쟁 동원을 위한 중요한 토양이 되기도 했다.

그럼에도 불구하고 베트남의 상황이 한국의 안보에 직접적으로 영향을 미치는 것은 아니었다. 아무리 돈을 벌 수 있다고 하더라도 목숨을 걸고 싸워야 할 필요성을 느끼기 어려웠다. 따라서 직접적으로 이해관계가 없는 지역에 파병을 하기 위해서는 전 국민적 동원 체제를 만들어야 했다. 군인들뿐만 아니라 모든 국민들이 함께 동원되고 있다는 것을 보여주어야 했다.

윤충로 교수의 글은 전 국민 동원의 실상을 잘 보여준다. 그에 따르면 정부는 국무총리를 위원장으로 하는 파월장병지원위원회를 1966년 5월 6일 설치했다. 각 시·도·군·읍·면 단위로 2,637개의 지방위원회를 조직하여 전국적인 조직망을 갖추었다. 이 위원회는 파월 장병 사기앙양, 가족 지원, 파병에 관한 홍보·계몽, 전상자원호대책과 함께 파월 기술자에 대한 행정적 조치도 함께 수행했다.(윤충로「베트남전쟁 시기 한국의 전쟁 동원과 일상」『사회와 역사』제95호, 한국사회사학회 2012)

위문사업도 적극적으로 진행했다. 1966년부터 1972년까지 위문사업을 위해 조성된 성금은 총 1억 4,000여만 원이었고, 위문품은 1,900여만 점에 이르렀다. 1969년 발행된 주택복권의 당첨금이 300만원이었던 것을 고려하면 성금 총액은 집 40채가 넘는 엄청나게 큰 액수였다. 군대 파견을 결정한 것은 정부인데 전투 수당은 미국에서, 위문성금은 미국의 대한 원조나 국가예산이 아니라 국민의 주머니로부터 나왔다.

예컨대 『동아일보』 1969년 12월 25일자를 보면 서울 고척초등학교학생 일동이 5,420원, 인천 한독실업고등학교 학생 일동이 8,370원을 성금으로 납부했다. 코흘리개의 주머니를 털었다. 게다가 위문편지를 위한 엽서를 10원이라는 당시로서는 비싼 가격에 판매해서 물의를 빚기도 했다. 초·중·고등학생들에 의한 600만 통이 넘는 위문편지는 기본이었다.

돈과 물품으로 끝나는 것이 아니었다. 파월장병 환송국민대회(1회,1966년 백마부대), 파월개선장병 환영국민대회(7회, 청룡부대), 파월교체장병환송영행사(120회)에도 동원되어야 했다. 이외에도 파월 장병 가족을 돕기 위한 보리밭 노력 봉사, 부상병을 위로 봉사하기 위한 여학생 봉사단 활동 등도 이루어졌다. 1966년에는 「파월 장병 가족 돕기 운동의 달」이 지정되기도 했으며, 자산가들과 파월 장병 극빈가족 간의 자매결연 맺기 운동도 전개됐다.

군인들에게 직접 도움을 주는 방법은 연예인 공연단의 파견이었다. 1966년부터 1971년까지 연예인 공연단은 83차례에 걸쳐 1,160명이 파월됐고, 모두 2,922회의 공연이 이루어졌다. 영화 「님은 먼 곳에」에서 잘 보여주듯이 예술인과 종군 작가단의 파견은 마치 1940년대 초 일제 식민지 시기 태평양전쟁 당시의 위문을 연상케 하는 것이었다.

원호와 위문이 동원을 설득하기 위한 기제였다면, 정부에게는 동원을 가능하게 할 수 있는 사회 통제를 위한 메커니즘(제도적 기구)도 필요했다. 우선 한국 정부에는 더 많은 군인이 필요했고, 이를 위해서는 징병제를 보완하는 작업이 필요했다. 전투부대 파병으로 인한 공백을 채워야 했다.

1965년부터 본격적인 파병이 시작되자 필요한 한국군의 수는 60만에서 62만3,000명으로 늘어난 데 반하여 1965년 이후 입대해야 하는 1945~1950년 사이의 출생자는 한국전쟁으로 인해 상대적으로 적었다. 국방부는 아직 병역의무를 수행하지 않았던 스물한살 이상 서른살 이하의 제1국민역 청년들에 대한 대대적인 징병 작업에 들어갔다. (『조선일보』1967년 1월 12일자 4면. 「올해 병무 가이드: 신검과 징병 어떻게 되나」)

1967년부터는 징병기피자를 모두 형사고발하기 시작했다. 과거와는 달리 형사고발 후 입영시키는 강경한 방침이었다. 또한 부산·대구·광주에 징병서가 신설되어 거주지를 중심으로 근무소집·검열·점호 등이 실시됐다. 1969년 2월까지 전국에 상설 징병서가 설치됐다. 약소국의 자주독립·해방투쟁을 방해하려는 제국주의세력의 용병이 돼야 하는 고민을 청년들에게 안겨주는 꼴이 되었다.

1968년부터는 대학생들에 대한 징집이 강화됐다. 징집 연기가 가능했던 스물네 살 이상의 학생들에 대해 징집이 실행됐고, 장기휴학자들에게도 징집영장이 발부됐다. 새로운 조치에 의해서 징집영장을 받을 대상자는 2만여 명에 이르렀다. 공군의 경우에는 1963년 이후 제대한 예비역을 재입대시키기도 했다.

1968년 예비군의 창설 역시 군을 통한 사회 통제의 중요한 방식이었다. 1968년의 안보 위기가 예비군 창설의 중요한 이유였지만, 이는 다른 한편으로 병역의무를 마친 예비역들을 지속적으로 통제·동원할 수 있는 시스템을 갖춘다는 것을 의미했다.

1971년 대통령 선거에서 예비군제도가 쟁점화된 것도 사회 통제의 역할 때문이었다.

지금도 그렇지만, 예비군 훈련은 단지 군사훈련만 있는 것이 아니라 정신 훈련도 같이 구성되어 있다. 예비군이 끝나면 민방위로 편성되어 또 다른 정신훈련을 받는다. 그 효용성은 둘째치고라도 전역한 젊은이들을 대상으로 한 이러한 훈련과 교육은 동원의 연장을 의미했다. 지금은 폐지됐지만, 1990년대 초까지만 하더라도 해외에 나갈 때 반드시 예비군에 신고를 하고 나가야만 했다.

예비군과 관련된 비리도 끊이지 않았다. 당시 예비군에 대한 감사 자료들에 기초해서 본다면, 훈련 참가자들에게 돈을 걷는 행위와 예산의 유용 및 착복이 가장 많은 비리 행위로 지적되고 있다. 이는 향토예비군을 조직했지만, 재정이 충분하지 않았다는 점을 보여주는 것이다. 사회지도층 인사들이나 연예인들의 예비군 불참에 대한 지적도 나타나고 있으며, 돈을 내고 예비군 훈련에 불참하는 사례 역시 많이 적발됐다. 1970년 1월부터 9월까지의 조사에 의하면 예비군에서의 총기사고는 총 서른아홉 건으로 오발 스물다섯 건, 자살 및 미수 아홉 건, 그리고 불법 살상이 다섯 건에 달했다.(대통령기록관 자료, 『예비군 합동감사 결과보고(EA0004355)』 1970년 7월 1일. 『내무·국방 예비군 관계관 회의 결과보고(EA0004425)』 1970년 10월 19일)

징병제도의 강화가 군대에 동원할 수 있는 특정 세대를 대상으로 한 것이었다면, 주민등록법은 전 국민에 대한 통제 시스템을 강화하는 조치였다. 원래 주민등록법은 5·16 쿠데타 직후인 1962년 5월 10일 국가재건최고회의 법률 제1067호로 입법됐지만, 본격적인 실행은 베트남파병 기간에 가서야 이루어졌다.

박정희 정부는 전투부대의 파병이 시작되는 1965년, 간첩을 단속한다는 명분 아래 주민등록법을 강화하고자 했다. 허위 기재를 처벌하고, 시·도민증을 항상 휴대하도록 규정한 것이다. 그러나 한국전쟁 시기에도 제대로 시행되지 못했던 시·도민증의 항시 휴대가 가능했을까? 간첩을 잡기는커녕 오히려 간첩들이 위조한 시·도민증을 갖고 활개치도록 하는 것은 아닌가 하는 의문도 제기됐다.

주민등록제도가 본격적으로 작동한 것은 1968년이었다. 1967년부터 계속된 남북 간의 충돌이 1968년에 이르러 정점에 달하자 주민등록제도는 비로소 그 틀을 갖추기 시작했다. 1968년에도 반발이 없었던 것은 아니지만, 10월 중순이 되면 전국적으로 94.6%의 국민들이 주민등록을 신고했다. 베트남 파병으로 인해 남북 간의 충돌 심화, 이로 인한 안보 위기로 더 이상 주민등록에 반대하기 어려운 상황이 조성된 것이다.

징병제의 강화와 주민등록제도의 본격적 실행을 통해 사회적 동원과 통제가 강화되는 가운데 박정희 대통령은 1968년 1월 16일 신년 기자회견을 통해 뜬금없이 '제2경제'의 중요성을 강조하고 나섰다. 물질적인 '제1경제'가 성장함에 따라 그에 걸맞은 정신적 측면에서 '제2경제'가 필요하다는 것이었다. 박 대통령은 '정신면의 후진성'을 제거하는 정신 개조 작업이 시작되어야 한다고 주장했다. 일제 식민지 시절 이광수의 민족개조론과 그 맥락이 유사했다.

국민들의 정신을 개조하겠다는 '제2경제론'은 1968년 광화문에 충무공 동상을 세우고, 국민교육헌장을 제정하는 것으로 이어졌다. 이제 "민족중흥의 역사적 사명을 띠고 이 땅에 태어나는 모든 국민을" 성공적으로 동원하고 통제할 수 있는 시스템이 만들어 진 것이었다. 그리고 일제의 태평양전쟁과 한국전쟁 시기에 등장했던 애국적 어머니를 다시 만들어갔다. (『조선일보』 1966년 3월 24일자 6면, 「월남통신: 전지에 핀 선의」윤충로, 앞의 글)

중대장님의 투철한 전투지도에서 승전의 열매를 못 맺고 전사했으니 중대장님께 오히려 송구스럽습니다. 자식을 잃은 어머니는 허무하기 짝이 없으나 자유 베트남 전선에서의 승전을 보는것이 아들을 곁에 둔 것보다 더한 기쁨으로 여기겠습니다.

베트남 파병 기간에 이루어진 한국사회의 변화는 현재 한국사회의 원형을 제공했다. 특히 주민등록제도를 통해 모든 국민들을 통제할 수 있고, 강화된 병역제도와 예비군제도를 통해 언제든지 국민을 동원할 수 있는 병영국가가 탄생한 것이다.

국민들에 대한 통제의 강화는 1972년 유신 체제를 선포할 수 있는 기틀을 만들었다. 비록 많은 국민들이 유신 체제에 동의하지 않았음에도 불구하고, 정부는 베트남 파병 기간을 통해 만들어진 사회적 통제시스템을 통해 유신에 대한 국민들의 반대 의사를 성공적으로 통제할 수 있었다.

물론 이러한 통제가 일방적으로만 이루어지는 것은 아니었다. 밑으로부터의 동의도 필요했다. 베트남전쟁의 특수와 그를 통한 경제성장과 산업화는 일반 대중들의 동의를 얻는 데 중요한 역할을 했다. 1967년 선거와 1971년 선거가 부정선거였음에도 불구하고, 박정희 대통령이 재선·삼선에 성공할 수 있었던 것은 이러한 아래로부터의 동의가 존재하지 않았다면 불가능한 것이었다.

그럼에도 모든 과정이 성공적이었는가에는 의문이 남는다. 베트남파병은 1964년의 한·일협정 반대 시위를 침묵시켰지만, 1967년 부정선거 규탄 시위, 1969년 삼선 개헌 반대 운동 등을 모두 통제할 수는 없었다. 게다가 1971년 대학가를 휩쓴 교련 반대 운동은 박정희 정부에 큰 위기로 다가왔다. 정부는 위수령을 발동하여 대학에 휴교를 선언하고, 1971년 12월 긴급사태를 선포했다. 이러한 학생과 시민들의 움직임은 유신 체제 아래 강력한 사회적 통제 속에서도 민주화운동으로 이어졌다.

이렇게 한국사람들도 완전히 개조시키지 못한 한국 정부가 미국의 반전 시위자들을 받아서 사상을 개조시킬 수 있었을까? 그렇게 자신이 있었다면 1969년 삼선 개헌에 반대 서명을 한 미국의 평화봉사단원들도 '사상 개조'를 했어야 하는 것 아닌가? 반전 시위를 과소평가한 것은 아니었을까? 그럼에도 불구하고 아무튼 전쟁특수를 통한 경제적 호황은 사회적 불만을 잠재울 수 있는 역할을 함으로써 그후 얼마동안, 아니 그의 딸이 대통령으로 나와 당선되고 탄핵을 받을 때까지도, 근로민중의 피땀을 잊은 채 "박정희가 경제는 일으켰지"하는 헛소리에 상당수 국민이 세뇌되어 있었다.

(2) 전쟁 특수로 새 재벌 등장, '싸우며 돈 버는 자본주의체제 우수성' 선전

월급 350~400달러, 별도의 숙식비 180달러 포함해 총 530~580달러의 월급.

1966년 4월 13일자 『동아일보』에 실린 기술자 모집광고이다. 이 정도의 월급은 당시 일반 노동자들이 받던 월급보다 15배쯤 많은 수준이었다. 1970년 가장 인기 있는 직종 중 하나였던 은행원의 초급이 3만원 안팎이었다. 파월 기술자의 월급이 장관 월급보다도 더 많다는 소문도 돌았다. "베트남에서 1년만 일하면 한밑천은 거뜬히 마련한다"는 이야기가 돌았고, "숱한 위험 부담에도 매이지 않고 베트남행 버스는 언제나 붐비고 있었다." 한국 사람들에게 베트남은 '포연에 싸인 전장'이 아니라 '꿀과 우유가 흐르는 약속된 복지'의 땅으로 인식되고 있었다.(『동아일보』1968년 9월 17일자 3면, 「대월 경제 진출 현황:3년간 실적과 전망」)

베트남에 진출한 한국 기업들의 성장은 눈부신 것이었고, 이들 기업은 베트남에서뿐만 아니라 베트남에서의 경험을 바탕으로 다른 지역에까지 진출했다. 그 무렵 한국 정부와 신문은 "군대도 파견하지 않았고 내부에서 반전 시위가 심했던 일본이 한국보다 더 많은 전쟁 특수를 얻고 있다"고 불만을 표했지만, 쏟아져 들어오는 외화에 입을 다물지 못했다.

특히 한국의 일부 기업들에는 성장의 중요한 기회가 됐다. 처음으로 베트남에 진출한 것은 1965년이었지만, 본격적인 공사 도급은 1966년에 시작됐다. 이때 진출한 기업이 현대건설·대림산업·공영건업·부흥건설·삼환기업이었다. 이들이 1966년 한 해 동안 계약한 공사는 모두 480만 달러였다.

건설 도급에서 가장 큰 혜택을 본 기업은 현대였다. 현대는 1966년부터 1972년까지 총 1,950만 달러의 공사 및 세탁사업 수익을 거두었다. 깜라인만 지역공사(약 900만 달러), 깜라인 소도시 건설공사(약 470만 달러), 세탁 사업(약170만 달러) 등이 주요 사업이었다. 1966년 현대는 베트남에만 머무르지 않고 타이로 발을 넓혀 고속도로 공사를 따냈다. 대림은 일본으로 가 소규모이기는 하지만 11만 6,000달러의 공사를 도급했다. 1966년 다섯 개 건설업자들이 베트남을 비롯해 타이 및 일본 등지에서 도급한 공사 계약액은 모두 1,100만 달러로 1965년에 비해 두 배 이상 늘어났다.

1967년부터는 중앙산업·아주토건·파일산업·경남기업·한양건설의 5개 기업이 더 진출했으며 용역회사로 한국종합기술개발공사도 진출해 모두 열한 개 회사가 베트남에서 갖가지 공사 도급 및 시공에 열을 올렸다. 같은 해 삼환기업은 대림에 이어 두 번째로 일본에 진출해 14만 7,000달러의 공사를 도급했고, 또 다시 연합건축은 류큐열도(현 오키나와)에 나가 125만 6,000달러의 공사를 계약하는 등 해외 진출의 전성기를 이루었다. 이해 총 해외 공사 도급액은 1966년보다 460만 달러가 많은 1,560만 달러에 이르렀다.

1968년에는 계약액이 2,000만 달러를 넘어 2,570만 6,000달러에 달했다. 고려개발과 대훈산업이 베트남에 추가로 진출했고 중앙산업은 태평양의 미국령 괌에 진출해 한국의 토목·건설업 해외 진출이 종래의 베트남·타이·일본에서 미국으로 확장됐다. 타이의 고속도로를 제외한 나머지 공사는 대부분 그 지역에 주둔한 미군 기지와 관련된 공사였고, 이는 한국군의 베트남 파병으로 인한 결과였다.

미국에 대한 수출도 증가했다. 1964년까지 한국의 제1수출 대상국은 일본이었다.(1964년 전체 수출액의 32.1%) 그런데 1965년 전투병을 파병한 직후부터 대미 수출이 대일 수출을 초과하여 1972년 한국군이 마지막 주둔하고 있을 때까지 대미 수출액은 전체 수출액의 50%에 육박할 정도로 늘어났다. 반면 대일 수출액은 21%까지 떨어졌다가 베트남에서 한국군이 철수하는 1973년에 가서야 대일 수출이 차지하는 비중이 30%대로 다시 올라섰다.

섬유 관련 제품의 수출이 가장 큰 비중을 차지했지만, 합판 수출도 주목된다. 1970년 미국이 수입하는 전체 합판 물량의 41.3%를 한국에서 수입했다.(일본 15.8%, 타이완 24%) 이는 1963년의 7.4%에 비하면 엄청난 증가였다.

미국에 대한 섬유(메리야스 포함) 수출 역시 비약적으로 증가했다. 1963년까지 1,600만 달러 안팎에 불과하던 섬유 수출은 1966년 5배 가량(8,000만 달러) 증가했으며, 1970년에 이르면 3억 3,000만 달러로 20배를 넘어섰다. 전체 섬유 수출 중 순수 의류 수출도 1963년에 비해 1970년 50배 이상 증가했는데, 이 중 미국으로의 수출이 차지하는 비중은 60%가 넘었다. 1969년 대미 섬유 수출로만 처음으로 1억 달러를 돌파했다.

베트남전쟁을 거치면서 한국의 10대 재벌 순위가 바뀌었다. 1966년 재벌 순위는 삼성·삼호·삼양·개풍·판본·럭키·대한·동양·화신·한국글라스 순이었다. 1950년대 원조를 이용한 삼백산업으로 급부상한 방직공업과 유통산업이 그 중심에 있었다. 베트남전쟁을 거치면서 이중 10대 재벌 안에 살아남은 것은 삼성과 럭키 뿐이었다. 1975년 10대 재벌에는 현대·한진·효성·쌍용·대우·동양맥주·동아건설(구 충남토건)·신동아 등이 새롭게 등장했으며, 이들은 베트남전쟁 당시 용역과 건설·무역 등으로 성장한 기업이었다. 베트남전쟁으로 인해 통기타 문화와 함께 맥주 문화가 확산되면서 OB맥주를 생산하던 동양맥주(지금의 두산)가 10대 재벌 안에 포함된 것도 눈길을 끈다.(三白 : 비료·시멘트·설탕의 세가지 흰빛 공업제품)

이때 형성된 10대 재벌은 1980년대 이후에 그 세를 더 확장하여, 선경·한국화약·롯데를 제외하고는 나머지 일곱 개 기업이 10대 재벌 순위를 그대로 유지했다. 1997년 외환 위기를 거치면서 해체된 대우와 쌍용을 제외하고는 1970년대의 10대 재벌 순위는 지금(2017년 현재)도 그 골격을 그대로 유지하고 있다.

한국 기업이 이렇게 전쟁 특수를 누리는 동안 외국계 기업에 취직한 기술자와 근로자가 받는 월급의 송금도 한국 정부한테 중요한 수입이 됐다. 한국 회사보다도 외국 회사에 소속된 기술자들이 더 많았는데, 1968년에는 한국 회사 소속이 4,284명이었던데 반해, 외국 회사 소속이 1만 1,287명에 달했다. 이들의 수는 1972년까지 점차 줄었지만, 매년 1만 명이 넘는 기술자와 근로자들이 베트남에서 활동했으며, 제대한 일부 장병들은 귀국하지 않고 현지에 있는 회사에 취직하기도 했다.

한국 정부는 1명의 기술자라도 외국계 회사에 더 취직시키기 위해 '한미 주둔군 지위에 관한 협정SOFA' 논의 과정에서 한국의 기술자들과의 용역 계약을 위해 오는 회사 관계자들에 대해 주한미군과 동일한 특혜를 주었다.

베트남에 간 기술자와 근로자가 송금하는 과정에서 수수료가 붙었고, 달러로 받은 돈을 한국 돈으로 환전할 때 또 수수료가 붙었다. 당시 파병 군인들의 송금액이 전체 무역외 수입의 19.7%를 차지했는데, 참전 군인 수에 비하여 5분의 1 정도였던 파월 기술자·근로자들의 송금액은 1억 6,600만 달러로 무역외 수입의 16.3%에 달했다. 당시 베트남에서 무역외 수입이 전체의 72.3%나 됐다는 점을 고려한다면, 이들의 송금은 용역군납(23.4%)과 함께 당시 한국에는 가장 중요한 외화수입의 원천이 되었다.

미국으로부터 받은 한국군의 전투 수당 역시 이와 동일한 경우였다. 1965년부터

1973년까지 미국이 한국군에 지급한 수당 총액은 2억3,500만 달러였는데, 이 중 베트남에서 사용하지 않고 본국에 송금한 액수가 1억 9,500만 달러로, 파병 군인들은 전체 수당 중 83%를 국내에 송금했다.(윤충로 「파월 기술자의 베트남전쟁 경험과 생활세계의 변화」 『사회와 역사』 71권, 한국사회사학회, 2006)

군인과 기술자들이 보낸 송금액이 당시 한국의 국민소득 증가분에서 차지하는 비율은 1967년 9%, 1968년 7.2%, 그리고 1969년에는 5.8%에 이를 정도로 큰 비중을 차지했다. 이를 다시 한국의 전체 비실업인구의 소득 증가액과 비교한다면, 송금액이 차지하는 비율은 1967년 16.5%, 1968년 16.6%, 1969년 14.1%에 달했다. 1960년대 중후반 경제 활동 인구가 900만 명 정도였다는 점을 고려한다면, 전체 경제 활동 인구의 7%밖에 되지 않는 파병 군인과 기술자가 그 두 배 이상이 되는 소득 증가분을 담당했다는 점을 알 수 있다.

베트남 특수가 한국 경제 전체에 미친 기여도 역시 적지 않았다. 전쟁 특수가 한창이었던 1967년부터 1970년 사이를 보면 전체 국민총생산GNP에서 베트남전쟁 특수가 차지하는 비중은 2.6%에서 3.5%에 달했고, 수출 총액의 25%에서 47%를 차지했다. 외환 보유고의 경우 베트남에서 들어온 외화가 전체 보유고의 40%가 넘었으며, 무역외 수지 역시 이와 비슷했다. 다시 말하면 1960년대 후반의 국민총생산의 가파른 증가는 베트남전쟁 특수를 제외하고는 설명하기 어려울 정도로 큰 영향을 미친 것이다.

베트남을 통해서 들어온 특수 외에도 미국의 군사 원조 역시 매우 중요했다. 베트남 파병 이전에도 국방예산에서 미국으로부터의 군사 원조가 차지하는 비중이 46.5%(1962년)에서 67.3%(1961년)에 달했는데, 파병 이후에도 1968년까지 평균 50% 수준으로 유지됐다. 1969년 이후 35% 내외로 줄어 들지만, 국방예산 자체가 늘어나는 상황이었기 때문에 1969년을 제외하고는 1972년까지 지속적으로 증가했다.

국방 재원 중 베트남 파병 지원이 차지하는 비중이 1.2%에서 4% 내외였던 점을 참작한다면, 대부분의 군사 원조는 한국의 자체 국방예산에 충당됐다고 보아야 한다. 다시 말하면 미국의 군사 원조 없이 당시 한국 정부가 국방예산 자체를 감당할 수 없었다는 것을 의미한다. 1973년부터 무상 군사 원조가 급감하지만, 이와 반대로 해외군사차관은 증가했다. 1971년과 1972년 무상 군사 원조가 갑자기 급증한 것은 주한미군 1개 사단 철수와 관련하여 한국군의 현대화 지원을 위한 것이었다.

전쟁 특수의 또 다른 측면은 한국의 산업구조를 바꾸어놓은 것이다. 1960년대 경제개발계획의 실시와 함께 급속하게 2차 산업이 발전했지만, 이는 주로 노동집약적 경공업 제품의 수출 증가에 따른 것이었다. 신발과 의류, 합판과 가발 등은 대표적인 수출 종목이었고, 애초에 군사정부와 박정희 정부가 계획했던 중화학공업과 종합기계공업의 건설과 발전은 미미한 상태였다. 선진국들은 한국이 중화학공업 분야를 담당하기보다는 선진국의 중화학공업에 의존하는 국제적 분업에 충실하기를 원했기 때문이었다. 1962년 군사정부의 야심찬 계획에 반대하면서 노동집약적 경공업 제품을 중심으로 한 계획의 필요성을 강조한 미국 백악관 국가안보회의에 참여했던 로버트 코머의 권고안은 그 대표적 경우였다.

베트남전쟁을 통해 한국 정부는 중화학공업과 종합 기계 산업 건설이라는 애초의 계획을 다시 부활시킬 수 있는 기회를 잡았다. 무엇보다도 중요한 계기가 된 것은 미국이 한국 정부한테 무기를 제조할 수 있는 권한을 부여했다는 사실이다. 특히 주한미군의 감축으로 인해 한국정부에 '부채'를 안고 있었던 닉슨 행정부는 한국 정부가 M16 소총을 생산할 수 있는 권한을 부여했다.

한국 정부의 무기 생산이 동북아시아에서 군비 경쟁을 촉발해서 안보 위기를 가져올 수 있다고 염려했던 미국 정부였지만, 한국군의 현대화를 미군 감축의 대안으로 제시하고 있었던 터라 한국 정부의 요구를 받아들이지 않을 수 없었다. 여기에 더하여 1969년 8월 F-4 팬텀 최신 전투기 여섯 대가 처음으로 한국군에 인도되었다.

한국이 무기를 생산할 수 있다는 것은 곧 중공업이 육성될 수 있음을 의미했다. 1973년 1월 중화학공업화를 선언하기 이전에 이미 한국 정부는 무기산업을 중심으로 한 중공업 육성 계획을 마련하고 있었으며, 1970년 이미 국방과학연구소와 무기개발위원회가 설치됐다. 물론 전투부대 파병을 대가로 존슨 대통령이 선물한 한국과학기술연구원 KIST의 설립 역시 빼놓을 수 없는 중요한 전쟁 특수였고, 1957년 「외부로부터 성능이 더 좋은 무기를 도입할 수 없다」는 내용의 정전협정 13조 d항을 유엔군사령관이 무력화한 것(한반도 평화를 위한 「정전협정」을 위반) 역시 군수산업 도입의 장애물을 원천적으로 제거한 것이었다.

군수산업을 배우기 위해 1970년대를 통해 영국·타이완·이스라엘 등에 전문가들이 파견됐으며, 일본의 기술자들이 직접 한국에 머무르며 군수산업 발전에 기여하기도 했다.(대통령기록관 자료 『한국형 소화기 기술 제휴(EA0004526)』 1971년 12월 28일)

베트남전쟁의 특수를 이렇게 본다면, 한국 경제와 국방의 성장과 발전에 지대한 공로를 미쳤다는 기존의 주장이 결코 틀린 것은 아니다. 베트남 특수를 고려하지 않고 1960년대 한국의 경제 성장과 1970년대 초 중공업으로의 전환을 설명할 수 없다. 그러나 그러한 성장과 발전이 과연 전쟁에 직접 참여한 사람들에게도 돌아갔는가? 그리고 이러한 성장·발전과 더불어 아시아와 한반도 평화에 어떤 도움이 되었단 말인가.

(3) 용병처럼 죽임과 죽음, 고엽제 맞으며 돈 벌어도 지위 향상에 도움 안 돼

1960년대의 성공적인 1, 2차 경제개발 계획의 실행 과정을 통해 박정희는 두 번에 걸쳐 대통령에 당선되었다. 1969년에는 삼선을 위한 개헌에 성공했다. 재야와 시민, 그리고 학생들의 반대로 인해 삼선 개헌 과정이 매끄럽지는 않았지만, 베트남전쟁 특수를 통해 경제 성장에 성공한 박정희로서는 그의 업적을 마지막으로 인정받을 수 있는 상황에 와있었다.

물론 풀어야 할 난제도 많았다. 베트남 파병 이후 더욱 악화된 남북관계를 푸는 것도 중요한 문제였고, 베트남에 파병된 군인들과 돈을 벌기 위해 간 근로자와 민간인들을 무사히 귀국시켜야 하는 것도 또 하나의 과제였다. 그뿐만 아니라 닉슨 행정부가 들어선 이후 더 이상 한국에 우호적이지 않았던 대미 무역 문제도 풀어야 했다. 그러지 않고서는 박정희 정부한테 1970년대는 장밋빛 연대가 될 수 없었다. 1960년대를 지나고 새로운 10년인 1970년대를 맞는 한국 사회의 분위기는 어땠을까?

올해는 돈 없고 빽 없는 모든 동포들에게도 마음 놓고 명랑하게 살 수 있는 한 해가 되어주었으면 싶다. 지서 앞을 지날 때 까닭 없이 가슴이 두근거리지 않아도 되는 세상이, 젊은 면서기의 반말 섞인 핀잔을 듣지 않아도 되는 세상이 되어주었으면 싶다. 기름을 주지 않아도 절로 민원서류가 돌고 서민들의 눈에 두려움과 비굴이 가시는 세상이 되어주었으면 한다. (‥‥‥) 60년대는 민권의 함성으로 막이 열렸다. 70년대는 건설의 함성 속에 막이 열리고 있다. 그러나 함성의 요란함 속에서도 가냘프게 들리는 응달의 서민 소리를 그냥 씻어버려서는 안 될 것이다. (『동아일보』 1970년 1월 1일자 1면, '횡설수설')

4·19 혁명과 5·16 쿠데타로부터 10년, 베트남 파병의 전쟁 특수로부터 5년이 지난 1970년의 시점에서 서민들의 삶은 아직도 고된 것이었다. 서민의 아들들이 베트남에서 열심히 돈을 벌어왔지만, 이들은 아직도 빡빡한 생활에서 벗어나지 못했다.

파병 군인들은 수당의 대부분을 가족들에게 송금했다. 이들이 현지에서 쓴 금액은 수당 중 20%도 되지 않는 4,000만 달러 정도였다. 죽음을 넘나드는 베트남 전선에서 군인들은 좋은 아들, 좋은 남편, 좋은 아빠였다. 총 파병 군인 수를 32만 명으로 계산하면 1인당 100달러가 조금 넘는 돈을 1년의 주둔 기간 동안 사용했을 뿐이다. 그만큼 현지에서 돈을 쓸 여유가 없었다.

한국군이 베트남에서 돈을 쓸 수 없는 데에는 그만한 이유가 있었다. 이들의 전투수당이나 월급이 터무니없이 적었다. 이들에게 지급된 전투 수당은 매월 장군이 210~300달러, 영관급이 165~191달러, 그리고 위관급이 135~150달러였던데 비해, 가장 많은 수가 파견되어 전선에서 직접 전투를 수행한 하사관(57~125달러: 1만 4,820~3만 2,500원)과 사병(37.5~54달러: 9,750~1만4,040원)의 수당은 위관급의 2분의 1에서 3분의 1 정도였다. 상사쯤 되어야 국내 회사원보다 더 높은 월급을 받았다. 전투 수당 외에 월급은 준장이 177달러(4만5,120원), 대령이 115달러(2만 9,440원)였던 데 반해, 중위가 36달러(9,080원), 하사가 14달러(3,490원), 병장이 1.6달러(400원), 그리고 이병은 1달러(260원)였다.

그나마 베트남의 한국군이 받는 전투 수당은 남베트남군이 미군으로부터 지원받는 전투 수당보다도 적었다. 한국의 장군들은 더 많이 받았지만, 사병들은 더 적게 받았다. 미군과 비교하면 4분의 1 수준도 되지 않았으며, 필리핀군이나 타이군과 비교해서도 낮은 수준이었다. 당시 필리핀이나 타이보다도 낮은 한국의 1인당 국민소득과 물가를 기준으로 더 낮게 책정됐을 수도 있지만, 미군과 동일한 수준의 대우를 하겠다던 미국 정부의 약속은 지켜지지 않았다.

1970년 미국의회의 사이밍턴위원회에서 브라운각서 체결 시 공개하지 않았던 한국군에 대한 전투 수당 및 전사상자 보상금 조항이 공개됐을 때 한국군이 미국의 용병이라는 논란이 제기됐지만, 용병이라고 하기에는 너무나 적은 액수였다. 파병 군인들이 이 정도의 전투 수당과 월급을 받고서도 만약 베트남에서 돈을 썼다면 본국에 송금할 수 있는 여유가 생길 수 없었다. 파병 군인과 기술자들의 저축액이 당시 한국의 가계 저축액에서 차지하는 비중도 1967년 76.4%를 정점으로 해서 1969년 51.8%, 1970년 45.5%에 이르렀다.

죽거나 부상을 당해도 충분한 보상을 받지 못했다. 사상자는 미국 정부가 지급하는 재해보상금을 받았는데, 전사자의 경우 총 4,968명에게 29억 9,200만원 정도가 지급됐다. 이는 1인당 평균 60만 2,300원(2,316달러)에 지나지 않았다. 부상으로 장애를 입은 경우에는 8,004명에게 총 35억 1,300여만원이 지급됐다. 부상 정도에 따라 다르겠지만, 부상자의 수로 나누어 보면, 1인당 평균 44만 원(1,690달러)이 지급됐다. 이는 전사자에 비하면 상대적으로 높은 액수였다고 생각할 수도 있지만 3년 정도의 소득에 지나지 않는 액수였다.

1966년의 기록을 보면 장군과 영관급의 경우 전사 및 장애 1급은 72만5,760원을 받은 반면, 위관급은 51만 원에서 65만원. 중사 이상이 하사관은 36만원에서 62만원을 받았다. 하사 이하 사병들에게는 34만3,200원(1,320달러)이 지급됐으며, 순직 및 장애도 2급에게는 22만8,800원, 사망 및 장애도 3급에게는 17만 1,600원(6.50달러)이 지급됐다. 사병들이 전사했을 때 받는 금액은 당시 직장인의 1년치 월급을 조금 웃도는 액수였다.

전사자를 보면 위관급 중에는 대위(110명. 장교 사망자 중 약 35%)가 가장 많았고, 하사관 중에는 하사(1,289명. 하사관 사망자 중 70%), 사병중에는 병장(1,433명. 전체 사병 중 48%)이 많았다. 대위와 하사, 그리고 병장들은 야전 전투 단위의 지휘관과 선임을 맡아서 전선의 제일 앞에서 싸운 군인들이었다. 가장 의욕에 충만해서 전투부대를 이끌어야 하는 위치에 있었다. 만약 프래깅 사건이 발생한다면, 그 대상이 될 수 있는 위치이기도 했다. 또한 전체 전사자 중 위관급 이상이 297명(15.6%), 하사관급 이하가 4,327명(84.4%)이었다. 전·사상자 보상금이 정확히 다 지급됐는지도 알 수 없다.(frag : 수류탄 등으로 상관이나 동료를 고의로 살상하다)

기술자와 근로자들도 생사를 넘나들었다. 한진의 경우 꾸이년에서 하역된 물품들을 안케패스Ankhe Pass를 따라서 뿔래이꾸로 수송하는 작업을 했는데, 이곳은 베트남 중부에서 가장 많은 전투가 있던 지역 중 하나였다. 따라서 희생자가 날 수밖에 없었다. 1966년 베트남에 진출해서 1969년 초까지 16명의 희생자가 발생했고, 1969년 8명 중 경상, 1970년 4명 사망, 7명 부상, 1971년 5명 사망, 11명 부상 등 사상자가 끊이지 않았다. 이들에게 어느 정도의 보상금이 지급됐는지는 정확히 알 수 없다.

기술자들과 근로자들의 봉급도 제때 지급되지 못했다. 1971년 9월 15일에 발생한 칼빌딩 방화 사건은 그 대표적인 사례였다. 당시 그들에 의하면 1966년 이래 파월 기술자·근로자 4,000명에게 근로기준법에 규정된 법정 제 수당이 지급되지 않았다. 1인당 375만원, 도합 149억원에 달하는 임금도 지급되지 않았다. 비정규직으로서 노동쟁의를 비롯한 단체행동을 하지 않는다는 불리한 노동계약을 한 한진의 근로자들은 이러한 상황에 대해서 항의할 수 없었다. 이들은 한국 기업이 미국 기업의 하청을 받을 때는 1인당 계약액이 1,000달러 이상이었는데, 지급된 것은 포괄 수당으로 400여 달러 정도였다는 사실을 알고 있었다.

1971년 9월 15일 「한진파월기술자 미지불임금 청산투쟁위원회」회원 400여 명은 몽둥이를 들고 서울 남대문로 2가 칼빌딩에 몰려들어 미지급 임금을 달라고 외치며 호텔 유리와 로비 기물을 부수고 국제선 매표실에 불을 질렀다. 한국 기업이 베트남전쟁으로부터 벌어들인 돈은 기술자들에게 제대로 지불되지 못했다.

임금을 제대로 받지 못한 기술자 근로자들은 1969년 9월 「귀국파월기술자친목회」

를 조직하여, 미불임금을 받기 위한 투쟁을 시작했다. 처음에는 민사소송을 하다가 1971년 2월 「한진파월기술자 미지불임금청산투쟁위원회」를 결성했다. 이들은 같은 해 9월 15일 칼빌딩에 들어가 빌딩을 점거하고 회사에 미지불임금의 지급을 요구하다 가, 회사 쪽이 이를 수용하지 않자 방화를 저질렀다. 칼빌딩 농성자 중 13명에게 징역 1~5년이 선고됐다. 한진 쪽은 미지불임금으로 어떤 제재를 받았는지 알려지지 않았 다.(윤충로 「베트남전쟁 시기 '월남 재벌'의 형성과 파월 기술자의 저항」 『사회와 역사』 제79호, 한 국사회사학회, 2008)

"월남에서 돌아온 김상사"는 허상이었나? '굳게 닫힌 그 입술 무거운 그 철모 웃으며 돌아왔네.' '폼을 내는 김상사'와 '믿음직한 김상사'는 '내 맘에 들었어요.' 베트남에 다녀 오면 돈 뿐만 아니라 귀국할 때 미제 전자제품과 양담배 등을 많이 가져온다고 소문이 났 던 것 같다. 또 그런 소문과 노래를 통해서 베트남으로 가라고 주문했던 것 같다. 그러나 그들이 전선에서 겪어야 했던 죽음을 넘나드는 고통은 누구도 노래로 만들지 못했다. '월 남에서 돌아온 김상사'를 불렀던 당대의 아이돌 김추자는 1969년 '님은 먼 곳에'를 드라 마 주제곡으로 발표했는데, 실상 그 가사는 먼 전장에서 죽어간 군인들을 그리는 듯했다.

　사랑한다고 말할 걸 그랬지
　님이 아니면 못산다 할 것을 (……)
　님은 먼 곳에 영원히 먼 곳에

정글에서 수색작업을 하면서 미군 비행기가 고엽제를 뿌리면 하늘에서 물이 떨어져서 시원하다고 느끼면서 기꺼이 고엽제를 맞았던 군인들, 베트콩과 민간인이 구분되지 않 는 상황에서 민간인을 죽인 뒤 겪게된 외상후스트레스 장애, 베트콩으로 잘못 알고 아군 에게 총기 사고를 일으킨 군인들의 정신적 고통, 베트남의 후방에서 근무했던 군인들과 는 달리 전선에 있었던 군인들이 가져온 돈은 모든 고통의 대가였다.

정부는 이들에게 충분한 대가를 치렀는가? 한국 정부가 미국 의회의 사이밍턴위원회 청문회 자료로 제출한 자료를 보면 1969년 11월 30일까지 미국으로부터 한국군 근무 수당 1억 2,700만 달러, 전 사상자 보상금으로 1,040만 달러가 지급된 것으로 보고됐 다. 당시 한국 정부와 미국 정부가 합의한 수당을 고려한다면, 정부가 수당의 대부분을 제대로 지급했을 가능성이 크다. 그러나 실제로 각각의 병사들에게 어느 정도가 지급됐 는가에 대해서 밝힌 자료는 없다.

사이밍턴위원회는 당시 한국 정부는 브라운각서 이후 한국에 공여된 미국의 원조 관런 자료들을 보내면서, 미국 정부에 대해 각서 중 민감한 부분(군원이관과 주베트남 한국군 장병에 대한 수당 및 전사자에 대한 보상 문제)에 대해서는 삭제하거나 적절히 표현을 바꾸어 공개할 것을 요구했다. 이 문서는 "브라운각서 공개 문제와 관련한 정부의 조치 사항 및 경위(1970년 2월)"라는 제하에 작성됐으며, 문서의 겉표지에는 '예고문'이라는 이름으로 "폐기하라(1970.3.5.)"는 내용이 적혀 있다.(외교사료관 사이밍턴위원회 관계철)

현재까지 공개된 자료에 의하면 군인들이 받은 전투 수당은 1966년3월 한국 정부와 미국 정부가 합의한 일당(하사 1.9달러, 병장 1.8달러, 상병1.5달러, 일병 1.35달러, 이병 1.25 달러)과 지급한 일당 사이에 큰 차이는 없다. 그 금액이 그대로 지급됐다고 하더라도 병사들이 받은 수당의 대부분을 강제로 송금하도록 했을 가능성이 있다. 송금수수료, 환전 수수료만으로도 한국 정부는 큰 수입을 얻을 수 있었기 때문이었다. 물론 베트남에 파병된 다른 나라의 군인들에 비하여 상대적으로 적은 보상을 받았다는 점은 부인할 수 없다.

또한 귀국 후 국가유공자로 적절한 보상을 못 받고 있을 뿐만 아니라 고엽제 피해를 입은 군인들에 대한 치료 역시 제대로 이루어지지 못하고 있다. 미국과 호주·뉴질랜드의 참전 군인들의 경우 1984년 고엽제제조회사로부터 1억 8,000만 달러의 기금을 지급받았지만, 한국군의 경우는 그 대상이 되지 못했다. 1993년 한국 정부는 법률 제4547호로 고엽제 후유증환자 지원 등에 관한 법률을 제정했지만, 고엽제 후유증 환자를 제대로 판명하기 어렵기 때문에 제대로 된 보상이 이루어지기 어려운 것이 현실이다. 베트남 참전자들의 사이트에는 "고엽제 환자 전면 재신검해야 합니다. 엉터리 고엽제 환자 때문에 실질적으로 혜택을 받아야 할 전우들이 피해를 입고 있습니다"라는 언급도 있다.

부상자들을 위해 정부에서는 특별한 마을을 만들기도 했다. 1969년 초 포항 인근에 전상자촌을 마련하고 '새마을'로 명명했다. 여기에 20세대(남자 49명, 여자 37명)가 입주했는데, 1급 전상자 9세대, 2급 전상자 9세대, 전사자 유족 1세대로 구성되어 있었다. 이들에게는 전답 경작·과수원·축산·양잠·두부공장 등 자활영농을 할 수 있는 기회가 주어졌는데, 이들의 소득은 국가원호 및 기관생활 보조금을 포함해서 1만5,000원에서 3만원 정도였다. 그런데 문제는 입주한 세대가 얼마 안 될 뿐만 아니라 입주자들의 반 이상이 노동 자체가 불가능한 상황이었다는 사실이다. 전상자들의 현황을 보면 두 눈 실명, 양팔뒤꿈치 관통, 신경 마비, 양팔 절단, 대퇴부 절단, 전신불수 등이 절반을 차지했다.(대통령기록관 자료 「포항 파월전상자촌 '새마을' 방문 결과보고(EA0004266)」1969년 7월14일)

개인들에게는 충분히 보상을 하지 못했어도 국가적 차원에서 볼 때 전쟁 특수가 경제 성장에 큰 공헌을 했다는 것은 충분히 이해할 수 있지만, 이 주장에도 함정이 있다. 베트남 파병 군인들과 기술자들의 월급으로 국내 저축이 큰 폭으로 증가했음에도, 1969년부터 부실기업이 속출하고, 1972년에 가서는 급기야 8·3 조치라는 대통령 긴급명령을 발효한 것은 무엇 때문이었는가? 부실기업 사태와 8·3 조치가 기업가들의 부도덕한 운영(주로 부동산 투기와 위장 사채의 운용)과 정부의 과도한 수출 추진정책이 빚어낸 결과라고 하더라도, 이러한 위기를 막아내기에 충분한 국내 저축은 존재하지 않았던가? 군인과 기술자들이 죽음을 무릅쓰고 가서, 그것도 한푼 한푼 아껴서 보낸 돈은 다 어디로 갔던 것인가?

남의 나라 전쟁터에서 한국의 젊은이들, 그리고 그 나라 민간인들의 피를 보면서 번 돈이 과연 얼마나 떳떳한 돈이 될까? 미래의 세대들이 전쟁터에서 벌어온 돈으로 한국이 이렇게 발전했다고 한다면 자랑스러워할까? 일본이 한국전쟁 시기 전쟁 특수를 통해 경제 부흥을 이룩했다는데 대해서는 온갖 비판을 다 하면서, 우리가 한 것에 대해서는 잘했다고 할 수 있는가? 남이 하면 불륜이고, 내가 하면 로맨스인가?(자료분석 필자들)

3. 한국, 약소국 독립 방해 전쟁 참가로 점령대국에 충성

1) 민중의 평등 소망을 '붉은 악마'로 음해하며 돈벌이 살육전쟁에 참가

(1) 미국이 패배하니 한국군도 5천여 전사자 내며 '침략군' 소리 들어

한국이 미국과의 군사동맹 입장에서 베트남 전쟁에 참가한 것은, 혈맹을 도왔다는 차원에서는 의미가 있었을지 모르겠으나 약소민족의 자주독립·해방투쟁을 목숨을 바쳐서까지 방해하려했다는 차원에서는 인류 도덕적으로나 인류평화와 진보적 해방투쟁의 역사상으로는 크나큰 죄악을 저지르는 모습을 보였다. 여기에 그 잘 잘못에 대한 평가를 사후적으로나마 살펴서 다시는 그런 잘못을 저지르지 않도록 노력해야 할 이유로 삼아보고자 하였다.

한국군 중 베트남에 파병되었던 전투부대는 2개 사단과 1개 여단이었다. 육군 2개 사단은 각각 맹호부대와 백마부대, 해병대 여단은 청룡부대로 편성되었다. 1965년부터 1973년 귀국할 때까지 약 8년간 총34만여 명의 한국군이 베트남에 파병되었다. 국가기록원 공식 사이트에는 한국군의 파병에 대해 다음과 같이 기술하고 있다.

　이루 헤아릴 수 없는 수많은 전투에서 대한민국 국군은 위용을 떨치며 숱한 전과를 올렸다. 그리고는 1971년 11월 6일 한국과 베트남 정부는 단계적 철수에 합의하고, 그해 12월 청룡부대 1만 명의 철수를 필두로 1973년 3월까지 철수를 끝마쳤다. 약 8년여 동안 한국군 총 34만여 명이 월남전에 참전한 것이다.

　처음부터 베트남 파병은 조약상의 의무나 우리가 원해서 참전한 전쟁은 아니었지만 결과적으로는 자유우방에 대한 신의를 지켰고, 휴전 중인 우리 군이 실전경험을 쌓는 기회도 되었으며, 우리 군의 전력증강과 경제개발에 소요되는 차관을 보장받는 등의 반대급부도 얻게 되었다. 그리고 참전 중 수많은 국군 장병들이 흘린 피의 대가로 벌어들인 외화는 상당 부분 조국근대화와 산업화로 지칭되는 경제발전에 기여했고, 특히 우리 군의 군사기술과 군 장비 등의 현대화를 이루는 기틀을 보다 앞당기게 만들었다. 덕분에 이제 한국군이 결코 약체가 아니라는 사실을 전세계에 널리 알렸고, 꿈에도 그리던 자주국방이라는 말을 서서히 입 밖에 내게도 되었다.

　공식 사이트는 아니지만, 파병부대 중 하나인 맹호부대를 소개하는 글에는 "적 사살 1만8천여 명, 포로 획득 3천여 명 등의 전공을 세우며, 한국군의 명성을 세계만방에 떨치게 하였습니다"라고 한국군의 활약을 크게 평가하고 있다. 아울러 당시 베트남의 지도자 호찌민은 "한국군을 만나면 무조건 피하라"라고 하면서 특히 "맹호를 만나면 모든 작전을 취소하고 철수해 병력과 장비 등 인민의 재산을 보존하라"는 지시를 내렸다는 사실을 소개하고 있다. (박태균 외 『쟁점 한국사, 현대편』 「베트남 전쟁의 반쪽 기억」 창비 2017)

　그러나 맹호부대에 대한 베트남 현지의 평가는 이와는 전혀 달랐다. 맹호부대가 초기에 활동했던 빈딘성의 빈안 마을에는 위령비 하나가 서있다. 이 위령비 뒤에는 벽화가 그려져 있는데, 여기에는 맹호부대를 상징하는 호랑이가 새겨진 군복을 입은 한 한국군이 등장한다. 벽화 속의 한국군은 손에 수류탄을 들고 있고, 한국군의 주위에는 학살당하는 민간인들의 모습이 함께 그려져 있다.

　위령비 옆에는 한국군에 의해 희생된 베트남 민간인들의 공동묘와 비석이 서 있고, 위령비가 있는 곳으로 들어가는 입구에는 위령비를 세우게 된 경위가 설명되어 있다. 「1965년 1월 빈안 지역에 들어온 한국군은 2월 말까지 약 한 달 반 동안 1,004명의 베트남 민간인을 학살했다」는 내용이 그것이다. 그리고 베트남의 몇 곳에는 한국군의 민간인 학살에 항의하는 '증오비'가 아직도 남아 있다. 그렇다면 베트남 전쟁에 참전한 한국군에 대해 한국과 베트남에 왜 이렇게 극단적으로 다른 평가가 존재하는 것일까?

서로 다른 평가와 기억은 한국군에 대해서만 그런 것이 아니다. 베트남 전쟁 자체에 대해서도 극단적으로 다른 평가가 나타나고 있다. 앞서 인용된 국가기록원 사이트만 보더라도 「경제발전에 대한 기여」 「국군현대화」 그리고 「한국군이 약체가 아니라는 것을 전세계에 알렸다」는 점에만 주목하고 있으며 베트남 전쟁 자체에 대해서는 어떠한 언급도 하지 않고 있다. 한국 역사교과서를 보면 베트남 전쟁을 한국전쟁과 같이 자유국가인 남베트남과 공산독재국가인 북베트남 사이의 '남북전쟁'으로 규정하고 있으며, 그 전쟁의 결과에 대해서는 어떠한 언급도 없다.(박태균 「2009 개정 교육과정 한국사 교과서 현대사 부분 분석」 『역사교육』 116호 2010년)

한편 미국 뿐만 아니라 유럽과 일본의 역사서에 나타나는 베트남 전쟁에 대한 평가는 매우 부정적이다. 특히 미국에서의 일반적 평가는 「잘못된 곳에서, 잘못된 시기에, 잘못된 적에 대해, 잘못된 전략으로 싸운, 잘못된 전쟁」이라는 것이다. 그 결과 전쟁 시기에 미국과 전세계에서 베트남 전쟁에 대한 개입에 반대하는 시위가 광범위하게 발생했으며, 그 이후에도 베트남 전쟁은 미국의 실패한 대외정책의 상징적인 사례로 평가되고 있다.

한국에서의 베트남 전쟁에 대한 평가가 다른 나라와는 상이하게 나타나는 이유는 몇 가지 잘못된 기억에서 출발한다. 첫째, 미국이 베트남에 개입한 것은 공산주의 확산을 막기 위한 것이었으며, 한국정부는 우방의 입장에서 파병을 결정한 것이다. 둘째, 한국군 파병은 경제성장이라는 국익에 복무했기 때문에 정당한 것이었다. 셋째, 전쟁에서 승리하지 못한 것은 남베트남 자체의 분열 때문이었다.

이러한 인식을 집약적으로 보여주는 것은 남베트남 패망 하루 전에 발표된 한국정부의 특별 성명이다. 그 성명의 내용은 크게 세 가지로 집약된다. 첫째, 남베트남 정부에 반대하는 대학생들과 시민, 그리고 불교도들의 시위는 결국 남베트남의 몰락이라는 결과를 가져왔다. 둘째, 미군의 베트남 철수에서 보듯이 강대국을 무조건 믿으면 안 된다. 셋째, 파리 평화협상 후에도 베트콩과 북베트남에 의해 전쟁이 계속된 점을 고려할 때 공산주의자들과의 협상을 믿으면 안 된다.

특별 성명을 통해 보자면, 한국사회가 베트남 전쟁에 대해 왜곡된 인식을 하고 있는 것은 아니다. 그러나 전체적으로 가장 중요한 사실들에 대한 인식이 결여되어 있다. 베트남 전쟁을 온전하게 인식하고 기억하기 위해서는 다음과 같은 몇 가지 질문에 답을 해야 한다. 첫째로 미국과 한국은 베트남에 왜 갔으며, 베트남 파병은 정당하고 적절한 결정이었는가? 둘째로 한국의 파병 목적은 무엇이었으며, 그 파병 목적은 달성되었는가? 셋째로 미국과 한국군은 베트남 전쟁에서 승리한 것인가? 그리고 마지막으로 베트남전쟁에 대한 사회적 기억은 현재 한국사회에서 어떻게 작동하고 있는가?

(2) 프랑스 식민지 고통 벗어나려던 약소국을 또다시 분단 종속화 획책

미국이 베트남에 본격적으로 전투부대를 파병하기 시작한 것은 1965년이지만, 미국의 베트남 개입은 한국전쟁을 끝낸 직후인 1954년부터 시작되었다. 1945년 일본이 패망하는 시점에 미국은 베트남에 대해 어떠한 이해관계나 권리도 갖고 있지 않았다. 일본 패망 직후 미국이 발표한 일반명령 1호는 일본군 점령 지역에서 일본군의 항복을 받는 방법에 대해 규정하고 있는데, 베트남을 포함한 인도차이나 지역에 대해서는 16도선 이북은 중국국민당군이, 16도선 이남은 동남아시아 연합군사령부가 일본군의 항복을 받도록 하고 있다. 한국의 38도선 이북과 중국 만주 지역에서 소련군이 항복을 받도록 한 것과 유사한 조치였다.

그러나 일본군의 항복이 곧 독립을 의미하는 것은 아니었다. 베트남은 한국과 달리 1943년 12월 카이로 선언에서 빈 말로나마 독립을 보장받지 못했다. 미국의 루즈벨트와 영국의 처칠, 그리고 중국의 장제스는 베트남을 포함한 동남아시아 지역을 '원래의 상태로 되돌릴 것'을 규정했고, 그 결과 동남아시아에는 일본 점령 이전에 있었던 유럽 제국주의 국가들이 식민지 지배권을 가지고 복귀하게 된 것이다. 인도네시아에 네덜란드가 복귀한 것과 마찬가지로 베트남을 포함한 인도차이나에는 프랑스가 복귀했다.

이로 인해 호찌민이 이끄는 베트남의 독립운동 세력들은 프랑스를 상대로 제1차 독립전쟁(1946~54년)을 벌여야 했다. 베트남 사람들은 제2차 세계대전 이후 제국주의 세력들이 당연히 떠날 것이라 생각했지만, 패전국이 아니었던 프랑스는 전쟁피해를 입은 본국의 경제재건 과정에 식민지로부터 수탈한 물자를 이용하고자 했다. 식민지 조선이 제1차 세계대전 직후 윌슨의 민족자결주의에 근거해 독립될 것으로 믿었지만, 당시 승전국이었던 일본의 식민지에는 민족자결주의가 적용되지 않았고, 이로 인해 3·1운동이라는 전민족적 항거가 발생했던 상황과 유사했다.

프랑스군은 1954년 디엔비엔푸에서 호찌민군에 패했다. 베트남에서 더 이상 재기하기 어려울 정도의 대패였고, 프랑스는 베트남을 떠나야만 했다. 그러나 미국을 비롯한 유럽의 열강은 베트남을 호찌민을 중심으로 한 베트남 사람들에게 넘기고 싶지 않았다. 호찌민은 소련 및 중국공산당과 가까운 공산주의자였고, 베트남이 공산화될 경우 이웃 국가인 캄보디아와 라오스 뿐만 아니라 동남아시아 전체가 공산화될 우려가 있었기 때문이다.

1954년 프랑스와 미국·중국과 소련, 그리고 호찌민 그룹의 대표가 제네바에서 만났다. 원래 이 회의는 한반도의 정전협정 이후 평화협정을 체결하기 위한 참전국들의 회의로 계획되었는데, 베트남 문제도 함께 논의하게 된 것이다. 이들은 프랑스가 떠난 후의 베트남 처리 문제를 논의했다. 호찌민의 입장에서는 패배한 프랑스가 떠나면 모든 문제가 다 해결되는 것이었지만, 미국의 입장은 그렇지 않았다. 미국은 동남아시아를 포기할 수 없었다. 특히 아시아에서 미국의 동맹국인 일본의 가장 중요한 시장이었던 동남아시아가 공산화될 경우 일본 뿐만 아니라 미국의 아시아 정책에도 문제가 발생할 수 있었다. 그래서 결정한 것이 17도선 분할이었다. 제국주의 나라들의 부당한 과욕이 약소민족을 계속 괴롭히게 된 것이다.

그 결과 17도선 이남에는 미국이 지지하는 정부가, 17도선 이북에는 호찌민이 이끄는 정부가 수립되었다. 또한 강대국 간의 합의에서는 2년 후 총선거를 통한 베트남의 평화적 통일을 규정했다. 그러나 선거에서 승리할 자신이 없었던 남베트남 정부는 1956년 통일 총선거를 거부하고 남베트남에서만 선거를 실시하여 미국의 지원을 받는 응오딘지엠Ngo Dinh Diem을 대통령으로 선출했다. 이후 남베트남에서는 제2차 독립전쟁이 시작되었다.

(3) 언제나처럼 "상대방이 선제공격했다"는 구실 붙여 폭격 개시

1964년 8월 7일 미국 의회는 존슨 대통령이 베트남전쟁과 관련된 어떠한 결정도 의회의 동의 없이 내릴 수 있도록 모든 권한을 위임했다. 「동남아시아 결정 또는 통킹만 결정」이 그것이다. 모든 권한을 위임받은 미국 정부는 유엔을 동원할 수 없는 상황에서 한국을 포함한 미국의 동맹국한테 베트남전쟁에 동참할 것을 요청했고, 이후 10년 동안 미국은 모든 국력을 베트남에 쏟아부었다. 한국전쟁 발발 직후의 경험을 교훈으로 갖고 있는 소련이 유엔안전보장이사회에서 거부권을 행사할 것이 분명했기 때문이다. 또한 베트남전쟁의 참전에 부정적 견해를 갖고 있는 영국이나 프랑스의 의사도 불분명했다.(한국전쟁 직전 중공의 유엔 가입 문제로 소련의 유엔 대표가 불출석한 사이에 미국이 유엔안전보장 이사회 결정으로 전쟁 즉각 참여를 결정했던 일 : 미·소 양국의 속이고 속은 경험)

베트남에서의 전쟁이 제2차 세계대전과 같이 전 세계를 뒤흔들 수 있는 전쟁이 아니었음에도 불구하고 의회가 행정부에 대한 스스로의 견제권을 포기하고 대통령에게 전권을 위임할 수 있었던 계기는 무엇이었을까? 그만큼 중대한 위기가 있었던 것인가? '동남아시아 결정'에 중대한 영향을 미친 것은 그로부터 5일 전에 발생한 통킹만사건이었다.

미국의 신문들은 1964년 8월 2일 베트남 연안에서 정찰 중이던 미국의 매덕스Maddox 구축함이 「북베트남의 어뢰정으로부터 공격을 받았다」고 보도했다. 미국의 해군은 북베트남의 공격에 적극적으로 대응했고, 그로 인해 북베트남 어뢰정 세 척이 파괴되고 10여 명의 사상자가 나왔다. 미군은 부상자가 1명도 없었다.(박태균『베트남 전쟁』한겨레출판 2015)

이틀 뒤인 8월 4일 존슨 행정부는 매덕스와 터너조이Turner Joy 구축함이 또 한 차례 공격을 받았다고 발표했다. 두 구축함은 북베트남 연안으로부터 12해리(22킬로미터) 이내로 들어와서 활동하고 있었다. 매우 궂은 날씨였고 주위에는 북베트남 함정이 하나도 없었다. 북베트남으로부터 실제적인 공격은 없었지만 미국의 구축함들은 자신들을 공격하기 위한 수중음파탐지기와 무선 신호를 발견했다.

미국의 구축함에서는 당시의 상황에 대해 여러 차례 국방부에 전문을 보냈다. 매덕스호의 존 헤릭John Herrick 대령이 보낸 마지막 전문은 다음과 같았다. "매덕스호에 가까이 있는 북베트남 함정으로부터 어뢰가 발사된 것 같다. 그러나 소리만 있었지 보이지는 않는다. 계속되는 매덕스호의 어뢰 관련 보고서는 분명하지 않으며, 매덕스호 자체의 엔진 소리를 (어뢰 공격으로) 잘못 탐지한 것 같다.

마지막 전문은 대통령에게 보고되지 않았다. 두 번째 공격에 관한 전문을 받은 지 30분도 채 되지 않아 존슨 대통령은 전면적인 보복 공격을 지시했다. 당일 저녁 존슨 대통령은 대국민 선언문을 발표했다. "미국의 함정들은 공해 상에 있었다. 미국의 함정들은 방어적 태세만 갖추고 있었다. 우리는 전쟁을 하고 싶지 않다. 그러나 북베트남의 이러한 불법 행위로 인하여 우리의 남베트남 국민과 정부에 대한 총체적인 지원은 더욱 배가 될 것이다."

그의 연설로부터 1시간 40분이 지난 뒤 미국의 전폭기들이 북베트남에 접근했고, 북베트남 연해의 어뢰정 기지와 원유 저장고를 폭격했다. 의회에서는 곧바로 베트남전쟁에 대한 미국의 적극적 개입에 대한 논의가 시작됐다. 의회의 동의 없이는 미국의 대통령도 자기 마음대로 전쟁 개입을 확대 할 수 없었다.

오리건 출신의 웨인 모스Wayne Morse 상원의원은 이 사건에 의문을 제기하면서 매덕스호의 전문을 재조사하고자 했지만, 전문은 제공되지 않았다. 주요 신문들도 어떠한 의문도 제기하지 않은 채 정부의 발표만 주워담기 바빴다. 이런 상황에서 존슨 대통령에게 전쟁에 대한 모든 권한을 위임하는 결의안이 의회에서 8월 7일 통과됐다. 보스 의원과 알래스카 지역구의 어니스트 그리닝Ernest Gruening 의원 둘만의 반대가 있었을 뿐이었다.

모든 일은 일사천리로 진행됐다. 마치 한국전쟁 발발 직후의 상황이 재연되는 것 같았다. 북측의 공격 후 사흘만에 백악관에서는 긴급회의가 소집됐고, 일본에 있는 미군의 파견이 결정됐다. 유엔 안전보장이사회는 북측을 침략자로 규정하는 동시에 유엔군의 조직과 파병안을 통과시켰다. 소련의 불참 속에 미국은 전 과정을 주도했다. 마치 북측의 남침을 기다렸다는 듯이. 한국전쟁에서의 결정들이 3일만에 이루어졌다면, 통킹만 결의안의 처리 과정은 5일 안에 신속하게 이루어졌다. '불감청不敢請이언정 고소원固所願'이었던 모양이었다.(감히 요청할 순 없었지만 간절히 바라던 바였다.)

침략역사에서 늘 보았듯이, 유럽 · 미국 · 일본의 함대들은 대상국의 해안 가까이 접근하여 배회하거나 접촉하다가 작은 트집거리만 있으면 재빨리 물고 늘어지는 기민성을 발휘하여 성공적인 공격을 하곤 했다. 약육강식에서 자주 보이는 생태현상이다.

통킹만 사건에 대해서는 초기부터 의혹이 제기됐다. 먼저 정황상에서 의문이 제기됐다. 미국의 베트남 개입은 이미 10년 전인 아이젠하워 행정부 때부터 시작됐다. 전선이 17도선 이북의 북베트남으로 확대되지 않았을 뿐이지, 게릴라 전쟁은 계속되고 있었다. 미국이 지원하던 남베트남 정부는 힘겹게 버텼지만 1963년부터 연속적으로 일어난 몇 차례의 쿠데타에 의해 흔들리고 있었다. 인구의 대다수를 차지하는 불교도들의 정부에 대한 불만도 높아만 갔다. 1960년부터 남베트남 게릴라에 대한 북베트남으로부터의 지원이 강화되면서 남베트남 정부의 운명은 풍전등화 같았다.

1965년 제2기가 시작된 존슨 행정부는 북베트남으로부터의 지원을 차단하지 않고서는 반정부 게릴라들의 활동을 막을 수도 없고 남베트남 정부의 안정도 보장할 수 없다고 판단했다. 이미 1964년 5월부터 미국 정부는 북베트남에 대한 폭격을 포함한 적극적 군사작전을 고려했다. 따라서 북베트남에 대한 공격을 위해 미국 쪽이 의도적으로 통킹만 사건을 이용했거나 또는 고의로 일으켰을 가능성에 대한 의문이 제기됐다.(미국 국무부 문서「특별국가정보평가 보고서(NIE 50-2-64)」)

의회 결의안이 통과된 직후인 1964년 8월 14일자 『타임』은 미국 정부안에서 통킹만 사건의 상황에 대해 어떠한 논의도 없었다며 의문을 제기했지만 대중의 관심을 받지 못했다. 미군이 베트남으로부터 철수를 본격적으로 고려했던 1971년에 가서야 한나 아렌트의 『거짓의 정치』를 통해 존슨 대통령이 통킹만 사건 직후 대국민 성명을 발표할 때 그 자신은 물론 맥나마라 국방부 장관도 북베트남의 공격에 대해 확신하지 못했다는 사실이 폭로됐다. 2003년에 공개된 존슨과 맥나마라의 전화 통화 녹음에도 이 점이 분명하게 드러난다.

통킹만 사건에 대한 본격적인 문제 제기는 사건으로부터 20여 년이 지난 뒤 관련자들의 증언으로부터 시작됐다. 당시 해군 항공기 조종사였던 제임스 스톡데일의 회고록 (1984)에 따르면. 그는 비행 중 매덕스호의 보복 공격을 목격했는데, 그 근처에는 어떠한 북베트남의 함정도 없었으며 단지 검은 바다와 유령만이 있었을 뿐이었다. 오히려 터너조이호에서 매덕스호를 향해 무엇인가를 발사하는 것 같았다고 한다.

통킹만 사건 후 30년이 지난 1994년 또 다른 폭로가 잇따랐다. 통킹만 결의안이 통과된지 1년이 지난 시점에서 존슨 대통령은 사석에서 "우리의 해군이 고래를 쏘았을 뿐"이라고 말했다는 것이다. 매덕스호에서 북베트남의 공격에 관한 전문을 보냈던 헤릭 대령은 북베트남 해군의 매복이나 공격에 대해서 전혀 확신할 수 없었고, 그러한 내용의 전문을 분명하게 국방부에 보고했다고 증언했다.

오히려 미군 쪽이 남베트남 해군과 함께 북베트남을 공격하고 있었다는 주장도 제기됐다. 매덕스호에 승선하고 있었던 정부 관료들과 선원들도 이와 유사한 증언을 했다. 또한 베트남에 대한 적극적 개입을 반대했던 존슨 행정부의 핵심 관료 중 한 사람인 조지 볼은 영국 신문과의 인터뷰에서 당시 미국 정부에서는 북베트남에 대한 폭격을 시작하기 위한 하나의 계기를 기다리고 있었으며, 그것이 바로 통킹만 사건이었다고 밝혔다.(Edwin Moise, *Tonkin Gulf and the Escalation of the Vietnam War*, University of North Carolina Press, 1996)

매덕스호는 1968년 북조선 해군에 의해 나포됐던 푸에블로호와 같은 임무를 맡고 있었다. 아직 인공위성에 의한 정보 활동이 있기 전이었기 때문에 「정보함에 의한 무선통신 가로채기」가 이루어지고 있을 때였다. 그런데 정보함의 경우 최대한 상대국의 해안에 다가가야만 했다. 또한 무선통신의 가로채기를 위해서는 적을 자극해서 더 많은 무선통신이 사용되도록 해야 했다. '치고 빠지기' 방식의 공격이 있었을 것이며, 이 과정에서 매덕스호가 북베트남의 공격을 유인해냈을 가능성도 있었다.(James Bamford, *Body of Secrets*, Doubleday. 2002)

사족을 하나 달자. 매덕스호의 정보함으로서의 임무를 고려한다면 1968년 푸에블로호 사건으로 북측이 얼마나 큰 위협을 느꼈을지 어렵지 않게 추측할 수 있다. 북에 대한 미국 정보함의 활동은 푸에블로호가 처음이 아니었다. 1967년 12월에도 북에 의해 미군의 정보함이 나포됐다는 보도가 있었다.(『조선일보』 1967년 12월 26일자 1면 「북괴 방송 주장 간첩선을 나포」)

푸에블로호 사건은 통킹만 사건과 너무나 유사했다. 실제로는 보복 공격도, 전면전으로의 확전도 없었다. 북측이 푸에블로호에 타고 있었던 미국인 선원 70여 명을 인질로

상대국 해안에 다가가 무선통신을 가로채 정보를 수집하던 매덕스호. 의회가 존슨 대통령에게 전쟁에 관한 모든 권한을 위임하는 계기가 됐던 1964년 8월 4일 통킹만에서의 북베트남 어뢰정에 의한 매덕스호 공격은 없었다는 것이 당시 관련자들의 증언이다. (박태균 『베트남 전쟁』 한겨레출판 2015)

잡고 있었기 때문일 수도 있고, 아니면 베트남에서 큰 성과를 거두지 못했던 존슨 행정부의 '학습 효과' 때문이었을 수도 있다. 북한은 국방비를 획기적으로 늘렸고, 이는 지금까지도 계속되고 있는 북조선 경제의 침체에 중요한 원인이 되었다.

2003년 「전쟁의 안개The Fog of War」라는 다큐멘터리 프로그램에 출연한 맥나마라 국방부 장관은 의회에서 「동남아시아 결의안」을 이끌어내는데 결정적 계기가 됐던 1964년 8월 4일의 공격은 없었다고 증언했다. 또한 미국과 베트남 사이에 국교가 정상화된 이후 베트남의 보응우엔잡Vo Nguyen Giáp 장군은 미국이 북베트남과의 직접적인 전쟁을 촉발시키기 위해 정보함을 북베트남 인근에 파견했다고 주장했다. 그에 의하면 매덕스호는 북베트남이 경계로 설정했던 12해리 이내로 들어와 활동하고 있었으며, 당일 북베트남의 어선을 공격했다.

이러한 논란은 2005년 10월 『뉴욕 타임스』에 국토안보국 소속의 역사담당관 로버트 하뇩Robert J. Hanyok의 보고서 일부가 보도되면서 명백한 문서들에 대한 조사로 일단락됐다. 이 보고서는 원래 2001년에 공개될 예정이었지만, 이라크전쟁 문제와 연계될 가능성 때문에 5년여 동안 공개되지 않았다. 1964년 통킹만 사건 당시의 문서를 조사한 하뇩은 1차 공격은 있었을 가능성이 있지만, 의회 결정의 결정적 계기가 된 2차 공격은 명백히 없었다고 결론을 내렸다. 그리고 하눅 보고서가 일정하게 '세탁'되어 공식적으로 공개된 것은 부쉬 행정부의 마지막 해인 2008년이었다.

2008년 1월 중동의 호르무즈 해협에서 이란의 해군 함정이 미군 함정과 충돌하자, 국무부 산하 국가정보평가National Intelligence Estimate 보고서 팀 소속이었던 한 요원은 이라크에서의 대량살상무기 논란과 통킹만 사건의 경험을 상기했다.(Ray McGovern, "CIA, Iran & the Gulf of Tonkin", January 12, 2008) 하나의 조작된 사건이 이후 미국을 어떠한 구렁텅이에 빠뜨렸는가?

영화 「그린 존Green Zone」(2010)은 후세인의 대량살상무기를 이유로 개입한 미군의 이야기를 그렸다. 결국 대량살상무기는 없는 것으로 판명됐지만, 미군이 철수하기는 커녕 더 깊이 개입했다. 발생하지도 않았던 공격을 빌미로 통과된 통킹만 결의는 250만여 명의 미군, 그리고 32만 명에 달하는 한국군을 전선에서 고통받도록 했다. 그 기간 동안 전쟁터에 있었던 베트남 사람들의 고통에 대해서는 더 이상 말할 것도 없다.

냉전시대에는 국가의 결정에 대해 어떠한 반론도 제기하기 어려웠다. 이데올로기라는 수단이 목적이 되어버렸기 때문이었다. 반론을 제기하면 공산주의자로 몰렸다. 국가안보에 관한 한 언론들 역시 어떠한 역할도 하지 못했다. 국가의 결정이나 극단적인 사람들의 주장은 어떠한 검증도 받지 않은 채 그냥 사실이 됐다. 매카시즘·통킹만 사건·이라크전쟁 등이 그 대표적인 사례였다.

우리에게도 그런 사건들이 적지 않았다. 최근 무죄 선고가 다시 내려지고 있는 과거사 사건들은 그 대표적인 사례다. 조봉암 사건·인민혁명당 사건·간첩조작 사건들과 아직도 밝혀지지 않은 수많은 사건과 관련된 문서들이 창고 안에 묻혀 있거나 아니면 하나둘씩 사라지고 있다

미국 정부는 이라크전쟁에 대한 실체가 밝혀지는 것이 두려웠음에도 통킹만사건의 진실을 밝혀줄 문서들을 공개했다. 미국 시민들은 감정적으로만 반전 운동을 하지는 않았다. 그들은 모든 진실을 밝히고자 했다. 1970년대 반전 운동 당시에는 베트남 관련 문서들이 공개되지 않았다. 그들은 대신 그때 공개됐던 1940년대 주일미군정과 주한미군정의 문서들에 관심을 기울였다. 미국은 아시아로부터 초대받았는가?

시간이 걸리겠지만, 언젠가 모든 사건의 진실은 밝혀진다. 문서를 통해서, 증언을 통해서, 그리고 아주 우연한 기회를 통해서. 그러나 진실이 밝혀지지 않고, 언론의 협조 속에 왜곡된 정보만 유통된다면 그 피해는 무엇으로 보상받을 수 있을까?

2) 미국은 기어이 베트남 민중에게 2차례의 독립투쟁 유혈을 강요

(1) 침략자들은 언제나 전쟁 원인을 약소국에 돌리는 파렴치한 모습 보여

제1차 독립전쟁이 1954년까지 프랑스를 상대로 한 것이었다면, 제2차 독립전쟁은 1975년까지 미국과 미국의 지원을 받는 종속 정권들을 향한 것이었다. 그리고 제2차 독립전쟁의 기본 성격은 남베트남 정부에 반대하는 남베트남 사람들의 반독재 투쟁이었으며, 북베트남은 이 전쟁에 대해 남베트남 반정부세력에 대한 지원자 역할을 한 것이었다.

그러나 미국의 생각은 달랐다. 미국은 이 전쟁을 더 큰 그림을 갖고 보았다. 전쟁을 하고 있던 베트남 사람들조차 갖고 있지 않았던 그림이었다. 미국의 눈에 베트남 사태는 인도차이나 그리고 더 나아가 동남아시아에만 국한된 것이 아니었다. 베트남의 공산화는 곧 중국의 세력 확대를 의미했다. 중국은 한국전쟁을 통해 이미 그 위력을 보여주었으며, 1954년 디엔비엔푸에서 호찌민의 승리 역시 한반도의 정전협정 이후 중국이 북베트남 원조에 집중하면서 이루어진 것이었다는 사실 역시 무시할 수 없었다.

바로 이 점이 1964년 통킹만 사건을 계기로 하여 미국이 본격적으로 베트남 전쟁에 개입하게 되는 주요 원인이 되었다. 1964년 중국의 핵실험 성공 역시 미국의 아시아 전략에 큰 위협 요인이었다.

동남아시아는 아시아에서 미국의 가장 중요한 동맹국이었던 일본에게 전후 중국을 대

중국의 핵무기개발은10년이 걸렸다. 1964년10월16일 오후 3시, 첫 번째 핵실험 성공에 환호하는 과학자들.(자료: 구글)

체할 수 있는 중요한 시장이었다. 그런 동남아가 중국의 주도권 아래에 들어간다면 일본뿐만 아니라 미국에도 큰 위협이 되는 것이다. 이는 마치 1949년 소련의 핵실험 직후 미국이 세계전략을 바꾸었고 북조선의 공격에 대응하여 미국이 개입한 것과 비슷한 상황이었다. 객관적으로 보면, 베트남이나 한반도의 경우나 프랑스·일본에 이어 제2의 점령세력이 된 미국이 선제적 개입이 있었기 때문에 2차 독립투쟁의 시작으로, 방어전쟁, 나아가 처참한 유혈 반격 전쟁이 벌어지게 되었던 것이다.

그렇다면 지금도 조작 의혹이 제기되고 있는 통킹만 사건을 통해 베트남에 개입한 미국의 판단은 올바른 것이었을까? 미국은 몇 가지 점에서 오해를 했던 것으로 보인다. 첫째로 베트남과 중국의 관계이다. 베트남과 중국은 역사적으로 그리 가까운 관계가 아니었다. 중국의 입장에서 볼 때 베트남은 조선과 마찬가지로 작은 주변국에 불과했기 때문에 조공 관계를 통해 통제와 선린 관계를 유지하려고 했다. 그러나 베트남의 입장에서 중국과의 관계는 그리 단순하지 않았다.

전통시대의 베트남은 조선과 마찬가지로 중국으로부터 유교와 선진문물을 받아들였고, 조공 관계를 통해 강대국의 곁에서 생존하고자 했다. 명나라와의 관계가 유교적 명분에 의한 것이었다면, 청나라와의 관계는 생존을 위한 외교관계였다. 조선과 마찬가지로 베트남에서도 소중화사상이 나타났다는 점은 이를 잘 보여준다. 소중화사상은 오랑캐인 만주족의 청나라 대신에 조선과 베트남이 명나라 유학의 정통성을 계승하고 있다는 의식이다.

그러나 베트남은 지정학적으로 조선과 다른 위치에 있었다. 조선은 한쪽에는 중국이 있지만, 다른 한쪽에는 해양 강국인 일본이 위치하고 있다. 조선은 생존을 위해 어느 한쪽에 의존해야만 했고, 그중에서도 문명적으로 더 발전해 있던 중국에 의존하는 것이 어쩌면 당연한 것이었다고 할 수 있다. 그러나 베트남의 주변국은 중국과 함께 라오스와 캄보디아가 있다. 베트남은 인도차이나 지역의 최강국이었기 때문에 라오스와 캄보디아에 대한 주도권을 유지해야 했고, 이를 놓고 중국과 대결해야 했다. 결과적으로 중국과 평화적인 조공관계를 맺으면서도 동시에 주변국에서의 주도권을 놓고 대립하고 있었으며, 이 문제로 인해 중국은 베트남이 통일된지 3년밖에 되지 않은 1979년에 베트남을 침공하기도 했다.

실제로 베트남 전쟁 기간에도 베트남은 중국보다 소련과 더 가까운 관계를 유지했다. 중국의 지원을 받기는 했지만 중국에 대한 섭섭함이 적지 않았다. 1954년 미국이 주장한 17도선 분할에 중국이 동의했다는 점, 1961년 라오스 평화중재안에 중국이 동의했다는 점, 1968년 미국과의 평화협상에 중국이 반대했다는 점, 그리고 1972년 닉슨의 중국 방문을 허가했다는 점 등이 모두 북베트남 공산당에게는 섭섭함으로 남았다.

이러한 중국과 베트남의 관계를 고려한다면, 미국의 개입 없이 베트남이 공산화되었다고 해서 중국의 영향력이 베트남을 포함한 인도차이나, 그리고 더 나아가 동남아시아 전체에 확대될 것이라고 본 것은 오해였거나, 일부러 반공기세가 꺾이는 것이 싫어서 왜곡 과장된 자세를 취했던 것으로 보인다. 종속 우방들을 반공세력으로 단단히 묶으려는 미국은 도미노이론까지 펴면서 베트남 밀림전쟁에로 몰아갔다.

물론 미국이 이렇게 오해할 만한 근거도 있었다. 중국은 1955년 이후 비동맹회의로 구성된 제3세계의 모임에 적극 개입해왔다. 1950년대 말 이후 소련과의 갈등이 심화되면서, 중국은 제3세계와 함께 비동맹(미국과 소련이라는 두 거대 대결 세력의 편에 가담하지 않고 독자적 자주독립세력으로 결합)을 중심으로 국제관계에서의 세력을 확장하려고 했다. 1960년대 전반기 중국공산당은 인도네시아 좌파 화교들을 이용해 공산주의 혁명이 가능하다고 공공연히 주장했던 것이다. 그러나 인도네시아와 베트남은 경우가 달랐다.

미국은 베트남 전쟁을 하고 있는 내내 중국의 개입을 의식하지 않을 수 없었다. 미국은 17도선 이북에 대해 공군을 통한 폭격을 감행했지만 지상군이 17도선을 넘어가지는 않도록 했다. 17도선 이북으로 미 지상군이 넘어갈 경우 중국이 본격적으로 개입할 가능성이 있다고 판단했던 것이다. 이는 1950년 인천상륙작전 이후 미군 주도의 유엔군이 38도선 이북으로 넘어갔다가 중국의 대군이 개입했던 사실이 트라우마로 작용했기 때문이다.

한국전쟁에서 중국군이 개입한 후 미군은 거의 붕괴 상태에 이르게 되었다. 즉 미군은 중국군이 본격적으로 개입한 직후 38도선은 물론 낙동강 전선도 지키기 어려울 것으로 보았다. 이러한 경험을 했던 미군으로서는 베트남에서도 17도선 이북으로의 진격에 신중할 수밖에 없었던 것이다.

중국과 베트남의 관계가 나쁘기는 했지만, 17도선 이북으로 미군이 진격했을 경우 중국이 개입했을 가능성은 컸다. 이는 중국정부가 국경지역에 미국에 우호적인 정권이 수립되어 중국을 겨냥한 미군기지가 설치되는 것을 원하지 않았다는 사실과도 연관된다. 그럼에도 불구하고 17도선 이북으로 진격할 수 없었다는 것은 베트남에 있는 미군의 사기를 떨어뜨리는 것이었다.

왜냐하면 미군들에게는 어떠한 군사적 목표도 없었기 때문이다. 이들이 할 수 있고, 해야만 하는 일은 단지 남베트남정부를 지켜주는 일이었고, 이것은 군인의 일이 아니라 경찰이 해야 할 일이었다. 남베트남 정부에 반대하는 베트콩은 베트남의 남과 북에서 끊임없이 충원되었기 때문에 미군들로서는 집으로 돌아가기 위해 달성해야 하는 목표가 전혀 없었던 것이다.(VietCong : Vietnamese Communists 越南共産黨·남베트남 민족해방전선)

　　베트남 전쟁 당시 미군에 대한 연구가 군사 전술에 대한 연구보다 상관 살인·탈영·
반전운동 등에 대한 주제에 집중되어 있는 것도 군사적 목표가 부재했다는 점과 관련이
깊다. 영화「지옥의 묵시록」이나「플래툰」그리고「풀 메탈 자켓」등에서 잘 드러나는
것과 같이 뚜렷한 목표 의식 없이 베트남에 있던 미군들에게서 다양한 정신적 문제가 나
타날 수밖에 없었다.

(2) 한국군이 베트남에 가야했던 사정과 참전에서의 공과 과오

　　미국이 베트남에 개입했던 또 다른 이유는 미국이 지원을 하면 남베트남 정부가 베트
남의 남쪽 지역을 안정적으로 통치할 수 있을 것이라 판단했기 때문이다. 이는 1960년
대 이후 한국에서의 성과와 깊이 연관된다. 1950년대 한국은 미국이 원조를 하는 동맹
국 중에서 가장 희망이 없는 곳이었다. 남베트남과 비교해도 한국은 미국 원조의 효율성
이 가장 떨어지는 곳으로 평가되었다.

　　이러한 상황에서 4·19혁명과 5·16쿠데타가 일어나면서 점차 한국에 대한 미국의
평가가 바뀌기 시작했다. 혁명 이후의 민주당 정부와 쿠데타 이후의 박정희 정부는 경제
제일주의를 내세우며 경제개발계획을 적극적으로 입안·추진했다. 그 결과 1964년 이
후 경제성장의 효과가 나타나기 시작했고, 1964년의 6·3사태 이후 정치적으로도 일정
정도 안정적인 상황을 유지하게 되었다. 미국은 남베트남도 한국과 같은 상황이 가능할
것으로 판단했던 것 같다.

　　미국은 남베트남에서 군사전략을 추진하면서도 경제성장을 위한 원조를 멈추지 않았
고 전략촌 설정을 통해 지역개발운동을 적극적으로 추진했다. 남베트남의 경제성장이
이루어진다면, 베트콩이나 북베트남 공산당에 대한 베트남 사람들의 지지가 감소할 것
으로 판단했던 것이다. 미군이 철수하는 과정에서 남베트남 주재 미국 부대사로 전 주한
미국대사였던 사무엘 버거를 임명한 것도 이와 무관하지 않았다. 버거 대사는 5·16쿠
데타 직후 군사정부를 안정시키고 박정희를 정권의 핵심 지도자로 지지하는 임무를 맡았
었다.

　　물론 미국의 이러한 평가도 잘못된 것이었다. 남베트남 정부는 한반도 남쪽의 정부와
달랐다. 베트남 사람들은 프랑스에 의지하다 미국에 의지하고, 민중들의 불교보다 가톨
릭을 지지했던 남베트남 정부를 지지하지 않았다. 19세기 말 개화파에서부터 일제강점

기에 힘을 얻은 친일파세력이 주도하던 한국 보수세력은 3년여에 걸친 미군정의 직접통치 기간 중 절대적 반공 지배세력으로 성장해 있었다.

게다가 한국전쟁을 거치면서 한국사회에는 반공절대주의 이데올로기가 확산되어 있었기 때문에 한국의 보수세력들은 남베트남의 보수세력에 비교되지 않는 강력한 기반을 갖고 있었다. 결과적으로 미국은 베트남과 중국의 관계 뿐만 아니라 베트남 상황에 대해서도 잘못된 판단을 하고 있었던 것이다.

이런 상황에서 미국정부는 한국정부에 파병을 요청했다. 우선 먼저 미국이 원했던 것은 전투부대였다. 왜냐하면 미국 외에 다른 동맹국의 부대가 함께 해야만 전쟁에 개입하는 명분을 보여줄 수 있으며, 특히 아시아지역에서 동맹국을 동원하는 것이 필요했다.

미국은 아시아 동맹국의 부대가 함께 할 경우 베트남 사람들의 반발이 덜 심할 것으로 판단했다. 미국의 베트남 개입에 대해 유럽과 아시아의 제일 중요한 동맹국들은 누구도 환영 하지 않았다. 영국과 프랑스·독일은 참전을 거부했고, 일본도 참전할 수 없는 상황이었다. 유럽 나라들은 전후 복구가 완전히 끝나지 않았으며, 미국이 중심이 되는 세계체제에 대한 사회적 반감도 적지 않았다. 일본의 경우 당시는 미국과의 안보조약 반대와 함께 반전 시위가 고조되고 있는 상황이었다.

결국 미국이 선택한 동맹국들은 미군이 주둔하고 있던 한국과 필리핀·베트남의 인접국인 태국, 그리고 동남아시아에 이해관계를 갖고 있던 호주와 뉴질랜드였다. 이들 국가들은 미국과의 관계를 고려할 때 참전 요구를 거절하기 힘들었다. 특히 한국의 경우에는 한국전쟁 시기 미국이 도와주었다는 점과 함께 한미동맹을 강화시키는 것이 필요했다. 미국의 입장에서 볼 때 한국군을 비롯한 필리핀군과 태국군은 미군에 비해서 적은 월급으로 동원할 수 있다는 이점도 있었다.

이러한 상황 하에서도 한국의 파병은 간단한 문제가 아니었다. 스스로의 방위를 지키지 못해서 외국군이 주둔하고 있는 상황에서 다른 나라를 도와주러 간다는 주장은 논리적으로 성립되지 않았다. 일부 국회의원과 전문가들도 이런 논리를 들어 한국군 파병에 반대했다. 그러나 한국정부에게는 또 다른 고민이 있었다. 그것은 미국정부가 1950년대부터 추진해왔던 주한미군과 한국군 감축 정책이다.

미국은 1950년대부터 대한원조를 감축하고자 했다. 한반도가 전쟁이 완전히 끝나지 않고 정전체제가 계속되는 상황이었기 때문에 주한미군과 거대한 규모의 한국군을 유지해야 했지만, 거기에 들어가는 돈을 계속 감당하기는 어려웠다. 미국의 자원은 한정되어 있고 한반도 외에 다른 지역에도 원조를 해야 했기 때문이다. 특히 1954년 한미합의의사록을 통해 한국군의 작전통제권을 유엔군사령관 겸 주한미군 사령관이 통제하는 대신

한국군의 유지비를 지원하기로 한 만큼 한국군의 규모를 감축하지 않고서는 한국에 대한 원조를 감축하기 어려웠다.

미국은 1954년부터 주한미군과 한국군 감축을 위해 노력했고, 1958년에는 주한미군에 핵무기를 배치함으로써 주한미군 감축으로 인해 생기는 군사력의 공백을 메우고자 했다. 그러나 한국정부는 이를 원하지 않았다. 북측의 공격을 막기 위한 안보적 이유도 있었지만, 정권의 가장 중요한 기반이 되는 군인을 감축하는 것은 정치적으로 불리했기 때문이다. 이에 한국정부가 추진한 정책이 한국군의 해외 파병이었다. 만약 한국군이 해외에 파병되어서 미군을 돕는다면, 주한미군이나 한국군을 감축하지 않을 것이라고 판단했던 것이다.

한국정부는 1950년대에 이미 인도네시아와 베트남에 파병하겠다는 의사를 미국정부에게 전달한 적이 있었고, 1961년 5.16쿠데타 직후에도 베트남 파병 의사를 밝혔다. 물론 미국정부는 이러한 한국정부의 요구를 받아들이지 않았다. 미국이 인도네시아나 베트남에 본격적으로 파병하지 않은 상황이었고, 미군이 도와주고 있는 나라인 한국에서 오히려 다른 나라를 돕겠다고 한국군을 파병한다는 것을 미국사회에 설득시킬 수 없었기 때문이다.

그러나 통킹만 사건 이후 미국의 전투부대가 본격적으로 파병되면서 상황이 바뀌기 시작했다. 이제 한국군이 필요했다. 초기에 한국군이 보냈던 의무부대나 태권도부대만으로는 전쟁을 수행할 수 없었다. 1965년부터 한국의 전투부대가 파병되기 시작했다. 한국정부로서도 주한미군의 일부가 베트남 전선으로 가는 것보다는 주한미군의 규모를 유지하면서 한국의 전투부대를 파병하는 것이 더 좋은 방안이라고 판단했다. 주한미군은 북의 남침을 막는 가장 중요한 역할을 하고 있었고, 한국군이 파병된다면 그 공백을 메우기 위한 원조를 통해 한국군을 더 증강시킬 수 있는 기회가 될 수 있었다.

실제로 주한미군 내에서는 베트남으로 이동한다는 소문이 돌았던 것 같다. 찰스 젱킨스 당시 주한미군 상병은 베트남에 가고 싶지 않아 월북했다고 밝혔다. 베트남 전선으로 가는 것은 곧 죽음을 의미한다고 생각했기 때문이다. 1965~70년까지 미국정부는 한국군의 파병 대가로 주한미군을 감축하지 않았으며, 감축할 경우 한국정부와 사전 협의를 하겠다고 약속했다.

경제적 목적 역시 중요했다. 그러나 초기 파병의 이유는 돈이 아니었다. 주한미군을 유지함으로써 북측의 공격을 막고 한미관계를 강화해야한다는 목적이 더 강했다. 전투부대를 파병하고 나서 미국이 1966년 브라운 각서(브라운은 당시 주한미국대사)를 통해 한국에 대한 특별원조와 파병군인의 전투수당지급을 약속하면서 경제적 목적이 추가되었고, 이후에는 경제적 목적이 더 주요한 목적이 되었지만, 초기에는 더 중요한 이유가 있었던 것이다.

(3) 제국주의세력의 용병, 목숨 바쳐 돈도 벌고 무기 팔아주니 쌍방 이익

한국정부는 파병을 통해 엄청난 돈을 벌었다. 먼저 파병된 군인들의 전투수당이 주 수입원이었다. 한국군의 베트남 파병 기간이었던 1965~72년 사이 한국이 벌어들인 무역외수입 중 군인들의 전투수당 송금이 전체의 19%를 상회했다. 한국군 뿐만 아니라 베트남에서 근무했던 근로자와 기술자들의 월급 송금역시 중요한 수입원이었다. 영화「국제시장」에도 나오는 이들의 숫자는 군인의 5분의 1도 되지 않았지만, 전체 무역외수입 중 16.5%를 차지했다. 무역외수지(외환 수입 전체의 72%)가 무역수지보다 2배 이상 많았던 것을 보면 수당으로 번 돈이 엄청났음을 알 수 있다.

베트남 특수가 한국 경제에 미친 기여도(단위 : 100만 달러)

연도	특수총액 (A)	GNP (B)	수출총액 (C)	외화보유고 (D)	무역외수지 (E)	A/B (%)	A/C (%)	A/D (%)	A/E (%)
1965	19.5	3,006	175	138	125.8	0.6	11.1	14.1	15.5
1966	81.1	3,671	250	236	238.4	1.7	24.4	25.9	25.6
1967	151.3	4,274	320	347	375.2	3.5	47.3	43.6	40.3
1968	168.6	5,226	455	388	424.5	3.2	37.0	43.5	39.7
1969	200.1	6,625	623	550	497.1	3.0	32.3	36.5	40.3
1970	204.6	7,834	835	584	490.7	2.6	24.5	35.1	41.7
1971	133.3	9,148	1,068	535	486.6	1.5	12.5	24.9	27.4
1972	83.2	10,254	1,624	684	579.2	0.8	5.1	12.0	14.4

출처 : 박근호 『한국의 경제발전과 베트남 전쟁』수서방 1993. 박태균 외『쟁점 한국사』창비 2017

위 통계표에서 볼 수 있듯이 베트남 전쟁에서 번 돈이 한국 경제에 미친 영향 역시 매우 컸다. 전쟁 특수로 번 돈의 총액이 외환보유고와 수출, 그리고 무역외수지에서 차지하는 비중은 1968년의 경우 전체의 40% 내외에 달했다. 베트남 파병이 없었다면 한국의 경제개발계획이 안정적으로 실시될 수 없었다고 주장할 수 있을 정도로 큰 액수였다. 돈뿐만 아니라 한국군 파병의 대가로 미국이 지원해준 군수산업 유치 그리고 한국과학기술원KIST 설립 역시 경제적으로 중요한 성과였다고 할 수 있다.

그러나 한국정부의 본래의 목적은 안보와 한미동맹 강화였다. 외화획득이 아니었다. 그렇다면 한국군 파병의 본래 목적은 달성되었는가? 파병 직후의 상황을 본다면 그렇다.

주한미군과 한국군의 감축을 막음으로써 북한의 오판을 막고 한반도에 안정을 유지하고자 한 기본 목적차원에서 보면, 1970년까지 주한미군은 7만 명 수준에서 유지되었으며, 북한의 도발도 1965년에 비해 1966년에는 감소했기 때문이다.

그러나 이러한 상황은 1967년 이후 갑자기 변하기 시작했다. 다음 통계표에서 볼 수 있듯이 비무장지대에서 벌어진 남북 간의 충돌횟수를 보면 1967년 갑자기 급증하기 시작했다. 한국의 전투부대를 파병한지 2년도 되지 않아 발생한 일이었다. 1967년 말 유엔군사령관과 한국의 중앙정보부장은 기자회견을 열어 이듬해에는 북한에 의해 제2의 한국전쟁이 일어나거나 게릴라전이 발생할 가능성이 있다는 의견을 밝혔다.(『조선일보』 1967년 12월 27일자) 도대체 왜 갑자기 이런 일이 발생했는가?

1965~1967년 남북 간 교전 상황

	1965	1966	1967
비무장지대 충돌	42	37	423(236)
비무장지대 남쪽에서의 충돌	17	13	120
북한군 사망자 수	4(34)	43(43)	224(146)
유엔군에 의해 붙잡힌 북한군의 수	51	19	50
유엔군 사망자 수	21(40)	35(39)	122(75)
유엔군 부상자 수	6(49)	29(34)	279(175)
남한 경찰 사망자 수	19	4	22
남한 경찰 부상자 수	13	5	53

출처 : FRUS 1964~68, 29권(괄호 안은 조선일보 1967.11.4.일자 통계). 박태균 외 『쟁점 한국사』 창비 2017 재인용

북한은 1966년 조선노동당 당대표자대회를 열어, 북베트남과 베트콩을 돕기 위해 한반도에 위기를 고조시키는 전략을 채택했다. 북한으로서는 북베트남과 베트콩을 돕기 위해 직접 파병을 할 수는 없었다. 남한군의 전력이 증강되었고, 미군이 남한에 주둔하고 있었기 때문이다. 또한 북한과 중국은 1965년 한일협정을 계기로 한반도에서 일본의 군사적 역할이 더 커질 것이라는 위기감도 갖고 있었다. 따라서 북한정부는 직접 파병보다는 한반도에 안보 위기를 조성함으로써 한국군이 더 이상 베트남에 파병될 수 없는 상황을 만들고자 했다. 미국 뿐만 아니라 한국정부의 입장에서 볼 때 한반도에 안보 위기가 조성된다면 한국의 전투부대를 베트남에 더 파병할 수 있는 명분이 없었다.

실제로 미국은 한국에 더 많은 전투부대를 원하고 있었다. 한국군의 유지비가 싸기도 했지만, 미국 내에서 반전운동이 확산되면서 더 이상 미군을 증강시키기가 어려웠기 때문이다. 베트남 주둔 미군사령관은 1968년의 구정공세를 기점으로 베트콩과의 싸움에

베트남 전쟁시 미국에서 일어난 반전 시위대. 미국은 베트남 전쟁에 더 많은 병력이 필요했으나 자국 내의 반전운동이 확산되면서 추가 파병이 어려웠다. 그리하여 미국은 한국에 더 많은 파병을 요청했다.

서 승기를 잡을 수 있을 것이라고 판단해 더 많은 파병을 요청했다. 미군을 더 보낼 수 없는 상황에서 한국군은 그 대안이 될 수 있었고, 1968년 1월의 푸에블로호 나포사건과 청와대 습격사건이라는 안보 위기 속에서도 존슨 대통령은 한국정부에 더 많은 한국군 전투부대 파병을 요청하기도 했다. 그러나 결국 안보위기로 인해 미국정부 내에서 한국군의 추가 파병 요구를 반대하면서 한국군의 추가 파병은 이루어지지 않았다.(박태균 외 『쟁점 한국사』창비 2017)

이러한 상황과 함께 안보 위기의 또 다른 원인은 한국정부의 정책 때문이었다. 즉 한국정부는 미국에 더 많은 군사원조를 얻어내고, 한국군의 사기를 앙양시키기 위해 북한의 도발에 적극적으로 대처했기 때문이다. 한국정부는 1966년 브라운 각서 이후 더 이상 파병에 상응하는 원조를 제공하지 않겠다는 미국정부에 군사원조를 요청했다. 특히 한국정부의 요청사항은 간첩과 게릴라의 침투를 막기 위한 구축함과 헬리콥터와 같은 군사장비 제공이었다.

그리고 이러한 요구를 정당화하기 위해 일정한 안보 위기가 필요했다는 것이 당시 주한유엔군사령관의 판단이기도 했다. 물론 베트남에 파병되어 있었던 한국군의 사기를 진작시키기 위한 목적도 있었다. 결국 한국군 전투부대의 파병은 한반도의 안보 상황을 안정시키기보다는 더 악화시켰다고 볼 수 있다.

한편 미국의 가장 중요한 동맹국들이 베트남 파병을 거부한 상황에서 한국정부가 파병했다는 것은 한미관계를 개선할 중요한 계기가 될 수 있었다. 실제로 미국정부는 베트남에 미군 다음으로 큰 규모의 전투부대를 파병한 한국정부를 특별하게 대우했다. 특별한 원조를 했고, 박정희 대통령을 초청해 뉴욕에서 카퍼레이드를 했으며, 존슨 대통령이 1966년 한국을 방문해 박정희 대통령에 대한 지지를 표시하기도 했다. 존슨의 방문은 1967년 대통령 선거와 총선거 6개월여 전에 이루어졌다.

(4) 전쟁 본래의 잔인성에다 반공주의 증오가 겹쳐 무한 학살 전개

모든 전쟁은 학살을 동반한다. 그렇다고 전쟁이 모든 학살을 정당화하는 것은 절대 아니다. 그러나 학살은 어느 일방에 의해서만 일어나는 것이 아니다. 학살은 보복을 부르고, 그 보복은 다시 또다른 보복을 부르는 연쇄 작용을 하기 때문이다. 한국전쟁 시기 남한군과 북한군, 그리고 미군 모두 학살의 책임으로부터 자유롭지 못했다. 베트남전쟁 역시 동일한 과정이 되풀이됐다. 그런데 유독 미군과 한국군에 의한 민간인 학살만이 주목되고 있는 이유는 무엇일까?

미국 쪽은 '밀라이 학살'이 알려지면서 민간인 학살을 자인했다. 그러나 한국군은 민간인 학살에 대해서 전면 부인하고 있다. 국방부 군사편찬연구소가 베트남전쟁에 참전했던 장교들을 대상으로 한 구술을 담고 있는 『증언을 통해 본 베트남전쟁과 한국군』이나 사병들이 자발적으로 자신의 참전 수기를 올린 인터넷 사이트 「베트남전쟁과 한국군 www.vietnamwar.co.kr」을 통해서 보면 양민 학살을 둘러싼 논란에 대한 해석은 대체로 다음과 같은 두 가지로 요약된다.

첫째로 북한군의 소행이라는 것이다. 북한은 북베트남군과 베트콩을 지원한다는 명분으로 공군 조종사들과 함께 심리전 요원들을 파견했다고 알려져 있다. 이 중 심리전 요원들은 주로 한국군의 이른바 '귀순' 공작을 담당했는데, 학살은 이들의 소행이라는 것이다.

북한군 군사고문단이 한국군으로 위장하고 자신들에게 비협조적이며 한국군에게 협조적인 자연부락을 무차별 공격한 후 한국군의 만행이라고 주장했을 개연성이 충분했다고 생각하기 때문이다.(당시 그런 첩보도 있었던 것으로 기억된다.)(베트남전쟁과 한국군의 참전 수기(이하 참전 수기)중 「호이안 전선에 드리운 전운」)

베트남 빈딘성 빈안 마을 희생자 추모비 뒤편의 벽화 속 맹호부대원 그림 역시 이 주장을 뒷받침하고 있다. 왜냐하면 그 벽화에 있는 맹호부대원 군복의 맹호부대 마크가 실제 마크와는 다르기 때문이다. 북한군이 왔기 때문에 실제와는 다른 마크를 달았을 가능성이 크다는 것이다.

둘째로 한국군은 베트콩을 사살했을 뿐이라는 주장이다. 대부분의 남베트남 사람들은 베트콩에 우호적이었다. 베트콩의 보급 투쟁에 호응하거나 이들을 숨겨주기도 했다. 따라서 대민작전을 하는 한국군에게 베트콩과 양민의 구별은 무의미했다는 것이다.(국방부 군사편찬연구소 『증언을 통해 본 베트남전쟁과 한국군 1』 국방부군사편찬연구소 2001, 254쪽)

게릴라전은 확정된 전선이 없고 제복을 입은 적군도 없다. 오직 무기를 갖고 대항하는 자는 적이고, 웃으며 손을 흔드는 자는 양민이다. (···)마을에서 전투 시에는 주민의 피해가 발생하게 되는데,이는 전투 현장에 베트콩에 협력하는 주민이 섞이게 되기 때문이다. 또한 베트콩에게는 연령이나 남녀노소의 제한이 거의 없다. 지금껏 우리들은 모든 작전에서 부녀자와 노인·아동들을 전혀 의심을 하지 않았고, 용의선상에도 넣지 않았다.

그러나 이번 작전에서는13~14세의 소년 베트콩에게는 아군이 피해를 입었으며, 이를 생포하여 신문한 결과 그는 분대장 직책까지 수행하고 있었다. 또한 거의 60세가 된 노인이 대항 후 도주하는 것을 생포했고, 허리에 수류탄과 탄띠를 찬 여자 간호원을 체포한 적도 있었다. 심지어 겉으로는 승려 복장에 속에는 탄띠를 찬 가짜 승려가 체포된 적도 있었는데, 자신은 양민이며 탄띠는 주워서 찬 것이라고 변명을 하는 경우도 있었다. (···) 이들은 확실한 베트콩이며 결코 양민일 수 없다.

- 맹호부대 1연대 5중대장 박00 대위의 증언

미군에 의해서 퐁니·퐁넛사건(1968년 2월)의 조사가 이루어질 때에도 채명신 사령관은 "대량학살은 공산주의자들에 의한 음모"라고 결론 지었지만, 한국군의 파병을 요청한 미군은 한국군의 불미스러운 작전에 대한 해명을 요구했다. 채명신 사령관의 해명은 주베트남 미군 사령관 웨스트모얼랜드의 편지에 대한 답장이었고, 미군사령관의 편지 내용은 아래와 같다. (『한겨레21』 제334호 「잠자던 진실, 30년만에 깨어나다: 한국군은 베트남에서 무엇을 어떻게 했는가」)

나에게는 전쟁 범죄에 관한 주장이나 불만이 제기됐을 때 적절한 절차에 따라 조치를 취해야 한다는 지시가 내려져 있습니다. 이 지시는 제네바 협약의 서명국으로서 미국의 책임을 다하기 위한 것입니다. 이를 수행하기 위해 1968년 2월 12일 꽝남성 디엔반현의 퐁니마을과 퐁넛마을에서 발생한 것으로 보고된 사건들에 대한 조사에 착수했습니다. (···) 동봉한 증언, 사진 자료, 그리고 다른 문서들은 기초조사 과정에서 수집된 것으로 우리의 조사가 완전하고 광범위 한 것이라고 말하려는 것은 아닙니다. (···) 따라서 이 사건에 대한 상세한 보고서를 아마 장군께서도 받아보셨을 것입니다. 이 사건이 갖는 심각한 본질 때문에 나는 이 사건이 궁극적으로 해결될 수 있기를 고대합니다.

−1968년 4월 29일자 웨스트모얼랜드의 편지

『한겨레』의 고경태 기자가 2000년 미국의 국립문서보관소NARA에서 발굴한 문서를 보도한 바에 따르면 당시 미군이 조사를 요청한 사건은 아래와 같은 세 가지 사건이었다.(베트남의 행정단위인 성, 현, 사, 촌은 한국의 군, 읍, 면,리에 해당한다.)

① 1968년 2월 12일 꽝남성 디엔반현, 퐁니·퐁넛 사건

한국 해병 2여단 1대대 1중대가 마을 주변을 일렬 종대로 지나던 중 저격을 받자 마을을 공격. 앞 소대에서 민간인들을 후송시켰으나 뒤에서 대부분 사살됨. 79명(또는 69명)의 베트남 여성과 어린이들이 칼에 찔리거나 총에 맞아 죽음. 한국 해병 1명 부상(작전명 : 괴룡 1호 작전).

② 1969년 4월 15일 꽝남성 주이쑤엔현, 쭉미사건

한국 해병 2여단 2대대 7중대 3소대가 지뢰 제거 중 폭발사고 뒤 저격 받은 것으로 추정. 그 뒤 다시 저격 받는 과정에서 수류탄 사고로 한국군 사망. 한국군은 전략촌을 무차별 공격. 그 뒤에도 4.2인치 20발과 81밀리 20발 포격. 그중 일부가 전략촌에 떨어져 미 육군 장교 1명과 2명의 사병이 부상. 베트남 민간인 4명 사망, 12명 부상, 7명 구타. 대규모 재산 피해. 지뢰 폭발로 한국 해병 1명 사망, 4명 부상, 미 해병 다수 부상(작전명 : 승룡 10호 작전)

③ 1968년 10월 22일 꽝남성 호앙쩌우 사건

한국 해병 2여단 2대대 6중대 1소대가 야간방어진지 구축 중 저격당하자 마을을 공격한 뒤 포위. 베트남 민간인 22명 사망(8명의 어린이 포함), 베트남 민간인 16명 부상(5명의 어린이 포함), 13마리의 물소 사살, 95채의 주택 100% 파괴, 1,000개의 저장고 파괴. 초기 작전 중 한국 해병대 대원 일부 사망(작전명 : 승룡 3호 작전)

세 사건은 모두 구정舊正(음력 설 명절) 공세 직후에 발생했다. 세계를 뒤흔든 미군에 의한 밀라이 학살이 발생했던 1968년 3월을 전후한 시기였다. 가장 치열한 전투가 벌어진 직후의 시기였다. "구정 공세라 하면 1968년의 호이안 전투를 지칭한다고 봐야 할 것이다. 아마 3대대 9중대의 일개소대 40여 명 중 생존자가 7명 뿐이라는 믿기 어려운 전투도 그때의 일이었던 것으로 기억한다."(참전 수기 중 「호이 안 전선에 드리운 전운 6」) 다른 사건들이 이 이전에도 있었지만, 미군쪽에서 이 사건들만 조사에 들어간 것은 왜일까? 밀라이 학살의 영향 때문이었을까?

해병대 대원이 다치거나 사망한 이후 보복과정에서 발생했다는 점과 전략촌에서 발생했다는 점 역시 주목된다. 전략촌은 지역 거주민들을 베트콩으로부터 분리시키기 위해 만든 전략적인 지역이었고, 안전한 곳으로 선전되고 있었다.

한국군에 의한 민간인 학살 문제는 국내에는 보도되지 않았다. 베트남 파병에 대한 여론이 악화될 수 있었기 때문에 철저한 보도 통제가 이루어졌던 것으로 보인다. 문제는 외신의 보도였다. 1970년 1월 10일 『뉴욕 타임스』는 "한국군이 수백 명의 베트남 민간인을 살해했고, 주베트남 미군사령부의 고위 장성이 한국군에 대한 조사를 중단시켰다"고 보도했다. 이 보도는 1971년 한국의 대통령 선거를 앞두고 나왔다는 점에서도 중요했지만, 브라운 각서의 실행 내용을 조사하기 위한 사이밍턴 위원회를 앞두고 나왔다는 점 때문에 한국 정부 뿐만 아니라 닉슨행정부도 긴장시켰다. 한국 정부는 한국 언론매체가 보도하지 못하도록 조치했고, 사이밍턴위원회에서도 한국군의 민간인 학살 문제는 논의되지 않았다. (『한겨레21』 제334호, 앞의 글)

외신의 보도는 한번으로 끝나지 않았다. 베트남전쟁이 막바지로 가고 있었던 1972년 7월 31일 『AP통신』은 맹호사단에 의한 양민 학살문제를 보도했다. 29명의 민간인이 학살됐으며, 사망한 남성 9명, 여성 13명, 그리고 아이들 7명의 명단이 키엠 수상에게 제출됐다. 명단에 따르면 다낭의 팜쑤언후이에서 발생한 이 사건에 여든여섯 살의 할머니가 가장 나이가 많았으며, 한 살도 되지 않은 아이도 포함되어 있었다.

한국 정부는 긴급회의를 열었다. 맹호사단의 '장비 2호 작전' 시 한국군의 공격으로, 『AP통신』의 보도와 비슷한 수의 부락민이 피살됐다. 남베트남의 일부 국회의원들이 이 내용을 왜곡 기술하여 신문사에 배부했다. 주베트남 한국대사는 사전에 보도를 만류하는 한편 8월 15일부터 17일까지 자체 조사를 한 뒤 주베트남 한국군 사령부에 조사를 다시 의뢰했다. 한국군과 남베트남군이 각각 3명의 장교(반장 중령)를 현지에 파견하여 조사한 결과는 아래와 같았다. ('양민학살 보도 해명 전보', 주베트남대사(1972), 외교관 소장 문서)

동 부락은 본시 베트콩 통제 하에 있었으며, 전투는 적의 사격으로 아측이 전사 2명, 부상

6명의 피해를 입은 후 일어난 우발적인 것이었으며, 촌락에 대한 공격은 지방 책임 관리의 사전 동의 아래 실시된 작전상의 타당성이 있는 전투이고, 의원들의 비난과 같은 양민 집단 학살 및 암매장은 없었다는데 합의를 보았음.

한국군과 남베트남군에 의한 조사 결과 양민 학살은 사실무근이었다. 왜 이런 사건들이 발생했는가? 우선 작전의 문제였다. "전략촌이란 개념의 차이가 있어서인지는 모르겠으나 우리 군은 작전 개시 전에 여러 가지 방법으로 양민을 소개시키는 작전을 감행했으며, 소개하지 않은 자들을 게릴라로 판단했고 이를 섬멸했던 것이다."(참전 수기 중 「호이안 전선에 드리운 전운 11」)

둘째로 베트콩이 나온 마을의 주민들은 모두 베트콩의 협력자로 본다는 것이다. (『한국일보』 2014년 8월 11일자, 「"윤 일병 사건? 사소한 가혹 행위" 군 교육 파문」)

베트콩이 나타나면 마을을 몰살시켰어요. 할아버지·할머니·손자·며느리 다 죽여버렸어. 싹쓸어 버렸어. (그러니) 베트콩이 우리를 손댈 수가 없어 그 때는 잔혹 행위 같은 걸 우리가 자행을 했어요. 그런데 말씀드리고 싶은 것은 잘했다 잘못했다를 떠나서 그렇게 해병대가 한 것은 그게 도움이 됐기 때문입니다. (……) 잔혹 행위라도 해서 살아남는 게 땡입니다. 만약 우리나라 전쟁에서 그렇게 했다면 큰일 나겠지만. (……) 우리는 그 전쟁에서 이기는 것보다 더 중요한 게 우리 병사들이 많이 살아서 복귀하는 거잖아. 그래서 그걸 윤리적으로 비판하기가 굉장히 어렵습니다.

한국군의 재판 기록을 보면 1965년부터 1972년까지 총 1,384건의 범죄 행위가 발생했는데, 이 중 살인 35건, 강간 21건, 과실 치상 523건 등이 있다. 아마도 민간인 학살사건과 무관하지 않을 것이다. (최용호 『통계로 본 베트남전쟁과 한국군』 국방부군사편찬연구소 2007)

현재 베트남 사회의 입장은 한국군과는 다르다. 전쟁이 끝난 직후 베트남 정부는 정치국 산하에 전쟁범죄조사위원회를 설치했고, 여기에서 1980년대 초 『남베트남에서 남한 군대의 죄악』이라는 문건이 발간됐다. (구수정 박사 발굴) 이 문건에 의하면 5,000여 명의 베트남 민간인들이 한국군으로부터 피해를 입었다. 이후 각 성은 한국군에 의한 민간인학살에 대해 조사를 실시하고 있다.

2015년 2월에 만난 빈딘성 전쟁박물관 관장은 30여 년 동안 민간인 학살을 발굴했고 지금도 발굴을 지휘하고 있다. 기록이 없으니 발굴하는 수밖에 없었다. 식민지 시기 징용과 위안부 관련 사실이 해방 이후 50년이 지나서야 사회적으로 논의되기 시작한 것과 마찬가지로 베트남에서도 일정한 시간이 흐른 뒤에 민간인 학살 문제가 본격적으로 제기될 가능성이 크다.

2000년 구수정 박사가 발표한 자료에 따르면 베트남전쟁 시 한국군에 의한 약 80여 건의 민간인 학살사건이 있었으며, 9,000여 명의 민간인들이 학살된 것으로 집계되어 있다. 그리고 최근에도 아직까지 밝혀지지 않은 사건들에 대한 조사가 계속 진행되고 있다. 또한 사회적으로 알려진 1968년 이후의 학살사건과 달리 1967년 이전에 대부분의 집단 학살이 발생했다고 한다. 2015년 2월에 방문했던 빈딘성의 경우가 대표적인 사례다. 1966년 1~2월에 학살이 자행됐으며, 한국군의 전투 기록에 근거해보면 맹호부대의 비룡작전 중 발생했을 가능성이 크다. 한국군이 초기에 실시했던 「평정 작전」 중 하나였던 것으로 보인다.

전쟁에서 민간인의 죽음에 대한 한국군의 해석과 베트남 사람들의 해석 사이에는 큰 차이가 있다. 이러한 해석의 차이는 지금 한국 사회에서 남남 갈등의 한 축을 차지하고 있다. 그러나 베트남전쟁에서의 민간인 학살은 이념적이거나 정치적인 문제가 아니다. 반드시 풀어야 할 인류의 문제이며, 시대적인 문제다. 이 문제를 풀지 않고서는 한국의 명예는 회복될 수 없다. 일본의 역사 인식을 이야기하든, 미군의 노근리 민간인 학살사건을 이야기하든 모든 문제는 베트남에서의 과거사 문제를 해결하지 않고서는 불가능하다. 이 모든 사건에 우리는 피해자이며 동시에 가해자였기 때문이다.

민간인의 죽음에 연루된 한국군 역시 피해자다. 한국군은 자의로 갔건 타의로 갔건 '국가의 이익을 위해' 동원됐다. 가장 큰 피해를 입은 것은 베트남 사람들이지만, 여기에 연루된 한국군들은 모두 트라우마로부터 자유롭지 못했다. 이들을 동원한 국가는 모든 책임을 져야 한다. "폴란드가 '됐다'고 할 때까지 사과를 해야 한다"는 독일의 앙겔라 메르켈 Angela Merkel 총리의 언급을 보면서, 일본이 한국을 비롯한 식민지 국가와 태평양 전쟁 피해 국가에 대해, 또한 한국이 베트남에 대해 어떻게 해야 하는지를 다시한번 생각해본다. 그리고 이를 통해 베트남 사람들과 참전 군인들의 응어리를 풀어주어야 한다.

전쟁! 전쟁은 인간을 황폐하게 만들었고, 인간의 심성을 비정하게 변화시킨다. (……) 사람의 목숨이 파리 목숨이 된다. 죄 없는 양민들은 이데올로기의 제물이 되어 희생되어야 했다.

아직도 한 가지 의문은 남는다. 베트콩에 의한 납치·살해·폭행·방화 등은 전혀 주목받지 못하면서 왜 미군과 그 동맹군에 의한 학살만 주목을 받고 있는가? 그것은 100년 동안의 식민지 약소민족의 해방투쟁을 파탄시키려한 정당하지 못했던 참전, 언론 통제에 대한 사회적 반발, 그리고 베트콩과 북베트남의 승리라는 전쟁 결과가 복합적으로 작동하고 있기 때문이었다. 그리고 그 결과는 반전 운동과 서구 사회의 변화로 나타났다.

(5) 여러 속방 장병을 고용, 침략하여 싸우다 지자 주민 대량 살해 복수극

미국의 관점에서 볼 때 베트남전쟁에서의 승리는 무엇을 의미했는가? 남베트남 정부 지역에서 베트콩과 그들을 지원하는 북베트남 게릴라들을 축출하는 것이었으리라. 이들이 도망가지 않는다면 이들을 죽여야했고, 더는 활동을 할 수 없도록 게릴라들의 활동 지역에 거주하는 주민들을 이동시켜야 했다.

문제는 반정부 게릴라들을 몰아내는 것이 간단한 일이 아니라는 점이었다. 게릴라들은 지역민들로부터 충원됐고, 지역민들은 게릴라들을 지원했다. 게릴라들에 의한 살해와 납치가 끊이지 않았지만, 이들에 대한 주민들의 지지는 줄어들지 않았다. 1970년대 초 사이공에서 나온 통계에 따르면 1957~1972년 사이 베트콩은 3만 6,725명을 암살했고, 5만8,499명을 납치했다. 이중 1968년부터 1972년 사이의 통계를 보면 피해자 중 20%만이 정부 관료·경찰·지방자치군이었고, 나머지 80%는 민간인이었다.(미 육군 법무관 사무실 자료. Guenter Lewy, *America in Vietnam*, Oxford University Press, 1980)

베트콩에 의한 피해자 수가 결코 적지 않았음에도 게릴라들은 지방민들에게 '로빈 후드'였다. 암살과 납치의 대상이 모두 그런 것은 아니었지만, 주로 지역의 부패한 관리들과 지주들이었다. 그뿐만 아니라 게릴라들의 활동은 기자들의 눈에 띄지 않았기 때문에 미국의 신문에는 거의 보도되지 않았다. 이에 반해 남베트남 정부군과 미군의 활동이 서방 기자들에 의해 나쁘게 보도되었다..

그 결과 베트남의 미군들은 적들뿐만 아니라 악화된 여론과도 싸워야 했다. 게다가 게릴라와 일반 주민들을 구별하는 것이 쉽지 않았다. 주민들은 게릴라를 숨겨줬고, 게릴라는 주민들로부터 충원됐다. 정글에서나 마을에서나 게릴라는 갑자기 튀어나왔다. 저격수에게 걸리면 어디서 날아오는지 모르는 총알에 희생당할 수밖에 없었다. 베트남 전선에 있던 한국군 역시 예외가 아니였다.

이런 상황에서 있어서는 안 될 일이 발생했다. 피의 보복이 발생한 것이다. 그 대표적 사건이 구정 공세 직후인 1968년 3월 16일에 있었던 「밀라이 학살」이었다. 밀라이 학살이 일어난 선미Son My는 한국군이 활동했던 다낭으로부터 160킬로미터 남쪽에 위치한 작은 마을이었다. 선미는 미군의 지형도에는 밀라이로 지칭됐다. 베트남에서는 지금도 '선미 학살'로 부르고 있다.(James Olson and Randy Roberts, *My Lai: a brief history with documents*, Bedford Books, 1998)

우리는 아침 일찍 착륙지점에서 헬리콥터를 타고 밀라이로 날아갔습니다. 우리는 마을 밖에 있는 가뭄으로 말라 있는 논 위에 내렸습니다. 동네로부터 어떠한 저항도 없었고, 무장한 적들도 없었습니다. 우리는 일렬로 줄지어 마을을 향했습니다. 마을 밖에서 한 늙은이가 베트남어로 인사를 하고 우리들에게 손을 흔들다가 첫 번째로 죽었습니다. 메디나(중대장)나 캘리 둘 중에 한 사람이 그를 죽이라고 했고, 백인 병사가 그를 죽였습니다. 그 병사의 이름은 모릅니다. 이것이 첫 번째 살인이었습니다.

그 병사가 사람을 죽인 직후에 한 여성이 마을로부터 나왔고, 누군가가 그녀를 때려눕힌 다음 메디나가 그녀에게 M16 소총을 발사했습니다. 나는 그로부터 30~40미터 정도 떨어져서 그 광경을 목격했습니다. 이 여자에게 총을 쏠 이유가 전혀 없었습니다. 이것은 순전히 살인이었습니다.

그 후 분대와 예하부대가 마을로 들어가기 시작했습니다. 우리는 누구도 마을로부터 도망가지 못하게 해야 한다고 다짐했습니다. (……) 우리는 15명 이상의 베트남 남자·여자·아이들을 끌어모았습니다. 메디나가 "모두를 죽이고 아무도 서 있지 못하도록 하라"고 외쳤습니다. 우드는 M60 기관총을 들고 거기에 있었고, 메디나의 명령으로 그들에게 기관총을 발사했습니다. 미첼 하사도 거기에 있었는데, M16 소총으로 사람들에게 사격을 가했습니다. 위드머가 M16으로 마무리를 했고 메디나는 그들에게 총을 쏘지 않았습니다.

이 사격 이후 메디나는 물소와 함께 가고 있던 열일곱 살 내지 열여덟살 정도 된 소년을 멈추게 했습니다. 메디나는 소년에게 뛰어가라고 했지만, 소년은 뛰지 않았고, 그래서 메디나는 M16 소총으로 그 소년을 죽였습니다. 나는 50~60미터 정도 떨어진 거리에서 그것을 분명히 목격했습니다. (……)

문: 당신이 증언한 내용들은 매우 심각한 내용들이다. 당신은 오직 사실만을 말하고 있으며, 당신이 말한 것은 모두 사실인가?

답: 내가 말한 것은 모두 사실이며, 법정에서 메디나와 대질신문을 해도 그것이 사실임을 맹세할 수 있습니다. 이것은 사실입니다.

문: 그러고 나서 무슨 일이 일어났나?

답: 우리는 계속해서 마을을 지나갔습니다.(……) 마을 안에서 군인들은 사람들을 둘러쌌습니다. 미들로가 그들을 감시하고 있었습니다. 몇몇 다른 병사들이 미들로와 함께 있었고, 캘리가 올라와서 그들 모두를 죽이고 싶다고 말했습니다. 그가 그렇게 말할 때 나는 바로 그 근처에 있었습니다. 이번에는 25명이었습니다. 미들로와 위드머가 M16을 자동으로 놓고 이들에게 발사했습니다. (……) 이 사람들에게 총을 쏜 다른 사람들도 있었지만 누군지

기억이 나질 않습니다. 캘리는 이번에는 2명의 베트남 사람을 데리고 가서 M16을 자동모드로 발사해서 죽였습니다. 나는 이 살인에 연루되고 싶지 않아서 멀리 떨어져있었습니다. 이러한 살인에는 아무런 이유가 없었습니다. 이들은 주로 여성과 아이들, 그리고 몇몇 노인들이었습니다. 그들은 탈출하거나 공격하려고 전혀 시도하지 않았습니다. 그것은 살인이었습니다. (……)

문: 그 다음 무슨 일이 있었는가?

답: 우리는 마을을 지나갔고 또 다른 살인 행위들이 있었습니다. 나는 주로 스탠리와 있었습니다. 나는 스탠리와 앉아 있었는데, 위드머가 와서 다시 내 권총을 빌려달라고 했습니다. 나는 한 작은 소년이 부상당한 것을 보았습니다. 아마도 팔을 다친 것 같았습니다. 위드머는 그 아이에게 다가가서 내 권총을 쏘았습니다. 위드머는 "내가 이 개자식에게 쏘는 것을 보았지"라고 말하는 것 같았습니다. (……)

문: 밀라이에서 몇 명 정도가 죽었다고 생각하나?

답: 100명이 넘을 겁니다. 몇 명이 죽었는지 정확히 말할 수는 없습니다. 아무도 살아남지 못했다고 생각하지는 않습니다.

-밀라이 학살에 대한 허버트 카터의 증언(1969)

다음날 우리는 밀라이로 갔습니다. 나는 두 번째인가 세 번째에 섰습니다. 또 다른 소대, 즉 C중대의 1소대가 우리 앞에 가고 있었습니다. 나는 우리분대, 즉 2소대 3분대와 함께 하고 있었습니다. 나의 소대는 브룩스 소위가 지휘하고 있었습니다. 내 분대의 리더는 라크루아 하사였고, 소대의 리더이면서 선임하사는 뷰캐넌이었습니다. (……) 우리가 마을로 들어간 직후에 나는 5명의 베트남인 체포자와 함께 있는 우드와 스탠리를 만났습니다. (……) 그리고 나서 로셰비츠가 나에게 와서 모든 사람들을 죽일 거라고 말했고 나에게 그들을 죽이라고 말했습니다. 로셰비츠는 나의 M16을 뺏어서 자동모드로 놓고 거기에 서있던 모든 베트남 사람들을 쏴버렸습니다. 그들은 무장하지 않았고, 도망치려고 하지도 않았습니다.

문: 그리고 나서 무슨 일이 있었는가?

답: 나는 마을로 들어가서 오두막 옆의 우물에 한 소년이 총에 맞아 있는 것을 발견했습니다. 아기를 안은 여성도 울면서 오두막에서 나왔습니다. 로셰비츠·라마르티나 그리고 라크루아가 거기에 있었습니다. 라이트·후토 그리고 허드슨도 거기에 있었습니다. 브룩스 소위(소대장)도 주위에 있었던 것으로 생각됩니다. 소대장은 나에게 여자를 죽이라고 말했고 나는 그대로 행했습니다. 저는 사진들을 보았고 여기에 관련하여 내가 쏜 적이 있는 여자와 아기의 사진을 확인했습니다. 나는 아기의 얼굴을 쏜 걸로 기억하고 있습니다

문: 그리고 무슨 일이 있었는가?

답: 오두막에는 4~5명의 사람이 있었는데 대부분 아이들이었습니다. 허드슨이 아이들에게

1st Photos of Viet Mass Slaying

THE PLAIN DEALER

Exclusive

Cameraman Saw GIs Slay 100 Villagers

A clump of bodies on a road in South Vietnam.

북베트남과 베트콩의 구정공세 직후인 1968년 3월 16일 발생한 밀라이 학살의 희생자들. 프리랜서 기자 시모어 허쉬가 1969년 11월 12일 특종 보도하면서 알려졌다.

기관총을 쐈습니다. 나는 그때 오두막에 들어갔고 아이들의 몸이 갈기갈기 찢긴 것을 보았으며 그들이 모두 죽었다는 것을 의심하지 않았습니다. 그 오두막에는 작고 오래된 구멍이 있었는데 사람들이 공격으로부터 몸을 숨기는 곳이었습니다. 라이트는 누군가 거기에 숨을 경우를 대비해서 그 구멍에 수류탄을 까 넣었습니다.

문: 그리고 무슨 일이 있었는가?

답: 우리가 마을로 들어가면서 많은 총소리가 들렸고 소대 앞에 25~30명의 사람들이 있는 곳으로 왔는데, 그들을 처형했습니다. 우리는 총을 쏘는 것을 직접 보지 못했지만 그 일이 막 일어났던 것은 분명했습니다. 메디나(중대장)는 우리가 갔을 때 거기에 있었습니다. 그러나 그가 살해를 목격했는지는 알 수 없습니다. 나는 그곳으로부터 멀지 않은 곳에서 같은 날 다른 처형이 있었다고 들었습니다. 그러나 나는 목격하지 못했습니다. 또한 밀라이에서 사람들의 시체가 쌓여 있는 구덩이를 발견했습니다.

문: 그 다음에 무슨 일이 있었는가?

답: 우리는 왼쪽으로 가서 오두막을 불태우고 사람들을 죽였습니다. 나는 그날 8명쯤을 죽인 것 같습니다. 나는 도망가는 2명의 노인을 쐈습니다. 또한 여성과 아이들 몇 명을 쐈습니다. 그들은 오두막으로부터 도망가거나 숨으려고 했습니다.

문: 다른 사람이 죽이는 것을 봤는가?

답: 네. 라이트·후토·허드슨·러커 그리고 모어가 오두막에 들어가서 열일곱에서 열여덟

살 정도 된 여자애를 강간했습니다. 나는 문에서 그것을 보았습니다. 그들이 일을 마친 뒤 M60, M16, 캘리버 45 권총을 꺼내서 그녀가 죽을 때까지 쐈습니다. 그녀의 얼굴은 사라졌고, 그녀의 뇌가 사방에 퍼졌습니다. 나는 강간이나 살해에는 관여하지 않았습니다.

문: 이 사람들이 라이트·후토·허드슨·러커 그리고 모어이고, 이들이 그 소녀를 윤간했는가?

답: 네, 그들이 그랬습니다.

문: 다른 살해 장면도 목격했는가?

답: 나는 많은 사람들을 죽이는 장면을 목격했지만 혼란이 있었고, 모든 살해에는 관여하지 않았습니다. 내 생각에는 400명 정도가 밀라이에서 죽었습니다. 모두들 메디나의 명령을 받았다는 점을 강조하고자 합니다.

　　　　　　　　　　　　　　　　　　　　　　　　　　　　　　　　　- 바나도 심슨의 증언(1969)

　한국에 노근리가 있었다면 베트남에 밀라이가 있었다. 이 사건에는 모두 26명의 군인이 관여한 것으로 판명됐다. 그러나 이 중 한 사람, 윌리엄 캘리 소위만 유죄 판결을 받았다. 종신형을 선고받았지만, 그는 3년 반 동안 가택연금 상태에 있었을 뿐이었다. 상급 명령권자인 영관급 장교들은 어떠한 처벌도 받지 않았다.(1950년 7월 26일 미군이 충북 영동군 노근리 철교 밑에 양민 500여 명을 '피난시켜주겠다'며 모아놓고 사살한 사건)

　국가는 정상적으로 전투를 할 수 없는 곳에 군인을 보냈다. 그러나 그들의 민간인 학살에 대해서 전혀 책임지지 않았다. 학살사건을 일으킨 군인들은 가해자였지만, 다른 한편으로 국가에 의해 동원된 피해자들이었다. 가장 가혹한 피해자는 억울하게 죽은 베트남 사람들이었지만, 동시에 가해자인 군인들 역시 피해자였고, 베트남전 이후에도 트라우마를 앓았다. 허버트 카터의 증언에 나오는 한 사병은 학살 다음날 부비트랩을 밟고 다리 하나를 잃었다. 그리고 그는 "밀라이에서 한 일 때문에 신이 나를 벌하고 있구나"라고 말했다.

　베트남전쟁 동안 군법재판에 회부된 미 육군은 혐의자 78명 중 36명이었다. 그 외의 42명은 기소중지 되거나 행정처분을 받았다. 해병대의 경우 27명이 재판을 받았는데, 대부분이 보호감찰·선고유예·대체복무 등의 선고를 받았다. 국가는 평범한 시민들을 범죄자로 만들어놓고, 이에 대해 책임을 지는 대신 이들이 최소한의 형량만을 받도록 아량을 베풀었다. 전쟁 중 사망해서 기소되지 않은 군인도 있었다. 그리고 재판을 받은 사람들은 참전에 따른 어떠한 보상도 받지 못했다.

(6) 한국군, 약소국 해방 투쟁 방해한 것만도 부끄러운데 강간·살육까지

"전쟁은 이런 곳에서도 일어났을까. 둥근 어깨의 산등성이와 초록의 들판. 그 위로 하얗게 부서져 내리는 햇살. 야자수와 망고와 파파야, 바나나 나무들…. 창 밖을 흐르는 풍경엔 나른한 열대의 평화로움만이 펼쳐진다. 태양이 작열하는 들녘에는 허리를 땅에 엎디어 논밭을 일구는 베트남 여인네들의 샷갓모자만이 드문드문 섬처럼 떠간다. 한낮의 태양에 달구어져 엿가락처럼 휘어버릴 듯한 거리엔 허리를 곧추세우고 자전거를 달리는 여학생들의 하얀 아오자이 자락이 무거운 바람 속을 구름처럼 떠돌기도 한다. 과연 우리는 저토록 가녀린 몸피의 여인들에게까지 총부리를 들이댔을까. 이성은 간데 없고 광기만이 오롯이 남은 인간들이 저지른 살육의 현장. 그 아픔의 속살을 헤집으려 나서는 한 '남추틴'(남조선)의 심사를 아는지 모르는지 버스는 중앙선도 없는 아스팔트 위를 끝도 없이 달렸다."(한겨레 21, 『베트남전 24돌에 돌아보는 우리의 치부, 베트남 전범조사위의 끔찍한 기록들』 구수정 「호치민·판랑」 특파원, 1999. 5. 4, 57~59쪽)

① 살아남은 노스님의 증언

"1969년 10월 14일, 베트남 남부 판랑지역에서 남한 군인들이 린선Linh Son사 스님들을 향해 총기를 휘두르는 사건이 발생했다. 사이공의 보고에 따르면 남한군 한명이 린선사에서 베트남 여성을 희롱하다 주지승에게 쫓겨나자 이에 격분, 동료들을 몰고 와 총기를 난사한 것으로 알려진다. 『AFP통신』은 이 사건으로 71살의 주지승, 69살의 노승, 41살의 여승, 15살의 행자승 등 4명이 사망한 사실을 베트남 정부가 공식 인정했다고 보도했다.(『인민군대』지 1969. 10. 24)"

필자(구수정 특파원)는 2년 전 베트남 정치국에서 나온 「전쟁범죄조사보고서-남베트남에서의 남조선군대의 죄악」이라는 자료의 일부를 어렵게 손에 넣을 수 있었다. 나는 이 자료를 아직은 검증되지 않은 베트남쪽의 일방적인 보고서, 그러나 언젠가는 풀어야 할 숙제로 책상서랍 안에 묵혀두고 있었다. 그리고는 '아버지 세대에 저질러진 잘못이지만' 한국과 베트남간의 서로 죽고 죽여야 했던 '아픈 역사의 매듭을 풀기 위한' 작은 노력의 일환으로 베트남을 방문한 한국 시민단체 '나와 우리' 일행에게 처음으로 이 자료를 공개했다. '나와 우리'는 지난해에도 일본 시민단체가 띄운 피스보트Peace Boat에 올라 한국군의 베트남 양민학살 현장을 돌아보며 증언을 채록한 바 있다. 그들은 이제 '한국인의 힘으로' 부딪쳐 보자는 의지를 모아 또다시 긴 여정에 오른 것이다. 필자는 첫 기착지인 판랑까지 동행하기로 했다.

배트남 남부 해안가에 위치한 판랑은 관광안내 책자에도 나오지 않는 조그만 고장이다. 버스정류장에는 택시 한대 보이지 않고, 걸어서 찾아간 호텔에도 그 흔한 냉장고 한대 없었다. 다만 '늑맘(베트남 생선소스)의 고장'이라는 명성답게 비릿한 소금기가 대기를 가득 메우고 있을 뿐이다. 우리 일행은 먼저 린선사를 찾아 나섰다. 그러나 자료 속에 나와 있는 린선사는 전쟁통에 사라지고 없었다. 찜통 같은 더위와 너털거리는 버스에 시달리며 8시간이나 달려온 발걸음이 허탕이나 치게 되는 건 아닌가 조바심이 나면서도, 한편으론 왠지 모를 안도의 한숨이 흘러나왔다.

다음날 아침, 우리 일행을 판랑까지 안내했던 베트남 학생에게서 급한 전갈이 왔다. 원래 호치민에서 판랑으로 들어서는 길목에 서 있던 린선사는 전쟁 중 폭파됐고, 판랑에서 나창으로 가는 길에 같은 이름의 절이 다시 세워졌다는 것이다. 우리는 한달음에 그 절로 달려갔다. 그리고 그곳에서 당시 유일한 생존자인 푸(78)스님과 현장 목격자인 응웬티 유엔한(45)을 만날 수 있었다. 여기까지 오는 동안 내내 필자를 짓누르곤 했던 불안이, 부인하고만 싶었던 이야기가 눈앞에 현실이 되어 나타났다.

② 아이건 산모건 사정없이…

"따이한 군인들이 먼저 스님들을 향해 총을 쏘았어요. 이어서 살려달라며 달아나는 여자 보살님에게도 총을 쏘았지요. 그리고는 시체를 모두 불태웠어요." 유엔한의 증언이다. 당시 겨우 15살이던 그는 두려움에 질려 고함도 지르지 못하고 숨어만 있었다고 고백한다. 린선사는 모두 다섯 스님이 거처하는 자그마한 절이었다. 그때 푸 스님은 주지스님보다 먼저 마을에 내려가 초상집에서 독경을 읽고 있었다. 증언의 대부분은 유엔한을 통해 이뤄졌고, 그 절의 유일한 생존자인 푸 스님은 말이 없다. 당시의 이야기를 하면서도 사람들은 그때 그 학살의 주인공인 따이한의 후예들을 살뜰히 배려한다. 시원한 차를 내오고, 과일을 깎아 권하고, 파파야를 먹느라 지저분해진 입을 닦으라고 물까지 받아다 줄 때는 울컥 눈물이 솟았다.

푸 스님이 마을에서 돌아왔을 때 절은 이미 난장판이 돼 있었다. 푸 스님은 불에 그을린 다섯 스님의 시신을 인근의 아오방 절로 옮겼다. 시신탈취에 대한 불안에서였다. 이 소식이 전해지자, 판랑지역 전역의 학교가 휴학을 결의했고, 학생들과 불교도들이 일제히 봉기에 나섰다. "베트남 정부는 양민학살을 즉각 중단하라!" "따이한은 베트남을 떠나라" 등등 피맺힌 함성이 온통 판랑을 휩쓸었고, 스님들의 시신은 12일이 지나서야 화장할 수 있었다. (『잊고 싶은 전쟁』, 한국군에 죽은 베트남인의 숫자는 공식통계로만 4만 1450명이었다.)

"화장을 하고도 스님들을 안식시켜드리지는 못했어요. 스님들을 모실 절이 사라졌기 때문이지요. 스님들의 뼈를 항아리에 고이 담아 모셔 오다가 지난해에야 이 절에 안치해 드렸지요." 푸 스님이 나직한 목소리로 말을 이었다. 남한군인들의 총기난사 사건으로 폐허가 된 절은 그 뒤 또다시 폭격을 맞아 형체도 없이 사라졌다. 그리고는 지난해 불교도인 재미 베트남 동포의 도움으로 다시 절이 서게 됐다. 푸 스님은 30년 만에야 주지승으로 이 절에 돌아올 수 있었다. 절 옆에 당시 죽음을 당했던 스님들의 유골이 모셔진 3층탑이 있다. 우리 일행은 그 앞에 고개를 숙이고 스님들의 명복을 빌었다.

어쩌면 우리가 린선사에서 들어야 했던 이야기는 지금부터 만나야 하는 수많은 증언들 중에서 가장 듣기 편안한 이야기가 될지도 모른다. 대웅보전 자리에서 내려다보면, 하늘과 바다와 들판이 한눈에 들어왔다. 어디에 눈길을 주어도 한없이 평화롭기만 한, 한없이 정겹기만 한 풍경들, 그러나 그 속엔 또 얼마나 많은 이야기들이 숨겨져 있는 걸까. '나와 우리' 일행은 한국군의 군사작전이 가장 치열하게 전개 됐던 중부지방으로 또다시 길을 떠나고, 필자는 연신 린선사를 뒤돌아보며 떨어지지 않는 무거운 걸음을 되돌려 호치민으로 돌아왔다.('호치민'이라는 이름이 '호찌민' '호지명' 등 3가지로 표기되어 있음을 말씀드립니다. 다소 불편하시더라도 너그러이 이해하여 주시기 바랍니다.)

③ "여성 돌아가며 강간한 뒤 살해"

한국군은 잔혹한 대량학살을 일삼아 남베트남민족해방전선(NLF : National Liberation Front)조차 가급적 직접적인 교전은 피하려 할 정도였다고 전해진다. 전선도 없고 적이 누군지도 모르는 베트남전에서 베트콩의 근거지를 수색, 파괴한다는 작전상의 명분이 남녀노소를 가리지 않는 학살행위를 정당화시켜 주었다. 필자가 가지고 있는 기록은 그 내용이 워낙 끔찍해 자세히 밝히기에 부담이 없지 않았지만, 그 일부를 여기에 소개한다.

1965년 12월 22일. 한국군 작전병력 2개 대대가 빈딘성, 퀴년시에 있는 투이푹 군, 폭호아 사(使), 턴지앙 촌에 500여발의 대포를 발사한 뒤 "깨끗이 죽이고, 깨끗이 불태우고, 깨끗이 파괴한다"는 구호 아래 수색소탕작전을 펼쳤다. 그들은 이 마을에서 12살 이하 22명의 어린이, 22명의 여성, 3명의 임산부, 70살 이상 6명의 노인을 포함, 50여명이 넘는 양민을 학살했다.

"…랑은 아이를 출산한 지 이틀만에 총에 맞아 숨졌다. 그의 아이는 군화발에 짓이겨진 채 피가 낭자한 어머니의 가슴 위에 던져져 있었다. 임신 8개월에 이른 죽은 총알이 관통해 숨졌으며, 자궁이 밖으로 들어내져 있었다. 남한 병사는 한살배기 어린아이를 업고 있던 찬도 총을 쏘아 죽였고, 아이의 머리를 잘라 땅에 내동댕이쳤으며, 남은 몸통은 여러 조각으로 잘라내 먼지구덩이에 버렸다.

그들은 또한 두살배기 아이의 목을 꺾어 죽였고, 한 아이의 몸을 들어올려 나무에 던져 숨지게 한 뒤 불에 태웠다. 그리고는 12살 난 융의 다리를 쏘아 넘어뜨린 뒤 산 채로 불구덩이에 던져넣었다….

판랑에서 헤어진 지 이틀만에 퀴년시를 조사중인 '나와 우리' 일행에게서 전화가 왔다. "찾았어요! 당시 따이선현 인민위원회 주석 말이에요." 1966년 3월 19일과 20일 이틀간에 걸친 '베트남 중부 각 성의 전쟁범죄조사회의'에서 남한 군대의 죄악상을 낱낱이 밝혔던 응웬탄퐁을 이르는 말이다. 당시 응웬탄퐁의 보고에 따르면 66년 1월 23일부터 2월 26일까지 약 한달 동안 맹호부대 3개 소대, 2개 보안대대, 3개 민간자위대에 의해 이 지역에서만 모두 1200명의 주민이 학살됐고, 그 중에는 한명도 남김없이 몰살당한 가족이 8가구나 됐다. 또한 1535채의 가옥과 850만t에 이르는 양식이 불태워졌고, 649마리에 이르는 물소가 총탄에 맞아 죽거나 불태워졌다.

이러한 수색소탕작전은 일차적으로 융단폭격 등으로 작전지역을 공격하고, 한국군 등 지상군이 현장에 투입되어 마을에 남아 있는 주민들을 즉결처분한 뒤 집을 불사르고 불도저 등으로 마을 전체를 밀어버리는 방식으로 전개됐다. 생존자들의 증언을 토대로 한국군들의 양민학살 방식을 정리해보면 몇 가지 공통된 유형이 나타난다.

- 주민들(대부분이 여성과 노인, 어린이들)을 한데 끌어모은 뒤 다시 몇개의 그룹으로 나눈 다음 기관총을 난사해 몰살시킨다.
- 주민들을 한집에 몰아넣고 총을 난사한 뒤 집과 함께 죽은 자와 산 자를 통째로 불태운다.
- 아이들의 머리를 깨뜨리거나 목을 자르고, 사지를 절단해 불에 던져넣는다.
- 여성들을 돌아가며 강간한 뒤 살해하고, 임산부의 배를 태아가 빠져나올 때까지 군화발로 짓밟는다.
- 주민들을 마을의 땅굴로 몰아넣고 독가스를 분사해 질식사시킨다.

한국군의 대량학살이 자행된 곳에는 아이들의 입에 캔디나 케이크가 물려 있었다. 노인들의 입에는 담배가 물려 있는 경우가 많았다. 아마도 마을 사람들을 안심시키면서 한곳으로 모으는 수단이었던 듯하다.

④ 과연 그대들에게 진정한 반성은 있는가

우리에게도 베트남전은 잊고 싶은 전쟁이다. 한국은 1964년 의료지원단과 태권도 교관 등 270여명을 사이공 남쪽 붕타우에 파견함으로써 베트남전에 군사적인 개입을 시작했다. 이후 65년에서 73년까지 약 30만명의 전투부대를 '베트남 정부의 요청'이라는 미명 아래 베트남전선에 투입했다. 이 과정에서 한국군들도 4960여명이 전사했고 10여만명이 부상당했다. 그러나 한국군은 또한 적군인 베트남인을 4만 1450명이나 죽이는 전승(?)을 거두기도 했다. 아군 사망자수의 10배에 이르는 적군을 전사시킨 것이다. 그것도 공식적인 통계상으로만!

이제 전쟁은 끝났다. 그러나 종전 24년을 맞는 이 순간에도 지구상의 한켠에서는 새로운 총성이 울려온다. 한국에서는 코소보에서의 인권을 외치는 목소리도 높다. 20세기의 상처가 아물기도 전에 21세기의 또다른 상처 하나를 낳고 있는 것이다. 가해자이든 피해자이든 상처받은 '오늘'을 치유하는 과정이 없이는 우리에게 미래가 없을 것이다. 비록 그것이 양심에 칼을 대는 아픔을 통해서만 가능하다 할지라도.

역사는 우리에게 의문부호 하나를 던져놓는다. 과연 그대들에게 진정한 반성은 있는가. (호치민·판랑=구수정 통신원)

⑤ 아직도 꽃다운 '하노이 한나'

"투흥(가을의 향기)입니다"로 시작되는, 가을의 향기만큼이나 촉촉한 그의 음성은 전장을 울리는 총포소리를 뚫고 미군 병사들의 귓가에 젖어들었다. "그대들은 남의 나라 전쟁에서 아무런 의미도 없이 죽어가고 있습니다. 미군 병사 여러분! 오늘도 그대들 걱정에 잠 못 이루는, 그리운 가족들의 품으로 어서 돌아가십시오."

태평양전쟁의 '도쿄 로즈', 한국전쟁의 '티수'와 광주항쟁의 '전옥주', 그리고 걸프전의 '바그다드 베티' 등과 함께 심리전의 꽃이라 불렸던 '하노이 한나'를 호치민시의 한 병원에서 만났다. 그의 본명은 친티응오. 올해로 69살인 그의 몸은 이제 가벼운 감기마저도 견뎌내질 못한다. 병상에 누운 그의 모습엔 여전히 과거의 미색이 묻어났지만, 그의 고왔던 목소리는 탁하게 갈라져 있었다. (구수정, 『한겨레 21』의 특집기사에서, 베트남 전쟁 당시 하노이 측 선전 홍보를 담당했던 아나운서를 찾아가 인터뷰한 기사)

"나는 미군들 사이에서 내가 '하노이 한나'라 불린다는 사실도 몰랐어요. 난 그저 조국에 봉사하고자 했던 평범한 시민일 뿐이었지요." 그는 자신이 한국에까지 소개될 정도로 유명인사는 아니라면서 거듭 인터뷰를 거절했다. 아버지가 하노이에서 유리공장을 경영할 정도로 부유한 집안에서 성장한 그는 하노이대에서 영어를 전공하던 시절, '베트남의 소리' 라디오방송에서 자원봉사자로 활동을 시작했다. 그리고 65년 탁월한 영어 실력과 호소력 있는 목소리를 바탕으로 '베트남의 소리' 선무 담당자로 선정된다.

"오늘도 그대들의 나라에서는 반전시위가 있었습니다. 여러분 조국의 많은 사람들도 전쟁을 원하지 않습니다. 미국은 베트남전쟁에 뛰어들 이유가 없으며, 베트남의 문제는 바로 베트남인들 스스로가 해결해야 할 문제입니다." 그는 미국 내 반전 운동 소식을 전하기도 하고 미군 사망자의 명단을 읽기도 했다. 부드럽지만, 확신에 찬 그의 목소리는 때로는 미군 병사들의 이성을 일깨우고 때로는 그들의 감성을 자극했다. 그는 감상적인 음악들을 주로 틀면서 미군 병사들의 향수를 자극하려 애를 썼다고 당시를 회상한다.

한국군의 베트남 참전에 대해 묻자 그가 "따이한들도 제 방송을 들었나요?"하고 되묻는다. "한국군은 단지 미국의 용병일 뿐이었다"고 짧게 답했다. 베트콩이 한국군을 가장 무서워했을 정도로 유감없이 발휘됐던 "따이한의 잔인성"에 대해 질문하자, 그는 "모두가 지나간 일"이라며 더이상의 언급을 피했다.

73년, 심리전에 복무한 8년간의 활동을 인정받아 그는 국가로부터 일급 저항훈장까지 받는다. 종전 뒤엔 세계 군사전략가들의 집중 분석대상이 되기도 했다. 지금도 그는 해방기념일, 건국기념일 등 베트남의 전승을 기념하는 자리에는 언제나 주빈으로 등장하고 방송의 단골 출연자로 또는 신문의 단골 인터뷰 손님으로 현지 언론의 스포트라이트를 받고 있다. 그에게 만약 또한번 마지막 방송의 기회를 갖는다면 무슨 말을 하겠느냐는 질문을 던졌다. 그는 환하게 웃으며 병상에서도 목청을 먼저 가다듬었다. "이제 전쟁은 끝났습니다. 미국과 한국 그리고 세계 어느 나라와도 우리는 친구가 될 수 있습니다."

그는 현재 호치민시에서 엔지니어 출신의 남편과 함께 평범한 노후를 보내고 있다. 건강이 허락하는 한, 가끔은 '베트남의 소리' 아나운서로 비정기적인 활동을 하기도 하고, 집에서는 영문자료를 번역하기도 한다. 환자인 그의 얼굴에 피곤한 빛이 감도는 것을 발견하고 필자는 서둘러 병동에서의 인터뷰를 정리했다. 마지막으로 사진 촬영을 부탁하자 그는 "이런 몰골로는 절대로 사진을 찍을 수 없다"며 완강히 버텼다. 그러면서도 수줍은 듯 자신의 사진 한장을 내미는 모습에서 여전히 '꽃' 다운 그의 향기를 느낄 수 있었다.

학살은 학살을 낳고… (『한겨레21』 2000. 5.4.)

한홍구(성공회대 교양학부 교수)

결코 참전하지 말았어야 할 베트남전쟁

그랬을 것이다. 어린 꼬마조차 사탕을 받아들곤 뒤돌아서 수류탄을 던지고 달아나는 일도 있었다하니 모든 민간인이 베트콩으로 보였을 것이다. 전선이 없는 전쟁, 민간인과 베트콩이 구분 안 되는 유격전쟁. 낯선 베트남 정글에 내던져진 한국군 병사들의 혼란과 공포는 극에 달했을 것이다. 그러나 이런 상황논리가 정당화될 수는 없다. 전선이 없는 전쟁, 유격대와 민간인이 구분이 되지 않는 전쟁은 우리 근현대사 속에도 얼마든지 있었다. 1894년의 농민전쟁, 의병운동, 민족주의 계열의 독립군운동, 공산주의 계열의 항일빨치산운동 등도 유격대와 민간인의 복장이 구분되지 않는 전쟁이었다.

"빨갱이는 죽여야만 하는 존재"

물론 베트남전에서 한국군에 의해 민간인 학살이 있었다 하더라도 그것이 "100명의 조선인을 죽이면 그 중에 적어도 1명은 공산주의자일 것"이라며 간도를 피바다에 잠기게 한 일본군 만행과는 분명 달랐을 것이라고 믿고 싶다. 그러나 "의도적 학살"이 아니었다는 것이, 민간인과 베트콩의 구분이 힘들었다는 상황논리가, 결코 수천명의 민간인이 죽었다는 사실 자체를 덮을 수는 없다.

베트남전에서의 한국군에 의한 민간인 학살에는 불행했던 우리 근현대사의 상처가 그대로 반영되어 있다. 베트남에 파병된 장병들은 중대장급이 1935년을 전후한 시기에 태어난 사람들이고, 일반 병사들은 대개 해방을 전후한 시기에 출생했다. 그들은 아주 어린 나이에 한국전쟁의 살육을 겪었고, 그들이 겪은 모든 불행은 빨갱이 때문에 생긴 일이라고 교육받았다. 빨갱이는 인간도 아니고, 동족도 아니며, 빨갱이일 뿐이었다. 빨갱이는 죽여도 좋은, 아니, 죽여야만 하는 존재였다. 강력한 극우반공이데올로기의 세례를 받으며 자라난 세대에 속한 사람들은 빨갱이 사냥에 나설 심리적 준비를 잠재적으로 갖추고 있었다고 할 수 있다. 이들 병사들은 식민지 시기 일제에 의한 학살의 피해자였다가, 냉전체제의 확립과정과 한국전쟁을 경험하면서 좌우익 상호간의 동족 내부 학살에서 피해자이자 가해자로 급속히 변모한 불운한 민족의 가난한 아들들이었다.

문제는 이런 병사들이 별다른 사전 교육없이 민족해방 전쟁의 성격을 띠는 유격전 현장에 배치되었다는 점이다. 전장의 흥분과 공포, 그리고 동료들이 죽고 다치는 데 대한 복수심은 "빨갱이를 죽여도 좋다"를 "빨갱이를 죽이지 않으면 내가 죽는다"라는 강력한 심리로 바꾸어 놓았다. 물론 당시 고위지휘관들이나 참전용사들은 "100명의 베트콩을 놓치더라도 1명의 양민을 구하기 위해 최선을 다하라"는 전시복무규정을 들어가며 양민보호에 노력을 기울였다고 말한다. 그러나 김기태씨의 증언에서 보이는 바와 같이 체포된 민간인을 그냥 보내라는 중대장 명령에도 총살이 자행되는 것이 현실이었던 터에 저 고상한 전시복무 규정이 얼마만큼 지켜질 수 있었을까?

그러나 당시에 벌어진 한국군에 의한 베트남 민간인 학살의 원인을 병사들의 심리상태 등에서 찾으려 한다면 이는 구조적인 문제를 등한시하는 잘못을 범하는 것이다. 당시 한국군의 작전은 미국 의회의 사이밍턴 청문회에서도 누차 지적된 것처럼 순수한 전투와 토벌작전을 결합하는 것을 특징으로 하고 있었다. 베트남전에서의 토벌전략은 유격대 활동의 근거지가 될 수 있는 자연촌락이나 산재호를 분쇄하고, 주민들을 신생활촌이라 불리는 전략촌으로 옮겨 유격대와 주민의 접촉을 차단한다는 것이었다. 이 전략은 1930년대 일본군이 조선과 중국의 항일유격대를 대상으로 엄청난 폭력을 수반한 채 진행한 집단부락 건설 중심의 비민(匪民)분리전략을 그대로 빼어 닮았다.

한국군 수뇌부는 일본군, 만주군 출신으로 구성되었으며, 특히 조선인으로 구성된 일제의 유격대 토벌부대인 간도특설대 출신들이 한국군 수뇌부에 대거 포진했다. 한국군의 토벌작전에 닥치는 대로 죽이고 불사르던 일본군의 잔재가 남아 있다가 발현된 것도 무리는 아니다.

베트남 파병 '경제적 이익'에 의문

1966년 5월 25일 주월한국군사령부가 발간한 전훈집은 "부락은 모든 적활동의 근거지"이며, "게릴라의 보급, 인적자원 및 정보수집의 근원은 부락에 놓여 있으며 베트콩 하부구조의 기반은 부락과 주민이다"라고 강조했다. 불행하게도 이 전훈집은 앞서 소개한 전시복무규정의 당위적 훈계에 비해 훨씬 더 현실을 반영하고 있다. 이런 입장에서 토벌에 나서 발을 들여놓을 때, 적들의 잠재적 기반인 마을 주민들에 대한 학살이 일어나지 않았다면 오히려 이상한 일일 것이다.

또한 한국군은 미군에 비해 마을을 대상으로 한 소규모 토벌작전에 유별나게 많이 동원되었다. 박정희는 케네디에게 "미국의 과중한 부담을 덜어주기 위해" 한국군을 베트남전에 파병시키겠다고 제안했다. 해외의 많은 전문가들이 지적하는 것처럼 '용병'으로 미국의 과중한 부담을 덜어주기 위해 참전한 한국군에 맡겨진 것은 귀찮고 인명손실의 가능성이 클 뿐 아니라 민간인 학살의 위험성이 높았던 토벌작전이었다. 수백만명의 목숨을 앗아간 베트남전에서 한국군에 의해 학살되었다는 민간인 5천명이라는 숫자가 전체 사망자에서 차지하는 비율은 사실 극히 낮은 것이다. 민간인 사상자의 대부분은 미군의 융단폭격에 의한 대규모 살상이 더 참혹한 것이었겠지만, 얼굴을 마주하지 않고 이루어진 대량학살보다 근거리에서의 민간인 처형이 더 큰 충격을 줄 수밖에 없다. '용병'이라는 부끄러운 위치가 민간인 학살이라는 부끄러운 역사를 낳은 것이다.

흔히 베트남전 참전이 한국의 근대화와 경제발전의 초석이 되었다고들 말한다. 전쟁이라는 불행한 기회를 틈타서 경제적 이익을 따지는 발상도 몸서리쳐지지만, 백보를 양보하여 같이 계산기를 두들겨보더라도 한국의 베트남파병이 한국에 경제적인 이익을 가져다 주었는가에 대해서는 근본적인 의문을 떨쳐버릴 수 없다. 베트남전을 통해 한국은 10억 달러에 조금 못 미치는 '경제적 이익'을 얻은 반면, 연인원 30만명을 파견하여 5천명의 사상자와 1만여명의 부상자, 그리고 2만여명의 고엽제 피해자라는 돈으로 환산할 수 없는 인명피해에 민간인 학살이라는 멍에까지 짊어지게 되었다. 베트남의 정글에서 우리의 젊은이들이 흘린 피의 대가로 벌어들인 10억달러가 한국경제의 발전에 요긴하게 쓰인 것은 사실이다. 그러나 전투병력 대신 지원병력 위주로 우리보다 훨씬 적은 인원을 파견한 오스트레일리아, 뉴질랜드, 타이, 필리핀 같은 나라들이 우리보다 적지 않은 '경제적 이익'을 보지 않았던가?

주월 한국군사령부의 전훈집은 대다수 주민들을 적으로 돌릴 수밖에 없었던 한국군의 베트남 참전 자체가 얼마나 잘못된 것이었는가를 역설적으로 가르쳐 준다. 전두환 등 광주학살의 원흉으로 지목되는 신군부 핵심들은 모두 대장급 이하의 지휘관으로 베트남전에 참가했다. 주민들을 잠재적인 적으로 볼 수밖에 없었던 베트남전 경험이 12~13년 뒤 광주에서 시민들을 상대로 총과 대검을 겨누게 하는 데 영향을 끼쳤다고 생각한다면 지나친 비약일까

베트남전에서의 민간인 학살의 상당 부분이 하필이면 한국군에 의해 이루어졌다는 사실은 참으로 불행한 일이다. 한국과 베트남은 역사적으로 많은 공통점을 지닌 나라였다. 두 민족은 중국이라는 거대한 국가의 곁에서 독립과 자주를 지키기 위해 노력해온 자존심 센 민족이었으며, 똑같이 유교문화권에 속해 있었다. 19세기말에 두 나라는 외세의 침략을 받게 되었다. 베트남이 우리보다 먼저 식민지가 되었는데, 그 불행한 역사를 기록한 『월남망국사』는 한말 민족적 지식인들의 필독서가 되었다. 일부에서는 박정희가 민족주의자였다고 주장한다. 만일 박정희가 진정한 민족주의자였다면, 그리고 『월남망국사』를 읽으며 베트남의 불행을 남의 일로 보지 않았던 민족적 지식인들의 기억을 조금이라도 물려받았다면, 그는 제국주의 세력으로부터의 해방을 추구하는 베트남의 전장에 "미국의 부담을 덜어주기 위해" 제 나라 젊은이들을 보내지는 않았을 것이다.

박정희가 『월남망국사』를 읽었다면…

베트남전에서의 한국군에 의한 민간인 학살 문제는 이제 덮으려야 덮을 수 있는 단계를 지나갔다. 이 문제는 인권 선진국을 표방하는 김대중 정부와 군사독재의 사슬에서 벗어난지 얼마 안 된 우리 시민사회가 함께 풀어야 할 중대한 과제이다. 다행히 베트남 학살현장을 다녀온 기자들이나 시민운동가들에 의하면 베트남 현지에 특별한 반한 기운은 없으며, 오히려 한국의 언론과 시민단체들이 먼저 민간인 학살문제를 제기한 것을 놀라워하는 분위기라고 한다. 이 초기단계를 놓치고 한국 정부가 당시 한국군은 "100명의 베트콩을 놓치더라도 1명의 양민을 구하기 위해 최선을 다했다"는 공염불만을 되풀이한다면, 이는 학살의 책임을 참전병사들에게 떠미는 것일 뿐 아니라, 우리가 일본의 망언에 분노하듯 베트남의 여론도 급속히 악화될 가능성이 크다.

학살의 경험은 또 다른 학살을 낳는다. 지금이 이 악순환의 고리를 끊어야 할 때다.

제2장
유신정권 창출 종신집권 획책,
민주화 투쟁 희생자 속출

1. 반공의 화신으로서 긴급조치 9호까지 발동하며 친미 굴종

1) 민주화 요구에 폭력, 끝없는 강압통치

1967년 5월 3일 대통령 선거에서 박정희는 윤보선을 누르고 재선되었다. 근대화 바람도 영향을 미쳤지만 윤 후보가 구태의연한 모습을 보여준 것도 큰 요인으로 작용했다. 이 선거에서는 서울 등 서부 지방에서는 윤 후보가, 동부 지방에서는 박 후보가 우세해 1963년의 표의 남북현상과는 다르게 동서현상을 보여주었다. 그런데 한 달 뒤에 치러진 국회의원 선거(6월 8일)는 이승만 시절의 3·15선거를 제외하면 최악의 부정선거로 기록될 만큼 대통령과 여당·고급 공무원들이 부정선거에 앞장선 타락한 선거였다.

정부는 국회의원선거법 시행령을 고쳐 대통령을 비롯한 고위 공무원들이 선거운동을 할 수 있는 법적 근거를 마련했다. 특히 박정희 대통령은 지방 유세에 나서지 않겠다고 분명히 밝혔음에도 불구하고 각 지방을 돌아다니며 지역개발을 위한 각종 선심공약을 남발했다. 이처럼 대통령과 공무원이 앞장서서 엄청난 부정선거운동을 감행한 것은 3선개헌을 위한 개헌선 확보를 염두에 두고 있었기 때문이었다.

그 결과 공화당은 야당인 신민당을 누르고 개헌선을 상회하는 129석을 확보하는 압승을 거두었다.

(1) 국내외로부터의 도전에 철권 통치로 대응

6월 12일부터 대학생을 중심으로 6·8부정선거 규탄 데모가 시작되었다. 학교에는 휴교령이 내려졌다. 신민당도 부정선거에 항의하여 국회 출석을 거부했다. 공화당은 특히 부정선거로 말썽이 많았던 지역 의원 등을 두 차례에 걸쳐 제명했으나, 이것으로 여론이 무마되지는 않았다. 신민당은 11월 29일에야 등원했다. 중앙정보부는 6·8부정선거 문제를 희석시키기 위해 정략적으로 7월 8일부터 3차에 걸쳐 저명한 음악가 윤이상과 화가 이응로 등이 포함된 독일 유학생 간첩사건을 발표했다(동백림간첩단사건).

◎ 동백림(동베를린) 간첩단사건

1967년 7월 중앙정보부는 유럽에 유학 중인 교수·유학생·예술가·학자·광부 등이 조선 공작원에 포섭되어 거액의 공작금을 받고 간첩활동을 했다고 발표하였다. 이 사건은 무려 200여 명이 체포되는 등 해방 이후 최대의 '간첩단사건'으로 발전했고, 서독과 프랑스의 언론관계자와 정부의 공식 항의단이 국내에 들어와 관련 피고인의 재판을 방청하는 등 국제적 관심사로 비화했다.
세계적인 작곡가 윤이상씨도 이 사건에 걸려들어 사형선고까지 받았다가 감형되어 서독으로 돌아갔다가 소망하던 고국 땅을 밟지 못하고 세상을 떠났다.

1968년은 북측의 정치 공세로 한국전쟁 이후 남북관계가 가장 긴장된 해였다. 북은 1966, 1967년에 온건파를 숙청하고 강경파가 득세했으며, 그와 함께 '주체국가'와 수령 유일 체제가 구체화되었다. 1968년에 북의 공세가 심했던 것은 남한의 베트남 파병에 대한 응수로 남한에서 '제2전선'을 폈다는 측면도 있다. 1월 21일 북의 무장 게릴라 31명이 휴전선을 뚫고 청와대 부근까지 나타난 것은 큰 충격을 주었다. 이틀 후에는 원산 앞바다에서 미국 정보수집함 푸에블로 호가 북에 의해 나포되어 미국과 곧 전쟁이 벌어질 것 같은 일촉즉발의 위기상황이 벌어졌다. 1968년 11월에는 울진과 삼척 일대에 무장 게릴라들이 침투했다. 또한 이해 9월에는 통일혁명당사건이 발표되었다.

북의 도발은 오히려 반공체제와 박정희 정권을 강화시키는 데 기여했다. 향토예비군이 설치되고, 주민등록증이 발급되었으며, 학원에서는 군사교육(약칭 교련)이 강제되었다. 유신체제 내내 박정희는 북의 도발과 그에 대비한 안보를 강조함으로써 자신의 권력 유지에 적절하게 활용했다.

베트남전과 북의 도발로 한미 간의 안보협력은 더 강화되어 1969년 3월에 포커스레티나작전이 한미합동작전으로 벌어졌다. 4월에 북은 미 해군의 EC-121 정찰기를 격추시켰다.

이처럼 남북관계의 긴장이 계속 고조되는 가운데 박정희는 6·8 부정선거의 의도대로 3선개헌을 위한 사전 정지작업을 추진했다. 먼저 박정희는 김종필 후계자론을 미리 차단하기 위해 김용태 등을 비롯한 김종필계 핵심을 숙청했다. 1969년 8월 20일에는 미국을 방문하여 지원을 약속받았다. 일본도 지원을 약속했다.

1969년 6월 16일에 시작된 3선개헌 반대 데모는 곧 전국으로 번졌다. 7월 초 많은 대학들과 일부 고등학교들이 조기 방학에 들어갔다. 8월 25일부터 다시 3선개헌 반대 시위가 시작되자 9월 10일에 38개 대학이 문을 닫았다. 삼엄한 경비 속에서 9월 14일(거꾸로 읽으면 4·19가 된다) 새벽 2시 50분경 본회의장에서 농성하는 야당의원들을 따돌리고 국회 제3별관에서 3기에 한해 대통령이 재임할 수 있다는 개헌안을 불법적으로 날치기 통과시켰다. 개헌안은 10월 17일 국민투표를 거쳐 확정되었다.

1971년 4·27 대통령 선거는 격전이라는 점에서나 정책 대결이라는 점에서나 1956년의 정·부통령 선거와 함께 선거사에서 중요한 의미를 가지고 있다. 특히 1969년 11월 신민당의 김영삼이 보수적인 한국 야당의 체질 개선과 세대교체를 주장하는 40대기수론을 들고 나온 것은 신선한 충격이었다. 1970년 9월 신민당 대통령 후보 지명대회 2차 투표에서 김대중은 김영삼을 누르고 역전승을 거둠으로써 한층 주목을 받았다. 김대중 후보는 일찍부터 빈부 격차의 해결, 재벌 편중 경제의 시정과 함께 주변 4대국에 의한 한반도 안보 보장, 남북 교류, 향토예비군 폐지 등을 공약으로 제시하여 신선한 바람을 일으켰다.

선거바람은 1971년 4월 10일 부산에서부터 불기 시작해 30만 명 이상이 모인 18일 서울 장충단공원에서의 김 후보 유세로 절정을 이루었다. 이날 김 후보는 이번 선거에서 정권 교체를 이루지 못하면 영구집권의 총통제가 실시될 것이라고 역설했다. 박정희 후보도 총력을 기울여 4월 25일 장충단 유세에 임했다. 이 유세에서 그는 "나에게 마지막이 될 이 선거에서 한 번 더 신임해준다면 후계 인물을 육성하겠다"고 공약했다. 선거가 워낙 백중지세여서 그 말을 꼭 해야 한다고 중앙정보부에서 강력히 권했던 것이다. 박 후보는 선거 전날 마지막 방송연설에서도 또다시 이 말을 했다. 이 선거에서는 영남지방 중심으로 지역감정을 부추기는 흑색선전이 난무했다.

개표 결과 영남에서 몰표를 얻은 박 후보가 94만여 표 차이로 김 후보를 누르고 당선되었다. 서울에서는 김 후보가 6대 4로 앞섰으나 박 후보는 영남에서 김 후보보다 무려

158만여 표나 많이 얻었다.

민주화에 대한 열망은 5·25총선에서도 잘 드러났다. 신민당은 총 204석 중 89석을 얻어 야당 단독으로 임시국회를 소집하여 박 정권을 견제할 수 있게 되었다. 또한 야당은 도시에서 압승을 거두었다. 신민당은 전국 32개 도시에서 총 47석을 얻었는데, 여당은 서울의 1석을 비롯하여 겨우 17석을 얻는 데 그쳤다. 여촌야도현상이 두드러졌다는 점에서 5·25총선은 1958년의 5·2총선과 흡사하였다.

1970년대에 들어서자 변화의 요구가 더 거세졌다. 1971년 7,8월에는 판사 153명이 집단 사표를 내는 등 대규모 사법부파동이 있었고, 같은 시기 대학교수들은 집단적으로 학원의 자주와 자율을 선언했다. 또한 병원 인턴과 레지던트의 파업, 광주 대단지사건, KAL빌딩방화사건, 실미도사건 등이 잇달아 일어났다. 학생들은 계속해서 학원의 병영화를 막기 위한 교련 반대 시위를 벌였다.

박 대통령은 변화를 수용할 것이냐, 강경 일변도로 나아갈 것이냐의 기로에 서 있었다. 박정희는 역사의 교훈을 망각하고 후자를 선택했다. 1971년 10월 15일 다시 위수령이 발동되어 공수특전단 등의 병력이 대학에 투입되고, 170명 이상의 학생이 제적당해 군대로 끌려갔다. 12월 6일 국가비상사태가 선언되었고, 12월 27일 국가보위에 관한 특별조치법(약칭 국가보위법)이 3선개헌안과 비슷하게 여당 단독으로 국회 제4별관에서 변칙 통과되었다.

(2) 평화와 통일기운이 더 싫은 독재자

한편 1960년대 말부터 동서 냉전체제가 동아시아에서 점차 완화되기 시작했다. 1969년에 미국은 주한미군 감축을 검토하고 있다고 발표했고, 닉슨 미국 대통령은 아시아 국가들이 국방문제를 독자적으로 해결하도록 노력하라는 '괌독트린'을 발표했다. 1971년에는 중국이 드디어 유엔에 가입했고, 다음 해 2월 닉슨이 중국을 방문하면서 동서 화해의 분위기가 고조되었다.

냉전체제의 변화는 곧바로 남북관계에 영향을 미쳤다. 1971년 8월 최두선 적십자사 총재가 북의 적십자사에 이산가족찾기운동을 제의하여 예비회담이 열린 것도 국제 정세와 관련이 있었다.

1972년 7월 4일 서울과 평양에서 동시에 발표된 남북공동성명은 이러한 상황에서 나왔다. 공동성명은, 「통일은 자주적으로 해결하고, 평화적 방법으로 실현하며, 사상과 이념, 제도를 초월한 민족적 대단결을 도모할 것」을 「조국통일 3원칙」으로 합의를 보았다. 또한 상호 중상 비방과 무력 도발 금지, 남북 교류, 남북 사이의 제반문제 해결을 위한 남북조절위원회 구성에 합의했음을 밝혔다. 해방 이후 최대의 통일관계 뉴스였다. 반공·보수 세력은 두려워했지만, 민중들은 해방을 맞을 때와 비슷하게 열렬히 환영했다.

그런데 조국통일 3원칙은 북측의 기존 주장과 비슷했기 때문에 왜 이러한 합의를 박 정권이 했을까 하는 의아심을 불러일으켰다. 더구나 박 정권은 쿠데타로 정권을 장악한 이후 통일운동 세력을 억압하였을 뿐만 아니라 통일 논의 자체도 철저하게 금지한 바 있었다. 1960년대에 남북 교류를 주장한 MBC 사장 황용주도, 민주사회당 창당 준비 대표 서민호 의원도 구속되었다. 1964년 도쿄 올림픽대회 때 세계신기록을 보유한 북의 육상선수 신금단이 남한의 아버지를 만나 온 민족을 울렸을 때 여야 의원들은 이산가족 상봉면회소설치결의안 등을 제출했지만, 박 정권은 그것마저 거부했다.

7·4 남북공동성명이 나오게 된 데에는 또 다른 특별한 이유가 있었다. 그것은 어느 역사학자의 말처럼 "유신을 위한 멍석깔기" 즉 유신의 사전 준비작업이었다.

◎ 군사정권의 사법부 길들이기

1971년 7월 28일 서울지검은 서울형사지법 이범열 부장판사와 최공웅 판사에게 뇌물수뢰 혐의로 구속영장을 신청했다. 그것은 반공법 위반 사건의 항소심을 맡은 두 판사를 시범 케이스로 사법부를 길들이기 위해 취한 조치였다. 그러나 구속영장이 청구된 바로 그날 서울형사지법 판사 37명이 사표를 냈고 뒤이어 지방 판사의 3분의 1에 해당하는 153명의 법관이 사표를 제출하는 등 사상 유례없는 사법부파동으로 확산되었다. 이를 계기로 법원과 검찰은 구속영장의 기각, 재신청, 기각을 되풀이하며 극한 대립을 계속했다. 여론이 법원 편으로 돌아가자 박정희는 8월 1일 법무부장관 신직수에게 수사 중지를 지시했고, 검찰이 사건관련 검사들을 인사 조치함으로써 사태가 마무리됐다. 그러나 이 사건을 계기로 사법부는 정권의 시녀로 전락하고 말았다.

---

(3) 국민 분노 잠재우려고 「남북공동성명」으로 북과의 화해협력 위장

1972년 7월 4일 오전 10시, 중대 방송이 예고된 가운데 이후락 중앙정보부장의 내외신 기자회견은 금방 온 국민을 흥분의 도가니로 몰아넣었다.

이후락은 회견에서 북한에 다녀온 사실을 전제하면서 남북공동성명이 같은 시각에 평양에서도 발표된다는 사실을 밝혔다. 이후락은 5월 2일부터 5일까지 평양을 방문하여 북한 김영주 조직지도부장과 회담하고 박성철 제2부수상이 5월 29일부터 6월 1일까지 서울을 방문하여 회담을 가졌다는 사실을 공개했다.(김삼웅 편저 『사료로 보는 20세기 한국사』 가람기획 1997)

이후락은 평양 방문 때 김일성 수상과 회담을 가졌고, 박성철은 서울 방문 때 박정희 대통령을 면담했다는 사실도 아울러 밝히면서 남북 양측은 상호방문을 통한 회담에서 "쌍방은 남북간의 오해와 불신을 풀고 긴장의 고조를 완화시키며 조국평화통일을 위해" 합의한 7개항을 발표했다.

이후락은 또 ①유엔은 외세가 아니므로 유엔감시 하의 남북총선을 배제하는 것은 아니며 ②전쟁을 방지하는데 의도가 있으므로 법적 제도면에서 바꿀 것은 바꾸고 보완할 것은 보완해서 새시대에 알맞게 갖춰나가야 할 것이며 ③과거의 반목으로 일관한 남북대결은 대화의 대결로 전환된만큼 과거체제의 보완 및 법적 뒷받침이 필요할 것이며 ④새로 설치될 조절위에서 남북적십자회담을 지원할 것이며 ⑤상호교류는 인적·물적·통신은 물론, 사회적·정치적 교류가 포함된다고 밝히고, 군사정전위의 역할은 휴전 협정 문제에 국한되지만 여기서는 군사적·정치적 문제뿐만 아니라 전쟁 방지를 위한 모든 방법이 거론될 것이라고 천명했다.

그러나 7·4남북공동성명은 화려한 약속과는 달리 남쪽의 유신정변, 북쪽의 사회주의 헌법개정으로 양측의 정치적 목적을 달성한 뒤에 휴지쪽이 되고 말았다.

○ 7 · 4남북공동성명

최근 평양과 서울에서 남북관계를 개선하며 갈라진 조국을 통일하는 문제를 협의하기 위한 회담이 있었다. 서울의 이후락 중앙정보부장이 1972년 5월 2일부터 5월 5일까지 평양을 방문하여 평양의 김영주 조직지도부장과 회담을 진행하였으며, 김영주 부장을 대신한 박성철 제2부수상이 1972년 5월 29일부터 6월1일까지 서울을 방문하여 이후락 부장과 회담을 진행하였다.

이 회담들에서 쌍방은 조국의 평화적 통일을 하루빨리 가져와야 한다는 공통된 염원을 안고 허심탄회하게 의견을 교환하였으며 서로의 이해를 증진시키는 데서 큰 성과를 거두었다.

이 과정에서 쌍방은 오랫동안 서로 만나보지 못한 결과로 생긴 남북 사이의 오해와 불신을 풀고 긴장의 고조를 완화시키며 나아가서 조국통일을 촉진시키기 위하여 다음과 같은 문제들에 완전한 견해의 일치를 보았다.

1. 쌍방은 다음과 같은 조국통일원칙들에 합의를 보았다.

    첫째, 통일은 외세에 의존하거나 외세의 간섭을 받음이 없이 자주적으로 해결하여
      야 한다.

    둘째, 통일은 서로 상대방을 반대하는 무력행사에 의거하지 않고 평화적 방법으로
      실현 하여야 한다.

    셋째, 사상과 이념·제도의 차이를 초월하여 우선 하나의 민족으로서 민족적 대단
      결을 도모하여야 한다.

2. 쌍방은 남북 사이의 긴장상태를 완화하고 신뢰의 분위기를 조성하기 위하여 서로
    상대방을 중상 비방하지 않으며 크고 작은 것을 막론하고 무장도발을 하지 않으며
    불의의 군사적 충돌사건을 방지하기 위한 적극적인 조치를 취하기로 합의하였다.

3. 쌍방은 끊어졌던 민족적 연계를 회복하며 서로의 이해를 증진시키고 자주적 평화
    통일을 촉진시키기 위하여 남북 사이에 다방면적인 제반교류를 실시하기로 합의하
    였다.

4. 쌍방은 지금 온 민족의 거대한 기대 속에 진행되고 있는 남북적십자회담이 하루빨
    리 성사되도록 적극 협조하는 데 합의하였다.

5. 쌍방은 돌발적 군사사고를 방지하고 남북 사이에 제기되는 문제들을 직접, 신속 정
    확히 처리하기 위하여 서울과 평양 사이에 상설 직통전화를 놓기로 합의하였다.

6. 쌍방은 이러한 합의사항을 추진시킴과 함께 남북 사이의 제반문제를 개선 해결하
    며 또 합의된 조국통일원칙에 기초하여 나라의 통일문제를 해결할 목적으로 이후락
    부장과 김영주 부장을 공동위원장으로 하는 남북조절위원회를 구성·운영하기로
    합의하였다.

7. 쌍방은 이상의 합의사항이 조국통일을 일일천추로 갈망하는 온 겨레의 한결같은
    염원에 부합된다고 확신하면서 이 합의사항을 성실히 이행할 것을 온 민족 앞에 엄
    숙히 약속한다.

서로 상부의 뜻을 받들어

1972년 7월 4일

이후락 · 김영주

(4) 박정희 친위쿠데타, 비상계엄령 선포, 국회 해산, 비상국무회의 설치

박정희는 5·16쿠데타를 일으킨지 11년, 3선연임 금지의 헌법을 고친 지 3년, 4·27선거로 8대 대통령에 취임한 지 1년 반만인 1972년 10월 17일 또다시 군대를 동원하여 헌법기능을 마비시키고 반대세력의 정치 활동을 전면봉쇄하는 친위 쿠데타를 감행했다.

박정희는 이날 저녁 7시를 기해 전국에 비상계엄령을 선포하고, 국회해산, 정당 및 정치활동 중지, 비상국무회의 설치 등의 비상조치를 단행했다.

박정희는 특별선언을 통해 체제개혁의 이유를 열거하고 포고령 제1호로서 각 대학의 휴교조치, 정치집회금지, 언론 출판 보도 방송의 사전검열 조치를 취했다. 비상국무회의는 10월 27일 헌법개정안을 의결, 공고하여 일체의 반대운동이 금지된 일방적인 개헌안을 11월 21일의 국민투표를 통해 확정했다.

91.5%의 찬성을 얻어 확정된 '유신헌법'은 임기 6년의 '대통령을 통일주체국민회의에서 간선으로 선출'토록 하고, 국회의원의 3분의 1을 대통령이 지명하여 여기서 뽑기로 하는 등 '국체의 변혁'에 가까운 비민주적인 내용을 담고 있었다. 또한 대통령에게 긴급조치권·국회해산권 등 초헌법적 권한을 부여하며 국회의원 선거제도를 소선거구에서 2인 선출구제로 바꿔 여야의원이 동반 당선되도록 만듦으로써 야당의 의석수에 제한을 가하고, 국회의 비판기능을 마비시키는 등 대통령에게 모든 권력을 집중시키고 입법부와 사법부를 정권의 시녀로 전락시키는 반민주적인 헌법을 만들었다.

○ 10월 17일 대통령 특별선언

친애하는 국민 여러분!

나는 우리 조국의 평화와 통일, 그리고 번영을 희구하는 국민 모두의 절실한 염원을 받들어 우리 민족사의 진운을 영예롭게 개척해 나가기 위한 나의 중대한 결심을 국민 여러분 앞에 밝히는 바입니다.……

지금, 우리의 주변에서는 아직도 무질서와 비능률이 활개를 치고 있으며, 정계는 파쟁과 정략의 갈등에서 좀처럼 헤어나지 못하고 있습니다. 그뿐 아니라, 이같은 민족적 대과업마저도 하나의 정략적인 시비거리로 삼으려는 경향마저 없지 않습니다. 이처럼 민족적 사명감을 저버린 무책임한 정당과 그 정략의 희생물이 되어 온 대의 기구에 대해 과연 그 누가 민족의 염원인 평화 통일의 성취를 기대할 수 있겠으며, 남북 대화를 진정으로 뒷받침할 것이라고 믿겠습니까,

우리는 지금 국제 정세의 거센 도전을 이겨내면서, 또한 남북 대화를 더욱 적극적으로 과감하게 추진해 나가야 할 중대한 시점에 처해 있습니다. 이같은 시점에서 우리에게 가장 긴요한 것은 줄기찬 예지와 불퇴전의 용기, 그리고 철통같은 단결이며, 이를 활력소로 삼아 어렵고도 귀중한 남북 대화를 더욱 굳게 뒷받침할 수 있을 뿐 아니라 급변하는 주변 정세에 능동적으로 대응해 나갈 수 있는 모든 체제의 시급한 정비라고 믿습니다.

우리 헌법과 각종 법령, 그리고 현 체제는 동서 양극 체제하의 냉전 시대에 만들어졌고, 하물며 남북의 대화 같은 것은 전연 예상치도 못했던 시기에 제정된 것이기 때문에 오늘과 같은 국면에 처해서는 마땅히 이에 적응할 수 있는 새로운 체제로의 일대 유신적 개혁이 있어야 하겠습니다.

국민 여러분!

이제 일대 개혁의 불가피성을 염두에 두고 우리의 정치 현실을 직시할 때, 나는 정상적인 방법으로는 도저히 이같은 개혁이 이루어질 수 없다는 판단을 내리게 되었습니다. 오히려 정상적인 방법으로 개혁을 시도한다면 혼란만 더욱 심해질뿐더러, 남북 대화를 뒷받침하고 급변하는 주변 정세에 대응해 나가는 데 아무런 도움이 될 수 없다고 믿었기 때문입니다. 따라서 나는 "국민적 정당성을 대표하는 대통령으로서 나에게 부여된 역사적 사명에 충실하기 위해 부득이 정상적 방법이 아닌 비상 조치로써 남북 대화의 적극적인 전개와 주변 정세의 급변하는 사태에 대처하기 위한 우리 실정에 가장 알맞은 체제 개혁을 단행하여야 하겠다는 결심을 하기에 이르렀습니다."

나는 오늘 이 같은 결심을 국민 여러분에게 솔직히 알리면서, 나의 충정에 대하여 깊은 이해를 구하고자 하는 것입니다.

이번 비상조치는 결코 한낱 정권의 입장에서가 아니라, 국권을 수호하고 사상과 이념을 초월한 성실한 대화를 통해 전쟁 재발의 위험을 미연에 막고, 나아가서는 5천만민족의 영광스러운 통일과 중흥을 이룩하려는 실로 우리 민족의 운명과도 직결되는 불가피한 조치라고 확신합니다.

이에 나는 평화 통일이라는 민족의 염원을 구현하기 위하여 우리 민족 진영의 대동단결을 촉구하면서, 오늘의 이 역사적 과업을 강력히 뒷받침해 주는 일대 민족 주체 세력의 형성을 촉성하는 대전기를 마련하기 위해 다음과 같은 약 2개월간의 헌법 일부 조항의 효력을 중지시키는 비상 조치를 국민 앞에 선포하는 바입니다.

(1) 1972년 10월 17일 19시를 기하여 국회를 해산하고, 정당 및 치정 활동의 중지 등 현행 헌법의 일부 조항 효력을 정지시킨다.

(2) 일부 효력이 정지된 헌법 조항의 기능은 비상 국무 회의에 의하여 수행되며, 비상

국무 회의 기능은 현행 헌법의 국무 회의가 수행한다.

(3) 비상 국무 회의는 1972년 10월 27일까지 조국의 평화 통일을 지향하는 헌법 개정안을 공고하며, 이를 공고한 날로부터 1개월 이내에 국민 투표에 붙여 확정시킨다.

(4) 헌법 개정안이 확정되면 개정된 헌법 절차에 따라 늦어도 금년 연말 이전에 헌정 질서를 정상화시킨다.

친애하는 국민 여러분!

나는 지금 이상과 같은 비상조치를 국민 여러분에게 선포하면서, 이 나라의 자유 민주주의를 더욱 건전하고 알차게, 그리고 능률적인 것으로 육성·발전시켜야겠다는 나의 확고한 신념을 밝혀 두고자 합니다.

우리는 자유 민주체제보다 더 훌륭한 제도를 아직 갖지 못했습니다. 그러나 아무리 훌륭한 제도라 하더라도 이를 지킬 수 있는 능력이 없을 때에는 이 민주 체제처럼 취약한 체제도 또한 없는 것입니다.

나는 이번 비상조치의 불가피성을 다시금 강조하면서, 오늘의 성급한 시비나 비방보다는 오히려 민족의 유구한 장래를 염두에 두고 내일의 냉엄한 비판을 바라는 바입니다.

나 개인은 조국 통일과 민족 중흥의 제단 위에 이미 모든 것을 바친지 오래입니다. 나는 지금 이 특별 선언을 발표하면서, 오직 민주 제도의 건전한 발전과 조국 통일의 영광된 그날만을 기원하고 있으며, 나의 이 기원이 곧 우리 국민 모두의 기원일 것으로 믿고 있습니다.

우리 모두 일치단결하여 이 기원이 성취되는 그날까지 힘차게 전진을 계속합시다.

그리하여, 통일 조국의 영광 속에서 민주와 번영의 꽃을 영원토록 가꾸어 나아갑시다.

1972년 10월 17일
대통령 박정희

(5) 통일운동세력 때려잡고 쿠데타 한 주제에 통일을 읊조렸으니

유신 쿠데타로 권력을 강화시킨 박정희 정권에 대한 첫 도전자는 서울대 문리대생들이었다. 1973년 10월 2일 서울대 문리대생 250여 명은 교내 4·19기념탑 앞에 모여 비상총회를 열고 자유민주체제 확립을 요구하는 선언문을 낭독한 다음 시위를 벌였다.

유신선포 이후 최초로 학생들이 '유신체제 비판 불용'의 금기를 깨고 시위에 나선 것이다. 유신 이후 패배주의와 냉소주의에 빠져 있던 학생 및 제야운동권을 일깨운 이날의 시위는 전국대학의 유신철폐 시위, 재야인사들의 시국선언문 발표, 기자들의 자유언론 실천선언으로 이어지는 반독재투쟁의 기폭제가 되었다.

이해 12월 24일 함석헌·장준하·천관우·계훈제·백기완 등 각계의 민주인사들이 서울 YMCA에서 개헌청원운동본부를 발족시키고 「개헌청원운동 취지문」을 발표, 유신헌법 철폐를 위한 개헌청원운동이 본격적으로 전개되었다. 개헌청원운동은 불과 10일만에 30만 명이 서명에 참여할 만큼 놀라운 속도로 번져나갔다. 전국 주요대학이 반유신 시위에 나선 가운데 한국신학대생 90여 명은 삭발농성에 들어갔으며 전국대학총학장회의도 학원의 정상화를 요구하고 나섰다.

특히 함석헌·김재준·천관우·이병린 등 민주수호국민협의회 대표와, 윤보선·김수환·유진오·백낙준·이희승·이인·김관석 등 원로들은 YMCA에서 유신철폐를 요구하는 결의대회를 가졌다. 이희승·이헌구·김광섭·박두진 등 문학인 61명도 "헌법개정을 청원하는 것은 국민의 정당한 권리이며 우리는 이 권리를 결코 포기하지 않는다"는 내용의 결의문을 발표했다.

이와 같은 국민의 반유신 저항운동에 박정권은 긴급조치로 대응하면서 독재체제를 유지하고자 했다.

○ **개헌청원운동 취지문**(헌법개정 청원운동본부)

<민주주의 회복, 현행 헌법 개정을 요구하는 청원 운동을 전개하며>

오늘의 모든 사태는 궁극적으로 민주주의를 완전히 회복하는 문제로 귀착된다. 경제의 파탄, 민심의 혼란, 남북 긴장의 재현이란 상황 속에서 학원과 교회, 언론계와 가두에서 울부짖는 자유화의 요구 등 이 모든 것을 종합하면 오늘의 헌법 하에서는 살 수가 없다는 것으로 요약된다.

그러나 오늘의 헌법은 그 개정의 발의권이 사실상 대통령에게만 속해 있는 것이다. 이에 우리 국민은 이와 같이 헌법 개정 발의권으로부터의 소외를 극복하고 우리들의 천부의 권리를 제시하는 방법으로 대통령에게 현행 헌법의 개정을 요구하는 백만 인 청원 운동을 전개하는 바이다.

이 운동은 우선 우리들 모두의 내 집안에서부터 시작하여 학원과 교회 그리고 각 직장과 가두에서 확대될 것이다.

청원 내용

현행 헌법을 개정하여 현행 헌법이 이전의 민주 헌법 본래의 모습을 되찾는다.

1973년 12월 24일

서명자(서명순)

장준하 · 함석헌 · 법정 · 김동길 · 김재준 · 유진오 · 이희승 · 김수환 · 백낙준 · 김관석 · 안병무 · 천관우 · 지학순 · 김지하 · 문동환 · 박두진 · 김정준 · 김찬국 · 문상희 · 백기완 · 이병린 · 계훈제 · 김홍일 · 이인 · 이상은 · 이호철 · 이정규 · 김윤수 · 김승경 · 홍남순

○ **민주주의 회복을 위한 건의서**

항상 국정에 분망하신 각하께 삼가 경의를 표합니다.

아래 기명자들은 1973년 12월 13일 회합하여 현하시국에 관한 의견을 교환한 결과 다음과 같은 합의를 보았기에 이를 정책수립에 참고하여주시도록 각하께 간청하기로 하였습니다.

1. 현시국은 민주주의 체제를 근본부터 또한 제도적으로 회복하여 억눌린 국민의 자유를 소생시키지 아니하고는 중대한 민족적 위기를 초래할 위험이 있다고 보는바 이에 대한 각하의 적절한 조처를 기대하는 바입니다.

2. 정상적인 민주주의 체제로의 회복 후에는 적어도
   - 가. 국민의 기본권을 철저하게 보장할 것.
   - 나. 삼권분립의 체제를 재확립할 것.
   - 다. 공명선거에 의한 평화적 정권교체의 길을 열 것.

위의 각 조항이 포함되어야 한다고 믿습니다.

위 3개항의 배경을 약간 부연하여 말하고자 합니다.

① 평시 · 전시를 막론하고 국가의 유지발전에 가장 필수적으로 되는 것이 국민의 단결이며 그 단결은 국민의 자발적인 참여를 바탕으로 함으로써 비로소 저력을 발휘할 수 있을 것입니다. 현재 국민 저변에 확산되어 있는 불안감 · 불신감이 심각해 이와 같은 단결을 기하기가 매우 어렵게 되어 있는 점에 깊은 배려가 있기를 바랍니다.

②북한과의 대화 확대는 북한의 기본입장이 공산주의에 있을 것인 이상 우리 대한민국의 기본입장은 인간의 존엄과 자유를 바탕으로 한 민주주의를 떠날 수 없을 것입니다. 남북관계에 있어서의 우위확보는 오직 다양하고 탄력성 있는 국민의견의 결집만이 이를 가능케 하는 것으로 믿습니다.

③우리 대한민국은 과거 우호관계가 없었던 국가들에게 문호를 개방하는 가운데서라

도 기본적으로는 자유민주진영의 대열을 이탈할 수 없습니다. 그러므로 만일 국내 적인 민주체제를 갖추지 못하는 경우에는 국제적 고립을 면치 못할 것입니다.

④정상적인 민주체제의 회복 후에 대한 다수 국민의 희망은 행정상의 방침변경과 같은 일시적인 시책으로 무마되기는 어렵고 국가의 기본체제에 대한 근본적인 반성과 시정이 제도적으로 구현되어야 할 정도로 심각하다고 판단합니다. 이점에 대하여 특히 깊은 통찰이 있기를 바라 마지않습니다.

⑤이와 같은 우리 의견을 각하께 직접 건의하는 것은 현행헌법의 규정으로나 우리 나라의 현실상황으로나 각하의 결단에 의해서만 그 실현이 가능하기 때문입니다. 내외의 정세가 다단한 오늘날 민주주의 체제의 근본적인 회복만이 우리 대한민국의 활로라고 믿는 기명자들의 충정을 이해해주시기를 바랍니다.

1973년 12월 31일

김수환 · 김재준 · 김홍일 · 김관석 · 백낙준 · 유진오 · 이병린 · 이인 · 이정규 · 이희승 · 천관우 · 한경직 · 함석헌 · 계훈제

(6) 국민과의 대치상황 심각해져, 긴급조치 1~4호 선포

유신헌법 철폐와 민주회복을 요구하는 국민의 소리는 1974년 새해가 밝으면서 더욱 활발하게 전개되었다. 박정권과 정치적 유착설이 나돌던 유진산의 신민당까지도 1월 8일 개헌을 요구하기에 이르렀다. 이렇게 되자 정부는 개헌청원 서명운동을 저지하고 반정부운동에 쐐기를 박기 위해 강압책을 들고 나왔다. 1월 8일 긴급조치 제1,2호를 선포한 것이다.

정부는 긴급조치에서 유신헌법을 반대 · 부정 · 비방하거나 개헌을 주장하는 일체의 행위를 금지하고 위반자는 영장 없이 체포하고 군법회의에서 15년 이하의 징역에 처하며(제1호) 이에 따른 비상군재를 설치한다(제2호)고 선포했다. 이로써 긴급조치의 시대가 열렸다. 1월 8일의 1, 2호를 시작으로 1975년 5월 13일 9호 그리고 1979년 12월 8일 9호가 해제되기까지 만 5년 11개월 동안 이른바 '긴조시대'가 계속되었다.

긴급조치 1호는 헌법개정 관련 외에도 △유언비어 날조 · 유포 금지 △금지행위의 선동 · 선전 및 방송 · 보도 · 출판 등 전파행위 금지 △이 조치의 위반자 및 비방자는 영장 없이 체포 · 구속 · 압수 · 수색하며 비상군법회의에서 15년 이하의 징역과 15년 이하의 자격정지를 병과할 수 있도록 했다

이에 따라 1월 15일 장준하 · 백기완이 첫 구속되고, 21일 도시산업선교회 김경락 목

사 등 종교인이 구속되었다.

정부는 이어 4월 3일 민청학련 사건을 빌미로 학생들의 반독재투쟁에 족쇄를 채우는 긴급조치 4호를 선포했다.

이 조치는 △전국민주청년학생총동맹(민청학련)과 관련되는 제 단체를 조직하거나 이에 가입 또는 회합·통신·편의제공 등으로 구성원의 활동에 직간접으로 관여하는 일체의 행위를 금지시키는 조치였다. 이 조치로 치안국은 이철·유인태·강구철 등을 현상수배하고 민청학련 배후지원 혐의로 윤보선·박형규·김동길·김찬국 등을 내란선동 및 긴급조치 위반혐의로 구속했다.

○ **대통령 긴급조치 제1호**

1. 대한민국 헌법을 부정·반대·왜곡, 또는 비방하는 일체의 행위를 금한다.
2. 대한민국 헌법의 개정 또는 폐지를 주장·발의·제한 또는 청원하는 일체의 행위를 금한다.
3. 유언비어를 날조, 유포하는 일체의 행위를 금한다.
4. 전 1,2,3호에 금한 행위를 권유·선동·선전하거나 방송·보도·출판·기타 방법으로 이를 타인에게 알리는 일체의 언동을 금한다.
5. 이 조치에 위반한 자와 이 조치를 비방한 자는 법관의 영장없이 체포·구속·압수·수색하며 15년 이하의 징역에 처한다. 이 경우에는 15년 이하의 자격정지를 병과할 수 있다.
6. 이 조치에 위반한 자와 이 조치를 비방한 자는 비상군법회의에서 심판, 처단한다.
7. 이 조치는 1974년 1월 8일 17시부터 시행한다.

(7) '평화통일' 위해 "장기독재 불가피하다"며 국내외를 향해 자기 합리화 계속

7·4남북공동성명의 흥분이 채 가라앉기도 전인 1972년 10월 17일, 박정희는 또다시 군을 동원하여 일체의 헌법 기능을 정지시키는 비상계엄령을 선포해 국민들을 깜짝 놀라게 했다. 친위 쿠데타로 또 다시 헌법이 유린되었다. 국회가 해산되고 정당 및 정치활동이 정지되었다. 박정희는 비상국무회의가 효력이 정지된 헌법의 기능을 수행한다고 공언했다.

박정희는 "현행 헌법이 평화통일과 남북대화를 뒷받침할 수 없기 때문에, 통일을 위해서 쿠데타를 일으켰다"고 하여 쿠데타의 명분으로 통일을 제시했다. 그러나 유신 이후 더

平和統一 지향改憲案 27日까지公告

에 非常戒嚴令 선포

7項기재 非常國務會議서 憲法機能수행

各大學 休校 通禁그대로
言論·出版·방송 事前檢閲

한달내 國民投票, 政黨 政治活動中止
늦어도 年末이전 憲政秩序正常化

모든 政治目的 屋内外集會 금지

비상계엄령 선포. 박정희는 1972년 10월 17일 비상계엄령을 선포하고 11월 21일 국민투표를 거쳐 12월 27일 유신헌법을 정식으로 공포했다. 비상계엄령 선포를 알리는 1972년 10월 18일자 『조선일보』.

욱 강화된 박 정권의 반공·반북 선동은 그러한 주장이 기만적인 위선임을 잘 보여주고 있다. 벽지의 아이들까지 "10월의 유신은 김유신과 같아서·조국통일 되듯이 남북통일 이뤄요"라는 동요를 부르게 했지만, 장준하의 표현대로 박정희는 7·4남북공동성명의 민족적 염원을 악용해 쿠데타를 일으키고, 그것을 휴지조각처럼 짓밟았다.

유신헌법은 10월 27일 비상국무회의 의결을 거쳐 11월 21일 국민투표로 확정되었다. 12월 23일 박정희는 유신헌법으로 만들어진 통일주체국민회의에서 대의원 2,359명 가운데 무효 두 표를 제외한 2,357표의 지지를 얻어 역사상 처음으로 '체육관 대통령'으로 당선되었다. 이처럼 유신쿠데타가 저항에 부딪치지 않은 것은 국회와 사법부·언론·공화당 내의 반대세력이 모두 제거되어 박정희 중심의 막강한 권력체제가 구축되어 있었기 때문이다.

유신헌법은 능률의 극대화란 명분으로 대통령 한 사람에게 모든 권력을 집중시켰다. 대통령의 임기는 6년이었지만 재임 제한이 없어 영구집권이 가능했다. 대통령직선제가 폐지되고 대통령은 유신헌법에 따라 새로 조직된 '주권적 수임기관'인 통일주체국민회의에서 간접 선거하도록 했다. 또한 대통령은 통일주체국민회의 의장이었고, 국회의원의 3분의 1을 임명할 수 있었다. 대통령은 국회해산권·법률안거부권·긴급조치권 등 방대한 권한과 함께 헌법 개정안을 발안해 국민투표로 확정할 수 있는 권한도 부여받았다. 아울러 대법원장과 헌법위원회 위원장 임명권도 대통령에게 주어졌다.

국회의원의 선거 방식도 바뀌었다. 총 의석의 3분의 2는 한 선거구에서 두 명씩 뽑도록 하는 중선거구제 방식을 택했다. 야당세가 강한 서울 등 대도시에서 공화당 후보가 무더기로 떨어지는 것을 방지하기 위해서였다. 이전 선거법과 달리 무소속 출마도 허용했다. 국회는 정기국회와 임시국회를 다 합해서 연간 집회 일수가 150일을 넘을 수 없었고, 국정감사권도 사라졌다. 대통령 한 사람에게 삼권을 집중시킨 영도자 또는 총통제 국가가 된 것이다.

이승만은 자유민주주의의 겉모습은 유지한 채 독재를 했지만, 유신헌법은 제정 과정도, 그 내용도, 긴급조치 등 그것의 실시에서도 철저하게 자유민주주의의 기본 원리를 짓밟았다.

1973년 2월 27일에 실시된 제9대 국회의원 선거에서도 야당에 대한 탄압과 사전 선거, 무더기 투표 등의 선거 부정이 행해졌다. 그 결과 공화당은 전 지역구에서 당선되었으며, 대통령이 지명한 유신 정우회 의원도 73명이나 당선되었다. 유신체제 하에서 국회는 거의 역할을 할 수 없었다.

(8) 집단적 민주화운동 일어날 때마다 「간첩단」 조작

박정희는 절대 권력을 지키기 위해 내부 단속을 했다. 군부의 실력자로 알려진 수도경비사령관 윤필용이 1973년 3월 구속된 것도 그러한 조치의 일환이었다. 더 위험한 적은 국내에 있었다. 1973년 8월 8일 대낮에 박정희의 가장 강력한 라이벌인 김대중이 일본 도쿄에서 납치된 사건이 발생했다. 중앙정보부가 직접 저지른 일이었는데, 다행히 김대중은 살아서 13일 서울로 '귀환'했다.

김대중 납치사건은 그해 봄부터 불기 시작한 반유신 시위에 불을 지폈다. 1973년 4월 서울 부활절 연합예배에서 박형규 목사가 중심이 되어 반대운동을 벌였고, 전남대학교의 「함성」지사건, 고려대학교의 「민우」지사건, 야생화사건('검은10월단사건'으로 발표) 등도 발생했으나 본격적인 반유신 투쟁은 10월에 시작되었다.

1973년 10월 2일 서울대학교 문리대의 시위를 도화선으로 하여 여러 대학에서 시위가 발생했다. 박 정권은 시위에 가담한 학생들을 무더기로 징계했다(서울대학교 문리대의 경우 180명 연행, 20명 구속, 23명 제명). 하지만 학생들은 이에 굴복하지 않고 구속된 학생의 석방과 처벌의 백지화를 요구하면서 수업거부와 시험거부 투쟁을 벌였다. 특히 중앙정보부의 해체, 학원과 언론의 자유를 보장하라는 요구가 많았다. 11월 5일 김재준과 천관우 등 지식인 15인은 민주주의의 회복을 요구했다.

박정희는 일파만파로 번지는 반유신운동에 당황했다. 이를 무마시키기 위해 12월 7일 구속한 학생을 전원 석방하고 모든 처벌을 백지화하겠다고 발표했다. 하지만 12월 24일 장준하가 주도한 100만인헌법개정 청원운동이 여론의 지지를 받으면서, 반유신운동은 더욱 확산되었다. 1974년 1월 8일 마침내 박정희는 유신헌법을 반대하면 영장 없이 구속하여 비상군법회의에서 15년 이하의 징역에 처하겠다는 긴급조치 1,2호를 발동했다. 유신반대운동은 계속되어 장준하와 백기완 등이 「긴급조치 1호」로 15년 징역형을 받았다.

더욱 거세지는 반유신운동을 박멸하기 위해 박정희는 1974년 4월 3일 데모 주동자에게는 사형을 선고할 수 있고 대학을 폐교시킬 수 있는 긴급조치 4호를 발표했다. 당시 전국적으로 동시다발적인 시위를 벌이기 위해 각 대학이 연결되어 있었는데, 중앙정보부는 이들 학생의 연결을 당시 유인물에 씌어 있는 민주청년학생총연맹, 일명 민청학련으로 명명했다. 학생들은 사회 각계각층과도 연계하여 반유신투쟁을 벌일 계획을 세웠다. 박 정권은 민청학련사건 관련자들을 때려잡기 위해 긴급조치 4호를 선포한 것이다. 1,000명 이상이 연행, 구속되었고 205명이 기소되었다. 그 중에는 윤보선 전 대통령, 지학순 주교, 박형규 목사 등이 포함되어 있었다. 또한 인혁당사건을 조작해 민청학련에 지시를 내린 것처럼 발표했다. 중앙정보부는 인간의 한계를 시험하려는 듯 물고문과 전기고문 등 갖가지 고문을 자행했다. 군법회의에서 '인혁당'사건(인혁당이라는 명칭도 당국이 붙여주었음)으로 일곱 명이 사형선고를 받았고, 민청학련 관계자들도 사형과 무기, 20년형 등을 무더기로 선고받았다.

2) 민주화 요구 짓밟고 절대주의적 유신 독재정권 실현

(1) 국민의 불만은 높고 보호자 미군은 철수한다 하고

1970년을 전후로 국내외 상황은 박정희 정권에 만만치 않은 과제를 던져주고 있었다. 밖으로는 주한미군이 철수하고 동서 간의 긴장이 완화되면서 한국전쟁에서 맞붙었던 미국과 중국이 수교를 진행하는 놀라운 일이 벌어지고 있었고, 안으로는 급속한 산업화가 빚어낸 온갖 사회경제적 갈등이 터져나오고 있었던 것이다. 먼저 한국사회 내부를 들여다보자.

1971년 4월의 제7대 대통령 선거와 5월의 제8대 국회 의원 선거 결과는 박정희에게 큰 충격이었다. 대통령 선거에서 박정희는 김대중의 거센 도전을 받아 상당히 고전했고, 국회의원 선거에서는 여당인 공화당이 과반 의석을 차지하기는 했지만 야당인 신민당이 의석을 크게 늘리며 개헌 저지선을 확보할 수 있었다. 이제 헌법 절차에 따라 정상적인 방법으로 박정희가 대통령직 네 번째 임기에 도전하는 길은 완전히 막혀버린 것이다.

3선 임기가 다하는 1975년, 박정희는 여당의 후계자에게든 야당의 도전자에게든 대통령 자리를 물려주고 물러날 수밖에 없게 되었다. 그러나 박정희는 야당에 정권을 내준다는 것은 꿈도 꿔본 적이 없고, 집권 세력 안에서도 2인자를 용납하지 않았다.

박정희는 집권 세력 안에서 김종필이 2인자로 부상하는 것을 막으려고 공화당 안에서 백남억·김성곤·길재호·김진만 등을 주축으로 한 '4인 체제'를 쫓아냈다. 4인 체제의 실력자였던 김성곤(쌍용그룹 창업주)은, 박정희의 형 박상희의 절친한 친구로 5·16 직후 김일성의 밀사로 남파되었다가 처형당한 황태성 등과 함께 경북 지방에서 좌익(진보적 건국) 활동을 한 바 있었다.(『김형욱 회고록』 2권 성도문화사 1989)

세 사람의 운명은 1946년 10월항쟁을 거치면서 갈려 박상희는 총에 맞아 죽고, 황태성은 월북하고, 김성곤은 남쪽에 남아 실업가로, 정치인으로 변신하였다. 공화당의 재정위원장으로 정치자금을 주무르며 실력자로 부상한 김성곤은 1975년 박정희가 물러나는 것을 전제로 2원집정부제 개헌에 대한 구상을 다듬으면서, 지방의 시장·군수와 경찰서장 등에 자기 사람을 심는 데 분주했다.

박정희는 김종필 계열의 내무장관 오치성을 내세워 김성곤 등 4인체제가 지방 요직에 심어놓은 사람들을 제거했고, 이에 분노한 김성곤 등은 야당이 내무장관 해임 건의안을 내자 이에 동조하여 오치성의 해임 건의안을 통과시켜버렸다. 이것이 유신 1년 전의 이른바 10·2 항명파동이었다. 박정희의 특명으로 김성곤 등 공화당 의원 23명이 중앙정보부로 연행되어 고문과 구타를 당했는데, 김성곤은 콧수염이 뽑히는 모욕을 당하기까지 했다.

10·2 항명파동으로 공화당 안에서 박정희의 친정 체제가 확립되었다. 일개 육군 소장이던 박정희는 5·16 군사반란 후 수많은 '반혁명 사건'을 만들어가며 군부내 껄끄러운 선후배들을 제거했고, JP(김종필)계와 4인 체제 사이의 이이제이 以夷制夷, 3선개헌과 정보정치의 주역이었던 '날으는 돈가스' '공포의 삼겹살' 김형욱에 대한 토사구팽 등을 거치며 집권 세력 내부를 완전히 평정했다.

야당인 신민당은 1971년 대통령 선거와 총선거를 통해 만만치 않은 세력을 과시했지만, 정통 보수야당 한민당(친일파 지도자들로, 제2 점령세력인 미국에 적극 협력)의 맥을 계승했다는 것을 자랑스럽게 내세울 정도로 강한 보수성을 띠고 있었다. 한국의 야당은 계급적 기반에서 집권여당과 차별성을 갖고 있는 것이 아니라 단지 권력의 배분 과정에서 배제된 정치 세력의 집합체였다. 이런 역사적 뿌리와 이념적 동질성 때문에 낮에는 야당, 밤에는 여당인 '사쿠라'(출세를 노린 기회주의자)가 만발할 수 있었고, 야당의 당수였던 유진산은 '왕사쿠라'로 불리곤 했다.

유신전야의 신민당은 진산파와 반진산파가 따로따로 전당대회를 치를 만큼 분열되어 있어 대중의 기대에 걸맞게 박정희 정권을 견제하거나 수권세력으로서의 면모를 보여주지 못했다. 박정희는 이런 야당과 의회를 "민족적 사명감을 저버린 무책임한 정당과 그 정략의 희생물이 되어온 대의 기구"라고 조롱했다.(『경향신문』1972.10.18.「박대통령 특별선언」)

이처럼 보수적이고 분열된 야당은 시민사회의 각 세력을 대변하지 못하고 있었다. 하지만 한국전쟁 이후 20년이 지나고, 박정희 정권이 들어선 후 두 차례의 경제개발 5개년 계획이 마무리 되어갈 즈음 한국사회는 부글부글 끓어오르기 시작했다. 박정희는 1971년 7월 1일, 자신의 세 번째 임기를 매우 어수선한 분위기에서 시작할 수밖에 없었다. 6월 16일부터 시작된 국립의료원 수련의들의 파업은 전국의 국립대학 부속병원 수련의들에게 급속히 번져나가고 있었다.(修鍊醫 : 전문의사의 자격을 얻기 위해 병원 등에서 일정기간 수련을 하는 인턴과 레지던트)

수련의 파업이 계속 되고 있는 가운데 7월 28일에는 사법파동이 발생하여 전국의 소장 법관들이 사표를 내는 초유의 사태가 벌어졌다. 의사와 법관이라는 한 사회의 정점에 있는 엘리트들이 집단행동에 나선 것이다. 이 뿐이 아니었다. 8월 10일에는 지금은 성남시가 된 광주대단지에서 주민 5만 명이 참가하는 대규모 폭동이 일어났다.

서울의 개발과 팽창 과정에서 밀려난 철거민들과 전매轉賣 입주자들은 공장을 유치하여 일자리를 제공하겠다는 등의 총선 때의 장밋빛 공약이 전혀 지켜지지 않자, "배고파 못 살겠다. 일자리를 달라" "토지불하가격을 인하하라" 등의 구호를 외치며 관공서와 차량을 불태우고 경찰지서를 습격했다. 당시 언론은 이들이 광주대단지를 공포와 무질서로 휘몰아 넣었다면서도 땅값 인상, 세금 공세에 겹쳐 심한 생활고에 지친 주민들의 축적된 비난이 한꺼번에 폭발한 것이라고 동정을 표시했다.

9월 15일에는 베트남으로 파병되었던 한진상사 노동자 400여 명이 "밀린 임금을 지불해달라"며 서울 중구의 KAL 빌딩에 난입하여 방화하는 등 격렬한 시위를 벌였다. 한편 8월 18일 서울대 문리대 교수들을 선두로 교수들은 대학 자주화 선언을 벌여나갔고, 대학생들은 연초부터 격렬한 교련반대 시위를 이어나가고 있었다. 10월 15일 박정희 정권은 경찰력만으로 학생들의 시위를 막을 수 없자 서울 일원에 위수령을 발동하여 군을 출동시켰다.

서울 시내 10개 대학에 무장군인이 진주하고 주요 대학에는 무기한 휴업령이 내려졌다. 학생 1,900여 명이 연행되고, 학내 서클 74개가 해산되었다. 서울대생 내란음모 사건도 이런 뒤숭숭한 분위기 속에 일어난 것이다. 그러나 1971년을 뒤흔들었던 국내의 이런 저항은 1972년에 들어와 많이 약화되었다.

베트남전을 확대해간 미국 민주당의 존슨 대통령과 달리, 1968년 대통령에 취임한 공화당의 닉슨은 1969년 7월 "아시아에 있는 미국의 동맹국은 스스로가 자신의 방위에 대하여 일차적 책임을 져야 한다"는 것을 골자로 한 「닉슨 독트린」을 발표했다. 미국은 이 정책에 따라 베트남에서 발을 빼기 시작했고, 한반도에 주둔했던 미군의 철수도 시작되었다.

미군의 철수는 박정희 정권에게는 끔찍한 일이었다. 북에 비해 수십 배 이상의 국력을 보유한 오늘날도 남쪽 사회의 수구 세력은 주한미군의 철수나 전시작전지휘권 이양 문제에 기겁을 하는데, 북쪽의 국력이 남쪽보다 앞섰던 당시 상황에서 미군 철수가 가져온 충격은 가히 메가톤급이었다. 특히 남쪽 사회는 아직 북쪽의 특수부대원들이 청와대를 기습했던 1968년의 1·21 사건과 그해 11월 울진·삼척에 무장공비 100여명이 침투했던 사건을 또렷이 기억하고 있었다.

박정희와 한국군 장성들은 이북이 '수령님의 환갑잔치'(1972년)는 서울에서 하자고 떠들어댄다며 이를 직접적인 남침 위협으로 간주했지만, 미국의 판단은 달랐다. 휴전선에서의 충돌은 1965년과 1966년 각각 88건과 80건에서 1967년 784건, 1968년 985건으로 급격히 늘어났지만, 이것은 한국군이 베트남전쟁에 깊이 개입하는 것을 견제하기 국가비상사태 선언을 알리는 1971년 12월 6일자 신문. 유신 10개월 전, 이미 박정희는 모든 권력을 틀어쥐고 있었다.

위한 것이고, 1969년 하반기부터는 북쪽의 도발이 현저히 줄어들었다는 것이다.

쿠바에서 2인자 역할을 하던 체 게바라가 불현듯 볼리비아로 떠난 것은 그의 연설 제목처럼 "둘, 셋, 보다 많은 베트남을 만들어내자"는 의도에서였다. 박정희는 베트남은 한국전쟁의 제2전선이라며 5만 대군을 보냈는데, 김일성은 기백 명의 게릴라로 한반도를 베트남전쟁의 제2전선으로 만들어 주월 한국군을 철수시키고자 했던 것이다.(한홍구 「박정희 정권의 베트남 파병과 병영국가화」 『역사비평』 62호 2003)

박정희 정권은 양치기 소년처럼 북쪽의 전면남침이 임박했다고 떠들어댔지만, 미국은 유신이 선포된 1972년 10월의 한반도 안보 상황은 한국에 매우 유리하게 전개되고 있다고 파악했다. 무엇보다도 남북대화가 진행되고 있었고, 중국과 소련 두 사회주의 강대국은 서로 반목하면서 각각 미국과의 관계 개선을 추구하고 있었다. 이런 데탕트 분위기에서 이북이 중국이나 소련의 지원 내지는 동조 없이 한반도에서 전면적인 군사행동을 감행한다는 것은 상상하기 어려웠다.

박정희 자신도 1971년 신년사에서 "올해부터 앞으로 2~3년간이 국가안보상 중대한 시기가 될 것"이지만 자신은 "이 시기가 결코 위기라고 보지는 않는다"고 말한 바 있다. 이 정도의 도전은 한국의 자주적 능력으로 능히 극복할 수 있다는 얘기였다.

한반도 안팎으로 여러 가지 중대한 문제가 발생하자 박정희는 1971년 12월 6일 국가비상사태를 선언했다. 박정희는 같은 해 10월 25일 중국이 대만을 몰아내고 유엔에 가입한 것을 거론하며 정부의 시책은 국가안보를 최우선시할 것이고, 안보상 취약점이 될 일체의 사회불안을 용납하지 않을 것이라고 강조했다. 이어 12월 27일 새벽에는 '국가보위에 관한 특별조치법'을 국회에서 날치기로 통과시켰다. 이 법은 12월 6일 선포된 국가비상사태를 소급해서 법적으로 뒷받침했을 뿐 아니라 박정희에게 집회 및 시위의 규제, 국론을 분열시킬 수 있는 문제에 관한 언론 및 출판의 규제, 근로자의 단체교섭권 및 단체행동권의 규제 등을 할 수 있는 비상대권을 부여했다.

이 조치를 어기는 자는 1년 이상 7년 이하의 징역에 처하도록 되어 있었다. 유신 10개월 전, 이미 박정희는 모든 권력을 틀어쥔 것이다. 단 하나, 죽을 때까지 대통령을 해먹을 수있게 해주는 헌법만 빼놓고…. 주한 미국대사 하비브가 유신에 대해 "현 상황을 객관적으로 평가할 때 이러한 조치가 불필요하다는 것은 의심의 여지가 없다"고 냉랭하게 말한 것은 그 당시는 위기 상황도 아니었고, 박정희가 이미 비상대권을 장악하고 있었기 때문이다.(Habib, Telegram 5970 from Seoul, October 16, 1972. 마상윤 「안보와 민주주의, 그리고 박정희의 길 - 유신체제 수립 원인 재고」 『국제정치논총』 43집 4호, 2003년 12월)

(2) 침략국 일본제국의 「유신정변」 호칭 그대로 모방 실천

유신維新이라는 박정희의 친위 쿠데타는 극비리에 준비되었다. 국무총리였던 김종필은 사흘 전에야 주한 외교사절에게 통보해야 한다며 귀띔을 받았고, 박정희의 경호실장이었던 박종규조차 일본 출장 중 한국에 계엄령이 선포되었다는 소식을 들어야 했다.(김진 『청와대비서실』 중앙일보사 1992)

권력 내부에서 유신의 은밀한 준비공작에 깊이 개입한 이는 박정희·중앙정보부장 이후락·대통령 비서실장 김정렴·법무부장관 신직수·중앙정보부차장 김치열·보안사령관 강창성 등 극소수에 지나지 않았다. 그러나 3선개헌까지 한 박정희가 1975년 임기를 마치고 순순히 권좌에서 내려올 것이라고 생각한 사람은 없었다는 점에서 박정희가 무언가를 꾸미고 있다는 것은 천하가 다 예상한 일이었다.

유신의 비밀공작이 본격적으로 시작된 곳은 박정희가 총에 맞아 죽은 바로 그곳, 중앙정보부의 궁정동 안가였다. 유신의 마지막 날에도 김재규는 딱 30분 전에야 거사에 끌어들인 심복들에게 박정희를 쏘겠다는 결심을 알렸다. 유신의 정점에 서서 모든 정보를 거머쥔 중앙정보부장이었던 김재규는 무슨 말이든지 일단 입 밖으로 나오면 더 이상 비밀은 없다는 것을 잘 알고 있었다. 절대권력은 반드시 비참하게 몰락한다는 것이 역사의 법칙임을 모든 사람이 알고 있지만 유신의 몰락도 참으로 은밀하게 왔다.

1971년 4월25일 서울 장충단공원에서 열린 박정희 후보의 유세. 박정희는 이 자리에서 한 "내가 이런 자리에 나와 여러분에게 '나를 한 번 더 뽑아주십시오' 하는 정치연설은 오늘 이것이 마지막이라는 것을 확실히 말씀드립니다"라는 약속을 불행하게도 지켜버렸다.

박정희의 영구집권 음모는 3선개헌 때부터 자주 나오던 얘기였다. 특히 1971년 4월 18일 서울 중구 장충단공원에서 열린 대통령 선거 유세에서 김대중 후보는 "이번에 박정희 씨가 승리하면 앞으로는 선거도 없는 영구집권의 총통 시대가 온다는데 대한 확고한 증거를 가지고 있습니다"라고 주장했다.

아직 유신을 향한 구체적인 준비가 시작되지 않았다는 점에서 확고한 증거를 가지고 있다는 김대중의 주장이 사실에 부합하는 것은 아닐지 모르나, 그의 불행한 예언은 맞아떨어졌다. 박정희 역시 일주일 뒤 같은 장소에서 "내가 이런 자리에 나와 여러분에게 '나를 한 번 더 뽑아주십시오' 하는 정치연설은 오늘 이것이 마지막이라는 것을 확실히 말씀드립니다"라고 한 약속을 불행하게도 지켜버렸다. 그는 유신을 통해 국민들에게서 대통령을 뽑을 권리를 박탈해버린 것이다.

　○ 당시의 언론보도를 보면 김대중은 "이번에 정권교체가 안되면 이 나라는 영원한 파멸의 길을 걷게 되며, 박정희 씨 1인의 총통제 시대가 온다. 공화당 정권은 외국에 연구원을 파견해서 총통제를 연구했으며 서울시청 앞 구 대한항공 빌딩 8층에 총통제 연구기관이 있다"고 주장했다. (『동아일보』 1971.4.26. 김대중 『김대중 자서전』 삼인 2010)

김대중이 총통제 얘기를 꺼내기 일주일 전쯤인 4월 12일 서울대 법대의 형법총론 강의실에서는 서울대 총장을 지낸 유기천 교수가 더는 형법을 강의할 필요를 느끼지 않는다고 선언했다. 그는 법대 학생회장이자 총학생회장인 최회원이 경찰에게 곤봉으로 뒤통수를 맞고 끌려간 사실을 지적하면서, 이는 형법상 미필적 고의에 의한 살인미수인데, 기소되기는커녕 아무도 문제 삼지 않는 현실을 개탄한 것이다. 이어 그는 얼마 전 자유중국(대만)을 갔다가 자유중국의 고위층으로부터 지금 한국에서 자유중국의 총통제를 연구하러 온 사람이 있다는 말을 듣고 경악했다는 사실을 고백했다. '임금님 귀는 당나귀 귀'라는 말이 대만의 대나무 숲으로부터 들려온 것이다. 중앙정보부에 의해 내란선동 혐의로 입건된 유기천은 자의 반 타의 반 망명 길에 올랐고, 이 수업이 그의 마지막 수업이 되었다.

1972년 7·4 남북공동성명으로 사람들이 통일의 열기에 휩싸여 있을 때, 국회에서는 박정희의 영구집권에 대한 경고가 연달아 나오고 있었다. 7월 22일 신민당 의원 나석호는 실미도 사건(1971년 8월) 무렵 한국의 헌법학자가 "어떻게 하는 것이 가장 무난하게 행정부 1인집권의 체제를 만들 수 있겠느냐 하는 연구를 해가지고 돌아왔다는 말"을 들었다며, 그가 자유중국은 물론이고 심지어 스페인의 프랑코 정부까지 방문했다고 주장했다.(『82회 국회회의록』제11호, 1972년 7월 22일)

7월 28일에는 같은 당의 최형우 의원이 "한 모(한태연) 교수와 청와대 특별보좌관 몇 사람이 모 장소에 모여가지고 '드골식 헌법'이라든지 여러 가지를 지금 구상하고 있다"고 주장했다. 최형우와 나석호는 이 질문 때문에 유신이 선포된 다음 보안사에 끌려가 정보의 출처를 대라며 호된 고문을 당해야 했다.(최형우·이종남·조윤형·이세규 등 야당의원 12명이 유신 직후 당한 고문에 대한 상세한 폭로. 『동아일보』1975년 2월 28일 자)

이렇게 솔솔 종신집권을 위한 무언가가 이루어지고 있다는 냄새가 퍼지자 박정희 정권은 연막을 쳤다. 거사를 열흘쯤 앞둔 10월 6일 청와대는 박정희가 국가원수로는 처음으로 11월 13일 일본을 공식 방문하여 천황을 만나고 수상과 회담할 것이라고 발표했다. 일본 외무성도 같은 시간에 이를 발표했다.(『동아일보』1975년 10월 6일 자; 김진 『청와대 비서실』중앙일보사 1992)

박정희 정권은 일본까지 이용해 연막을 피운 것이다. 경호실장 박종규가 일본에 출장을 간 것도 박정희의 방일을 준비하기 위한 것이었다. 박정희의 기만적인 방일 발표는 일본에 엄청난 외교적 결례를 범한 것이지만, 일본은 이 몰상식한 행동에 대해 공식적으로 항의하지는 않았다. 이런 두 나라 간의 유착관계에 대한 박정희 정권의 오만한 자신감이 1973년 8월 김대중 납치 사건을 가져온 것이다.

① 한국을 반공의 보루로 믿는 미국도 묵인

박정희는 유신 쿠데타를 준비하면서 표면상 미국과 협의하거나 미국의 재가를 받지 않은 것으로 되어 있다. 국무총리 김종필이 주한 미국대사 하비브를 통해 미국에 공식적으로 계엄 선포와 국회 해산에 대해 통보한 것은 유신 선포 하루 전인 1972년 10월 16일 저녁이었다. 하비브는 뒤늦은 통보에 불쾌해했지만, 국회에서 야당 의원이 공개적으로 비밀공작의 윤곽을 꼬집어 말할 정도로 소문이 파다했던 초헌법적 조치가 곧 취해질 것이라는 점을 미국이 사전에 전혀 감지하지 못했던 것은 아니다. 미국은 이후락 · 김종필 · 정일권 등 정권의 고위인사들을 통해 박정희의 집권연장 욕구와 계획에 대한 정보를 계속 수집해왔다.

닉슨 닥트린을 통해 아시아에서 한 발을 빼기 시작한 미국은 아시아의 동맹국들이 반공독재 체제를 강화하여 미국이 한 발 빠져나간 공백을 메우려는 것을 묵인해줄 수밖에 없었다. 필리핀의 독재자 마르코스는 박정희보다 3주 앞선 9월 21일, 공산주의자와 파괴분자들이 국가적 위기 상황을 촉발하고 있다며 비상계엄령을 선포하고 헌정을 중단시켰다. 마르코스의 독재 체제 강화를 묵인했던 것처럼 미국은 박정희의 독재 체제 강화를 묵인해주었다.

하비브는 미국이 즉시 단호한 조치를 취하지 않으면 박정희가 예정된 수순을 밟는 것을 아무도 말리지 못한다고 보고했지만, "미국이 앞으로 몇 시간 내에 박 대통령의 마음을 돌리도록 만드는 책임을 질 이유는 없다"고 덧붙였다. 마르코스와 박정희의 시기 선택은 그들로서는 적절했지만, 미국의 외교 당국 입장에서 볼 때는 교활한 것이었다. 미국의 정치판은 대통령 선거로, 일반 시민들은 월드 시리즈로 아시아의 변방에서 벌어지는 일에 관심을 두지 않을 때였다.(돈 오버도퍼 『두 개의 코리아, 北한국과 南조선』중앙일보사 1998)

미국은 계엄령 선포는 한국의 국내문제이며, 이는 박정희 대통령이 결정해야 할 일이라는 입장을 표했지만, 미리 전달받은 특별선언문에서 닉슨의 '중공' 방문을 특별조치의 동기처럼 서술한 부분을 삭제해달라는 요구로 불쾌감을 표시했다. 발표를 몇 시간 앞둔 최종 점검 회의 중 미국의 요구를 보고받은 박정희는 박정희대로 "미국놈들이 안 그랬으면 내가 뭐가 답답해서… 우리가 거짓말 했나…"라며 불쾌해했다. 하지만 국내의 반발도 상당할 텐데 미국과 불편한 관계에 빠지는 것을 피하자는 참모들의 건의로 이 대목을 삭제했다.

일본도 비슷한 반응을 보였다. 일본 역시 일본-'중공' 수교와 다나카 총리의 '중공' 방문이 박정희 친위 쿠데타의 빌미가 되는 것을 원하지 않았던 것이다. 박정희는 자신이 볼 때 유신을 단행하게 된 가장 중요한 동기인 미국 · 일본의 대중국 수교 문제를 특별선언문에서 빼게 된 것에 대해 유신이 뼈다귀 빠져 흐물흐물한 '곤냐쿠'가 되었다고 일본 말로 중얼거렸다고 한다. 박정희에게는 흐물흐물한 '곤냐쿠'였지만 그 '곤냐쿠'(가루반죽)에 민중들은 멍들고 질식당했다.(김충식 『남산의 부장들, 정치공작사령부 KCIA』동아일보사 1993)

② 유신 쿠데타의 공작명은 '풍년사업'

유신의 구상과 준비가 언제 시작되었느냐는 것을 두고서도 증언이 엇갈린다. 유신을 정당화하려는 쪽에서는 주로 남북대화 과정에서 북의 유일 체제의 강고함에 자극을 받아 북과 대화하려면 국론이 결집되고 지도자에게 힘이 실려야 한다는 사실을 뼈저리게 절감했기 때문이라고 주장한다. 당사자들이야 스스로 이런 주장을 철석같이 믿었던 게 사실이겠지만, 박정희는, 아니 총칼로 권력을 잡은 자들은 동서고금을 막론하고 다른 사람에게 권력을 내준다는 것은 원래 생각조차 하지 않는 족속들이다.

박정희도 분단국가 한국에서는 "미국식 민주주의가 작동하고 있다는 것을 보여야 한다"는 미국의 요구로 아시아·아프리카·중남미의 다른 군부독재자들과는 달리 선거라는 거추장스러운 절차를 거쳐야 했다. 박정희는 미국의 압력 때문에 군복을 벗을 때 "다시는 이 나라에 본인과 같이 불운한 군인이 없도록 합시다"라며 눈물을 흘렸다. 박정희와 달리 일반 시민 중에는 "나도 그 불운한 군인 한번 해보고 싶다"는 사람들이 많았다. 『경향신문』1963.8.30.「박정희 대장 예편」)

아직 힘이 약했던 박정희는 미국의 압박으로 선거를 치러 두 차례 대통령에 당선된 뒤, 헌법을 뜯어고쳐 세 번째 대통령 선거를 치렀다. 박정희는 지난 10년간의 '업적'으로 낙승할 줄 알았지만, 김대중 후보의 도전은 예상외로 거셌다. 1971년 4월 18일 김대중 후보의 장충단공원 유세에는 100만 인파가 몰렸다. 선거 이틀 전 같은 장소에서 열린 박정희의 마지막 유세에 김대중 유세 때보다 적은 인원이 모인다는 것은 공화당으로서는 상상할 수 없는 일이었다.

박정희 유세 때도 꽤 많은 인원이 모였는데, 김대중은 "야당 청중은 걸어가고 여당 청중은 차에 실려갔다"고 회고했다. 박정희도 그날 사람들이 많이 모였다는 비서관의 말에 "모였다고? 모이긴 무슨 모여. 그냥 실어다 날랐지"라고 군중 대부분이 관권과 금력에 의해 동원된 것임을 인정했다고 한다. 박정희는 야당 후보의 유세장에 인파가 몰렸을 때 북한 간첩이 경찰 복장을 하고 총이라도 쏘게 되면 걷잡을 수 없는 유혈사태가 벌어지고 북한이 이를 틈타 남침할 수 있다고 우려했다고 한다.(조갑제 『박정희, 10월의 결단』 조갑제닷컴, 2007)

박정희는 수백만 인파를 동원하느라 엄청난 돈을 쏟아부어야 하는 이런 선거가 싫었고, 선거에 대한 혐오감은 북측의 유세장 테러라는 상상의 위험으로 증폭되어 선거 망국론으로 확대되었다. 박정희 측근들은 이 무렵 박정희가 "이제 그따위 놈의 선거는 없어"라고 내뱉는 것을 듣고 섬뜩한 느낌이 들었다고 한다.

흔히 유신의 준비 작업인 '풍년사업'은 이후락이 비밀리에 평양을 다녀온 직후인 1972

년 5월께 궁정동 안가에서 시작되었다고들 한다. 그런데 국가정보원 과거사위원회 시절 찾아낸 보고서는 이보다 훨씬 앞선 1971년 4월에 이미 풍년사업이 진행 중이었음을 보여준다.

이 보고서는 풍년사업의 전모를 보여주고 있지는 않지만, 사업의 일환으로 중앙정보부 요원이 재일동포를 찾아가 국제전화로 한국의 친척들에게 김대중을 찍지 말라고 공작한 내용을 담고 있다. 이 문건은 당시 중앙정보부가 김대중의 당선을 막기 위한 공작을 국내뿐 아니라 국외에서까지 행했음을 보여준다.(국가정보원 과거사건 진실규명을 통한 발전위원회 「풍년사업」 1971.4.20. 중앙정보부 보고서. 『과거와 대화, 미래의 성찰』 4권 정치·사법편 2007)

이후락의 지시에 따라 중앙정보부 판단기획국 부국장을 팀장으로 하는 5명(1명은 브리핑 차트 제작을 담당하는 필경사)의 비밀공작 팀은 궁정동에 일터를 잡고 1972년 5월부터 대통령의 비상대권과 종신집권을 가능케 하는 새로운 헌법의 골격을 짜기 시작했고, 박정희는 거의 매주 이후락·김정렴 등과 함께 이를 검토했다. 앞서 본 유기천 등의 증언으로 볼 때 궁정동 팀의 작업을 위한 자료 수집은 이미 1971년도에 이루어졌다.

궁정동 팀이 마련한 초안은 신직수가 장관으로 있던 법무부로 넘어갔다. 법무부에서는 박정희가 김지태의 부일장학회를 강탈하여 만든 5·16장학회의 첫 수혜자인 엘리트 검사 김기춘 등 10여 명의 실무진이 궁정동 팀의 초안을 '헌법'의 형식에 맞게 만들었다. 최형우가 한 모 교수라고 얘기한 전 서울대 교수 한태연은 1972년 비상계엄 선포 후 박정희가 불러 청와대로 가보니 '헌법 개정안'이라 적힌 조그만 메모지를 내밀며 법무부를 도우라는 지시를 내렸다고 한다. 그는 "법무부에 가보니 당시 김기춘 검사가 주도해 초안을 이미 완성해놓은 상태였고 법무부가 '골격에는 절대 손대지 말라'고 해 자구 수정만 해줬다"고 자신의 역할을 축소해서 설명했다.(김진 『청와대비서실』 1, 중앙일보사 1992. 김충식 『남산의 부장들, 정치공작사령부 KCIA』 1, 동아일보사, 1993)

다른 몇몇 자료들도 김기춘이 법무부 과장으로 있으면서 유신헌법 작성에서 핵심적 역할을 했다고 지목했다. 이에 대해 김기춘은 자신은 과장이 아니라 "평검사로 일하면서 상부에서 시키는 잔심부름 외에는 한 것이 없다"고 해명했다. 김기춘이 이때 평검사였던 것은 맞는데, 그가 법무부 인권옹호(!) 과장으로 승진했을 때 신문에서는 "유신체제의 법령 입법과 개정의 공로와 실력이 높이 평가되어 유례없이 발탁"되었다고 썼다.(『중앙일보』 1973.4.3. 「유신헌법은 박정희가 구상하고 신직수·김기춘이 안을 만들었다―한국헌법학회 학술대회서 한태연 고문 주장」. 『오마이뉴스』 2001.12.9.)

이 글을 쓰기 위해 포털 사이트에서 '김기춘 유신'으로 검색해보니 대부분의 기사에 접근이 금지되어 있다. 유신으로 출세한 자들이 유신헌법을 감추는 것을 보니 유신이 창피한 일이긴 한가보다.(한홍구『유신』한겨레출판 2014)

(3) 자신이 군사교육을 받은 식민 종주국 일본의 유신 전통

아기가 태어날 때 미리 이름을 지어놓는 경우도 있지만, 박정희는 비상조치를 준비하면서 이 조치를 무엇이라 부를지를 미리 정해놓은 것 같지 않다. 이 조치는 한동안 '10·17 특별선언'이나 '10·17 비상조치'라고 불렸다. 이 조치로 탄생한 비상국무회의는 열흘 뒤인 10월 27일, 태어나서는 안 될 이 아이의 이름을 '유신'이라고 지었다.

유신이란 말은 일본의 '메이지유신'을 통해 익히 알려진 말이긴 했지만, 역사책에나 나오는 단어였지 이렇게 현실로 툭 튀어나오리라고는 아무도 생각지 못했다. 10월 17일에 발표했던 특별선언에도 일대 '유신적' 개혁이 있어야 한다고 나올 뿐 유신이 특별히 강조된 것은 아니었다.

원래 유신이라는 말은 중국의 고전인『서경書經』의 대아문왕편大雅文王篇에서 문왕의 국정 혁신을 칭송하며「주나라가 비록 오래된 나라이나 (개혁으로) 그 명을 새롭게 했다周雖舊邦 其命維新」는 데서 나온 말이다.『서경書經』의 하왕윤정편夏王胤征篇에도 하왕의 명으로 윤후가 적을 정벌하러갈 때 "저들 괴수들은 섬멸할 것이로되 협박에 의하여 따른 자는 다스리지 않을 것이며 예전에 물든 더러운 습속을 모두 새로워지도록 해주겠소舊染汚俗 咸與維新"라고 한 고사에 함여유신이라는 말이 나온다.

조선조의 철종이 후사 없이 죽어 조대비가 고종으로 대통을 잇게 하면서 내린 교서에도 함여유신을 강조하여 대원군의 개혁정치를 '함여유신'이라 부르기도 한다.(『고종실록』고종 1년, 1864 갑자, 1월 10일)

박정희의 주변을 맴돌았던 권력형 역사학자 이선근이 원래 대원군 시대를 전공했기에 일부에서는 유신이란 이름을 이선근이 붙인 것이 아닌가 추정하기도 한다. 유신의 전 과정에 깊숙이 간여했던 청와대비서실장 김정렴은 중국 역사와 한학에 조예가 깊은 박종홍과 그의 제자였던 임방현 두 특별보좌관이『시경』과『서경』의 고사를 빌려 10·17 조치를 '10월유신'이라 부를 것을 건의했다고 밝히고 있다.(김정렴『아, 박정희』중앙M&B 1997)

철학계의 원로로 오랫동안 서울대 철학과 교수로 재직한 박종홍은 국민교육헌장의 제정과 유신정권의 철학적 합리화에 앞장선 독재 체제의 대표적인 어용지식인이 되어 일부 사람들의 안타까움과 일부 사람들의 부러움과 많은 사람들의 지탄을 받았다.

이선근이 대원군의 보수개혁을 함여유신이라 불렀지만, 정작 이 말은 대원군 자신이 아니라 조대비가 쓴 말이다. 대원군을 몰아내고 고종도 함여유신이란 말을 썼다. 애국계 몽운동 시기에도 함여유신이란 말이 쓰인 글이 몇 편 남아 있는데, 대원군의 정치를 언급하는 것이 아니라는 점 등을 볼 때 대원군과 관련하여 함여유신이라는 말이 널리 쓰인 것은 아니다.

유신이란 말은 『조선왕조실록』에만도 500여 회나 나오는 것으로 유교국가의 개혁을 칭하는 일반명사였지만, 근대에 들어서는 메이지유신에만 남고 거의 쓰이지 않던 말이었다. 박종홍이나 이선근이 『시경』 『서경』이나 대원군을 끌어낸 것은 대중들이 '유신' 하면 당장 메이지유신을 떠올리게 되는 것을 호도하려 한 것으로, 요즘의 유행어로 표현하면, 유신이라는 말에 담긴 치명적인 일본색을 적당히 '마사지'한 것이라 할 수 있다.

① 메이지유신 추진한 제국주의자들을 '지사'로 존경

1972년 10월 이전, 박정희에게 유신이란 메이지유신이며, 유신에 다른 근거를 갖다 붙인 이데올로그들도 이 점을 모르는 것이 아니었다. 당시 중학생이었던 나는(필자 한홍구) 왜 하필 이름을 지어도 메이지유신을 베껴 10월유신이라 지었나 한심하게 여겼지만, 권력의 생리를 모르는 순진한 생각이었다.

유신의 이데올로그들은 박정희가 10·17 특별선언과 10월 24일 유엔의 날 기념식 치사에서 연이어 '유신적 개혁'이란 말을 쓰는 것을 보고 박정희의 속마음에 들게끔 아예 '적' 자를 떼어준 것이다. 이에 비하면 국무총리 김종필은 차라리 솔직했다. 그는 정부가 굳이 비상조치를 유신이라고 이름 붙인 까닭이 무엇이냐는 질문을 받고 "일본의 메이지 유신과 정신적으로 통하는 점이 있다"고 답했다.(이상우 「박정권, 일본에 기울어진 내막」 『박정희, 파멸의 정치공작』동아일보사 1993)

박정희는 메이지유신에 대한 무한한 경외감을 감추지 않았다. 박정희는 『국가와 혁명과 나』에서 작은 섬나라 일본이 "명치(메이지)유신이란 혁명과정을 겪고 난 지 10년 내외에는, 일약 극동의 강국으로 등장하지 않았던가. 실로 아시아의 경이요, 기적이 아닐 수 없다"며 "금후 우리의 혁명 수행에 많은 참고가 될 것은 부정할 수 없을 것이기 때문에, 본인은 이 방면에 앞으로도 관심을 계속하여 나갈 것이다"라고 천명했다. 박정희에게 메이지유신은 한국이 계속 따라가야 할 모델이었던 것이다.(이준식 「박정희의 식민지 체험과 박정희 시대의 기원」 『역사비평』89호, 2009)

이보다 앞서 1961년 11월 12일 일본을 방문했을 때 박정희는 전 총리 기시노부스케

등 일본의 만주 인맥과 아카사카의 요정에서 만나 유창한 일본어로 "나는 정치도 경제도 모르는 군인이지만 메이지유신 당시 일본 근대화에 앞장섰던 지사들의 나라를 위한 정열만큼은 잘 알고 있다"며 "그들 지사와 같은 기분으로 해볼 생각"이라고 밝혀 동석한 일본 정객들을 흐뭇하게 만들었다.

박정희의 롤모델이었던 메이지유신의 지사들이 누구였을까. 사카모토 료마 · 다카스기 신사쿠 · 오쿠보 도시미치와 같이 일찍 암살당하여 신화화된 인물도 있지만, 조선정벌을 줄기차게 주장한 정조론(征朝論 · 征韓論)의 원흉 사이고 다카모리, 조선침략의 원흉 이토 히로부미 · 이노우에 가오루 · 야마가타아리토모 등이 바로 박정희가 감탄해 마지 않은 메이지유신의 지사들이었다.

일본제국주의자들은 조선 · 만주 등 대륙침략 시기 군사작전에 앞서 특파한 스파이 첩보요원들을 특히 '지사志士'라고 불러 자기네들끼리의 격려 호칭으로 사용하였다.

조선에서의 동학농민혁명 때는 물론 심지어 러시아에서 일어난 1905년의 대중혁명 시기에도 현지인들을 자기네 지사들이 암약暗躍 선동했다고 자랑하여 왔다.

메이지유신의 지사들과 박정희 사이에 공통점이 있다면 메이지유신을 일으킨 사무라이들은 우리나라의 위정척사파만큼이나 보수적인 입장에서 '존왕양이'를 내걸고 정권을 잡았다가 세계의 현실을 보고 급격히 개화를 추진했는데, 박정희도 처음에는 가난한 농민의 아들다운 소박한 중농정책을 추진하다가 180도 전환하여 수출드라이브 정책을 폈다는 점이다.

② 일본과 미국의 제국주의 세력을 안심시킨 만주군 장교

5 · 16 군사반란이 일어나고 그 실력자가 박정희 소장이라는 소식이 전해졌을 때 일본 정가는 매우 긴장했다고 한다. 극도로 반일적인 자세를 취했던 이승만 정권이 무너지고 일본에 대해 유화적인 태도를 보이는 장면 정권이 들어섰는데 갑자기 군사 쿠데타가 일어난 것은 달갑지 않은 일이었다. 아시아와 아프리카에서 일어난 군사 쿠데타는 대부분 민족주의와 친사회주의 성향을 띠고 있었기 때문이다. 몇 시간 뒤 박정희 사진이 박힌 호외를 본 일본 정객들은 "다카키 마사오 아냐?"라며 안도의 한숨을 내쉬었다고 한다.

그들은 만주 군관학교와 일본 육군사관학교를 나온 다카키 마사오라는 조선 청년은 잘 알고 있었지만 그의 본명이 박정희인 줄은 몰랐던 것이다. 박정희가 처음 일본을 방문했을 때 만주 군관학교 시절의 교장인 나구모 신이치로 중장에게 큰절을 올린 행위가 일본의 보수 인맥에 던진 메시지는 분명했다.

박정희가 미국의 압력으로 군복을 벗고 선거를 치러 대통령에 취임할 때 일본에서는 자민당 부총재 오노 반보쿠를 경축특사로 파견했다. 오노는 1962년 말 서울을 방문하여 박정희와 두 차례 회담을 한 바 있었다. 오노는 도쿄를 떠나면서 기자들에게 "박정희 대통령과는(피차에) 부자지간을 자인할 만큼 친한 사이"라고 자랑하면서 "대통령 취임식에 가는 것은 아들의 경사를 보러 가는 것 같아 무엇보다도 기쁘다"고 말했다.(『조선일보』 1963.12.19~ 20일자)

당시 양 김씨는 공교롭게도 각각 야당의 대변인으로 활동하고 있었다. 민정당 대변인이었던 김영삼은 "일국의 대통령을 아들에 비유한다는 것은 국가 체면상 용납할 수 없는 것"이라며 "이것은 구보타 망언(1953년 한일회담의 일본 쪽 대표 구보타 간이치로가 일본의 식민지 지배가 조선에 유익했다고 주장) 정도가 아니라 그 몇 배 더한 망언"이라고 규탄했다. 김대중은 민주당·자민당·국민의당 등 3당의 공동 교섭단체인 삼민회의 대변인이었는데 오노가 일본에 들어가 박정희의 대통령 취임사를 '세기적 연설'이라고 치켜세웠다는 말을 듣고는 '아들 자랑'이 심하다고 비꼬았다.

『동아일보』는 오노의 망언이 국내에서 뒤늦게 보도된 데 대해 "외신검열에 혈안이 됐던 군사정권이 어째서 이 놀라운 망언 기사를 묵인했는지 의문"이라며 "일본 정객들이 한국을 그렇게 얕보는 말"에서 장차 국가 운명이 어떻게 될지 섬뜩한 생각이 든다고 논평했다. 오노는 비록 총리를 지내지는 못했지만 중의원 의장을 지낸 일본 정계의 거물로 『중앙공론』1960년 1월호에서 일본·한국·대만을 합쳐 일본합중국을 만들고 나아가 동남아 국가를 합쳐 아세아연방을 만들자는, 즉 대동아공영권을 부활시키자는 주장을 하는 자였다. 그는 1962년 말 서울을 방문했을 때 김종필과의 회담에서 독도를 한국과 일본이 '공동영유' 하자고 주장한 바 있다.(『동아일보』1964.2.8.)

이런 오노가 박정희와 '피차' 부자관계임을 인정하는 사이였다니 박정희를 아버지로 떠받드는 수많은 뉴라이트들은 오노의 손자가 되는가 보다. 친일파는 근대화의 아버지이고, 이승만은 건국의 아버지이고, 박정희는 근대화의 아버지라니 아버지가 많은 자들은 할아버지도 많은 법이다.(New Right 신우익. 최근의 친일파 지식인들)

③ 일본의 2·26군사쿠데타는 박의 반공쿠데타의 선배 모델

박정희에게는 메이지유신 말고도 따라 배운 또 하나의 유신 선배가 있었다. 바로 유산된(실패한) 유신, 쇼와유신昭和維新이다. 군부 내의 급진파(대륙 침략 야욕에 급급했던 친왕 골수파) 청년장교들과 기타 잇키 같은 초국가주의자들은 메이지유신을 재현해보자고 1936년 2월 26일(조선·만주 식민화에 이어 중국 중원 침략을 앞둔 시기) 천황 친정親政을 명분으로 군사 쿠데타를 일으켰다. 그들은 조선총독을 지낸 사이토 마코토 등 대신 여럿을 살해했지만 천황의 복귀명령으로 진압되어 주동자 15명이 사형을 당했다. 이들 황도파 장교들이 5·16군사반란 이전 박정희의 또 다른 모델이었다. 그는 군부 내의 동료들과 밤새 통음하면서 "2·26 사건 때 일본의 젊은 우국군인들이 나라를 바로잡기 위해 궐기했던 것처럼 우리도 일어나 확 뒤집어엎어야 할 것 아닌가 하고 토로"했다고 한다.(이상우 『박정희, 파멸의 정치공작』 동아일보사 1993)

박정희의 술친구였던 소설가 이병주는 박정희가 "일본의 군인이 천황절대주의 하는 게 왜 나쁜가. 그리고 국수주의가 어째서 나쁜가…. 일본의 국수주의 장교들이 일본을 망쳤다고 했는데 일본이 망한 게 뭐냐. 지금 잘해나가고 있지 않나…. 국수주의자들의 기백이 일본 국민의 저변에 흐르고 있어. 그 기백이 오늘의 일본을 만든 거야…. 우리는 그 기백을 배워야 하네"라고 말했다고 회고했다.(이병주 『대통령들의 초상』 서당 1991)

의회정치의 타도, 구정치인들의 부정부패 일소, 재벌 해체, 빈부격차 해소 등을 주장한 박정희의 생각은 쇼와유신을 추진하다가 진압당한 황도파 청년장교들의 생각을 빼닮았다. 1930년대 일본의 급진파 청년장교들이 10년 정도의 다이쇼데모크라시를 못 견디고 뛰쳐나갔다면, 박정희는 1년여에 불과했던 제2공화국의 민주주의 실험이 혼란이라며 판을 깨버렸다.

2002년 월드컵에서 붉은 악마가 「어게인Again 1966」을 구호로 들고 나왔다면 쇼와유신의 청년장교들이나 그들의 직계 후배인 다카키 마사오는 「어게인메이지유신」을 들고 나온 것이다. 메이지유신으로부터 70년이 지난 뒤 메이지유신의 영광을 재현하자고 2·26 사건을 일으킨 황도파 장교들은 시대착오적이라는 비난을 받았다. 그로부터 우리가 일제의 지배를 받은 기간만큼인 36년이 지나 다시 「어게인메이지유신」을 들고 나온 것은 더더욱 시대착오적인 일이다.

친일잔재가 청산되지 못했다는 것은 단지 식민지 시대에 고관을 지낸 자가 대한민국에서 또 고관을 지냈다는 것만을 의미하는 것이 아니다. 박정희의 강력한 식민지 체험이 만들어놓은 내면화된 세계관이 해방 30년이 다 되어서 제도로, 체제로 등장한 것이다. 그렇다고 박정희가 황도파의 세계관에 머물러 있었던 것은 아니다. 유신체제가 추진했던 중화학공업화 같은 정책은 황도파보다는 황도파와 대립했던 '통제파의 구상'에 가까운 것이었다.

헝가리 국민들에게는 미안한 일이지만 일각에서는 유신헌법을 헝가리 헌법이라 불렀다. 유신헌법을 만드는데 깊이 간여한 사람들의 성을 따서 '한갈이 헌법'이라 부른 것이 음이 좀 변한 것이다. 한갈이에서 한은 한태연, 갈은 갈봉근인데 이씨를 두고는 사람들마다 엇갈린다. 누구는 이후락을 들고, 누구는 박정희가 존경했던 군 선배인 이용문 장군의 아들인 검사 이건개를 들고, 또 누구는 유정회 의원을 지낸 교수 이정식을 꼽는다.

유신의 주역이었던 이후락은 한태연·갈봉근에 비해 역할이 너무 크고, 이건개는 역할이 좀 달랐던 거 같고, 이정식은 1기 유정회에 들지 못한 것으로 볼 때 역할이 너무 작았던 것 같다. 아마도 호사가들이 이씨 한 사람을 더해 헝가리에 운을 맞춘 게 아닌가 싶다.

문헌으로 확인될 수 있는 성질은 아니지만 박정희의 행태를 보면 그는 천황을 꿈꾸었던, 꿈꾸기까지는 아니더라도 몹시 부러워했던 것은 틀림없다. 유신헌법의 긴급조치권을 드골 헌법이나 자유중국 헌법과 비교하지만, 사실 긴급 시에 의회를 거치지 않고 '칙령'을 반포할 수 있는 천황대권이 보장된 메이지 헌법이야말로 긴급조치권의 원형이 아닐까.

제국 일본에서 천황은 엄청난 권위를 지녔지만 그 자신이 헌법에 명시된 국가권력을 실제 행사한 것은 아니었다. 반면 박정희는 1960년대에 이미 절대적인 권력을 장악한 데 이어 유신을 통해 절대적인 권위까지 차지하려 하였다. 이준식이 잘 지적한 것처럼 유신체제하의 한국사회와 자연스럽게 겹쳐지는 것은 "천황과 황실에 대한 어떤 불경한 언행도 용납하지 않고, 식민지 조선의 독립과 일제의 패전을 입에 올리는 행위자체를 중죄로 다스리던 일제 말기의 군국주의 통치"였다.(이준식 「박정희의 식민지 체험과 박정희 시대의 기원」 『역사비평』89호 2009)

유신체제가 성립된 뒤 한국의 헌정사는 크게 바뀌었다. 4월혁명 직후를 제외하고는 유신 이전에는 「발췌 개헌」 「사사오입 개헌」 등에서 보듯이 개헌을 시도하는 쪽은 민주주의를 파괴하려는 쪽이고, 「호헌」을 주장하는 쪽이 헌법과 민주주의를 지키는 쪽이었다. 유신을 분기점으로 호헌과 개헌 사이에 공수攻守 교대가 이루어졌다. 박정희는 자유민주적 기본 질서를 파괴하고 헌법을 사유물로 만들었다. 유신헌법은 헌법이 아니었다. 이제 호헌, 즉 유신헌법을 지키자는 자들은 독재의 앞잡이이고 개헌을 요구하는 쪽이 민주 세력이 된 것이다.

3) 민족 동포를 친미·반공·증오의 함정 속으로 몰아간 유신집단

(1) 「유정회」 만들어 국민 주권 찬탈, 친박 국회 장기 독점

1971년 제8대 국회의원 선거에서 신민당이 크게 약진한 것은 박정희가 유신이라는 친위 쿠데타를 단행한 주요한 요인이 되었다. 영구집권을 꿈꾼 박정희에게 강력하고 도전적인 야당이 포진한 "국회란 당파 싸움과 국론 분열만 일삼는 비능률적인 공간"이었다. 박정희는 몰래 유신을 준비하면서 국회를 무력화하는 방안을 모색했다. 박정희가 고심했던 문제는 두 가지였다. 하나는 국회에서 안정적인 의석을 확보하는 것이고, 다른 하나는 서울 등 대도시에서의 참패, 즉 여촌야도與村野都 현상을 해결하는 것이었다.

박정희는 유신헌법에서 대통령이 국회의원 3분의 1을 사실상 임명하도록 해버렸다. 그리고 소선거구 제 대신 중선거구제를 도입하여 도시에서도 여당 후보가 야당과 동반당선될 수 있는 길을 터놓아 여권이 언제나 3분의 2에 가까운 안정적 의석을 확보할 수 있게 만들어버렸다. 대통령이 국회의원 3분의 1을 임명하게 되면서 비례대표 성격의 전국구의원 제도는 사라졌다.

대통령의 명령인 긴급조치로 입법권과 사법권을 통제할 수 있는 상황에서 3권분립이란 무의미한 것이었다. 유신체제에서 국회와 법원의 기능은 극도로 위축되었다. 제3공화국 헌법에서 국회에 관한 조항은제2장 '국민의 권리와 의무'에 이어 제3장 '통치기구'에서 가장 앞에 배치되어 있었다. 유신헌법 하에서 국회는 통일주체국민회의·대통령·정부 다음의 제6장으로 밀려났다.

회기도 정기국회의 회기는 120일에서 90일로 축소되었고, 임시회를 합하여 연 통상 150일을 초과하여 개회할 수 없다는 규정이 신설되었다. 이렇게 하는 게 박정희에게는 "국회를 활짝 열어놓고 떠들어대는 것보다 훨씬 능률적"으로 보였다. 유신쿠데타가 일어난 당일도 야당이 열심히 행사하고 있었던 국정감사권은 유신헌법에서는 사라져버렸다. 국회를 없애지 않은 것만 해도 고맙다고 해야 할 지경이 되었다.

① 유신정우회, 대통령이 국회의원 지명 위한 정치 텃밭

유신헌법 제40조는 대통령이 국회의원 정수의 3분의 1을 통일주체국민회의에 일괄 추천하여 후보자 전체에 대한 찬반을 투표에 부쳐 선출하도록 했다. 형식적으로는 간선의원이지만 사람들은 '관선의원'이라 불렀다. 이렇게 추천받은 국회의원의 임기는 지역구에서 선거로 선출된 의원 임기 6년의 절반인 3년이었다. 국회는 지역구에서 선거를 거친 '민선의원' 146명과 대통령이 임명한 '관선의원' 73명으로 구성되었다.

유신정우회(維新政友會 : 유정회)는 이렇게 선출 방식도 다르고 임기도 절반밖에 안 되는 73명의 '여권' 의원들이 모인 교섭단체였다. 유신국회였던 제9대와 제10대 국회에서 의석수로는 원내 제1교섭단체였지만, 정당이 아니니 중앙선거관리위원회가 편찬한 『대한민국정당사』에는 나오지 않는다. 박정희가 죽고 물거품처럼 사라진 유정회에 관한 연구는 놀라울 정도로 이루어지지 않았다.

1973년 2월 27일 유신헌법에 따른 지역구 국회의원 선거가 실시되었다. 공화당은 73개 선거구에서 전원이 당선되었고, 신민당은 52석, 무소속은 19석, 신민당에서 선명 야당을 표방하며 떨어져 나간 통일당은 겨우 2석을 얻었다. 구조적으로 야당과 야당 성향의 무소속을 합쳐보아야 임시국회 소집요구 정족수인 3분의 1 의석조차 갖지 못하는 상황에서 신민당이 제 역할을 하기를 기대하기는 어려워 보였다.

선거 일주일 뒤인 3월 5일 박정희는 통일주체국민회의에서 선출한 국회의원 후보자 73명과 예비 후보자 14명의 명단을 발표했다. 백두진·김진만·구태회·김재순·최영희·현오봉 등 공천에서 탈락했던 공화당의 중진들 상당수가 구제되었고, 국무총리 김종필도 비서실장 이영근 등 측근들과 함께 이름을 올렸다. 73명의 후보자를 청와대에서 직능별로 분류한 것을 보면 정치인 20명, 예비역 장성 8명, 전·현직 고위공직자 16명, 여성 8명, 언론계 7명, 학계 7명, 교육계 3명, 기타 사회 각계인사 4명 등으로 되어 있다. 유신헌법을 만드는데 기여한 한태연과 갈봉근도 이름을 올렸다.

청와대 대변인 김성진은 1.범국민적 차원에서 여야를 초월 2.유신이념이 투철한 인사 3.국가관이 투철한 각계각층의 직능대표 4.전문지식을 대의정치에 생산적으로 활용할 수 있는 신진 및 중견 인사 5.농촌개발과 지역사회 발전에 모범이 되는 새마을 지도자 6.국민교육에 헌신한 교육계 지도자 7.성실하고 능력 있는 각급 여성 지도자 등을 후보자로 정했다고 밝혔다.(『경향신문』1973.3.5.)

후보의 선정은 청와대 비서실과 중앙정보부, 공화당이 각각 추천한 인물들을 비서실이 통합 정리하여 유력 인사 100여명의 명단을 작성한 뒤 박정희가 직접 낙점했다고 한다. 청와대는 극도의 보안을 유지해가며 대상자에게 개별적으로 통보했다. 대상자에게 통보가 가던 2월 말에는 여권 인사 상당수가 전화기 앞에서 초조하게 기다렸으며, 후보 명단에 포함되었다는 사실을 통보받은 사람들 중에는 감격에 겨워 우체국으로 달려가 박정희에게 감사전보를 친 사람들도 꽤 되었다고 한다.

박정희는 유신 쿠데타를 단행한 뒤 "구태의연한 국회 운영, 비능률적인 정당운영 방식을 지양해야 할 것"이라고 여러 차례 강조했다. 『동아일보』는 유정회 의원 선출에 대한 해설기사에서 "이제 국회는 정당 성격을 띠지 않는 유정회가 견인차 역할을 하고 기성 정당들이 객차 역을 맡는 새로운 형태로 운영될 것"이라고 전망했다. 박정희가 강조해온 "당파가 아닌 총화, 분열이 없는 단결로 운영되는 의정이 바로 유정회를 중심으로 한 국회 운영으로 풀이될 수 있을 것"이라는 것이다. 이것은 정당 중심의 국회 운영을 지양하려는 의도를 뚜렷이 밝힌 것이었다.(『동아일보』1973.3.9.「새 체제에 맞춘 신형 의정」)

유정회는 '멸시와 자격지심의 원내 교섭1단체'로 우리 정당사에 남았다. 1973년 6월 12일 오전 서울 종로구 수운회관에서 열린 유정회 현판식에 참석한 박정희(왼쪽)의 모습. 오른쪽은 일본의 대륙침략을 위한 황도주의 극우단체였던 대정익찬회의 현판식 모습.

유정회는 국회의원 73명을 가진 원내 제1교섭단체였지만 정당도 아니었고 정강정책도 없었다. 그런 점에서 태평양전쟁 당시 일본에서 이른바 '신체제'를 표방하면서 여러 정당들이 해산한 뒤 통합되어 출현한 「대정익찬회」와 유사했다. 물론 전국의 지방행정구역에 상응하는 지부를 갖고 거대 '국민조직'을 표방한 대정익찬회와 회원의 자격이, '통일주체국민회의에서 선출된 국회의원'으로 제한된 유신정우회와 동일한 차원에서 비교될 수는 없다. 그렇지만 박정희가 표방한 '한국적 민주주의'에 깔려 있는 정당과 의회에 관한 지독한 편견은 1940년대 초반 일본의 군국주의자들이 정당과 의회정치를 비효율적이고 비일본적인 방식이라고 깔아뭉갰던 모습 그대로이다.

② 박정권 친위돌격대 유정회 국회의원, 공화당도 외면

공화당과는 별도의 교섭단체로 등록하기로 한 유정회는 "강령이나 정강정책 등을 나름대로 마련할 것을 구상하였으나 유정회의 조직상 성격이 정당이나 사회단체가 아니라는 점을 고려"하여 '유신정우회의 정치적 성격' 이라는 '준강령'을 작성했다. 이 문건은 공식 기구에서 확정하지는 않은 시안이었지만, 소속 의원 전원에게 배포되어 활동의 지침이 되었다고 한다. 이 문건 역시 정당을 비판의 대상으로 삼고 있었다.

정당은 "자체의 경직성 때문에 개발도상국에서 요청하고 있는 국가기능의 능률화"를 저해하고, "근시적 당리당략에 얽매인 정쟁의 폐습으로 국익을 역행" 할 뿐이었다. 이 문건은 "유신헌정의 원내 보루"인 유정회의 기본성격을 대통령이 "정당정치의 폐습을 탈피"하여 초정당적으로 국정을 다룰 수 있도록 하는 데 있다고 강조했다. 이 문건은 또 유정회와 "집약된 국민의 일반의사와 유신이념과의 발전적 조화점"을 찾아야 한다고 강조했다.(유신정우회사 편찬위원회 『유신정우회사』1981)

유정회 소속으로 국회 부의장을 지낸 구태회는 "유정회는 어느 정당에도 귀속될 수 없는 일반의지의 집결체"라며 "파당으로 금을 그을 수 있는 어떤 계층이나 어떤 지역의 이해를 대변하는 것이 아니라" 국가와 민족의 보통의사를 대변한다고 주장했다.(구태회 「10월 유신과 유정회의 정치적 기능과 역할」『국민회의보』12호 1975년 12월)

루소가 일반의지는 대표될 수 없고 인민의 대의원은 인민의 사용인에 지나지 않으며 일반의지의 대표자가 될 수도 없다고 말한 것은 유신체제에서는 통용될 수 없었다. 유신체제에서는 박정희의 뜻이 곧 '일반의지'였다.(Volonte generale 볼롱떼 제네랄 : 일반의지·보편의지·공동사회의 총의總意·전체의사意思 = gereral will)

유정회는 원내에서 의석수가 제일 많았지만, 단 한 번도 제1교섭단체의 위상을 스스로 주장하지도, 인정받지도 못했다. 상임위원장 12석을 배분할 때 신민당은 임명직인 유정회에 상임위원장 자리가 돌아가는 것을 반대했다. 유정회는 공화당보다 의석수가 많았음에도 공화당의 절반인 4석만을 배분받았다. 공화당 의원들 상당수는, 낙하산을 타고 와 언제 자신의 지역구로 치고 들어올지 모를 유정회 의원들을 경계했고 능멸했다.

때로 공화당 의원들은 유정회 의원들에 대해 같은 여권이라는 동류의식을 느끼기보다 치열한 선거전을 치르고 당선된 야당 의원들에 대해 더 동질감을 느끼는 듯 보였다. 유정회에 관한 거의 유일한 공식기록인 『유신정우회사』는 제9대 국회 상임위원장 선출 당시 유정회가 상임위원장 자리에 집착한 것은 "감투싸움이라기보다는 원내에서 유정회의 지위를 확보하기 위한 것"이라고 쓰고 있다.(유신정우회사 편찬위원회 『유신정우회사』1981)

공화당은 3년 임기의 유정회를 멸시하는 데서 위안을 얻었지만, 국회와 정당정치의 위상이 한없이 추락한 유신체제하에서 공화당의 존재감이 살아날 수는 없었다. 공화당은 김종필·백두진·김진만·구태회·김재순 등 거물급이 유정회로 자리를 옮겼을 뿐 아니라, 여권 내에서의 무게중심이 확연히 청와대 비서실과 중앙정보부로 옮겨감에 따라 창당 후 최악의 세월을 보내고 있었다. 이미 공화당도 유정회도 국회도 권력의 핵심에서 멀어져 있었다.

1974년 8월 신민당이 긴급조치 해제 건의안을 국회에 제출하자 공화당과 유정회는 긴급조치라는 성역을 사수하기 위해 필사적인 노력을 기울여 해제 건의안을 법사위원회에서 부결시켰다. 그 며칠 뒤 박정희가 육영수 여사의 피격 사망으로 인한 추모 분위기 속에서 긴급조치를 전격 해제하자 유정회와 공화당은 참으로 머쓱한 처지에 놓이게 되었다.

유정회의 위상이 이루 말할 수 없이 떨어졌음에도 그 자리를 노리는 사람은 많았다. 청와대 비서실장 김정렴에 따르면 유정회 의원을 시켜준다고 했을 때 "단 한 사람도 거절하는 이는 없었다"고 한다. 박정희는 관료들과 지식인들, 특히 가장 시끄러운 반대 세력인 교수나 언론인들을 제어하는데 유정회 국회의원 자리를 적절히 활용했다.(노재현 『청와대 비서실』중앙일보사 1993)

예컨대 박정희는 조선일보사에서 이종식・김윤환, 동아일보사에서 최영철, 한국일보사에서 임삼, 경향신문사에서 정재호, 서울신문사에서 이진희・주영관・이자헌・박형규, 동양통신사에서 문태갑, 대한공론사에서 서인석・김봉기, 문화방송MBC에서 함재훈・김영수, 한국방송KBS에서 김진복 등 주요 언론사의 정치부장・논설위원・편집국장이나 부국장급 인사들을 유정회 의원으로 대거 발탁했다. 이런 자리를 노리는 권력 지향적인 언론인들은 언론사 내에서 자발적으로 유신에 협조하고, 혹여라도 반체제적인 기사가 나갈까 봐 내부 검열관 노릇을 했다.

3년짜리 비정규직이었던 유정회 의원들은 재임명에 목을 걸었다. 1976년 3년 임기가 끝나고 2기 의원을 추천할 때 1기 중 3분의 1에 가까운 23명이 탈락했다. 또 3년 뒤 3기 의원을 추천할 때는 2기 때의 두 배인 48명이 탈락하고 25명만 살아남았다.

한 언론인은 "체제의 방패역을 자임했던 유정회는 보기에 민망할 정도로 추악한 정치 행태들을 연출해 보였다"고 평가했다. 첫 임기 2년 차가 끝나갈 무렵인 1974년 12월 발생한 정일형 의원 발언 파동 때나 3년을 거의 채운 시점인 1975년 10월에 발생한 김옥선 의원 발언 파동 때 유정회 의원들은 맹활약을 했다. 이들은 유신체제를 비판하는 발언이 나오면 고함과 야유를 보내는데 그치지 않고 단상으로 달려나가 발언자와 몸싸움을 벌이는 일도 마다하지 않았다.

정일형 의원이 고향 땅 선산에서 쟁기질하는 전직 대통령의 모습은 자라나는 젊은이들에게 귀감이 될 거라며 '박정희 대통령은 하야 용의가 없는가'라는 발언을 하자 유정회의 지종걸은 원내 최고령이자 최다선인 정일형을 향해 "저런 ×새끼 봐라"라고 욕설을 퍼부었고, 현역 육군 중장에서 유정회 의원으로 옷을 바꿔 입은 송호림은 정일형을 떠밀었다.(『동아일보』1974.12.14.)

유정회 의원 중 가장 빨리 단상으로 돌진한 정재호는 '정비호'라 불리게 되었다. 야당

의원들은 "유정회 임기 3년이 가까워오니까 볼만하구먼"이라며 혀를 찼다. 유정회 의원이 혹시라도 소신발언을 하는 경우 청와대의 뜻이라는 표시로 총무단이나 누군가가 엄지손가락을 추켜올리면 머쓱하게 발언을 중단하는 일도 있었다고 한다.

1978년 12월의 제10대 국회의원 선거에서 신민당은 의석수에서는 공화당에 뒤졌으나 득표율에서는 1.1% 앞섰다. 야당의 기세가 오르자 유신정권은 국회에서 신민당의 도전을 용납하지 않겠다는 뜻을 원구성에서부터 밀어붙였다. 국회의장으로 유정회의 백두진을 내정한 것이다. 신민당은 지역구 출신을 제쳐두고 임명직인 유정회 의원이 국회의장을 맡는다는 사실에 격렬히 반발했다. 제9대 국회 때는 유정회가 제1교섭단체였음에도 공화당의 정일권이 국회의장을 맡았기에 이런 갈등을 피해갈 수 있었다. 그러나 여권은 "원내 제1교섭단체가 내정한 의장 후보를 비토했다는 것은 유정회의 생성모태인 유신헌법에 대한 모욕적인 도전장과 같은 것"이라는 입장을 고수했다.

청와대 경호실장 차지철 등이 중심이 된 강경파들은 국회 해산도 불사한다는 설을 흘렸고, 유정회나 공화당은 이러한 강경 기류를 전혀 걸러내지 못했다. 백두진이 의장이 된 유신국회는 신민당 총재 김영삼 의원의 국가관을 문제 삼아 국회의원직에서 제명하는 폭거를 자행했다. 이것은 유신의 종말을 재촉했고, 박정희가 죽은 뒤 유정회는 전두환의 5공헌법이 완성될 때까지 1년에 걸친 긴 장례절차 끝에 사라져버렸다.

(2) 반독재 투쟁의 기수로 등장한 김대중을 일본서 납치

1971년 대통령 선거에서 맞붙기 전부터 김대중을 몹시 싫어했다. 1967년 총선에서는 김대중을 낙선시키기 위해 목포에서 국무회의를 열고 온갖 장밋빛 공약을 내걸고 급기야는 자신이 군중집회의 연사로 나서기까지 했다. 1971년 대통령 선거에서 박정희는 예상 밖의 고전 끝에 김대중에게 간신히 승리하고는 다시는 이런 선거를 치르지 않도록 유신 친위 쿠데타를 단행한 것이다. 그때 김대중은 선거 기간 중 의문의 교통사고로 다친 다리를 치료하기 위해 일본에 와 있었다.

1971년 4월의 대통령 선거가 끝난 이후 김대중이 일본으로 출국하는 1972년 10월까지 1년 반 동안 중앙정보부가 작성한 김대중 동향 내사 보고가 무려 1,100여 건이니, 대략 하루 두 번꼴로 동향 보고를 할 만큼 김대중은 밀착감시를 받아왔다.(국가정보원 과거사건 진실규명을 통한 발전위원회 「김대중 납치사건 진실규명」『과거와 대화, 미래의 성찰』2007)

김대중은 야당 의원들마저 잡혀가 고문을 당하는 현실에서 국내에서는 활동의 여지가 없다고 생각하고 국외에서 반유신 민주화운동을 벌이기로 결심했다. 그리고 미국과 일본을 오가며 「한국민주회복통일촉진국민회의」(한민통)의 결성을 위해 노력했다. 배동호·김재화·정재준·곽동의 등 민단에서 이탈한 재일동포들과 함께 한민통 일본본부 결성을 추진해온 김대중은 미국으로 건너가 1973년 7월 6일 워싱턴에서 한민통 발기인 대회를 마친 뒤 7월 10일 일본으로 돌아와 한민통 일본본부 결성을 본격적으로 추진했다.

김대중은 대한민국 절대지지와 선민주 후통일 원칙을 고수한다는 입장을 견지했다. 김대중은 민단 이탈파 재일동포들에게 조총련과 선을 그어야 한다며 8월 15일로 예정된 조총련과의 경축행사도 중지하도록 요구했다. 국내에 돌아가 활동해야 할 김대중은 혹시라도 흙탕물이 튈까 봐 이렇게 조심했지만, 민단 이탈파를 베트콩이라 부르던 중앙정보부는 색안경을 끼고 김대중을 보고 있었다.

주일 공사 김재권(본명 김기완)이 책임자로 있던 중정의 일본 조직은 김대중이 주한미군 철수와 박정희 독재정권에 대한 지원 중단을 호소했다거나 평양 방문을 추진한다는 등 잘못된 첩보를 본부로 계속 타전했다. 유신 이후 국내의 야당·학생운동·재야·언론 모두가 침묵한 가운데 해외에서 김대중만 홀로이 반유신운동을 활발히 전개하고 있었다. 박정희 정권은 김대중만 떠들지 못하게 만들면 반유신운동은 사라질 것이라 생각했다.

김대중 납치 사건에서 풀리지 않는 쟁점은 두 가지이다. 하나는 김대중의 납치가 박정희의 지시를 이후락이 실행한 것인지, 아니면 윤필용 사건으로 궁지에 몰린 이후락이 박정희의 신임을 회복하기 위해 단독으로 저지른 것인지이다. 또 다른 하나는 이 사건의 원래 계획이 김대중 살해인지, 단순 납치인지 여부이다. 내가 말석을 차지했던 국정원 과거사위원회에서도 이 문제를 조사했지만 박정희가 김대중의 납치나 살해를 지시했다는 문건을 찾을 수는 없었다.

아마도 그런 문건은 애초부터 존재하지 않았을 것이다. 히틀러의 서명이 담긴 지시 문건이 없어도 우리는 유대인 학살이라는 끔찍한 일이 히틀러에 의해서 자행되었다는 사실을 확실하게 알고 있다. 조폭의 세계에서도 살인의 교사는 묵시적인 형태로 이루어지는 경우가 많다. 해치우고 싶은 미운 놈이 있을 때 형님이 아우들에게 "저놈 죽여라" 하고 꼭 집어 얘기하는 경우는 거의 없다. "나는 저놈만 보면 소화가 안 돼" "나는 저놈만 보면 밥알이 곤두서" 같은 얘기를 하면 밑에서 알아서 해줘야 하는 것이다. 사인을 보내도 반응이 없으면 "귀신은 뭐하나, 저런 거 안 잡아가고" 하고 강도를 높이고, 그래도 반응이 없으면 밑의 사람들을 "밥값도 못 하는 놈들"이라고 구박한다.

아우들이 일을 저질러 경찰이나 검찰이 형님을 교사범으로 몰면 펄쩍 뛰며 "나는 그저 소화가 안 된다고 했을 뿐"이라며 소화가 안 된다면 소화제를 사다 줘야지, 왜 애먼 사람을 칼로 찌르냐고 짜증을 내면 된다. 박정희 주변 인사들이 입을 모아 김대중이 납치되었다는 소식에 박정희가 "이후락이 시키지도 않은 일을 했다"고 짜증을 냈다며 "각하는 그러실 분이 아닙니다"라고 박정희를 옹호하는 모습은 조폭 업계의 형님동생 사이에서 흔히 보게 되는 광경과 매우 유사하다.

이후락이 중앙정보부 해외담당 차장보 이철희(이철희·장영자 어음사기 사건의 바로 그 이철희)에게 김대중에 대한 특단의 조치(최소 납치)를 지시했을 때 이철희는 1967년 동백림 사건으로 해외공작이 어려워졌다며 펄쩍뛰었다. 이후락은 열흘 뒤 이철희를 다시 불러 "김대중을 데려와야겠다. 데려오기만 하면 그 후의 책임은 내가 지겠다. 나는 뭐, 하고 싶어서 하는 줄 알아?"라며 강력히 지시하여 이철희는 해외공작국장 하태준과 일본 현지의 중정 책임자인 주일 공사 김재권 등을 불러 공작 계획을 수립했다.(한홍구 『유신』한겨레출판 2014)

이철희의 증언에 따르면 김재권 역시 반발했으나 "내 선에서 처리할 사안이 아니니 반대 의견을 부장께 직접 말하라"고 했고, 김대중을 직접 납치한 윤진원도 김재권이 "박 대통령의 결재 사인을 확인하기 전에는 공작을 추진할 수 없다"며 버텼다고 증언했다. 처음에 극력 반대하던 이철희나 김재권이 결국 김대중 납치 사건의 계획 수립과 현지 공작에서 각각 총책임자 역할을 수행했다는 것은 이들도 결국 김대중 납치 계획이 이후락 선을 넘어 박정희 선에서 나왔다는 것을 어떤 경로로든지 확인했다는 것을 의미한다.

① 일본 파견관들에 의한 납치공작 실행 착수

김대중이 7월 10일 일본으로 돌아오자 해외공작국은 주일 파견관에게 김대중의 동향을 집중적으로 감시하라는 지침을 내렸다. 중정이 김대중에 대한 공작 계획을 구체적으로 준비한 것은 이 무렵의 일이다. 김대중에 대한 공작은 일본에서 이루어지는 것이기 때문에 공작 계획의 수립은 본부가 아닌 일본 파견관들이 담당했다. 주일 공사 김재권은 주일 대사관 일등 서기관 신분으로 위장하고 있던 김동운에게 공작 계획의 수립을 지시했다.

김동운이 본부에 보낸 전문에 따르면 그는 'KT공작 계획안'(KT는 당시 중앙정보부에서 김대중을 지칭하던 약어)을 7월 19일 특별파우치(재외공관 주재국 정부나 제3국이 열어볼 수 없도록 국제법으로 보장하는 외교행낭) 편으로 서울로 보낸 뒤 21일 서울로 와 계획안의 내용을 직접 보고했다. 김동운의 계획안을 접수한 차장보 이철희와 해외공작국장 하태준은 해외공작단장 윤진원과 함께 계획을 검토했다. 윤진원은 당시 현역육군 대령으로 이철희의 특수공작부대HID 후배였다.

김대중 납치 사건이 김동운이 작성한 'KT공작 계획안' 대로 진행된 것은 아니다. 이 문건은 당시 중앙정보부가 어떤 수준에서 김대중에 대한 공작을 준비하였는지 파악할 수 있는 결정적인 문건이지만, 불행히도 현재 남아 있지 않다. 이 문서의 내용을 둘러싸고 이철희·김동운·윤진원의 증언은 서로 엇갈리고 있다. 윤진원에 따르면 이 계획의 제1안은 야쿠자를 이용하여 김대중을 납치한 뒤 파우치로 데려오는 것이고, 제2안은 야쿠자(일본인 깡패 조직)를 이용하여 김대중을 제거(암살)하는 것이었다.

김동운은 야쿠자를 이용하려는 계획을 세운 것은 맞지만 처음부터 단순납치계획을 세운 것으로, 살해하는 방안은 검토한 적이 없다고 주장했다. 윤진원은 아무리 외교행낭이라도 사람을 옮기는 것은 불가능하고, 또 야쿠자를 이용하는 것은 살해든 납치든 정부가 두고두고 야쿠자에게 약점을 잡히게 되어 보안상 불가능하다며 김동운의 계획에 반대했다고 한다. 결국 본부에서는 김동운이 제안한 야쿠자 이용 방안 대신 주일 파견관을 동원하여 공작을 실행하는 것으로 하고 현장의 실행 책임자로 윤진원을 추가 투입했다.

윤진원과 김동운이 일본에 온 7월 21일부터 중앙정보부는 일본 파견관 전원을 동원해 주요 호텔에 잠복하여 김대중의 동향을 24시간 감시했다. 그러나 김대중의 동선을 파악하는 것은 쉽지 않았다. 김대중과 그의 측근들은 김대중의 신변 안전에 각별한 신경을 기울였고, 그의 동선은 극비에 부쳐져 있었다. 주일 파견관들은 여러 정보원을 협조자로 활용하면서 김대중을 유인하여 납치하려는 계획을 세웠으나 번번이 실패했다.

7월 31일 밤에는 김대중이 한 식당에 출현했다는 제보에 윤진원과 주일 파견관 6명이 긴급 출동했지만, 이미 김대중은 식당을 떠난 뒤였다. 본부에서는 차장보 이철희가 주일 공사 김재권에게 계속 전화를 걸어 "그 물건(김대중) 빨리해 보내라"고 계속 독촉했다. 중앙정보부는 점차 초조해졌다. 김대중은 8월 13일 한민통 일본본부 결성식을 치르고 곧 미국으로 건너가 하버드 대학에서 수학할 예정이었다. 김대중이 미국으로 건너간다면 김대중을 처리할 기회는 물 건너가는 셈이 된다.

본부의 독촉에 처음에 소극적이었던 김재권도 적극적으로 나섰다. 김재권은 주한 미국대사인 성 김의 아버지인데 성 김이 대사로 지명되었을 때 한국 언론은 김재권이 김대중 납치 사건에 반대했다거나 단순 연루된 것 정도라고 서술했지만 이는 사실과 다르다. 그가 처음에 반발했던 것은 사실이지만 그는 곧 입장을 바꿔 현지 책임자로서의 역할을 충실히 수행했다.

김재권은 8월 8일 김대중이 일본을 방문 중인 통일당 당수 양일동을 만나러 양일동의

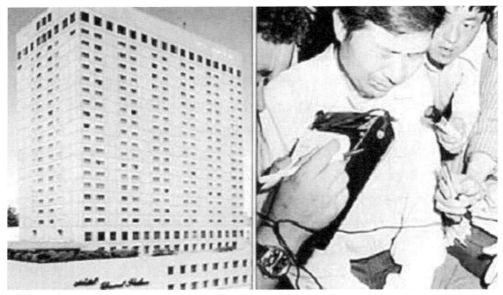

1973년 8월 8일 중정 요원들이 김대중을 납치했던 일본 도쿄의 그랜드팔레스 호텔(왼쪽). 오른쪽은 가까스로 납치에서 풀려난 뒤 자택으로 돌아와 울먹이며 기자회견을 하는 김대중의 모습.

숙소 그랜드팔레스 호텔 2211호를 방문할 예정이라는 정확한 정보를 이틀 전인 8월 6일 입수하여 윤진원 등 행동대가 김대중을 납치하는데 결정적인 기여를 했다. 김재권은 1958년 공군 정훈감 시절 민항기인 KNA기에 탑승했다가 비행기가 간첩에게 납북되는 바람에 평양으로 끌려갔다가 2주일 만에 풀려난 일이 있다. 납치되었던 자가 15년 뒤에 납치범이 된 것이다.(『동아일보』1958.2.18.)

김대중을 그랜드팔레스호텔에서 직접 납치한 사람들은 이미 여러 자료에서 나타난 바와 같이 해외공작단장 윤진원, 주일 대사관 참사관 윤영로, 일등 서기관 홍성채·김동운, 이등 서기관 유영복·유충국 등이고 일등 서기관 한춘은 현지 정찰 임무를 수행했다. 이들 '행동대원'은 젊은 말단 직원들이 아니었다. 당시 직급으로 윤영로와 한춘은 이사관인 2급 갑, 홍성채·김동운·유영복은 부이사관인 2급을, 유충국만 서기관인 3급 갑으로 모두 상당히 고위직에 이른 인물들이었다.

그런데 이들은 경험이 풍부한 베테랑 정보 요원이라 하기에는 너무나 어설퍼 납치 현장에 수많은 유류품과 육안으로 봐도 뚜렷이 보이는 지문을 남겨놓는 결정적인 실수를 저질렀다. 'KT공작 계획안' 의 작성자 김동운이 남긴 이 어처구니없는 지문을 두고 일각에서는 김대중 납치에 반대하는 정보부원이 일부러 지문을 남긴 것이 아니냐고 추측하기도 했고, 일본기자들은 김대중 납치사건을 300엔짜리 사건이라고 비아냥거렸다. 300

엔짜리 목장갑만 끼었어도 한국 정부가 그렇게 곤욕을 치르지는 않았을 것이라는 뜻이다.

이들은 또 현장에 권총 탄창·대형 배낭·마취제가 든 영양제병 등 여러 점의 유류품을 남겼는데 그중에는 이북 담배가 포함되어 있어 정보부가 김대중 납치를 이북의 소행으로 덮어씌우려 했다는 추측을 낳기도 했다. 정보부원들은 원래 양일동이 묵는 2211호의 옆방인 2210호실을 예약했는데 마침 앞방인 2215호실의 문이 열려 있어 두 방에 나눠서 대기했다. 그중 2215호에 우연히 이북 담배가 있었다는 것이고, 다량의 유류품을 남기게 된 것은 복도에서 김대중을 배웅 나온 통일당 김경인 의원과 마주쳐 그렇게 되었다고 한다.

2210호실에 있던 납치대원들이 급하게 김대중을 끌고 내려가면서 2215호실에 있던 감시조가 뒤처리를 해 줄 것으로 생각했는데, 감시조는 2210호실 상황을 보지 않고 그냥 빠져나와 버렸다. 너무나 어설펐지만 어쨌든 납치는 성공했고, 중앙정보부원들은 일본 경찰의 감시망을 따돌리고 도쿄를 빠져나와 무사히 공작선 용금호가 대기 중인 오사카에 도착하여 김대중을 국내로 실어 보냈다.

사건의 피해자인 김대중이 제15대 대통령으로 취임하기 직전인 1998년 2월 19일 『동아일보』가 특종 보도한 「KT공작요원 실태조사보고」를 보면, 이 사건에 깊게 관련된 인물들이 모두 다 중앙정보부 요원으로 현직에 있었지만, 유독 윤진원만은 옷을 벗었고 명예회복을 강력히 원하고 있었음을 알 수 있다. 일본 경찰의 추적을 완벽하게 따돌리고 김대중을 서울로 실어 보낸 윤진원은 왜 물을 먹어야 했던 것일까?

원래 윤진원은 도쿄에서 김대중을 납치하여 오사카로 이동하면서 시가 현 오쓰에서 오사카 총영사관에 나와 있는 중정 요원들에게 김대중을 인계하기로 되어 있었으나 이들과 길이 엇갈려버렸다. 오사카요원들에게 김대중을 넘기는데 실패한 윤진원은 할 수 없이 오사카의 중정 요원들이 운영하는 안가로 김대중을 데려갔다. 윤진원은 이 무렵 마음속으로 심한 갈등을 겪고 있었다. 처음 그는 김대중을 오사카 요원들에게 넘기고, 오사카항에 대기 중인 중정 공작선 용금호를 타고 일본을 빠져나가려고 했다.

그러나 오사카 요원들이 나타나지 않아 자신이 김대중을 데리고 있는 기간이 길어지면서 점점 불안해진 것이다. 자신의 손으로 처리해야 한다면 토막 살인을 하기에도 충분한 시간이 있었다. 오사카 요원들에게 넘겨 그들이 김대중을 처리한다면 자신은 '납치'만 한 것으로 먼 훗날에라도 제한적인 책임만 져도 되지만, 자기 손으로 김대중을 살해해야 한다는 것은 너무나 큰 부담이었다. 윤진원은 김대중을 자신이 일본을 빠져나올 때 쓰려고 대기시켜놓았던 용금호에 실어 보내고 자신은 일본에서 잠적해버렸다.

용금호에 실린 김대중이 한국 영해로 들어가는 순간 김대중에 대한 관리책임은 '해외 공작단장'인 자신의 관할 밖으로 나가게 되는 것이다. 윤진원은 김대중을 죽이든 살리든 그 책임을 이후락이나 박정희에게 떠넘긴 것이다. 김대중 납치가 공작의 궁극적인 목표였다면 윤진원은 의기양양하게 김대중을 잡아다 자신이 직접 이후락이나 박정희에게 바쳤을 것이다.

박정희도 이후락도 명시적으로 윤진원에게 김대중을 죽여버리라고 지시하지는 않은 것으로 보인다. 박정희는 그저 중앙정보부는 뭐하고 있느냐고, 김대중 하나 떠들지 못하게 못 하느냐고 했을 것이다. 그러면 공작단장인 윤진원 차원에서 알아서 '처리' 해줘야 하는데 윤진원은 김대중이 도쿄에서 더 이상 떠들지 못하게 하는, 딱 거기까지만 하고 골칫덩어리를 산 채로 '진상' 하는, 박정희나 이후락이 보기에는 정말 '진상'을 떨어버렸다.

윤진원은 김대중을 납치한 흉악범이지만, 동시에 김대중이 살아남을 수 있는 묘책을 만들어낸 것이다. 김대중이 살아날 수 있었던 것은 윤진원도 이후락도 박정희도 모두 자기 손에 피를 묻히기 싫어했기 때문이다. 김대중이 '숨 쉰 채' 부산 앞바다에 들어왔다는 보고를 받았을 때 박정희나 이후락이 지었을 표정은 가히 예술 작품이었을 것이다.

고양이를 키우는 사람들은 고양이가 쥐를 잡아다 주인에게 '나 잘했지' 하고 가져다주어 기겁하는 일이 가끔 있다고 한다. 윤진원은 이런 멍청한 고양이가 아니었다. 그는 용금호에 김대중과 같이 타지 않고 일본에서 잠적해버렸다가 김대중이 살아서 집으로 돌아갔다는 소식을들고야 중앙정보부에 연락을 취했다. 윤진원이 취한 행동은 사실상 자신을 처벌한다면 그냥 일본에 망명해버리겠다는 의사를 표명한 것이다. 본부에서는 하태준 국장을 일본에 보내 윤진원에게 직접 신변안전을 보장하여 귀국시켰다.

② 일본 보수정객들, 친일정권 소행이라 유야무야로 끝내

김대중 납치로 한일관계가 꼬여가자 박정희는 연일 짜증을 냈다. 중앙정보부 일각에서는 "납치 때와 마찬가지로 김대중을 도쿄로 갖다 놓으면 될 게 아닌가 하는 아이디어가 나왔다"고 한다. 이철희 등 납치 사건 책임자가 윤진원에게 "도로 갖다놓을 수 없느냐"고 말을 꺼냈다가 윤진원이 "권총을 빼 들고 '너 죽고 나 죽자'고 대들기도 했다"고 한다.

특수공작부대 출신의 현역 육군 대령으로 당시 대북공작에서 맹활약했던 윤진원은 결국 장성 진급에 실패했고, 그가 이끌던 해외공작단도 해체되었으며 그 역시 중앙정보부에서 물러나야 했다. 김대중 납치 사건의 목표가 '납치'가 아니었으며, 김대중을 납치해 서울로 데려온 것이 '성공'한 공작이 아니었음을 이보다 더 잘 보여줄 수는 없었다.

눈은 테이프로 가리고 손발은 묶이고 입에 재갈이 물린 채, 김대중은 용금호의 화물창에 감금되었다. 김대중은 이때 중앙정보부원들이 자신을 바다에 빠뜨려 죽이려 했는데 미국 비행기가 나타나 중정 요원들이 자신을 죽일 수 없었다고 주장해왔다. 국가정보원 과거사위원회에서도 이 문제를 조사했지만, 미국 중앙정보국CIA이나 일본 경시청 등에서 김대중을 구하기 위해 비행기를 파견했다는 근거는 찾아볼 수 없었다.

당시 CIA 한국 책임자로 김대중을 살리기 위해 노력했던 도널드 그레그 전 주한미국 대사 역시 미국은 어떤 비행기도 띄운 바 없다고 일관되게 증언하고 있다. 젊은 시절 해운업을 했던 김대중은 배의 움직임만으로도 크기와 성능을 알 수 있었다면서 확실히 비행기 소리를 들었다고 주장했다. 생사의 기로에서 예수님까지 만날 수 있었던 김대중의 체험은 그 자체로 존중받아야 할 것이다.

용금호에 실려 납치 다음 날인 8월 9일 오사카를 떠난 김대중은 8월 10일 밤 부산항 외곽에 도착하여 하루를 보내고 11일 밤 하선하여 의사의 간단한 진찰을 받은 뒤 구급차를 타고 서울 모처의 중앙정보부 안가로 옮겨졌다. 박정희 정권은 김대중을 살려서 집으로 돌려보낼 수밖에 없었다. 8월 13일 밤 저들은 김대중을 동교동 자택 앞에 풀어주었다. 1972년 10월 11일 집을 떠난 지 10개월 만에, 납치된 지 엿새 만에 김대중은 자기 손으로 자택의 "초인종을 눌렀다. 막 퇴근한 가장처럼."(김대중 『김대중 자서전』 삼인 2010)

김대중은 돌아왔지만, 한일관계는 최악의 상황으로 달려가고 있었다. 한국은 1967년 동백림 사건 당시 독일과 프랑스에서 한국 지식인과 유학생들을 납치하여 국내로 이송했다가 국교 단절 일보 직전까지 가는 곤욕을 치렀다. 그런데도 중앙정보부가 일본에서 또다시 납치 사건을 저지른 것이다. 이는 한편으로 박정희가 얼마나 심하게 김대중 문제로 중앙정보부를 압박했는지를 보여주는 것이지만, 또 다른 한편으로는 한국 정부가 일본과의 관계에서 특별한 자신감을 갖고 있었다는 점을 말해준다.

김대중 납치 사건의 총책임자인 이후락은 중앙정보부장이 되기 전 1년 남짓 짧은 기간이지만 주일 대사를 지낸 일본통이었다. 만약 주일 한국 대사관 일등 서기관 김동운이 김대중 납치 현장에 지문을 남기는 어처구니없는 짓을 저지르지 않았다면, 일본 정부는 자국의 수도 도쿄에서 일어난 납치 사건이라는 엄청난 주권 침해에 대해 모르는 척 넘어갔을지도 모른다.

실제로 일본 정부는 김동운의 지문을 확인하고도 이를 곧바로 발표하지 않았다. 김동운은 사건 직후인 8월 10일 홍콩을 거쳐 귀국했다가 8월 17일 일본으로 돌아갔으나 "일본 경찰이 공항에서부터 미행하는 등 수사망이 좁혀오자 이틀 후 다시 귀국했다." 일본 『요미우리 신문』은 8월 23일 김동운이 납치 사건에 관련되어 있다는 사실을 한국 정부 소식통이 처음으로 인정했다고 보도했다가 서울지국이 폐쇄되었다. 일본 정부가 공식적으로 김동운의 출두를 요청한 것은 그의 이름이 언론에 보도되고도 보름 가까이 지난 9월 5일에 가서였다.

박정희 친일 정권이 일본의 수도 도쿄에서 저지른 전대미문의 주권침해 사건을 두고 일본의 '친한파' 보수 정치인들은 사건의 무마를 위해 열심히 노력했다. 양국 정부는 김대중 납치 사건을 김동운 서기관 개인의 범행으로 매듭지었다. 현장에 김동운 1인만이 아니라 여러 명의 한국 기관원들이 있었고, 그랜드팔레스 호텔에서 김대중을 태우고 황급히 빠져나간 차량의 소유자가 요코하마 총영사관 부영사 유영복이라는 사실이 밝혀지고, 김대중이 일본에서 끌려간 안가가 고베 시에 있는 오사카 총영사관 영사 박종화의 명의로 된 집으로 지목되었는데도 일본 경찰은 제대로 수사하지 않았다.

한국 정부는 김동운이 "일본 경찰 당국의 혐의를 받는 등 국가 공무원으로서 자질을 상실하고 품위를 떨어뜨렸기 때문에 공무원에서 해임시켰다." "해임 후 계속 수사를 했으나 혐의를 입증할 확증을 얻지 못해 불기소 처분했다"고 일본에 통보했다.(『동아일보』 1975.7.26. 1991.12.21.)

11월 2일 국무총리 김종필은 박정희의 친서를 휴대하고 일본으로 건너가 일본 총리 다나카 가쿠에이에게 사죄했다. 김종필이 일본에 도착했을 때 영접 나온 외상 오히라 마사요시는 뻣뻣하게 악수하고 총리 김종필은 머리 숙여 인사해야 할 만큼 한국 정부는 일본의 선처를 바라야할 형편이었다. 한진그룹의 조중훈은 따로 다나카를 방문해 박정희가 보내는 4억 엔이라는 거액의 정치자금을 전달했다.

일본에서는 김대중의 원상복귀, 즉 김대중을 일본으로 돌려보내라는 요구가 거세게 일어나고 있었다. 이에 대해 다나카가 "김대중이 들어오면 시끄러우니 보내지 말라"고 한국 쪽에 얘기했다는 소문도 파다하게 돌았다. 식민지 시대부터 맺어진 한국과 일본 보수 정치인들 간의 끈끈한 유착에 기대어 그들은 김대중 납치 사건을 이렇게 처리하면서 한일 간의 모든 문제가 결착되었다고 주장했다.

박정희와 함께 사건을 은폐한 일본의 태도는 2007년 10월 국정원 과거사위원회를 마무리하면서 김대중 납치 사건의 조사 결과를 발표하려했을 때까지 변함이 없었다. 일본 쪽은 중앙정보부가 김대중을 납치했다는 것을 한국 정부가 공식적으로 인정하게 된다면 일본으로서는 수사를 재개하여 김동운의 송환을 요구할 수밖에 없다며 조사 결과를 발표하지 말 것을 여러 경로를 통해 요구해왔다. 민주적 정권교체로 한국 정부는 1973년의 냄새나는 '한일 결착'에서 자유로워질 수 있었던 반면, 일본 정부는 두 나라 간의 부끄러운 거래가 드러나는 것을 여전히 원치 않고 있었다.

사건의 시작과 끝은 역시 박정희였다. 박정희가 진실로 김대중 납치사건과 무관하다면 그는 납치범들을 처벌해야 했다. 김대중을 납치한 흉악범들은 그 누구도 처벌받지 않았다. 김대중 납치 사건에 대한 '한일결착'이 이뤄진 뒤인 1973년 연말 개각에서 이후락이 3년 만에 중앙정보부장 자리에서 물러났을 뿐이다.

1976년 말이나 1977년 초에 중앙정보부에서 작성한 것으로 보이는 「KT사건 관여인사 일람표」를 보면, 윤진원에 대해서는 사후관리 방안으로 '복직 또는 취직 알선'이라고 한반면, 김동운에 대해서는 본인이 보직 변경을 희망하므로 상응한 보직을 부여할 것을 건의하고 있는 것으로 보아 김동운은 형식적인 해임 후 바로 복직되었음을 알 수 있다.

1973년 11월 2일 김종필 당시 국무총리(左)가 일본 도쿄의 총리관저에서 다나카 가쿠에이 당시 일본 총리를 만나고 있다. 김씨는 김대중 납치사건과 관련해 박정희 당시 대통령의 사과 친서를 들고 진사사절로 일본을 방문했다. 〔중앙포토〕

김동운은 해직 1년 후에 복직되어 8국부단장에 임명되었으나 두 달 후 일본이 이 사실을 알고 항의해와, 원남동에 사무실을 얻어 직책도 없이 부이사관급 대우를 받으며 8년 동안 근무하다가 1982년 말 퇴직했다. 위의 일람표가 작성될 당시 김기완은 8국의 해외공작관으로 로스앤젤레스 주재 흑색요원으로 활동하고 있었고, 윤형로와 홍성채는 각각 7국과 2국의 부국장, 한춘은 차장 보좌관으로 있는 등 전원이 현직에서 활동하고 있었다. (『동아일보』 1998.2.19.)

박정희는 납치범들을 철저히 비호했던 것이다. 김대중을 살려 보내 장성 진급에 실패한 윤진원은 1975년 말 용금호 선원들의 밀수 사건에 연루된 혐의로 퇴직되었다가 1977년 8월 박정희의 지시로 관리관에 재임용되었다. 박정희는 일본의 보수 정객들과 손잡고 사건을 은폐하였을 뿐 아니라 납치범들의 뒤를 철저히 봐준 것이다.

김대중 납치 사건의 여파는 심각했다. 8월 28일 이북은 김일성의 동생인 남북조절위원회 평양 측 공동위원장 김영주의 명의로 김대중 납치사건의 주범인 서울 측 공동위원장 이후락과는 더 이상 대화를 할 수 없다며 남북대화 중단을 선언했다. (『동아일보』 1973.8.29.)

10월 2일에는 유신 선포 1년 만에 처음으로 서울대 문리대생들이 유신반대 시위를 벌였다. 학생들의 시위는 곧 전국으로 확산되었다. 중앙정보부는 학생들의 시위 확산을 막기 위해 간첩 사건을 만들어내려 했는데, 이 과정에서 서울대 법대 최종길 교수가 의문의 죽음을 당하였다. 김대중 납치 사건으로 일본에서 한국은 납치국가 · 깡패국가가 되어버렸고, 재일동포 젊은이들은 얼굴을 들고 다닐 수 없는 지경이 되었다.

문세광이라는 과격한 재일동포 청년이 박정희를 저격하려다가 육영수가 피격당한 비극적인 사건 역시 김대중 납치 사건의 결과였다. 김대중 납치 사건과 육영수 피격 사건의 인과관계를 지적한 것은 박정희 자신이었다.

(3) 학생과 언론인들의 반독재 투쟁을 긴급조치로 억압

1972년 10월 박정희의 헌정유린 친위 쿠데타 이후 숨죽이고 있던 학생운동은 김대중 납치 사건을 거치고 나서 되살아나기 시작했다. 1973년 10월 2일 서울대 문리대에서는 유신 후 처음으로 학생들이 시위에 나섰다. 학생들은 선언문에서 사회에 만연한 무기력과 좌절감 · 패배주의 · 투항주의 · 무사안일주의와 모든 굴종의 자기기만을 단호히 걷어치우자면서, '역사적인 민주투쟁의 첫 봉화'를 올리고자 했다.

박정희 정권은 학생들의 첫 도전을 강력히 짓밟으려했다. 시위 학생 500여 명 중 180명이 경찰에 연행되어 20명이 구속, 56명이 구류 29일 처분을 받았다. 정권의 압박으로 학교는 구속 학생 전원을 포함한 23명을 제명하고 구류 처분을 받은 학생들에게 무기정학을 그리고 시위에 적극 가담한 학생 18명은 '자퇴' 처리했다. 당국의 신속 과감한 조치도 학생들의 반유신 데모를 막지는 못했다. 시위는 10월 4일 서울법대, 10월 5일 서울상대에 이어 전국으로 확산되었다. 유신정권은 언론이 학생들의 시위를 보도하지 못하게 했지만, 주요 언론사의 젊은 기자들은 자유언론수호선언을 하며 반유신 데모를 보도했다.(서중석 「3선개헌 반대, 민청학련 투쟁, 반유신 투쟁」 『역사비평』1호 1988)

유신반대운동은 젊은 세대에 국한되지 않았다. 12월 13일 윤보선 전 대통령, 백낙준 전 연세대 총장, 유진오 전 고려대 총장, 김홍일 전 신민당 당수, 이희승 전 서울대 문리대 학장, 김수환 추기경, 이병린 전 대한변협 회장, 한경직 목사, 김재준 목사 등 우리 사회에 손꼽히는 원로 15인이 시국 간담회를 열고 민주주의의 회복과 대통령 면담을 요구했다.12월 24일에는 이들 원로 15인에 장준하 · 백기완 · 김지하 · 계훈제 등 재야인사들을 포함한 30명의 발기로 「현행헌법개정청원운동본부」를 조직하고 「개헌청원 100만인 서명운동」에 돌입했다.

박정희의 비난에도 개헌청원 서명운동은 너무나 순조롭게 진행되어 10여일 만에 30

만 명이 참여하는 성과를 거두었다. 원로들은 12월 31일에 다시 시국 간담회를 하고 박정희 대통령 '각하'께 건의서를 보냈다. 유신정권 타도를 요구하는 학생들의 주장에 비하면 개헌청원이나 건의란 형식은 온건하기 짝이 없는 것이었지만, 박정희는 이를 받아들일 생각이 전혀 없었다.

① 맨주먹 학생시위에 긴급조치 4호 '사형'으로 협박

해가 바뀌어 1974년 1월 8일 박정희는 긴급조치 1호와 2호를 발동했다. 긴급조치 1호의 주요 내용은 유신헌법을 부정·반대·왜곡 또는 비방하는 일체의 행위와 유신헌법의 개정 또는 폐지를 주장·발의·제안 또는 청원하는 일체의 행위를 금한다는 것이었다. 긴급조치로 금지한 행위를 방송·보도·출판·기타 방법으로 타인에게 알리는 일체의 언동 역시 금지되었다. 이 조치를 위반한 자와 이 조치를 비방한 자는 법관의 영장없이 체포·구속·압수·수색하여 비상군법회의에서 15년 이하의 징역에 처할 수 있도록 했다.

긴급조치는 "대통령은 천재지변 또는 중대한 재정경제상의 위기에 처하거나 국가의 안전보장 또는 공공의 안녕질서가 중대한 위협을 받거나 받을 우려가 있어 신속한 조치를 할 필요가 있다고 판단할 때" 취할 수 있다는 것으로, 박정희가 유신헌법에 쑤셔 넣은 조항이다. 헌법에 규정되어 있는 국민의 자유와 권리를 잠정적으로 정지할 수 있고 법원의 권한을 제한할 수 있고 대통령의 명령이 법률과 동일한 효과를 가질 수 있는 것이 긴급조치이니 3권분립은 깨끗이 무시되었다.

박정희의 집권 18년 중 절반 이상인 120개월 가량이 계엄령·위수령·비상사태 또는 긴급조치에 파묻혔다. 유신시대는 1973년에 몇 달과 1974년 육영수 비명횡사 후 이듬해 긴급조치 9호가 발동될 때까지의 몇 달만을 제하곤 쭉 긴급조치의 억압과 공포가 지속된 시기였다. 긴급조치 1호가 발동되던 그때 김지하는 「1974년 1월」이라는 시를 썼다. "낯선 술집 벽 흐린 거울 조각 속에서·어두운 시대의 예리한 비수를·등에 꽂은 초라한 한 사내의·겁먹은 얼굴"로 그는 "1974년 1월을 죽음이라 부르자"고 했다.

학생들은 분주히 움직이고 있었다. 서울대의 경우 이제까지 학생운동이 별로 활발하지 못했던 의대와 공대에서도 학생들이 적극적으로 나섰고, 이화여대·숙명여대·서울여대 등 여자대학에까지 시위가 확산되고 있었다. 학생운동 핵심 그룹은 내심 제2의 4·19를 꿈꾸고 있었다.(이철 「민청학련 사건에서 사형수가 되기까지」 『역사비평』 14호 1991)

특히 학생운동 내에는 1969년 3선개헌 반대운동 당시 강제 징집되었던 학생들이 복학한데 이어 1971년 교련반대 데모 당시 강제 징집되었던 학생들도 속속 복학하기 시작했다. 전국 각 대학에서 강제 징집된 학생들은 같은 시기, 같은 훈련소에서 훈련을 받아 자연스럽게 서로 교분을 쌓게 되었다. 학생운동을 탄압하기 위한 강제징집이 학생운동의 전국적 조직화와 연대에 큰 기여를 하게 된 것이다.

3선개헌 반대운동 당시 강제 징집된 후 복학한 선배 그룹과 70, 71학번 등이 주축이 된 후배 그룹은 1974년 봄 큰일을 한번 꾸며보자는데 의기투합했다. 학생운동의 인적 자원이 풍부했던 서울대가 중심이 되어 전체 투쟁 총괄, 서울대 각 단과대 담당, 서울 시내 각 대학 담당, 지방소재 대학 및 여자대학 담당, 기독교계 학생단체 담당, 사회인 및 재야담당, 인쇄 담당 등 나름대로 역할 분담을 했다. 그렇다고 해서 무슨 거창한 조직이 만들어진 것은 아니었다.

1960년대의 여러 공안사건에 대한 학습 효과로 이철·유인태·서중석·황인성·정문화·나병식 등 당시 학생운동 핵심들은 강령이나 규약은커녕 조직의 명칭조차 붙이는 것을 꺼릴 정도였다. 마지막 단계에서 선언문 말미에 아무런 이름도 없이 나가긴 밋밋하다 하여 「전국민주청년학생총연맹」(약칭 민청학련)이란 명칭을 유인물에 달았을 뿐이었다.

학생들은 "전국 각 대학의 운동 세력을 조직하여 일제히 봉기하고자"하는 계획을 세웠다. 거사일은 4월 3일로 잡았는데, 제주 4·3과는 무관한 것이었다. 제주 4·3의 기억은 저항하는 학생들에게서도, 탄압하는 중앙정보부에게서도 지워져 있었다. 학생들은 3월 21일 경북대에서 시범적으로 데모를 벌였으나 결과는 신통치 않았다. 4월 3일 당일에는 서울대·성균관대·이화여대·고려대·서울여대·감신대·명지대 등에서 시위가 발생했으나 예상보다 규모가 훨씬 작았다.

유신정권은 긴급조치 1호에도 불구하고 학생들이 봄을 기다리며 무언가를 꾸미고 있다는 조짐을 진작 파악하고 대비책을 세워두고 있었다. 박정희는 4월 3일의 데모가 산발적으로 끝났음에도 불구하고 긴급조치 4호를 선포했다. 긴급조치 4호의 내용은 1호는 아무것도 아닐 정도로 무시무시했다.

4호의 주요 내용은 "전국민주청년학생총연맹과 이에 관련 되는 제 단체를 조직하거나 또는 이에 가입하거나, 그 구성원과 회합 또는 통신 기타 방법으로 연락하거나, 그 구성원의 잠복·회합·연락 그 밖의 활동을 위하여 장소·물건·금품 기타의 편의를 제공하거나, 기타 방법으로 단체나 구성원의 활동에 직접 또는 간접으로 관여하는 일체의 행위를 금한다"는 것이고 이 조치를 위반하거나 비방한 자는 "사형·무기 또는 5년 이하의 유기징역에 처한다"는 것이다.

유신정권은 4월 3일 밤 긴급조치 4호를 발동하면서 "민청학련이 북한 공산집단의 이른바 인민혁명을 수행키 위한 통일전선의 초기 단계적인 지하조직으로 이 단체가 반국가적 불순 세력의 배후조종 아래 우리 정부를 전복하려는 국가변란의 음모를 꾸며 학원의 일각에 침투하기 시작"했다고 밝혔다.(『동아일보』1974.4.6.)

수사도 하기 전에 반국가적 불순 세력의 배후 조종 아래 인민혁명을 수행하려한다는 결론을 내리고 있다. 이후의 수사는 당연히 이 결론을 뒷받침하는 방향으로 진행되었다. 국정원 과거사위가 발굴한 민청학련 사건 관련 문건 중에 「민청학련 3·30 조치 수사 상황 보고」라는 자료가 많이 있는 것으로 보아 중앙정보부가 사전에 사건을 인지·수사하여 3월 30일부터 이를 정치 적으로 이용하기 위한 큰 그림을 그린 것으로 보인다.

당시 서울대 문리대 학생회장 곽성문 등 일부 학생회 간부들이 정보부에서 자기들을 주시하고 있다는 사실을 알고 중앙정보부 대공수사국장을 찾아가 학생운동 내부의 동향을 고해바쳤다고 하는데, 중정은 자체 수집한 정보와 이들 프락치들이 제공한 정보를 토대로 민청학련 사건을 조작할 준비를 한 것이다.

민청학련의 주역들에게는 거액의 현상금이 나붙었다. 간첩의 현상금이 30만원이던 시절 이철·유인태·강구철 등 3인에 대해서는 처음 50만원이던 현상금이 곧 200만원으로 뛰었고, 고등학생 복장을 하고 도망 다니던 이철이 잡힌 4월 24일에는 무려 300만원이 되었다. 이철이 잡혀 들어가 보니 중앙정보부는 이미 민청학련의 배후로 한편으로는1964년 인민혁명당 사건 관련자들을, 다른 한편으로는 자신과 유인태를 인터뷰했던 일본인 기자 다치카와 마사키와 통역 하야카와 요시하루 등을 통해 일본 공산당과 조총련 등 국외 공산계열을 설정해놓고 있었다고 한다.

중앙정보부는 당시 일부 학생들이 부르던 "까마귀야 시체 보고 우지 마라" 등의 노래를 이북 노래라며 용공으로 규정했지만 사실 이 노래는 독립군가였다. 이 노래는 1920년대 만주의 독립군들이 전사하는 동지들을 위해 부른 「독립군 추도가」였다.(독립군시가편찬위원회 『배달의 맥박』독립동지회 1984)

중앙정보부장 신직수는 1974년 4월 25일 민청학련 사건에 대한 수사결과를 발표하면서 민청학련의 배후에는 "과거 공산계 불법단체인 인혁당 조직과 재일 조총련계와 일본 공산당, 국내 좌파 혁신계가 복합적으로 작용"했으며 일본의 『주간 현대』자유기고가인 다치카와 마사키는 조총련 '비밀 조직원' 곽동의의 조종을 받은 자이고, 다치카와가 이철·유인태 등과 인터뷰할 때 통역을 한 하야카와는 일본 공산당원으로 이철 등에게 폭력혁명을 교사하고 자금을 지원했다고 밝혔다. 다치카와가 제공했다는 거사자금은 겨우 7,500원인데, 이것은 거사자금이 아니라 인터뷰에 대한 사례비였다.

중앙정보부도 이 점은 잘 파악하고 있었다. 당시의 수사 상황 보고에 첨부된 「민청학런 사건 관련 일본인에 대한 수사지침」이라는 문건을 보면 중앙정보부가 사건을 어떻게 조작했는지 잘 드러난다. 이 문건은 "초기 수사 단계에서 조서에 올린 사항으로서 범죄요건에 배치되거나 일본인의 관여 사실을 부정하게 될 자료로 쓰일 수 있는 부분, 전후 모순되는 부분은 삭제"하고 "조서를 정리할 때 경력·모의 과정·목표 배후·자금·활동·조직 등 상황은 지난번 부장님의 수사상황 발표문을 참조하여 거기에 맞도록 체제를 갖추어 정비"하라고 지시하고 있다. 즉 사실대로 진술한 부분은 빼버리고 신직수가 발표한 대로 짜 맞추라는 것이었다.

이 문건은 또 다치카와가 유인태에게 준 취재비에 대해서는 "취재에 대한 사례비 조로 7,500원을 받았다고 표현하는 것은 진실에 반하는 것이니, 폭력혁명을 위하여 애쓰고 있는데 자금이 없어 라면으로 연명하고 있는 실정이고 교통비도 없다는 사정을 말했더니 나도 같은 사상이라면서 사회주의 혁명이 성공되어 사회주의 국가가 건설되기를 희망한다. 적은 돈이지만 폭력혁명을 수행하는 자금에 보태어 쓰라고 하면서" 준 것으로 기재하라고 지시했다.

다치카와는 한국에 오기 전 김대중 납치 사건을 취재하면서 김대중 구출운동을 열심히 하고 있던 곽동의를 만난 적이 있었다. 한국전쟁 당시 재일학도의용군으로 참전한 바 있던 곽동의는 조총련과 무관한 민단 내의 민주파였고, 다치카와는 "조총련계와 표면상 연계된 혐의가 발견된 바 없는" 사람이었지만 중앙정보부는 다치카와가 곽동의의 지령을 받고 한국의 폭력 데모를 격려하기 위해 잠입한 것으로 몰고 갔다.

4월 9일 전후에 작성된 것으로 보이는 수사 상황 보고에서는 두 일본인에 대해 "한일 양국 관계를 고려하여 추방 조치함이 가하겠음"이라는 입장을 보였지만, 민청학련의 그림을 크게 그리면서 국외 공산계열을 배후로 끌어들이기로 마음을 바꿔 먹은 것으로 보인다. 김대중 납치 사건 이후 주일 대사관 일등 서기관 김동운의 지문 문제로 일본 정부로부터 곤욕을 치르고 있었던 한국 정부로서는 열세에 몰린 한일관계에서 두 일본인 카드를 만들어보려는 유혹도 크게 느꼈을 것이다.

두 일본인을 엮어 넣는 데는 이철의 경기중학 후배로 어머니가 일본인인 조직휘의 거짓자백이 중요하게 작용했다. 다방면으로 재주가 많았던 조직휘는 가정 사정으로 경기중학을 중퇴하고 고미술품 가게 점원으로 있으면서 두 일본인을 이철·유인태에게 연결해주고 그들의 인터뷰에 보조통역으로 참여했다. 중앙정보부는 "빈한한 가정에서 출생하여 고령에 노환으로 와병 중인 부모와 같이 생계를 근근이 유지하고 있는 자"였던 조직휘를 포섭했다.

중앙정보부는 조직휘를 정보부 인근의 라이온스 호텔에 묵게 하면서 "참고인 진술조

중앙정보부에 의해 민청학련의 배후로 몰렸던 일본인 기자 다치카와 마사키 씨. 그는 2010년 1월 서울중앙지법에서 무죄선고를 받았다. 전남도 명예도민으로 선정된 그는 2015년 10월 22일, 민청학련 사건에 연루돼 옥고를 치른 서울 서대문형무소를 둘러보고 있다.(출처 포커스 뉴스)

서를 완벽하게 작성하여 증거보전 신청을 하여 조서의 증거능력을 굳히기로" 하였다. 중앙정보부는 "조직휘의 진술조서에 반드시 나타나야 할 점"으로 "두 일본인이 이철·유인태에게 잡지 기자로서 인터뷰한 것이 아니고 폭력혁명을 선동·사주·방조하였다는 점", 두 일본인이 "정부 전복을 위한 내란음모를 하였다는 움직일 수 없는 증거보전을 확보"할 것 등을 꼽았다. 조직휘는 이 공로로 중앙정보부에 특별 채용되어 꽤 오랫동안 재직하다가 퇴사한 후 뒤틀린 삶을 자살로 마감했다.

4) 3선개헌·유신정변을 지지한 보수언론의 반민주 논설

박정희는 군사쿠데타로 정권을 장악할 때부터 영구집권을 생각한 듯하다. 혁명공약 6항 원대복귀 내용이나 민정불참 선서식 따위는 그때마다 위기를 모면하기 위한 대국민 쇼였다. 박 정권이 1967년의 제7대 총선인 6·8 선거에서 심한 부정을 자행하면서 개헌선을 유지하려 한 것도 영구집권을 향한 철저한 계산이었음이 드러났다. 이런 연장선상에서 볼 때 1969년의 3선개헌 추진은 지극히 '자연스러운' 현상으로 계획된 정치적 프로그램에 의한 행동이었던 것이다. 박정희의 이 같은 은밀한 음모를 재빨리 간파한 자 중의 하나가 윤치영 공화당 의장이었다.

자유당 이래 아부 잘하기로 소문난 윤 의장은 1969년 연초부터 박 대통령의 3선개헌의 애드벌룬을 띄웠다. 그는 "박 대통령이 헌법에 의거 8년밖에 못한다는 것은 그분의 업적을 내다보는 국민의 판단에 비추어 너무 지나치다고 생각한다"면서 개헌의 필요성을 역설한 것이다. 박 대통령은 "단군 이래의 지도자"라는 망언으로 화제에 올랐던 그로서는 기왕에 추진될 개헌이라면 남보다 먼저 제의하여 점수라도 따자는 계산이 섰을 터이다.

이런저런 과정을 거쳐 개헌작업은 박정희의 이른바 '7·25 선언'(1969년)으로 본격화한다. 박정희는 3선개헌투표로 정부신임을 묻겠다고 선언, "개헌 자체가 위헌이 아니라 개헌을 법절차에 따르지 않고 불법적으로 한다든지 또는 개헌을 억지로 반대하는 나머지 '개헌은 위법이다'라고 말하는 그 자체가 바로 위법이다"라면서 정부 여당측에 즉각 개헌을 추진하라고 지시했다.

개헌에 대한 박정희의 생각이 이처럼 확연하게 드러나자 어용곡필배들은 다시 때를 만난 듯이 설쳐대기 시작했다.

김재순 공화당대변인은 7월 31일 박 대통령의 3선개헌은 "민족중흥 최선의 길"이라고 격찬하고 나섰다. 김씨는 『서울신문』에 쓴 개헌지지의 글에서 "국가원수에게 독재자라는 폭언을 일삼고 개헌안의 발의권조차 없는 행정부를 상대로 개헌안의 발의 및 의결의 중심인 국회가 연일 '개헌을 할 테냐 안할 테냐'를 따지는 동안 공화당은 침묵을 지켜왔다"라고 마치 야당이 옥박질러 마지못해 개헌을 하게 된 것처럼 곡필하고 있다.(김삼웅 『곡필로 본 해방 50년』 124~125쪽)

개헌이 피해야만 할 문제인 것은 사실이지만 필요한 경우에도 해서도 안된다는 논리는 성립될 수 없다. 우리는 …… 그 필요성을 인정할 수밖에 없다는 결론을 내렸고 영빈관 의원총회에 참석한 의원 중 누구도 적절한 대안을 내놓지는 못했다. 때문에 개헌안을 내놓고 국민에게 의사를 묻고 국민이 납득하지 않는 경우 정권을 내놓고 물러서기로 한 것이다.

박 대통령이 아니고서는 조국근대화작업을 계속할 수 없고 국가의 안전보장과 국민적 단합이 어려우리라는 것 때문에 이러한 결론이 내려졌고 7·25 박 대통령의 특별담화의 내용에 전폭적으로 공감한 것이다. 공화당은 이러한 결론과 함께 보다 참신한 정치를 위해 부정부패의 제거, ……국민투표의 공정한 관리 등을 결의로써 다짐했다. 공화당은 그동안 박정희 대통령이 이룩한 것들이 국민의 신임을 얻는 데 충분한 것으로 보고 국민의 지지와 찬성을 기대하고 개헌안을 발의한다.

김재순의 이 글은 「위대한 영도력 아쉬울 때」라는 제목으로 크게 보도되어 공화당 측의 개헌 필요성을 정리하고 있으며, 또한 "중단 없는 근대화로 잘살 터전 마련", "70년대 북괴도발에 대비, 국방력 강화" 따위의 여권의 상투적인 내용이 길게 나열되고 있다.

(1) 서울·경향·조선의 비열한 아첨

박정희의 7·25 담화가 발표되자 연일 '각계 지도층'의 지지성명이 신문을 덮고 만년 아첨꾼, 곡필배들이 예의 둔사로써 개헌의 필요성을 홍보하기 시작했다. 그런데 한 가지 주목할 점은 지난날 야권에서 민주주의와 민권을 위해 투쟁하던 사람들조차 어느 틈엔가 독재자 편에 서서 영구집권의 나팔수 노릇을 하게 되었다는 사실이다. 이들 변절자들은 과거 자기 행적은 까마득히 잊은 듯 군부독재자의 영구집권을 위해 온갖 교언영색으로 국민을 현혹시키는 곡필을 휘둘렀다.

이 작업에 우선적으로 동원된 것이 곽상훈이다. 자유당시절 쟁쟁한 야당투사였던 그는 박정희의 '원로그룹'으로 변신하여 독재세력의 한 요원으로 나타났다. 그는 7월 26일 자『서울신문』지면에 「박 대통령의 7·25담화를 반긴다」라는 제목으로 다음과 같이 쓴다.

개헌문제에 관한 박정희 대통령의 25일 특별담화는 … 개헌시비에 한 계기를 만든 것으로 시기에 맞는 적절하고 현명한 조치였다고 본다. 개헌문제가 대두되면서부터 여야 정치인들간의 설왕설래로 정국이 자칫 혼미에 접어들 무렵에 발표된 박 대통령의 담화는 더 이상 사태를 관망할 수 없다는 그의 용단으로 평가되어야 할 것 같다. 나는 이번 박 대통령의 특별담화에 들어있는 7개 항목의 제의 가운데서도 가장 중요한 것은 그에 대한 신임을 아울러 묻겠다는 점으로 생각하며 이것은 정계의 불안이나 혼미가 더 이상 심각해져서는 안된다는 충정에서 나온 것으로 국민의 심판을 떳떳하게 받겠다는 자세라고 여긴다.

… 자칫 여야간의 경쟁만으로 시종될 이러한 중대문제를 해결할 뾰족한 방법이 없다만 대통령으로서는 정치도의면에서도 국민투표를 통해 그에 대한 신임을 다시 한번 묻고 민의의 소재를 정확히 파악할 수밖에 없을 것이다.

국내외적인 여건이 그 어느 때보다 심각한 이 시기에 나타나기 쉬운 사회적인 불안과 정국의 혼미를 나는 항상 안타까운 심정으로 지켜보고 있다. 야당은 아직까지도 뚜렷한 개헌반대의 이유를 밝히지 못한 채 학생데모에 편승하여 사회적인 불안감을 조성시키려는 데 급급한 인상을 씻을 수 없게 하는가 하면 어디까지나 국내문제인 개헌이유를 외국까지 끌고 나가려는 면모를 보인 것은 정말 한심한 일이라 아니 할 수 없다.…

그 어느 때보다 만반의 태세와 국민의 일치된 단결이 요구되는 이 비상시국을 우리가 타개해 나가기 위해서는 정치적인 상황을 불안으로 빠뜨리지 말고 이끌어 갈 수 있는 합법적이고 합목적적인 해결이 이르면 이를수록 좋은 것이 아닐 수 없다. 흔히 야당사람들은 개헌문제에 있어 '개헌은 박 대통령 자신에 달렸다'고 말하고 박 대통령은 3선 개헌을 통해 다시 출마하지 않겠다는 약속을 하라고 주장하고 있다. 나는 이 같은 요구는 지나친 것이라고 단언할 수 있다. 난국을 타개하는 데 있어 국민이 탁월한 영도자를 요구한다면 그것은 그것으로 끝난다. 국민을 위해 한번 더 수고해 달라는 국민의 요청이 절실하다면 심부름꾼은 이에 복종해야 할 의무가 있는 것이 아닌가? 내가 한 가지 지적하고 싶은 점은 대통령은 개헌안이 국민투표에서 부결될 경우 즉각 물러서겠다고 언명하고 있지만 나는 그 같은 대통령의 의견에는 반대할 수밖에 없다는 것이다.

『경향신문』은 9월 10일자 사설 「개헌안의 표결과 선량의 책임」에서 다음과 같이 개헌의 '필요성'을 강조한다.

거듭 말할 것도 없이 3선 개헌안은 박 대통령의 탁월한 영도력에 더 기대야 하겠다는 국가 및 민주적 필요성에 따라 제안된 것이다. 북괴의 계속적인 침략행위 때문에 70년대에 닥쳐올 것으로 예견되고 있는 안보상의 위기에서 국가를 보위하기 위해서는 국방태세의 강화가 있어야 하고 더불어 잘 사는 나라가 되는 번영정책의 지속성이 유지되어야 할진대, 박 대통령의 영도는 더 계속되어야 한다고 우리는 주장한다.

우리나라를 둘러싼 대외정세만 보더라도 중공의 위협은 확대일보에 있으며, 소련의 남진정책도 더욱 노골화되고 있을 뿐만 아니라 미국의 대아정책은 아시아인에 의한 아시아 방위로 굳어져 가고 있어, 언젠가는 미국의 도움을 받지 않고서도 자립할 수 있는 태세를 지금부터 세워나가야 할 필요성에 직면해 있다. 따라서 1960년대의 한국에 자립과 중흥이라는 꿈을 심어준 박 대통령의 영도는 70년대에 가서 더욱 필요한 것이다.

60년대에 심어진 민족중흥의 기풍은 70년대에 가서 더 높아져 결실되어야 하며, 그러기 위해서는 그 기수는 계속 잡아둘 필요가 있다. 그리하여 후손들에게 물려줄 훌륭한 유산을 위해서 이 땅에서 이미 시작된 새로운 시대는 완성되어야 한다. 이런 점에서 국회의원들에게 시국의 정시가 요청된다.

안보와 경제발전을 위해서는 박 대통령의 장기집권이 필요하다는 상투적인 관변논리를 대변하는 사설이다. 『경향신문』은 공화당과 친여 무소속의원들만으로 제3별관에서 개헌안을 날치기로 처리한 다음날인 9월 15일자 「개헌안의 변칙적 통과」란 사설에서 적반하장격으로 야당측을 통렬히 비판하고 있다. 개헌안의 '변칙적' 통과가 야당 때문이라는 억지주장이다. 여당 대변인의 성명을 그대로 대변하는 듯하다. 여당의 비민주적인 불법행동은 애써 외면하고 야당의 정당방위적인 지지 투쟁과정을 섞어 기술하면서, 이것을 날치기 처리의 명분으로 삼고자 하는 내용의 곡필인 것이다. 또한 9월 17일자 「정치

투쟁과 폭력의 혼동」이란 사설에서는 날치기 사회의 물의를 일으킨 이효상 국회의장의 책임을 묻는 척하면서 "개헌의 변칙통과가 야당의 단상강점이란 표결방해에 그 책임이 있음을 부인할 수 없다"고 책임을 여전히 야당에 전가시켜 진실을 왜곡하고 있다. 야당의 정치투쟁을 폭력행사라고 매도한 이 사설은 진실규명과는 거리가 먼 왜곡의 내용이다.

국민투표를 하루 앞둔 10월 16일 「국가의 장래설계에 참여하는 날」이란 『경향신문』의 사설에서는 노골적으로 개헌지지를 강요한다. 차마 언론공기로서는 하기 어려운 짓을 서슴없이, 더욱이 신문사설로서 쓰고 있다.

말할 것도 없이 박 대통령에게 3선의 길을 터주려는 이번 개헌안은 국가의 안보와 번영 정책의 지속성 유지를 통해서 민족중흥의 대도를 닦아두자는 데 있으며, 이를 위해서는 탁월한 영도자인 박 대통령의 계속적인 영도가 필요하다는 데 그 명분이 있다. 지난날의 쓰라린 경험에 비추어 한 사람의 장기집권을 회피해야 한다는 것이 이상적이기는 하다. 그러나 우리의 실정은 꼭 그 이상만을 좇아 모처럼 이룩된 안정이 허물어질까 염려되는 것이 사실이고 보면, 국민의 허용을 얻어 보다 항구적인 안정을 위해서 탁월한 영도력에 의지하려 하지 않을 수 없는 것이다.

『조선일보』는 14일 새벽 제3별관에서 변칙처리된 개헌안에 대한 논평사설을 같은 날짜에 「개헌안의 변칙통과」란 제목으로 싣고 있다. 그런데 불법날치기로 처리한 여당과 이를 저지하고자 한 야당을 예의 양비론으로 비난한다.

왜, 여당은 절대다수 의석을 차지한 강자의 입장에서 좀더 아량과 인내를 발휘 못했는가. 하루이틀 표결을 연기하여 질서 있는 표결을 위해 야당과 협상한들 그것이 뭐 그렇게 국가대사에 큰 영향이 있겠는가. 단 야당 역시 아무리 '민주헌정수호'라는 비장한 결의 아래 개헌저지를 위해 싸운다 해도 표결을 못하게 실력으로 대결했다는 사실은 소수파의 설움을 이해하면서도 안타까움을 금할 수가 없다.

또한 국민투표 하루 전인 10월 16일 「냉정한 현실분석의 한표」라는 사설에서는 양시양비론적인 입장을 견지하는 듯하면서도 민주주의 제도가 나라마다 다르다는 주장을 펴 남북대치 상황론으로 국민의 판단을 유도한다.

솔직한 견해로 민주주의란 미국의 민주주의와 서구의 민주주의가 꼭 같을 수는 없고 서구민주주의라 해도 영국의 그것과 서독의 그것, 그리고 프랑스나 이탈리아의 민주주의가 그 나라의 정치전통과 국민의 기질 차이로 각각 조금씩은 변화되고 있음을 우리는 잘 알고 있다. 황차 민주정치의 토대가 굳건히 잡힌 이른바 선진국의 민주주의와 제2차대전 후의 신생국들에게 이식되고 있는 민주주의는 그 양상에 있어서 많은 거리가 있다는 것은 아무도 부인 못할 엄연한 현실인 것이다. 그리하여 우리의 근대화 과정에 있어서 한때 '한국적 민주주의'론이 정치학도들간에 좋은 연구토론의 과제로 제기되었던 것을 대다수 국민들은 기억할 것이다. 오늘 우리에게 가장 중요한 문제는 단순히 당면한 정치적 초점인 개헌안에 대한 찬성이냐 반대냐를 결론짓기에 앞서서 우리나라 민주주의의 발전과정이 대체 어디까지 와 있는가를 냉정히 진단하고 그 위에서 개헌의 당위를 심판해야 할 것이라고 우리는 판단하는 것이다.

바꾸어 말하면 미국이나 서구식 완성된 민주주의의 원형을 그대로 확신하여 개헌을 '장기집권의 계획적 발전'이라고 단정하는 것도 현실을 무시한 독단론이며, 동시에 우리보다 훨씬 못한 후진국의 정치양식을 표준으로 삼아 개헌작업을 불가피한 것인 양 서두르는 것도 아전인수인 것이다.

『조선일보』는 19일「국민의 심판은 끝났다 — 다수결에의 복종과 함께 소수파도 존중」이란 역시 상투적인 내용으로 부정과 관권으로 먹칠한 국민투표의 결과를 기정사실화하는 데 기여하는 사설을 쓰고 있다.

개헌안의 찬반을 묻는 국민투표는 끝났다. 개표결과는 별항 보도와 같이 압도적인 다수표로 개헌안을 확정, 통과시켜 주었다. 올해 최대의 정치적 쟁점이 되었던 개헌문제가 이렇듯 국민의 심판에 의해서 결말을 짓게 된 이상 비록 치열한 반대세력이었다 할지라도 민주주의의 원칙대로 이제는 다수결에 복종하는 수밖에 없는 것이며 하루빨리 새로운 정세에 순응, 대처해 나갈 민주대열의 정비를 기대해 마지 않는다 …… 이번 국민투표는 공화당 정부의 근대화 작업의 내용자체를 하나에서 열까지 지지한 것이라고는 말하기 어렵다. 국민들이 모든 기대를 70년대의 안정과 번영에 거는 60년대 마지막 도표가 이번 국민투표의 결과였지 않나 하는 정치사적 단층을 우리는 발견해보려 한다.

4·19 혁명으로 시작하여 5·16 군사쿠데타의 반동이 나타나고 박정희의 장기집권을 허용하는 3선개헌으로 국가가 미증유의 홍역을 치른 사태를『조선일보』는 "60년대의 몸부림을 청산할 진통의 도표"라는 전혀 논리에 맞지 않는 수사로써 지면을 장식하고 있다.

(2) 시인 구상의 대통령취임식 참관 곡필

박정희는 1971년 7월 1일 제7대 대통령에 취임했다. 부정선거의 시비를 남기고 지역

감정의 골이 심각해진 채 취임식을 거행했다. 『경향신문』은 다음날 시인 구상에게 취임식 참관기를 쓰도록 했다.

그저 그 얼굴 그 표정이다. 허식이나 제스처라곤 눈곱만큼도 없고 마치 언덕 막바지길에 앞장서 수레채를 끌고 있는 세찬 일꾼의 모습이다.

오늘의 영광을 누리는 이로서의 만열은 결코 엿보이지 않으나 한창 물기오른 일꾼으로서의 자신과 자부만은 충만해 보인다. 오직 육 여사와 그 자녀들의 맑고 밝은 화기가 그 둘레를 부드럽게 한다.(滿悅 : 만족하여 기뻐함)

…

지금 이 순간 박 대통령 그는 무엇을 생각할까. 저 흙벽과 초려 속에서 자라던 상모동 어린 시절일까. 그 뼈저리게 겪은 가난을 물리쳐 보릿고개를 없이한 그 감회일까.

어쩌면 목숨을 내걸고 전선을 치구하여 자유의 이 땅을 지키던 역전의 그 장면일까.

아니면 한강의 밤안개를 뚫던 결단의 그 아침일까.

그러나 이것은 나의 문사취향적인 상념일 따름으로 곧 연단에 올라 국민 앞에 나선 박 대통령은 그 엄숙한 취임선서를 통해 그가 맡은바 대임과 사명의 중대성으로 장내에 긴장을 감돌게 한다.(馳驅 : 말을 타고 달림)

이제 그는 예의 가라앉은 목소리로 앞으로의 4년 동안 펼쳐나갈 국정의 방향과 포부를 밝히기 시작했다. 스스로가 생사를 걸어 손댄 민족중흥작업의 마무리와 그 판가름을 건 이 마당에서 그가 굳은 결의와 다짐을 하고 또 하는 것은 당연한 일이지만 국민으로서도 이 다짐을 받고 또 받고 싶은 그런 심정인 것이다.

박 대통령의 일상적 언동이 그렇듯이 취임사에서도 기언경구가 튀어나오지 않는다. 그러나 이 이만이 아니라 3천만 국민이 다 함께 명백히 인지하고 파악하고 있는 이 나라 이 민족의 문제의식과 당면한 과제와 절대적 염원을 앞에 놓고 허장성세가 무슨 필요가 있으랴….

비록 절제된 언어이긴 하지만 최상급의 용어를 동원하여 박정희의 3선 취임을 미화시키고 있다. "언덕 막바지길에 앞장서 수레채를 끌고 있는 세찬 일꾼의 모습"이라는 대목이나 "한강의 밤안개를 뚫던 결단의 그 아침" 등의 구절에서 시인의 아첨 섞인 짙은 곡필의 흔적을 찾게 된다.

(3) '10월 유신'과 방조 언론

1972년 7월 4일 박정희 정권은 이른바 '7·4남북공동성명'을 발표해 전 국민을 통일

열기에 들뜨게 만들었다. 그럴 만도 했다. 7월 4일 오전 10시 중앙정보부장 이후락이 내외신 기자회견에서 발표한 다음과 같은 사실에 국민이 놀라는 건 너무도 당연한 일이었다.

서울의 이후락 정보부장은 72년 5월 2일부터 5일간 평양을 방문했다. 이 부장은 평양에서 김영주 노동당 조직지도부장과 회담했으며 김일성과는 두 차례 회담했다. 평양의 김영주 부장을 대리해 박성철 부수상이 5월 29일부터 6월 1일까지 서울에 왔다. 박성철은 이 부장과 두 차례, 박정희 대통령과 한 차례 회담했다.

1972년 10월 17일 중앙청 앞에 탱크가 등장했다. 탱크가 겨냥한 건 북쪽이 아니라 남한 국민이었다. 박정희 정권은 '7·4남북공동성명'으로 국민의 통일 열기를 한껏 고조시킨 뒤, 그로부터 3개월여 후인 10월 17일, 통일을 위해서라는 핑계를 대고 자신의 대통령 종신제를 보장하기 위한 이른바 '10월 유신'이라는 것을 선언하였던 것이다. 전국에 비상계엄이 선포된 가운데 국회는 강제 해산되었고 정당과 정치활동도 금지되었다.

박 정권은 10월 27일 대통령종신제를 기초로 하는 헌법개정안을 발표하였는데, 이 헌법개정안은 11월 21일 공포분위기 속에서 실시된 국민투표에서 91.9%의 투표율과 91.5%의 찬성률로 통과되었다. 유신 헌법에 따라 대통령은 통일주체국민회의에서 간접선거로 선출하게 되었다. 대통령은 국회를 해산할 수 있으나 국회는 대통령을 탄핵할 수 없고, 각급 법관에 대한 임명권을 모조리 대통령에 귀속시켜 사법부까지 행정부에 종속시켰다.

혼자 출마해 당선되는 게 쑥스러웠던 걸까? 박정희는 1972년 11월 30일, 1981년에는 1인당 국민소득 1,000달러, 수출 100억 달러를 달성하겠다고 약속해 '10월 유신, 100억 달러 수출, 1,000 달러 소득'이라는 유신 구호가 생겨났다. 그것이 일종의 선거운동이었던 셈이다.

박 정권은 1972년 12월 13일 0시를 기해 비상계엄을 해제하고 12월 15일 통일주체국민회의 대의원 선거를 실시하였다. 이 선거에서 당선된 2,359명의 대의원들로 구성된 선거인단이 장충체육관에 모여서 대통령을 뽑도록 돼 있었기 때문에 이른바 '체육관 선거'라는 말이 나오게 된 것이다.

12월 23일 통일주체국민회의는 장충체육관에서 박정희를 제8대 대통령으로 뽑았다. 전체 대의원 2,359명 가운데 2,357명이 지지한 99.99%의 지지율이었다. 박정희는 12월 27일에 정식으로 제8대 대통령에 취임함으로써 김대중과의 경쟁 끝에 당선된 제7대 대통령 임기는 1년 5개월 만에 끝나게 되었다.

유신은 엄청난 규모의 여론조작을 통해 정당화되고 예찬되었다. 언론은 유신 헌법의 홍보에 적극 협조하였다.

10월 27일 개헌안이 공고된 뒤부터 12월 말까지 모든 신문의 1면과 7면에 「통일 위한 구국 영단 너도나도 지지하자」, 「새 시대에 새 헌법, 새 역사를 창조하자」, 「뭉쳐서 헌정 유신, 힘 모아 평화통일」 등의 문공부 제정 표어가 날마다 6단 크기로 실렸다.(김해식『한국언론의 사회학』나남 1994, 148쪽)

① 구호뿐인 「평화통일을 위한 정치체제 개혁」 곡필

『중앙일보』는 유신 선포 다음날인 10월 18일 「평화통일을 위한 정치체제 개혁」이란 사설을 통해 박 대통령의 유신조치를 지지하고 나섰다. 이 사설은 서두에서 대통령의 이른바 특별선언 요지를 기술한 다음 이렇게 쓰고 있다.

이 특별선언은 남북대화를 뒷받침하여 격변하는 국제정세에 능동적으로 대처해 나가기 위해 민족진영의 대동단결을 촉구하면서 민족주체세력의 형성을 촉진키 위한 일대 전환을 마련키 위한 것으로 간주된다.

특별담화가 지적하고 있는 것처럼 우리 헌법과 각종 법령 그리고 현체제는 … 냉전시대에 만들어졌고, 따라서 남북의 대화 같은 것은 전혀 예상치도 못했던 시기에 제정된 것이다. 따라서 오늘과 같은 새 국면에 처해서는 마땅히 이에 적응할 수 있는 새로운 체제로의 일대 개혁적 전환이 있어야 하고, 그러한 전환에는 개헌이 불가피하게 요청됐었다.

이처럼 체제개혁과 개헌의 필요성을 인정하고라도, 어떤 방법을 취하느냐가 문제였다. 박 대통령은 정상적인 방법에 의한 개혁시도가 혼란만 더욱 심하게 하고, 남북대화를 뒷받침하면서 급변하는 주변정세에 대응해 나가는데 아무런 도움이 될 수 없다고 판단하고 정상적 방법이 아닌 비상조치를 취하게 된 것이다. … 우리는 박 대통령이 비상한 결의를 갖고 대담한 체제개혁 행동을 취하게 된 충정을 이해하고 적극적으로 받아들여야 할 것이다.

합법적인 헌정체제를 뒤엎어버린 처사에 대해 "충정을 충분히 이해하고 적극적으로 받아들여야"할 것이라고 아첨한다. 그리고는 "헌법을 부분적으로 개정하고 보완한다는 미봉적인 사고방식을 버리고, 새로 헌법을 제정하는 것이나 다름이 없다는 생각을 가지고 대담한 개혁을 시도함이 마땅할 것"이라고 유신주체들보다 한 술 더 뜨고 있다. 사설은 이어진다.

비상계엄하 체제개혁을 시도하는 데 있어서 국민은 경거망동을 삼가, 일체의 혼란의 발생을 자진해서 억제토록 해야 할 것이며, 정부는 박 대통령이 공약한 사항을 충실히 집행에 옮겨 국민의 일상 생업과 활동에는 아무런 지장이나 변동이 없게 할 것은 물론, 명랑한 사회생활을 적극 유도하고, 경제활동을 조금도 위축시키지 않도록 세심한 대책을 적극 강구 실천토록 해야 한다.

"국민은 경거망동을 삼가라"는 것은 유신조치에 저항하지 말라는 뜻이며, "일체의 혼란의 발생을 자진해서 억제토록" 요구한 것은 반대시위 등 집단행동을 하지 말라는 경고이다. 3·1항쟁 당시 『매일신보』의 논조나 친일파들의 가소로운 훈계와 비슷하다. 이 사설은 "이 역사적인 시련을 극복하고 민족의 활로를 새로 개척하는 데 있어서 우리 국민은 각오를 새로이 하고 동요 없는 전진을 계속토록 해야 한다"라고 끝맺고 있다.

② 반민주 『동아일보』 "자유민주주의 위한 계엄" 칭송

『동아일보』는 10월 18일 「비상계엄선포의 의의」라는 사설을 싣고 있다. 이날 쓴 세 개의 사설 중 첫 번째 사설인 이 글은 행간이 띄엄띄엄한 것으로 보아 일부 내용이 삭제(검열)되어 새로 조판한 까닭인지 아니면 애초부터 돋보이기 위해 그렇게 된 것인지는 알 수 없다.

전반부에서 특별선언 내용을 요약하고 후반부에서는 다음과 같이 썼다.

평화통일을 위한 새로운 국가체제의 내용이 구체적으로 어떤 것이 될는지 궁금하지만 비상국무회의는 10월 27일까지 헌법개정안을 공고하기로 되어 있으니만큼 멀지 않아 새 국가체제의 설계도도 국민 앞에 제시되는 셈이다. …… 개헌안의 내용이 공고되기도 전에 개헌안이 지니는 성격은 이미 두 가지 점에서는 뚜렷한 것이라고 본다.

첫째는 그것이 두말할 것도 없이 '평화'지향적이라는 점이다. 대통령 특별선언이 거듭 강조하고 있는 바와 같이 다시는 동족상잔의 비극적인 총성이 들리지 않게 해야 하겠고 남북대화는 계속되어야 하겠고 조국은 기어코 평화적으로 통일되어야 한다. 우리는 새 체제의 성격이 '평화'지향적인 것임을 확신하면서 이 점에 관해 국내외에 추호도 오해가 없기를 바란다.

둘째는 그것이 '자유민주주의'적인 것이라는 점이다. 대통령 특별선언은 "자유민주주의를 더욱 건전하고 알차게 그리고 능률적인 것으로 육성발전 시켜야 하겠다는 확고한 신념"을 피력하고 있다.

합헌질서를 폭력적으로 작살내고 새 헌법을 만들겠다는 조치의 개헌안 내용을 굳이 '평화'지향적이라고 한 것이나, 성서를 읽기 위해 촛불을 훔치는 경우의 역설처럼 군대를 동원하여 헌정질서를 유린한 개헌안을 '자유민주주의적'이라고 한 것은 심한 곡필이라 지탄하지 않을 수 없다.

③ "평화통일을 위한 신체제" 겉 다르고 속 다른 『조선일보』

『조선일보』가 유신정변을 보는 시각은 대단히 어용적이다. 1972년 10월 18일자 「평화통일을 위한 신체제」란 사설은 국제정세를 빌미삼아 유신체제의 필요성을 강조한 후반부에도 심한 곡필이 엿보이지만 전반 부분은 그야말로 유신쿠데타를 '환영'하는 대표적인 곡필에 속한다. 앞부분의 내용은 다음과 같다.

비상한 경우에는 비상한 조치를 필요로 한다. 어제 17일 19시를 기하여 이 나라는 비상조치를 선포하였다.

… 우리는 이 사태에 직면하여 오늘 우리에게 부닥친 안팎의 모든 정세를 살펴보며 조국의 앞날의 걸어가는 길을 내다볼 때 가장 적절한 시기에 가장 알맞은 조치로서 이를 환영하지 않을 수 없다.

… 크게 넓게 바라보지 못하고 사사로운 편견이나 아집에 사로잡힌 사람들은 내심 못마땅하게 생각할는지도 모르고 또 번거로운 뒷공론들이 없지 않을 것도 짐작할 수 있다. 그러나 오늘 이 나라와 이 겨레가 처해 있는 가난과 인고는 민족사의 도정에서 바야흐로 우리들 스스로의 힘으로 중흥을 이룩하느냐 못하느냐의 냉엄한 관두에 서 있으며 자칫 한 발자국을 그르치면 민족의 앞날에 커다란 위난을 가져오게 될 것이다. 박 대통령의 특별선언에서 명확히 소시(昭示)된 바와 같이 '결코 한낱 정권의 입장에서가 아니라 국권을 수호하고 영광스러운 통일과 중흥을 이룩하려는 이 민족의 운명과 직결되는 불가피한 조치'로 받아들이기에 조금도 주저하지 않는 것이다. 기존의 헌정질서만을 고집하거나 그것만이 유일한 자유민주의 길이 아니요, 오히려 이대로 방임하면 우리 민족의 염원인 평화통일에 가시덤불을 걸쳐놓을 뿐만 아니라 모처럼 역사적인 남북대화의 길을 마련한 그것마저도 일부 몰지각한 정상배들의 철없는 언동으로 말미암아 찬물을 끼얹는 듯한 사례가 없지 않았음을 볼 때 우리는 소위 정치가도의 일각에서 국민들의 이목을 어지럽히며 사리에만 탐닉한 무리들이 그대로 존립하는 한 우리의 정계는 그야말로 백년하청격임을 뜻있는 이 누구나 통감하여 온 것이 사실이다. 이제 이 짧은 시일의 기한을 정하여 헌법 기능의 일부 정지와 아울러 이에 따르는 몇가지 조치가 선포된 것은 새로운 헌정질서의 정립을 위하여 만부득한 조치였음은 말할 것도 없고 특히 박 대통령이 이러한 사태의 선포와 함께 여섯 가지 항목에 걸쳐 모든 국민이 알 수 있도록 정책의 지표를 밝힌 것을 재삼 음미해 볼 때 … 진정 알맞은 조치임을 기쁘게 생각하며 따라서 이러한 비상사태는 민주제도의 향상과 발전을 위하여 하나의 탈각이요 시련이요 진보의 표현임을 믿어 의심치 않는 바이다.

오늘 이 시점이야말로 촌각의 지의遲疑나 방황이나 퇴축退縮을 허락하지 않는다. 비상한 결의나 비상한 발문, 그리고 비상한 의지와 역량의 총집결로써 잠시동안의 시련을 넘겨야 하는 것이다. 앞으로 멀지 않아 평화통일을 지향하는 개헌안이 공고되면 우리들 모두의 의사를 한 몫으로 모아 눈부신 자유민주의 명일을 향해 매진할 수 있는 발판이 마련될 것이다.

'비상한 조치'를 환영한 이 사설은 '일부 몰지각한 정상배들의 철없는 언동'을 꾸짖으면서 헌법기능의 일부 정지와 몇가지 조치를 '헌정질서의 정립을 위하여 만부득한 조치'였다고 곡필한다. 여기서 말하는 몇가지 조치는 정론을 펴온 일부 언론인들과 양심적인 일부 정치인·교수·문인들의 구속 등을 의미한다. 더욱이 어이없는 것은 "비상사태는 민주제도의 향상과 발전을 위하여 하나의 탈각이요 시련이요 진보의 표현임을 믿어 의심치 않는 바"라는 대목이다.

민주체제의 도살을 민주제도의 향상·발전·진보라고 왜곡한 어용언론의 죄과는 우리 민주발전사에 천고를 두고 씻기 어려울 것이다.

④ "체제개혁의 일대 전기" 곡필

『한국일보』는 10월 18일 「체제개혁의 일대전기—10·17 선언으로 한국민주주의의 새 길을 찾자」라는 사설로 유신정변을 적극 지지한다. 이 사설은 서두에 "국내외 정세의 격동 속에 민족사의 새 전기가 당도하고 있음을 느낀다. 우리 모두가 격랑을 헤쳐 가는 한 배에 타고 있는 이상 우선 뭇사람의 으뜸 하는 책임은 그 배를 부질없이 흔들리지 않게 하는 가운데 협력의 보람을 찾는데 있으며 '키'는 계속 박 대통령이 쥐고 있는 셈이다"라는 둔사로 정변을 합리화시키고자 했다.

사설의 앞부분은 다른 신문들처럼 '격변하는 국제정세'에 관해 언급하고 뒷부분에서 예의 아세곡필이 돋보인다.

결국 국가와 민족의 안위·흥망에 직결된 초법률적 사태를 전향적으로 정상화하기 위해서는 종래의 형식논리적 절차관보다도 근원적 헌법제정 권력이 국회 아닌 국민에 있다는 신념이 투철해야 했던 것으로 이해되는 바이다.

우리 국민은 민주공화국의 주권자로서의 앞으로 3개월 내에 10·17 선언에 따른 체제개혁에 대하여 선택의 의사표명을 밝힐 수 있게 된다. 그 경우의 선택지는 ① 질서냐 혼란이냐, ② 단결이냐 진공이냐로 될 것이며, 나아가서 분단고통 경감 속의 통일접근이냐 아니면 남북대화 중단 속의 동족상잔 위기냐의 가름으로 될 것이다. 딴 선택에 관한 문제정리의 가능성은 생각되지 않는다. 두말할 것도 없이 우리의 혼란은 외부의 편승을 초래할 것이며, 또 우리의 진공은 이질이 메우려 들 것이다.

　… 이 미증유의 난국에 즈음하여 정열과 식견 및 통찰력을 아울러 갖춘 실력 있는 지도자로서는 박 대통령 외에 딴 대안이 있을 수 없다. 나아가서 획기적인 체제개혁이 민선대통령 자신에 의하여 발기되고 있음은 국정 안정상 오히려 다행한 일이다.

　10 · 17 선언으로 달라진 것은 무엇인가. 국민의 일상생업과 경제활동에는 아무런 지장이나 변동도 없다는 점이 이미 보장 · 천명되었다. 새마을 운동의 추진과 대외공약의 준수, 남북대화의 진행으로 말해도 차질은커녕 새 활력소를 느낄 수 있으리라고 본다. 다만 국회해산과 정당 및 정치활동의 중지 그리고 비상계엄에 따른 시한부의 일련의 규제조치를 상정해야 할 것이다.

　이 진통은 그다지 긴 것이 아니며 또 만에 일이라도 부질없는 일탈행위로 그 진통을 끌게 해서도 안될 것이다. 박 대통령은 "우리 민주체제에 그 스스로를 지켜나가며 더욱 발전할 수 있는 활력소를 불어넣어주고 이를 바탕으로 하여 남북대화를 굳게 뒷받침해줌으로써 평화통일과 번영의 기틀을 마련하고자 이 개혁을 단행했다"고 말하였다. 이 선택에 관한 의사 표시는 멀지 않아 모든 국민이 행하게 될 것이다. 국제적 환시리에 민족의 양식과 진취적인 용기를 다짐할 수 있으리라고 믿는다.

　독재정권이 국민협박용으로 걸핏하면 내건 구호가 "질서냐 혼란이냐"이다. 세상에 도둑놈 외에는 혼란을 바랄 사람은 아무도 없다. 그런데 이 사설은 이런 류의 선택을 강조하면서 10월정변을 찬양한다. 영구집권을 위해 정권 스스로 조장한 사태를 '난국'이라 호도하면서, 이런 난국을 수습할 대안은 정열 · 식견 · 통찰력을 갖춘 박 대통령 외에 딴 대안이 있을 수 없다고 단정한다.

　더욱 한심한 것은 "획기적인 체제개혁이 민선대통령 자신에 의하여 발기되고" 있다는 대목이다. 민선대통령은 그야말로 민의에 따른 정치를 하는 것일 터인데 민주체제를 전복시킨 것을 두고 "국정안정상 오히려 다행한 일"이라고 왜곡한다. 역시 대표적인 유신곡필이다.

⑤ 매명賣名주의 어용학자들의 유신찬양

　유신이 선포되자 언론에서 어용교수 · 문인 · 학자들을 동원하여 유신찬양의 글을 경쟁적으로 게재하였다. 『조선일보』는 11월 18일자에 「시론 10월유신」이란 글을 서울 문리대 장기근 교수로 하여금 쓰게 했다. 장 교수는 "영명한 지도자의 슬기를 통일된 국민의 행동이 따라야 한다. 그래야 찬란한 민족사가 창조되는 것이다"면서 이렇게 쓴다.

이에 우리는 국가, 민족의 안보·번영과 평화통일을 위해 낡은 제도를 새로운 제도로 개혁하고자 나섰다. 다각적이고 면밀한 판단으로 이 길만이 우리의 살길이고 번영하는 길임을 박 대통령이 우리에게 밝혀주었다.

'의를 보고 행하지 않음은 무용이다(見義不爲無勇也)'라고 옛 사람이 말한 바 있다. 낡은 감상에 젖어서 하염없이 침체해서는 안된다. 조국은 우리 모두의 민주역량의 적극 참여와 통일된 의지의 목적달성을 갈망하고 있다. 방향은 명시되었다. 우리의 총화와 전진이 따라야 하겠다. 위대한 영도와 위대한 국민의 혼연일치가 되어 위대한 민족의 중흥을 이룩하는 것이 바로 지금의 유신이다.

보다 많은 어용논객을 동원한 신문은 역시 『서울신문』이다. 이 신문은 11월 2일부터 사계의 권위(?)있는 인사들을 동원하여 각 부문별로 유신에 대한 찬사를 쓰게 한다. 첫회에는 최창규 서울대 전임강사(당시)의 「동서양의 정치체제, 그 비교와 전망」이다. 최 강사는 이 글에서 "우리는 민주라는 큰 뜻을 오직 오늘의 서구적 체제의 그것 속에서만 찾아서는 안될 것이다"면서 "타율의 모방을 벗고 서구의 교과서를 고쳐 쓸 때"라고 유신의 당위성을 강조한다.

배성동 서울대 문리대 조교수의 「유신헌법안의 정치사적 의의」는 11월 3일자에 게재되었다. 이현종 국사편찬위원회 편사실장은 「10월유신과 우리의 각오」란 글을 4일자 신문에 썼다. 역사학자로서는 처음으로 유신지지의 글을 쓴 것이다.

오늘날의 국제정세를 살펴본다면 우리의 좌표를 우리 스스로가 찾고 또 설정할 때가 분명히 온 것이다. 우리의 설 땅을 보다 확실하게 인식하고 효과적인 조직력과 능력배가와 국력강화를 위한 새로운 힘을 길러야 할 때가 온 것이다.

그런 뜻에서 '10월유신'은 참으로 의의가 깊고 또 우리의 진로를 찾기 위한 것이다. 새마을 사업의 발전과 더불어 우리 민족사의 새로운 진로를 위하여 우리는 스스로가 민족사적인 사명을 지니고서 국가와 겨레의 발전을 위하여 저마다의 소질을 개발하고 또 우리의 처지를 냉철하게 인식하여 내일을 위한 약진의 발판으로 삼아 창조의 힘을 발휘하고 보다 적극적인 개척정신을 발휘할 때가 온 것이다.

11월 17일자에는 김일철 서울대 신문대학원 교수의 「사회변동과 10월유신」이란 글이 게재된다.

10월유신은 어떤 의미에서는 일부 민주주의의 병폐로서 지적되는 다원적이며 개별적 이질성에 따른 사회적 비통합성에 브레이크를 걸겠다는 하나의 "자유를 위한 개혁"으로 해석된다 … 10월유신이 민주주의 그 자체를 부인하지 않고 다만 '한국에 도입된' 현실 정치체계로서의 민주주의를 개혁하고자 하는 것이고 보면 민주주의에 대한 한국적 조절이라고 볼 수 있다 … 정치적 차원에 있어서 하나의 통치방식 내지 권력분배 양식에 대한 민주주의의 한국적 조절이 10월유신이라 한다면 생활양식으로서의 민주주의적 원리는 더욱 철저히 권장되는 것이 10월유신의 정신이 아닌가 싶다.

(4) 왜 지금 헌법을 고쳐야 하는가, 왜 강력한 대통령이 필요한가

신문사 경영주들의 조직인 신문협회의 유신헌법 지지찬양 성명과 더불어 그야말로 각계각층에서 지지가 잇따랐다. 물론 대부분이 어용·관제단체들이다. 유신헌법안의 공고와 이것이 국민투표를 통해 '통과'되기까지의 과정에 있어서 어용언론, 지식인들의 곡필이 제철을 만난 듯이 난무한다.

『한국일보』는 72년 10월 28일 「국가의 안태(安泰)를 바라는 뇌리에—왜 지금 헌법을 고쳐야 하는가, 왜 강력한 대통령이 필요한가」라는 헌법안 지지찬양의 사설을 쓴다. 그것도 충성심을 과시하기 위해서인지 고딕체로 2면 사설란을 메우고 있다.

헌법개정안이 드디어 공고되었다. 그 내용을 보고 냉정하게 국가의 내일을 생각해본다.

우리나라의 주변은 크게 흔들리고 있다. 우리는 변동을 좋아하지 않는다. 헌법도 자주 개정하지 않는 것이 좋다. 그러나 단도직입적으로 말해서 현행헌법 태세로는 시시로 변모하는 대국과 부국들의 실리주의의 큰 파도를 헤쳐나갈 수 없다고 본다.

다시 국체적으로 말하면 현행헌법상의 대통령의 권능만 가지고 평화통일을 지향하는 남북회담을 추진하기가 어렵다. 75년에 임기가 끝나는 대통령으로서는 북한체제와의 폭넓은 대화에 있어 대한민국을 대표하는 힘이 약하다. 남북회담은 73년부터 본궤도에 오를 것으로 내다본다.

대한민국 대통령은 내년이면 벌써 임기 2년을 남겨놓고 선거를 생각해야 된다. 우리는 오늘 닉슨 미국대통령이 선거전에 임하자 월남정책이 지리멸렬에 빠지고 있음을 개탄한다. "자유를 수호하는 십자군의 깃발은 누구를 위한 것이었던가." 남북회담의 중요성은 미국에 있어서의 월남정책에 비교할 바가 아니다.

… 선거로 시작되어서 선거로 끝나는 대통령으로서는 침착하게 자기 경륜을 펼 사이가 없다. 누구보다도 평화통일에 대한 전망을 정확하게 대통령이 알고 있을 것이다. 금후 3년간이

통일협상에 있어서 천재일우의 시기임에 틀림없다. 우리는 이 기간에 소모적인 선거를 할 수 없다고 생각하는 것이 그릇된 판단이 아니라고 믿는다.

박 대통령이 자신이 대통령이 안되더라도 그 누가 되든지 금후 6년간은 안정된 지위와 강력한 대표권을 가지고 통일과업을 수행해야 한다고 느꼈다면 그것은 바로 현대통령의 임무에 속한 것이라고 굳게 믿는다. 그런 판단을 바탕으로 금년 중에 대통령의 임기와 지위를 갱신하는 선거를 끝마쳐 놓으려는 대통령의 결심을 우리는 긍정한다.

또한 1948년 제헌국회를 해산하지 못한 후유증이 4·19, 5·16 혁명을 거쳐서도 해결되지 못한 점에 상도하고 10월유신에 따른 비상조치를 수긍하지 않을 수 없다. 유신이라는 것은 결국 헌법의 개정으로 귀결되는 것이다. 왜 우리는 돈 안드는 선거를 해야만 하는가. 국회의원은 왜 줄여야 하는가. 정상적인 절차에 의해서는 왜 개혁이 불가능한가. 이러한 문제에 관해서 우리는 계속해서 본란을 통해 논평할 것이다.

내외정세가 흔들릴수록 국민은 흔들리지 말고 대통령이 흔들릴 수 없고 국가가 흔들리지 않게 해야 한다.

남북회담을 효율적으로 추진하기 위해서는 대통령 4년임기로는 어렵기 때문에 길게 연장해야 한다는 논리다. 박 대통령은 71년 4월에 7대 대통령에 3선취임하여 1년 반여의 재임 중에 유신쿠데타를 단행, 임기 6년의 연임조항 삭제라는 사실상의 영구집권의 길을 터놓은 것이다. 이러한 헌법안을 이 신문은 고딕활자까지 사용하면서 지지찬양하고 있다. 그리고 이 사설을 쓴 자는 「십자군전쟁」이 극악한 침략 학살전쟁이었다는 사실을 꿈에도 생각지 못한 역사무지의 철부지임에 틀림없다.

① 독재자 찬양에 신바람 난『조선』

『조선일보』의 유신선포 전후의 자세는 참으로 요란스럽다. 어느 신문보다 많은 지면을 할애하며 유신체제·유신헌법·국민투표를 지지찬양한다. 친일파 신문은 친일파 대통령의 영구집권만이 살길이라는 듯이 사설·기사·좌담·시론 등 모든 난을 동원했다. 11월 23일 「새 역사의 출범—유신헌법안 확정의 의의와 평가」라는 사설부터 살펴보자.

(一) 민족사의 새로운 창조를 지향하는 유신헌법안이 11·21 국민투표에서 전체국민의 압도적인 지지-찬성을 얻어 확정되었다. 이로써 우리는 뚜렷한 목적의식과 방향감각을 가지고, 우리나라의 나아갈 길을 국가최고규범으로서 확정하게 된 것이다.

우리의 목적의식과 방향감각이란 다른 것이 아니라 첫째는 5천만 민족으로 하여금 조국의 평화적 자주통일의 영광을 안게 하는 일이다. 둘째는 격랑의 국제권력정치의 와중에서도 우리

나라로 하여금 태산 같은 무게로 안정케 하는 일이다. 그리고 셋째로는 지난 10년 동안 피땀 흘려 닦고 다진 경제기반 위에서 10년 뒤에 국민소득 1천 달러의 탑을 쌓아 국가적 번영과 전 체국민의 항목을 선진국 수준으로 끌어올림으로써 이 땅에 민주복지사회의 꽃을 만발케 하는 일이다.

물론 지난날에도 분명 목적은 있었다. 그러나 그것은 제도적인 면에서 불명확했고, 실질적 인 면에서 불철저했던 것이 사실이다. 그 까닭은 … 크게 보아 몸에 맞지 않은 옷(서구식 자유 민주체제) 때문이라고 할 수 있고, 국제적 환경(동서냉전체제)의 압력 때문이라고 할 수도 있 다. 또 일부 정치인들과 일부 국민들의 무경륜과 몰지각에도 그 원인은 있었던 것으로 안다. 그러나 그것은 이제 어제의 얘기다. 우리가 안고 있던 비능률과 국력의 분산과 각종 낭비와 퇴 폐 등 부조리는 10월유신을 계기로 제동이 걸렸고, 국민투표에 의한 11・21 유신헌법안의 확정으로써 그것들은 완전히 역사적 폐기물로 화하게 된 것이다.

(二) 이제 우리는 새 역사의 아침을 맞았다. 역사적 문제의식과 사명감에 불타는 박 대통령 의 영단에 의하여 태동된 10월유신은 이에 대한 전체국민의 별항 보도와 같은 압도적이고도 열렬한 지지-찬성에 의하여 확고부동하게 된 것이다. 이로써 우리는 조국의 평화적 통일을 주 도하는 바탕을 마련했고 국력을 고도로 조직화하여 모든 국가기능의 능률을 극대화함으로써, 국가적 안정과 번영의 기조를 다지고, 물결 거센 국제정치사회에 그때그때 적절히 자주적으로 대처할 수 있는 헌법적 기틀을 마련하게 된 것이다.

… 그런데 한 가지 여기서 특기할 것이 있다. 그것은 전술한 바와 같이 전체국민들이 이번 유신헌법에 대하여 지난 그 어느 때보다도 압도적인 지지와 찬성을 나타냈다는 사실이다. 두 말 할 필요도 없이 이것은 10월유신에 대한 국민의 지지도가 이만큼 밀도 높은 것이란 것을 실 증하는 것이려니와, 이것을 좀더 천착하면 지난 10년간 박 대통령이 쌓아올린 눈부신 업적에 대한 찬사로 볼 수도 있다. '조국의 통일과 민족중흥의 제단 위에 모든 것을 바친' 그의 뜨거운 애국심과 뛰어난 영도력에 대한 무한한 신뢰와 성원의 발현이라고 풀이할 수도 있을 것이다. … 그 위에 지난 10년간 쌓아올린 경제기반과 국제사회에서 맺어놓은 두터운 신용을 가지고 있다. … 이젠 새 역사의 목적을 향한 일로매진이 있을 뿐이다. 유신과업을 위한 적절한, 우수 한 체제정비와 시행착오 없는 강력한 실천을 정부당국에 당부하면서 모든 국민들의 분발을 촉 구해 마지않는다.

일체의 반대운동을 막아놓고 더욱이 계엄령 하에서 치러진 유신헌법안의 국민투표에 절대다수의 찬성표가 나왔다고 "두 말 할 필요도 없이 이것은 10월유신에 대한 국민의 지지도가 이만큼 밀도 높은 것이란 것을 실증"하는 것이고 "좀 더 천착하면 지난 10년간 박 대통령이 쌓아올린 눈부신 업적에 대한 국민적인 찬사로 볼 수 있다"라고 최상의 아첨 으로 곡필한다.

『조선일보』는 이에 앞서 11월 21일 박노경 논설위원의 이름으로 「주권행사로 결단을 내릴 때」란 시론을 싣고 있다. 이 시론은 '유신헌법의 지향' '결단을 회피할 수 없다' '부작위의 책임' 등 소항목으로 나누어지고 있는데, 유신헌법안의 필요성을 강조하면서 기권을 비판, 결국 '결단'을 촉구하고 있다.

『조선일보』는 또 11월 26일 「국민투표의 대외적 반응」이란 사설을 쓰고, 이보다 앞서 24일에는 김동리(문인협회 이사장) 김종태(대한상의 상근부회장) 박일경(경희대 대학원장) 송지영(조선일보 논설위원)의 「유신헌법 확정을 보고」라는 좌담회를 싣고 있다. 이 좌담회에서 송지영은 "유신헌법이 90% 이상의 지지를 받은 것은 국민들이 이 헌법을 필요하다고 느낀 것이고 그 필요성의 핵심은 잘 살아보자는 것입니다"라는 따위의 곡언을 남기고 있다.

② 『동아』 사설은 친일과 번영의 「영구평화」 염원인가

『동아일보』는 특별한 사설·시론으로 유신헌법안을 지지찬양하지는 않았다. 다만 10월 31일 박일경 경희대학교 대학원장의 「평화통일 지향한 유신—새 헌법안을 보고」란 기고문과 해설 기사를 싣고 있다. (여기서의 통일은 '평화적' 흡수통일의 의미였다.)

그는 이 글에서 "10월유신은 무엇보다도 조국의 평화통일을 위한 남북대화를 뒷받침하기 위해서 낭비·비능률·국민분열이라는 취약점을 나타낸 종전의 체제 내지 질서를 유신적으로 개혁하려는데 그 뜻이 있었다"고 해석하면서 다음과 같이 쓴다.

종전의 우리 헌법은 우리의 경제적 국민의 정치수준이 국가보장 그것에 미흡함에도 불구하고 선진국가의 제도를 기계적으로 모방하여 이른바 복사적 민주주의를 채택함으로써 자유민주주의의 장점보다는 오히려 그 취약점을 노정하여 낭비·비능률·파쟁과 정략의 갈등을 자아냄으로써 국력의 부질없는 소모를 가져온 것은 부인할 수 없는 사실이다. 그리하여 새 헌법안은 한국적 민주주의의 토착화로 인한 국력조직화를 다짐하고 있거니와 그 가장 대표적인 것이 대통령의 선거방법이다.

종전의 우리 헌법은 대통령직선제를 규정하고 있었다. 그런데 이러한 직선제가 막대한 경제적 인적 소모는 고사하더라도 책임없는 선거공약 등으로 백해무익한 정치적 혼란을 초래하고 국민의 분열, 심지어는 지방감정의 대립까지 야기시켰던 것은 주지의 사실이다. 그러므로 새 헌법안은 정당소속원이 아닌 대의원으로써 구성되는 통일주체국민회의로 하여금 대통령을 선거하게 함으로써 직선제의 숙폐를 일소하여 '낭비 없고 파쟁 없는 선거'를 구현하려는 것이다. 그리고 국민회의는 국민이 직선한 대의원으로써 구성되므로 대통령선거방법에 있어서의 민주적 원칙도 보장되는 것이다.

다음 국회의원 정원수 3분의 1의 통일주체국민회의에 의한 선거도 거의 같은 취지에서 유래한 것이라고 볼 수 있으며 특히 이것은 야당에서 볼 수 있던 전국구 의석의 매직매관적 폐습을 일소하려는 것이다.

어용논객들의 상투적인 논리는 이른바 '한국적 민주주의'였다. 박씨도 헌정체제가 서구의 자유민주주의를 '기계적으로 모방'하여 이른바 '복사 민주주의'를 채택함으로써, 장점보다는 오히려 취약점을 노정했다고 억지논리를 내세운다. 그는 대통령직선을 정치혼란, 국회의원 3분의 1의 대통령 지명을 야당전국구의 매직매관 때문이라는 이유를 든다. 한마디로 권력영합의 어용왜곡 곡필이라 하겠다.

③ 인간을 무시한 「권력의 인격화」 법철학 흉내

갈봉근 교수는 1972년 12월호 『신동아』에 「유신헌법안의 정치철학과 지도자상」이란 글을 쓴다. 갈씨는 각종 언론매체에 유신헌법, 유신체제를 '계몽'하는 많은 글을 썼다. 그런데 아마 이 글이 가장 '체계' 있고 '논리성'을 갖춘 곡필이 아닌가 한다. 유신헌법안을 직접 기초한 사람이기 때문에 누구보다도 유신헌법의 '정치철학'에 관해 잘 알 것이다.

갈씨는 서두에서 "박 대통령은 우리에게 새로운 민족적 전망을 밝혀주었다. 우리는 지금 민족과 역사가 만나는 중대한 전환점에 처해 있는 것이다"라고 매문賣文적 둔사遁辭로 시작한다.

우리는 조국의 통일과 실효적인 민주주의를 확립하기 위하여 당면한 우리나라의 긴급사태를 극복함에 있어서 가장 알맞은 새 제도를 마련하기 위하여, 토착적 민주주의를 우리들의 피와 살 속에 되살리기 위하여 과감한 민족적 용단을 내려야 할 때를 맞이한 것이다.

우리는 오랫동안 방황을 하였다. 맹목적으로 도입된 서구식 민주주의 속에서 스스로 소외당하였고 환란과 불안정 속에서 그리고 단절된 역사성 속에서 '책임의 소재가 불명확'한 정치적 좌표만을 추구해왔던 것이다.

갈봉근은 이 글에서 「권력의 인격화(Personnalisation du Pouvoir)」 이론을 전개한다. 즉 "무비판적으로 받아들인 서구의 민주주의는 급격스러운 발전을 통해서, 전통적인 정통성의 테두리를 단절시키고, 카리스마를 현재시켰으며, 이에 따라 권력의 개인화 현상을 야기"시켰는데, 문제는 "바로 권력의 인격화 현상이 정치적 후진국가권에 속하는 국가군에 있어서는 발전의 첫 단계가 될 뿐만 아니라 통합과 통치의 최적수단이라는 데 있다"는 주장이다. 그는 이렇게 말했다.

권력의 인격화 현상은 실은 보편적이며 정상적이다. 권력을 행사하는 주체는 어디까지나 인간이기 때문이다. 특히 오늘날은 세계도처에서 모든 정치체제에 확대 편재하고 있다. 오히려 권력이 비인격화될 때가 비정상적인 것이다.

이번 유신헌법안의 특징은 조국의 평화적 통일과 국가와 민족의 번영 및 안정이라는 박정희 대통령의 정치적 이념을 구현하고 있다는 데에서 찾아볼 수 있다. 이것은 지금으로부터 14년 전 프랑스의 영광된 회복을 위하여 제정된 프랑스 제5공화국 헌법이 드골 대통령의 정치적 이념의 구현이었다는 점과 비길 수 있을 것이다.

유신헌법·유신체제를 '권력의 인격화'라고 가치부여한 것이 바로 이 글이다. 「권력의 인격화」란 제도화의 반대개념으로 초법적인 절대권력체를 의미한다.

(5) 부화뇌동·출세주의 자인한 가짜 민주화 투사들

① 사회의식 없는 4·19 주역들의 유신지지

유신체제가 선포되자 곳곳에서 이 체제를 지지 찬양하는 글과 집회가 경쟁적으로 나타났다. 합법적인 헌정질서를 물리력으로 도괴시키고 이른바 '한국적 민주주의'라는 일인독재체제를 수립하는데 많은 지식인들이 지지찬양하고 나선 것이다.

특히 4·19 세대들의 유신지지는 곡필의 차원을 넘어선 일종의 변절행위였다. 이승만의 백색독재를 거부하고 4월의 민주광장에 나섰던 4·19 주역들이 10여 년의 풍상 속에서 어느새 권력의 충견으로 변질해가고 있었다. 이승만독재에 비해 박정희의 독재가 더 심하면 심했지 나을 바가 아니었다.

더욱이 제2쿠데타를 자행하여 1인 영구집권체제를 구축하는 유신정변에 4·19 주역들이 집단적으로 지지하고 나선 것은 4월혁명정신으로나 전체 4·19 세대의 의식과는 너무나 동떨어진 변절이었고, 따라서 이들의 유신지지 선언은 역사의 필주筆誅를 면키 어려울 곡필이었음에 틀림없다.(필주 : 역사적 죄과에 대한 글에 의한 징계)

4월혁명에 참여했던 4·19 세대 45명은 72년 11월 16일 5·16 민족상 회의실에 모여 회합을 갖고, 10월유신을 적극 지지하기로 결의했다. 이들은 "유신적 개혁이 조국의 평화적 통일작업과 내실 있는 자강체제의 확립을 위한 일대 영단"이라고 선언했다. 4·19 당시 "정의감이 강한 똑똑했던" 청년들이 몇 년 지나면서 "출세지향적 아부꾼"이 된 것도, 친일친미 수구언론들이 매일같이 읊어대는 독재찬양과 반공 저주에 세뇌되어 시세에 영합하는 어리석음을 반증하는 꼴로 타락했던 것이다.(4·19세대의 후배들인 이른바

6·3세대 정치재수생 일부가 2007년 선거에서 친일 수구 가진자 편을 든 것도 유사한 정경이었다.)

이들 중 일부는 11월 20일 『서울신문』에 「4·19 세대 참여의 소리」란 제목으로 유신을 지지하는 글을 썼다. 이 신문은 이들의 글을 특집으로 엮으면서 「유신적 개혁으로 새 역사를」이란 제목을 달고 있다.

이들의 10월유신 지지내용을 살펴보자(당시의 현직, 4·19 당시).

윤식 (국민대 조교수, 서울대 문리대) — 10월유신이 참된 목적을 온전히 성취하려면 그것이 명실공히 전국민의 것으로 받아들여져야 한다. 단지 그것이 집권층에 의한 하향적, 강압적 조치라는 피동적, 소극적 태도로 받아들여져서는 안된다. 누구 하나 소외됨이 없어야 한다.

자유란 … 그것을 적극적, 의욕적 자세에서 구체적인 가치창조와 성취의욕으로 나타낼 때 그 참다운 의미를 지니고 있음을 의식해야 한다. 자유의 실질적 향유를 위해서는 경제적 자립과 소득 향상이 뒷받침 되어야 하며 부당한 소득 및 부의 편재를 시정하고 생산에의 기여와 동포애에 입각한 공정하고 균형된 분배원칙이 확립되어야 한다.

우리의 정치가 진정 온 국민의 마음에서 우러나오는 신뢰와 사랑을 받을 수 있는 참신하고 유능한 생산적 정치인에 의해서 영위되도록 하자.

안병규 (상업, 서울대 총학생회장) — 10월유신에 대한 국민적 기대는 새로운 질서를 확립하기 위해 혁명적 수법을 통한 과감하고도 철저한 제반체제개혁이 일어야겠다는 점일 것이다. 나는 이유야 어떻든 이제까지의 사회구조에 거부자세를 지켜왔던 젊은 사람 가운데 하나이다. 이번 최고영도자가 체제개혁의 강인하고도 확고한 의지를 가지고 펼치는 10월유신, 곧 우리가 염원해온 완전혁명에의 꿈을 이 기회에 실행시키기 위해 적극적 자세로 참여키로 했다. 위로부터의 유신작업과 아래로부터의 혁명적 요구가 국가목표를 향해 합치되는 곳에 새로운 조국건설의 최고에너지가 형성될 것이기 때문이다.

이성근 (명지대 교수, 연세대) — 4·19의 기본이슈는 정치제도의 비합리성에서 비롯된다. 근대화 욕망에 대한 좌절감에서 비판의식이 나오고 그것이 자라 통일의 외침으로 발전한 것이다. 우리가 10월유신을 지지하고 나선 것은 유행에 휩쓸리고, 공명심에서 나온 것은 절대 아니다. 10여년 전 우리가 품었던 꿈의 실현을 기다리는 기대에서 지지하는 것이다.

김충수 (아시아청년회의 의장, 고려대) — 4·19가 일어나게 된 것은 서구적 민주주의가 이 땅에 토착화되지 못한 데서 비롯된 것이라고 확신한다 …… 오늘의 현실과 4·19 당시의 이상을 비교할 때 4·19 당시 우리들이 열렬하게 갈망했던 자유와 민주주의는 지금 서구식 민주주의에 대한 본격적인 재검토와 함께 한국적 민주주의에 입각한 자유의 개념으로 클로즈업되고 있는 것이다. 부정의 바탕에서보다는 긍정의 바탕에서 개혁을 추구하는 것이 생산적이고 발전적이라는 것을 알고 10월유신을 적극 지지한다.

② 「유신 그 역사적 의의」 곡필, 후대에까지 영향 의도

최창규 서울대 강사는 72년 11월 24일 『서울신문』에 「유신 그 역사적 의의」라는 '유신예찬론'을 쓴다. 최 강사는 이 글에서 '유신'에 대한 고전적인 유래와 더불어 그 '의의'에 대해 '학자적인 해석'을 하고 있다.

최 강사는 "유신은 본래가 동양정치문화에서 출발한 개념이다. 따라서 그것은 근본적으로 자유민주니 전체독재니 하는 식으로 서구로부터 배울 수 있는 내용이 결코 아니다. 그렇기에 그것은 역사를 기반으로 하여 우리와 우리의 체질에 깊이 관련되고 있는 생산적이고도 자율적인, 어디까지나 자랑스러운 우리 전통의 일부"라고 쓴다. 이른바 관변학자들의 '한국적 민주주의'에 관한 '전통'을 억지로 꿰맞추고 있다.

최 강사는 이어 "오늘의 서구인이 유신을 주장한다면 그것은 밖에서부터 배워왔거나 또는 타율로 주어진 내용일 수밖에 없다. '유신'을 주장하는 우리 민족에게는 그것이 우선 자기기반 위에서의 자기창조라는 창조의 자율적 주체임이 무엇보다도 자랑스럽게 확인되어야 한다. 이같이 '유신' 앞에서 우리가 확인하여야 할 자율적인 주체성의 문제는 그것이 단순한 민족에 대한 자긍심 때문이 아니고 '유신'을 통하여 이룰 수 있는 한 민족의 창조력과 직결될 수 있다는 그 실천적 효율성 때문인 것이다"라고 쓴다. 공정하지 못한 해석은 역사 왜곡에 불과하다. 최 강사는 유신체제를 합리화시키기 위해 역사를 왜곡하고 있다. 다음 내용을 살펴보자.

우리 한민족은 이에 7세기의 화랑과 같이 충·효를 기반한 새로운 민족 윤리의 구축 아래 온 민족의 에너지를 역사의 대하大河에 참여시키고, 온 민족을 횡적으로 확대시켜 하나의 통일민족국가 속에 결합시켰던 고대 국가의 민족통일 대업을 통하여 민족적 '유신'을 그 이름이 아닌 오직 현실역사로서 제일 먼저 직접 실천하였다. 그 실천력은 천년 이상 계속되어 온 우리의 통일민족사의 경험 속에 그것을 계속시킨 저력으로 오늘날까지 관류해 오고 있는 것이다. '유신'은 언제나 새로운 것을 전제로 한다.

신라시대의 충·효사상을 유신이념으로 둔갑시키는 것이나 삼국통일을 '민족적 유신'으로 왜곡하는 것 등은 지나친 역사왜곡이다. 다시 들어보자.

우리 한민족은 그것이 쌓아온 4천년 이상의 일관된 역사기반 위에서 또 그것이 쌓아온 천여년 이상의 통일민족으로서의 역사적 경험의 토대 위에서 한국사의 '유신'주체임을 스스로 선언한 것이다. 따라서 그 '유신'의 의지는 결코 개인의 천단擅斷이나 부분의 집단의사나 현실의 일방적 합리로써 이루어질 수 있는 것이 아니요, 온 민족의 외침으로 구축되어 온 역사의 일관된

방향 위에서만 그것이 가능하다.(천단 : 제 마음대로 처치 · 결단함)

　거기에는 수 · 당항쟁에서 보여준 의병운동의 효시로서의 민족저항정신도 포함되고 3국통일 후 그 유민정책과 대당항쟁을 통하여 이룩한 열렬한 통합민족의식도 무관할 수 없다. 그것은 몽고가 주는 침략 앞에서 단군신화를 체계화하였던 승 일연과 같은 중세 지성적 민족의식도 포함되고, 19세기 제국주의 침략이 주는 주체성의 위기 앞에서 감연히 민족이란 자기를 지켜 살신성인하였던 근세 사람의 민족의기도 그 안에 담고 있다.

　오늘의 우리 한민족은 여하튼 4천년을 살아와 오늘에 존속하고 있는 유서깊은 주체이다. 따라서 그것은 어떠한 이유로 해서라도 계속 살아남아야 한다. 여기서 생존은 한민족의 제일의적 역사규범을 이루며 그것을 위하여는 민족의 번영에 대한 계속적인 창조력이 또한 제일의적으로 요구된다. 그것이 바로 오늘의 '유신'을 불러일으키는 민족사적 요구로 직결되는 것이다.

　이 글의 내용대로라면 한민족의 국가이성, 바꿔 말해서 국시는 바로 '유신'인 셈이다. 신라통일도, 수 · 당격퇴도, 대몽항쟁도, 의병운동도 모두 유신정신이 그 바탕이 되어 있었다. 해도 너무한 역사왜곡이다. 이 글의 마지막 부분은 다음과 같다.

　… 따라서 역사 위에서의 재창조를 의미하는 우리의 '유신'과업은 단절된 4천년 역사와 오늘을 연결시키는 역사 영속의 의미와 분단과 타율의 역사 모순을 극복하고 통일민족사였던 민족사의 의지를 다시 찾는다는 역사 자율의 회복이라는 의의를 함께 지닌다.
　전자에서는 민족사 4천년의 역사의식이 오늘의 추진력으로 직결 재생산되는 한없는 '유신'의 효율이 나오고, 후자에서는 오늘의 세계사 속에 한민족의 자율이 하나의 실천주체로 확인되는 더 없는 민족주체성이 나온다.
　'유신'은 이같은 좋은 역사를 원하는 국민들에게는 더 없이 아름답고 절실한 개념이지만 그러나 그것은 또한 반드시 그 실천된 역사의 효율이 훌륭하다는 확인이 결부될 때에만 비로소 붙여질 수 있는 역사상 한없이 규범적인 개념이기도 한 것이다.

　특정인의 영구집권을 위해 이루어진 유신체제를 마치 만병통치약처럼 '과장 확대포장'한 이 글은 유신을 역사적으로 왜곡시킨 대표적인 곡필의 하나이다. 이 필자는 박정희가 식민통치시기의 친일역적이었고 남북 분단상황에서 침략세력의 편에서 반평등 악법을 이용한 절대독재자라는 사실을 철저히 무시한 채 시치미를 떼고 민족 자주독립 역사의 좋았던 점만을 갖다 붙이는 견강부회(牽强附會)의 자세로 일관했다.

5) 종신 절대군주 「유신대통령」 선출 찬양

(1) 통일주체 대의원 선거

계엄령을 선포하여 기존의 헌정체제를 쓸어버린 박정희는 이른바 유신헌법을 만들어 국민투표 과정을 통해 이를 확정하고 이어서 간선제에 의한 대통령선거를 실시했다. 박정희가 제7대 대통령 선거과정에서 김대중 후보에게 '혼쭐'이 난 후, 어떻게 해서든지 직선제를 피하고자 착안한 것이 「통일주체국민회의」에 의한 간선제였던 것이다.

1972년 12월 15일, 오직 대통령을 뽑기 위해 마련한 이 통일주체국민회의 초대 대의원 선거가 실시되었다. 엄청난 국가예산과 행정력을 낭비하면서 한 사람의 영구집권을 위한 제도적 장치에 불과한 통대선거는 국민의 냉담한 반응에 부딪쳤다. 절대적인 권한의 대통령 선출권을 가진 통대선거에 신명이 날 리도 없었지만, 그나마 야당계 인사들은 철저히 봉쇄되고 친여인사들 일색이라 '선거'다운 선거일 수가 없었던 것이다. 오직 언론들만 신명이 났다. 지면을 온통 할애하여 이 '역사적' 행사를 계몽하고 사설과 각종 논설·해설기사를 통해 지지찬양했다.

(2) 「전국민의 적극 참여를」 곡필

『조선일보』는 12월 15일 「전국민의 적극 참여를──통일주체국민회의 첫 대의원선거에 부쳐」란 사설에서 "유신헌법이 확정된 후 유신헌법에 의하여 유신헌법상 조국의 평화통일을 지향, 상징하는 국가정상기관의 구성원을 처음으로 뽑는 국가행사란 점에서 이번 선거의 역사적 의의는 매우 큰 것이다"라는 서두에 이어 다음과 같이 쓴다.

이번 선거를 통하여 우리는 우리 5천만 민족의 간절한 숙원으로 되어온 조국의 평화통일 의지를 전국민적 규모로 조직화하며, 그 추진세력을 현실적으로 형성하게 된다. 그와 함께 통일주체국민회의를 우리 헌정장치의 정상에 자리잡게 함으로써 국가의 안전과 번영과 통일을 추진하는 한국적 민주정치의 굳건한 기틀을 마련하게 되는 것이다.

통일주체대의원을 "한국적 민주정치의 굳건한 기틀"이라고 격찬해 마지 않는 이 사설은 다음과 같이 이어진다.

두말할 필요도 없이 10월유신은 우리나라의 역사발전에 일대 전기를 가져왔다. 이것의 성패가 곧 국가의 안정과 번영과 조국의 평화통일의 결정적 성패를 의미한다는 것도 다를 여지가 없다. 그러므로 유신과업은 만난을 배제하고 성공적으로 추진해 나가야 하며, 그러기 위해서는 전국민의 한결 같은 슬기로움과 진취적이고 합심협력 하는 자세가 크게 요청되지 않을 수 없다.

그렇게 하는 당면한 제1차적인 국민적 역무는 오늘 10월유신의 첫 과업으로 실시되는 통일주체국민회의 선거에 전유권자들이 빠짐없이 참여하는 일이요, 모든 대의원입후보자 중에서 통일주체국민회의 대의원으로서의 국가적 사명과 민족적 책무를 신탁받을 만한 성실하고 덕망있는 인사를 골라내는 일이다. 그렇게 함으로써 이루어지는 국민회의로 하여금 이 나라의 훌륭한 국가원수를 뽑게 하고 일부 국회의원을 선출하게 하며 통일정책을 다루게 하는 일인 것이다 ……

10월유신은 모든 국민이 평가·참여해야 하는 새 역사 창조를 위한 국가적 대사이다. 그러므로 모든 국민들은 한 사람 한 사람이 새 역사의 바퀴를 밀고 가는 역무를 주체적으로 분담해야 하며 그런 사명감과 노력을 결집함으로써 우리의 자각된 민주역량을 내외에 과시함과 동시에 마침내는 유신대업을 성취해야 할 것이다. 그 첫 기초과업으로서의 이번 대의원선거에 모든 유권자들이 능동적으로 임해야 한다는 것은 이로써 자명한 것이다.

『조선일보』의 이 사설은 "친일역적 독재자와 친일파 언론사의 세기적 어울림"이라고 할 만큼 궁합이 잘 맞는다는 듯이 통대에 대한 인식이나 유신에 대한 평가에 있어서 관변논리를 그대로 앞과 뒤에서 대변하고 있다. "10월유신은 새 역사의 창조"라는 관변논리 그대로였다.

① 「초대 국민회의의 구성」 큰 의미

『중앙일보』는 12월 18일 「초대 국민회의의 구성」이란 사설을 썼다. 이 사설 역시 앞의 신문들처럼 통대의원의 역사적 중요성을 역설하면서 투표율이 낮은 것을 다음과 같이 호도시킨다.

투표율이 전국적으로 70.3%이고, 서울특별시에서는 57%밖에 안되었던 사실을 보고 섭섭하게 생각하는 사람도 있다. 그러나 선거운동 기간이 매우 짧았으며 선거이슈를 에워싼 논쟁 등이 전혀 과열치 않았었다는 사실 등과 과거의 국회의원선거 투표율을 상기한다면 70% 정도의 투표율은 결코 낮은 것이 아닐 뿐더러, 선진제국에 비해서도 떨어지는 것이 결코 아님을 지적해두고 싶다.

전국 70.3%, 서울 57%의 낮은 투표율에 대해 신문들이 이처럼 안달을 해야 할 이유가 어디 있을까. "섭섭하게 생각하는 사람"에 대한 '송구스러운' 마음 때문일 터이다. "선거운동 기간이 짧았고" "이슈를 에워싼 논쟁 등이 전혀 과열치 않아"서 70% 정도인데, 이것은 "선진제국에 비해서도 떨어지는 것이 결코 아님"을 지적하면서 몸부림이다. 선진제국에 이런 류의 선거가 있는 나라가 한곳이라도 있었던가. 사설은 이 선거의 본질문제에는 눈감과 지엽말단을 교언영색으로 호도하면서 집권세력이나 서운해 할 일에 대신 호들갑을 떨고 있다.

② 「초대 대의원들의 사명」 칭송

『동아일보』도 12월 18일 「초대 대의원들의 사명」이란 사설에서 "이번 선거는 철저한 공영제가 실시됐다는 것을 전제하고 있다면 비록 투표율이 70.3%에 불과한 저조를 보였다고는 하지만 이는 각종 선거의 전략과 외국의 실례 등을 참작할진대 성공적으로 완료됐음을 새삼 느끼게 된다"라고 예의 투표율에 '자위'하면서 다음과 같이 쓴다.

> 통일주체국민회의야말로 이 나라가 갖는 모든 기구·제도의 모체가 될 것은 너무도 명백한 일이며 이 나라의 장래와 국운을 개척하는데 있어서도 크게 이바지할 것을 새삼 부탁해 마지 않는 바이다. 대의원으로 선출된 인사들의 내역만을 보아도 우리나라의 각계각층을 총망라했을 뿐만 아니라 그 가운데는 덕망과 함께 저명한 중견인물들이 적지 않게 포함돼 있음을 볼 때 더욱 마음 든든함을 감출 수 없게 됐다.

통대의원에 선출된 사람들은 대부분이 정부 여당측 관변인물이거나 이것을 기화로 정치적인 야욕을 달성해 보자는 야심가들로서, 정보부원이나 보안사 요원의 사전교섭을 받은 자들이었다. 박정희 때나 전두환 때의 국회의원·장관 기타 고위 관료나 중요직의 임명이나 선출에서는 사전에 반드시 정보기관의 심사를 받는 것이 관례로 되어있어서, 입후보과정에서부터 친야인사나 비판적인 인사들은 당국의 내밀한 '불합격 판정'을 받아 출마가 봉쇄되었던 것이다. 그런데도 이 사설은 "각계각층을 총망라"했을 뿐 아니라 "저명한 중견인물들"이 적지 않게 포함돼 있다고 그 정당성을 부여해주었던 것이다.

『동아일보』는 12월 29일자 사설 「제4공화국의 출범」에서도 "제4공화국의 출범은 여러 가지 뜻에서 의의가 크다고 해야 하겠다. 안으로는 한국적 민주주의 터전이 확립되었고 밖으로는 긴장완화와 남북교류 증대를 다짐하며 국정전반에 걸친 유신적인 개혁이 예상되고 있으므로 이번 박 대통령의 취임은 특히 그 정치적 의의가 크다고 하지 않을 수 없다"면서 다음과 같이 썼다.

　　27일 대통령취임과 더불어 유신헌법이 공포되었다는 점에서도 의의가 크다. 헌법공포와 더불어 정치활동도 허용되었고 그만큼 헌정정상화를 위한 진전을 보였다. 지금까지의 헌정이 제대로의 구실을 못한 데 대해서는 모든 국민이 크게 반성하는 바 있어야겠으나 특히 정치인들의 맹성이 요청된다. 여당은 여당대로 야당은 야당대로 입장은 다르나 다 같이 반성하는 바 있어야 하며 제4공화국체제하에서는 일보 전진한 활동을 보여주어야겠다.

　　비교적 객관적인 논평이라 할 수 있다. 그러나 '헌정이 제대로 구실을 못한 데' 대한 평가에 있어 '모든 국민이 크게 반성'해야 한다거나 '특히 정치인들의 맹성이 요청된다'고 하는 부분은 진실과는 거리가 멀다. 정치파행의 책임을 엉뚱한 사람들에게 확산시키는 비열함을 보이고 있다.

　　헌정질서를 일격에 깨뜨리고 1인독재체제를 획책한 것은 어디까지나 박정희와 그 하수인들이었다. 또 과거 헌정이 제대로 구실을 못한 것은 5·16쿠데타와 3선개헌 등 불법 변칙을 일삼아온 집권세력 때문이었지 국민이나 정치인의 책임은 크지 않다. 일제 식민지 통치시기 일본왕에게 충성헌사를 했듯이, 민주주의를 지키려는 일언반구의 언급은 없고 대통령의 절대권만 맹목적으로 칭송하고 국민을 훈계하는 쪽으로만 관심을 기울이고 있다.

　　『동아일보』는 이에 앞서 12월 25일 「제8대 대통령의 당선」이란 사설을 싣고 있다. 이 사설은 "이번 대통령 선출은 국력의 조직화를 지향하는 유신체제하의 보다 강력한 권한을 보유한다는 점에서 정치적 의의가 있고 국내외로 허다한 시련을 극복해야 할 앞으로의 6년간 이 나라의 운명을 지도하는 막중한 책임의 자리라는 점에서 국민의 기대와 관심은 그 어느 때보다도 크다고 하지 않을 수 없다"라는 서두에 이어 다음과 같이 썼다.

　　우리는 박 대통령의 대통령당선을 충심으로 축하하면서 이날 의장자격으로 통일주체국민회의에서 행한 개회사가 앞으로의 나라 향방의 기본자세를 천명했다는 점에서 내외의 주목을 끌만한 발언이라고 판단한다.
　　박 대통령은 개회사에서 "우리에게 주어진 운명은 우리 스스로의 힘으로 개척하고 해결해나가야 할 뿐 또 다른 길은 없다"고 언명함으로써 앞으로의 국가적 국민적 자세가 굳건한 자주적 입장을 견지할 것임을 천명했다. 오늘의 내외정세를 분석하건대 박 대통령의 이러한 결의 표명은 우리 민족이 놓여 있는 민족사적 상황을 정확히 판단한 발언으로 국민적 공감을 불러일으키는 바 크다고 할 수 있겠다.

오늘의 내외상황이 우리에게 고도의 의식과 분발을 촉구하고 있다는 점을 국민들도 인식하지 않으면 안되겠다. 앞으로의 수년간은 우리에게 있어 '구국의 활로'를 개척하는데 지극히 중대한 역사적 시기가 될 것이라고 보아야 한다. 박 대통령은 8대 대통령으로 당선된 데 대한 성명 속에서 "10월유신의 궁극적 목표는 한반도에서 다시는 전쟁의 참화가 되풀이되지 않게 하며 국력배양을 가속화하며 안정과 번영·평화의 기틀을 더욱 공고히 다져 민족의 염원인 조국의 평화통일을 앞당기는데 있다"고 언명했는데 박 대통령의 리더쉽이 이와 같은 방향으로 전개되는데 있어 국민은 그의 영도에 일체감을 갖고 참여와 협조를 아끼지 말아야 하겠다.

유신출범을 "구국의 활로"라 표현하는 것이나 "그의 영도에 일체감을 갖고" 하는 따위의 내용에서, 아마 세계의 조류와 민족 동포형제자매들로부터 소외되어가는 "친일파세력의 단말마적 위기감을" 민족 전체의 위기인양 호도하기 위한 과장된 표현으로 볼 수 있을 것 같다.

③ 「영광스런 순간에 공감을 함께」 곡필, 상감마마, 황공무지로…

『조선일보』의 제8대 대통령 취임 전후의 보도·논평 자세는 유별스럽다. 12월 23일 「국민회의와 대통령선거—영광스런 순간에 공감을 함께 한다」는 사설을 쓰고, 다음날인 24일에는 「줄기찬 통일에의 의지—제8대 대통령 선출을 경하하면서」란 사설을 쓴다. 그리고 28일에는 「새 역사의 전개—제8대 박정희 대통령의 취임을 경하한다」라는 사설을 써 선거와 선출과 취임을 '경하'하고 있다. 먼저 「국민회의와 대통령 선거」의 사설 내용을 살펴보자.

10·17 이후 우리는 줄기찬 의욕으로 새로운 조국의 미래상을 향하여 끈덕진 작업을 전개해왔다. 그것의 대들보가 되는 유신헌법을 유권자의 절대다수의 호응과 참여 속에 확정지었고, 이 유신헌법에 바탕한 최고통치기관인 통일주체국민회의 대의원을 선출하여 오늘 개회식을 보기에 이르렀고, 이러한 절차에 의해 국민의 주권적 수임기관으로 발족한 이 기능이 유신헌법상 국정에 대하여 일찍이 없는 막중한 책임을 지는 국가원수로서의 대통령을 선출하게 됐다 …… 우리의 현시점에서의 제반 상황이 갖가지 위난에 직면하고 있음을 솔직히 시인할 때 이것을 타개극복하고, 우리의 번영과 안녕을 확보하고, 조국의 평화적 통일까지를 성취해야 할 전무한 짐을 지는 대통령은 글자 그대로 우리의 운명을 좌우하는 역사창조의 지렛대요, 핵심이 되는 것이다. 국민의 주권적 수임기관인 통일주체국민회의 대의원들은 이미 법에 따라 우리가 필요로 하는 이에 합당한 후보인물을 추천하는 절차를 다한 것으로 알고 있으며 오늘 투표에 의해서 그 인물, 곧 대통령을 선출한다.

온 국민의 여망을 업고 전국 구석구석에서 선출된 국민회의 대의원들의 오늘의 영광스럽고 막중한 순간에 우리도 절실한 공감을 같이하면서 역사적 유신 첫 과업으로 발족을 보는 국민회의 사명이 대통령선거와 함께 헌법이 부여한 통일정책의 심의결정, 국회의원 3분의 1의 선거, 국회가 발의한 개헌안의 의결 등 무거운 소임을 다함으로써 성실하고 착실하게 이행될 것을 역사와 온 국민의 이름으로 성원하고 격려해 마지않는다.

이 사설은 통대에서 박정희 1인을 단독후보로 추천한 사실을 들어 "우리가 필요로 하는 이에 합당한 후보 인물을 추천하는 절차를 다한 것으로 알고 있고" 운운하면서 간교한 어법으로 박 대통령의 추천을 성원 격려하고 있다.

이어서 「줄기찬 통일에의 의지」란 사설에서 "우리는 먼저 이 역사적 전환기에 국민의 최고영도자로서의 새로운 중책을 맡은 박 대통령의 당선을 진심으로 축하하며, 민족의 앞날에 힘찬 발전이 있기를 기원해 마지 않는다"면서 다음과 같이 쓴다.

유신의 궁극적 목적이 '주체적 민족사관'에 입각하여 민족의 안정과 번영을 이룩하고 나아가서는 통일조국을 우리 자신의 힘으로 쟁취하는데 있음을 명시했던 것이다. 특히 주목할 것은 유신헌법의 혜택과 더불어 조국의 평화통일이 우리의 '국시'로, 헌정의 지표로 확립되었다는 박 대통령의 언명이다.

새로운 역사의 시점에서 밝힌 박 대통령의 이상의 이념은 요컨대 민주적 주체성과 조국통일에의 줄기찬 의지를 그대로 반영한 것이다. 이러한 이념이 통일주체국민회의라는 제도로 구현되어 통일에 대한 주요정책을 심의하는 큰 의무를 떠맡았다.

유신의 목적이 '주체적 민족사관'이라는 박 대통령의 통치철학을 확인하면서 유신대통령의 선출을 '줄기찬 통일에의 의지'로 '승화'시키고 있다.

「새 역사의 전개」라는 사설은 더욱 노골적인 언어로써 박의 취임을 찬양한다. 예컨대 "박정희 대통령은 …… 제8대 대통령으로 정식 취임했다. 이로써 우렁찬 새 민족사의 창조를 위한 제4공화국의 첫장이 열린 것이다"라는 서두부터 아첨의 미사여구가 나열된다.

우선 우리는 국민적인 입장에서 박 대통령의 대통령취임을 충심으로 축하한다. 그리고 지난 10년 동안 천년 묵은 가난의 토박土薄 위에 부와 근대화의 씨앗을 뿌려 가꿈으로써 이 나라 국민의 뼈에 젖은 패배의식과 열등감을 용기와 자신으로써 대체해 주고 지난 4반세기에 걸쳐 지속되어온 냉전 속에서의 동족상잔과 남북결원南北結怨의 민족사에 10·17구국의 영단으로 종지부를 찍고 평화통일의 새 역사를 위하여 정초한 박정희 대통령을 다시 대통령으로 선출

— 취임토록 하게 되었다는 것을 우리는 미덥고 다행스럽게 생각한다.

우리가 이렇게 박 대통령의 대통령취임을 경하하는 것은 그의 지난 공적 때문만이 아니다. … 그럼 무엇 때문에 지난 10년 동안 5,6,7대나 대통령을 역임한 그를 또다시 대통령으로 맞고 거듭 환영하는 것인가. 한 마디로 말해서 그것은 그의 영도력 때문이다. 그의 높은 사명감과 뛰어난 능력과 역사의식의 정당성 때문이다.

거시적으로 보아 대과가 없고, 오늘 우리가 보는 건실한 그의 업적을 긍정하지 않을 수 없는 이상, 박 대통령의 영도력은 정당하게 평가되어야 할 줄 안다. 더욱이 초근목피를 찾아헤매던 10년 전까지의 적빈과 수백년을 이어온 붕당적 파쟁생리와 남북간의 긴장—대결과 물결 사나운 국제권력정치 속에서의 약소열세의 입장 … 등 온갖 난경에서 오늘의 굳건한 역사발전의 기틀을 구축한 그의 훌륭한 정치역량을 우리는 더욱 높이 평가하지 않을 수 없는 것이다.

10월유신을 '10・17 구국영단'으로 표현하는 이 사설은 박정희의 제8대 대통령 취임을 '경하'하고 유신정변을 '환영'하는 곡필이라 하겠다. 이 사설은 3항으로 나누어지는데 마지막 구절은 다음과 같다.

이제 우리는 창조적 새 역사의 문을 열고 유신행진의 힘찬 거보를 내딛었다. 정체도 후퇴도 이젠 우리의 것일 수 없다. 오직 전진이 있을 뿐이다. 모든 시련과 안팎으로부터의 도전은 전체 국민의 슬기로움과 단결된 힘이 뒷받침하는 영도자의 헌신으로 잘 극복—타개해 나가야 하는 것이다. 끝으로 우리는 전체 국민과 모든 공직자들의 유신적 자각과 분발을 고무하면서 그 선두에 선 박 대통령에게 뜨거운 격려와 성원을 보내는 것이다.

언론공기에 이 같은 낯 뜨거운 사설을 쓴 언론인(!)들은 이후 유신체제에 참여하여 한 자리씩 한 것으로 전해진다.

(3) 긴급조치 1호를 맹목적 지지찬양

박정희는 1974년 1월 8일 돌연 긴급조치 1호를 선포하여 헌법개정 논의를 금지시키는 폭압조치를 단행했다. 긴급조치 1호는 ① 헌법을 부정・반대・비방하는 일체행위 금지, ② 헌법의 개폐를 주장・발의・제안・청원 금지, ③ 유언비어 금지, ④ ①~③항의 금지행위에 대한 보도 금지, ⑤ 위반자는 영장 없이 구속, 15년 이하의 징역, ⑥ 위반자는 비상군재에서 처단 등을 주요 내용으로 하는 조치였다.

그는 또한 비상군법회의 설치규정을 담은 긴급조치 2호도 함께 선포했다. 대통령 긴급조치 1호는 명색이 민주주의국가에서는 있을 수 없는 초헌법적인 내용이었다. 국민의 동의절차에 의해 만들어진 헌법이라면 개헌논의는 주권자의 정당한 권리이고 천부인권인 것이다. 따라서 개헌논의를 막는 긴급조치는 반헌법·반헌정의 독재적 망동일 수밖에 없다. 유신체제를 만들어 절대권력을 장악한 박정희는 유신 1년도 못되어 학생·종교인·지식인들의 반유신투쟁에 직면해야 했다.

유신반대 투쟁은 요원의 불길처럼 번져, 많은 국민이 이에 가세하게 되면서 제도권 야당으로 안주해 온 유진산의 신민당까지 이런 정세에 더 이상 침묵할 수 없어 1월 8일 마침내 정무회의를 거쳐 개헌에 전력을 경주하기로 결의하고 나섰다.

이 같은 상황에 몰린 박정희는 폭압적인 방법으로 유신반대 세력을 봉쇄하기로 작심, 긴급조치를 선포하고 계엄령 치하도 아닌 터에 비상군법회의를 설치하는 등 준군정과 같은 조치들을 단행했다. 유신체제에 대한 국민의 저항을 군사력으로 봉쇄시키고자 하는 독재자의 발악이었다. 언론계는 대통령긴급조치 선포에 『서울신문』과 『경향신문』을 제외한 대부분이 사실보도만으로 이 폭압사태를 처리했다. 다시 말해서 사설·논평 등 예의 지지 찬양 곡필을 쓰지 않았다. 그것은 방송·보도로 알리는 행위도 15년 이하의 징역형이고 영장 없이 구속되는 판이라 함부로 언급하기가 어려웠던 때문이었다.

따라서 민주체제를 짓밟고 국민의 기본권을 유린하는 긴급조치에 대해 단 한 줄의 비판을 쓴 신문도 없었다. 과거의 형태로 볼 때 지지 찬양하지 않은 것만도 '양식'을 지켰다고나 할까.

그러나 언론이기를 거부한 『경향신문』과 『서울신문』은 이 폭압조치에 쌍수를 들고 환영하여 역사에 남는 곡필을 쓴다.

① 「대통령의 결단」이라며 조건 없는 아부 충성

『서울신문』은 1월 9일 「대통령의 결단—난국을 극복하기 위한 길이다」란 사설에서 "우리는 박 대통령의 긴급조치는 국가와 사회의 안녕질서를 유지하여 한반도에 평화를 정착시키고 궁극적으로는 세계평화에도 크게 기여할 것으로 기대한다"면서 다음과 같이 긴급조치를 지지했다.

오늘날과 같이 우리가 일찍이 경험하지 못한 국가의 위기는 또 없을 것이다. 이 위기는 박 대통령이 지적했듯이 급변하는 국제정세 특히 국제경제가 몰고 올 거센 풍랑을 눈앞에 두고 있는 우리의 현실을 이해하지 못하고 정쟁유발에 골몰하여 시행된지 얼마 안된 헌법을 뒤엎을 것을 운위하고 있는 일부 지각없는 인사들의 언동 때문에 더욱 고조되고 있는 것도 사실이라고 하겠다.

　우리는 위기의 본질이 내외적 여건에 의해 조성되는 것으로 보기 때문에 우선은 외부적인 것보다 내부적인 내용을 제거하는 데 주력하지 않으면 안된다고 본다. …… 현행헌법을 부정, 반대하는 일부 세력을 제거해야만 우리의 내부체제를 굳건히 하면서 외부의 도발에 대처하기 위한 국력을 다져나갈 수 있기 때문이다. 우리는 오직 절박한 국가적 위기에서 도피할 수도, 눈을 감을 수도 없을 뿐만 아니라 그와 같은 현실도피와 방관적 태도를 취하기만 하면 당장이라도 북한공산주의자들은 우리의 강토를 잠식할 것이 틀림없다.

　이 사설은 상투적인 안보논리를 내세워 개헌논의가 사회안전을 해치는 것처럼 쓰고 있다. 그리고 유신정변을 기도할 때부터 관변논리의 알파요 오메가처럼 된 '급변하는 국제정세'에 대응하기 위해서는 일부 지각없는 인사들의 '제거'가 필요하다고 주장한다.
　후반부의 내용을 계속하여 살펴보자.

　우리는 야당을 포함한 일부 재야 정치인·종교인들이 개헌주장의 이유로서 유신체제를 반민주적인 것으로 단정, 일부 국민들을 현혹하고 결과적으로 국론을 분열시킨 현재까지의 언동이 이번 긴급조치를 계기로 말끔히 가셔진 것으로 확신한다. 극히 소수의 일부 국민을 제외하고 그 누구도 유신체제를 반민주적인 것으로 선동하는 그들의 주장에 동조하리라고 믿지 않는다. 오히려 그 같은 주장 자체가 지극히 독선적이며 비민주적인 것으로 우리는 평가하고 있는 것이다. 왜냐하면 민주주의란 토론과 타협의 과정에서는 소수의 의견이 제시될 수 있고 또 존중되는 것이지만 궁극에 있어서는 다수결 원리에 입각, 처리되는 것이기 때문이다.

　헌정질서를 송두리째 짓밟는 처사를 외면한 채 '다수결의 원리'만 내세워 반유신세력을 매도하는, 그야말로 어용의 논리가 아닐 수 없다. 이런 어용언론인들이 이후에도 5공의 살육정권을 비호하고 다시 극우반공세력을 두둔하여 5공회귀를 부채질하였다.

② 신문들 모두가 민주화 요구자에 악담

　긴급조치 시기『경향신문』『서울신문』을 제외한 여타 신문들 역시 사설·논평에서만 긴급조치 선포를 취급하지 않았을 뿐이지 정부 발표문인「박 대통령 긴급조치선포의 배경」이란 긴 내용을 지면에 도배질하면서도 비판하거나 문제점을 지적한 단 한 줄의 기사도 쓰거나 싣지를 않았다.

　개헌논의를 금지시키는 긴급조치가 선포되고 비상군재가 설치되었지만 민주주의를 염원하는 민주인사들의 투쟁은 결코 위축되지 않았다. 특히 대학생들과 종교인·지식인들의 항쟁은 감옥행을 두려워하지 않고 줄기차게 전개되었다.

박정희는 이러한 반유신·반긴급조치에 다시금 폭압조치를 내려 분쇄시키고자 했다. 1974년 4월 3일 대통령긴급조치 제4호를 선포한 것이다.

긴급조치 4호는 ① 전국민주청년학생총연맹 관련 활동금지 ② 교내외의 집회·시위·성토·농성금지 ③ 데모주동자 최고 사형, 긴급조치 위반학교 폐교처분 가능 ④ 치안유지를 위해 지방장관이 요청하면 병력출동 ⑤ 민청학련 관련자 8일까지 자진신고하면 불문에 부치겠다는 내용이었다.

많은 학생들이 이 긴급조치 4호에 의해 투옥되고 퇴학처분을 당하는 등 심한 탄압 시련을 받았다. 그러나 언론들은 여전히 긴급조치 통치를 방관하거나 지지, 비호했다.

지학순 주교를 비롯하여 천주교신부들이 「정의구현사제단」을 조직하여 항쟁에 나서고 기독교 측에서도 용기있는 목사들이 반독재 전열을 가다듬기 시작했다. 재야 민주인사들의 반유신전선도 형성되었다.

이런 상황에서 8·15 박 대통령 저격사건이 발생, 재일교포 문세광에 의해 대통령 부인 육영수가 피살된다. 신민당에서는 전당대회에서 김영삼이 총재에 피선됨과 더불어 이철승의 친독재 온건노선에서 강경노선으로 선회한다.

10월 24일 『동아일보』 기자들의 자유언론실천선언과 더불어 오랫동안 침묵과 굴종 속에 있던 언론계가 모처럼 기지개를 펴기 시작했다. 그러나 여전히 대부분의 신문들은 유신체제의 일익을 담당하는 왜곡 어용의 터널에서 헤어나오지 못했다. 『중앙일보』는 12월 6일 「구속자의 특사설」이란 사설을 쓴다. 이 사설은 '구속자'들의 범죄성에 대한 정부의 관용을 촉구하고 있다. 구속자에 대한 인식부터가 문제점이 많은 내용이다.

이 시점에서, 우리는 물론 학생들에게 자신의 행동에 대해 깊은 반성이 필요하다는 것을 말하지 않을 수 없다. 대부분의 학생들의 행동에 대해서는 아직도 대법원의 확정판결을 기다려 보아야 하겠지만, 그들 스스로도 자신들의 행동이 엄연한 실정법 질서에 대한 위반이요, 설사 모르고 했다하더라도 그 배후에 공산주의자의 사주가 있었다면 그것이 우리 사회에선 용서받을 수 없는 행동이 된다는 것을 반성해야 할 것이다. 자신들의 주장이 민주주의의 추구에 있었다면, 그 민주주의에 대한 가장 큰 적은 다름 아닌 공산주의라는 것을 성찰하는 것만으로도 족하지 않겠는가.

유신체제 반대를 위해 싸우다 투옥된 학생들을 '실정법 위반' '배후에 공산세력' 운운하면서 학생운동을 왜곡한다. 이런 류가 대부분 언론계 지도부의 공통된 인식이기도 했다. 신문기자들의 모든 기사는 민주화 요구·시위자들의 편에선 아무것도 취재를 하지 않고 정부측·경찰 측의 발표문만 일방 선전하였다. 「반공 악귀」에 사로잡힌 칠흑같은 세상의 연속이었다.

2. 학생·민주인사·근로계층 궐기하자 간첩단 조작·언론인 퇴출

1) 대학생·기자·민주지향 종교인들의 용감한 궐기

(1) 기자들이 유신독재 저항투쟁

1973년 10월 2일 서울 문리대생들의 데모를 시발로 비판이 일어나기 시작하고 이해 10월말부터 언론자유수호운동이 일어나자 문공당국이 신문제작의 자율성을 최대한 보장하겠다고 했으나 언론통제의 고삐는 늦추지 않았다.

즉 유신체제에 대한 비판, 안보의 중대사항, 국민생활에 중대한 영향을 미치는 기사는 자제해야 한다는 것이었다.

이러한 상황에서 재야에서 '개헌청원서명운동'을 벌이는가 하면 야당에서도 유신헌법 개정 움직임이 나타나자 1974년 1월 8일 대통령 긴급조치 1호를 발동하고 이후 1975년 5월 긴급조치 9호를 발동함으로써 '긴급조치에 의한 통치시대'가 전개되기에 이르렀다.

물론 이 과정에서 언론인의 강제연행과 구속이 잇달았으며, 1974년 3월 7일 동아일보 노조를 결성한 데 이어 10월 24일에는 학생데모에 관한 보도를 이유로 편집국장과 관련 부장들을 연행한 데 대해 『동아일보』기자들이 '자유언론실천선언'을 발표함으로써 1972년에 이어 2차 자유언론수호투쟁의 신호를 올리게 되었다. 이후 서울 소재 신문 방송들은 물론 각 지역 신문 방송들에게까지 언론자유수호투쟁의 혼이 요원의 불길처럼 번져갔다. 유신독재체제의 출범 후 실로 2년만의 장거壯擧였다.(송건호, 앞의 책)

『동아일보』 기자들의 자유언론 실천 결의

1. 신문・방송・잡지에 대한 어떠한 외부간섭도 우리의 일치된 단결로 강력히 배제한다.
2. 기관원의 출입을 엄격히 거부한다.
3. 언론인의 불법연행을 일절 거부한다. 만약 어떠한 명목으로라도 불법연행이 자행되는 경우 그가 귀사 할 때까지 퇴근하지 않기로 한다.

사태가 예상외로 심각하게 돌아가자 박정희 정권은 광고주(대기업주)를 조종하여 『동아일보』에 대한 광고의 철회를 통해 목을 조이듯 압력을 가해 오기 시작했다. 이때가 자유언론실천선언이 있은 지 두 달이 채 못되는 12월 10일부터였다. 12월 24일에는 『동아일보』 광고를 내던 20여 개 사가 한꺼번에 광고의 해약을 통고해 온 것만 보아도 당시의 실정을 짐작할 수 있었다. 1975년에 와서는 동아방송에 대해서도 광고탄압을 자행하기 시작했다. (김진홍 『정치커뮤니케이션』 전예원 1983)

이에 굴하지 않고 기자들은 언론자유수호투쟁을 적극적으로 전개하는 한편 재야단체와 독자들도 격려광고 등을 통해 '동아 돕기 운동'을 전개했다. 그러자 경영진을 내세워 주도적인 기자들을 해고한 뒤 이에 맞서 농성투쟁 중인 160여 명의 기자・아나운서・프로듀서 등을 3월 17일 새벽에 폭력배를 동원하여 축출했다.

한편 『한국일보』 기자들도 1974년 12월 10일 『한국일보』 노조를 결성하는 역사적인 일을 결행했으며, 『조선일보』는 이 무렵 기사문제로 기자 2명을 해고 후 복직 약속을 지키지 않자 1975년 3월 6일 기자들이 농성투쟁을 전개했다. 물론 『조선일보』에서도 기자들을 해고, 축출했다.

결국 사명의식이 투철한 기자들을 언론계에서 축출하고, 어느 정도 정지작업이 이루어진 후인 7월 16일을 기해 『동아일보』의 광고해약 사태가 풀리기 시작했다. 이때부터 언론은 더 이상의 저항의 몸부림이 없이 침묵의 나락奈落으로 점점 깊이 빠져들게 되었다.

물론 언론이 이처럼 '연탄중독' 상태에서 '의식불명'상태로 빠져들게 된 데에는 박정희 정권의 언론통제 입법 또한 적지 않게 영향을 미쳤다. 즉 '집회 및 시위에 관한 법률'의 규제조항을 강화하는 등 줄잡아 15가지 내외의 언론규제 입법을 시도했으나 가장 크게 언론을 약화시킨 계기가 된 것은 광고탄압과 기자의 축출이었다.

유신독재 시대에 언론의 무력화에 대한 평가는 '신문의 획일화', '사설무용론', 더 나아가 '제도언론' 등에서 잘 드러나고 있다. 한국신문연구소에서 발행하던 '신문과 방송'이 약 2년간 연재한 각계 원로와의 대담 기사에서 신문의 획일화 현상이 당시 신문보도의 특징임이 지적되었다. 또한 신문연구소의 기자 의식조사에서 '신문의 개성이 없다'고 응답한 사람이 48.2%, '그런 면이 없는 것은 아니다'고 응답한 사람이 45.9% 등 모두 94.1%가 개성이 없는 것으로 평가했다.

이처럼 신문의 개성이 없다고 보는 데 대해 '제약 여건 때문에'에 그렇다고 생각한 사람이 70.5%로서 가장 많았으며, '편집과 경영이 독립되어 있지 않기 때문에'에 그렇다고 생각한 사람이 20.9%로서 두 번째였다.

신문의 개성에 관한 의견 (단위 : %)

의견 \ 신문구분	중앙지	지방지	계
사실 개성이 없다	49.2	45.7	48.2
그런 면이 없는 것은 아니다	44.1	50.3	45.9
그것은 부당하다	1.8	1.2	1.6
전혀 그렇지 않다	0.9	0.9	0.9
외부신문에 국한된 것이다	3.6	1.5	3.0
기타	0.5	0.3	0.5

출처 :『신문과 방송』1979년 3월호.

또한 사설에 있어서도 대부분의 신문들이 "빠져나갈 구멍을 터놓고 말하거나 쓰며", 다람쥐 쳇바퀴 돌리듯이 빙글빙글 돌려가며 쓰고, 구렁이가 담 넘어가는 식이라고 할만큼 애매모호하면서 시시비비를 가리지 않는 기회주의적·무사안일주의적 보도경향을 나타냈던 것이다.

이제 신문은 이데올로기적 국가기구로서 제도권에 편입됨으로써 제 구실을 하지 못하게 되었다. 한국신문연구회가 1976년에 실시한 언론인의 의식구조 조사결과에 따르면 "공정한 보도로 독자를 계도하고 있다"고 응답한 사람이 불과 2.4%밖에 되지 않은 반면 "독자의 궁금증을 풀어주지 못하고 있다"고 응답한 사람이 91.1%에 달했던 것이다.

이 시기에는 박정희 정권의 독재권력 강화에 정비례하여 신문기업이 독점언론자본으로 대규모화하면서 정치권력에 예속되었기 때문에 그만큼 신문의 성격을 규정짓는 데 큰 영향을 미쳤다.

신문기업의 소유를 보면 재벌계열이 이전에 비해 많이 늘어났음을 알 수 있다. 즉 아래에서 보는 바와 같이 신문뿐만 아니라 방송까지도 재벌계열사가 늘어났는데 신문이나 방송매체, 통신사를 소유한 재벌은 8개에 달했다. 따라서 신문기업은 단순한 보도조직에 그치는 것이 아니라 재벌의 보호막으로서 독점자본에 예속됨으로써 동시에 정치권력에도 예속되었던 것이다. 이렇듯 신문기업의 2중 예속성은 언론독점자본의 형성과 함께 산

업자본의 독점화에 따른 권력과의 결탁 때문이었다.(원우현 『한국미디어문화비평』 나남 1987)

재벌의 언론매체 소유현황(1980년 이전)
삼성그룹 : 『중앙일보』· 동양방송 · 동양방송 부산방송국
럭키그룹 : 『국제신문』·『경남일보』· 진주문화방송
쌍용그룹 : 동양통신 · 대구문화방송
동부그룹 : 『강원일보』· 춘천문화방송 · 삼척문화방송
일신그룹 : 『충청일보』· 청주문화방송
두산그룹 : 합동통신
동아그룹 : 대전문화방송
미원그룹 : 전주문화방송

(2) 10 · 24 자유언론실천선언, 구호만의 「자유언론」을 넘어

박정희 정권의 폭압에 짓눌려 언론이 제 기능을 전혀 못하고 있을 때 일부 양심적인 기자들은 그간 여러 차례 좌절된 자유언론운동을 추진해 갈 수 있는 기구로 노동조합을 선택하고 노조의 설립에 힘을 기울이게 되었다. 그 결과 1974년 3월 6일 「동아노조」가 설립되었다.

그러나 사측은 3월 8일 '집단소요행동'이라는 이유로 노조 임원 11명 전원을 포함한 13명을 해고하였다. 노사갈등의 우여곡절 끝에 타협책이 만들어졌는데, 이에 따라 노조 활동은 금지된 대신 4월 12일 사장 김상만은 특별 담화문을 발표해 해고된 전원을 사면하였다.(퇴출되었던 기자 13명 굴욕적인 회사 복귀)

박 정권의 주도면밀한 탄압 속에서도 언론사 노조활동이 완전히 죽은 것은 아니었다. 공식적으로 노조는 금지되었지만 수면하의 활동은 은밀하게 이루어지고 있었다. 그 성과는 6개월 후에 나타났다.

1974년 10월 24일 오전 9시 15분『동아일보』편집국 · 출판국 · 방송국 기자 180여 명은 3층 편집국에 모여 '자유언론실천선언'을 박수로 채택하였다.

『동아일보』10 · 24 선언문은 "우리는 오늘날 우리 사회가 처한 미증유의 난국을 극복할 수 있는 길이 언론의 자유로운 활동에 있음을 선언한다. 민주사회를 유지하고 자유국가를 발전시키기 위한 기본적인 사회기능인 자유언론은 어떠한 구실로도 억압될 수 없으며, 어느 누구도 간섭할 수 없는 것임을 선언한다. 우리는 교회와 대학 등 언론계 밖에서

언론의 자유 회복이 주장되고 언론인의 각성이 촉구되고 있는 현실에 대해 뼈아픈 부끄러움을 느낀다"며 다음과 같이 말했다. (강준만『한국 대중매체사』인물과 사상사 2007, 508쪽)

"본질적으로 자유언론은 바로 우리 언론 종사자들 자신의 실천 과제일 뿐 당국에서 허용받거나 국민 대중이 찾다 주어지는 것이 아니다. 따라서 우리는 자유언론에 역행하는 어떠한 압력에도 굴하지 않고 자유민주사회의 존립의 기본 요건인 자유언론 실천에 모든 노력을 다할 것을 선언하며 우리의 뜨거운 심장을 모아 다음과 같이 결의한다. 하나, 신문·방송·잡지에 대한 어떠한 외부간섭도 우리의 일치된 단결로 강력히 배제한다. 하나, 기관원의 출입을 엄격히 거부한다. 하나, 언론인의 불법연행을 일체 거부한다. 만약, 어떠한 명목으로라도 불법연행이 자행되는 경우 그가 귀사할 때까지 퇴근하지 않기로 한다."

『동아일보』의 '자유언론실천선언'은 24일 밤 곧 바로『조선일보』와『한국일보』로 번졌으며, 이틀 사이에 서울과 지방을 망라한 31개 신문·방송·통신사가 선언문을 채택하였다.

대학생들의 시위도 계속돼 10월 28일 문교부는 서울대·이화여대·고대·한국신학대 등에 휴업령의 전 단계라 할 수 있는 계고장을 보냈다. 11월 광주에서는 고등학생 200여 명 까지도 데모를 감행했다. 바로 그날 신민당 총재 김영삼도 개헌을 위한 원외 투쟁을 선언하였다.

1974년 11월 15일 경기도 고랑포 부근의 비무장 지대 안에서 북한군이 남쪽으로 파 내려온 땅굴이 발견됐다고 발표되었고 11월 20일 국회에서는 여야 일치로「북괴의 침략 규탄 결의문」이 채택되었다.

①『동아일보』광고탄압 사건

박정희 정권은 자유언론실천운동에 앞장을 서는『동아일보』에 대해 집중적인 타격을 가함으로써 그 운동을 무력화시키고자 하는 음모를 꾸몄는데, 그게 바로 1974년 12월 16일부터 시작된『동아일보』광고탄압 사건이었다. 이는 박정희로부터 "『동아일보』를 혼내 주라"는 지시를 받은 중앙정보부에 의해 획책되었다.

박 정권은 광고주들에게 압력을 넣어『동아일보』에게 광고를 주지 못하도록 했으며, 그 결과 1975년 1월 23일 까지『동아일보』상품광고의 98%가 떨어져나갔다. 당시『동아일보』광고국장 김인호는 주거래 광고 기업체 간부들과의 면담에서 광고탄압이 중앙정보부에 의한 것이었다는 사실을 알았다며 다음과 같이 증언했다.

"『동아일보』에 광고를 내온 대광고주로는 대기업 및 일반기업·극장·출판사 등이 있었다. 이들 회사의 사장과 광고담당 간부들은 중앙정보부에 불려가서 "왜 『동아일보』에만 광고를 내느냐, 앞으로 『동아일보』에 계속 광고를 내면 곤란하다"는 등의 협박을 받았다. 몇몇 회사들이 조금 버티기는 했으나 1974년 연말께 가서는 대광고주들과의 거래가 완전히 중단됐다."

중앙정보부의 뒤엔 박정희가 있었다. 당시 대미 로비스트 김한조는 미국의 반응이 나쁘므로 광고탄압을 중단해야 한다고 박정희에게 건의했지만, 박정희는 듣지 않았다. 박정희는 이렇게 말했다고 한다.(동아투위 『자유언론』 2004)

"『동아일보』는 못돼먹었어. 『워싱턴 포스트』가 일전에 날 '세계에서 가장 위험한 인물'이라고 썼는데 동아만 그걸 전재했어. 그래 내가 김일성이라는 말이오?"

기업광고가 끊긴 대신 국민들의 격려 광고가 쇄도하여 『동아일보』의 백지 광고면은 한동안 국민들의 격려문으로 채워졌다. 1975년 1월, 2월 두 달 동안에 실린 격려 광고 중에서 몇몇 격려 문안을 살펴보면 다음과 같다.

· 해마다 1년간 모든 돼지저금통을 깨서 불우한 이에게 전해 왔으나 이번에는 광고 해약으로 어려움을 겪는 『동아일보』를 돕는 데 쓰기로 했습니다.-이우인(6살)·지인(5살), 1월 10일.
· 긴급조치로 구속된 동료 학생에게 사식비로 전하려 하였으나 이 길마저 당국이 차단해서 광고 없는 『동아일보』에 성금으로 바칩니다.-이대 사회학과 일동, 1월 10일.
· 『동아일보』를 보는 재미로 세상을 산다.-익명 서점, 1월 11일.
· 배운 대로 실행하지 못한 부끄러움을 이렇게 광고하나이다.-서울법대 23회 동기 15인 일동, 1월 11일.
· 빛은 어두울수록 더욱 빛난다.(금반지 반돈중을 놓고 가면서.)-『동아일보』를 아끼는 한 소녀, 1월 13일.
· 나사 빠진 배움, 무엇에 쓰랴.-대일고 2학년 2명, 1월 15일.
· 『동아일보』 배달원임을 영광으로 생각합니다.-신동지국 배달원 15명 일동, 1월 15일.
· 시장길서 만난 우리들 빈 바구니로 돌아서며 조그마한 뜻 '거목(巨木) 동아'에 보냅니다.-주부 일동, 1월 16일.
· 동아! 너마저 무릎 꿇는다면 진짜로 이민 갈꺼야.-이대 S생, 1월 18일.
· 안타까운 마음으로 이 여백을 삽니다.-밥집 아줌마, 1월 18일.
· 약혼했습니다. 우리의 2세가 태어날 때 아들이면 '동아'로, 딸이면 '성아'(여성동아)로 이름을 짓기로 했습니다.-이묵·오희, 1월 20일.

- 오늘도『동아일보』를 읽으시는 하느님.-서울제일교회 학생회, 1월 20일.
- 저희 부친은 돌아가실 때까지 앞날의 '동아'와 저희 형제들을 몹시 걱정하셨습니다.-장례를 마치고 부산 자녀, 1월 25일.
- 나는 조용히 미치고 있다.-어느 경북대 교수, 1월 27일.
- 국민 여러분 우리 손자에게 아빠를 돌려주셔서 감사합니다.-박경리, 2월 17일.(사위 김지하씨 석방 후)
- 직필은 사람이 죽이고, 곡필은 하늘이 죽인다.-부산 어느 기자, 2월 19일.
- 작은 광고들이 모두 민주 탄환임을 알라.-○○출판사 편집부, 2월 22일.

②『조선일보』에서 내쫓긴 33명의 기자

자유언론실천운동을 벌이던『조선일보』기자들은 창간 55주년 기념일 다음 날인 1975년 3월 6일 한국기자협회 조선일보분회 집행부(분회장 정태기)의 주도로 "진실에 투철해야 하는 기자로서의 열과 성을 다해 언론자유에 도전하는 외부 권력과의 투쟁은 물론 언론 내부의 안이한 패배주의와도 감연히 싸우려 한다"는 요지의 선언문을 채택하였다. 그와 동시에 정론지 제작을 요구하며 이의 관철을 위해 제작 거부에 들어갔다. 또 기자들은 정론지 제작을 요구하다 오히려 '편집권 침해'를 이유로 1974년 12월 18일 전격 해고당한 두 기자(백기범·신홍범)의 복직 약속도 지키라고 요구했다.

백기범과 신홍범의 해직은『조선일보』1974년 12월 16일자에 실린 유정회 소속 국회의원 전재구의「허점을 보이지 말자」는 글의 게재에 대해 두 기자가 편집국장 김용원에게 항의한 데서 비롯된다. 이 기고는『조선일보』의 청탁에 의한 것이 아니었으며, 원래 200자 원고지 35매의 분량이던 것을 10매 정도로 줄여서 게재한 것이었다.

두 기자는 그 글이 유신체제를 일방적으로 홍보하는 내용으로 보나 논설위원실의 가필을 거쳐 실리게 된 경위로 보나『조선일보』가 지녀야 할 공정성과 균형에 어긋난다는 점을 지적했는데, 사측은 두 기자의 행동을 위계질서를 무시한 하극상 행위로 몰아 해고했던 것이다.

『조선일보』는 1974년『조선일보』사상 최초로 전년도에 비해 광고수입이 45.3%가 늘어나는 대기록을 세우게 되었다. 그 기록에 고무되었던 걸까?『조선일보』는 자유언론실천을 부르짖는 기자들에게 매우 강경한 자세를 보였다. 사장 방우영은 1975년 3월 7일 "가차없이 처단하겠다"는 사장 명의의 경고문을 회사 안에 붙였는데, 그 내용이나 스타일이 박 정권의 무슨 긴급조치 경고문과 흡사했다.

"사규에 어긋나는 처사일 뿐 아니라 기존 질서에 도전하는 난폭한 수법임을 확인하기에 이르렀다. (중략) 만약 끝까지 혁명적인 수법으로 55년의 기나긴 전통을 미화시키기는커녕 오히려 먹칠과 분열을 일삼는 사원이 만의 하나라도 잔재한다면『조선일보』의 앞날을 위하여 분명히 그리고 가차없이 처단할 것을 엄숙히 선언하는 바이다."

농성 6일째인 1975년 3월 11일 사장 방우영을 비롯한 경영진들은 편집국에 들어가 농성 기자들을 완력으로 모두 끌어냈고, 이 일로 32명의 기자를 해고했다.(이 가운데 최준명은 1978년 5월 1일 재입사). 해고된 기자들은 '조선자유언론수호투쟁위원회'(조선투위)를 구성하여 기나긴 투쟁에 들어갔다.

③ '자유언론선언'을 상술로 이용한『조선일보』

조선투위는 1975년 4월 11일,『조선일보』의 상술과 관련하여 한 가지 놀라운 사실을 폭로했다. 그건『조선일보』가 기자들의 순수한 자유언론 실천의지를 상업주의적 목적을 위해 이용했다는 것이다. 그 '진상 보고서'의 일부를 인용하기로 한다.(조선자유언론수호투쟁위원회『자유언론, 내릴 수 없는 깃발』두레 1993)

회사측은 71년 5월 동아일보 기자들이 자유언론수호선언을 한 이래 각사 기자들 사이에 자유언론선언운동이 번질 때마다 조선일보 기자들에게 '적어도 2등은 해야 한다'고 은근히 뒤에서 고무 격려해 왔습니다. 동아일보와 더불어 이른바 전통있는 민족지를 자부해온 조선일보로서는 동아일보 기자들이 언론자유를 외칠 때 조선일보 기자들이 침묵할 경우 소위 '사꾸라 신문'이란 오해를 받을 까봐 두려워했기 때문입니다. 따라서 동아일보 기자들이 자유언론선언을 하고난 뒤 조선일보 기자들 사이에 아무런 움직임이 없을 때에는 간부들은 은연중 초조한 기색을 보였고, 이런 사정을 잘 아는 조선일보 기자들은 자유언론선언을 하는 것이 언론인으로서 대의명분에 합당할 뿐만 아니라 회사의 이익에도 합치하는 것으로 판단, 솔직히 말해서 회사의 암묵적인 승인 아래 '어용 행사' 비슷한 일을 해오기도 했습니다. … 그중 대표적인 것은 73년 10월에 가졌던 자유언론수호궐기대회였습니다. … 74년 10월 24일 역사적인 기자들의 자유언론실천선언 직후 회사측 태도도 마찬가지였습니다. 선언대회 직후 회사 간부들의 일반적인 태도는 '잘들 했어. 2등은 해야지. 동아일보를 바짝 뒤따라 가야지'라는 것이었습니다. 그러나 조선일보 기자들이 회사측이 생각하는 어용성의 한계 안에 머물 것을 거부하고 종전과는 달리 자유언론을 성실하고 꾸준한 자세로 실천해 가려 하자, 회사측은 두달이 못가서 기자들을 탄압하기 시작했습니다. 그 첫 희생자가 신홍범, 백기범 두 기자였습니다. … 2등은 해야 된다고 강조해오던 회사측은 금년 1월에 들어서서는 2등도 못하겠다면서 '자주노선'이란 그럴듯한 말을 만들어 냈습니다. 기자들은 이 말에 속지 않았습니다. 이 말은 조선일보의 위선을 감추기 위한 술수라는 것을 쉽게 간파할 수 있기 때문입니다. 그것은 '자주노선'

이후 실제로 제작된 신문의 지면이 입증해주고 있습니다.

④ 『동아일보』에서 내쫓긴 134명의 기자, 「동아투위」 구성

시민들의 격려 광고는 계속되었지만, 격려 광고가 『동아일보』가 당면하게 된 경제적 위기를 해결해줄 수는 없었다. 『동아일보』 사주는 투쟁 의욕을 잃고 결국 박 정권의 광고 탄압에 굴복하여 1975년 3월 8일 경영 악화를 이유로 기구 축소를 단행한다면서 심의실 · 기획부 · 과학부 · 출판부를 없애고 사원 18명을 해고하였다. 이의 부당성을 지적한 기협분회장 장윤환과 박지동을 또 해고했다. 이렇게 시작된 『동아일보』 기자들의 해고는 신임 분회장 권영자 등 17명의 해고로 이어졌다.

『동아일보』 기자들은 『조선일보』 기자들이 강제로 해산된 다음 날인 3월 12일 자유언론 실천을 위한 최후의 방법으로 제작 거부에 들어갔다. 기자들은 제작 거부 농성과 함께 23명이 공무국을 점거하여 단식투쟁을 병행했지만 마치 군사작전을 방불케 하는 회사 측의 공격을 받았다. 이에 대해 정대수는 다음과 같이 말했다.(김민남 · 정대수 외 『새로 쓰는 한국언론사』 2001)

"회사 쪽은 농성 엿새째인 17일 새벽 술 취한 보급소 직원 등 폭력배 200여 명을 동원, 농성 중이던 기자 · 프로듀서 · 아나운서 · 엔지니어 등 160여 명을 폭력으로 축출했다. 이 장면은 그야말로 아비규환의 처절한 참상의 현장이었다. 산소용접기 · 해머 · 각목 · 소방 호스 등을 동원하여 새벽 3시부터 6시경까지 진행된 이 강제 축출작전에서 닷새째 단식 중이던 기자들이 마구 폭행당해 사회부 정연주 기자 등 여러 명이 부상했다. 방송국 강제 축출에서는 김학천 프로듀서가 무수히 구타당해 탈장과 뇌진탕 증세로 입원하기도 했다. 17일 새벽 동아일보사 주변 세종로 일대에는 정 · 사복 경찰 수백 명이 미리 포위하고 있어 『동아일보』 사원 축출작전이 경영주와 정보기관 및 경찰병력과 사전에 잘 짜여진 계획에 따라서 진행되고 있음을 보여주었다."

3월 17일 오전 10시 기협 동아분회와 동아방송 자유언론실행위원회는 기협 사무실에서 내외신 기자회견을 갖고 "이제 동아는 어제의 동아가 아니다. 폭력을 서슴지 않는 언론이 어찌 민족의 소리를 대변할 것인가"라고 묻고, "인간의 영원한 기본권인 자유언론은 산소용접기와 각목으로 말살될 수는 없다"고 밝혔다. 쫓겨난 기자들은 『동아자유언론수호투쟁위원회』(동아투위)를 구성해 기나긴 투쟁에 들어갔다.

결국 『동아일보』는 3월 8일부터 5월 1일까지 7차례에 걸쳐 모두 113명을 해고하였으며 『조선일보』에서는 32명이 해고됐다. 『동아일보』에 쏟아진 격려 광고는 광고탄압 넉 달째를 맞은 1975년 3월 25일까지 9,223건에 이르렀으며, 이에 따른 『동아일보』의 광고수입액은 1억 600만여 원으로 집계됐다. 그러나 『동아일보』가 정권의 탄압에 굴복해 기자들을 대량 해직시킨 이후엔 격려 광고도 크게 줄어들어 5월 7일 이후 격려 광고는 완전히 사라졌다.

해직 기자들은 해직 이후 만 6개월 동안 공휴일만 빼곤 날마다 아침에 회사 앞에 줄지어 서서 침묵시위를 벌였지만, 유신 독재의 벽은 너무 높았다. 이들은 강제 축출당한 뒤 유신체제가 끝날 때까지 모두 17명이 구속되었고, 7명이 구류 처분을 받았으며, 80여 명이 중앙정보부 등 수사기관에 연행되어 1일 내지 18일 동안의 조사를 받는 등 엄청난 고초를 겪었다.

(3) 프레스카드제 · 보도지침 강화

1975년 4월 30일 베트남의 패망은 순식간에 대한민국을 북괴의 남침 규탄대회의 소용돌이로 몰아가버렸고, 박 정권은 그 분위기를 이용해 아예 민주화 시위를 원천적으로 봉쇄해버리겠다는 결단을 내리게 된다.

그게 바로 5월 13일에 공표된 「긴급조치 9호」였다. 일체의 유언비어 날조 및 헌법 비방 행위의 금지, 학생집회 및 시위의 금지 등 헌법에 대한 논의 자체를 금지한 것이다. 프랑스의 식민지 베트남이 자체 독립투쟁으로 승리하려는 순간 미점령군에 의해 다시 제국주의 침략전쟁이 벌어졌는데, 처참한 학살전쟁 끝에 기어이 미군을 꺾었으니, 일제에 충성하여 조국을 배반했던 반역자 박정희로서는 베트남과 유사한 경우에 처해있으면서 그곳을 침략 학살까지 한 한국을 생각할 때 사생결단의 위기감에 사로잡혔을 것으로 여겨진다.

박 정권은 긴급조치 제9호의 후속 조치로 1975년 5월 24일 신문협회와 방송협회에 '언론부조리 숙정에 관한 결의문'을 발표케 하였다. 이 결의문의 내용은 당시의 언론이 이미 관제 언론화되었다는 걸 잘 말해주었다.

"우리는 이미 국난에 대처하여 '국가안보에 관한 결의문'을 발표한 바 있고 뒤이어 '방위성금 모으기 운동'의 선봉이 되어 왔습니다. 불길처럼 타오르는 애국애족의 정열이 강토에 만만하고 화기和氣 또한 겨레의 가슴마다에 넘치고 있습니다.

이러한 때를 맞아 한국신문협회와 한국방송협회 산하 전 언론인들은 한 자리에 회동하여 사회의 부조리 제거를 위해 언론인 스스로가 안고 있는 일체의 불합리한 요소를 제거하여 민족적 단결을 더욱 공고히 하는 데 앞장설 것을 결의하였습니다."

박 정권은 언론에게 '언론부조리 숙정에 관한 결의문'을 강요하면서 동시에 기존의 프레스카드 발급에 있어서 조사·교열부 기자를 제외하였고 유효기간을 1년으로 했다. 유효기간을 1년으로 한 것은 "이미 프레스카드의 효과가 충분히 나타나고 있는 상황에서 취해진 것으로 언론인들의 동태 파악을 항시화 체계화하는 한편 "카드발급권이 우리에게 있다"는 사실을 각 언론기관에 매년 상기시킴으로써 문공부의 위력을 유지 발전시키고자 하는 심산"이었다.

1년 후 문공부는 '보도증 발급요강'이라는 것을 새로 마련해 비위로 인하여 보도증을 반납한 경우에는 그 반납 수만큼 감축하고 대체 발급하지 않고, 소속사에서 징계 또는 정직 처분을 받고 그 기간이 끝난 후 1년이 경과되지 아니한 자는 발급하지 않는다는 조항을 신설하였다. 아예 기자들의 생존권을 틀어쥐고 꼼짝 못하게 순종시켰다.

또한 박 정권은 그간 각 언론사에 일일이 하달해온 '보도지침'을 강화시켰다. 그런 극심한 통제 상황에서 신문들의 주된 관심은 오로지 경제적 번영이었으며, 이는 오늘날 한국 언론의 성격을 규정짓는 계기가 되고 말았다.

70년대에 걸쳐 언론자유의 향유와 언론사의 경제적 성장은 상호 반비례하는 관계였다고 해도 과언이 아니다. (뒤의 제7장 참조)

① 민권일지 사건

해직 언론인들이 극심한 고통을 겪고 있는 동안 권언유착權言癒着의 길로 들어선 신문사들은 「진실되고 공정한 보도원칙 준수」라는 혼魂을 빼앗긴 번영을 구가하고 있었다. 신문사들은 1976년에 경쟁적으로 고속윤전기를 도입하였고 증면과 더불어 광고 지면을 크게 확대하였으며 무가지를 살포하는 등 신문사들 간 판매 경쟁을 치열하게 전개하였다. 그러한 경쟁이 너무 치열하자 한국신문협회가 1975년 5월, 1977년 7월, 1979년 9월 등 세 차례에 걸쳐 확장지 및 무가지 규제, 월정 구독료 엄수, 첨가물 사용금지 등을 주요 내용으로 하는 신문판매에 대한 정상화 결의를 하기까지 했다.(문종대 「1970년대 신문산업의 자본축적과정」,『한국언론의 정치경제학』아침 1990)

언론은 이제 더 이상 '정신 상품'이 아니었다. 1975년 박 정권에 의해『동아일보』와『조선일보』에서 강제 해직된 146명의 기자들이 결성한 '동아자유언론수호투쟁위원회(동아투위)'와 '조선자유언론수호투쟁위원회(조선투위)'는 1978년 4월 7일 제22회 '신문의 날'을 맞아 발표한 성명서에서 "오늘의 언론은 관민합작에 의한 악덕 상품에 지나지 않는다"고 규정짓고, "우리는 그동안 생산자 아닌 소비자의 입장에서 언론이라는 새로운 공해가 민중에게 끼치는 체제 중독 현상에 몸서리칠 따름"이라고 말했다.

그로부터 6개월여 후인 1978년 10월 24일에 일어난 이른바 '민권일지 사건'도 70년 대 말의 참담한 언론 상황을 잘 보여주었다.

해직 언론인들은 10월 24일 명동 한일관에서 10·24 자유언론실천선언 4주년을 맞아 「보도되지 않은 민주, 인권일지」(1977년 10월~1978년 10월)를 발표했다. 이는 당시 1년간 언론에서 전혀 보도하지 않았거나 보도했더라도 박 정권을 홍보하거나 비호하는 등 왜곡 보도한 사건들, 특히 전국 각 대학의 학생운동·종교계·노동자 그리고 여러 민권단체의 인권운동 등 모두 250여 건을 기사화한 것이었다.

이것도 긴급조치 9호 위반이라 하여 동아투위 위원 10여 명이 구속되었다. 다른 동아투위 위원들은 10월 25일부터 종로구 청진동 사무실 앞길에서 도열하여 연행 구속 사태에 항의하고 그들의 석방을 요구하는 침묵시위를 벌였다. 이 침묵시위에는 조선투위의 동료 기자들과 많은 민주 시민들이 참여하였다. 그러나 박 정권은 침묵 도열 시위 16일 만인 11월 8일에 기동대 병력을 동원하여 시위자들을 모두 강제 해산했다.

1978년 11월 13일 한국인권운동협의회, 해직교수협의회, 한국기독자교수협의회, 자유실천문인협의회, 백범사상연구소, 동아자유언론수호투쟁위원회, 조선자유언론수호투쟁위원회 등 7개 단체는 「표현과 언론의 자유에 대한 공동성명」을 발표하였다. 잇따른 표현과 언론의 자유에 대한 탄압 공세에 대응하기 위해 발표된 이 성명은 10여 건에 이르는 최근 탄압 사례들을 열거한 뒤 다음과 같이 말했다.

"교수들은 학생들을 감시하기 위해 술을 사 먹이고, 심지어 학생들로부터 돌팔매를 맞는 지경에 이르렀으며, 언론인들은 당국이 나누어주는 자료를 앵무새처럼 옮기는 완전무결한 '보도원'으로 전락했다. 이제 이 땅의 표현과 정보 소통의 자유는 완벽한 당국의 통제 아래 놓이게 되었으며 획일화된 사고와 이성을 잃은 강변만이 판을 치고 있다. 현 집권층은 입만 열면 '정신문화 창달'을 뇌이고 '서정쇄신'을 강조한다. 있는 것을 있다고 말하는 양심의 소리들을 짓누르면서 어떤 기괴망측한 '정신문화'를 만들어보려는 것인가?"

② 신문들의 판매전쟁과 독과점화

1970년대 후반 신문들은 유신체제에 체념해 굴종하면서 신문을 이윤추구의 수단으로만 생각해 판매 경쟁에만 몰두하였다. 독자들도 그런 현실을 인정했던 것인지 신문들은 외형적으론 놀라운 성장을 거듭했다.

급속한 경제성장과 함께 언론의 주요 기능은 '광고 매체'로 변화되었다. 1970년대 연평균 GNP 성장률은 10%를 웃돌았는데, 광고 성장률은 이것을 능가했다. GNP에서 광고비가 차지하는 비중은 1972년의 0.55%(190억 원)에서 1979년에는 0.71%(2,186억 원)으로 증가하였으며, 광고비 역시 같은 기간 중 13배가 넘는 급성장을 기록했다.

신문 총발행부수는 1970년에 200만 부에서 1980년 540만 부로 추산되었다. 총광고비는 1970년에 152억 원에서 1979년에 2,180억 원으로 14배 이상 확대되었으며, 신문광고비는 16.6배로 늘었다.

그런 상승 국면에서 신문들 간의 치열한 판매 경쟁에 불을 붙인 장본인은 다름 아닌 『중앙일보』였다. 『중앙일보』는 이미 1972년 9월 신문협회의 결의를 무시하고 서울과 부산 간 신문 수송을 단독으로 강행하여 신문협회 산하 판매협의회에서 제명당한 바 있었으며, 1974년 8월에도 부산지방에 대한 단독 수송을 실시하여 또 한번 제명을 당한 바 있었다. 특히 1975년 '신문의 날' 휴간 위반 사건은 다른 신문들의 분노를 사기도 했다.(정진석 『한국 현대언론사론』 전예원 1985)

그러나 다른 신문들의 그런 분노는 일종의 '밥그릇 싸움'의 성격이었을 뿐, 신문 판매시장의 정상화를 바라는 뜻에서 비롯된 건 아니었다. 신문들 간의 판매 경쟁은 이전투구泥田鬪狗식 싸움으로까지 비화되어, 급기야 한국신문협회가 나서서 1977년 8월 20일 '신문판매 정상화를 위한 결의문'을 채택하기에 이르렀다. 자율규제를 하자는 내용이었다.

당시 4대 일간지라 할 『동아일보』 『조선일보』 『한국일보』 『중앙일보』 가운데 『조선일보』와 『한국일보』는 조간이었고 『동아일보』와 『중앙일보』는 석간이었기 때문에 『중앙일보』의 공격적인 경영에 대해 가장 불편하게 생각한 신문은 단연 『동아일보』였다. 1970년대 후반에 일어난 『동아일보』의 삼성그룹 비리 폭로 시리즈도 그런 배경과 무관치 않았을 것이다.

『동아일보』와 『중앙일보』 사이에 가장 눈에 띄는 감정대립 사건은 1976년 5월의 용인 자연농원에 대한 집중보도와 1978년 4월의 삼성조선의 시추선 설계도면 절취 관련 사건 폭로, 그리고 1980년 3월의 용인 자연농원의 돼지분뇨 방류사건 등이었다.

『중앙일보』의 공격적인 경영은 큰 성과를 거두었다. 『중앙일보』의 주장이긴 하나, 1974년 3월 하루 평균 발행부수는 50만 8,000부였으나 1975년 9월 22일에는 70만 부를 돌파하였으며 1978년 12월 12일에는 100만 부를 넘어섰다.

『조선일보』는 1979년 2월에 100만 부를 돌파했다고 주장했는데, 이는 당시 신문 총

발행부수가 500만~600만 부로 추산되던 상황에서 일부 신문들의 독과점화가 심화되고 있다는 걸 말해주는 것이었다.

2) 독재자의 불의가 죽음에 이를 때까지 아부한 언론

(1) 언론인 강제해직 관련 곡필

1975년 봄의 민주화 바람과 더불어 언론계에서는 젊은 기자들을 중심으로 언론자율선언이 요원의 불길처럼 일기 시작했다. 이것은 유신체제와 더불어 언론에 대한 정부의 간섭이 더욱 심해지고 언론간부들의 노골적인 어용 곡필에 따른 양심적인 언론인들의 양심회복운동·정론회복운동으로 전개되었다.

『동아일보』에 대한 광고탄압이 가중되면서 국민들의 격려광고가 이 신문의 지면을 덮었고 각계각층의 성금이 신문사에 답지했다. 그러나 『동아』『조선』의 사주와 고위간부들은 정부의 압력에 굴복하여 자유언론에 앞장선 일선 기자와 중견 언론인들을 신문사에서 쫓아내는 언론사상 씻을 수 없는 오욕을 범했다.

야당·종교계·학계의 세찬 비판이 일게 되고 모처럼 국민적 성원으로 쟁취된 언론자유는 다시 굴절되어 '제도언론'으로 돌아갔다.

『조선일보』는 1975년 3월 11일 「신문제작 거부사태에 관한 우리의 견해」라는 1면 박스의 고딕체 사설을 통해 일선기자들의 신문제작 거부와 종교계 등 각계의 비판에 대해 자신들의 입장을 정리한다. 지극히 요상스러운 내용을 살펴보자.

우리는 항상 겨레와 국민의 번영과 행복이란 높은 차원에서 우리의 확고한 신념과 자세로써 묵묵히 신문을 만들 뿐이다. 하나의 목적을 가지고 거기 따른 조직을 가진 크고 작은 어느 사회에서도 … 위계질서가 흔들릴 때 그 사회는 본연의 임무를 온전히 수행할 수가 없다. 심정의 순수성과 젊은 객기가 모든 경우에 정당화되는 것은 아니다.

어떤 조직체에서든지 소수가 자신들의 소견에 지나치게 집착하여 그것을 고집하고 정당성을 지닌 다수에게 강요하고 나설때, … 조직체가 취할 수 있는 방법은 소수가 다수의 의사를 납득하고 따를 것을 설득과 대화에 의해서 종용하는 것이며 그것이 이루어지지 않을 때는 그 소수가 자기 소신을 다수의 의사를 펼 수 있는 다른 조직체로 찾아가기 위한 자진용퇴를 바라거나, 그것조차 이루어지지 않고 전체의 정당성이 위협받을 때는 그 소수를 배제하고 조직을 재구성함으로써 전반의 질서를 회복할 수밖에 없는 것이다.

『조선일보』는 근래 우리 사회전반에서 마땅히 확립되어야 할 위계질서가 공허한 명분의 미명 아래 들뜬 감정으로 흔들리고 있음을 적지 않게 우려하고 있었던 만큼 『조선일보』 자체의 확고부동한 질서확립을 위하여는 어떠한 희생도 각오하고 소신을 관철하고야 말 것이다. 아울러 우리는 우리의 원칙과 자세를 고수하고 어떠한 난관도 극복하여 계속 정부 권력에 대하여도 의연히 굽히지 않고 국민에 대하여도 떳떳한 언론의 사명을 다하는 『조선일보』를 … 겨레와 동족 앞에 내어놓을 것임을 밝힌다.

이와 같은 조선일보의 정연한 이치와 당연한 반응에 대하여, 실로 해괴한 것은 외부 소수로부터의 용훼요 간섭이다. 누구보다도 『조선일보』를 아끼고 사랑하는 것은 『조선일보』를 만드는 『조선일보』의 사원들이다. 『조선일보』에 문제가 있으면 그것을 『조선일보』가 자체로 처리하여야 하는 것이며 또한 『조선일보』는 그만한 양식을 가진다. 그럼에도 불구하고 실태를 옳게 파악하지 못한 타인이 성급하게 끼어들어 말썽을 일으키는 저의가 어디 있는가?

그래도 우리는 그와 같은 정치·사회단체의 용훼와 간섭이, 그 단체 안의 소수의 자의적인 행위로 간주하는 이해와 인내로 정관하려 하였으나 10일 정당의 공식성명에 접하고 우리는 앞으로도 그와 같은 도전에 서슴지 않고 맞서고 나설 것을 결심한다. 그러한 성명내용에 관하여는 추후 지면에서 분석 평가하기로 하지만, 우선 우리는 정당이 그와 같은 태도를 자주언론에 대한 명백한 정치적 입장이라고 규정한다. 그리고 정당뿐 아니라 어떠한 단체의 어떠한 용훼와 간섭에 대하여도 우리는 언론의 기능을 최대한도로 활용하여 밝힐 것을 밝히고 주장할 것을 주장함으로써 그 시비는 전국민에게 물으려는 것이다.

이 글은 양심적인 신문기자들의 자유언론을 향한 신문제작 거부항거를 "심정의 순수성과 젊은 객기가 모든 경우에 정당화되는 것은 아니다"라고 자유언론투쟁을 '객기'로 몰고 "소수가 자기 소신을 다수의 의사로 펼 수 있는 다른 조직체를 찾아가기 위한 자진용퇴를 바라거나"라고 하여 이들의 정당한 주장을 '소수'로 단정하면서 '자진용퇴'란 인사권의 칼날을 휘두른다.

이 글은 또 "『조선일보』에 문제가 있으면 그것은 『조선일보』가 자체로 처리하여야 하는 것이며"라고 하여 언론의 '공기'역할을 스스로 파기하고, 양심세력의 비판적 성명을 "자주언론에 대한 명백한 정치적 압력"이라고 매도했다.

① 「자유언론」 탄압자의 적반하장, 뒤집힌 거짓 변명으로 일관

『조선일보』는 1975년 3월 14일 역시 1면 박스의 고딕체 사설에서 「천주교 사제단과 민주회복국민회의 명의의 성명서에 대한 우리의 견해」란 긴 제목의 글을 싣는다. 이것은, 언론자유를 요구하며 농성에 참가한 기자들에 대해 『조선일보』가 처벌을 확대하고 농성기자들을 실력으로 몰아낸 데 따른 천주교 사제단과 민주회복국민회의의 비판에 대한 반박으로 쓰인 글이다. 조선일보 지배집단은, 자기들이 일본 식민지 시기(1920년 3월 6일)에 생겨나서 지금까지 계속 가난한 민중을 적대시하고 부유한 보수 권력층 편중의 언론을 펴고 있다는 사실을 인식하고 있지 못하고 있거나 아니면 뻔뻔하게 시치미를 떼고 있는 것이 분명했다.

아무튼 이것은 양심적인 종교집단·민주단체와 친일파 태생의 제도권 언론의 대결로 당시 사회에 대단히 큰 반향을 불러일으켰음은 물론 우리 언론 곡필사에도 두고두고 남을 글이기 때문에 전문을 인용키로 한다.

우리는 본보 3월 11일 제 1면에 일부 기자사원의 신문제작 거부에 관한 우리의 견해를 발표함과 아울러 광고난을 통하여 그동안의 경과를 상세히 밝히고 독자와 국민의 공정한 시비를 가려줄 것을 바란 바 있다.

그리고 11월 이전에 미처 실태를 파악하지 못하고 성급히 발표된 몇몇 단체의 성명에 대하여는 논급하기를 삼가면서 그러나 앞으로 부당한 용훼와 간섭이 있을 때는 서슴지 않고 대응하고 나설 것을 다짐했었다.

그러한 우리의 신중하고 간곡한 당부에도 불구하고 13일 천주교정의구현 전국사제단과 민주회복국민회의 명의의 두개의 성명서가 나온 데 대하여 우리는 이를 자유언론에 대한 명백한 도전으로 단정하고 그 부당성을 지적코자 한다. 그러나 우리가 아직도 그 두 성명이 두 단체의 전체의사라고는 보고 싶지 않은 것은 그 두 단체의 명예와 그 두 단체가 내세우는 명분을 아쉽게 생각하는 때문이다.

그러므로 이 시점에서는 천주교정의구현사제단의 주요 멤버이며 민주회복국민회의의 대변인인 함세웅 신부가 개인적으로 두 단체의 전체의사를 포용하였거나 그 중 소수가 다수에게 강요함으로써 만들어진 성명서로 보고 주로 함세웅 신부를 향하여, 연민의 정을 가지고 말하려 한다.

사제단의 성명은 몇가지 점에서 어이없고 독단적인 오류를 범하고 있다.

첫째, 『조선일보』와 『동아일보』의 일련의 사태를 "현 독재권력 당국이 언론을 탄압, 봉쇄하려는 음모와 상호 관련된 것임을 쉽게 인지할 수 있다"고 단정한 점이다. 도대체 인간의 영혼을 다룬다는 신부가 그렇게 '쉽게 인지'하는 안이한 태도부터가 잘못이다. 어찌 그렇게 가벼울 수가 있을까. 신부가 아니더라도 신중한 사람이면 그렇게 사상을 안이하게 다루고 참견하지는 않는 법이다. 그리고 자기의 비위에 맞지 않는 일이면 무엇이든지 '독재권력'과 결부시키려는 단순논리도 사고의 나태를 뜻하는 것이다.

게다가 양사에서 파면된 기자만이 "자유언론실천을 위해 피나는 투쟁을 해온 양심적이며 기자정신을 가진 사람들"이라는 파악부터 감상의 흠이 있을 뿐 아니라 잘못 알고 하는 말이다. 지금 일부 기자사원들의 제작거부에도 불구하고 『조선일보』의 사시에 의하여 과중한 업무량을 처리해 나가는 사원들이야말로 이제까지 자유언론 실천을 위해 피나는 투쟁을 해왔고, 고초도 겪은 양심적이며 올바른 기자 정신을 가진 사람들인 것이다.

우리는 사제들도 교리를 거역하거나 위배할 때는 파문을 당한다고 듣고 있는데 사(社)의 위계질서를 무시하고 직무를 거역한 사원을 사규에 의하여 처리한다고 독재권력의 음모와 관련되었다니 곡해도 유만부동이다.

우리는 천주교를 아끼는 마음에서 고통받는 사람을 편든다는 기치만 휘두르며 무턱대고 좌충우돌하면 양심의 소치요, 정의를 구현한다고 착각하는 사제에게는 침묵을 권고하도록 주교단에 제안하고 싶은 것이다.

뿐만 아니라 『조선일보』에 대한 불매운동을 전개한다고 하니 그런 운동에 응할 『조선일보』독자도 없으려니와 사제들에게 그런 운동을 할 권리가 있는 것인지 묻고 싶으며 우리는 그런 행위가 법에 저촉되는 것은 아닌지 조용히 연구코자 한다.

한편 국민회의 명의의 성명서에서는 『조선』『동아』의 사태가 관권의 각본에 의하여 일어났다고 말하고 있는데 그렇다면 이번 사태의 실마리가 된 제작거부를 하고 나선 기자들의 행동부터 관권의 각본에 의하여 이루어진 난동이 되는 것이 아닌가. 몇줄 안되는 글에서조차 그런 모순을 드러낸 성명서야말로 궤변이며 말장난이 아니겠는가.

『조선일보』는 민주회복국민회의에 대하여 격려를 했으면 했지 한번도 헐뜯은 일이 없다. 그런데 어찌하여 국민회의는 사내문제의 실태도 제대로 파악하지 못하고 그런 경솔한 성명을 남발하는가. 우리는 국민회의가 높은 차원에서 달리 해야 할 일이 있다고 생각하는 까닭에 국민회의의 명예를 위하여 그와 같은 경솔을 슬퍼하는 것이다.

처음 출발시의 국민회의의 높은 정신과 큰 뜻을 잘 아는 우리는 국민과 함께 국민회의가 순수한 본연의 자세를 회복하기 바라는 마음 간절하다. 개인도 단체도 뜻이 높으면 마음도 높아야 하는 법이다. 우리는 이 시점에서 두 단체가 앞으로 격조 높은 태도를 보여줄 것에 기대하며 더 이상 우리를 실망시키지 말 것을 당부한다.

끝으로 함 신부 개인에게

당신은 자기에게 죄가 없다고 믿고 있는지, 남을 공격만 하면 그것으로 당신의 죄는 면책된다고 생각하는지 묻는다. 함 신부는 양심적으로 이 물음에 답변해야 할 것이다.

천주교사제단과 민주회복국민회의는 유신독재시대에 가장 양심적이고 용기있게 반독재 민주화투쟁을 벌인 단체였다. 많은 지식인, 종교인들이 침묵하고 독재에 협력할 때 이 두 단체는 어둠을 뚫고, 독재를 향해 신랄히 양심과 민주의 화살을 쏘아댄 집단이었다. 그런데 이 두 단체가 『조선일보』의 양심적인 기자 추방행위 등 반민주성을 비판하고 나서자 『조선일보』는 이렇게 함세웅 신부 개인을 향해 거센 면박으로 대응하게 된 것이다.

설혹 특정 개인이 성명서의 문안을 작성했다고 하더라도 그것이 단체명의로 발표되면 그것은 어김없이 단체의 입장이 되는 것이다. 이런 일반적인 상식에도 불구하고 특정개인에 국한하여 극렬한 비난을 퍼붓고 있는 것부터가 이 글의 곡필성을 웅변한다.

더욱이 이 사설은 "두개의 성명서가 나온데 대하여 우리는 이를 자유언론에 대한 명백한 도전으로 단정하고"라는 내용에서도 찾을 수 있듯이 '사회 공기'라는 언론이 외부로부터의 비판을 거부하는 이른바 '무오류성'의 독선의식이 곡필의 백미를 이룬다고 하겠다. 과연 민족공동체를 배반하고 친일·친미 반역언론을 폈던 반민주언론의 원흉다운 당당함이 엿보인다.

② '사대언론과 법규제' 곡필

『조선일보』는 3월 19일 「사대언론과 법규제」란 사설에서 형법개정안의 내용을 소개하면서 "이와 같은 형법개정안이 튀어나올 만큼 우리 민족의 사대적 근성이 뿌리 깊은 것이라면 그것은 불행하다기보다는 부끄러운 일이며, 그러한 사대행위를 법률로서 '처단'하지 않으면 안될 상황이라면 그것도 큰 문제가 아닐 수 없다"면서 다음과 같이 쓴다.

…근년 정치적 긴장을 통하여 해외의 교포와 재야의 비판세력 중 일부가 외국인 또는 외국단체와 접촉하면서 정부의 입장을 공격한 데서 정부─여당이 자극을 받아 이런 개정안이 나온 것이 아닌가 한다. 물론 국가와 정부는 엄격히 구별되고 정부는 비판의 대상이 되는 것이지만 그 도가 지나쳐 정부에 대한 비판이 국가의 위신을 훼손하는 것 같은 사례도 왕왕이 있었고 정부에 대한 불만과 반감에 사로잡힌 나머지 민족적 위치와 자존심을 잊고, 나오는 대로 발언하는 사람들이 있었다는 것도 사실이다. 또 어떤 사람들은 부정확한 사실을 확대, 심지어 한국에 관해 근거없는 허위 사실을 흥미본위로 외국인들에게 유포함으로써 만족하는 경우도 없지 않아, 그것이 국내실정에 어두운 외국기자에 의하여 사실처럼 보도됨으로써 그 개인을 포함한 한국인 전체와 한국의 이미지를 추락시킨 사례도 적지 않았으며 그에 그치지 않고 타국 정치인의 정략에 이용되기도 하고 심지어 북괴를 비롯, 적성공산국가의 모략선전에 안성맞춤의 그럴 듯한 자료를 제공하기도 하였던 것이다.

그러한 언동들이 건실한 비판정신 그 자체와도 어긋남은 물론이여, 국가의 발전을 크게 해쳐왔다는 점은 모든 국민이 깊이깊이 생각해 볼 일이다.

'가추외양家醜外揚은 말라'는, 즉 집안이 아무리 추잡해도 밖에 보이지는 말라는 옛 중국의 교훈은 아직도 살아 있어 우리 국민 중의 많은 사람들은 그러한 사람들의 심정이 저열함을 한

탄하고 비판의 눈으로 보고 있음을 잊어서는 안된다.

이 사설은 후반에서 "사대적 언동을 범죄로 규정하여 법적으로 처단한다는 것은 그 발상에서 보나 효과의 면에서 보나 수다한 문제점과 위험성을 내포하고 있다"고 지적하고 "법제화하는 것은 성급한 흠이 있을뿐 아니라 무엇보다 그 법이 가져올 결과에 대하여 충분히 사려하였는가의 여부를 우리는 우려를 가지고 묻지 않을 수 없는 것이다"라고 염려하는 양심을 보인다. 『조선일보』는 일본이나 미국의 보도기사 중 자기들에게 유리한 것은 언제나 과대포장하여 보도하면서도 다른 사람의 경우는 사대주의로 폄하했다.

3) 박정희 유신독재시대 민주화 투쟁 이야기

태국·필리핀·남베트남·한국, 1960~70년대 아시아의 이 네 나라에는 공통점이 있었다. 가장 눈에 띄는 공통점은 비슷한 시기에 친위쿠데타와 독재를 겪었다는 것이다. 네 나라는 모두 미국의 편에 서서 베트남 전쟁에 상당 규모의 병력을 파견했다. 미국은 이런 이유로 아시아에서 형식적이나마 민주주의 제도를 운영하던 이 네 나라가 독재로 들어서는 것을 눈감아주었다.

사실史實대로 표현하면, 이 네 나라는 미국이 동아시아 대륙을 봉쇄하면서 지배력을 행사하는 데서 교두보와 하수인의 역할을 충실히 담당하여 왔다. 미국은 종속 우방들의 자치를 허용하면서 간접통치를 하다보니 대륙봉쇄의 최강 잠금장치인 「반공의 무쇠울타리」가 무너질듯한 위기에 처하게 될 경우엔 자기들이 육성시켜놓은 「군부의 충성 봉사정신」에 신호를 보냈고 이들 우방의 군부는 무력으로 정권을 쉽사리 탈취하곤 했다.

그리하여 지배지역을 넓히거나 외부세력의 침투를 억제하고 싶을 때에는 앵글로 색슨의 모국인 영국이 흔히 써먹던 용병처럼 속방의 군부를 앞세움으로써 미국의 희생은 줄이고, 자기 생명을 초개와 같이 버리는 용감무쌍한 군대를 값싼 비용으로 전쟁을 치러왔던 것이다.

한국은 베트남 전쟁에 미국 다음으로 많은 병력을 파견했다. 전쟁이 끝날 무렵에는 오히려 미국보다 더 많은 병력을 베트남에 주둔시켰다. 한국 다음으로 많은 병력을 파견한 나라는 태국이었다. 베트남 전쟁에는 유독 아시아 국가들이 많은 군대를 파견했다. 미국이 '보다 많은 깃발'을 내세우면서 특히 아시아 국가들의 파병을 독려한 것은 백색 제국주의가 황인종의 아시아를 침략했다는 구도로 비춰지는 것을 극도로 꺼렸기 때문이다. 베트남인과 피부색이 같은 한국·태국·필리핀 등 아시아 병사들을 내세우면서 미국은 제국주의의 침략 전쟁이라는 본질을 감추고 '반공의 성전'으로 분칠하고자 했던 것이다.

그러나 베트남 사람들의 완강한 저항으로 점점 수렁에 빠져들던 미국은 1969년 닉슨 닥트린을 내세우며 베트남에서 발을 빼기 시작했다. 아시아의 문제는 아시아 각국이 알아서 하라는 닉슨 닥트린 발표 이후, 미국을 도와 베트남에 파병했던 나라들은 굉장히 난감해졌다. 특히 주한미군을 계속 붙들어두려면 주한미군 대신 한국군을 베트남에 파병해야한다고 이야기했던 박정희는 주한미군을 미국 본토로 철수시키겠다는 계획이 발표되자 크게 당황했다.

미국은 아시아에서 한 발짝 물러나는 대신 베트남에 파병했던 동맹국들의 불만을 이들 나라의 독재자들이 반공을 내세우며 권력을 강화하는 것을 눈감아주는 것으로 달랬다. 결과적으로 아시아에서 비교적 민주주의 제도를 운영하고자 노력하던 세 나라는 반공독재 국가로 전락하게 되었다.(박태균 외 『쟁점 한국사』 한홍구 「유신, 두 번째 내란」 창비 2017)

(1) '붉은 악마' 죽이는 '반공 망치' 덕분에 통치가 가능했던 한국의 경우

미국은 아시아 나라들, 특히 수많은 미군이 목숨을 바쳐야 했던 한국이 외형상 민주주의 제도를 유지하는 것에 많은 신경을 썼다. 박정희의 반발을 찍어 누르고 그의 군복을 벗겨 양복으로 갈아입히는 '민정이양'을 강행한 것이 그 대표적인 예다.

그러나 1970년대로 접어들어 미국은 아시아에서 발을 빼면서 아시아의 동맹국들이 반공의 깃발 아래 친위쿠데타를 감행하는 것을 눈감아 주기 시작했다. 친위쿠데타란 이미 정치권력을 장악하고 있던 국가 지도자가 자신의 권력을 보다 강화하기 위해 쿠데타를 일으켜, 입법부를 해체하거나 헌법을 무효화하는 헌정 파괴 행위를 말한다. 1971년 11월 태국의 군사쿠데타, 1972년 9월 필리핀의 계엄령선포, 1972년 10월 박정희의 유신 모두 친위쿠데타이다.

1972년 10월 17일, 박정희는 갑자기 국회를 해산하고 자기가 의장이 되는 비상국무회의가 헌법 기능을 수행한다고 선언했다. 형법에 보면 내란이란 "국토를 참절하거나 국헌을 문란할 목적으로 폭동"한 것으로 되어있는데, 유신 때 박정희가 탱크를 몰고 나와 국회를 해산한 것은 변명의 여지가 없는 딱 떨어지는 내란 행위다. 내란은 헌법 기능을 파괴 또는 정지시키거나 헌법에 보장된 헌법 기관들의 작동을 멈추게 하는 것을 말한다.

유신에서 이 모든 게 이루어졌다.

5.16과 유신으로 두 차례나 내란을 일으킨 박정희가 정권을 잡고 있을 때는 우스운 일이지만 내란음모사건이 특히 많았다. 5.16 직후에도 반혁명사건이 속출했고, 한일회담 반대 6.3사태 때도 내란음모사건이 줄지어 일어났고, 유신 직전에도 서울대생 내란음모사건이라는 유명한 사건이 터졌다. 대학생들이 어떻게 내란음모사건으로 끌려오게 되었을까?

공소장에 보면 그들이 현 정권을 타도하고 새로운 정부 구성을 모의했다고 되어 있다. 술자리에서 서로 '너 법무부장관 해라'이런 식으로 농담한 것을 내란음모사건으로까지 확대한 것이다. 중앙정보부에서는 왜 이런 사건을 만들었을까? 진짜 내란을 하는데 필요했기 때문이다. 심각한 위기상황을 조성하고 내란이 일어날 듯 호들갑을 떨어서 비상사태를 선포하는데 필요한 불쏘시개로 이용하고자 했던 것이다. 박정희는 어정쩡한 비상사태 선포 후 약 10개월 뒤 본격적인 유신독재를 시작했다.

유신이 선포될 당시 필자(한홍구)는 중학교 1학년이었다. 저녁 7시에 학원 수업이 시작되는데, 지각생이 들어오더니 광화문에 탱크가 있다고 말했다. 선생님과 친구들 모두 "저 자식이 헛것을 보고 왔나? 지금 무슨 탱크가 나오냐?" 하고는 그 말을 믿지 않았다. 그런데 학원이 끝나고 나가보니 진짜 탱크가 있었다. 이를 두고 박정희를 옹호하기로 유명한 조갑제조차 "느닷없이 계엄령을 선포했다"라고 표현했다.

당시 박정희 정권은 유신을 '평화통일을 지향하는 개헌'이라고 선전했다. 유신이 선포되기 100일 전쯤 발표된 7.4남북공동성명으로 고양된 평화통일에 대한 기대감을 박정희 정권은 친위쿠데타의 성공을 보장하는 디딤돌로 삼았다. 그 과정에서 중요한 역할을 한 인물이 중앙정보부장 이후락이다. 이후락은 역사적으로 보면 큰 죄인임에 분명하지만 박정희 입장에서는 가장 가려운 곳을 긁어준 충신이었다. 박정희도 유신을 선포하고, 헌법을 짓밟고, 평생 권력을 놓지 않을 거라고 선언하는 일이 나쁘다는 것을 알고 있었다. 박정희 입장에서는 나쁜 짓을 해도 될 명분이 필요했고, 북에 다녀온 이후락은 독재자 박정희에게 나쁜 일을 자행할 수 있는 명분을 만들어준 것이다.

지금은 남북 간의 국력이 비교가 안 되지만 당시에는 북쪽이 상대적으로 잘 살았다. 경제력 부분에서 차이가 크지 않았고 군사 면에서는 북쪽이 월등했기 때문에, 전체적으로 북한의 자신감이 높았다. 이후락이 가서 본 북한은 남쪽과 사뭇 달랐다. 김일성은 말이 필요 없었다. 그저 표정 하나, 눈짓 하나로 모든 일이 착착 돌아가고 있었다. 박정희는 북에 대해 선의의 체제경쟁을 하자고 큰소리쳤는데, 이후락이 보기에 최고지도자의 카리스마와 영도력 면에서 남한은 북한에 크게 뒤지고 있었던 것이다.

예를 들어, 1971년 국가비상사태를 선포하기 직전에 10.2항명파동이 있었다. 10.2 항명파동은 여당인 민주공화당 주류파가 박정희의 뜻에 반해 내무부장관 오치성의 해임 건의안을 가결시킨 사건이다. 이 사건으로 격노한 박정희는 중앙정보부를 시켜 사건의 주동자 김성곤(공화당 재정위원장, 쌍룡재벌 총수)을 잡아다가 족집게로 콧수염을 뽑는 등 모욕적인 고문을 가했다. 10.2항명파동이 있다는 것 자체가 민주공화당이 박정희 뜻대로 움직이는 수족 같은 존재는 아니었음을 의미한다. 김일성의 눈짓만으로 모든 게 이루어지는 북쪽과는 달랐던 것이다.

당시 한국에서는 대학생들은 매일 길바닥에 나와 짱돌을 던지고, 언론은 정부가 하는 일마다 비판의 목소리를 높였고, 야당은 국회에서 사사건건 정권의 발목을 잡았다. 그런 상황에서 여당 의원들까지 대통령에게 항명하면 어떻게 김일성과 대결을 하겠는가 하는 것이 이후락의 생각이었다. 이런 맥락에서 이후락이 "각하의 지휘 아래 일사불란─絲不亂 하게 움직일 수 있도록 효율적인 정치체제를 가져야 한다"고 제안했던 것이다.

박정희로서는 정말 듣고 싶던 이야기였다. 이후락의 중앙정보부는 박정희의 지시 아래 비밀리에 유신독재를 준비하기 시작했다. 박정희는 18년간 집권했는데 그중 절반이 넘는 11년 동안 계엄령이나 위수령·긴급조치·비상사태 등이 선포되어 있었다. 박정희는 정상적인 방법으로는 민주사회를 끌고 갈 의지도 능력도 없었다. 유신체제란 중앙정보부나 보안사·대공경찰 같은 폭압기구에 의존하지 않으면 1분도 유지될 수 없던 체제였다.

유신 시절 중학생이었던 필자는 유신헌법을 한국적 민주주의라고 배웠다. 박정희는 체육관에 통일주체국민회의 대의원 2,359명을 모아 놓고 치른 대통령 선거에서 무효 2 표만 나왔을 뿐 99.9% 지지로 당선되었다. 북한의 선거는 흑백함 투표로 90% 이상의 지지를 받는 엉터리 선거라고 비난하던 교과서는, 갑자기 만장일치로 의사결정을 하는 신라의 화백회의를 한국적 민주주의의 원형으로 내세우기 시작했다.

물론 지금도 만장일치가 관철되는 조직들이 있다. 대표적으로 유엔안전보장이사회에서는 상임이사국의 만장일치를 원칙으로 한다. 비상임이사국의 반대 의사는 무시할 수 있지만 상임이사국이 거부하면 결의안이 통과되지 않는다. 그런 조직이 또 어디 있을까? 마피아, 즉 조폭들이 그렇게 한다. 결국 안전보장이사회를 장악하는 방법은 가장 힘센 나라들, 즉 상임이사국을 설득하거나 힘으로 제압해서 만장일치를 이끌어내는 것뿐이다. 결국 만장일치제란 민주주의와는 전혀 관계없는 제도이다. 박정희는 이런 것에 한국적 민주주의라는 이름을 붙인 것이다.

박정희의 민주주의에 대한 생각은 1930년대 일본 군국주의자들의 생각과 크게 다르지 않았다. 일본식 교육을 받은 박정희는 민주주의를 인류가 채택해야 할 보편적인 원리로 받아들이지 않았다. 그의 눈에 비친 민주주의는 거추장스럽고, 비효율적인 낭비일 뿐이며, 미국이나 유럽 같은 선진국에서나 하는 배부른 소리였다. 북한이 언제 쳐들어올지도 모르는데 한가하게 공천하고 투표하는 절차를 밟아야 하는가라고 생각했던 것이다.

박정희는 삼권분립의 원리를 무시하고 국회의원 3분의 1을 대통령이 임명하도록 하고, 비례대표는 없애버렸다. 흥미로운 것은 당시 선출직 국회의원들의 임기가 6년이었던데 반해 임명직 국회의원들의 임기는 3년이었다는 점이다. 3년 후 20~30%는 잘렸다. 임명직으로 3년짜리 국회의원이 된 사람들은 자연스럽게 연임을 희망했다. 잘리지 않으려면 어떻게 해야 할까? 발가벗고 뛰어야 한다. 그렇기 때문에 3년 임기가 끝나는 시점이 되면 국회에 난리가 났다. 야당의원들이 뭐라고 발언하면 임명직 국회의원들이 총알같이 달려 나가서 그들을 끌어내렸다.

1973년에는 박정희 주변에 공깃돌 혹은 카드가 많았다. 그중에 가장 악질적인 것이 신문사·방송사의 정치부장 혹은 부국장·논설위원들을 회사별로 한 명씩 골라 국회의원을 시켜준 것이다. 지금은 신문기자들이 월급을 많이 받지만 그때는 월급이 정말 적었던 탓에 정권의 제안을 솔깃하게 받아들였다. 박정희에게 충성을 바치는 언론인들은 자기 혼자만 친정부적인 기사를 쓰는 게 아니라, 신문사 전체가 정부를 비판하지 못하게 알아서 검열했다. 사내에서 누가 지명될지 모르기 때문에 중견간부들이 서로 경쟁을 했다. 중앙정보부가 굳이 나서서 언론을 통제할 필요가 없었다. '알아서 긴다'는 말이 거기서 나왔다.

유신정권은 같은 방식으로 사법부에도 손을 뻗쳤다. 유신정권이 사법부 인사를 하면서 전체 400명 정도 되는 법관 중에서 356명만 재임용시키고 전체의 10% 정도인 41명은 탈락시켰다. 국정원 과거사위원회에서 조사한 결과, 탈락된 법관들은 대개 사법파동 당시 서명을 주도했던 자, 법원정풍운동을 주도했던 자, 아니면 국가상대 손해배상 청구소송에서 국가에게 배상판결을 했던 자, 신민당사 농성사건 등 학생 시위 관련 사건에서 무죄판결을 내린 자 등이었다. 정부 입장에서 껄끄러운 판결을 한사람들을 모두 골라낸 것이다.

그때 옷을 벗은 사람들의 면면을 보면 재미있는 내용들이 많다. 예를 들어 당시 부산지법 부장판사였던 유수호는 유승민 의원의 아버지다. 대를 이은 악연인 셈이다. 장수길은 김&장 법률사무소의 그 '장'이다. 유신정권은 법관들을 이렇게 잘라내고도 사법부를 못 믿어서 긴급조치를 내리고 위반자들은 민간인이라도 비상군법회의에서 재판을 받게 했다. 박정희는 일반 법관만 걸러낸 게 아니고 대법원 판사 중에서 '국가배상 위헌'이라고 판결한 사람들은 다 잘라버렸다.

국회에는 물리적인 방법을 사용했다. 국회의원 정도 되는 위치에 있는 사람들을 잡아다 죽도록 패고 고문하는 시대였다. 그러니 대학교수·신부·변호사쯤은 찍소리도 못하게 되는 것이다. 한 명을 골라 패서 전체에게 겁을 주려면 누구를 공격해야 할까? 당연히 가장 강한 자다. 그래서 국회의원, 그중에서도 야당에서 가장 시끄러운 13명을 끌고 간 것이다. 심지어 박정희가 그들을 직접 지목하기까지 했다. 이 사건이 밝혀지면서 고문정치 종식 선언이 있었지만, 이후에도 고문은 사라지지 않았다. 유신정권에서 국회의원을 잡아다가 두들겨 패는 상황이니 학생들 역시 조용했다. 그러다가 김대중 납치사건이 일어나면서 학생들이 "이건 정말 아니다" 하면서 들고 일어났다. 그것이 1973년 10월 2일에 있었던 서울대 문리대 데모이다.

(2) 김대중 납치사건에서 밑바닥을 보인 폭력정치의 비열성

김대중 납치사건은 성공한 사건일까 실패한 사건일까? 사람들에게 물어보면 실패한 공작이라는 답이 훨씬 많다. 김대중을 죽이지 못했으니 실패했다고들 생각한다. 만약 죽이지 못해서 실패한 것이라면 김대중 살인미수사건이라고 하지 왜 납치사건이라고 할까? 국정원 과거사위원회의 조사에서도 박정희가 김대중을 죽이라고 했다는 직접적인 증거는 발견되지 않았다. 대신 박정희는 "김대중이 저렇게 떠드는데 중앙정보부는 뭐하는 거야?"라고 말했을 뿐이다. 결국 김대중의 입을 다물게 하라는 의미이다.

김대중의 입을 다물게 하기 위한 방법은 감금·협박·살해 등 여러 가지가 있다. 납치도 그중 하나다. 죽이는 방법도 다양하다. 바다에 빠뜨려 죽일 수도 있고, 칼로 찔러 죽일 수도 있다. 수많은 방법 중에 알아서 하나를 선택하라는 뜻이다. 그것이 바로 권력이다. "나는 저놈만 보면 밥알이 곤두서…" 이렇게 얘기하면 밑에서 알아서 없애주어야 하는 것이다. 그러다 만약 사건이 터지면 어떻게 할까? "당신이 교사했지? 죽이라고 지시했지?"라고 묻는다면, "나는 그런 적 없다. 그저 소화가 안 된다고 했을 뿐이다. 소화가 안 된다고 하면 소화제를 사다주면 됐을텐데 왜 그런 일을 벌여서…" 이렇게 빠져나가는 것이 권력이다. (김대중 납치사건은 앞 항목에서 자세히 설명)

김대중은 어떻게 살았을까? 만약 죽이라는 지시가 있었다면 납치 책임자가 죽여버렸을 것이다. 납치범들은 납치 과정에서 지문을 남기는 등 실수도 많았지만, 김대중을 완전히 빼돌렸다. 일본 경찰은 김대중의 소재를 전혀 파악하지 못했다. 중앙정보부가 일본

1971년 선거 유세장의 김대중. 박정희에게 김대중은 눈엣가시였다. 김대중의 입을 다물게 하는 방법에는 몇 가지가 있을까? 납치는 그 방법 중 하나였다. (박태균 외 『쟁점 한국사』 창비 2017)

경찰을 따돌린 동안 충분한 시간적 여유가 있었기 때문에 죽이려 했다면 얼마든지 그럴 수 있었다. 그런데 왜 안 죽였을까? 이는 납치 책임자가 김대중 살해의 책임을 뒤집어쓰게 될까 걱정했기 때문이다.

죽이라는 지시가 있었다면 그저 명령을 따랐다고 하면 되는데, 그런 명령은 없었으므로 책임을 떠안게 될까 겁이 났던 것이다. 납치범은 고민하다가 김대중을 배에 태웠다. 그 배는 원래 김대중을 태우려던 배가 아니라 납치범이 김대중을 일본 땅에서 처리하고 빠져나갈 때 쓰려던 배였다. 들어갈 때는 여권에 도장을 찍고 들어가고, 나올 때는 배를 타고 밀항하려던 계획이었는데 마지막 순간 자기 대신 김대중을 태워서 보낸 것이다.

김대중이 일본에서 한국 영해로 들어간 다음, 납치범은 중앙정보부에 연락해 자신의 귀국에 대해 물었다. 이 사람이 알아서 처리할 줄 알았던 중앙정보부는 황당할 수밖에 없었다. 박정희나 이후락의 입장에서 보면 제 손에 피를 묻히기에는 이미 사건이 너무 커졌고, 한국 영내에 들어설 때쯤에는 미국과 일본이 눈치를 챈 상태였으므로 죽일 수도 없었다. 김대중 전기를 보면 한국에 돌아온 김대중이 자기 집에 가서 초인종을 눌렀다고 한다. 일터에서 막 귀가한 가장처럼. 집에서 "누구세요?" 하니 김대중은 아무렇지 않게 "나야"라고 했다. 그런 다음 기자 회견을 하는데, 그제야 감정이 북받쳐서 눈물을 흘렸다.

사건 수습 과정에서도 박정희 정권은 일본에 큰 망신을 샀다. 김대중 납치에 관계된 사람들은 중앙정보부 요원 중에서도 우수한 사람들만 골라 뽑은 A급 요원들이었다. 그런

에이스들이 김대중을 납치하려고 대기하던 호텔방 물컵에 버젓이 지문을 남긴 것이다. 육안으로 봐도 확인될 정도로 지문이 선명하게 찍혀 있어서 납치에 가담한 사람이 대사관 직원으로 가장한 중앙정보부 요원이었음이 빼도 박도 못하게 드러났다. 일본 신문들은 한국 요원들은 장갑도 안 끼냐며 비아냥댔다. 이에 당시 국무총리였던 김종필이 박정희의 친서를 갖고 일본으로 건너가 일본 총리 다나카 가쿠에이에게 사죄를 했다. 비공식적으로는 한진그룹 창업주 조중훈이 다나카 총리에게 박정희가 보낸 정치자금을 전달했다.

김대중 납치사건은 학생 시위로 이어졌다. 박정희 정권은 간첩단 사건으로 이 시위를 찍어 누르려 했다. 1973년 서울대 법대 최종길 교수 사건이다. 서울대 법대 교수면 판검사들의 선생님인데, 그런 최종길을 잡아다가 고문해서 간첩단 사건을 조작하려 했다. 이 사건에는 기막힌 일화가 숨겨져 있다.(최종길 타살사건도 다른 항목에서 서술)

최종길의 막냇동생 최종선은 중앙정보부 공채에 수석으로 입사해 중앙정보부 감찰실에서 근무하던 직원이었다. 그 동생이 "형님, 회사에서 잠시 오시랍니다" 하니 군말 않고 간 것이다. 동생은 "이따 집에서 뵙겠습니다"했는데, 이틀이 지난 뒤에도 형은 돌아오지 않았다. 그래서 알아보니 중앙정보부 수사국 공작과에서 사건을 만들려고 최종길을 소환한 것이었다.

최종길이 독일에서 유학할 때 그의 친구 중 한 명이 파리에서 유학하다가 북으로 넘어갔다. 중앙정보부가 이를 소재로 사건을 조작하려는데, 최종길이 잘 협조하지 않자 고문을 했다. 최종길이 고문당하다 쓰러지자 회생할 가능성이 없다고 판단한 중앙정보부는 그를 7층 건물에서 던지고는 자살했다고 발표했다. 간첩 최종길이 자기 죄상이 탄로나 모든 것을 자백하고 화장실로 가 소변기를 딛고 올라가 화장실 창문 밖으로 몸을 던졌다는 것이다. 이것이 바로 유럽 거점 간첩단 사건이다.

그 사건 후 중앙정보부는 자기네들이 지어낸 거짓말을 진실이라고 믿어버리는 수준으로 발전했다. 앞으로 이렇게 중요한 사건은 건물 고층에서 조사하지 않겠다고 발표했다. 그리고 실제로 중앙정보부는 취조실을 지하로 옮겼다.

학생들의 반유신 투쟁에 자극을 받아 재야의 장준하 등이 유신헌법을 고치자는 개헌청원 서명운동을 시작했다. 유신헌법에서는 사라졌지만, 원래 헌법에는 주권자로서 헌법제정 권력을 가진 국민들도 개헌안을 발의할 수 있었다. 헌법을 고칠 때 개헌안을 내놓을 수 있는 주체를 국회의원·정부·50만 명 이상의 국민 등 셋으로 정해놓았다. 50만 명 이상의 국민이 서명을 하면 개헌안이 자동으로 발의된다. 따라서 당시 100만인 서명운동이 벌어졌다.

지금처럼 휴대폰도 없고 SNS도 없던 그 시대에 순식간에 30만 명이 서명을 했다. 정부로서는 당황할 수밖에 없는 상황이었다. 박정희는 미리 유신헌법에서 국민들의 개헌안 발의권을 없애버렸지만, 국민들은 헌법적 권리로서의 개헌청원권에 대한 기억을 뚜렷이 갖고 있었다. 개헌청원 서명운동이 들불처럼 번져가자 박정희나 국무총리 김종필이 텔레비전에 나와 '일부 몰지각한 재야인사'들이 국제정세나 남북관계를 생각하지 않고 경거망동하고 있다고 비난과 협박을 했다.

이런 협박도 소용이 없자 박정희는 칼을 빼들어 1974년 1월 8일 긴급조치 1호와 2호를 동시에 선포했다. 이에 따르면 유신헌법을 고치자고 주장하거나 비판하면 영장 없이 체포해서 비상군법회의에서 징역15년 형에 처할 수 있었다.

긴급조치가 내려진 다음 제일 먼저 잡혀간 사람은 장준하였다. 장준하는 지금 진보진영에서 많은 존경을 받고 있지만, 사실 장준하의 사상 자체는 아주 보수적이다. 장준하가 4.19혁명 직후에 통일 문제에 대해 쓴 글을 읽어보면 지금 수구 꼴통이 쓰는 글과 비슷할 정도이다. 천진난만한 학생들이 무책임하게 통일론을 내세우는데, "그러다가 북이 쳐들어오면 누가 책임질 거냐?" 이런 이야기를 하기도 했다.

장준하는 해방 후 백범 김구가 환국할 때 백범을 모시고온 최측근 비서였다. 당시는 임시정부 국무위원들도 다 못 돌아올 때였다. 백범의 총애를 받던 장준하는 나중에 백범이 남북협상에 나설 때 빨갱이들과 무슨 협상을 하냐며 백범과 결별했다. 사상적인 면만 놓고 본다면 장준하는 백범보다 더한 극우였다고 할 수 있다.

1950년대와 1960년대 최고의 잡지였던 『사상계』의 발간인이기도 한 장준하는 4.19혁명 이후 10년이 지난 뒤에 4.19 묘지를 방문하여 소감을 남겼다. 그 나름대로 4.19의 실패 원인을 분석한 것인데 굉장히 감동적이다. 그가 묘지를 둘러보니 무덤 주인들이 대개 14~15세 중학생 아니면 많아봐야 23~24세 대학생들이었다. 민주주의가 어떻고 자유가 어떻고 외치던 그 수많은 지식인들·대학교수·언론인·정치인·법조인·성직자는 단 한 명도 거기에 누워 있지 않았다. 애들만 죽은 것이다. 그런 혁명이 성공할 수 있을까?

장준하는 4·19혁명이 좌절한 원인이 여기 있다고 보았다. 그 분석이 옳고 그르고를 떠나 장준하는 당시 사회지도층으로서 가장 통렬한 자기반성을 했다. 장준하는 앞으로 민주화운동·통일운동에서는 애들만 앞장세워 피 흘리게 하는 일은 없어야겠다고 다짐했다. 말로만 그렇게 한 것이 아니라 실제로 아이들보다 앞서 반유신 투쟁의 최전선에 나섰다. 서슬 푸른 시대, 국회의원까지 끌려가 두들겨 맞는 그 시대에 개헌청원운동을 책임지고 끝까지 주도한 이가 바로 장준하다. 장준하의 사상은 보수적이었지만 그의 삶의

긴급조치 1호 위반으로 재판장에 선 장준하와 백기완. 장준하와 백기완은 긴급조치 1호가 나온 지 5일 만에 중앙정보부로 연행, 구속되어 검사 구형 대로 징역 15년을 받았다. 그 뒤를 청년학생들이 이었다.

태도는 진보적이었다.

이렇듯 긴급조치 1호의 첫 번째 구속자는 장준하와 백기완이었고, 그 뒤를 청년학생들이 이었다. 그런데도 박정희 정권이 보기에 긴급조치의 효과가 크지 않은 듯했다. 학생들의 시위가 계속되자 유신정권은 1974년 4월 3일 긴급조치 4호를 선포하여 민청학련과 관련된 학생들을 사형시키겠다고 나섰다. 데모하는 학생들 뿐 아니라 아무 이유 없이 수업을 빠져도 사형시킨다고 했다. 하지만 수업을 빠지는 데 꼭 특별한 이유가 있는 것인가? 날씨가 너무 좋아서 혹은 날씨가 너무 구질구질해서 빠질 수도 있고, 술이 먹고 싶어서 또는 어제 먹은 술이 안 깨서 빠질 수도 있다. 학생들이 데모를 하거나 수업을 거부한 학교는 폐교하게 돼 있었다. 물론 그런 이유로 폐교당한 학교도 없고 사형당한 학생도 없었지만 말이다.

더 황당한 것은 민청학련 사건의 처리 과정이다. 학생들을 데려다가 군법회의에 회부했는데, 재판 판결문을 읽은 사람이 재판이 끝나고 육군참모총장이 됐다. 별을 주렁주렁 단 군부 실세들이 재판장이랍시고 사형과 무기징역을 남발했고, 법복을 입은 판사들은 다소곳이 옆에 서서 장군님들께 재판 순서와 절차를 알려줬다. "장군님, 증인 선서시켜야 합니다. 그 다음에는 검찰부터 증인 심문 시키고 변호인 반대 심문 시키시면 됩니다. 다음은 피고 진술 차례입니다." 이런 걸 알려주느라 옆에 있었던 것이다. 박정희 정권이 이런 군법회의를 만들었다.

이 재판에서 사형을 구형받은 고故 김병곤의 유명한 일화가 있다. 사형은 주로 4학년이나 졸업생들이 받았는데 당시 3학년이었던 김병곤이 사형을 구형받았다. 김병곤이 최후진술에서 한 첫마디가 "영광입니다"였다. 자기처럼 어린 학생에게 사형을 구형해주셔서 영광이라는 것이었다. 당시 법정에 있던 김지하는 큰 충격을 받았다. '사형이라서 영광이라고? 죽인다는 말인데?' 김병곤은 체격도 좋고 목소리도 우렁차 마치 옛날 장군님 같은 스타일이었다. 그런 사람이 법정에서 '똥별'들을 향해 "영광입니다" 했을 때의 충격은 엄청난 것이었다.

민청학련 사건의 변호를 맡았던 강신옥 변호사는 변론을 하다가 욱했다. "이 학생들이 대체 무슨 죄가 있느냐? 나도 이 학생들과 똑같은 생각이다. 지금은 내가 변호사로 변호하고 있지만 내가 만약 학생이었으면 나도 저 자리에 앉아 있었을 것이다"라고 말했다가 다음 재판부터 실제로 피고인석에 같이 앉게 됐다. 재판이 아니라 개판이었다. 김대중 정부 때 감사원장을 지낸 한승헌 변호사가 "대한민국 정찰제는 백화점이 아니라 이 법원에서 시작됐다. 검찰이 구형한대로 판결이 나왔다. 검찰이 15년 부르면 15년, 10년 부르면 10년 그렇게." 이런 이야기를 할 만큼 터무니없는 재판이었다.

(3) 인혁당 사건 사형 선고 18시간만에 집행, 세계가 '사법살인'이라 비난

유신정권은 권력 유지를 위해 인혁당 사건 관련자 8명을 사형에 처하는 등 사법살인도 서슴지 않았다. 인혁당 사람들의 사형이 확정되던 날인 1975년 4월 8일자 『동아일보』 톱기사는 "월남공군기가 대통령 관저에 투탄"했다는 소식이었다. 여기서 월남은 남부 월남, 즉 남베트남을 말한다. 우리로 치면 대한민국(북한비행기가 아니라!) 공군기가 청와대를 폭격한 사건이 벌어진 것이다. 이미 남베트남에 망조가 들었단 얘기다. 같은 면에 북베트남 탱크가 사이공(지금의 호찌민시)에서 11킬로미터까지 육박해왔다는 기사도 실려 있었다.

보병이 빨리 걸으면 2시간 정도 걸릴 거리였으니, 월남 정세가 다급해졌던 것이다. 베트남이 그런 극도의 불안감에 빠져 있을 때 박정희는 본때를 보여서 반체제 세력을 잡겠다고 생각했다. 그래서 바로 다음날 사형 확정 18시간만에 인혁당 관련자들의 사형을 집행했다.

당시 중앙정보부에는 대구·경북 출신의 TK 인사들이 많았다. 잡혀간 사람들의 증언에 따르면 자기들에게 물을 떠다주던 사환까지도 다 경상도 말씨를 썼다고 한다. 1차 인혁당 사건은 중앙정보부 핵심 요직에 있던 대구 출신의 우익청년들이 자기들이 젊었을 때 대구에서 대립했던 좌파 청년학생운동 출신들 중 아직까지 살아남은 사람들을 손보려고 했던 사건이었다.

인혁당 사건은 노무현 정권 시기 국정원 과거사위원회에서 재조사를 했는데, 필자(한홍구)가 실무책임자였다. 1차 인혁당 사건에서 중앙정보부의 핵심적인 주장은 북한 간첩이 내려와 인혁당을 조직하고 북으로 복귀했다는 것이었다. 조사 결과, 북에 간 사람이 간첩은 간첩이었다. 다만 북에서 보낸 남파간첩이 아니라 미군첩보기관이 북으로 침투시킨 북파간첩이었다. 중앙정보부에서도 수사 초기에는 남파간첩이라 생각했지만, 그가 북파간첩임을 확인하고도 그냥 처음 발표를 밀고 나가 더 가혹한 고문으로 사건을 조작했다. 중앙정보부가 사건을 서울지검으로 송치했는데, 공안부검사들이 증거도 없고 고문으로 조작된 사건이라며 기소를 거부하는 일이 벌어졌다.

당시 서울지검 공안부에는 부장검사 한 명과 일반검사 세 명, 총 네 명이 근무하고 있었다. 공안검사라면 대한민국에서 가장 보수적인 사람들인데, 그 사람들마저 "이게 어떻게 사건이 되냐"며 기소를 거부하고 사표를 낼 정도였다. 당시 신문에서는 네 명 전원이 사표를 냈다고 나왔지만 사실 오보였다. 결정적인 순간에 한 명이 빠지고 세 명만 사표를 냈다. 어떻든 당시에는 그나마 검찰 권력의 양심이나 상식이 어느 정도 살아 있었던 것이다. 그런데 최근의 서울시 공무원 간첩조작 사건을 보면 공안검사들이 새로운 증거를 가져오라고 다그쳐 사실상 국정원에 증거조작을 시킨 셈이었다. 한국의 보수保守가 지난 50년 사이에 이렇게 망가졌다.

1964년에 1차 인혁당 사건이 있었고, 그로부터 10년 뒤인 1974년에 2차 인혁당 사건이 터졌다. 그런데 두 사건의 피의자와 사건을 수사하거나 처리한 사람들이 비슷하다. 이때 잡힌 피고인들의 절반 정도는 1차 인혁당 사건 때 고생했던 사람들이고, 사건을 만든 사람들도 그대로였다. 1차 인혁당 사건은 중앙정보부 수사과장 이용택, 검찰총장 신직수, 법무장관 민복기가 만들었는데, 2차 인혁당 사건 당시에는 이용택이 중앙정보부 수사국장, 신직수가 중앙정보부장, 그리고 민복기가 대법원장이 되어 사건을 처리했다. 10년의 세월이 흘렀건만 그놈이 그놈이란 말이 딱 들어맞았다.

오늘날 밝혀진 바에 따르면 2차 인혁당 사건의 실체는 그리 대단한 것이 아니다. 피고인들은 통일을 염원하는 진보 인사들로 7·4남북공동선언으로 통일에 대한 기대감에 충만해 있었다.(서울의 이후락 중앙정보부장과 평양의 김영주 조직지도부장이 여러 차례 협의하여 1972년 7월4일 발표한 「조국의 평화적 통일을 위한 합의 성명」. 유신과 긴급조치 직전에 발표된 것이어서, 「조국통일을 갈망하는 온 겨레의 염원」을 국내의 불의한 정치에 이용했다는 의혹을 일으켜왔다.)

그러다가 유신이 선포되고 통일 이야기가 갑자기 뚝 끊기자 북쪽은 통일 문제에 대해 어떤 입장을 견지하고 있는지 몹시 궁금해 북한방송을 받아 적은 노트를 돌려본 것, 그것이 다였다. 노트는 특무대 중사 출신 하재완의 것이었다. 하재완은 군복무 당시 북한방송 청취 담당으로 방송을 듣고 받아 적는 일을 많이 했다. 이것이 2차 인혁당 사건 혹은 인혁당재건위 사건의 실체인데, 이 정도의 일을 가지고 8명이나 죽였다. 정말로 황당한 것은 판결문 어디에도 인혁당재건위라는 반국가 단체가 만들어졌다는 말이 없다는 사실이다. 인혁당재건위 서울지도부·부산지도부·서울지도부에 준하는 단체 등 서로 직접적인 관련이 없는 세 개의 단체가 있었을 뿐이다. 이렇게 중앙정보부의 조작왕들도 서로 연결 짓지 못한 세 개의 단체성원들을 4월 9일 한날 한시에 잡아죽였다.

그때 사형당한 사람 중 한 명인 여정남은 경북대학교 정법대 학생회장 출신으로 하재완 집의 가정 교사였다. 인혁당과는 아무런 관련이 없었던 여정남을 유신정권은 민청학련과 인혁당을 연결짓는 고리로 삼아 죽여버렸다. 대학생들의 반유신 학생운동에 붉은 칠을 하기 위해 인혁당 빨갱이들이 배후에 있었다는 소설을 쓴 것이다.

민청학련 사건으로 잡혀 들어간 이철이나 유인태에게 처음에는 수사관들이 "너 여정남에게 무슨 지령을 내렸냐?" 하고 다그쳤다고 한다. 이철이나 유인태가 "아니, 제가 여 선배에게 무슨 지령을 내립니까? 나이도 네 살이나 많고 아주 친한 사이도 아닌데"라고 대답하자 수사관들은 "야 이 새끼야, 너네는 서울대고 저놈은 지방대 아니야. 서울대 놈들이 다 그런 거지"라며 두들겨팼다는 것이다.

그런데 어느 날 갑자기 똑같은 수사관이 들어와서 "여정남에게 무슨 지령을 받았어?"라고 묻기 시작했다. 조작의 각본이 수정된 것이다. 대구 출신의 여정남은 인혁당 사람들을 고향 선배로 서울의 대학생들과는 학생운동 관련으로 알고 지냈는데, 중앙정보부는 그런 여정남을 조작의 (양쪽을 연결하는) 핵심 고리로 삼았던 것이다.

당시 하재완의 막내아들은 네 살이었는데, 아버지가 사형 당했다는 소문이 퍼지자 끽해야 여남은 살 먹었을 동네 형들이 그를 빨갱이 자식이라고 놀리며 사형시키는 놀이를 했다고 한다. 새끼줄에 묶어 끌고 다니다가 빵 하고 총을 쏘면 아이는 꽥 하고 쓰러졌다. 이 사건을 33년이 지난 후에 무죄라고 하니 어쩌면 좋을까. 솔직히 그때 인혁당 사건의 피해자들이 억울하게 죽었다고 생각한 국민은 극히 소수였다. 다들 빨갱이를 미리 적발해서 다행이라고 안도의 한숨을 쉬거나 대공 요원들에게 박수를 보냈다.

우리가 하재완과 같은 골목에 살지 않았을 뿐이지, 우리 모두 그의 아들을 묶었던 새끼

줄 한 자락을 잡고 다닌 셈이다. 과거사 문제에 대해 모두 화해를 이야기한다. 화해, 참 좋은 말이다. 그러나 가해자와 피해자의 화해를 말하기 전에 구경꾼들은 억울한 피해자들에게 어떤 태도를 취해야할까.

(4) 친일파 독재자와 친일파 자손 언론사 경영주들의 민주언론 배반

1974년에는 자유언론실천운동이 시작되었다. 자유언론수호운동에서 이름이 바뀌었다. 「자유언론은 누가 지켜주는 것이 아니라 기사를 제대로 쓰고 실천하는 것」이라는 반성이 있었기 때문이다. 『동아일보』를 중심으로 젊은 기자들이 일어난 일을 사실대로 쓰기 시작했다. 당시 『조선일보』도 여기에 참여했는데 그 배후에는 오늘의 『조선일보』를 만든 장본인인 선우휘가 있었다. 바로 그 선우휘가 "야, 『동아일보』도 세게 하는데 우리도 체면이 있지 좀 세게 쓰자"라고 했다고 한다. 선우휘의 말이 아니더라도 당시 『동아일보』의 젊은 기자들은 자유언론수호운동을 치열하게 벌였다. 『동아일보』 기자들은 사실 보도를 하면서 잃어버렸던 언론인의 양심을 되찾기 시작했다.

유신정권도 가만히 있지 않았다. 이승만 때처럼 무식하게 신문을 다짜고짜 폐간시키거나, 신문사에 쳐들어가는 대신 교묘하고 교활하게 광고주들에게 압력을 넣었다. 당시 『동아일보』 광고는 비싸기도 했지만, 1면 광고는 현금으로 갖다 줘도 며칠을 기다려야 실을 수 있을 정도로 인기가 높았다. 그런데 어느 날 갑자기 광고주들이 광고를 빼기 시작했다. 광고국에서 "아니 왜 그러십니까?" 그러면 "다 아시지 않습니까? 미안합니다"라고 하며 광고 동판을 찾아갔다고 한다. 그럼에도 『동아일보』는 물러서지 않았다. 광고를 싣기로 했던 공간을 비워두고 신문을 찍었다.

놀라운 것은 독자들의 행동이었다. 작게는 3천원, 5천원짜리 새끼손가락만 한 (공간의 지면) 광고에서 5만원, 10만원짜리 손바닥만 한 광고를 내주려고 사람들이 신문사 앞에 줄을 서서 기다렸다. 지게꾼이나 머리에 광주리를 인 아주머니가 와서 꼬깃꼬깃한 하루 일당을 맡기고 갔다는 기사를 기자들이 울면서 썼고, 독자들도 울면서 읽었다. 『동아일보』에 광고내러 간다고 하면 택시 운전사들이 돈을 안 받을 정도였다. 대한민국 언론사에, 아니 세계 언론사에 다시없는 기적이었다. 그 기적은 13년 후 『한겨레』의 창간으로 이어졌다. 『한겨레』 창간에는 『동아일보』 해직 기자들과 『동아일보』에 광고를 냈던 사람들이 많이 참여했다.

『동아일보』 문제는 일개 신문사의 명운이 걸린 문제가 아니라 한국 민주주의의 사활이 걸린 문제로 부각되었다. 제일 먼저 무너진 것은 신문사 경영진이었다. 그들은 깡패를 동원해 자유언론을 실천하던 기자들을 몰아냈다. 경영진 입장에서 이해하자면 김상만 사장은 광고가 떨어져 나가 발생한 경영난도 경영난이지만, 폐간을 두려워했던 것 같다. 일제강점기 때 『동아일보』가 왜 일왕의 사진을 실었을까? 폐간이 두려워서 미리 설설 기었던 것인데 결국 폐간 당했다.

이번에도 김상만 사장은 박정희 정권이 『동아일보』를 폐간시킬까봐 두려워했던 것이다. 그렇지만 결국 『동아일보』가 망하는 길이었다. 사주가 깡패를 동원해 농성하던 기자들을 몰아내고 그들을 대량으로 해고할 때, 편집국장이던 송건호는 "이러면 우리 동아일보 망합니다"라고 눈물로 호소하다가 아끼던 기자들이 다 쫓겨나자 자신도 사표를 던졌다. 해고당한 기자들은 회사 앞에서 계속 출근투쟁을 했다. 전체 250여 명의 농성자 중 절반이 조금 넘는 직원들이 (160여 명) 쫓겨났고, 나머지는 회사에 남았다. "너는 어머님이 편찮으시잖니." "네게는 시집 장가보내야 할 동생들이 있잖아, 들어가라." 이런 식으로 함께 농성했던 사람들이 나뉘었다.

이게 참 무섭고 안타까운 결과를 낳기도 했다. 같은 마음으로 함께 농성했던 사람들인데 시간이 갈수록 마음이 멀어진 것이다. 전처럼 회사를 다니는 사람들 입장에서는 회사 앞에서 농성하면서 출근투쟁을 하는 동료들이 불편해지고 못마땅하게 보이기 시작했다. "데모 하려면 청와대나 중앙정보부 앞에서 할 것이지, 왜 신문사 앞에서 저러는 거야?" 이런 생각이 싹트게 마련이다.

지금 『동아일보』는 1970년대 『동아일보』와는 비교가 되지 않는다. 다른 신문들은 1960년대부터 정권에 굴복했지만, 『동아일보』는 근근이 오랫동안 버텼다. 그러다가 1973~74년에 『동아일보』가 제대로 싸우는 모습에 시민들의 기대가 쏠려 2등 없는 1등이라 할까, 독보적인 위치를 점했다. 그러나 1980년대 『동아일보』는 『조선일보』에 따라잡히는데, 이는 인재들이 다 나갔기 때문이었다. 당시 막내였던 정연주 전 KBS 사장을 비롯해서 공채로 들어온 사람들은 다 잘려나갔다.

한 조직에서 8년째 인재가 빠지니 버틸 수가 없는 것이다. 1980~90년대 한국 경제가 변하면서 퇴근 후 집에서 석간을 보는 것이 아니라 출근해서 회사에서 조간을 보는 것으로 생활 패턴이 바뀌었다. 신문들 역시 이 흐름에 맞춰 석간에서 조간으로 전환했는데 동아일보는 그마저도 놓쳤다. 그런 변화를 따라잡지 못한 것이다.

신문사에서 쫓겨난 이들을 포함해 민주화운동의 과정에서 권력에 굴하지 않았던 이들에게 유신은 그야말로 겨울이었다. 그 혹독한 겨울을 그들은 어떻게 견뎌냈을까? 당대에 이미 실천하는 지성으로 존경받던 리영희 교수는 1976년 정부의 압력으로 한양대학교에서 해직됐다. 실업자가 되어 집에서 낮잠을 자다가 잠결에 옆에서 놀던 어린 남매가 "아버지가 실업자라 이번 크리스마스에는 선물이 없을 것 같다"는 이야기를 나누는 것을 듣고 가슴이 아파 월부 책장사를 시작했다. 책을 가지고 나갔다가 빙판에 미끄러져서 책이 망가지기도 했다. 천하의 리영희가 매일 새끼줄로 책 20권을 묶어들고 서울시내 중·고등학교 국어교사를 찾아다녔다고 한다.

장준하는 『사상계』의 발행인이었는데, 1950~60년대를 풍미한 『사상계』와 1970~80년대를 주도한 『창작과 비평』의 위상은 조금 달랐다. 『창작과 비평』은 진보 지식인들 사이에서 압도적인 영향력을 행사했지만 보수는 거의 보지 않았다. 반면 『사상계』는 진보·보수 구분 없이 다 보는 잡지였다. 장준하는 전쟁과 독재 치하 엄혹한 지성의 폐허 속에서 젊은이들에게 스승이 되어주었고, 그들을 배움의 길로 이끌었다. 그런데 정작 제 새끼 다섯은 한 명도 대학에 보내지 못한 무능한 아비였다.

1975년 『동아일보』 사태 때 울면서 사표를 던진 송건호 편집국장도 40대 중반의 가장이었다. 당시 『동아일보』 편집국장 월급이 은행의 대리 월급 수준밖에 안 될 정도로 깜짝 놀라게 적었다고 한다. 올망졸망한 여섯 남매를 둔 해직당한 40대 가장은 박정희가 장관 자리를 준다는 것도 거절했다. 그리고 '돼지갈비 한번 실컷 먹었으면 좋겠다'는 속마음을 누구한테도 하소연하지 못한 채 자신과의 처절한 투쟁을 벌였다. 그나마 여기저기에서 그에게 원고 청탁을 해서 입에 풀칠은 할 수 있었다. 그 과정에서 나온 책이 『한국현대사론』인데, 이 책을 집필하면서 송건호는 '일제강점기 사람들은 어떻게 버텼을까?' 하는 생각을 했다고 한다. 박정희 정권은 기껏 해야 5년 정도밖에 못 갈 것 같은데, 일제강점기 때 우리 지식인들은 아예 앞이 안 보였겠다 싶었다는 것이다.

최근에 어떤 이에게서 집회에 5천 명도 안 모였다고 한탄하는 소리를 들었다. 과연 유신시대에 몇 명이나 싸웠을까? 유신시대에는 500명 이상 모인 적이 없다. 그런데도 싸웠다. 몇몇 분들이 마지막까지 버텨줬다. 지식인 100명이 감옥에 가면 어떤 정권도 무너진다. 몇 안되는 지식인들이 감옥을 들락날락 하면서 책장사를 하고 글을 써서 근근이 버텼다. 장준하·송건호가 왜 자식들을 대학에 못 보냈겠는가. 지금 대학교수나 언론인·변호사 등 지식인은 유신 때와는 비교가 되지 않을 정도로 늘어났다. 지금 지식인들은 대개 그분들 책에 밑줄 그어가며 공부한 사람들일 것이다. 그분들의 짐을 나누어질 사람은 얼마나 될까?

(5) 박정희와 동연배의 장준하, 반독재 민주화 투쟁하다 변사체로 남아

인혁당 사건의 사법살인이 자행되고 4개월쯤 지난 1975년 8월 17일에 장준하가 포천 약사봉에 등산을 갔다가 의문의 죽음을 당했다. 장준하의 죽음에 의혹이 있다는 기사를 쓴 기자는 구속되었고, 누구도 감히 공개적으로 이 문제를 파고들지 못했다. 장준하가 죽은 것은 그가 또 다른 위험인물인 김대중과 손을 잡았기 때문이다. 장준하는 김대중보다 나이가 더 많았지만, 정치적으로 김대중에게 라이벌 의식 같은 게 있었다. 1971년 대통령 선거 당시 신민당에서 뛰쳐나와 국민당을 만든 장준하는 김대중을 고운 눈으로 보지 않았다.

그러나 유신의 광기가 고조되자 장준하는 모든 것을 내려놓고 김대중을 찾아가 "당신은 집에 갇혀 있으니까 내가 돌아다니겠다. 나는 재야를 발전시킬 테니 현실정치는 당신이 맡아라. 다만 밖에서 활동하는 동안 내가 당신 이름을 빌리면서 사람들을 모으겠다"고 제안했다. 김대중도 적극 찬성하여 두 사람은 굳게 손을 잡았다. 함석헌은 장준하와 김대중이 힘을 합치면 박정희가 그냥 둘 리 없고, 둘 중 하나는 죽을 수밖에 없는데, 김대중은 집에 있으니까 밖으로 돌아다니던 장준하가 죽은 것이라고 했다.

박정희는 1917년생(~1979), 장준하는 1918년생(~1975)으로 둘은 나이가 비슷하다. 하지만 두 사람이 걸은 길은 완전히 달랐다. 젊은 장준하와 젊은 박정희를 비교해보자. 젊은 시절 군복을 입은 사진을 보면, 총을 든 장준하는 굉장히 비장한 표정에 한껏 무게를 잡고 있다. 그럴 만한 것이 장준하는 죽으러 가기 직전 영정사진이라 생각하고 이 사진을 찍었을 것이다. 일본군 학병으로 중국에 끌려갔던 장준하는 일제의 총알받이로 죽느니 조선 청년으로 죽자고 결심했다. 목숨을 걸고 일본군에서 탈출하여 천신만고 끝에 대한민국 임시정부가 있던 충칭重慶까지 가서 백범 김구를 만났다. 그때 백범은 조선의 모든 젊은이가 장군 같았으면 좋겠다며 부둥켜안고 엉엉 울었다고 한다. 백범에게 장준하는 조선 청년들이 따라야 할 모델이었다.

박정희는 만주군관학교를 수석으로 졸업하고 일본 육군사관학교로 유학하여 3등으로 졸업했다. 만주군관학교 교장은 "모든 조선의 젊은이는 다카키 마사오(高木正雄. 박정희 일본식 이름)를 본받아라"라고 얘기했다고 한다.

필자(한홍구)는 고등학교 1학년 때 장준하의 장례식에 갔다. 어린 마음이지만 꼭 가봐야겠다는 생각이 들었고, 또 한편으로는 사인死因도 궁금했다. 틀림없이 암살당한 것 같은데, 의문점이 많다는 기사 이후 후속 기사가 한 줄도 안나니 장례식에 가면 무슨 소리를 들을 수 있지 않을까 하는 생각도 있었다. 그러나 그날 어느 누구도 아무 말도 하지 않았다.

한여름의 더운 날씨였지만 명동성당에는 냉기가 흘렀다. 서늘한 냉기 속에 무거운 침묵만이 계속됐다. 관을 덮은 태극기는 윤봉길 의사가 상하이 홍커우虹口(홍구)공원에 가기 전에 결심을 다지며 백범을 모시고 사진 찍을 때 뒤에 걸려 있던 그 태극기였다. 운구해서 명동성당 마당에 나와 함석헌이 추모사를 한 후 만세삼창을 했다. 만세, 만세, 그리고 마지막 만세를 길게 "만~세~~" 했는데, 손을 내릴 때 다들 으흐흑 하고 울음을 터뜨렸던 기억이 지금도 생생하다. 그 울음 이후 대한민국의 민주화운동은 깊은 침묵에 빠졌다.

그 침묵을 깨뜨린 것이 1976년 1월 23일 원주 가톨릭사제단이 주도한 원주선언이다. 이날 원동성당에서는 신·구교 일치주간 기도회가 열려 가톨릭 사제 뿐 아니라 개신교 지도자들도 함께 참여했다. 거기서 우리가 너무 오랫동안 침묵하지 않았나 하는 반성과 다시 시작하자는 논의가 있었고, 정치인 쪽에서도 김대중·윤보선 등이 움직이기 시작했다.

그 흐름이 합쳐져 3·1구국선언이 나왔다. 이 선언은 문익환 목사를 비롯한 개신교 세력을 중심으로 정치인들이 힘을 합쳐 이뤄졌다. 이 사건으로 구속된 사람들 중에 신부님들도 많지만, 사실 신부님들은 원주에서 이미 선언문을 발표한 바 있기 때문에 3·1구국선언에 깊이 가담한 것은 아니고 장소를 빌려줬을 뿐이었다. 3·1구국선언에는 김대중·윤보선·정일형 등 정치인과 서남동·윤반웅·함석헌·이문영 등 개신교 인사들이 서명을 했는데, 개신교 인사들과 정치인들이 마땅히 선언할 장소가 없으니까 명동성당 3·1절 미사에서 한 것이다. 그때 김수환 추기경의 옷자락이 그만큼 넓었다.

오늘날에는 명동 사건 또는 3·1구국선언이라 불리는 거창한 사건이 되었지만, 정작 당시에는 3·1절 미사 끝자락 광고 시간에 선언문만 읽고 시위도 없이 끝난 조용한 일이었다. 그런데 다음날 박정희가 김대중이 서명했다는 보고를 받고 화를 내며 다 잡아들이라 하는 바람에 사건이 커졌다. 이 사건으로 장준하 암살 이후에 죽어 있었던 민주화운동 진영이 다시 움직이기 시작했고, 이를 계기로 흔히 재야세력이라 하는 집단의 기본 틀이 만들어졌다. 개신교·가톨릭·바깥에서 활동하던 인사들, 여기에 『동아일보』와 해직 기자, 학교에서 잘린 사람들이 모두 모이게 되었다.

1970년대에는 학교나 동아일보 등에서 해직당한 사람들이 호구지책으로 출판사를 차리는 경우가 많았다. 한길사·광민사·돌베개 등이 그런 곳이다. 1960년대에는 이와 달랐다. 데모를 열심히 하다 학교에서 잘리면, 중앙정보부에서 취직을 알선해주곤 했다.

내란죄로 감옥에 갔으나 후에 현대건설에 입사한 이명박이 대표적인 예이다. 이명박은 박정희가 정주영에게 추천했다고 한다. 1960년대의 학생운동 출신들은 신문사로, 대학원으로, 기업으로, 공화당으로, 심지어 중앙정보부로 뿔뿔이 흩어졌을 뿐, 운동진영에서 버티며 살아남은 사람이 거의 없었다.

그런데 1970년대에는 제적학생들이 쏟아져 나왔다. 더군다나 동아일보 해직 기자를 비롯한 A급 지식인 150명이 직장을 잃었다. 맨날 책보고 글 쓰던 사람들이니 일부는 출판사를 차리고 일부는 필자가 되고 또 일부는 번역자가 되었다. 편집부원은 데모하다 잘린 학생들 몫이었다. 그리고 학생운동층이 넓어지면서 독자층도 넓어졌다. 운동을 하면서 먹고 살 수 있는 재생산구조가 마련된 것이다.

3·1구국선언 이후 박정희 정권은 지식인층과 대학을 집중 감시하여 경찰이 대학 캠퍼스에 상주했다. 필자는 78학번(1978년 입학생)인데 박정희가 죽은 후에야 학교 벤치에 앉아봤다. 캠퍼스에 벤치가 없었던 것도 빈자리가 없었던 것도 아니었다. 그 벤치에는 항상 누가 봐도 티가 나는 짭새(형사)들이 앉아 있었다. 눈매가 날카로운 40~50대 아저씨들이 가죽점퍼를 걸치고 학교 벤치에 앉아 있으니 누구든 알 수밖에 없었다. 1970년대에 데모를 할 때는 사이렌을 울리든 유리창을 깨든 사람들의 주목을 끈 뒤 꼭 "학우여!" 하고 소리치며 시작했다. 그런 데모가 각 캠퍼스마다 한 학기에 한두 번씩은 있었다. 당시에는 짭새들이 워낙 많이 깔려 있다보니 "학우여!"를 채 끝내지 못하고 "학" 하다가 잡혀 가는 일도 있었다. 지금은 우스갯소리로 이야기하지만 당시에는 그렇게 끌려가는 선배들의 모습을 보면 정말 피가 거꾸로 솟았다. 유시민의 '항소이유서'라는 글에는 당대의 이러한 모습이 세세하게 묘사되어 있다.

◎ 종속국 독재권력, 민주화운동 인사 가족들에게도 큰 고통 안겨줘
　　<장준하 선생 부인 김희숙 여사 별세>

항일 독립군이자, 박정희 유신독재 반대 운동을 하다 의문사한 고 장준하 선생의 부인 김희숙 여사가 2일 오전 별세했다. 향년 92.

경기도 파주의 한 요양병원에서 임종을 한 김여사의 장남 장호권(69)씨는 "어머니께서 오늘 오전 11시 24분 지병으로 눈을 감으셨다"며, "심장병과 신부전증을 앓아오신 어머니는 그동안 약으로 치료를 해왔지만 노환이 더해지며 더 이상 치료가 어려웠다"고 부음을 전했다.

고인은 호권·호성·호준 세 아들과 호경·호연 두 딸을 뒀다. 하지만 막내 아들인 호준(60)씨의 얼굴은 끝내 보지 못한 채 떠나 안타까움을 남겼다. 목사인 호준씨는 지난 2016년 '4·16총선'을 앞두고 미국에서 '불의한 정권을 투표로 심판합시다' 광고를 신문 등에 게재한 혐의(공직선거법 위반)로 기소됐다. 1심에서 벌금 200만원을 선고 받고 항소심을 진행 중인 그는 외교부에 의해 여권이 정지되는 바람에 지금껏 귀국하지 못하고 있는 상황이다.

장 목사는 지난달 27일 자신의 페이스북에 "이제는 말씀조차 못 하실 만큼 위독 하시지만, 제 어머니께서는 당신의 자식이 옳고 그른 것을 가리기 위해,

지난 2016년 8월 파주 장준하공원에서 남편 고 장준하 선생의 부조를 제막하고 있는 고 김희숙 여사. (『한겨레』 2018.7.3.)

정의로운 일을 위해, 항소를 포기 하지 않고 끝까지 싸우는 모습 보시기를 더 원하시리라 믿는다"는 심경을 밝히기도 했다. 김 여사의 병환이 깊어진 지난 5월부터 청와대 국민청원 게시판에 '장씨의 여권을 돌려달라'는 청원이 두 차례 제기됐고 총 1만5천여명이 힘을 보태기도 했다.

고인은 장준하 선생의 동반자이자, 평생의 동지였다. 1926년 평안북도 선천에서 태어난 고인은, 장준하 선생이 소학교 교사시절 제자이자 묵었던 하숙집의 딸로 인연을 맺어 1944년 18살 때 결혼했다. 일본 유학중이던 장 선생은 정신대(위안부)로 끌려갈 위기에 처한 김 여사를 구하고자 귀국해 결혼식을 올렸다. 그 열흘 뒤 학도병으로 입대하면서 그는 어린 신부에게 '중국에서 광복군으로 탈출할 계획'을 털어놓으며 기도를 부탁했고, 김 여사는 그날부터 평생토록 천주교 신앙으로 인고의 한평생을 견뎌냈다.

고인은 50년대 한국전쟁 와중에 남편이 발행한 잡지 『사상계』를 만드는 데도 힘을 보탰다. 호권씨는 "잡지는 만들어야 하는데 형편이 어려워 직원이 없으니 어머니께서 편집도 도왔고 사무실 임대료와 인쇄할 종이값이 없을 때에는 당신의 외투를 몰래 팔아서 운영비를 대기도 했다"고 말했다.

일제 만주군 출신 박정희는 75년 8월17일 장준하 선생 의문사 이후 중앙정보부를 통해 내내 유족을 철저히 감시하고 일체 어떠한 생계 수단도 가질 수 없도록 괴롭혔다. 지난 2016년 1월 구순 생신잔치 때 고인은 "정보부원들이 장례식 때만 성당에 가도록 허

락해줘서, 누군가 죽었다는 소식을 기다려야 하는 나날"이었고, "성당에서 주검을 씻기고 수의를 챙겨 입히는 입관 봉사를 하면 유족들이 이것저것 챙겨주어 아이들을 먹일 수 있던 시절"이었다고, 증언하기도 했다.

고인은 장준하 선생의 묘소가 있는 경기도 파주시 탄현면 장준하공원에서 남편과 함께 영면에 들 예정이다.(『한겨레』 2018.7.3. 최민영 기자)

◎ "쌀 한 톨 남기지 않고 떠난 장준하 선생, 함께 살아낸 삶 거룩하여라"
<「김희숙 형수님을 그리며…」통일문제연구소장 백기완>

오늘 오전 장호권이로부터 어머니께서 눈을 감으셨다는 전화를 받자마자 내 얼굴엔 그야말로 피눈물로 범벅이 돼 앞이 안 보였다. 장준하 선생님과 한살매(일생)를 같이 해 온 김희숙 형수님이 내 눈자위를 마구 후벼 파신다. 한참을 펑펑 울다가 눈물을 거두고 붓을 들었으나 앞이 안 보이는 건 매한가지였다.

바로 두 달 앞서다. 무슨 일로 병원에서 정신을 잃고 있는데 병상의 꿈에서 형수님의 한마디에 번쩍 깨어났다. "이봐 백기완이, 우래옥에 가서 냉면 한 그릇 산다더니 누워만 있으면 어떻게 해, 어서 일어나." 이 말에 눈을 뜨고 나서도 죄의식에서 벗어날 수가 없었다.

아마 1960년 말쯤일 거다. 장 선생님과 함께 등산을 갔는데 너무나 힘이 들어 내 윗도리를 벗어 형수님 등에 올려놓았더니 비웃으시는 것 같아 나도 반격 아닌 목소리를 돋구었다. "나는 요, 해방통일의 짐만 지지 이따위 옷가지는 아니 지거든요." 그러자 형수님 말씀이 "통일의 짐 따로 있고, 힘들 때 지는 짐 따로 있다던가." 나는 귀싸대기가 얼얼, 그때부터 나는 이따금 장준하 형님한테는 가슴을 들이대는 적은 있었어도 형수님한테는 늘 말을 골라 하곤 했다.

1973년 어느 추운 날, 등산에서 내려오시던 장준하 선생님이 청평호에서 '빠른 배'(모터보트)를 한번 탈 수 없을까 그러신다. 그날 함께 갔던 배기열 교수 보고 빠른 배를 탈 잔돈이 있느냐고 하니 있다고 한다. 서둘러 내려갔으나 그날따라 꽁꽁 얼어붙어 뜻을 못 이루고 어느 더듬한 막걸리 집에서 형수님한테 예정에 없던 회초리를 또 주어 맞았다. "이봐 백기완이, 힘들고 괴로운 일이 있으면 사내들은 술을 마신다, 아니면 빠른 배를 한번 씨원하게 타보겠다 그러지? 하지만 우리 아낙네들은 거기서 다르다는 걸 알아야 돼. 아무리 힘들고 괴로워도 우리 아낙네들은 몸으로 부대끼며 살아, 알겠어. 사내놈들 더욱 분발해야 할 거야."

백기완(오른쪽) 통일문제연구소장이 2일 오후 서울대병원 장례식장을 찾아 고 김희숙 여사에게 마지막 인사를 하고 있다. 1967년 고 장준하 선생과 함께 백범사상연구소를 세워 가장 먼저 반유신 투쟁에 나섰던 백 소장은 지난 4월23일 심장수술을 한 이후 회복중에 첫 외출을 했다.(『한겨레』2018.7.3.)

1975년 여름 장준하 선생님이 등산길에서 참혹한 암살을 당하고 나서다. 나는 너무나 원통해 잠을 잘 수가 없었다. 그래서 밤이 깊어지면 꼬박껏 형수님한테 전화로 노래를 들려드리곤 했다. "강물도 달밤이면 목 놓아 우는데/ 님 잃은 그 사람도 한숨을 지으니/ 추억에 목 메인 애달픈 하소/ 그리운 내 님이여 그리운 내 님이여/ 언제나 오려나" 부르고 또 부르곤 했지만, 실지로는 우리 장준하 선생님을 무자비하게 암살한 박정희 유신독재 타도운동에 온몸과 온몸의 분노를 들이대고 있었다. 그러던 어느 날이다. 형수님께서 "이봐 백기완이, 박정희가 우리 남편 장준하를 암살했다고, 백기완이 입으로 내 귀에 대고 말을 했잖아. 그렇다고 하면 원수를 갚을 생각을 해야지, 맨날 노래만 부르면 어떻게 해" 그러신다. 바로 그 다음날부터, 자그마치 여섯 달 동안 밤만 되면 부르곤 하던 '눈물 젖은 두만강' 노래를 딱하고 끊었다.

아, 우리 김희숙 형수님, 그 분은 참말로 어떤 분이셨을까. 아마도 지난 60년대 중반쯤일 게다. 형수님께서 날 좀 보자고 해 갔더니, 내 눈으로는 처음 보는 땅문서를 내놓으면서, 이걸 장준하 형님이 알고는 대뜸 없애라고 하신다며, 하라는 대로 하긴 하겠지만 만약에 이것마저 없애면 아마도 우리집은 쌀 한 되 없는 '깡빌뱅이'가 될 것이니 형님한테 그러질 말라고, 말 좀 해달라고 한다. 이때 나는 배시짝 마른 침을 한 두어 번 삼키고선

"안 됩니다. 우리 형님은 독립군이 아니었습니까. 독립군이 남의 나라를 침략한 제국주의를 타도해야지, 그까짓 땅문서나 가지면 되겠어요. 그러니 형수님이 물러서야 합니다."

그 뒤다. 장 선생님이 암살당하신 날, 저 포천 산골에서 주검의 머리는 내가 들고, 허리는 첫째아들(호권), 다리는 둘째아들(호성)이 들고 내려와 상봉동 사글세 이십만 원짜리 셋집에 뉘우는데, 머릴 받쳐 들었던 내 손에 섬짓 피가 흐른다. 놀라 살펴보니 왼쪽 귀밑에 날카로운 도끼질에서 나오는 피다. 그런데 높은 바윗돌에서 떨어지셨다면 바위에 스친 자국, 어려운 말로 찰과상이 있어야 할 터인데 그게 없는 거라. 나는 함석헌·문익환·계훈제 선생한테 "장준하 형님은 박정희의 직접적 암살이라"고 귀띔을 하고는, 이제부터 우리의 싸움은 그 암살의 실상을 폭로하고 나아가 박정희 유신독재의 결정적 타도를 위해 힘을 다져야 한다고 생각했다. 그 과정에서 문 목사가 앞장 선 이른바 3·1 구국선언이 성사되도록 도왔다.

이야기 하나만 더 붙이고 싶다. 장준하 선생님의 장례를 집에서 치르는 데 합의하고, 형님댁 뒤주를 열어보니 쌀이 한오큼도 없는 거라. 너무나 놀라 형수님, 쌀 뒤주가 왜 이렇지요, 했더니 그걸 이제야 알아? 그런다.

아, 뒤주에 쌀 한오큼도 아니 남기시고 박정희 유신독재 타도운동을 하시다가 암살된 장준하 형님, 그런 형님과 사시다 가신 우리 김희숙 형수님, 위대하진 못해도 더없이 거룩하신 건 틀림없지 않을까.

형수님, 이 못난 기완이는 상기도 이렇게 어설프게 뉘우치고만 있습니다, 형수님.

(6) 여성 노동자들의 피나는 함성과 투쟁이 박정희의 마지막을 재촉

1978년 12월 10대 총선에서는 모든 전문가들의 예상을 뒤엎고 야당인 신민당이 집권당 공화당보다 득표율에서 1.1%를 앞섰다. 모두가 엄청난 충격을 받았지만, 10달 뒤 박정희가 머리에 총을 맞는 일이 벌어질 것이라고는 아무도 예상하지 못했다. 유신에 대한 불만은 팽배했지만 상황이 워낙 폭압적이다 보니 1979년 상반기에는 전국의 주요 대학가에서 학생 시위가 단 한 건도 일어나지 않았다. 대학생들조차 침묵했던 1979년의 폭압적인 상황에 균열을 가져온 것은 바로 여성 노동자들이었다. 한국의 민주화와 산업화를 놓고 진보와 보수가 서로 공을 다투지만, 1970년대의 민주화와 산업화 두 영역에서 진정한 주역이었던 사람들은 바로 여성 노동자들이다.

유신의 종말은 1979년 8월의 YH사건에서 비롯되었다. 국내 최대의 가발수출업체였던 YH무역이 위장폐업을 하고 여성 노동자들의 임금을 떼먹은 사건이다. 여러 달을 회사에서 싸웠지만 효과가 없자 노동자들은 마지막으로 밖으로 나가 호소하기로 했다. 당시 여성 노동자들의 호소문에는 임금을 받지 못하면 자신들은 빚에 팔려 술집으로 사창가로 내몰리게 된다면서 평범한 여성으로 살아갈 수 있도록 사회에서 관심을 가져 달라고 적혀 있었다.

여성 노동자들이 찾아간 곳은 김영삼이 새로이 총재가 된 신민당이었다. 만약 전 총재인 이철승이 여전히 그 자리에 있었다면 여성 노동자들은 신민당으로 가지 않았을 것이다. 이철승이라면 노동자들의 억울한 사정에 귀 기울이지 않고 경찰을 불러, 갈 곳 없는 여성 노동자들을 쫓아냈을 것이기 때문이다. 김영삼은 여성 노동자들을 따뜻하게 맞으며 경찰은 야당 당사를 침범할 수 없다며 안심시키고, 보건사회부 장관과 노동청장을 불러줄 테니 잘 이야기해보라고 했다. 하지만 유신정권은 경찰을 투입해 노동자들을 강제로 끌어냈다. "닭의 모가지를 비틀어도 새벽은 온다"라는 유명한 말을 남기며 끌려간 김영삼은 그래도 야당 총재라고 두들겨 맞지는 않았지만 신민당 의원들은 여러 명이 피범벅이 되었다.

그 와중에 여성 노동자 한 명이 목숨을 잃었다. 김경숙, 당시 스물두살의 꽃다운 나이였다. 겨우 스물두살인데 YH무역 노동조합이라는 당시로서는 꽤 큰 노조의 조직부장이었다. '아니, 스물두살에 무슨 조직부장?'이라고 생각할지 모르지만 김경숙은 9년차 노동자였다. 국민학교를 졸업하자마자 공장밥을 먹은 '배고프고 예쁜 쪼깐이'였다. 당시 그녀의 빈소를 찍은 사진을 보면 숨을 막히게 한다. 영안실도 아니고 시립병원 복도, 무연고 행려병자에게 촛불 하나 켜놓는 선반 같은 곳 앞에 먼 친척 아저씨 한 분만 물끄러미 앉아 있다. 가족들은 시골에서 올라오지 못했고, 같이 울어줄 동료 노동자들은 모두 잡혀가 철창 속에 있었다. 상황은 숨 가쁘게 돌아갔다. 신민당 총재 직무정지 가처분신청 → 김영삼 총재의 국회의원직 제명→ 부마항쟁 → 10·26사건(부산과 마산에서의 거대 시위사건) · · · 고은 시인은 이렇게 말했다. "김경숙의 무덤 뒤에 박정희의 무덤이 있다. 가봐라."

'야수의 심정으로 유신의 심장을 쏜' 중앙정보부장 김재규는 박정희와는 친형제 같은 사이였다. 김재규는 법정에서 10·26사건의 간접적이지만 아주 중요한 요인으로 박근혜와 최태민 문제를 꼽았다. 박근혜를 등에 업은 영세교 교주 최태민이 저지른 온갖 비리는 유신정권 핵심인사들의 최대 골칫거리였다.

이들은 여러 경로를 통해 박정희에게 최태민 문제를 정리할 것을 건의했지만, 박정희는 친인척 관리에 냉혹했던 평시와는 달리 '어미 없는 딸'이 불쌍하다며 우유부단하고 무기력한 모습을 보였다. 그 대표적인 예가 중앙정보부가 올린 최태민 비리에 관한 보고서를 박근혜에게 주어 김재규와 최태민을 대질시킨 친국사건이다. 김재규로서는 좌절감과 모욕감을 넘어 이제 박정희가 한 나라를 이끌만한 정상적인 판단력을 상실했다는 생각을 굳히게 만든 계기였다.

김재규는 자신의 거사를 자유민주주의 혁명이라 부르며 국민들에게 자유민주주의를 만끽하라는 유언을 남겼다. 그가 박정희를 쏜 진정한 이유는 부마항쟁과 같은 대규모 시위가 서울에서 발생할 경우 박정희가 발포 명령을 내려 엄청난 유혈 사태가 일어날 것을 우려했기 때문이다. 결과적으로 보면 김재규가 막으려고 했던 대규모 유혈 사태는 시간과 장소를 달리하여 광주에서 일어났다. 유신체제는 김재규가 생각했던 것보다 강고 했다. 박정희의 고급 경호원(경호실 작전차장보, 행정차장보)으로 유신잔당이었던 전두환과 노태우는 박정희가 죽은 뒤에도 13년 동안 박정희 없는 박정희 체제를 이끌었다.

새끼 박정희들은 광주를 피로 물들였다. 광주 이야기를 할 때 가장 가슴 아픈 대목은 마지막 날 도청에 남은 사람들 이야기다. 5월 26일 밤 '도청에 남아야 할까, 집에 가야 할까' 선택의 기로에서 끝까지 그곳에 남은 사람들이 있었다. 그 사람들이 모두 집에 돌아갔다면 광주는 없는 것이다. 그날을 기억하는 이들은 그들에게 진 빚과 살아남은 자의 슬픔을 간직하고 열심히 살았다. 그때 그분들은 도청에 남으면서 오늘 우리는 이렇게 죽지만 대한민국의 미래는 밝을 것이라는 소망의 마음을 가졌을 것이다.

제3장
유신정권, 「붉은 악마」「간첩」이라며
착한 청년들을 고문·학살

1. 미국의 분단통치에 순종, 반북·반민중·반민주 영구집권 욕망

1) 전국 각계각층의 궐기와 분노의 함성에 고문과 투옥으로 응대

1961년 5월 16일, 군사 쿠데타를 일으킨 박정희는 그 첫날 '혁명공약' 6개항을 발표했다. 공약의 마지막 6항은 '이와 같은 우리의 과업이 성취되면 참신하고도 양심적인 정치인들에게 언제든지 정권을 이양하고 우리들 본연의 임무에 복귀할 준비를 갖춘다"였다. 그러나 박정희는 2년 후, 스스로 밝힌 '원대 복귀' 약속을 헌신짝처럼 버리고 민주공화당을 창당해 대통령 후보로 나섰다. 결국 박정희는 1963년 제5대 대통령선거와 1967년 제6대 대통령선거에서 윤보선을 연달아 제치고 대통령직을 거머쥐었다.

그러나 제3공화국 헌법은 대통령의 임기를 연임까지만 가능하게 규정하고 있어서 1971년이면 박정희는 대통령직에서 퇴임할 수밖에 없었다. 그러자 박정희는 8년 집권에 만족하지 않고 장기 집권을 꾀하고자 비밀리에 대통령의 3선 출마를 허용하는 헌법 개정을 획책하기 시작했다.

(1) 원대복귀 약속 어기고 대통령 8년하고 개헌, 장기집권 획책

우선 박정희는 국회에서의 개헌 선을 확보하기 위한 대책을 강구했다. 그 결과 1967년 6월 8일에 실시된 제7대 국회의원선거를 관권·부정·타락 선거로 이끌어 민주공화당이 압승하도록 만들었다. 그해 5월에 치러진 제6대 대통령선거에서 승리한 박정희는, 공화당 후보 김병삼을 당선시키고 야당 후보 김대중을 떨뜨리기 위해 목포에서 국무회의까지 여는 등, 위로는 대통령으로부터 아래로는 말단 공무원에 이르기까지 국가 행정력을 총동원해 여당의 선거운동을 지원했다. 선거 결과 공화당 130석, 신민당 44석, 대중당 1석으로 야당은 호헌 선인 59석에도 미달하는 참패를 당했다.(김학민 『만들어진 간첩』 서해문집 2017)

선거가 관권·부정선거로 결말이 지어지자 대학가에서 먼저 이를 규탄하는 시위가 벌어졌다. 그러자 박정희 정권은 6월 15일 전국 28개 대학과 157개 고교에 휴교령을 내려 강압적으로 학원 시위를 봉쇄하는 한편 권오석과 양달승 등 공화당 당선자 9명을 제명해 정국을 수습하고자 했다. 그러나 야당인 신민당은 의원 등록을 거부하고 「총선무효화투쟁위원회」를 결성해 강경한 대여 투쟁을 전개했다.

야당은 6·8총선을 '선거쿠데타'로 규정하고 전면 재선거를 요구했다. 그러나 야당은 기약 없는 등원 거부에 부담을 느껴 10월부터 공화당과 협상을 시작했다. 결국 11월 29일 6개월에 걸친 등원 거부 투쟁에 종지부를 찍고 신민당 당선자들이 등원함으로써 국회는 정상화되었다. 이 과정에서 박정희도 다소 손상을 입었으나, 국회에서 개헌 선을 확보했으니 박정희로서는 3선 개헌의 8부 능선을 넘은 셈이나 다름없었다.

박정희는 제6대 대통령 임기의 반환점을 지나는 1969년 6월경부터 3선 출마를 위한 개헌 움직임을 노골화시켰다. 그러자 이를 규탄하고 반대하는 대규모 학생 시위가 대학가에서 벌어졌고, 7월 17일에는 야당과 재야 세력을 중심으로 「3선개헌반대투쟁위원회」가 결성되어 전국적으로 반대 운동이 전개되었다. 야당과 종교인·지식인·학생들의 치열한 반대투쟁에도 불구하고, 9월 14일 새벽 2시 30분 1200명의 경찰을 배치하고 여당인 민주공화당 소속 국회의원만이 참석한 가운데 태평로의 국회 제3별관에서 개헌안이 변칙 통과되었다. 그리고 이 헌법개정안이 10월 17일 형식적인 국민투표에서 77. 2%의 찬성률로 확정됨으로써 박정희는 또다시 대통령선거에 출마할 수 있게 된 것이다.

대통령의 3선 출마를 허용하는 새로운 헌법이 확정되어 박정희가 장기 집권 계획을 착착 진행시켜 가던 1970년 11월, 한국 사회의 구조적 모순을 극명하게 드러내고 이후 한국현대사의 변혁 운동에 지대한 영향을 끼친 「전태일 분신자살 사건」이 일어났다. 전태일이 평화시장 노동자로 살던 1960년대 후반은 박정희 정권의 소위 '조국 근대화 정책'이 본격화되던 시기였다. 박정희 정권은 이를 실현하기 위해 공업화를 통한 경제개발 정책으로 방향을 정하고, 그 재원을 마련하기 위해 일본과 국교를 정상화하는 한일 협정(한

일기본조약)을 체결했다. 그리고 한일 협정체결 이후 청구권 명목으로 도입된 일본의 차관(무상 2억 달러, 유상 3억 달러)으로 많은 기업이 설립되면서 '공업화'는 매우 빠른 속도록 진전되었다.

그러나 수출입국을 겨냥한 공업화는 자본과 기술·기계설비·원료·시장 등 모든 것을 미국과 일본에 의존하는 구조여서 높은 부가가치를 만들어 내지는 못했다. 거기에다가 부족한 기술력과 후발 주자라는 조건 때문에 한국 제조업의 수출품들은 저가 정책을 펼 수밖에 없었다. 그리고 이는 필연적으로 생산원가를 낮추기 위한 노동자들의 열악한 근로 환경과 살인적인 저임금을 전제로 할 수밖에 없었고, 노동자들이 저임금으로 살아가기 위해서는 식량 등의 저低농산물 가격이 뒷받침되어야 했다.

그러니까 저임금 노동자가 된 자녀들이 싼 의식주로 먹고 살려면 그 부모들이 생산하는 농산물과 수산품 판매가를 낮추어야 되니, 결국 노동자·농민·어민들은 함께 친일·친미 군사독재자 집단의 '경제 부흥' 공치사에 놀아나는 희생자가 되고 말았다.

이러한 박정희 정권의 지속적인 저농산물 가격 정책은 농촌을 파탄에 이르게 해 많은 농민이 농촌을 떠나 공장 노동자, 또는 도시의 단순 노동자가 되었다. 1960년~1975년 사이에만 무려 700만의 농민이 농촌을 등지고 도시로 밀려들었는데, 이들은 공장과 도시에서 '풍부하고 값싼 노동력'의 원천이 되었다. 노동인구가 늘어날수록, 실업자가 많을수록 대기업 불로소득자들의 수탈체제는 무한히 강화되었다.

전태일 역시 채광·통풍 시설도 없는 비좁은 작업장에서 최저생계비의 5분의 1도 되지 않는 저임금으로 하루 15시간 이상 중노동에 시달리던 노동자였다. 전태일은 직접 경험한 현실과 동료 노동자들이 당하는 참상을 목격하고 노동 조건 개선을 위해 투쟁하기로 결심하고, 1970년 11월 13일 시위를 벌이려다 경찰에 의해 강제해산 당하자 휘발유를 끼얹고 항의 분신을 했다. 전태일은 화염에 휩싸인 채 "근로기준법을 준수하라", "우리는 기계가 아니다"라고 절규하다 병원으로 옮겨졌으나, "내 죽음을 헛되어 말라"는 유언을 남기고는 끝내 숨을 거두었다.

노동자와 농민의 희생 아래 공업화를 통한 경제개발 정책의 참상을 고발한 이 사건이 발생하자 연일 추모 집회·시위·철야 농성 등이 일어났고, 박정희 정권에 대한 사회 각계의 비판 여론도 들끓는 등 한국 사회는 큰 충격에 빠졌다. 전태일 분신 사건은 노동운동 등 1970~1980년대 한국 사회의 변혁 운동을 질적·양적으로 성장케 하는 기폭제가 되었다. 특히 나중에 알려진 전태일의 일기 한 대목 "나에게도 대학생 친구가 하나라도 있었더라면…"은 당시 대학생들에게 큰 충격과 함께 한국 사회 전반에 대한 일대 각성을 갖게 해 1970년대 학생운동에 지대한 영향을 끼쳤다.

(2) 군사정권, 전국민의 분노와 야당의 강력 대결에 폭력제압 광분

이러한 분위기 속에서 1971년 4월 27일 제7대 대통령선거가 실시되었다. 세 번째로 대통령선거에 출마한 박정희는 낙승을 기대했다. 하지만 야당의 대통령 후보 김대중이 반공법 개정, 예비군 폐지, 대중경제 구현을 위한 노사공동위원회 설치, 남북한 서신 교류·기자 교환·체육인 접촉, 지식인·문화인·언론의 권력으로부터의 해방, 제2한일회담 및 월남 파병군 철수, 미·일·중·소 4대국 한반도 안전보장, 정부기관 일부 대전 이전, 전매 사업 공영화 내지 민영화 실현, 대통령 재산 공개 등을 선거 공약으로 내걸고 박정희 정권의 안보 논리와 경제성장의 허구성을 정면 공격함으로써 국민들로부터 큰 지지를 받았다.

김대중의 선전善戰에 당황한 박정희는 국민 여론에 입각한 민주정치 구현, 야당 협조에 의한 생산적 정치 윤리 구현, 민원 행정 간소화, 단계적 지방자치제 실시, 세제 및 금융제도 개선, 국토개발 계획 수립 등을 내세우면서 "다시는 국민에게 표를 찍어달라고 나서지 않겠다"고 호소했다. 그러나 김대중은 장충단공원에서의 마지막 유세에서 "이번에 정권교체를 이루지 못하면 총통제가 실시될 것"이라고 '예언'했다.

김대중에 대한 지지 여론이 높아지자 취약 지역에서의 불법 선거운동과 부정투표를 감시하기 위해 대학생들이 농촌과 소도시 등의 투개표참관인으로 대거 자원해 갈 정도로 국민들은 정권교체의 열망에 들떠있었다. 그러나 선거 결과 박정희는 총투표의 51.2% (유효투표의 53.2%)를 획득, 43.6%(유효투표의 45.2%)를 얻은 김대중을 약 95만 표차로 따돌렸다. 박정희가 막대한 선거 자금을 살포했고, 관권을 총동원했으며, 60만 장병의 군부대 투표가 곳곳에서 부정불법으로 이루어졌음을 감안하면 실제로는 김대중이 승리했을 것이라는 평가가 많았다.

특히 제7대 대통령선거에서는 도시와 농촌, 지역에 따른 표의 쏠림이 확연히 드러났다. 김대중은 전체 도시 유권자 표의 51. 5%를 얻었는데, 특히 서울에서 59.39%의 득표율을 보여 박정희의 39.95%에 비해 압도적이었다. 김대중은 전라북도에서 61.52%, 전라남도에서 62.8%, 박정희는 경상북도에서 75.62%, 경상남도에서 73.35%를 각각 얻었다. 선거 결과 민심이 박정희 정권으로부터 크게 이반되었음이 확인되었고, 김대중은 박정희에게 최고로 위협적인 인물로 부상했다. 3선 개헌 이후 영구 집권을 꿈꾸던 박정희로서는 "다시는 국민에게 표를 찍어 달라고 나서지 않을" 무언가 "특별한 수법"을 모색해야 했다.

독재자가 가장 확실하게 집권을 연장할 수 있는 수법은, 민주주의의 본질적 기제인 선거 자체를 아예 없애거나, 형식적으로 선거제도를 유지하면서 그 규칙을 자기들에게 일방적으로 유리하게 만드는 것이다. 대부분의 독재자는 세계인의 눈을 의식해 선거 자체를 폐지하기보다는 허울뿐인 선거제도를 만들어 놓고, '혼자 뛰어 혼자 우승하는' 수법을 선호한다. 절차적 민주주의에서 최선의 제도라 할 수 있는 선거를 통한 집권 연장이 불가능하다고 생각한 박정희는 중앙정보부와 검찰, 일부 어용 헌법학자들로 하여금 대만의 총통제 헌법 등을 연구해 1인 독재체제를 구축할 수법을 모색하게 했다. 그것이 바로 1972년의 '유신維新'이었다.

스스로 만든 제3공화국 헌법 기능을 정지시키고 자신의 영구 집권을 확실하게 담보하는 '유신'을 선포하기 전에 박정희는 우선 두 가지 작업을 시작했다. 하나는, 1971년 12월 6일의 국가비상사태 선포다. 박정희는 "현재 대한민국은 안전보장상 중대한 시점에 처해 있다"며, 그 이유로 "중공의 유엔 가입을 비롯한 국제정세의 급변과, 그 틈을 탄 북괴의 남침 위협"을 들면서, 이에 따라 "국가안보를 최우선시 하고 일체의 사회불안을 용납치 않으며, 최악의 경우 국민의 자유 일부도 유보하겠다"는 등 6개항의 특별조치를 발표했다.

국가비상사태는 통상 외적의 침략이나 내란 반발, 대규모 천재지변 발생으로 국가의 치안질서가 중대한 위협을 받아 통상적인 방법으로는 공공의 안녕과 질서를 유지하기 불가능한 상태일 때 선포한다. 그러나 당시의 국가비상사태를 선포한 직접적 배경은 대학생들의 치열한 교련 반대 투쟁 및 종교계의 부정부패 척결시위 등을 억압하기 위해서였다. 미국조차도 북조선의 '남침 위협' 주장은 타당성이 없다고 비판했다.

집권 여당인 공화당은 박정희의 국가비상사태 선포의 법적 근거를 마련하기 위해 대통령에게 무소불위의 '비상 대권'을 부여하는 '국가보위에 관한 특별조치법'안을 12월 21일 국회에 제출했다. 이 법안은 경제질서에 대한 강력한 통제 권한과 언론·출판·집회·시위의 자유 등 국민의 기본권을 대통령이 자의적으로 제약할 수 있는 내용을 담고 있다. 또한 노동자들의 단체교섭권과 단체행동권을 주무 관청의 허가를 받아야만 행사할 수 있도록 만들어 사실상 노동기본권을 봉쇄해 버렸다. 야당인 신민당은 특별법 저지 투쟁에 나섰지만, 공화당과 일부 무소속 의원들은 12월 27일 새벽 3시 국회 제4별관에서 이 법안을 통과시켰다.

다른 하나는, 7·4남북공동성명이다. 1972년 7월 4일 남한과 북한은 정치적 대화 통로와 한반도 평화 정착 계기를 마련하기 위한 남북한 당사자 간의 최초 합의 문서인 「남북공동성명」을 발표했다. 이 성명은 "첫째, 통일은 외세에 의존하거나 외세의 간섭을 받음이 없이 자주적으로 해결해야 한다. 둘째, 통일은 서로 상대방을 반대하는 무력행사에 의거하지 않고 평화적 방법으로 실현해야 한다. 셋째, 사상과 이념·제도의 차이를 초월해 우선 하나의 민족으로서 민족 대단결을 도모해야 한다"면서 쌍방은 ①긴장 상태 완화, 상대방 중상 비방 중지 ②무장 도발 중지, 불의의 군사적 충돌 사고 방지 합의, ③남북 사이에 다방면적 제반 교류 실시 ④적십자회담 성사 적극 협조 ⑤서울과 평양 사이에 상설 직통전화 개설 ⑥이후락 부장과 김영주 부장을 공동 위원장으로 하는 남북조절위원회 구성 운영 ⑦합의 사항을 성실히 이행할 것"을 엄숙히 약속했다.

그러나 7·4남북공동성명 전후 시점에서 박정희의 우선 관심사는 국내 정치였다. 1971년 12월에 국가비상사태를 선포하면서 그 근거로 '북한의 도발 위협'과 긴장 완화라는 명목 하에 열강들이 약소국을 희생의 제물로 삼을 수 있다는 '데탕트 위기론'을 들었는데, 갑자기 남북의 평화적 공존을 내용으로 하는 공동성명을 발표하니, 국민들은 불과 6개월 사이에 바뀐 박정희의 모순된 언행에 의심의 눈초리를 거두지 않았다. 그렇지만 여론은 어찌되었든 남북 간에 대화의 통로가 열린 것을 환영했다. 그리고 7·4남북공동성명은 한국전쟁 이후 최초의 남북 당사자간 합의라는 역사적 의의만을 남긴 채 잉크도 채 마르기 전인 10월 17일 남한에서는 박정희독재의 유신체제가, 12월 북에서는 김일성의 유일사상체제가 등장하는 결과로 이어졌다.

2) 친일파답게 명치유신과 같은 명칭의 「유신헌법」 만들어 장기 독재 채비

(1) 국내에서는 '국가비상사태' 선포, 민주화세력의 활동 완전 통제

박정희는 1971년 4월 김대중을 꺾고 대통령직을 거머쥐었지만, 끊임없는 학생 시위와 함께 곧 사회 각 부분의 전방위적 도전에 직면하게 되었다. 같은 해 5월에 실시된 제8대 국회의원 선거에서는 야당이 대약진을 했다. 야당인 신민당은 '총통제 음모 분쇄'를 구호로 총선에 임해 개헌저지 선인 69석에서 20석을 더 확보했다(공화당 113석). 7월에는 사법권 수호 투쟁으로 전국의 판사들이 집단으로 사표를 제출한 '사법파동'이 일어났고, 8월에는 경기도 광주대단지로 강제 이주된 판자촌 주민 5만여 명이 정부의 무계획적인 도시 정책과 졸속 행정에 반발해 폭동을 일으켰다.

그 뒤를 바로 이어 인천 앞바다에서 특수훈련을 받던 병사들이 총기를 난사하며 영등

포까지 진입한 후 자폭한 '실미도 사건'이 일어났다. 그리고 10월에는 박정희 직속의 공화당에서 항명파동이 일어났다. 야당의 3부장관 해임 건의안에 일부 공화당 의원이 찬성표를 던져 그중 오치성 내무부장관 해임 건의안이 통과된 것이다. 이러한 흐름 속에서 박정희는 1971년 12월에 유신체제 구축의 전초작업인 국가비상사태를 선포하고, 그 이듬해인 1972년 최후의 칼을 빼들었다. 1972년 10월 17일 오후 7시를 기해 전국에 비상계엄령을 선포하고 "조국의 평화와 통일, 그리고 번영을 희구하는 국민 모두의 절실한 염원을 받들어 우리 민족사의 진운을 영예롭게 개척해 나가기 위한 나의 중대한 결심을 국민 여러분 앞에 밝히는" '대통령특별선언'을 발표했다. 박정희는 이 선언에서 한반도를 둘러싼 열강들의 세력균형 관계의 변화가 "우리의 안전보장에 직접적 또는 간접적으로 위험스러운 영향을 미치게 될 것"으로 보고 있으며, "남북조절위원회와 남북적십자회담을 통한 남북대화를 더욱 적극적으로 과감하게 추진해 나가야 할 중대한 시점에 처해 있는데도 불구하고 우리 사회는 무질서와 비능률이 활개를 치고 있으며, 정계는 파쟁과 정략의 갈등에서 좀처럼 헤어나지 못하는 민족적 사명감을 저버린 무책임한 정당과 그 정략의 희생물이 되어 온 대의기구의 정비가 시급하다"고 주장했다.

또한 박정희는 "우리 헌법과 각종 법령, 그리고 현 체제는 동서 양극체제하의 냉전 시대에 만들어졌고 하물며, 남북의 대화 같은 것은 전연 예상치도 못했던 시기에 제정된 것이기 때문에 오늘과 같은 국면에 처해서는 마땅히 이에 적응할 수 있는 새로운 체제로의 일대 유신적 개혁이 있어야 하겠다"면서 "평화통일이라는 민족의 염원을 구현하기 위해 우리 민족진영의 대동단결을 촉구하면서, 오늘의 이 역사적 과업을 강력히 뒷받침해 주는 일대 민족 주체세력의 형성을 촉성하는 대전기를 마련하기 위해 다음과 같은 약 2개월간의 헌법 일부 조항의 효력을 중지시키는 비상조치를 국민 앞에 선포하는 바"라고 선언했다.

1. 1972년 10월 17일 19시를 기해 국회를 해산하고, 정당 및 정치활동 중지 등 현행 헌법의 일부 조항의 효력을 정지시킨다.
2. 일부 효력이 정지된 헌법 조항의 기능은 비상국무회의에 의해 수행되며, 비상국무회의 기능은 현행 헌법의 국무회의가 수행한다.
3. 비상국무회의는 1972년 10월 27일까지 조국의 평화통일을 지향하는 헌법개정안을 공고하며, 이를 공고한 날로부터 1개월 이내에 국민투표에 부쳐 확정시킨다
4. 헌법개정안이 확정되면 개정된 헌법 절차에 따라 늦어도 금년 연말 이전에 헌정 질서를 정상화시킨다.

박정희는 "정치 현실을 직시할 때, 나는 정상적인 방법으로는 도저히 이 같은 개혁이 이루어질 수 없다는 판단을 내리게 되었"으며, "오히려 정상적인 방법으로 개혁을 시도한다면 혼란만 더욱 심해질 뿐더러, 남북대화를 뒷받침하고 급변하는 주변정세에 대응해 나가는데 아무런 도움이 될 수 없다고 믿었기 때문에 국민적 정당성을 대표하는 대통령으로서 나에게 부여된 역사적 사명에 충실하기 위해 부득이 정상적 방법이 아닌 비상조치로써 남북대화의 적극적인 전개와 주변 정세의 급변하는 사태에 대처하기 위한 우리 실정에 가장 알맞은 체제 개혁을 단행해야 하겠다는 결심을 하기에 이르렀다"면서, "만일 국민 여러분이 헌법개정안에 찬성치 않는다면 나는 이것을 남북대화를 원치 않는다는 국민의 의사 표시로 받아 들이겠다"는 터무니없는 '국민 협박'도 서슴지 않았다.

그러니까 뒤집어 생각해보면 갑작스런 「남북회담과 성명」은 결국 국내에 비상사태를 선포하여 민주정치체제·절차를 중단시키고 국민 모두를 절대복종시키려는 '구실'의 마련에 목적이 있었던 것이다.

박정희의 '특별선언'에 따라 비상국무회의는 10월 27일 비밀리에 준비해 두었던 헌법개정안을 공고하고, 11월 21일에는 국민투표를 실시했다(이 헌법개정안은 동국대 교수 한태연, 중앙대 교수 갈봉근, 중앙정보부장 이후락이 만들었다고 해 '한갈이 헌법'이라 불렀다). 비상국무회의는 유신헌법 지지 및 투표참여 지도 계몽반을 편성해 전국적으로 캠페인을 벌였다. 대학교수라는 자가 TV에 출연해 "유신헌법을 반대하는 것보다 국민투표에 참여하지 않는 것이 더 나쁘다"고 지껄일 정도였다. 결국 공무원과 통반장 등을 통한 투표 동원과 전국 군부대의 '찬성' 공개 투표로 91. 9% 투표율에 91. 5% 찬성률을 얻어 '유신헌법'이 확정되었다.

유신헌법으로, ①통일주체국민회의가 대통령선거 및 최고의결기관으로 설치되었고 ②직선제이던 대통령선거가 통일주체국민회의 대의원들에 의한 간선제로 바뀌었으며 ③대통령 임기가 4년에서 6년으로 연장되었고 ④국회의원 정수의 3분의 1을 대통령의 추천으로 통일주체국민회의에서 일괄 선출하고 ⑤국회의원의 임기를 6년과 3년의 이원제로 해 통일주체국민회의에서 선출된 의원은 3년으로 했으며 ⑥국회의 연간 개회 일수를 150일 이내로 제한하고 ⑦국회의 국정감사권을 없앴으며 ⑧지방의회를 폐지하고 ⑨대통령이 제안한 헌법개정안은 국민투표로 확정되고, 국회의원의 발의로 된 헌법개정안은 국회의 의결을 거쳐 통일주체국민회의에서 다시 의결함으로써 확정되도록 이원화했다. 그밖에도 1972년 10월 17일의 비상조치와 그에 따른 대통령의 특별선언을 제소하거나 이의를 제기할 수 없도록 헌법 부칙에 못 박았다.

유신헌법의 확정에 따라 12월 15일 대의원 2,359명이 선출되어 '통일주체국민회의'

를 구성하고, 12월 23일 통일주체국민회의 대의원들의 간접선거에 박정희 혼자만 출마해 제8대 대통령으로 당선되었다. 대의원전원이 투표해 투표율 100%를 기록했고, 박정희는 기권자 2명을 제외한 2,357명의 지지를 얻어 득표율 99.9%를 기록했다. '혼자 뛰어 혼자 우승한' 박정희는 12월 27일 대한민국의 제8대 대통령에 취임, '죽을 때까지 대통령을 하는' 영구 집권의 길로 들어섰다.

1978년 7월 6일엔 다시 통일주체국민회의 대의원들에 의한 제9대 대통령선거가 있었다. 대의원 2,581명 중 2,578명이 투표에 참가해 투표율 99.8%를 기록했고, 박정희는 2,577명의 지지를 얻어(1명 무효표) 0.04% 차이로 '아깝게' 득표율 100%를 놓쳤다. 이로써 '죽을 때까지 대통령을 하려는' 박정희의 꿈은 더욱 현실화되었고, 1년 뒤 현직 대통령의 지위에서 김재규의 총에 맞아 죽었으니 '죽을 때까지 대통령을 하겠다'는 박정희의 꿈은 결국 이루어졌다.

(2) 미국의 「전시작전통제권」 하, 이름도 같은 무소불위 권력기구 KCIA 조직

1960년 4월혁명으로 집권한 민주당 정부는 집권 초기의 혼란에 편승한 윤치영 등 이승만 추종 세력과 이범석 등 족청 계열, 일부 군부의 끊임없는 쿠데타 기도 정보에 시달렸다. 그리하여 장면 정부는 미국 중앙정보국의 권고를 수용해 국외 정보 및 국내 보안 정보의 수집·작성 및 배포 등과 관련된 정보와 범죄에 대한 수사 및 보안 업무의 기획·조정의 필요성을 감안해 국무총리를 위원장으로 하고 국무원사무처장, 외무·내무·재무·법무·국방부장관을 위원으로 하는 중앙정보연구위원회(약칭 중앙정보연위 또는 정보연위)를 1960년 11월 11일 발족시켰다.

중앙정보연구위원회 발족 후 당과 정부 일각에서는 정보 관련 업무를 실행할 기관의 설립 필요성을 장면 국무총리에게 여러 번 건의했지만, 장면은 이승만 정권하의 특무대장 김창룡이 벌인 무소불위의 만행을 지적하며 설치를 쉽게 허락하지 않았다. 그러나 밑도 끝도 없는 쿠데타 소문과 대학생들과 혁신계 인사들의 연이은 시위로 사회가 불안해지자 결국 장면은 특별 정보기관 설치를 결심, 1961년 3월 2일 총리실 직속 시국정화운동본부(시국정화단)를 발족시켰다. 시국정화단은 5·16쿠데타로 조직이 폐지될 때까지 서울시 경찰국장을 지낸 이귀영이 총리정보비서관이라는 직함으로 본부장을 맡았다.

5·16쿠데타 발발 닷새 후 김종필 주도로 발족한 중앙정보부는 앞서 발족한 중앙정보연구위원회와 시국정화운동본부를 통합한 정보기관이다. 또한 중앙정보부는 당시 미국

의 대외 정보기관인 CIA를 모방했다고해 'KCIA'로 불리기도 했다. 그러나 미국의 CIA 와는 달리 처음부터 대공 정보나 대외 정보 수집 업무는 뒷전이었고, 국내 정치에 직접 개입, 박정희 독재정권의 전위대 노릇을 하면서 국민과 야당을 감시하고 탄압하는 폭압 기구로 출발했다.

특히 중앙정보부는 명칭이나 조직 형태는 정보기관인데도 정보만 수집하고 분석하는 것이 아니라 수사권까지 갖는, 세계 어디에서도 유례를 찾아볼 수 없는 초법적인 기관이 었다. 중앙정보부 설치법령 제6조 2항은 "정보부장·지부장·수사관은 범죄수사권을 갖고 수사에 있어 검사의 지휘를 받지 않는다"고 되어 있고, 제7조 1항은 "정보부 직원은 그 업무수행에 있어 전 국가기관으로부터 필요한 협조와 지원을 받을 수 있다"는 등 초헌 법적 권한을 부여하고 있다.

결국 미국은 종속 우방을 자율·자치정권에 의해 간접적으로 통치하는 과정에서 4· 19와 같은 시민혁명이 일어날 경우 수습이 곤란하게 되자, 강하게 훈련시켜놓은 군대를 동원했으며 비민주적이라는 비난을 받게 되었다. 그리하여 아예 직접 명령·조종이 가 능한 정보기관을 만들어 반공안보와 함께 친미정권의 붕괴를 막으려했던 것 같다.

중앙정보부는 1961년 5월 창설 직후에는 반도 호텔을 비롯한 서울시내 곳곳의 안가 (안전 가옥)에 흩어져 있다가 이듬해인 1962년 성북구 석관동 의릉에 본청을 두게 된다 (당시는 '이문동 본청'이라 불렸다). 그러다가 1972년부터 남산 분청이 국내 파트를 전담하 게 되면서 남산 분청은 이문동 본청을 제치고 실질적인 중앙정보부의 총본산이 되었다. 이때부터 세간에서는 중앙정보부를 '남산'이라는 별칭으로 부르기 시작했다. '남산'은 1995년 내곡동으로 이전하기 전까지 23년 동안 "나는 새도 떨어뜨리고, 남자를 여자로 바꾸는 것 이외에는 모든 것을 다 할 수 있는 곳"이라는 무소불위無所不爲(못할 일이 없이 다 함)의 권력기관으로서 악명을 떨쳤다.

남산 중앙정보부 터는 조선 통감 데라우치 마사타케의 관저가 있던 곳이다. 데라우치 는 1910년 8월 22일 남산 통감부 관저에서 이완용을 상대로 한일병합조약을 체결했고, 그 일주일 후인 8월 29일 이 조약이 발효되어 조선은 일본의 식민지가 되었다. 일제 36 년 조선 민중 수탈의 문을 열었던 터에 60여 년 후 중앙정보부가 들어앉아 언론과 사법 부를 불법 사찰하고, 정권에 비판적인 민주 인사들, 간첩 조작의 희생자들, 심지어 여야 정치인들까지 고문하고 수사해 대한민국의 민주주의를 유린하고 법치주의를 무력화시 켰다는 것은 역사의 아이러니다. 여기에서 '풍년사업'이라는 공작명으로 유신헌법의 초 안이 작성되었고, 유럽거점 간첩단 사건, 민청학련 및 인혁당 재건위 사건, 크리스천아 카데미 사건, 김대중 내란 음모 사건, 수지김 사건 등 숱한 인권유린 사건들이 기획되고 조작되었다(1995년 국정원이 내곡동으로 이전한 후 중앙정보부장 집무실이 있던 본관은 유스호스텔로, 인권유린과 고문수사의 두 본거지인 5국은 서울시청 별관으로, 6국은 서울시 도시안전실로 쓰이고 있고, 부장 관저는 '문학의 집'으로 변했다).

　김종필이 중앙정보부를 창설해 제1대 부장으로 임무를 시작하면서 처음으로 한 일은 박정희의 권력에 도전하는 군부 내의 '혁명 동지' 세력을 제거하는 일이었다. 김종필은 자신들이 추대한 국가재건최고회의의 장인 장도영 육군참모총장을 비롯해 쿠데타에 참여한 장성급 중에서 송요찬·김동하 등 박정희의 선배 되는 자들을 대부분 제거해 박정희 일인체제 구축의 주춧돌을 놓았다. 창설 초기 국내 정치에 관여했던 이러한 악습들이 굳어져 이후 중앙정보부는 국민 위에 군림하며 독재자의 정권 안보에만 치중하는 사적 권력기관으로 자리 잡게 되었다.

중앙정보부 변천사

일자	내용	청사 위치
1960.11. 11.	-국무원 산하 중앙정보연구위원회 설치 -위원장 장면(1960. 11. 11~1961. 5. 18 재임)	중앙청
1961. 3. 2.	-국무총리 직속 특별 정보기관 시국정화운동본부(시국정화단)설치 -본부장 이귀영(1961. 3. 2~5. 18 재임)	
1961.5. 20.	-중앙정보연구위원회와 시국정화운동본주를 통합해 중앙정보부 발족 - 초대 부장 김종필(1961. 5. 20~1963. 1. 6 재임)	반도 호텔 등 서울시내 곳곳의 안가에 사무실 분산
1961.6. 10.	-국가재건최고회의, 중앙정보부법 제정(법률 제 619호)	
1964.	-조직 개편을 통해 300명이던 요원을 1964년에는 3700명으로 늘림	이문동 의릉에 본청 개관 국내·해외 파트 총괄
1972. 12.	-6대 부장 이후락(1970. 12. 21~1973. 12. 2 재임) 권력의 2인자 군림. 유신, 남북회담 등 무소불위 권력 행사	이문동 본청에는 해외 파트만 남기고, 남산 분청으로 국내 파트 분리
1979.10. 26.	- 8대 부장 김재규(1976. 12. 4~1979. 10. 27 재임)의 박정희 격살로 중앙정보부 조직 초토화	
1980.4. 14.	-전두환(1980. 4. 14~7. 17 재임), 현역 군인으로 중앙정보부장 서리에 취임해 권력 탈취 세력 구축	
1981. 4. 8.	-전두환 집권 후 국가안전기획부(ANSP, 안기부로 개칭) -초대 안기부장 유학성(1981. 4. 8~1982. 6. 1 재임)	
1995. 9.	-11대 안기부장 권영해(1994. 12. 24~1998. 3. 3 재임)	내곡동으로 본청이전
1999. 1	-국가정보원(NIS, 국정원)으로 개칭 -초대 국정원장 이종찬(12대 안기부장 임기 포함 1998. 3. 4~1999. 5. 25 재임)	

◎ 군사정권의 권력자 이후락(1970~1973)

이후락은 1924년 경남 울산에서 출생했다. 그는 해방이 되자 국군 창설에 참여해 1945년 12월 군사영어학교 1기생으로 입교, 이듬해 3월 임관되었다. 이후락은 1948년 육군 정보국 차장을 시작으로 군 시절 대부분을 정보 분야에서 근무하다가 1961년 소장으로 예편되었다. 예편 직전 그는 국방부 정보실장으로 있으면서 장면 정권이 1960년 11월 11일에 창설된 중앙정보연구위원회의 정보실장직을 겸했으며(1961년 2월 12일까지), 예편된 후에는 1961년 2월 13일부터 5월 20일까지 같은 연구위원회의 연구실장으로 자리를 옮겨 근무한, '장면 정권의 사람'이었다.

그러나 1961년 초 박정희 등이 쿠데타를 모의하자 이 정보를 접한 그는 재빨리 쿠데타 세력에 붙었다. 그러고는 쿠데타가 성공하자 중앙정보연구위원회에서의 활동과 군 시절 정보 분야 근무 경력을 발판으로 박정희에게 공작·정보 정치의 아이디어를 제공, 박정희 집권 내내 출세가도를 달렸다.

1970년 12월 21일부터 1973년 12월 2일까지 제6대 중앙정보부장으로 있으면서 이후락은 숱한 용공 음해·테러 공작을 주도했다. 이후락은 정보부장 재임 중 위수령 발동과 같은 학원 탄압과 서울대생 내란 음모 사건 등 잇따른 용공 조작 사건의 최종 책임자였고, 1972년의 '유신'을 기획, 박정희 영구 독재를 위한 체제 구축에 앞장선 민주주의 파괴분자였다. 또한 이후락은 야당 국회의원에 대한 테러와 김대중을 납치해 수장시키려는 공작을 기획하고 실행한 인물로, 역대 중앙정보부장·국가안전기획부장·국정원장 33명 중에서 가장 악랄하다는 평가를 받는다.

그는 1979년 박정희가 피살된 후 자신에 대한 부정부패 문제가 언론에 보도되자 "떡을 만지다 보면 손에 떡고물이 묻기도 한다"는 '명언'을 남기기도 했다. 1980년 전두환 등 신군부의 소위 제5공화국이 출범하자 그는 '권력형 부정축재자'로 지목되면서 1980년 이후 모든 공직에서 밀려났다.

1973년은 박정희 정권 내 권력이 재편되는 과도기였다. 당시 수도경비사령관 윤필용은 이후락과 함께 한 자리에서 "박통은 이제 그만하고 다음은 형님(이후락)이 해야 한다"는 헛소리를 지껄였다가 하루아침에 보안사 서빙고분실로 연행되어 치도곤을 당했다. 윤필용의 심복인 수경사참모장 손영길과 이후락의 조카로서 그의 심복인 중앙정보부 감찰실장 이재걸(손영길과는 국민학교 동기동창, 이하 국민학교는 초등학교로 표기) 또한 서빙고분실로 연행되어 혹독한 조사를 받았다. 그 사건으로 윤필용도 실권했지만 이후락도 기울 만큼 기울었다.

박정희를 등에 업고 1970년대 초 대한민국을 쥐락펴락 하던 이후락의 권력도 1973

년 여름을 넘기고부터는 지는 해와 같은 신세였다. 이후락은 1973년 8월, 김대중의 납치 살해를 기획했으나 김대중을 수장시키는 마무리를 제대로 하지 못해 박정희의 눈에 나 버린 것이다. 그즈음부터 중앙정보부의 실권은 검사 출신 김치열 차장에게 집중되었고, 이후락의 정보부 장악력은 확 떨어졌다. 결국 과도기적으로 김치열 차장이 이후락부장을 거치지 않고 박정희에게 직접 보고하고 직접 지시받는 체제로 정보부가 운영되었다.

당시 정보부 감찰실에서는 감찰실장 손종호의 극비 특명으로, 이후락의 고향인 울산과 동향인 자, 군 병참병과 출신자 등 이후락 계열 특채자 100여 명의 명단을 확인하고 그 일주일여 후에 100여 명 전원을 면직조치하기도 했다. 1973년 9월에는 가짜 중앙정보부원 이회기(육영수와 동향, 충북 옥천 출신)에 대한 정보부의 고문 및 성불구 피해 진정사건으로 영부인 육영수가 박정희에게 이후락의 경질을 강력히 요구한 일도 있었다. 미 CIA의 한국 책임자 그레그Donald Gregg가 이후락의 경질을 요구한 정황도 있다.(도널드 그레그, 차미례 옮김 『역사의 파편들』)

그들KCIA은 미국에서 교육받은 한국인 한 명(최종길 교수)을 자기가 근무하는 대학 캠퍼스의 폭동을 선동했다는 혐의로 체포했다. 그들은 그 교수를 공포의 대상이었던 KCIA 조사실로 끌고 갔다. 거기서 그들은 그에게 고문을 가해 죽음에 이를 정도가 되도록 했거나, 아니면 그가 고통에서 벗어나기 위해 창문에서 뛰어내릴 정도가 되도록 만들었다. 그가 KCIA가 날조해 낸 허위 혐의를 자백할 것을 계속 거부했기 때문이다.

그의 부인이 의사였다고 보도됐지만 부인마저 고문당한 남편의 시신을 보는 것이 한동안 금지됐다. 이런 사실들이 널리 알려졌고 나는 적절한 절차에 따라 그것들을 워싱턴에 보고했다. 그리고 보고서에 덧붙여서 이런 야만적인행위에 대해 내가 KCIA 측에 공개적으로 항의하는 것을 허용해 주도록 요청했다. 워싱턴의 내 상관은 10년 전에 죽었는데, 당시 내 요청을 거절했다. 그는 나에게 "한국인을 한국인으로부터 구하는 일은 중단하고" 사실만 보고하는 데 집중하라고 명령했다.

나는 그 구두 명령을 며칠 동안 곱씹었다. 이는 나에게 중대한 도덕적 위기였기 때문이다. 그래서 내 경력 가운데 처음이자 유일하게 상부 지시를 의도적으로 위반했다. 나는 박종규 경호실장을 찾아가서, 워싱턴의 승인이 나지 않은 사항이지만 내가 개인적으로 이야기하는 것이라고 말했다. 그러면서 나는 정치적으로 견해가 다르다는 이유로 자국민들을 고문하면서 북한의 위협에 대해서는 전혀 관심이 없는 그런 조직과 일하는 것이 너무 힘들다고 말했다. 박은 내 말을 매우 진지하게 경청했고 메모를 했지만 아무런 질문도 하지 않았다. 그리고 자기를 찾아와 준 것에 고마워했다. 그러고 나서 열흘도 되지 않아 이후락 KCIA 부장의 해임 발표가 있었다. 그는 국외로 달아났지만, 해외에서도 추적 대상이 됐다.

이러한 흐름 속에서 검사 출신 김치열 차장이 김종필·박종규·신직수 등 반反이후락계 인사들의 지원을 받아 중앙정보부의 주도권을 완전 장악했고, 현직 검사로서 중정 5국장(대공수사국장)이던 안경상이 정보부의 새로운 실세로 부상하면서 중앙정보부는 박정희 독재 권력을 유지하기 위해 국민들의 민주화 요구를 억압하고 인권을 말살하는 숱한 공안 조작사건을 만들어냈다. 이후락의 후임으로는 검사 출신 신직수가 임명되었다.

(3) 시위로 들끓는 대학을 절대명령·절대순종의 군사훈련장 만들어

박정희가 '유신' 선포를 준비하면서 한편으로 크게 고심한 것은 대학가의 동향이었다. 당시 야당은 '낮에는 야당, 밤에는 여당'이라는 비아냥거림을 들을 정도로 박정희의 프락치들에 의해 농단당하고 있었고, 많은 의원들이 중앙정보부의 '적절한' 당근과 채찍으로 이미 순치되어 있었다. 그러나 4월혁명으로 이승만 독재정권을 무너뜨린 자랑스러운 역사를 갖고 있던 학생들은, 박정희 집권 초기 굴욕적인 한일회담 규탄 시위투쟁과 1969년의 3선 개헌 반대 투쟁으로 박정희 정권을 궁지에 몰아넣은 것처럼 한국사회에서 사회변혁의 폭발력을 갖고 있는 유일한 집단이었다.

이에 박정희가 우선 구상한 것이 대학의 병영화였다. 1969년 군사훈련(교련)이 대학의 이수과목으로 도입되었을 때는 선택과목이었고, 교관도 예비역 군인이 맡았다. 그런데 신학기 직전인 1971년 2월 25일 박정희 정권은 교련 강화 지침을 발표했다. 선택과목이던 교련을 교양필수로 격상하고, 교관도 현역 군인이 담당하도록 했다. 남자 대학생은 학교에서 주 3시간의 학과를 이수한 후 방학 중 군부대에서 집체훈련을 받아야 졸업이 가능했다. 교련은 학과수업과 집체훈련을 합해 졸업 때까지 7학점을 채우도록 규정했다.

1971년 3월, 개학하자마자 전국의 대학이 교련 반대 투쟁으로 불타올랐다. 6·25전쟁 시기에도 대학생의 군사훈련이 그토록 강화된 적은 없었다. 사회문제에 관심이 적은 일반 학생은 물론 교수들까지도 교련 강화 지침에 비판적이었다. 교련 반대 투쟁은 일부 대학에 휴업령이 내려질 정도로 격렬했지만, 그해 4월에 대통령선거가 있었기 때문에 박정희정권은 강경하게 대응하지 않았다.

김대중과 겨룬 제7대 대통령선거에서 가까스로 승리한 후, 박정희는 교련의 필수과목화와 현역 군인으로 교관을 맡게 한다는 독소조항은 그대로 둔 채, 교련수업을 주 3시간에서 2시간으로 줄이고 교련을 이수한 학생에게는 이수학점에 비례해 병역단축 혜택을 주는 유화책을 내놓았다.

그러나 수십 명의 현역 군인 교관이 학원에 상주하는 방침이 그대로인 상태에서 이러한 유화책을 학생들이 받아들일 리 없었다. 9월, 2학기가 시작되자마자 대학은 다시 교련 반대 투쟁으로 들끓었다. 집회는 매번 캠퍼스에서 성토대회를 연 후 가두로 진출했다. 일부 대학에는 교련교관으로 현역 군인이 시간강사급으로 30~40명씩 들어와 있는데, 학생들이 그들을 캠퍼스 밖으로 밀어내기도 했다. 또 성토대회장에서 교련복을 입은 허수아비와 군복 화형식을 벌이기도 했다. 바로 이런 교관 밀어내기와 군복 화형식이 박정희의 분노를 촉발했다.

1971년 10월 15일 정오경 공수특전단의 무장한 군인들과 수도경비사령부 헌병대가 서울대·연세대·고려대 등의 캠퍼스에 진입했다. 위수령이 발동된 것이다. 양택식 서울시장이 "데모로 흐트러진 학원 질서를 바로잡기 위해 군을 투입해 달라"고 육군에 요청했고, 육군이 이를 받아들여 위수령이 발동된 것이다. 박정희는 이날 오전 "교련 반대를 빙자한 불법 데모로 질서가 파괴된 대학에는 학원의 자주·자치를 인정할 수 없다"는 내용의 '학원 질서 확립을 위한 특별명령'을 발표했다. 박정희는 이 명령에서 "경찰은 학원 안에 들어가서라도 데모 주동 학생을 색출하고 안 되면 군을 투입해서라도 질서를 잡으라"면서 "학생들의 불법적 데모·성토·농성·등교 거부 및 수강 방해 등 난동은 일체 용납할 수 없다. 주동 학생을 전원 잡아들여 학적에서 제적하라"고 문교부에 지시했다.

장갑차를 앞세우고 완전무장을 한 군인들이 몇 백 명씩 대학으로 물밀듯 쏟아져 들어갔다. 군인들은 시위 주동 여부를 가리지 않고 강의실을 덮쳐 학생들을 연행했고, 달아나는 학생의 뒤를 쫓아가 무자비하게 구타하기도 했다. 위수령 발동 첫날인 10월 15일 서울시내 7개 대학에서 연행된 학생 수는 1,889명에 달했다. 각 대학은 문교 당국에서 내린 '학원질서 확립 6개항'에 따라 서울대 61명을 비롯해 전국 23개 대학에서 총171명의 학생을 제적 처분했고, 74개의 학생 서클이 해체되었으며, 13종의 학내 간행물이 폐간되었다.

제적된 학생들은 강제징집을 당해 군에 입대해야 했다. 병무청은 교련을 거부한 35개 대학 1만 3,505명에게 병무 신고를 받게 한 후, 이들 중 5,000여 명에게는 징집 경고를 내렸다. 이들 중 경찰에 연행된 후 바로 징집영장을 받고 군대로 끌려간 학생들은 논산훈련소에서 기초훈련을 받고 대부분 전방부대로 배치되었다. 이들은 3년여의 군복무를 마칠 때까지 늘 보안대의 감시와 동향 파악 속에서 지냈다. 1971년 연세대학교 정치외교학과 2학년생으로 교련 반대 시위에 앞장섰다가 서대문경찰서에 연행된 후 강제징집된 김원석(노무현 정부 청와대 인사비서관 역임)은 당시의 상황을 다음과 같이 술회했다.

위수령 발동 후 연행되어 서대문경찰서에 구금되어 있다가 10월 26일 영문도 모른 채 형사 2명과 함께 등촌동의 국군통합병원으로 끌려갔습니다. 같이 구금되어 있던 정법대 학생회장 목정래도 함께였습니다. 그날 국군통합병원에서는 ROTC 지원 대학생 수백 명이 팬티만 입은 채 신체검사를 받고 있었는데, 우리가 도착하자 그들의 신체검사는 바로 중단되었습니다. 형사들은 우리를 병원장실로 데리고 갔고, 바로 내과·외과·안과전문의 군의관들이 차례로 병원장실로 와서 우리 둘을 검사했습니다.

병원장실로 장비를 가져올 수 없는 X레이 촬영만 따로 설치되어 있는 방으로 가서 했습니다. 모든 검사를 마치자마자 바로 종합판단이 나왔습니다. '1등급 갑종 합격!' 입영일은 그 나흘 후인 10월 30일이었습니다. 신변정리를 위한 나흘간의 귀가를 허용했으나 24시간 내내 형사 두 명이 감시했습니다. 심지어 친구들과의 송별 술자리에도 형사 두 명이 합석해 내가 친구들에게 그들을 소개하기도 했지요.

10월 30일 입영 열차를 타기 위해 용산역에 갔더니 함석헌 선생 등 재야인사·학생 등이 1000여 명 나와 있었습니다. 출영 나온 사람들과 징집되는 우리들이 함께 「아침이슬」을 합창하는 가운데 기차는 떠나갔습니다. 그때 논산훈련소로 징집된 대학생은 80여 명이었는데, 겹치지 않게 각 소대마다 1명씩 배치했습니다. 기초 군사훈련을 마치고는 절반인 40여 명씩 의정부의 101보충대와 춘천의 103보충대로 이송되었습니다.

우리들의 병적카드 왼편 상단에는 모두 'ASP(Anti-Government Student Power)'라고 썼어 있었습니다. 군 생활 내내 우리들은 ASP로 불리었지요. 'ASP 병사'들은 보충대로 갈 때 이미 병적카드에 어느 사단의 어느 연대, 어느 대대의 어느 중대의 소대와 분대까지 정해져 있었습니다. 내가 복무했던 28사단에는 연대별로 4명씩 배치되어 각 대대에 1명이 할당되었지요. 3년간의 군 생활 내내 대대에 파견된 보안대원이 나를 관리하며 매달 동향과 특이사항을 사단 보안부대에 보고했습니다.

위수령은, 서울 지역 7개 대학에 군대가 진주해 한동안 주둔하고, 전남대를 비롯한 지방 8개 대학에 휴업령를 내리면서 전국 23개 대학의 학생 171명을 제적시키는 등 캠퍼스를 쑥대밭으로 만들어 놓고는 발동된지 25일 만인 11월 9일에야 해제되었다.

(4) 학생 강제 징집·감시, 용공조작·국보법 투옥, 서클 전면 조사·파괴

박정희의 학원 탄압은 두 갈래로 진행되었다. 한편으로는 1971년 10월의 위수령처럼 수많은 학생운동 지도자들을 제적시키거나 강제로 군에 징집해 대학으로부터 격리·추방하고, 다른 한편으로는 학생들의 순수한 동아리 활동에 국가 전복이라는 내란 혐의나 용공 혐의를 들씌우는 조직 사건을 만들어 학생운동을 위축시키거나 여론의 비판을 받도록 유도하는 공작을 폈다. 총학생회 간부나 동아리 활동가 등 공개적인 시위주도 학생들의 제적·강제징집 등은 주로 경찰과 문교부가 담당했고, 독서회·세미나·토론회 등의 활동에 대한 용공 조작은 중앙정보부가 맡아 실행했다. 중앙정보부 안에서도 공개 학생운동은 6국이 관할했고, 5국 또는 2국은 학생운동의 조작을 담당했다.

위수령 이후 중앙정보부의 첫 용공 조작은 「서울대생 내란 음모 사건」이었다. 위수령이 해제된 직후인 1971년 11월 13일, 중앙정보부는 서울대생 4명과 사법연수원생 1명이 국가 전복을 모의했으며, 그 가운데 4명을 국가보안법 제1조 반국가 단체 구성과 형법상의 내란 예비 음모 혐의로 구속했다고 발표했다. 구속자는 이신범(서울법대 재학생, 서울법대 지하신문 『자유의 종』 발행인), 심재권(서울상대 재학생, 민주수호전국청년학생연맹 위원장), 장기표(서울법대 재학생), 조영래(서울법대 졸업·사법연수생)였고, 수배자는 김근태(서울상대 재학생)였다.

중앙정보부는 이들이 "1971년 4월 말경에 학생 시위를 일으켜 경찰과 충돌을 유도하고, 사제 폭탄을 사용해 중앙청과 경찰서 등 주요 관서를 습격해 파괴하고, 박정희 대통령을 강제 하야시키고 혁명위원회를 구성하는 등 민주수호전국청년학생연맹을 통해 반정부 시위와 폭력으로 정부 전복을 계획했다"고 발표했지만, 20대 초반의 대학생 몇몇이 국가 전복을 위해 내란을 모의했다고는 누구도 믿지 않았다. 이 사건은 박정희가 학생운동을 정치권과 연계시켜 용공 혐의를 들씌우기 시작한 시발점이었다. 중앙정보부는, 1971년 대통령선거에서 김대중의 연설문 작성을 도운 연세대 정치학과 대학원생 윤재걸과 김대중의 장남 김홍일을 매개로 해, 이신범 등 서울대생들이 김대중의 지시를 받아 내란음모를 도모했다고 몰아갔다.

1973년 3월 30일에는 전남대학생들의 『함성』지 사건이 일어났다. 광주지검은 전남대 졸업생 박석무와 재학생 이강·김남주·이정호·김정길·김용래·이평의·윤영훈·이황 등 9명을 국가보안법과 반공법 위반으로 구속했다. 이들은 1972년 말과 1973년 봄, 『함성』과 『고발』 등의 지하유인물에 "박정희와 그 주구들의 국민에 대한 고혈 착취에 반대한다며 북괴를 이롭게 할 목적으로 반국가 단체를 구성해 국가 전복을 위해 국가변란을 모의했다"는 혐의로 기소되어 재판을 받았다. 그러나 항소심 재판에서 국가 변란을 모의했다는 반국가 단체의 '수괴'인 박석무가 무죄를 선고받은 것에 비해 '종범' 격인 나머지 학생 피고들은 모두 유죄를 선고받았다.

1973년 5월 24일에는 고려대 학생 서클인 '한맥HN회' 용공 조작 사건이 벌어졌다 (HN은 Humanism과 Nationalism). 중앙정보부는 학생들이 "북괴의 지령에 따라 'HN회' 라는 지하서클을 조직하고, 정부를 비방하는 『민우』지를 제작해 배포했다"고 발표했다. 한맥회는 1971년 위수령 때 해체됐으나, 남은 회원들이 1973년 3월 유신체제의 허구 성을 폭로하는 『민우』라는 지하유인물을 제작해 학내에 살포하다가 검거된 것이다. 이 는 중앙정보부가 학생들이 18년 전 월북했던 전과가 있는 고려대 노동문제연구소 사무 국장 김낙중과 자주 접촉했음을 간파하고, 이를 학원 침투간첩단 사건으로 조작한 것이 다. 이 사건으로 김낙중과 고려대 학생 함상근 · 김영곤 · 정발기 · 최기영 · 박영환 · 정 진영 · 윤경노 · 박세희 등 8명이 구속되었다.

『민우』지 사건에 이어 고려대 학생 7명이 구속된 「검은 10월단 사건」이 발표되었 다. 경찰은 "1971년 10월 15일 위수령 발동과 함께 고려대의 불순 서클 한사회가 해체 되자 남은 회원들이 '검은 10월단'이라는 서클을 조직해 지하투쟁을 벌이기로 하고, 1973년 5월 불온 지하신문 『야생화』를 등사해 250여 부를 고려대 학생회관에 뿌린 혐 의"로 고려대생 제철 · 최영주 · 박원복 · 유영래 · 유경식 · 김용경 · 이강린 등 7명을 구 속했다. 이 두 번의 혹독한 용공 조작 사건으로 고려대 학생운동은 1974년 민청학련 사 건이 일어나기까지 크게 위축되었다.

단순히 시국에 대한 의견을 발표한 학생들의 선언문을 반공법 위반으로 다스린 경북 대의 「정진회 필화 사건」도 있었다. 1971년 4월 경북대 학생 서클 정진회가 개최한 학 술 토론회에서 「반독재 구국선언문」이 발표되었는데, 이에 관련된 학생 4명이 "북괴를 이롭게 했다"며 반공법위반 혐의로 기소된 사건이다. 이 사건으로 경북대학생 이현세 · 정만기 · 정욱표 · 여석동이 기소되어 재판을 받고 실형을 살았다. 이 사건은 재심이 이 루어져 42년만인 2013년 9월 26일 최종 무죄로 확정되었다.

1971년 10월 15일의 위수령을 시발점으로 한 박정희 정권의 이러한 두 갈래의 학원 탄압은 크게 효과를 보는 듯했다. 1972년 유신체제가 들어서면서 온 사회가 얼어붙어 학생운동은 엄두도 낼 수 없었고, 그 여파로 1973년 신학기가 시작되면서 학생운동은 하강 국면으로 들어섰다. 바야흐로 박정희의 영구 집권 계획이 탄탄대로를 걷는 듯했다.

(5) 「김대중 납치 수장 기도」 사건으로 국제 망신 · 민심 이반

박정희 유신정권의 서슬 퍼런 폭압 통치로 국내의 민주화세력은 전혀 움직일 수가 없었지만, 해외에서는 좀 다른 기운이 있었다. 김대중이 미국과 일본을 오가며 활발하게 반유신 운동을 펼친 것이다. 박정희에게 김대중은 눈엣가시 같은 존재였다. 이미 국제적 명망을 쌓은 김대중의 반유신 움직임과 발언은 즉시 세계 언론에 보도되어 국제 여론에도 큰 영향을 끼쳤고, 이것이 다시 국내로 전해져 은밀하게 유포되었다. 박정희로서는 김대중에 대한 특단의 조치를 강구해야 했다. 박정희는 사람을 보내 좋은 조건을 걸고 회유해 보기도 했으나 김대중은 요지부동이었다.

1973년 8월 8일, 일본 도쿄의 한 호텔에서 김대중이 괴한들에 의해 납치당한다. 김대중은 대통령선거 과정에서 의문의 교통사고로 다친 고관절 치료를 위해 1972년 일본으로 건너가 있었다. 그러나 그해 10월 박정희가 계엄령을 내리자 김대중은 귀국을 포기하고 미국으로 건너갔다. 그는 미국에서 동지들을 규합, 1973년 7월 「한국민주회복통일촉진국민회의(한민통)」를 결성하는 등 해외에서의 반유신 운동 확산을 위해 동분서주했다.

「한민통」의 일본 지부 결성을 위해 일본에 온 김대중은 1973년 8월 8일, 민주통일당 당수 양일동을 만나러 그랜드팔레스호텔에 갔다가 괴한들에게 납치되었다. 이후 괴선박 '용금호'에 감금된 채 동해를 떠돌다가, 납치 129시간만인 8월 13일 서울의 자택 부근에서 풀려났다. 당시 이 사건을 조사한 일본경시청은 납치 현장에서 주일 한국대사관의 1등서기관 신분으로 일본에 체류하고 있던 중앙정보부원 김동운의 지문을 채취하는 등 증거를 확보해 출두를 요구했으나, 한국 정부는 관련 사실을 완강히 부인했다. 이에 따라 이 사건은 한·일 간의 외교 문제로 비화해 양국 관계는 교착 상태에 빠졌다. 또한 8월 28일, 북한도 이 사건을 이유로 7·4남북공동성명 이래 이어져 오던 남북 접촉을 중단한다고 선언했다.

궁지에 몰린 박정희 정권은 11월 2일, 김종필 총리로 하여금 박정희의 친서를 휴대케 해 김대중 납치 사건에 대한 유감의 뜻을 일본의 다나카 총리에게 전달했다. 이에 맞춰 일본의 다나카 총리 또한 이 사건에 대해서는 더 이상 문제 삼지 않겠다는 답신을 전달해 양국 정부 모두 김대중 납치 사건의 진상을 은폐하기로 결정함으로써 한·일 간의 갈등은 일시 봉합되었다. 이때의 한·일 양국의 은폐와 야합으로 이 사건의 배후와 납치 과정이 명확히 밝혀지지 못하다가, 2007년 「국정원과거사진실규명을통한발전위원회」의 조사 보고를 통해 당시 중앙정보부장 이후락의 지시 아래 중앙정보부 요원들에 의해 수행되었음이 확인되었다.

김대중 납치 사건은 국민들에게 큰 충격을 주었다. 9월 26일 정일형의원은 국회에서 "김대중 납치 사건이 정보부의 소행임은 삼척동자도 다 안다"고 일갈했다. 유신체제 아래

숨도 못 쉬고 하루하루를 지내던 국민들이었지만, 국가기관인 중앙정보부가 자기 나라 국민을, 그것도 국민의 반수 가까운 지지를 받던 대통령 후보자를 납치해 수장하려 한 살인기도 행위에 치를 떨었다. 김대중 납치 사건은 유신체제 출범 이래 수면아래에서 숨죽이고 있던 학생운동 세력에게도 박정희 정권의 폭압성을 다시 한 번 상기시켜 주어, 결과적으로 중앙정보부의 이 공작은 박정희정권을 일대 위기로 몰아넣었다.

대학가는 1971년 10월의 위수령 발포로 쑥대밭이 되었다. 의식 있는 학생들은 제적되어 대학으로부터 쫓겨나거나 강제로 군대로 끌려갔다. 그리고 1년만에 유신체제가 들어섬으로써 온 나라는 동토의 제국이 되었다. 교련 반대 시위 이래 근 2년간 침묵 속에서 지내온 대학이 독재정권에 대한 저항의 햇불을 높이 든 계기는 1973년 10월 2일의 서울대 문리대의 반유신 시위였다. 이 시위는 학생회장 도종수와 나병식·정문화·강영원·김일·황인성·이근성·강구철 등 문리대 학생들이 주도했다. 이날 문리대 학생 300여 명은 오전 11시 20분경 교내 4·19탑 아래에서 비상학생총회를 열고 다음과 같은 선언문을 낭독했다.

오늘 우리는 전 국민 대중의 생존권을 위협하는 이 참혹한 현실을 더 이상 좌시할 수 없어 스스로의 양심의 명령에 따라 무언의 저항을 넘어서 분연히 일어섰다. 극에 달한 부정과 불의, 억압과 빈곤이 전 국민 대중을 무서운 절망으로 몰아넣고. 소수 특권층의 만행적인 부패와 패륜이 민족적 양심과 도덕을 최악의 구렁까지 타락시키고 있다.

보라! 민중을 수탈하여 살찐 불의의 무리가 홀로 포식하며 오만무례 하게 거들먹거린다.

보라! 권력을 쥔 부정의 무리가 생존의 권리를 요구하는 민중의 몸에 무시무시한 정보 정치의 쇠사슬을 무겁게 씌우고 있다. 인간의 존엄성은 유린되고 자유는 압살되고, 도덕은 타락하여 퇴폐와 불신이 우리를 깊은 절망으로 몰아넣고 있다.

이미 그 흔적마저 찾아볼 수 없는 자유의 사각지대에서 우리는 민족을 외면한 현 정권의 정보·파쇼 통치를 목격한다. 미·중공의 화해는 반공 일변의 현 체제에 심각한 모순을 야기 시켰으니 그들의 최후 발악은 국민 대중을 칠흑 같은 공포 속에 몰아넣고, 정보·파쇼 체제를 제도화해 민족적 양심인 자유민주주의의 신념을 철저히 말살하는 것이다. 그들은 입법부의 시녀화, 사법부의 계열화 등 일체의 국가기구를 파쇼 통치의 장식물로 전락시키고 학원과 언론에 가증스러운 탄압을 가함으로써 영구 집권을 기도하고 있다.…

선언문 낭독을 마치고 교내 시위를 시작하자 시위대는 순식간에 600~700명으로 늘었다. 이들은 도서관, 운동장, 4·19탑, 본관을 거쳐 정문 앞에서 "유신체제 철폐하고 민주주의 회복하라" "민생 파탄 내는 경제 위기 해결하라" "김대중납치 사건의 진상을 규명하라" "폭압통치의 원흉 중앙정보부를 해체하라"는 등의 구호를 외치며 연좌 농성을 벌였다. 이날의 시위로 학생 181명이 경찰에 체포되어 그중 20명이 집시법 위반으로 구속되었다. 또 학교 측으로부터 23명이 제적되었고, 18명이 자퇴, 56명이 무기정학 처분을 받았다.

서울대 문리대의 시위가 있은 지 이틀 후인 1월 4일에는 서울대 법대생 200여 명이 교내 '정의의 종' 앞에 모여 유신체제 반대 성토를 한 후 교문을 박차고 나와 문리대 앞까지 행진했고 10월 5일에는 서울대 상대생 300여 명이 김대중 납치 사건 진상 규명, 대일 예속 청산, 자립경제 확립, 중앙정보부 해체, 학원 자유 보장 등을 촉구하는 선언문을 낭독하고 10일간의 동맹 휴학을 결의한 후 시위를 벌였다. 서울법대의 홍정기·이문성, 서울상대의 김병곤·정금채 등은 사전에 문리대 주동자들과 연쇄 시위를 벌이기로 약속했다. 문리대 동양사학과 4학년에 재학 중 이 사건으로 구속되었던 이근성(전 『프레시안』 대표)의 증언이다.

문리대 학생들 사이에서 유신헌법 철폐 시위 계획이 논의되기 시작한 것은 1973년 여름이었다. 문리대 학생회는 여름방학을 이용해 경북 칠곡으로 농촌 봉사를 떠났는데 여기에서 4학년생들을 중심으로 조심스럽게 철폐 시위가 논의되었지만, 학생회장 도종수 등 3학년 그룹은 쉽게 동조하지 않았다. 농활이 끝나고 서울로 올라와서도 4학년생들은 자주 만나 논의를 계속했다. 흑석동 한강가 등 인적이 드문 곳에서 여러 번 만났지만, 9월 초까지도 시위 찬성파와 반대파가 반반으로 나뉘어 쉽게 의견을 모을 수가 없었다. 시위가 성공하기 위해서는 학내 합법 기구인 학생회의 참여가 필수적인데, 문리대 학생회 등 3학년 그룹은 시위 참여를 놓고 9월 초까지 진통을 겪고 있었고 군복무를 마치고 막 복교한 67, 68학번 문리대 선배 그룹도 대부분 시위를 벌이기에는 사회 분위기가 너무나 나빠 학생들의 희생만 클 것이라며 반대하는 입장이었다.

결국 시위를 벌이자는 사람은 하고 반대하는 사람은 하지 말자는 어정쩡한 타협안으로 의견이 모아져, 시위 찬성자들은 일단 10월 2일에 유신 철폐 시위를 벌이기로 결정했다. 나는 10월 시위를 반대하는 입장이었으나 시위를 준비하는 측의 준비가 너무 허술해 보여 찬성 쪽으로 돌아섰다. 여기에 학생회 등 3학년 그룹도 참여하기로 결정, 힘을 보탰다. 거사 일을 10월 2일로 정한 것은 그날이 연고전을 하는 날이었기 때문에 연세대와 고려대로 시위가 확산되기를 기대해서였다.

하루 전날인 10월 1일 저녁, 주동자들은 신일고등학교 앞의 여관에서 3학년 그룹과 4학년 그룹으로 나누어 잠을 잤다. 나는 선언문 제작을 맡았는데, 철필로 등사지를 긁어 글씨를 쓰는 데 받쳐 주는 철판이 없어 우여곡절 끝에 이튿날 새벽 이를 구해 가까스로 선언문 1000여 장을 만들었다. 보통 시위가 시작되면 1, 2분 안에 경찰이 선언문 낭독자를 제압하므로 선언문은 줄이고 줄여 짧게 썼다.

그런데 시위가 시작되자 깜짝 놀랄 일이 일어났다. 우선 시위 참여자가 무척 많았다. 보통 때는 4·19탑에서 문리대 정문까지의 행렬도 채우기 힘들었는데, 이날은 문리대 교정이 거의 가득 찰 정도였다. 또 하나는 경찰 병력이 전혀 없었던 것이다. 선언문이 너무 짧아 선언문을 몇 번이나 되풀이해서 읽고 교내를 몇 바퀴 도는 데도 경찰이 나타나지 않았다. 9월 중순 이후 문리대에서는 몇 번의 시위 소문이 돌았다. 그때마다 경찰이 출동했지만, 시위가 일어나지 않아 경찰은 이날의 시위 정보도 헛소문으로 판단한 것 같았다. 한참 후에 출동한 경찰도 학내 진입을 않고 교문 밖에 모여 있기만 했다. 하는 수 없이 학생들이 교문 밖으로 밀고 나갔고, 일대 격전이 치러진 끝에 시위는 진압되었다.

3학년 그룹은 문리대 시위를 시작으로 연이어 의대·법대·상대에서의 시위를 계획, 법대와 상대에서는 시위가 성공했다. 그리고 11월 초에는 한신대·고려대·연세대·경북대에서도 시위가 일어났고, 11월 12일 이화여대의 대규모 시위를 기점으로 전국 주요 대학으로 시위가 들불같이 번졌다.

그리고 그해 말부터는 종교계·법조계·문화예술계·학계·재야에서도 유신헌법 철폐 및 개헌 주장이 거세게 일어나, 박정희는 유신체제 출범 1년여만에 최대 위기에 몰렸다. 이러한 상황을 목도하고는, 1973년 10월의 유신 철폐 시위에 반대했던 국사학과의 한 선배는 "내가 역사 공부를 헛했다"고 토로하기도 했다. 1974년 4월의 전국 동시다발 유신헌법 철폐 시위계획(민청학련 사건)에 문리대 67, 68학번 선배 그룹이 적극 참여한 것도 1973년 10월의 시위가 끼친 영향 때문이었다.

박정희 정권의 철저한 언론 통제로 서울대 3개 단과대학의 연이은 시위 소식은 일체 보도되지 않았으나, 시위 가담자와 목격자의 전언, 그리고 일본 언론들의 보도로 그 소식은 순식간에 전국 대학으로 알려졌다. 그리하여 11월부터는 고려대·연세대 등 서울 소재 대부분의 대학과 경북대·부산대·전남대 등 지방 대학이 대거 유신 반대 시위에 나섰다. 특히 대부분이 우리 사회의 중상류층 가정의 자제들인 이화여대생들의 시위는 전국적으로 유신 반대 시위를 확산시키는 데 결정적 역할을 했다. 11월 12일, 이화여대 총학생회는 민주체제 확립과 언론 자유 보장, 구속학생 석방이 관철될 때까지 전교생 8,000여 명이 검은 리본을 달고 다니기로 결의하고, 11월 28일에는 4,000여 명이 시위를 벌여 학교 밖까지 진출했다. 그리고 이 시위대 앞에서는 김옥길 총장과 교수들이 학생들을 보호해서 큰 반향을 일으켰다.

2. 군사독재권력, 저항적 자주 · 민주세력에게 툭하면 '간첩' 낙인

1) 동독과 왕래 가능했던 시절, 서독 유학생들에게 혐의 자주 씌워 학대

사전적으로 '간첩'이란 "①비밀리에 적대국의 내정 · 동정 등을 탐지해 자국에 보고하는 자, 또는 ②자국의 비밀을 수집해 적대국에 제공하는 자"를 말한다. 곧 대한민국의 입장에서 보면, ①은 남한 주민 중에서 간첩 교육을 시켜 북한에 직파한 사람이거나 북한 현지 주민 중에서 남한정부에 포섭되어 간첩 활동을 하는 사람을 일컫는 것이고, ②는 북한 주민 중에서 간첩 교육을 시켜 남한에 직파한 사람이거나 남한 현지 주민 중에서 북한 정부에 포섭되어 간첩 활동을 하는 사람을 말하는 것이다.

그러나 자국이 양성해 타국에 침투시킨 간첩에 대해서는 철저하게 비밀을 유지하는 세계 여느 나라와 마찬가지로 대한민국에서도 북한에 직파한 간첩에 대해서는 별로 알려진 것이 없고, 남한에서 항시 논란이 되었던 것은 북한이 보낸 남파 간첩, 또는 북한과 연계되어 남한에서 조직되었다는 '자생 간첩'이었다.

(1) 당사자도 모르는 '간첩단'을 짜놓고 '혐의자들'을 고문으로 엮어 넣어

1960, 1970년대의 직파 간첩은 6 · 25전쟁 시기를 전후해 월북한 남한 출신자들이었다. 이들은 북한의 관련기관에서 일정한 교육을 받고는 남한으로 내려와 친지나 연고자 들을 포섭해 간첩 활동을 기도하는 것으로 정형화되어 있었다. 그리고 이들이 남한으로 내려와 바로 검거되면 그냥 '간첩'이 되는 것이고, 근거지를 확보해 상당 기간 활동하게 되면 '고첩(고정간첩)'이 된다. 그리고 '고첩'이 시간을 들여 다수의 친지나 연고자들을 포섭, 연대해 활동하게 되면 '간첩단'으로 확대된다. 그러나 1950년대 이승만 정권 시기부터 1960년대 박정희 정권 초반까지는 '간첩단'보다 '순수한' 남파 간첩이 다수였다.(김학민 『만들어진 간첩』 서해문집 2017) 그 시기 파출소나 군부대 등에서 배포하던 '간첩 식별법'에서도 그 식별 대상이 '남파 간첩'임을 쉽게 확인 할 수 있다.

1. 아침 일찍 산에서 신사복을 입고 내려오거나 손과 다리에 산을 헤매어 긁힌 자국이 있는 사람
2. 세수 · 이발을 못 하고, 신발이 이상하고 산 이름, 파출소 검문소 등과 길을 묻는 사람
3. 구겨진 옷을 입고 손가방이나 보따리를 들었거나 물건 값을 잘 모르는 사람

4. 얼른 보아 초조한 태도를 하고 은연 중 사람의 눈을 피하려 하는 수상한 행동을 하고 신기한 듯 주위를 살피며 당황하는 사람
5. 6·25 때 행방불명되었거나 또는 오랫동안 자취를 감추었다가 갑자기 나타난 사람
6. 이웃에 이사 온 사람 가운데 밖에 나가지 않고 숨어있거나, 남의 눈을 피하거나 필요 이상으로 친절을 베푸는 사람
7. 평소 가난하거나 직업이 없었는데 갑자기 부유한 생활을 하고 돈을 낭비하는 사람
8. 자기 직업에 대한 상식이 없고 주소지에 대해 사정을 잘 모르는 사람
9. 은근히 이북이 좋다고 말하거나 터무니없는 소문을 퍼트려 민심을 어지럽게 하는사람
10. 밤중에 이북방송을 듣거나 밤 12시 전후해 무전 치는 소리가 들리는 집

또 같은 시기 역대 반공 독재정권은 국가안보를 위해 남파 간첩을 적발해야 한다는 미명 하에 사회 공동체 내부와 이웃 사이, 그리고 국민 개개인이 서로를 감시하고 밀고하도록 조장·위협했다. 국민의 반공의식 강화와 간첩으로 의심되는 개개인과 사회조직에 대한 감시와 신고의 일상화를 위해 전국 방방곡곡에 도배질한 다음과 같은 4·4조의 반공방첩 표어나 포스터는 곧 감시와 밀고 사회의 '구현'이었다.

우리 부락 간첩 있나 다시 한번 살펴보자
삼천만이 살펴보면 오는 간첩 설 땅 없다
간첩잡는 아빠 되고 신고하는 엄마 되자
신고하여 애국하고 자수하여 광명 찾자
간첩잡아 애국하고 유신으로 번영 하자
신고하는 애국심 밝아지는 내나라
주민은 신고하고 간첩은 자수하자

1953년 휴전 직후부터 1990년대 말까지 남한의 방첩당국이 적발한 '간첩'은 4,500여 명에 이른다고 한다. 1953년 6·25 종전 이후 박정희정권이 들어선 1960년대 초반까지 적발된 간첩이 한두 명의 이삭줍기식 '남파 간첩' 위주였다면, 박정희가 본격적으로 장기 집권을 꾀하면서 독재체제를 구축한 1970년대, 그리고 전두환·노태우 군사정권 시기에는 대규모 간첩단 적발로 언제나 일망타진—網打盡의 실적을 올렸다.

그러나 1968년 김신조 부대의 청와대 습격 기도 사건과 울진·삼척무장공비 침투사건을 정점으로 해 1970년대에 접어들면서 북측의 간첩남파는 현저하게 줄어들었다. 남한 출신자라는 남파 간첩의 인적 공급원이 고갈되었고, 남한 사회가 안정돼 남파 간첩들

이 쉽게 검거되던 점도 고려되었을 것이지만, 무엇보다 정보기술과학의 발달로 간첩에 대한 투자가 '고비용 저효율'이라고 북조선 당국이 판단했을 가능성이 컸을 것이다. 그렇다면 북에서 '내려 보낸' 간첩은 줄어들었는데, 남한에서 '적발된' 간첩은 왜 그렇게 많았을까? '조작 간첩', 그것은 한 마디로 간첩이 독재정권의 필요에 따라 시시때때로 '만들어졌기' 때문이다.

1970년 전후 북한이 적극적으로 대남 공세를 펴자 남한은 중앙정보부·보안사령부·대공경찰 등 방첩기관을 크게 확장시켰다. 그런데 갑자기 남파 간첩이 확 줄어 버린 것이다. 그들은 새로운 간첩 공급원을 개발할 수밖에 없었다. 박정희 집권 초기에는 혁신계 인사들이 용공 혐의로 줄줄이 엮였고, 1960년대 중반 한·일 굴욕 외교 반대 시위로 정권이 위기에 몰리자 유럽 유학생들이 그 제물이 되었다. 이 공급원도 고갈되자 새롭게 착안된 것이 납북 어부였다.

이들은 잠시라도 북에 체류했던 데다가 자기방어조차 서툴러 실적 올리기에 '적격' 대상이었기 때문이다. 재일교포 유학생들도 남파 간첩의 빈 공간을 메웠다. 일본과의 수교로 재일교포 학생들이 조국으로 유학을 오기 시작하자 남한 사정을 잘 모르고 우리말도 서툰 그들이 희생양이 되었다. 최근에는 탈북 이주민들 중에서 주로 '간첩'이 출현하고 있다. '수요'가 있으니 계속 '공급원'을 찾고 있는 것이다.

시대별 간첩 유형의 변천

유형	적발 시기	주 적발기관	주 관련자
군인 간첩	1948~1950	육군정보국, 방첩대	국군 내 남로당 입당 장병
남파 간첩	1953 ~1960년대 중반	경찰, 중앙정보부	남한 출신 월북자 및 그들의 남한 거주 친지
혁신(진보)계 간첩(단)	1960년대 초반 ~1970년대 초반	중앙정보부	통일운동가 및 혁신계인사
유럽 유학생 간첩(단)	1960년대 중반 ~1970초반	중앙정보부	유럽거주 문화예술인·유학생, 연수 공무원, 정부 신하기관 직원
재일교포 유학생 간첩	1960년대 말 ~1970년대 말	중앙정보부, 보안사령부	한일 수교 후 유학 온 재일교포 대학생
납북 어부 간첩(단)	1960년대 중반 ~1980년대 초반	중앙정보부, 치안본부대공분실	송환된 납북 어부 및 그 친지
사회운동가 간첩(단)	1970년대 말 ~1980년대 중반	국가안전기획부, 치안본부 대공분실	민주화운동 및 학생운동 관련자
탈북 이주민 간첩	2000년대 말 ~현재	국가정보원	북한 탈출 이주민

(김학민 『만들어진 간첩』 서해문집 2017)

(2) 동백림 간첩단 사건, 몇사람이 동독과 평양 다녀온 것을 침소봉대

중앙정보부는 1963년 박정희 정권이 출범한 이후 1960년대에만 네 차례나 대규모 간첩단 사건을 발표했다. 1964년 도예종 등 41명이 관련된 (1차) 인혁당(인민혁명당) 사건, 1967년 윤이상 등 194명이 관련된 동베를린 간첩단 사건, 1968년 김종태 등 158명이 관련된 통혁당(통일혁명당) 사건, 1969년 김규남 등 16명이 관련된 유럽·일본을 통한 간첩단 사건(이 사건은 '간첩 공급자'인 유럽 유학생들이 동이 났는지 간첩단이 16명밖에 되지 않아 사건이름조차 붙이지 못했다) 등이었다.

1967년 7월 8일, 중앙정보부장 김형욱은 「동백림(동베를린)을 거점으로 한 북괴 대남 적화 공작단」에 대한 수사 결과를 발표했다. 이날 김형욱은 "문화예술계의 윤이상·이응로, 학계의 황성모·임석진 등 194명이 대남적화 공작을 벌이다 적발되었다"고 발표했는데, 중앙정보부는 이 사건에 대해 이례적으로 7월 17일까지 7차로 나누어 그 전모를 발표했다. 1차에서는 사건의 전체 개요가 발표되었고, 2차에서는 황성모 교수를 중심으로 한 서울대학교 문리대의 민족주의비교연구회 관련 부분, 3차에서는 작곡가 윤이상 등의 관련 부분, 4차에서는 서독 유학생 정규명 등의 관련 부분, 5차에서는 한국농업문제연구소 주석균 등의 관련 부분, 6차에서는 재불 화가 이응로 등의 관련 부분, 7차에서는 오스트리아 잘츠부르크 유학생 공광덕 등의 관련 부분을 발표했다.

중앙정보부의 발표에 따르면, 관련자 194명 가운데 107명이 구속되었으며, 이 중 7명은 1958년 9월부터 동베를린 소재 북한대사관을 왕래하면서 이적 활동을 한 데 이어, 북한을 방문했거나 노동당에 입당하고 국내에 잠입해 간첩 활동을 해왔다는 것이었다. 그러나 관련자 중 일부가 북한을 방문한 것은 사실이나 중앙정보부의 발표와 달리 그들 중에서 실제로 한국에 돌아와 간첩 행위를 수행한 경우는 거의 없었다. 이를 뒷받침하는 전 북한의 고위 간부 K 씨의 증언도 있다.(유영규『남북을 오고간 사람들』)

(북측은) 북에 왔다갔다 한 사람들에게 (노동당) 입당원서를 쓰게 하면서도 그들에게 요구한 것은 해외에 그대로 남아 있든지 남한으로 돌아가든지간에 평화통일세력으로서의 역할을 기대하는 정도였다. 북에서는 이들에게 그 이상을 요구하지 않았으며, 그 이상을 할 수 있을 것으로 생각지도 않았다. 이들이 대개 지식인이고 학자·교수인 만큼 말이나 글로써 평화통일의 필요성을 역설하는 전파자적 역할을 기대했을 뿐이다. 따라서 북한의 노동당 대남 부서에서는 거의 같은 시기에 맞물려 있던 통혁당의 경우처럼 이들에게 애초부터 조직자적 역할을 부여할 생각을 갖지 않았었다. 때문에 이들이 북한에 다녀와서 어떤 조직도 만든 일이 없었고,

아마 중앙정보부의 수사 기록에도 조직 문제를 파헤친 부분이 없었던 것으로 안다. · · · 이 같은 점이 동베를린 사건의 특징이다.

중앙정보부는 대규모 간첩단이라고 해 무려 203명의 관련자들을 조사했지만, 실제 검찰에 송치된 사람 중 검찰이 간첩죄나 간첩미수죄를 적용한 사람은 23명에 불과했다. 그리고 23명 중에서 실제 최종심에서 간첩죄가 인정된 사람은 한 명도 없었다. 이 사건에 대한 재판은 1969년 3월에 완료되었는데, 그 결과는 잠입 탈출 등의 혐의로 사형을 선고받은 2명을 포함한 실형 15명, 집행유예 15명, 선고유예 1명, 형 면제 3명이었다 (황성모 등의 민족주의 비교연구회 사건은 북한과는 아무런 관계가 없는, 굴욕적 한일회담 반대시위 과정에서 생겨난 남한에서의 자생적 조직 사건이었으므로 동베를린 사건과는 별도로 심리되었다).

이러한 재판 결과는 중앙정보부의 동베를린 사건 수사가 불법적인 강제 연행과 고문에 의해 이루어졌음을 단적으로 보여 주었다. 특히 서독 · 프랑스 등 유럽에 유학 중인 유학생과 교민들에 대한 강제 연행은 유럽 여러 나라와 외교적 마찰을 크게 불러 일으켰다. 특히 자국의 영토 내에서 17명이나 한국으로 납치당한 서독 정부는 영토주권의 침해라고 강력히 항의하며 강제 연행자들의 원상회복을 요구했다.

결국 박정희 정부는 단교 직전까지 간 서독 · 프랑스 정부의 압력에 굴복해 1969년 2월 24일 윤이상, 3월 7일 이응로를 형집행정지로 풀어주었고, 1970년 광복절을 기해서는 사건 관계자 모두에 대한 잔여 형기 집행을 면제, 실형을 살고 있던 사람들을 석방해 유럽으로 돌려보냈다(사형수인 정규명 · 정하룡은 1970년 12월 23일에 특사로 풀려났다).

이로써 박정희 '정권'은 서독 · 프랑스 정부와의 외교 분쟁을 정리했지만, 대한민국이라는 나라는 큰 상처를 입었다. 이 사건으로 한국은 국제사회에서 국가 신인도가 크게 추락했고, 윤이상 · 이응로 등을 위한 국제사회의 탄원 운동 과정에서 한국은 인권 후진국으로 낙인찍혔다(유럽으로 돌아간 후 세계적인 현대음악 작곡가 윤이상과 화가 이응로는 한국 국적을 버리고 각각 독일과 프랑스로 귀화했다). 다른 한편으로 박정희가 이 사건 관련자들을 풀어준 이유 중에는 영구 집권의 길을 연 3선 개헌이 1969년 10월에 이루어졌다는 점도 있다.

중앙정보부가 이렇게 동베를린 사건을 크게 키운 것은 1967년 6월 8일 총선에서 일어난 선거 부정에 대한 전국적 규탄 시위를 조기 진화시키기 위한 공작차원이었다. 당시 공화당 정권은 이 선거에서 박정희의 대통령 3선 출마가 가능하도록 개헌할 수 있는 재적 3분의 2 의석을 확보하기 위해 불법과 부정을 대대적으로 자행했다. 그러나 이는 등원 거부를 통한 야당의 극한 투쟁과 학생들의 전국적 시위를 불러왔고, 이에 박정희 정권은 이 시위가 4·19처럼 확산될 수도 있다고 우려했다.

동베를린 사건과는 아무런 관계가 없는 서울대학교 문리대 학생 서클인 민족주의비교연구회에서 활동하던 학생들까지 이 사건에 포함시킨 것이 그 사실을 반증한다. 당시 부정선거 규탄 시위는 서울대 문리대 학생들이 적극적으로 주도했다. 이 부분에 대해서는 당시의 중앙정보부장 김형욱도 회고록에서 자기 잘못을 인정했다.

동백림 사건에서 내가 저지른 큰 실수가 있다면 그것은 서울대 민족주의비교연구회 관련자들을 동백림 간첩 사건의 하나로 취급한 일이었다. 그것은 지도교수 황성모가 역시 독일 유학생이었고 그의 집에서 불온서적이 발견되기도 했기 때문에 그랬던 것이나 전체적으로 보아 민비연은 동백림 사건과 관계가 없었다. 1967년 7월 25일 나는 민비연을 반국가 단체로 규정하고 검찰에 넘겼으나, 동백림 사건과 같이 취급하면 무리가 생겨서 별도로 심리하기로 결정했다.… 1967년 12월 16일, 민족주의비교연구회는 재판정에서 학술단체로 인정되고 관련자 대부분은 무죄가 되었다.…민비연이란 이름만 들어도 정나미가 떨어질 정도로 애를 먹었다.

「동베를린 간첩단 사건」이 벌어진 지 40년, 「국정원과거사진실규명을통한발전위원회」는 2006년 1월 26일, 동베를린 사건 당시 정부가 사건관련자들 중 일부의 단순 대북 접촉과 동조 행위에 대해 국가보안법과 형법상의 간첩죄를 무리하게 적용해 사건의 외연과 범죄 사실을 확대·과장했다고 인정했다. 또한 「발전위원회」는 조사 결과 사건의 수사 과정에서 불법 연행과 가혹 행위 등이 있었으므로 정부는 관련자들에게 사과하라고 권고했다.

2) 유럽 거점 간첩단 54명 적발, 최종길 교수 투신 자살 발표

(1) 최교수, 억지자백 강요당하다 고문에 타살되었으리라는 소문 파다

중앙정보부는 1973년 10월 25일 '유럽 거점 간첩단 사건'을 발표했다. 이 사건은 신문사 기자 17명, 통신사 기자 6명, 방송사 기자 14명, 외신기자 5명, 『대한뉴스』기자 2명 등이 참석한 가운데 중앙정보부 차장 김치열이 직접 발표했다(최종선에 의하면, 중앙정보부는 이날 기자들에게 20만 원이든 봉투를 돌렸다고 한다). 다음은 중앙정보부의 발표문을 간추려 실은 『경향신문』1973년 10월 25일 자 「중앙정보부 발표, 유럽 거점 간첩단 적발」기사 전문이다.

　중앙정보부는 25일 상오 동·서구라파 지역을 중심으로 한 「구라파 거점간첩단 사건」을
적발했으며, 이 사건과 관련, 구속 수사를 받던 서울대 법대 최종길 교수(42, 서울 성북구 동선
동 3가 72)는 중앙정보부에서 조사를 받던 도중인 73년 10월 19일 범행을 자백한 후 용변을
빙자, 투신자살했다고 발표했다. 김치열 중앙정보부 차장은 이 사건 관련자는 모두 정부 주요
기관·학원·주요 기업기관에 근무하는 54명으로, 이 간첩단이 조직된 것은 서울공대를 졸업
한 후 화란에 유학 중이던 이재원(41, 미체포)이 북한의 동·서구라파 대남 공작 총책인 이원
찬에게 포섭되어 북한에 입북, 대남 공작 교육을 받고, 화란(네덜란드)·서서瑞西·서독 공작
책으로 임명되면서 비롯되었다고 말했다. 그 후 이(재원)는 동·서 구라파 지역에 오는 유학
생·교환교수 등을 포섭, 금품과 선심으로 회유해 각각 고유의 사명을 부여한 후 국내에 침투
시켜 혁명 세력을 확대, 결정적 시기에 연합 전선 형성 소지를 구축했다는 것이다.
　관련자 54명을 직업별로 보면, 공무원 24명, 교수 7명, 회사원 및 은행원10명, 학생 7명,
기타 6명으로 이중 김장현(38, 경제·과학심의회의분석관)·김촌명(40, 농수산부 토목기사) 등
2명이 간첩 및 간첩 방조 등 혐의로 검찰에 구속 송치되었고, 나머지 52명 중 미체포간첩 3명
(이재원, 화란 거점 공작 총책·이재문, 33, 이재원의 동생, 부책·김성수, 38, 연락책)을 제외한
49명은 검찰에 불기소 의견으로 송치되었거나(17명) 경고조치하는(31명) 등 불문에 붙였다
고 밝혔다.
　김 차장은 이 사건이 서울대학의 데모 사건과는 관련이 없다고 밝히고 관련자 중 2명을 구
속 송치하고 나머지 인원을 관대히 처분한 것은, 이들 관련자가 구라파라는 특수 지역의 환경
에서 생활의 어려움을 겪으면서 부지 중에 포섭되었고, 국가에 봉사할 수 있는 유능한 인재들
이며, 자수한 사람도 있기 때문이라고 밝혔다. 또 이들 이외에도 이와 같은 사정에 있는 사람
은 앞으로 1개월 이내(11월 25일까지)에 자진 출두하면 전원 구제, 불문에 붙이겠다고 말했
다.

◎ 주요 인물들의 혐의 내용
　○ 이재원(미체포, 화란 거점 공작 총책, 인천시 중구 답동 11) = 57년 서울공대 대학원
수료 후 인천 제물포고교 교원 생활하다 화란에 조선학 연구차 유학. 다음 해인 58년 10월 동
백림 주재 유럽 총책인 이원찬에게 포섭돼 북한에 가 공작 교육을 받고 귀환 후 60년부터 화란
공작책으로 활동. 60-67년 김장현·이재문·김성수·최종길 등을 포섭, 북한에 보냄. 이 기
간 중 사회과학 연구차 화란에 유학 중인 건국대학 교수 고재웅 등 유학생·공무원 등 47명에
게 북한 사회의 우월성 선전, 노동신문 등 간행물을 통해 남한 적화통일 전선에의 참여를 종용
하는 등 공작금 75만 달러를 뿌려 동조자 포섭. 동백림 사건 후 잠시 동구로 도피했다가 70년

5월부터 다시 화란에 근거를 두고 구라파 지역의 간첩망 조직 등 재활동을 펴고 있음.

○ 이재문(미체포, 부책, 인천시 답동) = 63년 서울공대 졸업. 형인 이재원의 지령에 따라 국내 간첩 김장현과 접선, 그의 주선으로 65년 2월에 화란에 감. 65년 7월 동백림 경유 평양에 가 간첩교육과 지령을 받고 화란으로 돌아가 한국 유학생을 대상으로 간첩 활동 동백림 사건 후 북한으로 탈출. 70년 7월 서독에 침투, 형인 이재원 밑에서 부책으로 활동.

○ 김성수(미체포, 서독 프랑크푸르트 바렌프라프가 71, 프랑크푸르트 대 철학과) = 69년 8월 동베를린 경유 평양으로 가 간첩 교육과 지령을 받고 서독으로 귀환. 이재원의 연락책으로 지난 3월 일시 귀국, 우리나라 산업과학현황 수집 보고를 지령.

○ 김장현(구속, 경제 · 과학심의회의 분석관, 서울 서대문구 불광동 28의 4) = 화란 체재 시 이재원에게 포섭되어, 63년 9월 30일~11월 27일 사이 동베를린에서 간첩 교육. 72년 6월과 지난 3월 일시 귀국, 『경제조사월보』『경제백서』등을 간호원 출국 편에 전달.

○ 최종길(서울대 법대 교수, 구속 수사 중 사망, 인천시 전동 28) = 이재원과 인천중학 동기동창생. 58-62년 서독 쾰른 대학 유학 중 중학 동창인 불란서 북한 공작책 노봉유에게 포섭됨. 60년 6월 동독 경유로 평양에가 간첩 교육을 받고 공작금 미불 2000달러를 받고 서독에 돌아와 본국유학생들의 동태 파악 공작금 800달러를 이(재원)로부터 다시 받아 유학생을 대상으로 평화통일 선전 활동을 했으며, 서울대에 침투 학원 토대를 구축할 것, 가정 형편 곤란한 우수 학생의 유럽 유학 추진 등 지령을 받고 62년 7월에 귀국, 서울법대 강사로 부임했다. 71년 2월 미국에 가 북한 공작원과 접선. 72년 7월 서독 쾰른에서 1개월간 머물며 이(재원)와 접선, 그간의 사업상황을 보고했다. 72년 8월 귀국. 73년 10월 17일 검거되어 조사 중 용변을 본다고 나가 투신자살했음.

○ 김촌명(구속, 농수산부 토목기사, 서울 서대문구 불광동 380-17) = 서울시립농대 출신으로 농수산부 농지관리국 기사로 재직 중 지난 66년 10월 화란 정부 초청으로 델프트 공대에 유학 시 이(재원)에게 포섭되어 이(재원)가 간첩임을 알면서도 이재원의 소지품 일체를 정리해 귀국, 그의 처에게 시계 및 현금 등 공작 여건을 전달해 간첩 활동 편의를 제공했다.

중앙정보부는 발표에서 「유럽 거점 간첩단 사건」의 관련자는 총 54명이라고 했다. 그러나 중정이 검찰에 송치한 혐의자는 구속 3명(수사 중 사망한 최종길 포함), 불구속 17명, 미체포 4명 등 24명에 불과했다. 나머지 30여 명은 이 사건과 직접적 관련이 전혀 없거나 친지인 단순 참고인에 불과한 사람들이었다. 결국 중앙정보부는 네덜란드 델프트 공과대학에 연수 유학을 온 공무원, 정부 산하기관 종사원 등 20여 명에 참고인 자격의 30여 명을 더해 54명의 '간첩단'으로 부풀린 것이었다. '유럽 거점 간첩단 사건'은 관련자 대부분이 서울대학교 공과대학을 졸업했고 네덜란드 델프트 공과대학에서 연수 생활을 한 공직자들이었으므로 '유럽 연수 공무원 간첩단 사건' 또는 '서울공대 동문 간첩단 사건'이 더 어울리는 이름이었다.

중앙정보부가 발표한 '간첩단'의 조직과 활동 내용도 너무나 허술했다. 우선 간첩단의 총책이라는 이재원, 부책이라는 이재원의 동생 이재문, 연락책이라는 김성수 등 3인을 체포하지 못한 채, 유럽에서 유학한 교수 한 명(최종길)과 유럽에서 세미나 참석과 연수를 마치고 귀임한 공직자 2명(김장현·김촌명) 등 3인을 묶어 간첩이라며 구속했지만, 혐의라는 것도 너무나 허무맹랑했다.

김장현은, 이재원이 간첩임을 알고도 신고하지 않은 불고지죄와, 해외여행이 극히 드물던 그 시절 이재문이 네덜란드로 유학을 떠날 때 네덜란드 체류 경험자로서 출입국 수속에 도움을 주었다는 '편의 제공 혐의'였고, 농수산부 토목기사인 김촌명도 불고지죄와 네덜란드 연수를 마치고 귀국할 때 이재원의 손목시계 및 이재원을 포함한 몇 사람이 돈을 모아 산 자동차를 되팔아 남긴 돈 중 이재원의 투자 몫인 약간의 금품을 그의 아내에게 전달해 주었다는 혐의였다.

「유럽 거점 간첩단 사건」이 이렇게 규모만 키워진 채 허술하게 급조된 것은 이 사건 수사 중에 발생한 두 가지 돌발사태 때문이었을 것으로 짐작된다. 김장현과 김촌명이 중앙정보부 5국 9과에 연행되어 본격적으로 조사를 받기 시작한 것은 1973년 9월 20일경이었다. 이들은 거의 매일 구타와 고문을 당하며 조사를 받고는 9월 29일에 구속영장이 발부되었다. 구속영장이 발부되었다는 것은 그즈음에 이들의 범죄 사실의 얼개가 모두 짜여졌다는 의미다.

중정 5국 9과의 담당 수사관 김석찬도 최종선에게, 이 사건은 대충 마무리가 되어 언론 발표문을 작성하는 단계라고 말한바 있다. 공무원인 김장현과 김촌명, 그리고 다른 공무원 한두 명을 더한 간첩단 발표로 '유신 1주년'을 맞아 국민들을 겁박하고 공직사회를 다잡아놓겠다는 것이 중앙정보부가 구상한 최초의 '그림'이었을 가능성이 높다. 당시 중정은 이른바 '일벌백계' 수법으로, 한 두 명을 고문으로 문질러 소문을 냄으로써 주변의 비슷한 일터에서 일하던 다수 또는 온국민들에게 "까불면 죽는다"는 협박 효과를 얻는다고 알려졌다.

이렇게 9월 말에 김장현 등의 사건을 마무리 짓고 10월 초 발표를 예정하고 있었는데, 중앙정보부는 물론 반유신 운동 세력조차도 전혀 예측하지 못한 두 가지 사태가 일어났다. 첫 번째는 1973년 10월 2일 최초의 유신 반대 시위가 서울대학교 문리대에서 벌어지고, 10월 4일에는 서울법대, 10월 5일에는 서울상대에서 잇달아 시위가 일어난 것이다. 서울대 시위 이후 반유신 투쟁은 전국의 대학으로 확산되었다. 중앙정보부는 확장일로의 유신 반대 시위를 진압하기 위해 전가의 보도인 공안정국 조성이 필요했을 것이다. 그래서 5국 9과가 담당한 '김장현 등의 간첩 사건'을 마무리 지으면서, 5국 10과를 시켜 새롭게 '최종길 관련 간첩 사건'을 하나 더 만들려한 것 같다.

두 번째는 최종길의 죽음이다. 처음부터 중앙정보부가 최종길을 '간첩단'에 끼워 넣을 생각은 하지 않은 것 같다. 중앙정보부는 최종길에게 참고인으로 출두하라고 요청했다. 그런데 10월 19일 참고인 조사 중에 최종길이 죽은 것이다. 중앙정보부로서 더욱 당황스러웠던 것은, 최종길이 피의자였건 참고인이었건 기본적으로 갖추어 놓아야 할 문서나 서류를 작성할 겨를도 없이 사망해 버린 것이다. 이를 은폐하기 위해서는 '죽어서 말이 없는' 최종길이 간첩이 되어야 했다. 그것도 빨리 발표해야 했다. 중앙정보부는 "최종길이 간첩임을 자백하고 양심의 가책을 느껴 투신자살했다"는 시나리오를 짠 후 이 가이드라인에 맞추기 위해 10월 20일 모든 서류들을 조작하고는, 10월 25일 김장현 등 서너 명으로 정리되어 가던 '소규모 간첩 사건'을 최종길까지 끼워넣은 '대규모 간첩단 사건'으로 확대했을 것이다. 전혀 별개이던 김장현 사건과 최종길 사건이 하나의 '간첩단사건'으로 묶여 가는 실상과 과정을 살펴보자.

(2) 간첩단 과대포장 하려다 진짜 커져버린 최종길 교수 고문살해사건

중앙정보부가 구속 수사한 간첩이라고 발표한 최종길은 사실은 '구속'된 적이 없다. 최종길은 1973년 10월 16일 오후 2시경 동생 최종선과 함께 정보부에 '자진 출두'했을 뿐이다. 그러나 중앙정보부는 이 발표문에 최종길을 10월 17일에 '검거'한 것으로 기술했다. 그리고 최종길이 죽은 후인 10월 20일경 중앙정보부가 작성한 「국가보안법 위반 피의 사건 인지동행 보고서」에는 1973년 10월 17일 10시에 최종길이 '임의동행'으로 중앙정보부에 인치되었다고 했고, 그와 동시에 작성한 '긴급구속장'에는 최종길을 1973년 10월 17일 10시에 구속해 정보부에 인치했다고 기재했다.

'자진 출두'이거나 '임의동행'이거나 최종길이 정보부에 들어간 것은 10월 16일 오후 2시경임이 명백하다. 그런데 중앙정보부는 왜 최종길이 중정 5국에 구금되었던 10월 16일 오후 2시부터 10월 17일 오전 10시까지의 20시간을 빼 버리고, 10월 17일 오전 10시에 최종길이 중정에 '검거'되었거나 '구속'되었다고 했을까? 그것은 최종길이 죽은 후에 조작한 검사 이름으로 발부한 긴급구속장으로는 피의자를 48시간 이상 구인하거나 구금할 수 없었기 때문이다. 곧 최종길의 구금 기간을 10월 16일 오후 2시부터 '투신자살했다는 10월 19일 오전 1시 30분까지로 기산하면 총 59시간 30분이 되어, 중앙정보부는 최종길을 11시간 30분 동안 불법 구금한 게 되는 것이다.

'임의동행'은 수사관 등이 범죄의 용의자나 참고인 등을 본인의 동의를 받아 검찰·경찰서 등에 데리고 가는 처분을 말하는데, 임의동행을 요구받은 사람은 이를 거절할 수 있으며, 임의동행에 응했더라도 6시간 이상 인치할 수는 없다. '긴급구속장'은 현행범은 아니지만 장기 3년 이상의 징역이나 금고에 해당하는 죄를 범했다고 의심할 만한 상당한 이유가 있고 증거인멸이나 도주의 염려가 있는 경우에 수사기관이 혐의자를 판사의 구속영장 없이 구인할 수 있도록 검사가 발부하는 영장으로 최장 48시간 이상 구금하거나 인치할 수 없다. 그렇기 때문에 중앙정보부는 이미 최종길을 '불법' 구금한 상태에서 그의 목숨을 빼앗아 놓고도 긴급구속장상의 '합법'을 가장하기 위해 최종길의 검거(출두) 시간을 늦추어 조작한 것이다.

또한 최종길의 경우, 중앙정보부가 발표한 그의 '간첩 활동' 내용은 거의 소설에 가까웠다. 발표문은, 어떤 물증도 제시하지 않고 최종길이 유학중에 북괴 공작원 이재원에게 포섭되어 간첩 활동을 하게 되었다고 막연하게 기술하다 보니, 최종길이 1970년 3월부터 1972년 2월까지 하버드대학 옌칭연구소에 유학하던 2년여 동안의 기간에도 미국에서 북괴 공작원과 접선했다고 발표했다.

상식적으로, 1970년 즈음에 북한 공작원이 미국에서 활동하고 있었다고 누가 믿겠는가. 다음은 중앙정보부5국에서 수사·발표한 최종길에 대한 혐의 내용이다.

최종길 교수(이하 최종길이라 한다)는 1958년 1월경 불란서 파리에 유학중인 노봉유의 연락을 받고 위 노봉유의 기숙사에서 7일간 기거하면서 외세에 의해 분단된 국토와 민족이 평화적으로 통일하려면 유학생들이 혁명 대열에 선봉적 역할을 해야 한다며 혁명 대열에 참여하라는 권고에 동조했다.

1958년 10월 하순경 노봉유와 함께 동백림 주소 불상의 아파트 2층에서 약 10일간 북한 공작책 이원찬 등으로부터 세뇌 교육을 받고 유학생을 동백림으로 데리고 오라는 지령을 받고 공작금 300불을 수수했다. 이후 1960년 5월경 동백림을 출발해 모스크바·북경을 경유 평양에 도착해 약 17일간 체류하면서 노동당에 입당함과 동시에 주체사상 등의 교육을 받고, 학원에 침투해 학생들에게 반정부 데모를 하도록 선동하고, 양심적인 제자를 포섭해 제3국을 통해 월북시키라는 지령을 받고 공작금 2000불을 수수했다.

또한, 최종길은 1972년 6월 하순 서독 쾰른에서 약 1개월 동안 처 백경자와 체류하면서 노봉유로부터 학생들에게 남북적십자회담을 통해 북한적십자 측의 제안사항을 전폭적으로 지지할 수 있도록 여론을 환기시키고, 용공 세력의 확장을 위한 분위기를 조성하도록 선동하라는 지령을 받고 공작금으로 700불을 수령하고, 같은 해 8월 28일 일본을 거쳐 귀국했다. 그리고

1973년 10월 19일 새벽 1시 30분경에 간첩임을 자백한 후 남산분청사 7층 화장실에서 조직을 보호할 목적으로 투신자살했다.

중앙정보부는 1973년 10월 25일 「유럽 거점 간첩단 사건」을 발표하기 3일 전인 10월 22일 사건을 서울지방검찰청에 송치했다. 검찰은 최종길에 대해서는 11월 23일, '피의자 사망으로 공소권 없음'으로 종결 처리했다. 그러나 관련자 54명이라는 대규모 '간첩단'에 걸맞지 않게 '태산명동서일필泰山鳴動鼠一匹'격으로 그 결말은 너무나 허망했다. '주범'은 누구도 검거되거나 기소되지 않았고, 종범으로 구속 기소되었던 2명 중에 김촌명은 1심에서 무죄로 풀려났으며 김장현만이 이례적으로 '간첩'으로서는 단기인 4년의 실형을 사는데 그쳤다(김장현도 실형을 살고 출옥한 후 재심을 신청, 사건이 일어난 지 39년 만인 2012년 대법원에서 무죄가 확정되었으니, '유럽 거점 간첩단 사건'은 아무도 죄가없는, 완전 조작된 사건임이 백일하에 드러났다).

(3) 친일 · 친미 앞잡이 박정희는 동족 증오의 살인마로 온 세계에 충격

중앙정보부의 「유럽 거점 간첩단 사건」 발표와 최종길의 사망 소식은 국내에서 뿐만 아니라 해외에서도 경악을 금치 못할 일이었다. 독일의 쾰른대학에서 최종길을 지도했던 케겔 교수는 당시 법무장관인 신직수에게 철저한 사인 조사를 촉구하는 서신을 보냈고, 최종길이 한때 연구 활동을 했던 미국 하버드대학의 라이샤워Erwin Reischauer · 박스터Baxter 등의 교수들도 최 교수의 유가족에게 조의전문을 보내는 동시에 한국정부에 강력히 항의했으나 한국 정부로부터 아무런 답변도 받지 못했다. 그리고 최 교수와 친분이 깊었던 하버드 법대의 코헨 교수는 1년 후 1974년 10월 『워싱턴포스트』에 최 교수의 죽음에 대해 강하게 의혹을 제기하며 박정희 정권을 신랄하게 비판하는 글을 게재했다. 코헨 교수의 증언이다.

제가 기억하기로, 최 교수의 시신은 KCIA 빌딩 옆 거리에서 발견됐는데, 이미 7층에서 뛰어내렸거나 던져진 것이었습니다. 최 교수가 뛰어내렸다고 하는 창은 잠금장치가 되어 있었는데, 도대체 최 교수가 어떻게 창문을 통해 뛰어내렸다는 말인지 이해할 수가 없습니다. 최 교수가 자살했다고는 아무도 믿지 않습니다. 최 교수가 가혹 행위나 고문을 받아 심장마비를 일으켰거나, 구금 중에 이미 사망한 최 교수를 KCIA가 발견했거나, 아니면 KCIA가 최 교수에게 그의 사망 후 뭔가 또 다른 추가적인 행위를 했을 것이라는 추측들이 있었는데, 어느 것이 맞는지 알 수 없습니다. 하지만 확실한 것은 그의 시신이 바로 거기에서 발견되었다는 중요한 사실입니다.

최종길의 죽음은 그의 국내외 지인들에게도 큰 충격을 주었다. 서울법대의 교수가 중앙정보부에서 조사받다가 '투신자살'했다는 발표도 충격이었지만, 그가 '간첩'이었다는 중앙정보부의 발표는 더더욱 충격적이었다. 그러나 최 교수의 가족은 말할 것도 없고, 최 교수의 인천중학교 동기동창이나 제물포고등학교 제자들, 독일 유학 기간에 어울렸던 국내외 인사들, 서울대학교의 동료 교수와 제자 등 최 교수와 상당 기간 교유하거나 공부를 했던 지인들은 '최 교수가 간첩'이라는 중앙정보부의 발표를 누구 하나 믿지 않았다.

그의 사망 소식은 나에게 커다란 충격이었고, 한국 정부에서 발표한 그의 사인을 나는 도저히 이해할 수 없었습니다. 그는 그 어떤 범법 행위에도 가담할 수 없을 만큼 정직한 사람이었습니다. 그런 그에게 범법 행위를 했다면서 비난하는 것은 전혀 부당한 일입니다. 그가 공산주의자란 비판을 받았다지만 그것은 있을 수 없는 일입니다. 내가 아는 한, 그는 그 어떤 자리에서도 공산주의적 사고를 옹호하는 말을 한 적이 없었고, 이데올로기성의 정치 적인 발언을 한 적이 없었습니다. 그는 오로지 학문 연구에만 전력투구했을 뿐입니다.
　　　　　　　　　　　　　　　　　　　　　　　　　　－ 케겔(최종길의 쾰른 대학 유학 시절 지도교수)

다른 나라에서도 훔볼트 재단 출신의 지식인이 자신의 정부로부터 사형선고를 받은 경우가 있었는데 훔볼트 재단이 노력해 그를 살려 낸 적은 있었지만 최 교수의 사망 소식은 너무나 갑작스러워 우리는 어떻게 손을 써 볼 수조차 없었습니다. ··· 한국 신문을 통해 그의 사망 소식을 접 했을 때는 이미 때가 너무 늦었던 것입니다. 독일 『슈피겔』지가 보도했듯이, 그의 자살에 대해 너무나 의혹이 많고, 훔볼트 재단 한국 장학생들도 그가 결코 자살을 하지 않았을 것이라고 말하고 있습니다. －파이퍼(훔볼트 재단 이사)

한국의 독재정권은 학생 시위를 그 무엇보다도 두려워 했습니다. 저는 최교수가 사망한지 6개월 뒤인 1974년 4월에 박정희 대통령이 긴급조치 4호를 선포했던 사실을 기억합니다. 그 중에는 정당한 이유 없이 수업에 불참하는 학생은 사형에 처할 수 있다는 내용이 나와 있었는데, 이는 그 당시 정권이 학생들을 얼마나 두려워했었는지를 극명하게 보여 주는 것입니다. 결국 최 교수가 학생들의 시위에 대한 책임을 지게 되었다고 볼 수 있을 것입니다. 중요한 사실은 그들이 국제인권선언에 의해 보장된 인간의 기본적 권리를 무참하게 짓밟으면서, 최 교수에게 끔찍한 가혹 행위를 했다는 점입니다. －코헨(하버드 대학 법대 교수)

우리는 우리 친구의 죽음을 시사지를 통해서 알 수밖에 없었다. 정말 믿을 수 없었다. 그토록 사랑스러운 한 가족의 가장이 스파이라니! 이는 우리가 아는 종길과는 동떨어진 것이었다. 그는 진정한 학자였고, 삶에 대한 예술가였고, 익살꾼이었지만 군인 또는 투사는 아니었다. 그는 국민과 학문의 자유를 지켜 줄 수 있는 한국 정부를 존중하려 애썼다.

　　　　　　-그로스크로이츠Peter Grosskreutz(최종길의 쾰른 대학 유학 시절 기숙사 동료)

종길이 한국으로 돌아갈 때 헤어지면서 우리는 한국에서든 독일에서든 곧 다시 만나자고 약속했었다. 그런데 그가 한국으로 돌아간 얼마 후 독일신문에서 종길의 잔혹한 죽음을 접하게 됐을 때, 우리의 충격은 이루 말로 형언할 수 없었다. 우리는 슬픔에 빠져 어찌 할 바를 몰랐다. 먼 이곳 독일 땅에서, 우리는 나와 동갑이었던 우리의 친구에게 도대체 무슨 일이 일어났었던 것인지 그 누구에게도 물어볼 곳이 없었다.

　　　　　　-테르피츠Wolfgang Terpitz(최종길의 쾰른 대학 유학 시절 기숙사 동료)

최 교수는 훌륭한 법학자였고, 좋은 사람이었고, 좋은 친구였습니다. 간첩혐의를 씌울 수 없는 순수한 사람이었습니다. 내 생에 있어 가장 큰 충격은 어느 날 저녁 내가 농구 시합을 마쳤을 때 찾아왔습니다. 어느 친구가 나에게 『뉴욕타임스』지에 한국에서 한 교수가 중앙정보부에서 조사받던 중 사망했다는 기사가 실렸다는 것이었습니다. … 나는 집에 돌아와 그 기사를 찾아보았고, 사망자가 최 교수였다는 것을 확인하는 순간 더 이상 할 말을 잃었습니다.

　　　　　　-베이커(Edward J. Baker, 하버드 대학 옌징연구소 부소장)

(최교수가 투신자살했다는) 중앙정보부의 발표는 나를 굉장히 흥분시켰다. 놀란 가슴을 누르고 서울법대에 전화를 하니 소위 당국자로 불리는 직원이 전화를 받아 일반 면회는 허락할 수 없다고 하는 것이었다. … 다른 사람에게 들으니 동료 교수들은 이미 하나둘씩 중앙정보부로 불려가고 있다고 했다. … 당시 독일에 다녀와서 중앙정보부에 불려 갔다 온 사람의 말로는 취조실에는 감시 카메라가 있어 그 자리에서 있었던 일이 모두 기록된다고 하던데, 그저 자살했다, 그는 간첩이었다는 말만 반복하니 어이가 없었다. … 그의 성품을 진작부터 보아온 나는 그의 간첩 혐의와 자살소식 두 가지 모두 믿기지 않을 뿐이었다.

　　　　　　-김기수(최종길의 서울법대 동기동창, 전 한양대 교수)

1973년 해외 근무지에서 서울에서 며칠 늦게 온 일간지를 받아든 나는 크게 놀라지 않을 수 없었다. "아니 종길이가! 설마 그럴 수가? 동명이인이겠지." 기사 내용을 다시 읽고 또 읽을수록 존경하고 아끼던 종길이가 틀림없었다. 세상에 어찌해 그렇게 억울한 일이 있다는 말인

가. 나는 너무도 분해서 눈물 한 방울 나오지 않았다. … 자기 목숨을 스스로 끊을만큼 어리석은 그가 아님을 나는 당연히 잘 안다. 무시무시한 공포의 대상이던 기관에 끌려가 혹독한 문초를 받은 사람이 창밖으로 뛰어내려 자살할 수 있을만큼 그곳의 관리가 그렇게 허술하단 말인가. 국민을 우롱해도 너무했다. -김석주(최종길의 인천중학교 동기동창)

한마디로 나는 최종길 교수가 간첩이었다는 것을 부정한다. … 최 교수와는 가까운 사이라 자주 만나 속 깊은 이야기를 많이 나누었다. 하지만 간첩과 관련된 말은 한마디도 들어본 적이 없다. 나는 대구 헌병대장 등 군수사기관에서 장교로 18년간 근무했다. 그래서 웬만하면 직업적 감각으로 수상한 사람을 쉽게 감지할 수 있는데, 최 교수에게선 전혀 어떤 의심할 만한 동정을 발견할 수 없었다. 최 교수가 진짜 간첩이었다면 나도 포섭하려고 했을 것 아닌가. 아니면 나를 의도적으로 멀리했을 수도 있다. 그러나 둘 다 아니다. 우린 그저 좋은 죽마고우였을 뿐이다. -김성렬(최종길의 인천중학교 동기동창)

최종길 교수 사망 소식을 신문에서 읽고 나는 이게 대체 무슨 소린가 싶어 너무 놀랐다. '간첩' '투신자살' 등등 하는데 내가 알고 있는 최 교수는 절대 그런 사람이 아니어서 도저히 믿을 수가 없었다. 중학교 선배 몇 명과 함께 대폿집에 갔다. … 술자리에서 내가 울면서 내 친구 최종길이는 절대 투신자살할 사람이 아니다, 절대 간첩일 리 없다고 말하는데, 옆자리에 있던 사람들이 나를 이상스럽게 바라보았다. 그 며칠 후 경찰이 우리집에 왔다. 그러곤 우리 가족의 인적 사항을 상세히 적어 가는 것이었다. -명응회(최종길의 인천중학교 동기동창)

1973년 10월, 명동 옛날 예술극장에서 서울음대의 오페라 공연이 있었다. 그 준비차 명동에 갔는데, 정보부에서 왔다는 사람이 면회를 청해서 극장 앞 '샤니 빵집'에선가 조사받던 생각이 난다. 최 교수와 나, 그리고 몇이 더 함께 화란 여행을 갔었는데, 그때가 1960년경이었으니 벌써 13년 전의 일로 기억에도 별로 남아 있지 않은 희미한 일이었다. 최 교수의 제물포고등학교 동창생인 이 모씨를 찾아가 하룻밤을 새우며 서로 훗날 무엇이 되겠으며 어떻게 살겠다고 젊음을 불태우던 희미한 기억만 났을 뿐 달리 할 말이 없었다. 두 번 조사를 받았으나 최 교수가 그 일에 관련되었는지도 몰랐으므로 연락 한 번 해 볼 생각도 못하고 지났다. 그런데 간첩이고 자살했다니…. 있을 수 없는 일이다.
                    -김혜경(최종길과 같은 시기 쾰른 대학 유학, 전 서울음대 교수)

선생님을 간첩이라고 당국이 발표했을 때, 나는 도저히 생각조차 할 수 없는 어불성설이라는 것을 직감했다. 공산주의자란 사유재산을 부인하는데서 시작을 하는 것인데 선생님은 자유자본주의의 기초적인 학문인 민법을 연구하는 분이시다. 그중에서도 선생님께서 가장 심혈을 기울이신 사상과 이론의 핵심은 사유재산제도를 창달하고 그 기초를 탐구하는 물권법이었다. … 이런 모순을, 이런 역행을 공산주의자가 했단 말인가. 공산주의와 대척하는 자본주의의 성공에 심혈을 기울여 연구하시는 분이 공산주의를 위해 행동으로 나가셨단 말인가. … '공산주의를 신봉하는 간첩'이라는 이름을 선생님께 붙인 것에 대해 나는 도저히 이해가 되지 않는다.
　　　　　　　　　　　　　　　　-황우여(최종길의 서울법대 제자, 전 한나라당 대표)

　　1973년 최종길 교수 사건이 터졌을 때는 이미 유신정권의 속성을 알고 있었기 때문에 당연히 정권에 의한 조작의 일환이라고 생각하고 있었다. 멀쩡한 사람이 중앙정보부에 불려간 지 3일만에 시체가 되어서 나온다는 것은 상식적으로 있을 수가 없는 사건이었다. 게다가 '간첩'이란 고백과 함께 자살'했다는 당국의 발표가 났을 때는 조작이란 것을 확신했다.···중정의 발표문은 대한민국 민법계의 인재를 자신들의 실수로 고문치사 해놓고 수세에 몰린 당국의 빈약한 임기응변에 불과한 것이었다. -강신옥(변호사)

　　(최종길) 선생님은 유신체제가 낳은 한 희생자였다. 1972년 10월의 유신 이후 처음으로 1973년 10월에 서울대를 중심으로 반유신 학생 시위가 일어나자 중앙정보부는 마치 1967년 여름에 그렇게 했듯 학생들의 기세를 꺾겠다는 속셈에서, 선생님이 유럽 유학 때 이미 북한에 포섭됐던 간첩으로 서울대에 교수직을 얻은 뒤 학생들의 시위를 배후에서 조종했다는 쪽으로 사건을 조작하고자 했던 것으로 추측된다. 뒷날 듣건대 선생님에게 허위 자백을 강요하기 위해 전기고문을 하다가 고문 시설을 잘못 작동시킨 탓에 선생님의 심장이 파열되었다고 하니, 대명천지에 이럴 수가 있나싶어 말문이 막힐 뿐이었다.
　　　　　　　　　　　　-김학준(최종길의 제물포고등학교 제자 전 『동아일보』사장)

3) 고문 타살하고도 가족에겐 '간첩죄 숨겨준다'며 오히려 협박

(1) 중앙정보부 정식 직원이던 동생은 분노와 죄책감에 울분

　　1973년 10월 19일 새벽, 최종선은 중앙정보부로부터 긴급히 출근해 당직실에 대기하라는 전화를 받았다. 7시 25분, 감찰과장 이병정이 당직실에 대기 중인 최종선을 자기 사무실로 불렀다. 노크를 하고 들어갔으나 이병정은 최종선을 보고도 어두운 표정으로 한참 동안 아무 말도 하지않았다. 최종선은 직감적으로 '아! 형님께서 돌아가셨구나!'하는 생각이 들었다. 최종선은 갑자기 하늘이 무너지고 땅이 꺼지듯 머릿속이 텅 비고 온몸에서 힘이 쭉 빠져나가는 것 같았다.

중앙정보부 관계자들은 뜻밖의 사태가 벌어지자 처음에는 최종선에게 형의 죽음에 대해 미안함을 표명하면서 막대한 금액으로 보상하겠다고 했다. 그들은 사건이 확대되지 않도록 수습하려는 태도를 보였지만 시간이 조금 지나자, 최종길이 간첩 혐의를 자백했지만 가족들만 조용히 있어 주면 그의 명예를 지켜 주고, 최종선의 중앙정보부원 신분도 보장하겠다는 등의 협박과 회유로 돌아섰다. 그러고는 곧바로 "나라를 배신한 천인공노할 간첩 최종길의 가족으로서 그가 간첩이었음을 잘 알고 있고, 비록 조국을 배반하고 양심의 가책을 못 이겨 결국은 자기의 생명을 스스로 끊었으나, 우리 가족을 용서해 주시고, 최종길의 죄상을 신문 등에 보도하지 않음으로써 자손들이 밝게 살아갈 수 있도록 허락해 달라"는 취지의 탄원서를 가족 연명으로 받아 오라고 요구했다.

최종선은 강하게 항변도 해 보고 인간적으로 호소도 해 가며 중앙정보부 간부들과 싸워 보았지만, '남자를 여자로 바꾸는 것 말고는 무엇이든 다 할 수 있는' 중앙정보부를 홀로 대적하기는 역부족이었다. 최종선은 자기가 설득하고 안내해 출두한 형이 죽음을 당한 데 대한 죄책감, 그리고 형제들과 형수에 대한 미안함, 공채로 자랑스럽게 입사한 자기 직장 중앙정보부가 파렴치한 범죄 집단으로 드러난데 대한 자괴감 등으로 갈피를 잡지 못했다. 그러나 무엇보다도 최종선을 절망케 한 것은 그들의 회유와 협박에 속절없이 무너져 내린 자신의 처지였다.

형의 죽음을 확인한 그날, 최종선은 중앙정보부를 빠져나와 형의 억울한 죽음의 진상을 밝히기 위해 별 생각을 다해 보았다. 서울대학교를 찾아가 학생들에게 호소해 볼까, 동아일보사를 찾아가 진상을 폭로해 볼까, 외국 언론, 외국 대사관을 찾아가 볼까…. 그러나 그날 오후 최종선은 스스로 중앙정보부에 투항했다. 그들에게 항복한 것이다. 최종선은 형의 억울한 죽음의 진실을 밝히기 위해 잠시의 '항복'을 택한 것이다.

만일 그때 최종선이 담당수사관과 멱살잡이를 벌였거나, 중앙정보부 간부들의 책상이라도 뒤집어엎으며 격렬하게 울부짖었더라면, 정보부의 행태로 보아 최종길의 죽음은 영원히 어둠 속에 묻힐 것이고, 얼마 지나지 않아 최종선 또한 '순직'하거나 '의문사' 당했을 가능성이 높았을 것이다.

최종선은 서울대학 대신에, 『동아일보』 대신에, 외국 언론과 외국 대사관 대신에 세브란스병원의 정신병동을 선택했다. 그 며칠간 그가 겪은 것, 직접 보고 들은 것, 그리고 뼈를 깎고 살을 에는 자기의 심정을 차분하게 정리하는 데는 정신병동이 가장 적당한 장소라고 생각해서였다. 다행히 당시 세브란스병원에는 그와 제물포고등학교 동기동창인 지훈상 등 친구들이 레지던트로 있었고, 최종선은 그들의 도움으로 정신병동 1인실을 특별히 배정받았다. 그리고 그들에게 부탁해 노트와 필기도구도 구했다. 이렇게 해서 최종선이 형 최종길의 억울한 죽음에 대해 기록한 수기가 〈나의 형 최종길 교수는 이렇게 죽었다〉라는 제목의 '양심선언'이었다. 최종선의 회상이다.

(수기는) 주로 밤에 기록했습니다. 낮에는 병동 내 탁구대에서 병실 친구들과 탁구도 치고 하면서 아무 일 없는 양 시간을 보내고 밤에만 주로 쓰곤 했습니다. (당시 정신병동에) 입시 스트레스 때문에 들어온 어느 고교생이 있었는데, 저녁 어스름이면 황혼의 창가에 앉아 기타를 치며, '세월이 흘러가면 잊을 날도 있다지만 그러나 언젠가는 그리울 거야 눈가에 맺히는 눈물이야 지울 수 있다 하여도 우리의 마음에 새긴 것은 아마도 지울 수 없을 거야…'라고 노래를 불렀습니다. 나중에 알고 보니 최현이라는 가수의 「세월」이라는 노래였는데, 어찌나 구슬프게 부르던지, 그후부터 이 노래는 저에게 있어 제 인생의 특별한 시절을 생각하게 하는 노래가 되었습니다.

최종선은 정신병동에 실습 나온 연세대학교 간호학과 학생들과의 해프닝도 겪었다. 간호학과 실습생들은 학부에서 이론 위주의 교육을 받다가 처음 병실 현장에 나와 수습 간호사 제복을 입고 환자들을 직접 만나다 보니 환자의 쾌유를 돕겠다는 사명감이나 의욕이 강했다. 그들이 보기에 최종선은 특이한 환자였다. 이 환자는 밤이면 자기 방에서 이불을 뒤집어쓰고 노트에 항시 무언가를 골똘히 적는 증세를 보이는데, 간호사들이 들어오면 적고 있던 노트를 급히 매트리스 밑으로 감추곤 했다. 간호사들이 그게 무어냐고 물어도 그저 자기 일기라고만 할 뿐 내용을 보여주지도 않고 더 이상 대꾸조차 하지 않았다.

그들이 보기에 최종선의 증세는 '체계적이고 논리적인 망상을 지속적으로 고집하는 병적 상태'인 편집증 같았고, 이로 인해 정신병동에 입원한 것으로 판단되었다. 그들끼리 의논이 되었는지, 하루는 간호사 몇 명이 한꺼번에 최종선의 병실로 몰려와 매트리스 밑에 감춘 노트를 반강제로 끄집어내려고 했다. 그들로서는 학교에서 배운 대로, 편집증의 결과물이 그 노트를 읽어 보아야 병의 원인을 알 수 있고, 그래서 치료가 가능할 것이라고 판단했을 것이다. 그러나 최종선이 하얗게 질려 정색을 하며 필사적으로 저항하자, 그들은 섬뜩하리만치 완강한 그의 태도에 포기했다. 최종선이 기록한 노트의 내용은 어느 누구에게도, 심지어 가족에게도 보여 줄 수 없는 '판도라의 상자'였다.

당시 중앙정보부는 최종선의 입원에 대해 크게 의심하지는 않은 것 같았다. 역지사지로, 그들이 보아도 집안의 자랑인 형의 죽음에 간접적으로나마 본인이 관련되어 있었으니 정신적으로 큰 충격을 받았을 것이고, 이를 추스르기 위해 병원에 입원해 휴식을 취하는 것도 필요하다고 판단했을 것이다. 정보부에서 특별 배려를 했는지, 최종선과 공채 9기 동기생으로 정규과정 교육을 마치고 감찰실에 함께 소속되어 근무하던 박춘영이 주로 면회를 왔다. 최종선은, 자기가 정신병동 병실에서 가만히 누워 쉬고만 있을 사람이 아니라는 것을 박춘영도 충분히 짐작했겠지만, 그 또한 당시 박정희 1인 독재체제에 진저리를 치고 있어 모르는 체했으리라 회고했다.

(2) 군사독재 시기 천주교 신부·수녀들, 민주화운동의 강력한 수호자 역할

최종선은 1973년 10월 26일 세브란스병원 정신병동에 입원해 11월 12일에 퇴원했다. 병원이 그의 한없는 슬픔과 고통·분노를 치유해 주지는 못했지만, 그는 '수기' 한 권을 들고 병실 문을 나설 수 있었다. 그러나 '수기'의 보관이 문제였다. 최종선의 집이나 최종길 부인의 자택은 위험할 것 같았다. 그렇다고 안전을 생각해 친족 이외의 사람에게 맡기는 것은 더 불안했다. 최종선은 고심 끝에 당시 서울 서교동의 장형 집에서 기숙하며 현대건설에 다니던 조카 손효원에게 '수기'를 건네주고 우선 당분간이라도 잘 보관하라고 신신당부했다.

그러고는 해가 지나 1974년 초겨울쯤이었다. 당시 서울 여의도에 살고 있던 백경자로부터 최종선에게 한 번 집으로 들르라는 연락이 왔다. 백경자는, 당시 천주교 원주교구장 지학순 주교의 구속을 계기로 치열하게 반독재 민주화운동을 벌이고 있던 「천주교정의구현전국사제단」의 주축 인물인 함세웅 신부가 보내서 왔다는 박기용이라는 사람을 만났는데, 그 사람이 최종선을 만나고 싶어 한다고 했다. 당시 함세웅 신부는 천주교 응암동성당의 주임신부였다.

박기용과 함세웅은 청소년 시절을 천주교 용산성당에서 함께 보냈다. 함세웅은 박기용의 동생 박기웅과 친구였지만, 한 학년 위인 박기용과도 친하게 지냈다. 함세웅은 용산중학교를 마치고 신부가 되기 위해 소신학교(성신고등학교)를 거쳐 대신학교(가톨릭대학)에 들어갔고, 박기용도 중학교를 졸업하고 함세웅보다 1년 앞서 소신학교, 대신학교에 들어갔으나 대신학교 1학년 때 중퇴해 사제가 되지는 못했다. 박기용은 대신학교에서 나온 후 고려대학교 영문과에 입학, 졸업했고, 대학원에 진학해 중세·고대 영어를 전공했다. 박기용은 소신학교 때 이미 라틴어를 마스터했고, 독어나 희랍어 등 웬만한 유럽 언어를 모두 구사하는 등 외국어에 능통했다. 박기용의 증언이다.

1968년경인가, 고려대 대학원 영문과에서 석사과정을 공부하고 있을 때, 강봉식 교수님이 대학원생 중 영어와 독어를 같이 가르칠 수 있는 사람을 찾았습니다. 강 교수님의 부인이 인천 박문여고를 나왔는데, 사모님의 친구들 중 우석대학교 의과대학(고려대 의대의 전신)을 나온 여의사 몇몇이 대학원에 진학하는데 필요한 영어와 독어를 교습시켜 줄 선생을 찾는다는 것이 었습니다. 그때 내가 지원해, 청량리에서 산부인과 의사로 있던 안의순이라는 분의 테스트를 통과한 후 그분들에게 영어와 독어를 가르쳤습니다. 당시 그 그룹에 백경자 여사는 없었습니다. 대학원을 마치고 나는 1969년에 정보부의 해외 파트인 2국에 들어갔다가 1974년 가을에 퇴직했습니다.

중앙정보부 퇴직 후 영어 교습 등으로 소일하고 있는데 어느 날 건너고 건너 백경자 여사로 부터 영어를 교습해 달라는 부탁이 들어왔습니다. 백여사는 나를 만난 첫날, 자기는 최종길 교 수의 아내인데, 자기 남편은 억울하게 누명을 쓰고 죽었고, 중앙정보부 요원들이 항시 자기의 일거수일투족을 감시·미행하고 있어 무서워 죽겠다며 미국으로 이민 가기 위해 영어를 배우 려 한다는 것이었습니다. 나는 너무나 놀랐지만, 일단 영어 공부를 시작하기로 하고 며칠 뒤 함세웅 신부를 찾아가 이 사실을 말했습니다. 실제 백 여사에 대한 영어 교습은 단 한 시간으 로 끝났습니다. 짐작입니다만, 백 여사가 사제단이 최 교수 사건의 진상 규명에 앞장서는 것을 보고 이민을 포기하고 국내에서 싸우기로 용기를 낸 것 같았습니다.

1974년 하반기는 민청학련 사건으로 민주화투쟁의 열기가 최고조에 달해 박정희 정 권이 수세에 몰린 시기였고, 더구나 박기용은 중앙정보부에서 재직하다 그만둔 사람이 어서 최종선은 그를 만나는 것이 무척 조심스러웠다. 최종선은 그해 12월 18일 명동성 당에서 열린 최종길 교수 추도미사에는 참석할 수 없었으나, 우여곡절 끝에 성당 안으로 들어간 백경자로부터 추도미사의 분위기와 사제단의 결의를 듣고는 박기용를 만나기로 결심했다. 최종선은 1974년 12월 어느 새벽 백경자의 집에서 박기용을 만났다. 박기용 과 만나 직접 이야기를 나누어 보니 최종선도 그에게 신뢰가 갔다. 다시 박기용의 증언이 다.

대학원을 졸업하고 1969년에 어떤 기관에서 영어 등 최소 2개 국어에 능통한 사람을 뽑는 다는 공고를 보고 지원했습니다. 입사시험과 면접을 준비하는 과정에서 그 기관이 중앙정보부 인 것을 알았습니다. 면접관 중에 정보부 국제협력과 계장이 있었는데, 합격한 다른 사람들은 중부경찰서의 중앙정보부 위장 조직인 '한국지질연구소'라는 곳으로 갔지만 나는 이분의 주선 으로 이문동 2국(해외 파트)의 국제협력과로 발령을 받았습니다. 국제협력과는 우방국 정보기관들과의 교류 등을 담당하는 부서였습니다. 그러나 국제협력과는 1974년 정보부의 조직 개편으로 8국(해외파트)의 과에서 계로 축소되어 버렸고, 나는 그해 가을 정보부를 퇴직했습니다. 정보부 퇴직 후 얼마 있다가 함세웅 신부를 찾아가 내가 중앙정보부의 생리와 행태를 어느 정도 알고 있으므로 정의구현사제단의 활동을 돕겠다고 했습니다.

그 후 함세웅 신부와 만나면서 백경자 여사와 최종선에 대한 이야기도 해주었고, 사제단의 최종길 교수 추도미사의 추도사 작성을 도왔고, 『동아일보』 백지광고 사태 때 사제단이 낸 전면광고 원고를 밤새워 편집하기도했습니다. 그런데 12월 18일 추도미사가 끝나고 며칠이 지나 중앙정보부에서 나를 찾는다는 정보가 들어왔습니다. 나는 직감적으로 이번에 정보부에 잡혀가면 죽을지도 모른다는 생각이 들어 함세웅 신부의 응암동성당으로 가 일주일 정도 피해 있었습니다. 한 해가 넘어가는 12월 31일 밤, 함 신부의 방에서 혹시 있을지도 모르는 사태에 대비해서 아이들에게 보내는 유서 비슷한 것을 쓰고 있는데, 출타한 함 신부가 밤늦게 들어오고, 12시가 다 되었을 즈음 최종선이 두꺼운 코트 차림으로 들어왔습니다. 최종선은 함 신부와 잠시 이야기하고는 코트 안에서 '수기'를 꺼내 함 신부에게 건네주었습니다.

최종선이 '수기'를 함세웅 신부에게 전달하고 난 후 그 심정을 피력한, 함세웅 신부께 드리는 편지 형식의 1975년 1월 5일 자 글이 남아 있다(김정남 『이 사람을 보라 2』 217쪽).

형을 연행해 간 동생이라는 손가락질을 받는 속에서도 형님의 영혼은 나의 등을 두드려 격려하시며, 자랑스러운 마음으로 형이 남긴 옷과 넥타이를 매도록 해 그들 살인자들 속에 들어가 그들과 대화하고 그들의 더러운 일에 관여하면서 그들의 죄악을 똑바로 보고 마음에 새기도록 하셨습니다. 참으며 하늘에 기원하기 1년 … 이 자료는 우리 가족을 멸망 속에서 구하는 최후의 자료이며 또한 신부님들의 주장을 밑받침하는 자료가 될 수 있을 줄 믿습니다. … 저는 그때까지 하나의 자료라도 더 남기고 싶었습니다. 치명적인 일격을 가할 수 있도록 저에게 준비의 시간을 주시기 바랍니다.

제 나름대로의 준비가 다 끝나서 언제 싸워도 좋겠다는 신념이 생길 때는 즉시 연락을 드리겠으며 … 준비가 되기 전에 위난이 닥쳐오면 부득이 지금까지의 준비로 싸우겠습니다. 저에게 무기는 생명 하나가 있을 뿐입니다. … 당분간은 신부님은 밖에서, 나는 안에서 하느님의 뜻에 따라 싸워야 하겠습니다. 시시각각으로 닥쳐오는 위해 속에 쓰는 글로서 예의를 전혀 도외시한 글월이 되어 죄스럽게 생각합니다. 언제고 살아 있다면 만나 우러러 뵈올 것이며, 먼저 떠나면 하늘에서 신부님의 하시는 일을 눈여겨보며 격려하겠습니다.

최종선과 처음 대면해 '수기'와 함께 그간의 이야기를 들은 함세웅 신부는 너무나도 긴장한 나머지 한참 동안 아무 말도 하지 못하고 그의 손만 꼭 잡았다고 한다.

1975년 초(박기용의 증언에 의하면, 1974년 12월 31일이다)에 최 교수의 동생인 최종선 씨가 비밀리에 나를 찾아왔다. ⋯ 그는 바로 1973년 10월, 형인 최 교수의 신변 안전과 심적 위로를 위해 중정으로 안내했던 장본인이었다. 이 때문에 그는 더욱 괴로워하고 있던 터였다. 최종선 씨는 나에게 서류 한 뭉치를 주었다. 참으로 목숨을 건 결단이었다. 최 교수의 죽음과 관련된 당시 중정 수사의 체계와 수사관 명단, 그리고 자신이 정신병동에 입원해 쓴 수기였다. 그의 불타는 눈을 떨리는 마음으로 바라보며 그의 두손을 잡고 한참 기도했다. 오직 '그날'의 실현을 기도하면서.

최종선은 '수기'를 함세웅 신부에게 넘기고는 미국 망명을 주선해 달라고 부탁했다. 함세웅 신부는 주한 미국대사관 직원들과 가까운 제임스 시노트 신부를 비롯한 메리놀 선교회 소속 미국인 신부들을 통해 최종선의 망명 가능성을 타진해 보았다. 그러나 현직 중앙정보부원의 망명 요구에 미국대사관측이 큰 부담을 느꼈는지 반응이 부정적이어서 결국 최종선의 미국 망명은 실현되지 못했다. 최종선의 '수기'는 그야말로 목숨 걸고 쓴 것이었으니, 함세웅 신부도 목숨을 걸고 '수기'를 지켜내야 한다고 다짐했다.

최종선은 사제단을 전폭 신뢰해 함세웅 신부에게 자기가 알고 있는 모든 것을 털어놓고 사건의 의혹을 푸는 데 결정적인 증거자료가 될 '수기'를 건네주었지만, 함세웅 신부는 이미 자기가 '수기'의 안전한 보관처가 되지 못하리라 예상하고 있었다. 당시 응암동성당에는 샬트르 성바오로 수녀원에서 파송된 김아멜리아 수녀와 정멜라니아 수녀가 시무하고 있었다. 함세웅 신부는 1975년 여름경 정멜라니아 수녀에게 최종선의 '수기'를 건네주며 잘 보관하라고 부탁했다. 김아멜리아 수녀의 증언이다.

종신 서원 10년을 맞아 저는 1975년 7월부터 9월까지 두 달간 피정에 들어가 있었어요. 9월에 피정을 끝내고 응암동성당에 복귀하니 작은 수녀님(정멜라니아 수녀)이 함 신부님께서 무슨 서류를 잘 보관하라고 주셨다며 우물쭈물하는 거예요. 정 수녀에게 그 서류를 달라고 해 읽어 보니 바로 최종선 씨의 '양심선언'이었어요. 그것을 읽고 큰 충격을 받았습니다. 이거 보통 일이 아니라는 생각이 들었습니다. 작은 수녀님은 신부님이 자기에게 보관하라고 했으니 자기가 보관하겠다는 것을 가까스로 설득했지요. "이 서류는 우리 수녀들 차원에서 보관하고 뭐고 할 성질의 것이 아니다. 안전한 보관처를 찾을 때까지 내가 감춰두겠다"고 했습니다. 작은 수녀님은 당시의 시국 상황에 대해 큰 이해도 없는 데다가 제가 샬트르 수녀원의 선임이었기 때문에 순순히 제 말을 따랐습니다. 고심 끝에 저는 '양심선언'을 비닐로 여러 번 싸맨 후 성당의 수녀원 옆에 있던 장독대의 소금 항아리 속에 깊숙이 묻어 두었습니다.

1976년 3월 1일 명동성당에서 열린 삼일절 기념미사에서 윤보선·김대중·정일형·함석헌·문익환·함세웅 등 18명이 연명해 박정희의 유신독재를 비판하고 민주화를 요구하는 '민주구국선언'을 발표했다. 3월 10일 검찰은 이를 '정부 전복 사건'으로 발표, 김대중·문익환·함세웅 등 11명을 구속 기소하고, 윤보선·정일형·함석헌 등 7명을 불구속으로 재판에 회부했다. 함세웅 신부는 구국선언 발표 후 며칠간 외부에 피해 있었다.

함세웅 신부의 행방이 묘연하자 수십 명의 사복경찰이 응암동성당을 둘러쌌다. 경찰은 성당의 천장 위에도 올라가 보고, 수녀원의 옷장 문도 열어 보는 등 함세웅 신부를 찾기 위해 혈안이 되었다. 함세웅 신부는 3월 6일 밤 성당으로 돌아와 주일인 3월 7일 교중미사를 집전하고는 많은 신도들이 지켜보는 가운데 체포되어 구속되었다. 다시 김아멜리아 수녀의 증언이다.

민주구국선언 이후 신부님이 며칠간 피해 있는 동안 응암동성당은 그야말로 공포 분위기였어요. 성당으로 들어오는 골목마다 경찰이 배치되어 일일이 검문을 하고 있었고, 성당 사무실에도 사복경찰이 득시글거렸지요. 그러니 일반 신도들은 아예 성당에 오질 않았고, 성당에는 저와 작은수녀, 그리고 식복사(신부와 수녀들의 식사를 담당하는 사람) 세 명의 여자만 있었지요. 우선 작은 수녀에게 사제관에 가서 함 신부님의 소지품을 정리해서 문제가 될 만한 것을 모아 수녀원으로 가져오라고 시켰습니다. 한참 후 작은 수녀가 트렁크 두 개를 갖고 왔어요. 그러나 트렁크를 갖고 성당 밖으로 나가면 주위 사람들이 이상하게 볼 것 아닙니까? 그래서 다시 문제될 것 같은 문서들만 추려 사과 상자에 넣었지요.

이때 최종선 씨의 「양심선언」도 장독대 소금 항아리에서 꺼내 그 상자에 같이 넣었습니다. 그러고는 비밀리에 그 상자를 가지고 명동성당 주교관으로 가서 당시 김수환추기경님의 비서였던 홍인수 신부님께 잘 보관해 달라고 전해드렸습니다. 홍 신부님은 함 신부님과 신학교 동기동창으로 두 분은 아주 친한 사이였지요. 함세웅 신부님이 구속되고 그 다음 날인가, 중앙정보부원이 성당 사제관을 뒤져 신부님의 책 몇 권을 압수해 갔습니다. 그러니 지금 생각해 보아도 참 아슬아슬하게 「양심선언」이 살아남은 것 같습니다.

최종선의 '수기'는 기록된지 15년 후인 1988년에야 다시 빛을 볼 수 있었다. 함세웅 신부는 1987년 6월민주항쟁 직후 바로 '수기'를 수소문해 보았지만, 그 행방을 알 수가 없었다. 함 신부가 감옥에 간 사이인 1976년에 정멜라니아 수녀는 응암동성당을 떠났고, 김아멜리아 수녀도 1977년에 명동 본원으로 복귀해 '수기'에 관해서는 잊고 있었다. 김아멜리아 수녀로부터 '수기' 등을 넘겨받은 홍인수 신부는 석촌동성당 주임신부로 재임 중 2009년 1월 23일에 선종했다. 그러므로 1976년 3월 이후 '수기'가 어떤 경로를 거쳐 어느 곳에 숨겨졌었는지 정확히 확인할 수는 없으나, 두세 수녀들이 이어가며 '수기'를 보관하고 있었는데 마지막으로 보관하고 있던 수녀가 로마로 유학을 가 연락이 되지 않다가 1988년 즈음에서야 연락이 닿아 그 소재를 확인했다고 한다. 1988년, 최종선은 자기의 '수기'가 빛을 보게 된 감격을 이렇게 이야기했다.

> (수기를) 천주교정의구현전국사제단 함세웅 신부(당시 응암동성당 주임신부)께서 보내 온 박기용 씨를 통해 함 신부님께 비밀리에 전달했습니다만, 저와 우리 가족들은 이 수기를 신부님께 넘김으로써 일단은 안도할 수 있었으나, 이 수기를 넘겨받은 신부님께서는 당시 험난한 시국 속에서 감옥을 수도 없이 들락거려야 하셨으므로, 이 수기 또한 그야말로 여러 신부·수녀님들 손을 거치면서 깊은 수도원·수녀원을 전전하며 숨어 다녀야 했다는데, 그러기를 15년 만에 다시 정의구현전국사제단 김승훈 신부님과 함세웅 신부님, 그리고 당시 『평화신문』에 계시던 김정남 선배님에 의해 햇빛 속에 모습을 드러내게 되었던 것이니, 여기에 어찌 우리 주 천주님의 깊고 오묘한 뜻이 함께 하지 않으셨다 할 것입니까?

1974년은 긴급조치와 함께 시작되었다. 1973년 가을부터 유신헌법을 폐기하라는 투쟁이 거세게 일어나자, 박정희는 1974년 1월 8일 "(유신)헌법을 부정·반대·왜곡 또는 비방하는 일체의 행위 및 헌법 개폐를 주장·발의·제안 또는 청원하는 일체의 행위를 금지"하고, "이 조치에 위반한 자와 이 조치를 비방한 자는 법관의 영장 없이 체포·구속·압수 수색하며 비상군법회의에서 15년 이하의 징역에 처한다"는 소위 '대통령 긴급조치 1호'를 발포했다. 박정희의 강경 대응은 당시 교수와 성직자·문인·재야인사 등을 중심으로 활발히 벌어지고 있던 '개헌 청원 100만인 서명 운동'을 봉쇄하고, 새 학기에 예상되는 대학의 반유신 투쟁을 사전에 제압하기 위한 공세적 성격이 강했다.

1973년 서울대학교의 10·2시위를 계기로 긴 잠을 깬 학생운동권도 겨울방학이 시작되자 1974년 새 학기 반유신 투쟁의 전략과 방향을 놓고 대학별로, 서클별로 진지하게 논의를 벌였다. 그 결과 박정권의 막강한 물리력에 대항하기 위해서는 같은 날, 같은 이슈를 갖고, 전국 대학이 동시다발적으로 시위에 들어가는 것이 효과적이며, 그러기 위해서는 겨울방학 동안 전국 대학을 조직적으로 연계시켜 놓는 것이 긴요하다고 판단했다. 서울대학교의 이철·유인태·나병식·김병곤·정문화·황인성 등이 이러한 논의를 이끌면서 1974년 새 학기의 전국적 시위운동을 추진하다가 적발된 사건이 「전국민주청년학생총연맹(민청학련) 사건」이었다.

민청학련 사건은 사실상 미수 사건이었다. 그리고 「전국민주청년학생총연맹」은 실체가 존재했던 조직이 아니라, 학생들이 전국적으로 배포할 선언문에 주최자를 표기하기 위해 급조한 이름일 뿐이었다. 전략적으로도 '전국 동시다발의 반유신 시위'가 일어나는 것이 중요했지, 한조직의 일관된 지도와 통솔 하에 전국적 시위가 벌어지도록 하는 것이 목표는 아니었다. 학생 신분으로 자금도 부족하고, 지금처럼 SNS로 긴밀하게 연락하는 것도 쉽지 않던 당시로서는 그러한 투쟁 방식은 아예 불가능했다. 그러나 박정희 정권은 1974년 4월 3일, 민청학련이 북한의 사주를 받아 정부 전복을 기도했다며, 그날 밤 10시를 기해 대통령 긴급조치 4호를 발포했다.

대통령 긴급조치 4호는 "전국민주청년학생총연맹과 관련되는 제 단체를 조직하거나 이에 가입 또는 회합·통신·편의 제공 등으로 구성원의 활동에 직간접으로 관여하는 일체의 행위 금지, 민청학련 및 관련 단체의 활동에 관한 문서·도서·음반 기타 표현물을 출판·제작·소지·배포·전시·판매하는 일체의 행위 금지, 정당한 이유 없이 출석·수업·시험을 거부하거나 학교 관계자 지도·감독하의 정상적 수업과 연구 활동을 제외한 학내외 집회·시위·성토·농성 기타 일체의 개별적 집단 행위 금지, 이 조치를 위반하거나 비방한 자에 대해서는 5년 이상의 유기징역에서 최고 사형까지 처할 수 있고, 위반자가 소속된 학교는 폐교 처분할 수 있다"는 등 가히 초헌법적인 내용을 담고 있었다.

4월 3일을 기점으로 중앙정보부는 민청학련 사건의 배후 조종자로 박형규 목사, 연세대학교의 김찬국·김동길 교수, 시인 김지하 등과 도예종·하재완·서도원·이수병·김용원·송상진·우홍선 등 1차 인혁당 사건 관련자들, 그리고 서울대·연세대·서강대·성균관대·한양대·경북대·전남대·부산대 등 전국 주요 대학생 1,000여 명을 연행해 대통령 긴급조치 4호 위반으로 구속하고, 윤보선 전 대통령도 같은 혐의로 불구속 조사했다. 1974년 4월 25일 중앙정보부장 신직수는 '민청학련 사건'에 대해 다음과 같이 발표했다.

민청학련은 공산계 불법 단체인 인혁당 재건위 조직과 재일 조총련계 및 일본 공산당, 국내 좌파 혁신계 인사가 복합적으로 작용해 결성되었으며, 1974년 4월 3일을 기해 현 정부를 전복하려는 불순 반정부 세력이다. 이들은 북괴의 통일전선 형성 공작과 동일한 4단계 혁명을 통해 노동자·농민에 의한 정권 수립을 목표로 했으며, 과도적 정치기구로 민족지도부 결성을 획책했다. 이른바 4단계 혁명은 ①유신체제를 비민주 독재로 단정하고 반정부 세력을 규합하며 ②4월 3일을 기해 주요 대학이 일제히 봉기해 중앙청·청와대 등을 점거 파괴하고 ③민주연합 정부를 수립하는 것을 내용으로 했다. 민청학련의 배후 주동 인물로는 전 인혁당수 도예종과 여정남 등의 불순 세력, 재일 조총련 비밀 조직의 망원網員인 곽동의와 곽의 조종을 받는 일본 공산당원 다치카와 하야카와 등 일본인 2명, 기독교학생총연맹 간부진, 이철·유인태 등 주모급 학생운동자와 유근일 등이다.

천주교 원주교구의 교구장인 지학순 주교는 민청학련 사건으로 온 사회가 공포 분위기에 떨고 있을 무렵인 1974년 4월 22일, 바티칸 교황청과 서독을 방문하기 위해 출국했다가 두 달여 후인 7월 6일 오후 4시 50분에 귀국했으나 김포공항에서 바로 중앙정보부로 연행되었다. 7월 8일 김수환 추기경은 주교회의 상임위원회를 소집했고, 오전에 중앙정보부의 김재규 차장이 김 추기경을 찾아와 지 주교의 구금을 정식 통고했다. 이날 11시경 김수환 추기경이, 오후에는 주한 교황청대사 도세나 대주교가 중앙정보부를 찾아가 지 주교와 만났다. 7월 9일의 주교회의 상임위원회를 거쳐 7월 10일에 전체 주교회의가 열렸다. 그러나 그 전날 서울교구 신부 40여 명이 명동성당에 모여 대책을 논의하고, 잇따라 주교회의가 열리자 김재규 차장은 김수환 추기경에게 대통령과의 면담을 요청, 김수환 추기경이 오후 6시 청와대에서 박정희를 만났다.

4) 사제들, 구속사태 잦아지자 순교자적 자세로 독재정권에 항거

(1) 지학순 주교 구속, 「천주교정의구현전국사제단」 결성, 잇달아 기도회

7월 10일 저녁 명동성당에서는 주교와 사제 130여 명, 신자 2500여명이 참석한 가운데 지학순 주교 석방 촉구 미사가 열렸고, 밤 8시 30분부터는 성직자와 수도자 500여명이 철야기도에 들어갔다. 그날 밤 9시 30분경 지학순 주교는 중앙정보부에서 풀려나 10시 30분경 철야 기도 중인 명동성당에 도착해 묵묵히 기도를 드렸다. 그러고 나서 지 주교는 바로 명동성당 근처의 샬트르 성바오로 수녀원에 연금되었다. 지 주교는 7월 15일 수녀원에서 동생 지학삼의 집으로 옮겨 주거 제한 상태로 들어갔으나, 이튿날인 7월 16일 「장기 집권을 획책하고 인간의 기본권을 침해하는 현 정부를 반대한다」는 내용의 '나의 견해'를 발표한 후 동생집에서 나와 성모병원 621호실에 입원했다(명동성당 구내의 가톨릭회관이 당시 성모병원이었다).
7월 22일, 비상보통군법회의는 병실의 지 주교에게 내란 선동 등 혐의의 공소장을 송부하고, 이튿날인 7월 23일 9시 30분에 육군본부 재판정에 출두하라고 통보했으나 그날 저녁에 다시 재판이 연기되었음을 통고했다. 지 주교는 그날 저녁 「민청학련 사건에 대한 나의 입장」이라는 글을 써 놓고는, 이튿날인 7월 23일 오전 성모병원에서 나와 명동성당 성모동굴 앞에서 '양심선언'을 발표했다.

'양심선언'은 "본인은 1974년 7월 23일 오전, 형사 피고인으로 소위 비상군법회의에 출두하라는 소환장을 받았다. 그러나 본인은 하느님의 정의가 허용치 않으므로 소환에 불응한다. 본인은 분명하게 말해둔다. 소위 비상군법회의에서 본인에 대한 어떠한 절차가 진행되더라도 그것은 본인이 스스로 출두한 것이 아니라 폭력으로 끌려간 것임을 미리 밝혀 둔다"고 전제한 후, 5개항에 걸쳐 유신헌법과 긴급조치, 비상군법회의의 재판에 대해 통렬하게 비판하는 내용을 담고 있었다. 중앙정보부는 바로 지학순 주교를 구속했지만, 처음에는 지 주교 구속의 파장을 그렇게 심각하게 생각하지 않은 듯했다. 최종선의 증언이다.

1974년 민청학련 사건 당시 지학순 주교님이 구속되셨는데, 면회 간 함세웅 신부님이 "주교님, 얼마나 고생이 많으십니까?"라고 위로할 줄 알았더니 "주교님! 여기서 순교하십시오!" 하시더라는 겁니다. 그 당시 정보 보고로만 읽은 내용이었지만, 그걸 같이 읽은 정보부 고위 간부들의 얼굴색이 하얗게 질리던 모습이 지금도 눈에 선합니다.

지학순 주교의 혐의는 시인 김지하를 통해 민청학련 사건 주모자 나병식 등에게 자금을 지원했다는 소위 '내란 선동' 죄목이었다. 지 주교는 1심재판에서 김지하에게 돈을 준 사실 자체는 시인했지만, 폭력혁명 운운한 중앙정보부의 발표에 대해서는 단호하게 부인했다. 8월 9일, 비상보통군법회의는 지 주교에게 징역 15년에 자격정지 15년을 선고했다. 9월 11일 지학순 주교는 주교와 성직자들, 그리고 원주교구 교우들에게 "부정·불의를 거슬러 주저함 없이 복음을 증거 하는 것이 교회의 사명이니, 괴로움이 가득한 이 어두운 현실에서 촛불을 밝혀 들고 우리 자신과 우리에게 맡겨진 양떼들의 길을 비추어 가자"라고 호소하는 내용의 옥중 서한을 발표해 교계를 크게 흔들어 놓았다.

지학순 주교의 구속은 한국 천주교로서는 조선 후기 천주교 박해 이후 초유의 일이었다. 그동안 안온한 분위기에서 차분하게 교회의 내외적 성장만을 위해 노력해 온 한국 천주교로서 지 주교의 구속 사태는 크게 당황스러웠다. 한국 천주교의 최고기관인 주교회의는 비상사태에 대처하는데 소극적이었다. 서울과 지방에서 뜻있는 신부와 수도자들, 일부 신자들만이 모여 지 주교 석방을 위한 기도회를 개최할 뿐이었고, 거기에서 나온 성명서나 선언문도 '기도하는 전국 사제단의 주장' '성직자 일동' 등으로 그때마다 다르게 되어 있었다. 그러자 자연히 평신도사도직협의회·가톨릭대학생회·대건신학대학 학생회 등과 그 외 지 주교의 구속 사태에 대응하려고 모인 자생적 그룹 등에서 교회 지도부의 분발을 촉구하는 움직임이 일어났다.

이러한 움직임에 우선 사제들이 적극 호응했다. 원주교구의 신현봉·최기식 신부와 2차 바티칸 공의회 이후 서품된 서울대교구의 함세웅·김택암·양홍·안충석·오태순·장덕필 신부, 그리고 그들보다 연상인 김승훈 신부 등이 초기부터 적극 참여했고, 지방을 돌며 기도회를 개최하는 과정에서 인천교구의 김병상·황상근 신부, 전주교구의 문정현 신부, 대전교구의 박상래·이계창·윤주병 신부, 부산교구의 송기인 신부, 안동교구의 류강하·정호경 신부 등이 합류했다. 그리고 메리놀회·골롬반회·파리외방전교회 소속 외국인 신부들도 속속 함께 했다.

사제들은 7월 10·22·23·25일, 8월 12일, 9월 11·22일 명동성당 기도회, 7월 30일 원주교구 기도회, 8월 5일 대전교구 기도회, 8월 18일 광주교구 기도회, 8월 26일 인천교구 기도회, 8월 30일 부산교구 기도회, 9월 2일 대구대교구 기도회, 9월 9일 청주교구 기도회를 연달아 열면서 지학순 주교 뿐만 아니라 학생·지식인·종교인들이 투옥되어 있는 현실이 교회의 적극적인 발언을 필요로 한다는데 의견의 일치를 보았다.

천주교의 각 교구는 조직상 모두 독립적이고 분권적이다. 교황청은 국가 단위와 상관없이 한국의 각 교구와 계선으로 이어져 있다. 그래서 한국이라는 국가 단위 안에서 각 교구의 주교들이 모여 필요한 수준에서 협력하고 논의하기 위해 만든 협의체가 '한국천주교주교회의'다. 곧 주교회의는 한국 천주교 상층부의 협의체이기 때문에 그보다 아래인 사제 단위에서 교구끼리 교류하거나 협력해 일하는 일은 흔치가 않았다.

그러므로 사제들이 자기가 속한 교구를 벗어나 전국적인 목적을 갖고 함께 모이기가 쉽지 않은 것이 천주교의 구조다. 이러한 현실에서 1974년 9월 23일 전국의 사제 639명 중 300여 명이 원주에 모인 것은 천주교 역사상 전무후무한 일이었다. 이날 원주교구에서 개최한 성직자 세미나에 참가하기 위해 모인 이들은 전국 규모의 사제단 결성에 합의하고, 그 다음 날(9월 24일) 원동성당의 기도회에 참여한 후 십자가를 앞세우고 행진을 벌였다.

원주에서 결성이 합의되고 이름까지 정해진 「천주교정의구현전국사제단」이 주관한 첫 기도회는 9월 26일의 '순교자 찬미기도회'였다. 사제단은 이 기도회의 모두에서 "조국을 위해, 정의와 민주 회복을 위해, 옥중에 계신 지 주교님과 고통받는 이들을 위해 이 기도회를 바친다"라며 그 지향을 분명히 하고, 기도회를 끝내면서 "앞으로 나라의 민주화와 인권과 정의를 향한 투쟁으로 나아가겠다"는 내용의 다음과 같은 「경제제일주의에 항의하는 제1시국선언」을 발표했다.

　민주제도는 정치 질서에 있어서 국가 공동체가 그 본연의 사명을 완수할 수 있는 가장 적절한 제도임을 믿는다. 교회는 이와 같은 인간의 존엄성과 소명, 그의 생존 권리, 기본권을 선포하고 일깨우고 수호할 의무와 권리를 가진다. 그러기에 교회는 이 기본권이 짓밟히고 침해당할 때면 언제 어디서나 피해자나 가해자가 누구든 그의 편에 서서 그를 대변하면서 유린당한 그의 권리를 회복해 주기 위해 그를 거슬러 항변하고 저항하고 투쟁할 권리와 의무를 가진다. 오늘날 우리의 현실은 어떠한가? 국민 대중의 일상적인 인간 생존권과 기본권이 민주제도를 역행하는 정치적 권력 행사로 말미암아 끊임없이 유린당하고 여지없이 압살되어 가는 현실을 지켜보았고, 그 고통을 뼈저리게 느껴 왔고 그 굴욕을 씹어 왔다.

　천주교정의구현전국사제단은 '제1시국선언'에서 박정희 정권에 "유신헌법 철폐와 민주헌정 회복, 긴급조치 무효와 구속 인사 석방, 국민의 생존권과 기본권 보장, 언론·보도·집회·결사의 자유 보장, 서민 대중의 최소한의 생활과 복지 보장"을 요구했다. 이러한 결의를 갖고 출범한 천주교정의구현전국사제단은 그 이후 오늘에 이르기까지 재야 민주화운동의 연대 조직인 민주회복국민회의와 민통련 등에 참여해, 또는 독자적으로 민청학련 사건 관련자 석방 및 유신 철폐 운동, 김지하 구명 운동, 인혁당 사건 진상 규명 운동, 서울법대 최종길 교수 고문치사 사건 진상규명, 남민전 사건 관련자 구명 운동, 김재규 구명 운동, 5·18광주민중항쟁 진상 규명, 박종철 고문치사 사건 축소 폭로 등 한국 민주화운동사에서 변곡점을 이룬 숱한 사건들과 관련해 지대한 역할을 했다.

　1974년 10월 24일, 명동성당에서는 서울대교구 가톨릭학생연합회가 주관한 '서울대교구 가톨릭학생 성년기도회'가 열렸다. 기도회에는 가톨릭학생연합회의 오태순 지도신부 등 성직자·수도자 수십 명과 학생 1000여 명이 참석해 명동성당을 가득 메웠다. 기도회는 「위정자들의 인간성 회복과 고통 중의 사람들을 위한 인권 회복 미사」로 그 지향을 확실히 하고, '학원에 보내는 메시지'와 '정부에 보내는 메시지'를 통해 종교의 자유와 언론의 자유를 탄압하는 일체 행위의 즉각 중지, 지학순 주교 등 구속 인사의 즉각 석방을 강력하게 요구하는 결의문 채택으로 미사를 마쳤다.

　이 기도회에는 한 달 전에 출범한 천주교정의구현전국사제단 소속 신부들도 다수 참여해 미사를 공동 집전했는데, 미사 직전 제의祭衣방에 대기하고 있을 때 메리놀 선교회 소속 제임스 시노트 신부가 10월 9일자 『워싱턴포스트』에 실린 하버드 대학교 코헨 교수의 기고문 「한국의 불길한 1주년」을 소개했다.

… 1973년 10월 16일 학과가 끝난 후 최종길 교수는 한국 중앙정보부에 연행되었습니다. 그리고 그는 살아 돌아오지 못했습니다. 4일 후 정부는 최 교수가 북한의 간첩 혐의로 구속되었으며, 죄를 자백한 후 7층 심문실 창문에서 뛰어내려 자살했다고 발표했습니다. … 내가 아는 바로는 한국정부가 시체를 검시해 설득력 있는 증거를 제시하지 못해 난처해했으며, 또한 최 교수의 자백 내용이 공식적으로 확인되지도 않았습니다. … 최 교수의 사건만이 아닙니다. 잔악한 면에서 품질보증을 받고 있는 한국 중앙정보부의 절묘한 고문수단은 많은 희생자를 냈습니다.

사제들은 이날 사건이 있은 지 1년 뒤에야 처음으로 최종길 교수의 죽음에 대한 의혹을 전해들은 것에 대해 그것도 외국 언론에 실린 외국인의 글을 보고 알게 된 것에 대해 크게 부끄러워했다. 미사가 끝나고 사제들은, 이틀 뒤에 연희동성당에 모여 최종길 교수 문제를 공개적으로 다루기로 결정했다. 10월 26일 오후 2시 서울대교구 서대문지구 성년기도회가 함세웅 신부 외 11명의 사제 공동집전으로 연희동성당에서 열렸다. 함 신부는 강론에서 "인권 옹호는 기본적으로 교회의 사명이며, 가난한 이를 외면하고 부정과 불의를 묵인한다면 죽은 교회"라고 강조했다.

미사를 마친 사제들은 함 신부의 강론대로 '죽은 교회'가 되지 않기 위해 불의와 부정 속에 묻혀 버린 최종길 교수 죽음의 진상을 규명하는 운동을 펴 나가기로 하고, 우선 12월 18일 명동성당에서 최종길 교수 추도미사를 개최하기로 결정했다.

사제단은 최종길 교수 추도미사에 앞서 12월 10일 '세계인권선언의날'을 맞아 천주교 정의평화위원회와 공동으로 성명을 발표했다. 성명은 인권 문제를 거론하는 것 자체가 금기로 되어 있는 한국의 현실을 개탄한 다음, 만연한 부정부패 척결, 민청학련 사건 구속자 석방, 근로자들의 단결권 보장, 민주인사 및 성직자에 대한 탄압 중지 등을 요구했다. 또 "서울법대 최종길 교수는 자살한 것이 아니라 고문치사 되었다. 많은 사람의 증언과 해외 언론보도가 이를 밑받침하고 있다. 이렇게 죽어 간 사람이 최종길 교수 한 사람이라는 보장이 없다. 인권유린의 수부 중앙정보부 등은 마땅히 해체되어야 하며, 인권유린을 인정하는 모든 법적·제도적 장치는 철폐되어야한다"고 주장했다.

(2) 사제단, 최교수 추도미사에서 정보부 폭력살인 공개 항의

천주교정의구현전국사제단이 최종길 교수 추도미사를 개최한다는 정보를 접한 중앙정보부는 크게 당황한 듯하다. 12월 10일 성명에서 사제단이 최종길 교수의 고문치사설을 기정사실화했기 때문에 추도미사가 열리면 무슨 이야기가 나올지 알 수가 없으므로 중앙정보부로서는 당연히 불안했을 것이다. 최종선의 증언이다(『산 자여 말하라』 263~265쪽).

1974년 12월 17일 저녁 7시경 국장보좌관이 쫓아오더니 급히 회의에 들어오라는 것이었습니다. 국장 주재 회의장에 들어가니 모든 과장과 수사단장·부국장 등 간부들이 회의를 중지한 채 기다리고 있었습니다.

"부르셨습니까?"

"어, 2국에서 보고서가 왔는데, 내일 저녁 명동성당에서 고 최 교수님을 추모하는 구국기도회가 열린다는데, 형수님께서 참석하셨다가 검은 관을 메고 명동 한가운데로 행진하시면서 데모를 주모하신다는데 …" 하고 말끝을 흐리며 제 눈을 보는데, 전체 간부들이 모두 긴장해 저를 주시하는 것이었습니다.

저는 "글쎄, 저는 잘 모르는 일입니다. 그러나 형수님께서 검은 관을 메고 시위를 주도하신다는 부분은 글쎄, 듣기가 좀 그러네요. 요즈음 한동안 형수님 못 찾아뵈어서 자세한 건 모르겠지만, 어쨌든 거 잘된 일이네요. 살인 가족들도 기일이 되면 향을 피우고 제사를 올리는데, 우리는 그나마 그조차도 못 해드려 항시 죄스럽고 부끄러웠는데, 신부님들께서 대신해 주신다니 얼마나 고마운 일입니까? 가족 모두 기꺼이 참석해야지요. 저도 형수님 모시고 참석하겠습니다" 하며 신분증을 국장 책상 위에 올려놓고 뒤돌아 나오려 했더니, 국장이 "가만히 좀 있어봐, 이 사람아!" 하고 말리더니 2국장에게 전화를 걸어 "미사 그 자체를 막을 수는 없잖아요? 성당 밖의 시위로 확산되면 그때는 모를까. 우리 미스터 최는 형수님께서 그렇게까지 하시지는 않을 것 같다고 하는데 …" 하자, 저쪽에서도 "신부들에 의해 성당 안에서 집전되는 미사 그 자체를 누가 막을 수 있겠습니까? 단순한 정보 사항으로 보고한 것에 불과할 뿐 달리 무슨 조치를 취해 달라고 올린 보고서가 아니"라는 입장을 밝히는 것이었습니다.

국장은 신분증을 들고 일어나 제 가슴에 다시 달아주면서 "그 성질하고는 … 참석하더라도 너무 앞에 나서지는 마!"라는 것이었습니다. … 회의를 마치고 나와 그날 저녁 형수님을 찾아뵙고 광준·회정을 꼭 데리고 참석하시라고 말씀드리면서, 그동안 아이들 마음에 상처 줄까봐 학교까지 전학시키고 집까지 팔고 이사를 해야 하면서도 아이들에게 아버님이 어떤 분이신지 옳게 설명도 못 해 주었는데, 광준에게 그 아버님이 얼마나 훌륭하고 자랑스러운 분이신지 이 기회에 기도회에 꼭 데리고 나가 직접 보고 듣게 해 주자고 말씀드리고 나왔습니다.

1974년 12월 18일 명동성당에서 개최된 「인권 회복을 위해 죽은 사람들을 위한 추도미사」(신현봉 신부 외 사제단 공동집전)는 최종길 교수가 자살한 것이 아니라 고문에 의해 살해되었음을 국내에서 처음으로 공개한 자리였다. 사제들은 미사 도중이나 미사가 끝난 후 곧바로 중앙정보부로 연행될 것을 각오하고 비장한 심정으로 미사를 집전했다.

이날 800여명이 참석한 미사의 강론에서 문정현 신부는 "간첩 혐의로 조사를 받다 투신자살한 것으로 발표된 전 서울법대 최종길 사건과 민청학련 사건을 공개하라"고 정부 당국에 요구했다. 개신교의 도시산업선교회 소속 조승혁 목사가 신자들의 기도를 했고, 최 교수의 미망인 백경자 여사는 "우리 남편은 사인도 밝혀지지 않은 채 사라져갔습니다. 나는 예수상 앞에서 그 죽음의 의미를 찾고 있습니다"라고 기도했다.

2부 순서에서 오태순 신부가 낭독한 추도사「최종길 교수와 떠난 모든 형제들을 위해」에서는 최종길 교수의 죽음에 얽힌 의혹들을 낱낱이 밝히고, 이 사건을 조작하고 은폐하려 한 중앙정보부의 범죄적 행태를 통렬히 질타했다. 이 추도사는 김정남이 작성했다. 당시는 최종선의「수기」내용이 전혀 알려지지 않았을 때여서 김정남은 시중에 나도는 소문과 나름대로 수집한 정보를 근거로 하고 정보부 내부 사정에 밝은 박기용의 조언을 받아 이 추도사를 기초했는데, 후일 밝혀진 사실들은 이 추도사의 내용과 거의 일치했다.「최종길 교수 고문치사 사건」진상 규명의 단초를 여는 매우 중요한 자료이므로 다소 길지만 추도사 전문을 소개한다.

작년 10월, 최종길 교수 당신께서는 이 세상을 떠났습니다. 작년 10월 16일 당신께서 봉직하시던 서울대학교 법과대학의 수업이 끝난 후 당신은 중앙정보부에 연행되셨습니다. 그리고는 다시는 살아 돌아오시지 못했습니다. 4일 후 정부는 당신께서 간첩 혐의로 구속되었으며 죄를 자백한 후 7층에 있는 심문실 (옆의 화장실) 창문에서 뛰어내려 자살했다고 발표했습니다.

한국의 중앙정보부가 당신 제자들인 학생들을 무자비하게 구타하자 당신은 교수회의 석상에서 중앙정보부에 항의하자는 주장을 하셨고, 교수도 학생들과 더불어 폭정과 독재에 항거하자고 하셨던 것으로 알고 있습니다. 많은 사람들은 중앙정보부가 당신을 연행해 간 원인이 학생들 편을 들고 있었다는 데 있다고 믿고 있습니다. 당신께서는 1970년부터 2년간 미국의 하버드대학의 법과대학에서 봉직하셨고 하버드 엔징 재단에서 수상하셨으며 하버드대학에서 영국·미국 및 독일의 국제사법을 연구하기 위해 부인과 두 자녀와 함께 미국에서 지냈습니다. 당신께서는 누구에게나 친근감을 주는 분이셨습니다.

1972년 가을, 정확하게 말하면 10월 17일, 당신께서 돌아오신 직후 박정희 대통령은 갑자기 한국 전역에 계엄령을 선포하고 헌법을 개정해 영구집권을 획책했습니다. 최종길 교수, 당신께서는 양심상 도저히 용납할 수 없는 이러한 처사에 무척이나 분개하셨을 것입니다. 그러나 당신께서는 가능한 한 충돌을 피하셨고, 오직 당신의 사랑하는 제자인 학생들에게 따뜻하게 눈길을 보내셨을 뿐입니다.

73년 10월, 불의와 독재에 저항하는 학생들의 분노가 학원에서 폭발했습니다. 중앙정보부는 당신의 제자들인 학생들을 연행, 구속했습니다. 어찌 그 뿐이었습니까? 학생들에게 무자비한 구타를, 몸서리치는 폭행을 권력의 이름으로 자행했습니다. 더 이상 참을 수 없었던 당신께서는 교수회의에서 정보부의 부당한 처사에 항의할 것을 주장하셨습니다. 이 일이 당신을 죽음으로 몰아가는 일이 될 줄은 당신 자신도 몰랐을 것입니다.

　당신의 죽음 자체가 처음에는 비밀에 붙여졌음은 물론입니다. 당신이 연행되어 가신지 나흘만에 당국의 발표가 있었습니다만 아무도 그 발표를 믿는 사람은 없었습니다. 당국은 시체를 검시해 설득력 있는 증거를 제시하지 못했습니다. 당신의 자백 내용도 공적으로 확인되지 않았습니다.

　최종길 교수! 중앙정보부란 곳이 그 안에서 자살할 여유를 줄 만큼 허술한 곳이 아님을, 그렇게 자유스러운 곳이 못 된다는 것도 알고 있습니다. 당신의 자살은 날조된 것입니다. 지금 미망인이 된 당신의 부인께서도 의사이면서도 자신이 당신의 시신을 검시할 수 없었습니다. 당신의 시체는 봉인된 채 다시는 시체를 확인하지 않는다는 조건 아래 극비리에 매장되었습니다. 그리고 당신의 부인에게는 일체 외부와의 접촉이 허용되지 않았습니다.

　당신의 죽음에 대한 진실을 캐기 위한 노력은 벽에 부딪쳤습니다. 당신의 죽음에 대한 당신 동료들의 추적도 협박과 공포 분위기로 방해되었습니다. 신문은 침묵을 강요당했고, 미국에 있는 당신 동료들도 당신 죽음에 대한 토론을 중지 당했습니다. 그것은 중앙정보부의 촉각이 국내 뿐만 아니라 미국에까지 뻗어 있기 때문입니다. 그러나 당신이 고문치사 당했다는 소문은 보도를 통한 것보다도 더 빨리, 더 넓게 세상에 알려졌습니다. 그리고 그 소문을 의심하는 사람은 아무도 없습니다. 그리고 당신이 전기고문에 의한 심장파열로 돌아가셨다는 말도 세상에 널리 알려졌습니다. 당신을 고문한 사람이 고문하는 기계의 조작법을 몰라 그렇게 되었다는 말도 들렸습니다.

　당신의 혈육인 동생은 그때 중앙정보부에 근무하고 있었습니다. 당신을 연행해 간 사람도 당신의 동생이었다고 합니다. 당신의 동생이 갖는 괴로움은 오죽했을 것이며, 분노와 슬픔을 깨물면서 침묵을 강요당한 당신의 부인께서는 또 얼마나 애절하셨겠습니까?

　국내외에서 공히 품질보증을 받고 있는 중앙정보부의 절묘한 고문 수단에 희생된 사람이 어찌 최 교수 당신 한 사람뿐이겠습니까? 우리들 용기 없는 사람들은 당신의 죽음을 두고도 중앙정보부가 두려워 쉬쉬 하고 지내왔습니다. 이제 이렇게 당신을 추도하면서 우리는 우리 스스로의 용기 없음을 안타까워합니다.

　오늘에야 이 땅에서 올바르게 살려고 하는 사람들의 뜻을 모아 이렇게 당신의 추도미사를 올리게 됨을 부끄러워합니다. 소리 없는 흐느낌보다 차라리 크게 통곡하고 싶음은 어인 일이옵니까? 당신을 이 세상에서 앗아 간 것이 누구입니까? 당신으로 하여금 두 자녀와 부인을 두고 이 세상을 하직하게 한 것이 진정 누구입니까? 당신의 이름 석 자는 언제나 우리의 결의와 각오를 새롭게 하는 타오르는 햇불로 우리는 기억할 것입니다. 최종길 교수! 당신과 정도의 차이는 있을지라도 이 땅에 사는 모든 선량하고 올바른 사람들은 다 같이 피해자가 아니겠습니까?

당신이 돌아가신 이후 이 땅에는 많은 일이 있었습니다. 긴급조치라는 명목으로 많은 애국인사와 성직자가 투옥되었고, 학생과 변호사가 감옥으로 끌려갔습니다. 달을 보고 달이라 할 수 없고 해를 보고 해라고 할 수 없는 암흑의 천지가 74년을 지배했습니다. 3000만은 소수이고 1인 독재는 다수이며, 간악한 권력을 하느님이 주신 것이라 강요하는 궤변이 난무한 한 해였습니다. 정보부에 끌려가 사형과 무기징역, 5년에서 20년을 선고받은 사람이 200여 명을 넘습니다. 전기고문·물고문·잠 안 재우기 고문, 이런 고문 저런 고문 등 품질보증 정보부의 온갖 고문이 다 있었습니다.

걸핏하면 학교 문을 닫고 번뜩하면 제적, 퇴학이 홍수처럼 빗발쳤습니다. 언론 탄압, 종교 탄압이 다반사로 행해졌습니다. '별고 없느냐'는 인사말이 생겼을 정도로 연행 사태가 빈번해졌습니다.

유신 지지는 정치활동이 아니고 유신 반대, 민주 회복 운동은 정치활동이며, 인권 문제에 대한 관심 또한 종교 활동이 아닌 정치 활동으로 간주되어 파면과 추방이 뒤따랐습니다. 그러나 권력에 비례해 민주 회복과 기본권을 주장하는 국민의 분노는 각계각층에서 줄을 이었습니다. 학원에서 교회에서, 그리고 언론계에서 폭압에 반대하는 물결이 일었습니다.

그러나 권력 당국은 아직도 반성은 커녕 분위기 운운하면서 구속자의 석방을 늦추고 있고 국민에 대한 통제를 강화하는 입법을 날치기로 자행하고 있습니다. 가까스로 숨을 쉬고 있는 언론에 대하여도 경영주에게 부당한 압력을 가해 다시 목을 조이고 있습니다. 국민의 민청학련 사건에 대한 의혹은 마땅히 그 진상 규명을 통해 풀어야 함에도 불구하고 그 진상을 밝히기를 주저하고 있습니다. 구태여 당국이 그 진상을 밝히지 않는다 하더라도 국민 중에 알 만한 사람은 다 알고 있습니다.

분위기는 누가 만든 분위기입니까? 정부가 국민을 적으로 생각지 않는다면 어떻게 주권자인 국민을 개헌하자고 했다고 해서 5년에서 15년의 징역형에 처할 수 있습니까? 학생들을 원수로 여기지 않고서야 어떻게 평화적인 시위 한 번에 사형까지 처할 수가 있단 말입니까? 긴급조치를 비방만 해도 사형에 처하겠다니! 그야말로 입 한 번 뻥끗하면 죽음이라니 이게 웬 말입니까?

국민 생활은 국제경기의 침체라는 구실 아래 도탄지경을 강요당하고 있습니다. 사대주의를 운운하는 정부는 경제적 사대주의가 빚은 국민 생활의 도탄을 오히려 폭압으로 억누르려 하고 있습니다. 이 나라 경제를 이렇게 만든 것이 누구입니까? 이 땅을 외국 자본의 낙원으로 만든 것이 누구였으며 국민경제의 해외 의존을 이토록 조장한 것은 누구였습니까? 국민의 기본적 생존이야 정보부인들 폭력과 고문으로 해결할 수 없는 것 아니겠습니까?

날아가는 까마귀만 보아도 놀라는 정보부가 어떻게 우리의 안보를 책임질 수 있겠습니까? 국민의 안보보다는 정권의 안보를 획책하는 현 정권의 말을 곧이 들을 사람이 얼마나 되겠습니까? 이제 국민은 정부의 발표를 곧이곧대로 믿으려 하지 않고 있습니다. 현 정권이 통치하고 있는 한 한국은 국제적으로 고립된 기아입니다. 차라리 현 정권이 우리 국민과 아무 상관이 없는 것이라면 얼마나 좋겠습니까? 이렇게 대한민국을 미궁으로 몰아넣는 까닭을 우리는 알지 못합니다.

극심한 분노에 사무쳐 고이 눈감으시지도 못하는 당신께 우리의 슬픈 현실을 이렇게 사뢰는 것은 우리 모두가 다 같이 그릇된 권력의 희생자요, 이 세상에서나 하늘나라에서나 다 같이 복된 사회를 건설하기 위해 기도하고 싸워야 한다는 사실을 확인하기 위해서입니다. 장례식까지 통제받아야 했고 슬픔까지 감춰야 했던 우리가 오늘 당신을 추모하면서 이 땅의 인권 회복을 위해 기도하고 있습니다. 추위에 떨고 있는 저 감옥의 수인들을 위해 그들이 받는 고통의 그 몇 분의 일이라도 같이하고자 오늘 이렇게 단식기도를 올리고 있습니다.

비명에 가신 최 교수님! 당신의 얼, 당신의 영혼이 오늘 분명 우리와 함께, 이 기도회에 함께 하시리라 믿습니다. 우리로 하여금 당신 용기의 그 절반이라도 가지게 해 주소서. 그리하여 우리로 하여금 그 암흑 속에 진실의 횃불을 밝혀 높이 들고 자유민주의 올바른 길을 가게 해 주소서. 그릇된 권세를 몰아내고 국민의 뜻에 맞는, 국민에 의한, 국민을 위한 권세가 그 자리에 자리하게 하소서. 우리는 다 함께 믿고 있습니다. 국민의 기본권이 보장되고 공포와 궁핍으로부터 해방된 사회가 실현되어야만 당신의 영혼도 고이 잠들어 눈감으실 수 있다는 것을.

우리는 이렇게 다 같이 모여 통곡으로 당신을 추모합니다. 전능하신 하느님께서는 우리의 뜻을 굽어살피사 우리가 악에 물들지 아니하고 정의를 말하는데 주저하지 않게 하시며 독재에 저항할 수 있는 용기와 힘을 주소서. 최종길 교수에게 영원한 안식을 주소서 아멘.

함세웅 신부는 박기용에게 12월 18일 추도미사 때 최종길 교수의 부인 백경자가 꼭 참석할 수 있도록 주선해 달라고 부탁했다. 박기용은 백경자에게 두 자녀를 데리고 12월 18일 아침 10시 전에 집을 나오라고 당부했다. 백경자를 담당하고 있던 정보부 요원이 10시까지 집으로 찾아가겠다고 했기 때문에 연금되지 않으려면 그 전에 집을 나와야 했다.

(3) 전두환의 제2군사정권 집권, 최교수 동생도 중앙정보부 사퇴

1979년 10월 26일 박정희가 중앙정보부장 김재규의 총에 맞아 숨지고, 6년 동안 한국사회를 옥죄던 긴급조치가 해제되면서 민주화에 대한 희망이 일시적으로 보이자, 최종선은 형의 죽음의 진상을 밝힐 때가 왔다고 생각했다. 그러나 1980년 5월 전두환의 정권 탈취로 '서울의 봄'은 바로 '동토의 왕국'으로 변해 버렸다. 위험과 수모를 무릅쓰고 정보부 안에서 증거자료를 확보하며 진상 규명 기회를 엿보고 있었던 최종선도 전두환이 장악한 정보부 내에서는 더 이상 할 일이 없었다. 그 절망감은 최종길의 부인 백경자도 마찬가지였다. 최광준의 증언이다.

1980년 전두환이 정권을 잡으면서 믿고 의지하던 종선 삼촌도 중앙정보부를 그만두자 어머니는 희망을 잃으셨던 것 같습니다. 1981년인가, 어머니는 아버지의 스승이신 쾰른 대학의 케겔 교수에게 독일로 망명할 수 있도록 도와달라는 편지를 보내셨어요. 케겔 교수가 주한 독일대사에게 부탁했는지, 어머니가 에거Wolfgang Eger 독일대사를 만났어요. 에거 대사는, 망명 자체도 쉽지 않지만, 독일에서의 망명자 생활이 무척 어렵다며 한국에서 그냥 사시라고 간곡히 설득했답니다.

그러고는 제가 독일 유학을 원한다면 최대한 돕겠다고 했답니다. 어머니께서 그러면 제가 독일어를 배우러 독일문화원에 다닐 수 있도록 해 달라고 부탁하자, 에거 대사는 당시 전두환의 과외 금지 조치로 기왕에 독일문화원에 다니던 고등학생들도 모두 내보낸 처지라 그것도 불가능하다고 말했답니다.

최종선이 중앙정보부를 사직하겠다고 결심한 것은 1980년 5월 27일 전남도청이 계엄군에 접수되면서 수많은 학생·시민이 사살당하거나 부상당하는 등 피비린내가 광주 시내를 진동시키던 날이었다. 최종선은 이날 이 땅의 민주화를 기다릴 기력을 모두 상실할 정도로 낙심했다. 최종선은 절망으로 반은 정신이 나가 산다는 것 자체가 무의미해질 만큼 몸과 마음이 기진맥진되었다. 최종선은 그날 사직원을 제출하고는 사무실에도 나가는 둥 마는 둥 하며 며칠을 보냈다. "작은형이 하는 회사를 도와야 할 입장이어서 사직원을 낸다"고 둘러댔지만, 사무실에서 그것을 사실로 믿어 주는 사람은 하나도 없었다. 당시 중앙정보부 경기지부 지부장과 간부들은 "시기가 아주 안 좋으니 사태가 가라앉으면 그때 다시 사표를 제출하라"고 설득했으나, 최종선은 이미 마음이 떠나 여섯 번이나 사표를 내고 반려받기를 거듭했다. 그러나 정보부 고위층에서는 최종선의 사직원 제출을 일종의 항명으로 받아들였다. 그리하여 최종길 사후 계속 최종선의 동향을 감시해 온 감찰실 서재규 계장 팀의 김 모 직원을 인천으로 보내 최종선의 뒷조사를 하게 했다. 그즈음 최종선과 가까웠던 신 모 서기관이 감찰실로 옮겨갔는데, 며칠 뒤 그가 "무조건 사표 다시 반려 받아가라. 안 그러고 계속 고집 피우면 너 삼청교육 간다"라고 일러주었다. 그가 최종선을 살린 것이다.

최종선은 "아마 그때 제가 삼청교육에 끌려갔다면, 제 가슴속에 활활 타오르는 분노와 증오로 '삼청교육 의문사 1호'가 되고도 남았을 것입니다. 형은 대한민국 의문사 1호, 동생은 삼청교육 의문사 1호요!"라고 술회했다. 1980년 8월 4일부터 1981년 12월 5일까지 삼청교육이 진행되는 동안 소위 '교육 현장'에서 죽은 사람이 54명이나 되니, 최종선이 그렇게 생각한 것도 과장은 아니었다.

최종선이 꿈과 희망으로 시작한 첫 직장 중앙정보부, 자랑스럽고 존경하던 형 최종길을 무참히 죽인 중앙정보부, 형의 죽음 이후에도 수치와 굴욕의 피눈물을 속으로 삼키며 몸담았던 중앙정보부를 나온 것은 1981년 1월 23일이었다. 그날, 최종선과 중앙정보부의 7년 반에 걸친 '불안한 동거'도 끝이 난 것이다.

5) 최교수 고문치사 의혹을 밝히려는 민주화운동세력의 진상규명 촉구

(1) 진상규명 운동은 전두환의 제2쿠데타와 광주학살 사태에 파묻혀

1974년 12월 18일, 최초로 최종길 교수의 고문치사 의혹을 제기하고 그 진상을 규명할 것을 촉구하는 천주교정의구현전국사제단의 '추도미사'가 열린 이후에도 최 교수의 의문의 죽음에 대한 진상규명 요구는 이어졌다. 1975년 3월 1일 개신교 쪽 한국기독자교수협의회는 구속 교수 석방 환영회에서 최종길 교수 사인의 진실을 밝힐 것을 요구했다. 이 사건으로 서울대학교의 한완상 교수가 해직되었다. 또한 사제단은 3월 7일 종교탄압을 부인한 박정희 대통령의 발언을 반박하는 8개항의 종교 탄압사례를 지적한 성명서에서 "최종길 교수의 사인을 분명히 밝히지 못하는 한 국민은 고문에 대한 공포에서 벗어나지 못할 것"이라고 천명했다.

또 3월 10일 '근로자의 날'을 맞아 전국 14개 교구에서 동시에 개최된 미사에서도 하느님의 모상을 닮은 인간에 대한 악독한 고문 행위를 규탄하고 최 교수의 죽음에 대해 의혹을 제기했다. 이와 같이 재야 민주화 운동권에서 최종길 교수 의문사 사건의 진상규명 요구가 높아지자, 1975년 3월 15일 국회 본회의에서 신민당의 송원영 의원이, 그리고 3월 17일에는 같은 당의 최성석 의원이 최종길 사건에 대해 질의했다.

특히 최성석 의원은 "최종길 교수가 중앙정보부에 연행되어 심문 도중 자살했다고 보도됐는데, 그게 사실이라면 최 교수가 자살한 이유를 총리는 무엇이라고 보는가? 나의 체험으로 미루어 추리해 볼 때 최 교수는 고문이 너무 고통스러워 자살했다고 생각하는데, 총리는 어떻게 생각하는가? 또 최종길 서울법대 교수가 당국에서 조사를 받던 중 고문치사를 당했다고 각계 인사와 외국 언론이 주장하고 있는데, 문교부로서 그 진상을 알아보아야 하지 않겠는가?"라며 최 교수 사건을 둘러싼 의혹을 정부가 밝히라고 요구했다.

그러나 정치권의 최종길 사건 진상 규명 요구는 그것으로 끝이었다. 1979년 10월 26일, 중앙정보부장 김재규의 손에 박정희가 피살되기까지 유신체제의 폭압 통치 아래서 서슬이 퍼렇던 중앙정보부를 상대로 야당이 진상 규명을 요구한다는 것은 애당초 무망한 일이기도 했다. 박정희 피살 이후 잠깐 동안의 '서울의 봄' 시기 서울법대 학생들과 일부 교수들이 최종길 교수의 사인 규명에 나서자는 분위기가 있었고, 이화여대 법대 이철수 교수를 비롯해 이성호 변호사 등 역대 서울법대 학생회장단이 최종길의 유가족과 면담, 진상규명 활동을 벌이려 했다.

최종선은 1980년 '서울의 봄' 시기에 서울대학교 법대를 중심으로 최종길 사건에 대한 규명 요구가 나오자 자신의 '수기'를 공개해 불을 지피기로 결심했다. 최종길 교수 사인 규명 및 명예 회복 운동을 벌이고 있던 학생들에게 "결코 폭력, 과격한 물리적 힘의 행사를 원치 않으며, 지성인답게 합법적이고 질서 있는 이성적 태도로 중후한 여론을 조성, 고인의 명예 회복에만 전념해 주기를 바라며… 또 사인 규명 과정에서 제자 또는 동료 교수의 희생이 생길 경우 유가족들은 그들과 운명을 같이할 것"이라고 편지를 썼다. 그러나 서울법대를 중심으로 잠시 일었던 '최종길 사건' 진상 규명 운동은 전두환의 5·17쿠데타와 5·18광주민중학살로 물거품이 되고 말았고, 따라서 최종선의 '수기'도 공개되지 못했다.

전두환 군부 독재정권이 들어서자 최종길 교수 사건의 진상 규명과 명예 회복 운동을 벌이기는 더욱 어려워졌다. 전두환은 최종길 고문치사 사건의 핵심인 중앙정보부를 「국가안전기획부」로 이름만 바꿔 폭압 통치의 중심축으로 삼아 힘을 실어 주었고, 또 이후락의 뒤를 이어 1973년 12월 3일 검찰 출신 신직수가 중앙정보부장으로 취임하면서 검찰 라인의 안경상 등 최종길의 죽음에 직간접적으로 관련된 자들이 정보부의 실세로 자리 잡았기 때문이다.

안경상은 1979년 전두환과 함께 5·16민족상 안전보장 부문을 공동 수상할 정도였다. 더구나 전두환 정권 시절에는 자기 한 몸을 민주화 제단에 불살라 바친 숱한 열사들의 죽음이 이어졌고, 독재 권력의 마수에 걸려 목숨을 잃은 의문사 죽음도 숱하게 벌어졌으니, 민주화운동의 역량을 최종길 사건의 진상 규명에만 집중시킬 수도 없었다. 최종길의 죽음에 대한 진상 규명은 1987년 6월 민주항쟁을 기다려야 했다.

(2) 1987년 6월 항쟁 승리, 최교수 사건 진상규명 고발장 제출

1987년 6월항쟁으로 전두환의 폭압 통치는 종말을 고했다. 그해 12월 직선제로 치러진 대통령선거에서 김영삼과 김대중의 분열로 노태우가 대통령에 당선되었으나, 1988년 4월에 치러진 총선에서는 의석수에서 여소야대가 이루어져 정국은 세 야당의 공조 체제로 견제와 균형을 갖게 되었다. 그러한 정치 공간에서 천주교정의구현전국사제단과 최종선은 최종길 사건의 진상 규명과 명예 회복을 위해 본격적으로 움직일 때가 되었음을 감지했다. 때맞춰 1974년 함세웅 신부에게 맡겨졌으나 그간 행방이 묘연하던 최종선의 '수기'도 우여곡절 끝에 다시 찾아낼 수있었다. '수기'는 최종길 사건 발발 전후 중앙정보부 내의 분위기와 사건관련자들의 발언 및 행동 등을 낱낱이 기록한 결정 적인 증거자료였다.

1988년 10월 6일, 최종선과 천주교정의구현전국사제단은 최종길 교수 간첩 사건의 진상 규명과 책임자 처벌을 요구하는 고발장을 서울지방검찰청에 제출했다. 천주교정의구현전국사제단은 이와 동시에 '최종길 교수 사인 진상의 규명을 요구한다'는 성명을 발표했다. 성명은 "사제단은 의문투성이의 최 교수 죽음에 대해 '모든 감추어진 것은 드러나게 마련'이라는 성서의 말씀에 따라 그동안 이를 추적해 온 결과, 최 교수의 죽음은 그를 간첩으로 만들기 위한 혹심한 고문 수사 과정에서 빚어진 폭압적 권력에 의한 살인이라는 확신을 갖게 되었다"라고 한 다음, "추정하는 바 최종길 교수를 고문치사케 하는 데 책임이 있거나, 최 교수의 사인을 은폐 조작하고, 죽은 최종길 교수에게 간첩의 누명을 씌워 명예를 훼손하는데 직간접적으로 관여한 사람들의 명단과 당시 직책"을 공개해 큰 파장을 일으켰다.

이 명단 발표로 검찰은 어쩔 수 없이 중앙정보부의 주요 관련자들을 소환 조사할 수밖에 없었다. 천주교정의구현전국사제단의 성명서에서 밝힌 직간접 관련자 명단은 다음과 같다.

1. 차철권(중앙정보부 5국 사무관, 최종길 교수 주무수사관)
2. 김상원(주사, 보조수사관)
3. 변영철 등 당시 5국 10과 직원 전원(고문에 교대로 관여)
4. 고병훈(담당 조사계장)

5. 안홍용(중령, 담당 공작과장)

6. 장송록(이사관 수사단장)

7. 안경상(대공수사국장)

8. 조일제(차장보)

9. 김치열(차장)

10. 이후락(부장)

11. 이병정(감찰실 감찰과장)

12. 손종호(감찰실장)

13. 배명갑(감찰실 부실장)

14. 허만위(감찰실 행정과장)

15. 이용섭(감찰실 수집과장)

16. 서철신(5국 9과장)

17. 정낙중 5국 1과 수사계장 등 10여 명(감시 및 은폐)

18. 서재규(감찰실 감찰과 계장, 고문 수사관 조사)

19. 김명옥(감찰실 감찰과 직원)

20. 오수창(국립과학수사연구소 소장)

21. 김상현(국립과학수사연구소 법의학과장)

22. 이창우(서울지방검찰청 공안부 검사)

사제단과 유족들이 고발을 서두른 것은, '상해치사죄'는 1980년 10월 18일로 '7년의 공소시효'가 만료되었지만 '살인죄 공소시효는 15년'으로 그 만료일이 1988년 10월 18일이기 때문이었다. 천주교정의구현전국사제단의 고발장을 접수한 서울지방검찰청은 10월 7일 사건을 형사1부 김상수 부장검사에게 배당했다.

그러나 검찰은 "진정서를 제출한 사제단 관계자들과 최 교수 유족들을 불러 정확한 진정 내용과 사건 경위를 듣고 당시 변사사건 처리 기록과 정밀 대조한 뒤 피진정인 22명에 대한 소환 여부 및 시기를 결정할 것이나, 진정 내용대로 최 교수가 자살한 것이 아니더라도 이 사건은 살인죄가 아닌 상해치사죄가 적용되기 때문에 공소시효(7년)가 80년 10월 18일 자로 만료되어 공소 제기를 전제로 한 수사나 관련자들의 처벌은 법률적으로 불가능하지만, 진상 조사 차원에서 사인 규명을 위한 재조사를 할 방침"이라며 미리부터 가이드라인을 그었다.(guide line 안내 지침, 유도 지표)

15년의 사선死線을 넘어온 오랜 기다림이 허사가 될 가능성이 높아졌다. 그러고 보면 이 사회에서의 '범죄 시효'란 침략 외세의 배경으로 권력을 잡고 있는 아부(앞잡이) 권력자들이 칼자루를 잡았을 때 마음껏 해먹고 무사히 떠날 수 있게 만들어 놓은 교묘한 부패·학살범죄의 법적 안전장치였던 셈이다.

(3) 천주교계와 변호사·야당의 철저한 검찰 재조사·처리 압박

그러나 검찰의 '가이드라인'에 대해 민변(민주사회를 위한 변호사모임)은 "사제단의 요청에 따라 사제단이 수집한 자료를 검토한 결과 최 교수는 자살이 아니라 고문에 의해서 사망한 것으로 추정된다. 현재로서는 살인으로 보아야 할지, 고문치사로 보아야 할지는 명확하지 않지만 미필적 고의에 의한 살인일 가능성도 매우 크다. 이는 검찰이 명확한 사실 조사로 가려야 할 부분이다. 검찰은 시효가 지났다고 사전에 판단하지 말고 살인죄의 시효 만료일인 오는 18일 이전까지 조사를 끝낸 뒤 살인죄의 판단이 서면 관련자들을 처벌해야 한다"라는 요지의 성명을 발표했다. 또 당시 제1야당인 평화민주당(총재 김대중)도 10월 7일, 성역 없는 수사를 통해 최 교수 사건에 얽힌 의혹을 명확히 밝힐 것을 검찰에 요구하는 성명을 발표했고, 10월 17일 서울 지역 천주교사회운동협의회도 "누가 한 뼘의 손으로 저 밝은 태양을 가리려 하는가"라는 성명을 발표해 철저한 진상 규명을 요구했다.

1988년 10월 8일 오후, 최종선은 한통의 전화를 받았다.
"최 선생님이세요?"
"그렇습니다."
"『평화신문』에 있는 김정남이라고 합니다. 한 번 만나고 싶은데 시간낼 수 있으세요?"
"네. 어디가 좋을까요?"
그날 저녁 두 사람은 명동성당 입구에 있는 '샤롬'이라는 찻집에서 처음으로 만났다. 둘이 소주 두어 병을 곁들인 저녁식사를 마치고 났을 때는 밤 10시가 가까웠다. 김정남이 아무 말도 하지 않고 길 건너 평화빌딩으로 향하자 최종선도 뒤를 따라갔다. 그러고는 그 건물 어느 방으로 들어갔는데 인쇄소인지 출판사인지 구분이 가지 않았다. 책상 위에는 인쇄 원판들이 어지러이 놓여 있었는데, 아! 15년 전 자신이 작성해 함세웅 신부에게 맡겼던 「양심선언」 원본 필름이 얼핏 보였다. 최종선은 그제야 그간에 벌어진 상황을 알아차렸다. 침묵을 깨고 김정남이 입을 열었다.
"원하시지 않으면 빼고 다른 내용으로 바꿀 수 있습니다."

"원치 않다니요? 15년 동안 기다려 온 일입니다. 감사합니다."

최종선은 흘러나오는 눈물을 주체하지 못했다. 함께 있던 편집자들도, 김정남도 눈시울을 훔쳤다.

당시 안기부는 여소야대 정국이라 다소 자중했지만, 그래도 마음을 놓을 수가 없다는 김정남의 말이었다. 신문이 무사히 인쇄되고 배포되어야 하는데, 밤새 다른 일이 없어야 하는데…. 초조하고 불안했다. 불안감을 씻으려는지 김정남이 제안했다.

"우리 학생 때 갔던 낙지 집에나 한 번 가봅시다."

두 사람은 애써 최종길 교수에 대한 이야기는 하지 않고, 십수 년 전 학창시절의 객쩍은 이야기로 서너 시간을 보냈다. 그렇게 한참을 보내자 어둠이 물러가고 희뿌옇게 새벽이 다가왔다. 긴장과 숙취에다가 피곤에 지친 몸을 일으켜 낙지집 밖으로 나오니, 광화문 크라운제과 앞에 신문 가판대가 보였다. 가판대 속『평화신문』1면의「서울대 최종길 교수고문치사」특호 활자 제목이 눈에 확 들어왔다. 그날 아침 최종길 교수는 15년만에 어둠에서 눈부신 태양 아래로 나온 것이다.

김정남은 1974년 12월 18일 명동성당에서 열린 천주교정의구현전국사제단 주최「인권 회복을 위해 죽은 사람들을 위한 추도미사」에서 오태순 신부가 읽은 추도사를 기초한 이래 최종길 교수의 의문사에 대해 30년 가까이 문제 제기를 해 왔다. 중앙정보부의 "최종길 교수가 간첩임을 자백하고 투신자살했다"고 한 발표를 김정남이 조목조목 반박하고 따질 수 있었던 것도 바로 15년 전 최종선이 세브란스병원 정신병동에서 오열하며 기록한 육필 '수기'가 있어 가능했다. 최종길 교수의 가족들은 그 모진 시련을 겪고도 지금까지 잘 견뎌 주었고, 최종선은 형의 죽음에 관련해 자기가 감당해야 할 일들을 너무도 슬기롭게 해냈다.

『평화신문』은 천주교 서울대교구가 1988년 5월 15일에 설립하고 발행한 주간신문이었다. 초대 재단 이사장은 김수환 추기경이었고, 함세웅 신부가 설립 추진 위원장을 맡아 창간을 주관했다. 함세웅 신부는 1989년 3월 2일 평화방송이 설립되자『평화신문』과 함께 초대 사장으로 취임했다. 함세웅 신부는 천주교정의구현전국사제단 초기부터 민주 회복운동 과정에서 긴밀한 관계를 유지해 온 김정남을 편집국장으로 초빙했다. 그러므로 함세웅 신부에게 전해진 최종선의 '수기'가『평화신문』에 전격적으로 실릴 수 있었던 것은 너무나도 당연한 일이었다.

'수기'의 전격 공개에는 여론을 들끓게 만들어 고발장을 접수한 검찰이 사건 조사를 유야무야하지 못하도록 압박하는 의도도 있었다. 실제로 '수기'가『평화신문』10월 9일 자와 16일 자에 연이어 전문 게재되자 엄청난 반향이 몰려왔다. 중앙 일간지와 주간지 ·

월간지 들이 교계에서 발행하는 이 작은 주간지를 인용해 후속 보도를 이어 갔고, 국민들은 소문으로만 들어왔던 민주 인사에 대한 중앙정보부의 고문, 그리고 간첩 사건의 조작과 은폐가 백일하에 드러난 데 대해 충격을 금치 못했다. 거기에다가 그 희생자가 우리나라 최고 엘리트라 할 수 있는 서울법대 교수였다는 점, 중앙정보부의 직원인 동생이 그를 정보부로 데려갔다는 점, 동생이 근무하던 공간 내에서 형이 고문치사 당했다는 점, 그리하여 동생이 정신병원에 들어가 그 실상을 낱낱이 '수기'로 기록해 놓았다는 점 등, 거대 정보 조직 내에서 한 개인이 조직의 부조리와 힘겹게 싸우는 '할리우드 첩보 영화'를 연상케 하는 광경도 국민들의 큰 관심을 끌게 했다.

(4) 고발인 최종선, 「1973년 중앙정보부 발표의 허위조작성」 밝혀

검찰은 고발인 자격으로 천주교정의구현전국사제단 김승훈 신부와 최종선을 불러 고문치사 주장에 대한 진술을 들었다. 최종선은 1988년 10월 10일과 11일 두 차례에 걸쳐 검찰에 출두해 고발인(진정인) 조사를 받았다. 이 조사에서 최종선은 아래와 같은 이유와 근거를 들어 1973년 10월 25일 중앙정보부의 공식 발표가 허위 조작임을 주장했다.

1. 1973년 10월 19일 08시경 고인이 투신자살했다는 현장을 비밀리에 확인했으나 고인의 혈흔, 뇌수, 또는 그 혈흔이나 뇌수를 물로 씻어 낸 물기 등 흔적이 전혀 없었다. 따라서 고인은 투신자살을 하지 않았으니 투신 현장도 없는 것이다.

　　10월 19일 07시30분경 감찰과장 이병정이 본인에게 형의 투신자살 사실을 통보할 때, 본인이 "돌아가신 현장을 봐야겠다"며 일어서자, 이병정은 "나는 유가족 중 단 한 명에게라도 현장을 보여 주자고 주장했으나 현장이 너무 비참하니 안 보여 주는 게 낫겠다고 결론이 되어 사체는 현재 국립과학수사연구소에 이미 옮겨 안치했다"고 했다. 그러나 그들의 주장대로 최 교수가 10월 19일 01시 30분에 투신자살했고, 집에서 잠자던 이후락 부장, 김치열 차장 등 정보부 고위층이 정보부에 모여 대책을 협의한 후 사체를 국립과학수사연구소로 옮기고 나서 이병정의 말대로 '비참한 현장'을 물과 세척제로 씻어냈다면 죽음 이후 최소한 3시간은 걸렸을 것이어서 현장 청소가 완료된 시점은 04시 30분 전후가 될 것이다.

　　따라서 본인이 투신 현장이라는 곳을 확인한 것은 08시경이므로 현장청소 후 3시간 30분 정도 지났을 때였다. 비교적 쌀쌀했던 그날의 기온과 그 현장이 응달진 곳이라는 것을 감안하면 최소한 뇌수나 혈흔을 씻어 낸 물기가 아스팔트에 남아 있어야 하는데 전혀 그 흔적이 없었다. 이병정 과장은 투신 현장을 확인하겠다는 본인의 주장에 "이야기가 끝나면 보여 주겠다"라고 했으나 끝까지 현장을 보여 주지 않았다.

2. 당시 본인은 감찰과장 이병정과 감찰실 부실장 배명갑, 수사단장 장송록, 대공수사국장 안경상 등에게 고인에 대한 수사 기록을 보여 달라고 강력히 요청했다. 그러나 그들은 수사가 종결되면 보여 주겠다며 거부했고, 본인은 "죽은 사람을 더 조사한단 말이냐?"라고 강력히 항의했다. 당시는 물론이고 15년이 지난 오늘까지도 고인의 수사 기록을 보여 주지 않고 있다.

3. 10월 19일 07시 50분경 감찰과장 이병정과 본인이 함께 있는 자리에서 5국 수사단장 장송록은, "(최 교수가 죽었다는 보고를 받고) 밤중에 빨리 들어오라는 전화가 왔기에 지하실에서 물을 먹이다가 일어난 사고로 생각하고 달려왔더니 투신자살했다는 것입니다"라고 말했다. 곧 '지하실에서 물을 먹이다가…'라고 얼떨결에 수사단장 장송록 자신이 고백함으로써 본인은 형이 고문을 당했음을 확인하게 되어 투신자살이 아니라 고문에 의해 살해당한 것으로 확신한다.

4. 중앙정보부에 자진 출두해 조사를 받은지 60시간이 경과해 심신이 극도로 쇠약해진 상태에서, 맨발에 바지 벨트를 매지 않은 상태에서 162센티미터 작은 키에 뚱뚱한 몸매인 데다가 행동이 민첩하지 못한 고인이 소변기를 짚고 창문에 올라가 투신하기는 전혀 불가능하다. 더구나 건장한 수사관 2명이 감시하는 상태에서 낯선 화장실에서 일말의 망설임도 없이 뛰어내렸다는 것은 결코 납득이 가지 않는다.

5. 본인이 고인에 대한 검시에 변호인이나 의사를 입회시켜 줄 것을 요구했으나 정보부 측은 이를 거부했다. 그들의 발표대로 고인이 투신자살했다면 정보부 자신의 결백을 객관적으로 입증하기 위해서라도 입회 요구를 받아들였어야 마땅하다. 이는 고인이 투신자살 하지 않았음을 반증하는 것이다.

6. 1973년 10월 28일 담당 수사관들에 대한 징계 처분을 알리는 부회보 제42호에서 보조수사관 김상원에 대한 징계 내용이 주무수사관 차철권보다 중했던 것은 김상원의 행위가 더 문제였음을 입증하는 것이며, 회보에는 '투신자살'에 대한 설명이 전혀 없었다. 곧 정보부 자체의 공문서에서 투신자살이 사실이 아닐 수 있음을 보이고 있다.

7. 중앙정보부는 지난 15년 동안 천주교정의구현전국사제단, 한국기독자교수협의회, 국회, 국내외 언론, 기타 교수·학생 등 수많은 인사들로부터 고인의 죽음의 의혹에 대한 진상 규명을 요구받았으나 한 번도 설득력 있는 증거를 제시하거나 공식적으로 당당하게 해명한 적이 없었다 할말이 없다는 것은 그들의 발표가 조작이었음을 시인하는 것이라 본다.

또한 최종선은 검찰에서 최종길 교수의 죽음에 대해 직간접적으로 관계된 22명과의 대질신문, 중앙정보부 내 범죄 현장 조사 시 본인의 참여를 보장해 달라고 주장하고, 아래의 문서나 자료 들을 검찰이 확인해달라고 추가로 요구했다.

1. 투신 현장검증 보고서 및 현장 사진 등 증거자료(검사 입회 현장검증 보고서, 정보부 자체 현장검증 보고서, 의사 사망확인서, 기타 모든 관계 증거자료)
2. 국립과학수사연구소의 사체 부검 보고서
3. 고인에 대한 수사 관계 조사 서류(수사 착수 보고서, 자필 진술서, 피의자신문조서, 기타 수사 관계 기록 및 증거물 일체)
4. 정보부 공식 발표문
5. 구속영장 사본, 구속영장 청구 수사관 및 검사 이름, 구속영장 번호·신청 일사 발행 일시, 구속영장 신청 내용(범죄 사실), 구속영장 발부 내용(범죄 사실), 구속영장 발부 판사 이름
6. 고문 살인 사건 및 고문 살인 수사관에 대한 정보부 자체 조사 기록 및 증거물
7. 정보부 고등징계위원회 제6호 회의록(1973. 11. 13 자)

검찰은 천주교정의구현전국사제단이 "최종길 사망 사건과 관련된 중앙정보부 수사관 및 사망 현장을 검증한 검사, 사체를 부검한 국립과학수사연구소의 의사 등을 피진정인으로 해, 피진정인들이 최종길을 고문하던 중 사망케 하고 그 사실을 은폐하기 위해 투신 자살한 것이라고 조작했다"라는 내용의 진정을 하고 그 직간접 관련자22명의 이름을 특정하자, 이미 사망한 자와 연락이 두절된 자를 제외 한 나머지 사람들을 소환조사했다.

그러나 사건의 전모를 보고받았을 가능성이 높은 당시 중앙정보부장 이후락은 조사 대상에서 제외했고, 중앙정보부 내 사건 관련자들도 비밀리에 소환하는 등 조사 과정에 석연치 않은 부분도 있었다. 그러나 천주교정의구현전국사제단 등 진정인들이 제기했던 살인죄의 공소시효가 1988년 10월 18일로 만료되기 때문에 검찰은 10월 18일 최종길 사건 내사의 중간발표를 할 수밖에 없었다. 검찰이 발표한, 당시 내사를 담당했던 서울지방검찰청 검사의 질문에 대해 중앙정보부 등의 관련자들이 진술한 내용의 요점과 기타 발표 내용은 아래와 같다.

1. 최종길의 사체를 부검했던 국립과학수사연구소의 의사 김상현은, "최종길은 두부, 흉부, 요부 및 좌우 상·하지에 거대한 둔적 외력이 작용해 심장이 파열되고 두개골 골절로 인한 출혈이 동반되어 사망한 것으로, 상당히 높은 건물에서 떨어질 경우 그와 같은 상처를 입고 사망할 가능성이 충분히 있다. 그밖에 전기적인 충격, 익사, 질식사 등으로 볼 수는 없고 사망 후 외력이 작용한 흔적도 없으며, 양쪽 엉덩이에서 발견되는 주먹 크기 정도의 피하출혈 반은 구타당한 것이 아니라 골반 뼈가 부러지게 된 것과 동일한 충격으로 인해 생긴 것으로 생각된다"라고 진술했다.
2. 당시 지휘 검사였던 이창우는 "서울지검 공안부에 근무하던 당시 밤에 집으로 연락이 와 중

앙정보부 건물의 추락 현장에서 최 교수의 사체를 확인하고 두 시간 뒤 컬러 사진을 찍고 부검에 착수했다"라고 진술했다.

3. 사건 당시 중앙정보부 5국장 안경상, 수사단장 장송록은, "최종길은 남산 분청사 지하실에서 조사를 받으면서 18일 저녁 무렵에 독일 유학 당시 동베를린 및 평양을 방문, 그곳에서 북한 공작책으로부터 북한 체제의 정당성 등에 관한 교육을 받았다고 자백했고, 이에 최종길을 7층 신문실로 옮겨 조사하도록 했다"라고 진술했다. 당시 공작과장 안홍용과 주무수사관 차철권은 "최종길은 지하 조사실에서는 18일 저녁 때까지 동베를린에 다녀온 사실을 인정했고, 7층 신문실로 옮긴 이후에 동베를린 및 평양에 가서 교육을 받고 노동당에도 입당했다는 사실을 자백했다"라고 진술했다.

4. 차철권은 또, "최종길이 모스크바, 북경을 경유해 평양에 가서 노동당 연락부 부부장, 과장 등을 만났고, 17일 동안 용성 구역에 있는 초대소에 수용되어 있으면서 이름을 모르는 지도원으로부터 교양을 받고, 노동당에도 입당하고 공작금을 받는 등의 활동을 하다가 돌아온 사실이 있다고 자백을 했다"고 진술했다.

5. 당시 장송록 · 안경상 · 김상원 · 차철권 등은 "절대로 최종길에 대해 고문을 한 사실이 없었다"라고 진술했다.

6. 당시 현장검증 조서를 작성했던 중앙정보부 수사관 권영진은 "19일 오전 8:30경에 출근해 보니 대공수사국 수사2계장 정낙중, 수사과장 안홍용 등이 '오전 4:30경 이창우 검사의 지휘를 받아 현장검증을 이미 실시했다고 하면서, '참여자의 진술을 듣고 검증 조서를 작성하라'고 지시를 해, 그들의 말과 김상원'차철권 등의 진술을 듣고 검증 조서를 작성했고, 직접 현장검증에 참여한 사실은 없다"라고 진술했다.

7. 당시 중앙정보부 감찰과장 이병정은 유족과의 대질신문에서 "사건 후 유족들을 회유 협박했다"라는 부분에 대해 부인했다.

8. 최 교수가 조사받던 중앙정보부 남산 분청사를 현장검증한 결과 화장실은 비좁아 여러 사람이 들어갈 수 없을 정도였으며, 최 교수가 조사받았다는 '합동신문 조사실'은 중앙정보부가 국가안전기획부로 개편되면서 구조가 변경되어 확인할 수 없었다.

9. 최 교수의 사체를 최초로 확인한 중앙정보부 수사관은 1985년에 사망해 조사가 불가능했다.

1973년 10월 19일, 검찰은 이러한 진술 내용을 근거로 "현재까지 수사 결과 최 교수의 사망과 관련해 피진정인(당시 중앙정보부 직원)들을 형사처벌할 수 있는 단서나 증거를 발견하지 못했고, 또한 최 교수가 타살되었다는 증거도, 자살했다는 증거도 찾지 못했다. 당시 중정 수사관은 최교수가 간첩 사실을 자백하고 자술서를 쓰기 전에 자살했다고 진술했으나 최 교수가 간첩이었는지 여부에 대해서도 현재로서는 아무런 증거도 없다"라고 발표했다. 검찰은 '최종길 교수가 간첩인지 아닌지 확인할 수 없었으며, 그의 죽음이 자살인지 타살인지도 확인할 수 없었다'는 애매모호한 결론을 내린 것이다. 그러나 아래와 같이 검찰 조사에서 새롭게 확인된 사실도 있고, 이병정의 진술과 최종선의 '수기' 내용이 대부분 일치하는 것도 확인되었다.

첫째, 1973년 10월 25일 중앙정보부는 "최종길이 간첩 혐의로 구속조사를 받던 중 투신자살했다"라고 발표했으나, 이를 입증할 구속영장진술 조서, 자필 진술서, 육성 녹음 등 증거자료들이 하나도 발견되지 않았다. 다만 최종길을 신문한 수사관이 작성한 진술서만이 존재했는데, 이는 최종길 사후에 작성되었을 가능성이 있어 검찰도 그 내용을 크게 신뢰하지 않았다.

둘째, 당시 중앙정보부가 제시한 단 한 장의 현장 사진은 최종길의 사체가 반듯이 누워 있는 흑백사진으로서, 정보부가 유가족에게 설명한 내용(뒷머리가 깨지고 양쪽 손과 발이 부러졌다)과 상이했다. 변사체 사진의 경우 컬러필름으로 사체의 전후좌우, 치명적 손상 부위를 근접 촬영해야 하는 상식에도 부합되지 않았다. 정보부는 이 사진을 정보부 이문동 청사의 사진사가 찍었다고 하는데, 통행금지 시간에 멀리 떨어진 이문동 청사 사진사를 동원했다는 것도 상식에 맞지 않는다. 그러나 중앙정보부 이문동 청사의 사진사가 최종길의 사체 사진을 찍었을 가능성을 보이는 정황도 있다. 당시 중앙정보부 국제협력과에 근무하고 있던 박기용의 증언이다.

1973년 10월 18일 저녁에 중앙정보부의 초청으로 방한한 아르헨티나 정보기관의 수장을 환송하는 연회가 삼청각에서 있었다. 연회는 밤늦게까지 계속되었는데, 갑자기 부장 수행원이 들어와 이후락 부장에게 쪽지를 전달하면서 연회가 흐지부지 끝났다. 나중에 생각해 보니, 이때 최종길 교수의 사고 소식이 이후락 부장에게 전달된 것 같았다. 나는 연회를 정리하고는, 행사 앨범을 만들기 위해 이문동 청사로 돌아왔다. 아르헨티나 정보기관 수장이 19일 오전에 출국하기 때문에 아침 9시까지는 그가 묵고 있는 호텔로 앨범을 가져가야 해서, 밤을 새며 사진사는 찍은 사진을 인화하고 나와 스페인어 전공 직원이 사진 캡션을 달고 있었다. 그런데 새벽 3시경 사진사가 남산 분청사에서 무슨 사진을 찍으러 오라 한다며 나갔다.

셋째, 당시 중앙정보부 감찰과장 이병정은 "정보부의 연락을 받고 통행금지 시간에 정보부에 도착해 보니 투신 현장에 사체도 없었고 핏자국도 없었다. 의아해서 옆의 5국 수사관에게 물어보니 '앰뷸런스로 병원으로 옮겼다'고 했다"라고 진술했다. 중앙정보부조직법과 직무 규정에 따라 부원의 범죄를 조사하는 공식 책임자인 감찰과장의 현장조사 이전에 이미 사체를 치웠던 것이다.

2001년 3월, 최종길의 막냇동생 최종선(왼쪽 셋째)이 서울 종로경찰서 기자실에서 기자회견을 열고 있다. 그는 "형은 중앙정보부 수사관들의 고문으로 숨졌고, 이를 입증할 수 있는 증거물이 있다"고 밝혔다. 서해문집 제공

넷째, 중앙정보부에서 제시한 사진과는 달리 최종길이 투신했다는 화장실의 위치와 구조는 최종선이 '수기'에서 밝힌 것과 완전히 일치했다(최종선과 이병정의 대질신문).

다섯째, 감찰과장 이병정이 사건 관련자들에 대한 감찰 조사 결과를 보고하면서 안경상 대공수사국장, 장송록 수사단장에겐 지휘 책임을 물어 직위 해제하고, 관련 수사관 5명을 중징계 하도록 건의했다는 것을 확인했다. 곧 사건 관련 수사관이 5명일 수도 있다는 것이다(최종선과 이병정의 대질신문). 천주교정의구현전국사제단 등의 고발이 있은 지 1년여가 지난 1989년 8월 22일, 검찰은 최종길 사망 사건 진정에 대한 최종 수사 결과를 아래와 같이 발표했다.

최종길이 중앙정보부에서 김상원의 신병 감시 하에 차철권으로부터 조사를 받던 중 사망한 사실은 인정되나, 피진정인들은 최종길 교수가 간첩 활동을 했다고 자백을 한 후 화장실에 가겠다고 하므로 김상원이 데리고 나갔는데, 김상원의 감시가 소홀한 틈을 타 화장실 창문 밖으로 뛰어내려 사망한 것이라고 변소하고 있는바, 김상현 작성의 사체 감정서, 사체 사진필름 32매를 감정한 오수창 작성 감정서 기재, 사건 발생 당시 7층 복도경비원의 진술 내용, 실황 조사 결과에 의해 나타난 화장실의 소변기 및 창문턱의 구조와 위치, 중앙정보부 감찰실에서 작성한 내부 문서인 '간첩용의자 자살 사건 진상 조사 보고서'의 기재 내용 등이 위 변소 내용에 부합하고, 1988. 10. 18. 공소시효가 완성되어 내사를 종결한다.

검찰의 최종길 사건 내사 종결에 대해 최종선은 후일 의문사진상규명위원회의 조사를 앞두고 「6공 검찰의 진상 조사는 진상 규명이 아니라 진상 은폐에 불과하다」라는 글에서 아래와 같이 강하게 검찰을 비판했다.

1988년 6공 검찰의 진상 조사는 진상 규명이 아니라 1973년 최초 사건발생 당시 경황 중에 엉성하고 허술하게 조작된 1차 은폐·조작극의 문제점과 모순점에 도리어 합법성과 완벽성만 보강해 주고, 고문 살인자들에게는 공식적인 면죄부만 만들어 준 제2의 은폐·조작극에 불과합니다. 그야말로 수많은 모순점과 문제점을 지니고 있지만, 대표적인 기억 한두 가지만 회고하는 것으로서 전체를 대신하고자 합니다.

사건 조사 중반에 추가로 투입된 장 모 검사는 저의 얼굴을 몰랐기에 저를 정보부 쪽 사람으로 잘못 알고, "수고 많으십니다. 적당히 덮어 버리는거지요, 뭐!" 하고 잘못 말했다가 저로부터 거센 비난을 받게 되자 당황하며 아니라고 부인하느라 땀을 뻘뻘 흘리는 해프닝이 연출되었는바, 이렇게 당혹스런 분위기는 당해 검사 뿐만 아니라 검사실 소속 검찰 수사관과 여직원에게도 또한 마찬가지로 파급되어 그들 모두를 아주 낭패스럽게 위축시켰는데, 이미 6공이라는 정권의 한계를 예감하고 있던 저로서는 이 정권 아래서는 진상이 규명되어 질 수 없다는 마음을 굳힌 지 오래전이었으므로, 차제에 검사와 그 소속원들이 당혹해 위축되어 있는 분위기일 때 아예 한 발 더 내딛기로 결심하고, "지금부터 내가 진술하는 것은 검사에게 하는 것이 아니라 역사 앞에 하는 것입니다. 지금부터 내가 진술하는 내용은 후일 기필코 역사가 되돌아볼 것이니 한 자 한 획도 빠뜨리거나 조작하거나 왜곡되게 바꿔 써서는 안 됩니다"라고 엄숙히 선언하고 그 날 밤 늦게까지 점심·저녁식사도 모두 함께 거른 채 중간 중간에 읽어 보고 고치고 또 읽어 보고 고치기를 수십 번 거듭하면서 그야말로 심혈을 기울여 진술서를 작성했습니다.

바로 이 진술서, 이 진술서를 검찰이 의문사진상조사위원회에 자료로 제출하지 않는다면, 검찰은 말로만 인권을 말할 뿐 실질적으로는 우리 국민, 우리 민족 전체의 염원인 인권 국가 건설을 방해·역행하고 있는 암적 집단에 불과함을 스스로 자인하는 것이 될 것입니다.

최종길 교수가 정보부에서 조사받을 때 정보부 수사 규정에 따라 이미 벨트를 풀고 바지 지퍼는 내려져 있었을 것인데, 그래서 아래로 흘러내리는 바지춤을 한 손 또는 양손으로 움켜잡은 엉거주춤한 상태에서 두 명의 수사관이 바로 옆에 서서 지켜보고 있는 가운데 어떻게 귀신처럼 유령처럼 한 순간에 자기 키 높이의 창문턱에 올라서서 아래로 뛰어내릴 수 있었겠는가, 바지를 잡았던 손으로 창틀을 잡고 창문을 열려고 하면 이렇게 바지가 훌렁 흘러내려 발에 내려와 걸리는데 어떻게 발을 자유롭게 신속히 움직여 창틀에 그토록 빨리 순식간에 올라설 수 있었겠느냐고 격앙된 분위기에서 실감나게 재연해 보이느라고 검사 앞에서 벨트를 옆으로 확 잡아빼고 바지 지퍼를 좍 밑으로 끌어내리고는 바지춤을 잡았던 손을 놓자 바지가 발밑으로 흘러 떨어졌는데, 그러고서 창문 쪽으로 뛰듯이 다가가서 창문을 열면서 창틀로 올라설 듯 실연했더니, 바지 지퍼를 내리고 바지가 흘러내리는 상황에 누구보다 당혹한 검찰 여직원이 얼굴을 붉히며 얼른 고개를 푹 숙이던 모습도 지금 생각하면 실소를 자아내게 하는 기억 중의 하나이지만 저의 격렬한 몸짓과 행동에 제가 정말로 창문을 열고 뛰어내리는 게 아닌가 착각하고 겁먹은 검사와 검찰 수사관의 얼굴이 백지장처럼 하얗게 질리던 기억도 지금껏 생생합니다.

바로 그 진술서 원본 제 일생에 그토록 생생하게 그 사건을 기억해 내고 진술했던 적도 없고, 지금보다 12년 전 훨씬 젊었을 때 진술한 내용으로 이제는 세월도 오래 지나 기억력도 많이 감퇴한 지금 그 옛일을 기억해 내는 것과는 비교가 안 되게 생생하고도 진실된 증거자료로서, 최종길 교수 사인 진상 규명의 알파요 오메가라 할 만큼 지극히 중대한 결정적 중요 자료인 만큼 검찰은 하루라도 빨리 그 자료를 진상규명위원회에 스스로 제출해 정의 구현과 인권 국가 건설에 동참해 주기 바라마지 않는 바입니다.

또한 검찰은 그 당시 수사본부장이었던 김상수 검사가 최종길 교수의 투신 현장검증사진이라면서 저에게 보여 준 바 있었던 명함판 사진 크기의 흑백사진 1매 역시 의문사진상규명위원회에 지극히 중대하고도 중요한 증거자료로서 기필코 제출해야만 합니다. 비전문가인 제 육안으로만 보아도 그 사진은 완전히 조작된 사진입니다. 저를 속이려고 급히 조작해 만든 사진이지만, 혹 떼려다 혹 붙인다고, 격언에 거짓말 하나에 스무 개의 거짓말이 필요하다더니, 중앙정보부와 검찰은 공연한 짓을 해서 화근을 자초한 것입니다. 사진가들의 영역은 말고라도, 도대체 시대가 어느 시대인데 흑백사진이란 말씀입니까?

1973년이면 일개인도 흑백 필름을 잘 안 쓰던 시대인데, 대한민국 최고의 정보기관인 중앙정보부가 대한민국 최고의 수사기관인 검찰이 그토록 예민하고도 중대한 사건의 현장검증 사진으로 흑백 필름을 사용했고, 그것도 두 장도 아닌 단 한 장만을 촬영했다니요. 정말 말도 안 되는 소리입니다. 당시 중앙정보부 감찰실 정규 요원으로 수시로 정보 장비에 대한 보안 감사 내지 점검을 실시해 왔으므로 누구보다 잘 아는 사실이지만, 당시 정보부의 수사 장비 내지 자료 들은 대한민국 최고 수준의 첨단 수사 장비 및 자료들로서 흑백 필름 같은 구닥다리 케케묵은 수사 장비 내지 자료 같은 것은 눈을 씻고 찾아보려 해도 찾아보기 힘들었을 때인데, 아니 웬 난데없는 흑백사진이란 말씀입니까, 사건이 어떤 사건인데, 두 장도 아닌 단 한 장만을 컬러도 아닌 흑백 필름으로 촬영했을 뿐이란 말입니까?

그 사진은 정말로 아주 정말로 지극히 중요한 자료이며 증거입니다. 사진전문가에 의해 그 사진이 조작된 사진으로 판명되어 질 경우, 그 사진의 조작은 단순히 사진 한 장의 조작으로만 끝나는 게 아니라 이 사건 전체가 중앙정보부 한 기관에 의해서만 조작되고 은폐된 게 아니고 대한민국 검찰까지 함께 가세해 범정권적 차원, 범정부적 차원에서 조작되고 은폐되었음을 웅변으로 나타내 주는 말할 수 없이 중요하고도 중대한 단서가 되는 것이기 때문입니다.

정보부가 조작해 만들고, 검찰은 그 조작된 사진을 저에게 보여 주며 행사해서, 저를 속여

'15년 공소시효' 만료일이었던 1988년 10월18일 정의구현사제단 주최로 서울 명동성당에서 열린 최종길 교수 추모 미사에 참석한 유족들. 앞줄 왼쪽부터 최종숙(큰누님)·최광준(아들)· 백경자(부인)·최희정(딸), 뒷줄 왼쪽 셋째부터 필자(김정남)·최종선(막내동생). (김학민 『만들어진 간첩』서해문집 2017년)

진실 즉 고문 살인을 은폐하고자 했다면, 그 하찮은 흑백사진 한 장이 검찰과 정보부가 완전 계획적으로 공모해 합동으로 고문 살인을 은폐했음을 명백히 입증해 주는 중대하고도 중요한 역사적인 증거자료가 되는 것입니다. 즉, 그 엉성하고 초라한 흑백사진 한 장이 검찰과 중앙정보부의 존립 그 자체 존폐까지도 뒤흔들 수 있는 지극히 중요하고도 중대한 역사적 자료가 된다는 사실입니다. 바로 이 사진! 이 흑백사진 1매를 검찰은 의문사진상규명위원회에 기필코 제출해야만 합니다. 만약 이 사진과 기록 등이 지금은 폐기되고 없어 제출할 수 없다 한다면, 이제 그만 대한민국 검찰은 스스로 그 간판을 내려야 하는 것입니다.

천주교정의구현전국사제단과 최종선의 노력에도 불구하고, 죽은 최종길 교수는 말이 없었고, 죽음의 의혹을 캐겠다는 검찰은 '그 죽음과 관련해 아무 증거도 확인하지 못했다' 며 공소시효 만료라는 실정법 뒤로 숨어버렸다. 그러나 '그 범인'은 공소시효 만료로 어 둠 속에서 웃음을 지었겠지만 '그 범죄'는 영원히 남아 있다. 그날, 최종길 교수의 부인 백경자는 이렇게 절규했다.

실정법에 의한 공소시효는 끝났는지 모르지만,
하느님의 법, 역사의 법에 따른 시효는 아직 끝나지 않았습니다!

(5) 김대중 대통령 당선, 「의문사 진상규명에 관한 특별법」 국회 통과

1988년 10월 19일 검찰의 중간 조사 발표는, 최종길 교수가 간첩이라는 증거를 발견하지 못했고, 자살의 증거도 타살의 증거도 발견하지 못했다는 것으로, 결국 최종길 교수의 사인 규명은 영원한 미궁으로 빠져들었다. 천주교정의구현전국사제단과 유가족, 그리고 최종길의 선후배, 제자들은 실망을 금치 못했지만, 그렇다고 검찰 수사에 크게 기대를 걸지도 않았기 때문에 바로 전열을 가다듬어 최종길 사건의 진상 규명과 명예 회복 운동을 지속적으로 벌여 나가기로 했다. 1993년 10월 18일, 서울대학교 법과대학은 「고 최종길 교수 20주기 추모식」을 열고 최종길 사건의 진상규명과 최 교수의 명예 회복을 요구하는 메시지를 채택했다.

1997년 12월, 제15대 대통령으로 김대중이 당선되어 역사적인 정권교체가 이루어졌다. 민주정부 수립으로 과거 독재정권하에서 벌어졌던 숱한 공안 사건들과 의문사 사건들에 대한 재조사 요구가 거세게 일어나 최종길 사건도 사회적으로 큰 주목을 받게 되었다. 최종길 타계 25주기를 앞두고 1998년 9월 독일 홈볼트 재단의 이사장 뤼스트 교수는 주한 독일대사 폴러스Claus Vollers에게 최종길 교수의 사인 규명을 위해 총력을 기울여 줄 것을 당부하는 서한을 보내, 폴러스 대사가 이 내용을 한국 정부에 전달했다.

그리고 10월 초에는 배재식 전 서울법대 학장과 이수성 전 국무총리를 공동 대표로 해 100여 명의 인사들이 참여한 「최종길 교수를 추모하는 사람들의 모임」이 발족됐다. 이 모임은 10월 17일 오후 2시 서울대학교 근대법학교육 백주년기념관에서 「고 최종길 박사 제25주기 추모식」을 열었다.

1998년 10월에는 최종길 교수 고문치사 사건 당시 미 CIA의 한국 지부장으로 근무했던 그레그 전 주한 미국대사의 주목할 만한 증언이 나왔다. 도널드 그레그 전 대사는 당시 미 CIA가 최 교수 사건의 진상을 어느 정도 파악하고 있었음을 시사하는 다음과 같은 내용의 증언을 했다.

최 교수의 비극적 죽음은 대단한 슬픔이었고 나를 괴롭게 했습니다. 나는 당시 정보 쪽 일을 했는데, 당시 KCIA가 김대중 납치 사건과 연루돼 있음을 알고 있었습니다. 1973년 10월 나는 또 KCIA가 최 교수를 구금해서 괴롭히고, 고문해서 그를 죽게 만들었거나 그가 고문을 피해 창문을 통해 뛰어내리도록 만들었음을 알고 있었습니다. 나는 그 일이 한국에서 내가 겪었던 가장 충격 적인 일 가운데 하나라고 생각합니다. 나는 당시 두 주요 인맥을 갖고 있었는데, 하나는 KCIA이고 다른 하나는 대통령 경호실의 박종규 씨였죠. 그와 나는 친구가 됐습니다.

그래서 나는 비공식적으로 박 씨를 찾아갔습니다.

나는 그에게 말했습니다. "당신의 친구, 한국의 친구로서 말합니다. 나는 최 교수에게 무슨 일이 일어났는지 아는데, 그것은 정말 혐오스러운 일이라고 생각합니다. 그것은 내가 KCIA와 효율적으로 협력하는 것을 어렵게 만듭니다. 나는 북한 문제와 관련해 KCIA에 도움을 주러 온 사람인데, KCIA는 북한에 별로 관심이 없는 것 같습니다. 나는 자국의 시민에게 그런 행위를 하는 조직과 함께 일하는 것이 매우 힘들다는 것을 발견했습니다. 나는 딜레마에 빠졌어요. 나는 단지 나의'기분'을 그대로 당신에게 말하고 싶습니다." 그러자 박 씨는 내 말을 열심히 적고는 고맙다고 했습니다. 그러고는 아무 말도 하지 않았죠. 일주일후 이후락씨가 경질됐습니다. 후임자는 신직수 전 법무장관이었죠."

- SBS, 「의문의 죽음 - 그리고 25년」, 1998. 11. 13 방영

1999년 4월, 의문사 진상 규명을 위한 특별법 제정과 그 시행을 촉구하기 위해 「최종길교수고문치사진상규명 및 명예회복추진위원회」가 발족했다. 추진위는 천주교정의구현전국사제단의 김승훈 신부와 서울법대의 백충현 교수가 공동 대표를, 이광택 국민대 법대 교수가 실행위원장을 맡았다. 추진위는 4월 12일 국회 소회의실에서 '의문사 문제 해결을 위한 법적 모색'이라는 주제하에 학술 심포지엄을 열어 특별법 제정을 촉구하는 한편, 『최종길 교수 고문치사 사건 관련 자료집』을 발간했다.

민족민주유가족협의회(유가협)가 420일간에 걸쳐 국회 앞 천막 농성을 벌인 결과 1999년 12월 28일 드디어 「의문사진상규명에 관한 특별법(의문사특별법)」이 국회를 통과했고, 그 이듬해인 2000년 1월 16일 공포되었다. 그리고 그해 10월 17일에는 「의문사진상규명에 관한 특별법」에 의거, 대통령 직속 「의문사진상규명위원회」가 발족했다. 의문사진상규명위원회는, 지난날 권위주의 정권하에서 민주화운동과 관련해 공권력의 위법한 행사로 의문의 죽음을 당했다는 의혹이 제기되어 온 사건에 대해 국가 차원에서 진상을 규명함으로써 잘못된 과거사를 정리하고 희생자와 유가족의 명예 회복을 통한 국민 화합과 민주 발전을 위함을 목적으로 설립되었다.

2000년 11월 23일, 최광준(최종길의 아들), 백충현(서울법대 교수) 등 348명은 연명으로 최종길 교수가 중앙정보부에서 고문을 받다가 희생되었다며 그 진상을 밝혀 달라고 의문사진상규명위원회에 진정했다. 의문사진상규명위원회에는 사무국 아래 조사1·2·3과와 특별조사과를 두었는데, 중앙정보부와 국가안전기획부에서 조사받다 일어난 의문사는 조사1과에서, 경찰에서 발생한 의문사는 조사2과에서, 군에서 생겨난 의문사는 조사3과에서 다루게 업무 분장이 되어 있어 최종길 사건은 조사1과로 배당되었다.

그러나 '의문사진상규명에 관한 특별법'은 각 의문사에 대한 조사 기간을 최장 15개월

로 한정하고 있어, 최종길 사건은 2002년 3월 9일로 15개월을 맞게 된다. 그러므로 법률대로라면 의문사진상규명위원회는 2002년 3월 9일 이전에 최종길 사건에 대한 조사 결과를 발표해야 한다. 의문사진상규명위원회는 사건에 관련된 사람들의 혐의점이 발견되면 검찰에 고발을 하고, 그렇지 않으면 기각하는 권한을 갖고 있다. 그러나 의문사진상규명위원회가 고발을 결정하더라도 검찰 수사는 살인죄 시효(15년)에 부딪치게 된다. 따라서 공소시효를 연장하는 특별법이 제정되지 않으면, 검찰이 혐의자를 기소할 수 없었던 1988년의 상황이 되풀이될 수밖에 없는 한계를 출발선부터 갖고 있었다.

그러한 한계에도 불구하고 의문사진상규명위원회의 조사는 1988년 검찰의 조사와는 크게 달랐다. 우선 공소시효에 관계없이 사건의 실체를 파악하는데 주력한 결과 관련자들의 자백에 가까운 진술을 확보하는 등 상당한 성과를 거두었다. 1988년 검찰은 사건의 직접 관련자들 일부만을 소환 조사하면서 그들이 진술한 내용을 토대로 사건을 재구성해 결론을 내렸지만, 의문사진상규명위원회는 직접적인 관련자 뿐 아니라 사전 사후에 그 정상을 파악하거나 보고를 받았을 인사들을 비롯해 제3자적 입장에서 사건에 간접적으로 관련되었던 사람들까지 치밀하게 추적해 진술을 확보함으로써 사건의 실체에 보다 객관적으로 접근할 수 있었다.

의문사진상규명위원회의 최종길 사건에 대한 조사는 사건이 발생한지 상당 시일이 흘러 현장 증거를 확인할 수 없었고, 또 그 이후 정치·사회적 상황도 바뀌어 관련자들의 진술이 일면 자기 책임을 회피하는 쪽으로 흘렀을 수도 있다. 그러나 각각의 진술 내용을 크로스 체크해 비교분석하면 사건의 실체에 접합되는 상당한 근거를 확인할 수 있기 때문에 중앙정보부 소속 관련자들의 진술 조서는 이 사건의 실체를 재구성 하는데 필수적인 기능을 했다.

의문사진상규명위원회는 이를 토대로 최종길 사건의 의혹을 상당 부분 유추해 확인할 수 있었다. 그리하여 의문사진상규명위원회는 1년 6개월간의 지난한 조사 끝에 2002년 5월 24일 「최종길 사건 결정문」를 발표할 수 있었다. 이어지는 내용은 이 '결정문'을 요약 정리한 것이다(최종선의 저서 등 이미 공간된 문건에서 실명이 드러난 사람은 모두 실명으로 처리했다).

2000년 11월 23일, 최광준과 백충현 등 348명은 최종길이 고문을 받다 희생되었다며 그 진상을 밝혀 달라고 의문사진상규명위원회(이하 위원회)에 진정했다.

진정인들은 "1972년 유신헌법을 공포한지 1년이 채 못 된 1973년 4월 박형규 등의 부활절 내란 음모 기도 사건, 김대중 납치 사건, 서울대문리대의 반유신 시위를 필두로 한 전국 대학가의 반독재 투쟁 등으로 궁지에 몰린 박정희 정권이 이를 억압하기 위해 학원 사찰의 강도를 높이고 있던 시기에 최종길을 정치적 희생양으로 삼아 위기를 탈출할 목적으로 공작을 진행했으며, 강도 높은 고문으로 최종길을 사망케 한 다음 이를 은폐할 목적으로 최종길이 간첩임을 자백하고 양심의 가책을 이기지 못해 자살한 것으로 사실을 조작했다"고 주장했다.

최광준은, "최종길의 간첩 혐의를 입증해 주는 어떠한 근거도 없으며, 오히려 유럽 거점 대규모 간첩단 사건이 조작되었다고 볼만한 충분한 근거가 있다"고 주장했다. 또한 "중앙정보부는 최종길을 연행해 조사하는 과정에서 영장을 발급받지 않은 불법적 구금, 미란다원칙 미준수와 진술거부권 불고지, 변호사 접견권 침해, 피의자 신문 시 변호인의 참여권 원천봉쇄 등의 불법을 저질렀으며, 영장과 조서 없이 수첩과 편지 등을 증거물로 압수했다"고 주장했다.

진정을 접수한 위원회는 기초 조사를 거친 다음 2000년 12월 9일 이사건의 조사 개시를 결정했다. 기초 조사 기간에는 관련 기록을 수집하고, 진정인 및 진정인 측 참고인에 대해 조사했다. 하지만 사망 장소가 중앙정보부라는 폐쇄적인 장소여서 증언을 할 수 있는 사람이 중정 요원들로 국한된다는 어려운 점이 대두했다. 중정 요원들은 퇴직 후에도 자신이 재직 시절에 취득한 정보에 대해서는 보안을 중요시하는 집단이라는 점을 감안해 이 사건의 조사 방법을 소환 조사에 국한하지 않고 탐문 조사를 도입해 조사의 폭을 넓히는 등 여러 방법을 사용하기로 결정했다. 조사의 목표도 5개의 범주로 세분해 ①민주화운동 관련성 여부 ②간첩 (자백) 여부 ③고문 여부 ④자살 · 타살 여부 ⑤은폐 · 조작 여부로 결정했고, 조사 목표에 따라 정보 타깃information target(특정 정보를 알고 있거나 혹은 이 정보의 접근로를 알고 있는 사람을 뜻함)을 달리 설정했다.

1차 탐문의 대상은 ①국립의료원의 응급 의사와 경비원, 간호사들, ②중정의 경비원들로 결정했다. 먼저 진정인들의 주장과 1998년 11월17일에 방영된 SBS의 〈뉴스 추적-최종길 교수 의문의 죽음, 그리고 25년」의 인터뷰에서 나타난 중정 수사관들의 증언에서처럼 최종길이 사망했거나 의식이 불명인 상태에서 국립의료원 응급실에 갔는지 여부와 만약 국립의료원에 응급처치를 받으러 갔다면 그 시간대는 언제인지를 알아보기 위해 국립의료원 관계자들을 대상으로 탐문을 하는 한편, 사건에 직접적 책임이 없는 중정의 경비원들을 중심으로 탐문 조사를 실시해 정황과 방증 자료를 수집하는 것과 동시에 이 사건에 대해 증언을 할 수 있는지 여부를 밝혀내는 것도 일차적 목표로 삼았다.

그리고 사건의 성격과 관련성, 증언 가능성을 기준으로 조사 대상을 그룹별로 분류했다. 이 분류에 따라 정보 타깃을 1-6그룹으로 결정하고, 정보 타깃을 조사하는 과정에서 정보 풀information provider pool(사건의 해결을 위해 제보를 하거나 제보를 위한 여러 조건을 강화하는 데 도움을 줄 수 있는 집단을 말함)을 형성하기 위해 노력하기로 결정했다. 이 결정에 따라 분류된 그룹은 다음과 같다.

제1그룹(사체 현장을 목격하거나 현장 처리에 관여한 사람으로 수사요원이 아닌사람) : 채회열(사진 촬영)·유성원(운전기사)·신원 미상의 앰뷸런스 기사·경비원 임금동과 같은 조의 경비원·이창홍(군의관)·국립의료원 관계자

제2그룹(부검·법의학 관련) : 김상현(부검의)·이정빈(1988년 감정서 작성 법의학자)· 그 외 위원회 비상임위원인 이윤성과 해외 법의학자의 자문을 구한다.

제3그룹(간첩 행위 관련 사실을 증언할 사람) : 김순일(당시 최종길의 집 가정부)·이필우(최종길과 관련해 중정에 제보한 자)·최영박(최종길과 관련해 중정에 제보한 자)·황지현(최종길과 동베를린에 동행한 자)·케겔(최종길의 스승)

제4그룹(수사 라인이 아닌 중정 요원들) : 박용규·권영진(중정 5국 수사관)·김석찬(중정 수사관)·김일식(중정 수사관)

제5그룹(중정 감찰실 요원들) : 손종호(감찰실장)·김명환·서재규·이병정(감찰과장)· 이○조(감찰과 수사관)·김○오(감찰과 수사관)·김명옥(감찰과 수사관)

제6그룹(수사에 밀접하게 관여한 핵심 인물) : 안경상(5국장)·장송록(5국 수사단장)·안홍용(5국 10과 과장)·고병훈(5국 10과 계장)·차철권(최종길 담당 수사관)·김상원(최종길 담당 보조수사관)·변영철(최종길 담당 보조수사관)·양명률(최종길 담당 보조수사관)·양공숙(최종길 담당 보조수사관)

위 6개 그룹을 조사하기 위한 선행조건으로 사건의 정황을 파악해 시간대를 특정하기 위한 탐문조사를 실시하기로 결정했다. 예컨대 최종길이 사망했거나 위급한 상황에서 국립의료원 응급실에 들렀는지 여부를 확인하기 위해 당시 응급실에 근무했던 간호사·의사·원무과 직원 앰뷸런스 운전기사·잡역부 등 200여 명에 달하는 참고인을 대상으로 탐문조사를 실시한 결과, 1973년 당시 응급실에 중정 요원과 함께 왔던 환자는 최종길이 아닌 다른 사람이었다. 이에 따라 최종길의 사체가 중앙정보부에서 언제 어느 곳으로 이동되었는지를 확인하는 탐문 조사를 진행해 국립과학수사연구소 직원 명부에서 당시 정문 수위로 근무했던 이○선을 확인했고, 최종길의 사체가 1973년 10월 19일 새벽 4시 5분에 국과수에 들어왔다는 사실을 밝혀냈다. 이와 함께 각 관련 기관으로부터 아래와 같은 관련 기록 및 자료를 수집했다.

– 국가정보원 : 최종길 존안 기록(2권 348쪽), 감찰 기록(3권 262쪽), 노봉유등의 존안 기

록(121쪽), 인사 기록 카드(66쪽), 징계위원회 기록(39쪽)
- 서울지방검찰청 : 내사 사건 기록(637쪽), 형사 피의 사건 기록(피의자 최종길 168쪽), 형
  사 피의 사건 기록(김장현 외, 2권 1137쪽), 공판 기록(김장현 외, 973쪽)
- 국립과학수사연구소 : 최종길 부검 감정서

중앙정보부는 소위 '자수 간첩'의 불확실한 제보에 의거해 공작 차원에서 최종길에 대한 내사를 진행했고, 그렇기 때문에 담당 부서도 수사과가 아닌 공작과에서 맡았음이 밝혀졌다.

의문사진상규명위원회의 「이필우 진술 조서」에 따르면, 최종길을 중정에 제보한 이필우는 1967년 '동베를린 간첩단 사건'으로 수배되었다가 1969년에 서독 주재 한국대사관에 자수해 대사관 참사(당시 중앙정보부직원)로부터 조사를 받고, 1971년 4월 초순경 귀국한 이후에 중정 이문동본부 지하 조사실에서 2일간 조사를 받았다고 한다. 이때 중정의 담당 조사관이 유학생 명단을 들이대면서 아는 사람이 있느냐고 해 이필우가 최종길을 안다고 이야기하자 당시 중정 수사관들이 호의적인 반응을 보였다고 했다. 그러나 이필우는 최종길이 간첩이라는 취지의 진술을 한 것도 아니며 최종길을 간첩이라고 생각하지 않는다고 의문사진상규명위원회에서 진술했다.

이필우는 최종길이 조사받은 1973년 10월 16일 직전인 9월 28일에도 중정에서 조사를 받은 것이 확인되었으나, 그는 기억이 없다고 진술했다. 이로써 이필우는 최종길이 조사받기 이전부터 사실상 중앙정보부의 공작원 신분이었기 때문에 제보 내용이 최종길의 혐의를 뒷받침한다고 판단하기는 힘들다. 제보 시점이 불투명하며, 제보 내용은 최종길이 개인 사정으로 이재원(최종길과 고등학교 동창이며 동베를린 사건 관련 피내사자였음)으로부터 800마르크를 빌렸으며, 최종길이 공산혁명에는 부적합한자라는 내용이었다. 이필우가 참여한 공작명은 'H7140공작'과 'KS-7180공작'이었다.

이필우와 마찬가지로 최종길에 대해 중정에 제보한 최영박 또한 1973년 10월 5일 중앙정보부 이문동 청사 지하 조사실에서 이틀 동안 조사를 받을 때, 이재원이 최종길을 만나러 독일에 간 적이 있다는 진술만 했다고 진술했다.(의문사진상규명위원회 「최영박 진술 조서」)

사건 당시 중앙정보부 5국 9과 수사관인 김석찬은 최종길과 제물포고등학교 동기이자 서울대학 동기이며 유럽 유학을 같은 시기에 떠난 이재원을 내사하면서 최종길이라는 사람을 알게 되었고 1973년 10월 초순경 최종길에 대해 일주일쯤 내사를 하다 종결한 적이 있다고 진술했다.(의문사진상규명위원회 「김석찬 진술 조서」)

의문사진상규명위원회에서 당시 중앙정보부 5국장이던 안경상을 비롯해 지휘 라인과 담당 수사 라인을 조사한 결과에서도 중정이 최종길에게 간첩 혐의를 두고 수사를 진행하지 않았음이 밝혀졌다.

「최종길 사건」의 지휘 라인에 있던 안경상은 애초에 최종길을 공작 차원에서 임의동행을 해서 조사에 착수했으며 처벌 목적이 아니었다고 인정했다. 중앙정보부 5국 수사단장 장송록도 이필우의 제보 이외에는 최종길의 혐의를 입증할 물증 등이 전혀 없었고 심증만으로 수사를 했다고 시인했으며, 최종길을 연행하기 전에 간첩 혐의를 뒷받침하는 증거를 보강하도록 지시한 사실도 없으며, 최종길을 연행해 물어보라고 지시했다고 했다.(의문사진상규명위원회 「안경상 진술 조서」 「장송록 2·4회 진술 조서」)

당시 수사 라인에 있던 5국 10과 과장 안홍용도 추측 외에 간첩이라는 증거가 없었으며, 내사 활동을 벌인 바도 없음을 인정했다. 하지만 최종길이 지식인이기 때문에 인격적 모독을 주는 방법 등으로 조사를 하면 자백 할 것으로 보았다는 것이다. 이는 담당 수사관이던 차철권도 인정하는 사실이다. 차철권은 최종길에 대한 수사를 착수할 때 이필우와 최영박이 제공한 첩보 이외에는 다른 내용이 없었고 그 첩보를 근거로 일단 파일을 만들었으며, 최종길을 조사하기에 앞서 최종길이 동베를린과 평양을 다녀왔다는 물적 증거와 목격자가 전혀 없는 상태였다고 진술했다.(의문사진상규명위원회 「안홍용 1회 진술 조서」, 「차철권 1-2회 진술 조서」)

(6) 공작반 지휘부 모두가 「간첩 증거도, 자백도 없었다」고 진술

최종길은 중앙정보부 감찰실 직원인 동생 최종선과 함께 1973년 10월16일 오후 2시경 중정 남산 분청사 입구 수위실을 통해 자진 출두했다. 최종길은 도착한 후 곧바로 지하 조사실에서 조사를 받기 시작했다. 대공 혐의에 대한 아무런 내사 준비 없이 띈 조사는 주로 최종길에게 독일 유학 시절에 대한 진술서를 몇 차례나 작성하게 하는 방법으로 시작되었고, 진술서 사이의 모순된 점을 추궁하는 방법이었다. 최종길은 중정 수사관들의 계속된 심문에 처음에는 묵비권을 행사하면서 저항했고 완강하게 자신의 결백을 주장했다.

중앙정보부 수사관들은 처음에는 최종길의 독일 유학 시절 학비와 생활비 조달 경위를 중심으로 추궁했음에도 특별한 증거가 나오지 않자 조사 이튿날 그의 동의를 얻어 자택을 실질적으로 압수수색했다. 그 과정에서 최종길의 고교 동창이며 '동베를린 간첩단 사건' 수배자였던 이재원의 편지와 노봉유의 주소가 적힌 수첩이 나오자 최종길을 간첩으로 단정하고 이때부터 최종길에게 갖은 모욕과 협박, 그리고 상당한 정도의 고문을 가했다. 그러나 이재원의 편지는 단순한 안부 편지에 불과했고 수첩 기록도 단순한 주소에 불과해 간첩 혐의에 대한 증거가 될 수 없었다. 최종길이 독일 유학 시절 호기심에 동베를린에 한 번 간 것은 사실이나, 중정 발표대로 간첩이라고 자백한 사실도 없었고, 그 이외에 간첩임을 인정할 만한 아무런 증거도 없었다.

당시의 중앙정보부 부장이던 이후락을 비롯한 지휘 계통, 담당 수사라인, 감찰실 수사관들의 진술에서도 최종길이 간첩임을 자백한 사실은 물론 간첩임을 입증할 수 있는 증거도 전혀 없음을 확인할 수 있다. 이후락은 "최종길이 간첩이었다는 내용과 투신자살했다는 내용의 보고를 받았습니다. 다만 최종길의 간첩 행위에 관한 자세한 내용은 듣지 못했습니다. 최종길이 접촉한 사람, 북한에 갔다는 등의 얘기는 전혀 없었습니다"라고 진술했다(의문사진상규명위원회 「이후락 진술 조서」).

당시 중앙정보부 5국 수사단장 장송록의 진술도 마찬가지다. 특히 수사를 진두지휘한 장송록은 "최종길은 전혀 간첩이 아님에도 불구하고 최종길의 사후에 간첩으로 발표되었습니다. 최종길은 분명 간첩임을 자백한 일이 없는 데다가 그 외 간첩이라는 증거가 전혀 없었습니다.… 따라서 중정에서 간첩임을 자백하고 양심의 가책을 느꼈다고 발표한 자살 동기가 이미 거짓입니다"라고 진술했고, 중정의 '최종길 존안 기록'에 편철되어 있는 1973년 10월 19일 자 자살 간첩 신문보도안도 "국내에서 체포된 고정간첩들의 전형적인 간첩 행위 등을 나열한 것"으로 "다른 사람의 간첩 행위에 대해 꿰어 맞춘 것"이라고 증언했다(의문사진상규명위원회 〈장송록 3·4회 진술 조서」).

이는 5국 10과장인 안홍용의 진술에서도 확인되는 사실이다. 안홍용은 "솔직히 말씀드리면 그때 수사의 진전이 없어서 보고하거나 받을 내용이 거의 없었습니다. 동베를린에 갔다 왔다는 사실을 최종길로부터 자백 받은 외에 혐의 내용을 입증할 만한 어떤 자백도 받지 못했습니다. 평양에 다녀왔다거나 공작금을 받았다는 등의 자백을 받은 사실이 없습니다"라며 최종길이 간첩이라고 자백했다는 것은 허위라고 단언했다(의문사진상규명위원회 「안홍용 1회 진술 조서」). 당시 5국 10과의 계장이던 고병훈도 안홍용과 같은 취지의 진술을 했다. "18일 오후 10시에 내가 퇴근할 때까지 최종길은 동베를린에 갔다 왔다는 이외의 자백은 하지 않았습니다."(의문사진상규명위원회 「고병훈 2회 진술 조서」)

또한 위원회에서 조사를 받는 과정에서 최종길 담당 주무수사관인 차철권도 이 사실을 인정했다. 차철권은 자신이 1988년에 검찰에서 조사를 받을 때 "최종길이 북한에 가서 연락부 부부장, 과장 등도 만나고 북한의 용성 구역에 있는 초대소에서 17일간 수용되어 있으면서 이름을 모르는 지도원으로부터 교양도 받고 노동당에도 입당하고, 공작금 2000불을 받는 등의 활동을 하다가 돌아온 사실이 있다고 자백했다"라며 구체적인 내용을 들은 것처럼 사실과 다르게 진술한 것은 잘못되었다고 인정했으며, 더 나아가 최종길이 실질적으로 자백했다고 볼 수가 없다는 사실도 인정했다(의문사진상규명위원회 「차철권 2회 진술 조서」).

그 외 보조수사관들도 각기 최종길이 간첩이라고 자백한 사실이 없다고 진술했다. 최종길을 감시하다가 투신 장면을 목격했다는 김상원이 1973년 중정 감찰실에서 조사를 받을 때 작성한 진술서에 따르면, "최종길은 사고 직전까지 혐의 사실을 시인하지 않았다"라고 했다(김상원은 미국으로 이주해 2001년의 의문사진상규명위원회 조사에는 응하지 않았다). 변영철은 "최종길이 간첩이라고 자백했다는 얘기를 들은 적이 없습니다"라고 진술했고(의문사진상규명위원회 「변영철 진술 조서」), 양공숙은 "차철권과 고병훈이 안홍용 과장에게 보고할 때, 차철권이 과장에게 '최종길이 동베를린에 갔다 왔다는 내용으로 자백을 했다'는 말을 들었습니다. 그러나 최종길이 간첩이라고 자백을 했다는 말은 듣지 못했습니다"라고 진술했으며(의문사진상규명위원회 「양공숙 진술 조서」), 양명률도 "최종길이 중정에 들어온 이래 10월 18일 오후 6시 30분경에 (본인이) 퇴근을 할 때까지 간첩이라고 자백한 사실이 없었습니다"라고 진술했다(의문사진상규명위원회 「양명률 2회 진술 조서」).

나중에 최종길의 사망 경위를 파악하기 위해 차철권을 조사했던 감찰과 직원 김○오도 "제가 그 부분에 대해서 여러 번 물어보았는데 그때마다 혐의만 있을 뿐 자백을 한 사실이 전혀 없다고 했습니다.… 차철권도 간첩이라는 증거가 있었던 것이 아니고 단순히 혐의가 있을 뿐이라고 했고, 그렇다고 자백한 사실도 없다고 했습니다"라고 진술했다. 또 차철권이 1973년 감찰 조사 때 "최종길이 '평양에 갔고, 공작금을 받은 일이 있다'고 진술했다"라고 주장한 데 대해 김○오는 "터무니없는 거짓말입니다. 만약에 차철권이 저한테 그런 내용의 진술을 했다면 당연히 진술 조서에 기재를 했을텐데 그런 내용이 없다는 것은 차철권이 그런 내용으로 진술하지 않았다는 것이고 저는 들어 본 일도 없습니다"라고 진술했다(의문사진상규명위원회 「김○오 진술 조서」). 또 김상원을 조사했던 감찰과 직원 김명옥은 "김상원이 자기가 근무하고 있을 때는 최종길이 자백한 사실이 전혀 없었다고 했습니다"라고 진술했다(의문사진상규명위원회 「김명옥 진술 조서」).

이렇게 당시의 중앙정보부 최고수장 이후락부터 5국 지휘 라인의 안경상·장송록, 5국 수사 라인의 안홍용·고병훈, 담당 주무수사관 차철권, 보조수사관 김상원·변영철·양공숙·양명률 및 최종길 사망 후 이들을 감찰 조사했던 중앙정보부 감찰실 소속 김○오와 김명옥에 이르기까지의 진술을 종합해 볼 때, 당시 중앙정보부는 최종길의 간첩 혐의에 대한 증거를 확보하지 못했고, 최종길도 이를 시인하지 않았음이 명명백백하게 확인된다.

(7) 옷 벗기고 고문·모욕준 사실을 취조 참여자들이 증언

차철권은 1973년 중앙정보부 감찰 조사 때나 1988년 검찰 조사, 2002년 『신동아』 인터뷰 등에서 최종길을 전혀 고문한 적이 없다며 고문사실을 부인했다. 그는 최종길이 서울대학교 교수인 데다가 동생이 정보부감찰실에 근무하고 있고, 정보부 고위층이 크게 관심을 가진 사안이라 중압감에 눌려 최종길을 구타하거나 폭언을 퍼부을 생각조차 하지 않았다고 주장했다. 그는 최종길을 잠재우지 않은 것은 인정하지만, 그것은 당시 중앙정보부의 일반적 수사 방법이었다고 강변했다.

그러나 의문사진상규명위원회 조사에서는 당시 중앙정보부 수사관들이 최종길에게 잠 안 재우기, 모욕 등의 언어폭력과 발길질·주먹질·몽둥이 질 등의 심한 구타, 각목을 무릎에 끼워 발로 밟기 등 상당한 정도의 고문을 가했음이 확인되었다. 다른 수사관들도 고문에 참여한 것으로 보이나 여러 증거와 증언을 종합해 볼 때 고문에 참여한 수사관은 차철권·김상원·변영철·양명률 등으로 추정된다(의문사진상규명위원회「장송록 4회 진술 조서」).

위와 같은 고문 이외에도 최종길에게 러닝셔츠와 팬티만 입힌 채로 상당 시간 조사를 하면서 감내하기 어려운 정신적·육체적 고통을 가한 것이 확인되었다. 양공숙은 최종길이 10월 16일부터 지하 조사실 026호에서 조사를 받았으며, 자신은 10월 17일 오전 8시 30분부터 10월 18일 오전 8시 30분까지 보조수사관으로 근무했다고 진술했다. 양공숙은 최종길에 대한 고문을 목격한 시점이 10월 17일 오후 8시에서 10시 사이였으며, 최종길이 러닝셔츠와 팬티만 입고 있었으며, 차철권과 변영철이 고문했다고 증언했다.

양공숙 : 변영철이 최종길을 몽둥이로 '빠따'를 때리는 것을 본 적이 있습니다. 변영철이 최종길에게 '엎드려' 하고 말하자 최종길이 책상인가 벽에 양손을 대고 엎드렸습니다. 이때 최종길의 옷을 완전히 벗기지는 않은 상태였습니다. 최종길을 엎드리게 만든 다음 변영철이 몽둥이로 엉덩이를 3~4회 정도 때렸습니다.
문 : 차철권도 때리지 않았나요?
양공숙 : '이 새끼 제대로 불지 못해!'라며 욕을 하면서 몇 차례 발로 최종길을 걷어찼습니다

문 : 변영철이 최종길을 때릴 때 사용한 몽둥이는 어떤 것인가요?

양공숙 : 조사실 내에 있던 야전침대에서 뺀 몽둥이로 각진 형태이며 길이는 1미터에 약간 못
　　　미치고 두께는 약 3 내지 4센티미터입니다.

문 : 당시 최종길의 복장 상태를 보다 구체적으로 진술하시오.

양공숙 : 러닝과 팬티는 입고 있었습니다.

　　　　　　　　　　　　　　　　　　　　　　　　　　　- 의문사진상규명위원회 〈양공숙 1회 진술 조서」

문 : 이것이 최종길의 부검 사진인데 특히 엉덩이 부분의 사진을 보면 엉덩이 부분에 피멍이
　　　들어 있고….

양공숙 : 그 사진을 처음 보는 것인데 충격적입니다. 몽둥이로 엄청 때린 상처가 맞는 것 같습
　　　니다. 그렇지만 제가 있을 때에 변영철이가 몽둥이로 몇 대 때리고 차철권이가 발로 몇 번
　　　걷어차는 것을 보았는데, 당시 그 정도로 때려서 난 상처라고 보기에는 상처가 심합니다.

문 : 변영철과 차철권이 뭐라고 말을 하며 최종길을 때리던가요?

양공숙 : 변영철이 '너 사실대로 말하지 않으면 좋지 못해!'라는 취지로 말을 했고, 차철권은
　　　'거짓말을 하면 살아남을 수 없다!'는 취지의 말을 했습니다. … 저는 보조수사관이었기 때
　　　문에 계속해서 지하 조사실에 있었던 것이 아니고 3층에 있는 사무실에서 대기를 하고 있
　　　었습니다. … 17일 저녁에는 딱 한 번 20분 정도 지하 조사실에 있었고, 그 다음날 새벽 5
　　　시경에 … 자필 진술서를 받으라고 해 약 30분 동안 있었습니다. … 비록 최종길이가 간첩
　　　이라고 하지만 무척 초췌하고 고통스럽게 앉아 있었기 때문에 연민의 정을 느꼈습니다. 그
　　　래서 솔직히 최종길에게 진술서를 작성하도록 강요하지 못했습니다.… 사지는 멀쩡했던 것
　　　으로 기억되고, 다만 눈동자가 흐리멍덩해 보였습니다.

　　　　　　　　　　　　　　　　　　　　　　　　　　- 의문사진상규명위원회 「양공숙 2회 진술 조서」

　　당시 5국 10과 과장인 안홍용은 "(자기는) 1973년 10월 18일 새벽 2시30분경에 조
사실에 들어가 30분 정도 직접 신문에 참여했는데, 최종길이 들어갈 때부터 나올 때까지
계속해서 무릎을 꿇고 있었다"라고 진술했다. 그리고 차철권에게 "노골적으로 때려서라
도, 자백을 받아 내라고 한 일은 없고, 단지 혼을 내서라도 자백을 받아 내라고 한 일은
있었습니다. 그러나(엉덩이의 피멍 자국에 대해서) 최종길을 그 정도로 혹독하게 고문한 줄
은 정말 몰랐습니다"라고 고문 사실을 시인했다(의문사진상규명위원회 「안홍용 1회 진술 조
서」). 안홍용은 차철권이 최종길을 고문하는 소리를 들었다고 증언했다.

　　저는 10월 18일 7층 721호실에서 잠을 자기 위해 누워 있던 중, 최종길의 비참한 신음 소
리와 차철권이 악을 쓰는 소리를 분명히 들었습니다. 7층 조사실에서 차철권이 최종길을 고문

하는 소리를 들은 것입니다.… '아~악' 소리를 들었는데 최종길이 맞으면서 내는 소리라는 것을 금방 알 수 있었습니다. 몇 차례나 그런 소리가 계속되었는데 단지 엄살이 아니라 고통에 겨운 비참한 비명과 신음 소리였습니다. - 의문사진상규명위원회 「안홍용 4회 진술 조서」

당시 중정 감찰실장 손종호도 최종길의 부검 사진 중 엉덩이의 피멍자국은 '분명 누군가가 몽둥이로 때린 자국'이라고 확언했고(의문사진상규명위원회 「손종호 진술 조서」), 최종길이 사망한 이후 차철권을 조사했던 감찰과 조사관 김ㅇㅇ도 "차철권이 1973년 10월 17일 오후 10시경 지하 조사실에서 벽에 등을 대고 무릎을 반쯤 구부리도록 해서 세워 놓기도 하고, 발로 양쪽 엉덩이를 몇 회 걷어찬 일도 있고, 야전침대의 몽둥이(각이진 몽둥이로 길이가 약 80센티미터, 두께는 약 5센티미터 정도)를 무릎 사이에 끼워 꿇려놓는 방법 등으로 고문을 했다"라고 자백한 사실이 있다고 증언했다(의문사진상규명위원회 「김ㅇㅇ 진술 조서」).

사실상 최종길에 대한 수사를 총괄 지휘했던 수사단장 장송록은 의문사진상규명위원회의 두 차례 조사를 받은 후 자신이 이 사건에 대해 잘못알고 있었다는 확신을 갖게 되었고, 여러 사실과 정황을 종합할 때 최종길이 자살한 것이 아니라 고문치사를 당했다고 진술했다(의문사진상규명위원회 「장송록 3회 진술 조서」).

(8) 중앙정보부가 발표한 간첩자백과 투신자살은 완전 허위 날조

최종길은 중앙정보부에 출두한지 3일만인 1973년 10월 19일 새벽 중정 남산 분청사에서 사망했다. 최종길이 간첩 사실을 자백하고 조직을 보호할 목적으로 7층 화장실에서 투신자살했다는 당시 중앙정보부의 발표 및 그 근거는 관련자들의 진술을 통해 대부분 허위로 밝혀졌다. 차철권은 "김상원에게 최종길을 화장실에 데리고 가도록 했고, 자신은 김종한 계장의 방에 가서 5~10분 정도 이야기를 했으며, 밖에서 고함 소리가 들려 밖으로 나와 보니 김상원이 화장실 출입문 옆에 서서 겁에 질린 목소리로 손가락으로 화장실을 가리키기에, 안을 들여다보니 최종길이 몸을 창문 밖으로 내밀고 있어서 '애들도 있고, 사회적 지위도 있는 사람이 그렇게 하면 되겠느냐, 내려오시오'라고 했으나, 최종길이 그래도 떨어진 것입니다"라고 진술했다(의문사진상규명위원회 「자철권 5회 진술조서」).

그러나 당시 중앙정보부 5국 수사단장 장송록은 최종길이 고문치사를 당했다고 확신한다면서 아래와 같은 8가지 근거를 제시했다.

첫째, 최종길은 전혀 간첩이 아님에도 불구하고 최종길의 사후에 '간첩'으로 발표되었기 때문입니다. 최종길은 분명 간첩이라고 자백한 일이 없는데다가 그 외 간첩이라는 증거가 전혀 없습니다. 따라서 중정에서 '간첩'임을 자백하고 양심의 가책을 느꼈다'고 발표한 자살 동기가 이미 거짓입니다.

둘째, 최종길의 부검 사진에서 나타나는 피명입니다. 사진에서 나타난 것처럼 심하게 고문을 당한 상태에서는 7층 화장실은 물론 어디로든 제발로 걸어 다니는 것은 절대 불가능합니다. 걸어 다니는 것은 고사하고 살아있었을지조차 의심스러울 지경입니다. 따라서 최종길의 신병을 옮겨 7층으로 올라간 것조차 사실이 아닐 것이며 더구나 걸어 다니지도 못하는 사람이 화장실 창문을 타고 넘어서 자살을 했다는 것은 있을 수 없는 일입니다. 자살이 아니라 최종길은 이미 고문으로 죽었거나 가사 상태에서 사고 현장으로 옮겨진 것이 틀림없습니다.

셋째, 최종길이 자살을 한 것이라면 긴급구속장, 피의자 신문조서, 압수수색장, 부장에게 올리는 보고서, 신문보도안 등 서류 일체를 사후에 만들 이유가 전혀 없습니다. 간첩으로 만들면 그 시절에는 아무도 의심하거나 항의할 수 없었기에 고문치사를 은폐하기 위한 방법으로 이를 선택한 것입니다.

넷째, 안경상 국장, 안흥용 과장, 주무수사관 차철권, 양명률, 김상원 등이 이구동성으로 18일 오전 10시에 최종길의 신병을 7층으로 옮겼다고 거짓말을 하고 있기 때문입니다. 저는 분명 사건 당시 안흥용 과장으로부터 전화상으로 '최종길이 간첩임을 자백했습니다'는 보고를 받았고, 이에 18일 오후 7시 30분경에 '그렇다면 최종길을 7층으로 옮겨서 회유를 잘 하도록하라'는 지시를 내린 사실이 있습니다. 이는 분명한 사실입니다. 그럼에도 불구하고 18일 오전 10시에 옮겼다고 하는 것으로 봐서 이들은 1973년중정 감찰실의 조사를 받을 때 입을 맞춘 것이 분명합니다.

그러나 저는 7층에 있는 최종길을 본 적이 없고 지금 생각하면 최종길은 7층으로 올라가지 않은 상태에서 지하 조사실에서 사고를 당한 것이 아닌가 생각합니다. 18일 오후 7시 30분 이전에 최종길이 고문으로 인해 사망하거나 혹은 가사 상태에 빠지는 사고를 당하자 안흥용이 위와 같은 거짓 보고를 한 것이 아닐까 추정됩니다.

다섯째, 김상원이 사고 직후에 보인 행동도 제가 타살임을 확신하는 하나의 근거입니다. 제가 19일 새벽에 현장에 도착해 7층에서 김상원을 만났을 때 동인이 너무 떨면서 말을 더듬기에 "왜 그렇게 몸을 떠느냐, 너무 놀라지 마라"라고 안심을 시킨 적이 있는데, 지금 생각하니 이는 최종길이 자살한 것이 아니라 이들이 최종길을 자살로 위장했기 때문이었던 것 같습니다. 더구나 김상원은 당시 공작과에 온지 얼마 안되었기 때문에 명칭은 어떻든 당시에 하던 역할은 보조수사관이 아니라 감시원에 불과했습니다. 최종길이 죽은 후 현장에 있었던 사람들이 막내격인 김상원에게 거짓말을 하라고 시켰기 때문에 김상원이 양심의 가책을 느껴 몸을 마구 떨었을 것이 틀림없습니다.

여섯째, 1973년도에 양명률이 감찰실 조사를 받을 때 엉뚱한 거짓말을 늘어놓는 것을 보고 나쁜 녀석이라고만 생각했는데, 지금 생각해 보면 다 위와 같은 이유 때문에 거짓말을 했다는 생각이 듭니다. 분명 양명률은 18일 밤 늦게까지 최종길 조사를 위해 남아 있었는데 감찰실 조사를 받을 때는 "집에 일이 있어 일찍 퇴근했다"고 거짓말을 했던 것입니다. 1988년 검찰에서 이 사건을 조사할 때도 핵심 수사관이었던 고병훈과 양명률을 조사하지 않았으며, 고병훈은 1988년 검찰 조사 당시 제게 새벽에 전화를 걸어와 "안경상 국장님을 만나 사건 설명을 잘 드려 주십시오"라는 부탁을 한 일이 있습니다. 그럼에도 불구하고 고병훈이 지금에 와서 18일 밤에 퇴근을 했다고 거짓말을 하는 데는 분명 이유가 있을 것입니다. 최종길을 고문치사한 사실을 숨기려는 것이 그 중요한 이유일 겁니다.

일곱째, 7층 화장실은 평소에 닫혀 있기에 최종길이 창문을 열고 투신자살했다는 것을 믿을 수 없기 때문입니다.

여덟째, 만약 안홍용의 말대로 최종길이 자백을 한 것이 분명하다면 전화상으로 보고를 하기보다는 분명 증거자료를 들고 직접 내 방으로 와서 보고를 했을 것입니다. 자백을 하지 않았기 때문에 전화상으로 보고하지 않았는가 하는 의심이 듭니다.
　　　　　　　　　　　　　　－ 의문사진상규명위원회 「장송록 3회 진술 조서」

장송록의 위와 같은 진술은 자신이 직접 목격한 것이 아니라 여러 정황들에 대한 사후 판단이며, 더구나 당시 최종길 수사의 주된 지휘 책임자로서 자신의 책임을 회피하기 위한 진술일 가능성도 있으므로 그의 '고문치사'라는 결론을 그대로 믿기는 어려운 측면이 있다. 그러나 장송록의 진술은 다른 참고인들의 진술과 함께 타살의 가능성을 높여 준다. 주무수사관 차철권의 상관인 공작과장 안홍용도 장송록과 마찬가지로 최종길의 타살 가능성을 구체적으로 증언했다.

새벽 1~2시 사이에 두 사람 정도가 복도를 우당탕거리며 뛰어오는 소리를 들은 것은 분명합니다. 위 소리를 들은 직후 김종한 계장이 내가 자고 있던 방으로 나를 깨우러 왔습니다. 김종한 계장은 나를 깨운 후 7층 비상계단으로 데리고 나가더니 비상계단 좌측의 한쪽을 손으로 가리키면서 "여기서 밀어 버렸어"라며 양 손으로 최종길을 밀어 떨어뜨리는 동작을 연출했던 기억이 생생합니다. – 의문사진상규명위원회 〈안홍용 4회 진술 조서〉

안홍용은 옛 중앙정보부 남산 분청사에서 실시한 실지 조사에서도 같은 진술과 함께 자기는 곧바로 비상계단을 따라 내려가 시신을 확인했다면서 사체가 놓여 있었던 모습도 재현했다(의문사진상규명위원회 「실지 조사서」). 또한 안흥용은 "최종길이 소변기를 딛고 투신자살했다기에 자세히 확인해 봤으나 소변기에 발자국은 분명 없었습니다. 더구나 당시 최종길은 고문을 당한 이후였고 부검 사진에서 나타나는 엉덩이 상처로 볼 때도 최종길이 소변기를 딛고 투신자살을 했다는 것은 전혀 불가능한 엉터리 주장입니다"라며 최종길이 소변기를 딛고 투신자살했다는 것도 허위라고 진술했다(의문사진상규명위원회 「안흥용 5회 진술 조서」). 당시 중앙정보부 감찰과장 이병정 역시 중정이 자살의 근거로 제시한 7층 화장실 소변기 위에는 족적이 없었다고 단정했다.

이병정 : 차철권과 김상원을 앞세워서 최종길이 떨어졌다는 7층 화장실로 갔습니다. 그래서 차철권 등에게 떨어진 경위 등에 대해 물었더니 김상원이 하는 말이 출입문에서 한눈팔고 있을 때 소변기를 밟고 올라가 창문으로 뛰어내렸다고 해 제가 소변기를 밟고 올라가 보았습니다.
문 : 소변기에 발자국 등이 있던가요?
이병정 : 제가 소변기를 밟고 올라가기 전에 김상원에게 어떤 소변기를 밟고 올라갔는지를 물어본 다음 소변기에 발자국이 있는지 유심히 살펴보았는데 전혀 없었습니다. 그래서 제가 한 번 김상원의 말대로 가능한지 시험을 해 본 것입니다
문 : 최종길이 소변기를 밟고 올라가 창문을 통해 떨어졌다면 소변기에 발자국이 있어야 하는 것이 아닌가요?
이병정 : 실외 같으면 발자국이 있겠지만 실내에서 벌어진 일이라 그런지 발자국은 없었습니다. 그래서 저도 혹시나 해서 제가 소변기를 밟고 올라가 본 뒤에 확인을 해 보니 변기에 발자국이 생기지 않았습니다.
　　　　　　　　　　　　　　　　　　　　　– 의문사진상규명위원회 「이병정 1회 진술 조사」

문 : 중앙정보부가 최 교수의 사망 경위와 관련해 최종길이 화장실의 변기를 밟고 올라갔다는 증거로 제시한 사진이 조작되었다고 생각하나요?
이병정 : 당시 본인은 분명 10월 19일 새벽 4시에서 6시 30분 사이에 7층화장실에 올라가 봤으나 변기에서 그런 발자국을 보지 못한 것은 사실입니다. 중정에서 작성한 기록에 붙은 사진(변기에 발자국이 나타난 사진)에 대해서는 언급하지 않겠습니다.
　　　　　　　　　　　　　　　　　　　　　–의문사진상규명위원회 「이병정 2회 진술 조서」

사건 당시 7층 경비원이었던 임금동도 "경비원인 저도 가끔 피조사자를 데리고 화장실에 가서 감시할 때가 있는데, 피조사자의 변기 옆에 바로 서서 감시를 하는 것이 정상이

고 입구에 떨어져서 하는 것은 근무 태만인 것으로 압니다. 한마디로 말해 이런 사고는 납득하기 어렵습니다"라며 변기를 밟고 창문을 딛고 올라가 떨어졌다는 중앙정보부의 발표는 상식상 이해할 수 없다고 진술했다(의문사진상규명위원회「임금동 1회 진술조서」). 그리고 임금동은 사고 후 차철권의 지시로 허위 진술을 했다고도 고백했다.

> 임금동 : 저녁식사 시간을 전후해서 누구인지는 모르나 김상원과 피의자 한 사람이 조사실 밖으로 나가는 것을 보았고 고함 소리를 들은 바는 전혀 없으며 사망하기 3~4시간 전쯤에 또 한 번 동 피의자를 본 것이 사실입니다. 사망 5분 전에 최종길은 물론 어떤 피의자도 조사실 밖으로 나가는 것을 목격한 사실이 없습니다. … 차철권이 제게 한 말의 취지는 최종길이 자살한 것으로 유도하는 내용이었습니다. '악! 하는 소리를 들었다'는 내용, '사망 직전에 최종길이 조사실 밖으로 나가는 것을 보았다'는 내용 그리고 그 시간이 '새벽 1시 30분이었다'는 내용 등을 진술토록 말했던 것은 맞습니다. …
> 문 : 최종길을 본 사실이 있나요?
> 임금동 : 김상원과 같이 나간 피의자를 본 것은 저녁 무렵이 분명하고, 그후에는 시간은 분명치 않지만 오후 11시경으로 기억이 됩니다.
> 　　　　　　　　　　　　　　－의문사진상규명위원회「임금동 4회 진술 조서」

당시 임금동과 같이 7층에서 경비를 섰던 이○수 역시 사건이 있던 날 평소와 다른 분위기를 전혀 느끼지 못했다고 진술했다.

> 문 : 사망사건이 있던 날 '방호원!'이라는 고함 소리를 들은 사실이 있나요?
> 이○수 : '방호원'이라는 용어는 (중정에서) 쓰지 않았습니다. '경비원'이라는 용어를 썼습니다. 그리고 사망 사고가 있던 날에 일체의 소란스런 소리가 없었던 것은 분명합니다. 복도를 누가 다급하게 뛰어다닌다거나, 앰뷸런스가 왔다갔다거나, '경비원!'이라는 고함 소리라든가 하는 것도 없었습니다. 분명 정적이 유지되었고 평상시와 다른 분위기를 전혀 느끼지 못했습니다. 그렇기 때문에 사고가 났다는 사실도 어느 정도 시간이 경과한 다음에 알게 된 것입니다. － 의문사진상규명위원회「이○수 2회 진술 조서」

중앙정보부는 1973년 10월 22일 피의자 신문조서, 현장검증 조서, 수사보고서 등의 서류와 함께 최종길에 대해 국가보안법 위반, 반공법 위반, 간첩죄 등의 죄명으로 서울지방검찰청으로 사건을 송치했는데, 이 송치서류의 대부분은 최종길이 사망한 후에 조작된 것들이었다. 검찰 송치서류는 엄격한 증거에 입각해 작성해야 함에도 불구하고 아무런 증거도 없이 최종길을 간첩으로 단정하는 일련의 문서를 사후에 작성한 것이다.

최종길의 주무수사관 차철권의 일방적 진술에 근거해 5국 수사과에서 송치에 필요한 서류를 허위 작성했으며, 그 서류에는 최종길이 간첩이라고 자백했다는 허위 내용이 있었고, 그에 따라서 최종길이 간첩이라는 결론을 내려 10월 25일 '유럽 거점 간첩단 사건'을 발표한 것이다.

이 일련의 과정에는 조일제 중앙정보부 보안차장보가 있었다. 그는 최종길 사후에 장송록 단장에게 대책을 강구하라고 지시했으며, 간첩 검거보고서나 언론 보도 문건, 송치 서류 등 거의 모든 문서가 그의 묵인하에 만들어졌다. 조일제의 진술이다.

문 : 수사를 담당했던 차철권은 '최종길이 19일 새벽 1시경에 평양에 갔다 왔다고 자백을 했을 뿐 그 이상 자백한 일이 없다고 하고, 그 외 공작과장인 안홍용 · 김상원 · 양명률 등 당시 참여했던 수사관들도 최종길이 동백림에 갔다 왔다고 자백을 했을 뿐, 간첩임을 자백한 사실이 없다고 하는데 여기 문건(간첩 검거 보고서)은 마치 평양에서 노동당에 가입하고 A-3 수신 교육을 받고, 공작금 2000불을 수수한 것처럼 되어있는 이유는 무엇인가요?

조일제 : 저는 기억이 나지 않습니다.

문 : 진술인이 사후 수습을 하라고 지시를 했기 때문에 위와 같이 허위로 작성된 것이 아닌가요?

조일제 : 물론 제가 수습을 하라고 지시를 했을 것입니다. 그렇지만 그와 같이 허위로 만들라고 한 일은 없습니다.

문 : 장송록 단장에 의하면 진술인의 지시를 받고 위와 같이 허위의 문건을 만들어 날짜를 소급해서 결재를 얻은 것이라고 하던데요?

조일제 : 물론 사람이 죽었으니까 대책을 강구하라고 지시를 한 것은 맞을 것입니다. 그렇지만 앞서도 말했듯이 제가 간첩으로 만들라고 직접 지시하지는 않았을 것입니다.

문 : 장 단장이 독단적으로 위와 같이 허위로 만들 수는 없지 않은가요?

조일제 : 물론 장 단장 마음대로 하지는 않았겠지요.

문 : 그러면 진술인의 묵인하에 이루어진 것이 맞지 않은가요?

조일제 : 사후에 만들어 진 것이 분명하므로 제가 거기에 대해 묵인을 한 것은 맞습니다. 하지만 일일이 범죄 사실에 대해 조작을 하라고 한 일은 없습니다.

문 : 진술인이 언론에 발표해야 한다면서 언론 보도 문건, 송치 서류를 만들라고 장 단장에게 지시한 일도 있지요?

조일제 : 제가 사람이 죽었으니까 수습 차원에서 그렇게 하라고 한 것은 맞습니다.
　　　　　　　　　　　　　　　　　　　　　　 – 의문사진상규명위원회 「조일제 진술 조서」

안경상 5국장도 당시 최종길에 대한 피의자 신문조서, 현장검증 조서, 긴급구속장 등이 사후에 작성되었고 자신이 서명했다고 인정하면서도 실제 조작을 지휘하지는 않았다고 진술했다.

안경상 : 제가 서명한 것은 분명하므로 행정적인 책임은 있으나 실제적으로는 내용을 파악하지도 않고 통과의례처럼 서명을 한 것입니다.

문 : 그렇다면 최종길의 사후에 사건을 은폐·조작하는 과정에서 실제적으로 관여하지 않았다는 말인가요?

안경상 : 장 단장이 송치 서류가 필요하다는 의견을 제시해 이를 승인했을 뿐 이 과정에서 실제적인 지휘를 한 사실은 없습니다. - 의문사진상규명위원회 「안경상 진술 조서」

장송록 수사단장은 송치 서류가 최종길의 사후에 허위로 작성된 것이 분명하며, 문서 조작을 지시한 사람은 조일제 차장보라고 진술했다.

장송록 : 정낙중을 저의 방에 불러서 송치 기록을 만들라고 지시를 한 것 같습니다.

문 : 최종길이 사망할 때까지 간첩 행위 등에 대해서 자백한 사실이 없는데 여기 송치 기록을 보면 동인이 동백림에서 모스크바, 북경을 거쳐 평양에 들어가 약 17일간 용성 구역에서 교육을 받고 공작금으로 2000불을 수수했다는 등 여러 가지의 범죄 사실이 있는데 어떻게 된 것인가요?

장송록 : 당시 공작과에서 수사를 하면, 그와 같은 계통을 거쳐 남파되는 것이 대부분이었습니다. 그래서 그 틀에 맞추어 범죄 사실을 작성한 것 같습니다.

문 : 여기 송치 기록의 인지동행 보고서 등을 보면 진술인이 결재한 것으로 보이는데, 결재한 것이 맞나요?

장송록 : 최종길이 사망한 이후에 송치 기록을 만들면서 날짜 등을 소급해서 결재한 것은 맞습니다.

문 : 진술인 말대로 최종길이 조사받던 중에 자살을 했고, 당시까지만 하더라도 피의자 신문조서, 긴급구속장 등 아무것도 만들어진 자료가 없음에도 불구하고 최종길을 마치 간첩인 양 기록을 만든 이유는 무엇인가요?

장송록 : 사람이 죽었기 때문에 추후 책임 문제 등이 있기 때문에 그랬던 것입니다.
- 의문사진상규명위원회 「장송록 2회 진술 조사」

최종길이 자살을 한 것이라면 긴급구속장, 피의자 신문조서, 압수수색장, 부장에게 올리는 보고서, 신문보도안 등 서류 일체를 사후에 만들 이유가 전혀 없습니다. 간첩으로 만들면 그 시절에는 아무도 의심하거나 항의할 수 없었기에 고문치사를 은폐하기 위한 방법으로 이를 선택한 것입니다. - 의문사진상규명위원회 「장송록 3회 진술 조사」

윗선의 지시가 있었던 것은 틀림없습니다.… 아마 위 지시는 조일제 차장보로부터 내려온 것으로 추정됩니다.… 수사과 직원들을 동원해 결재 서류를 꾸미는 등의 작업은 실무선에서 할 수 없고, 결재 라인과 지휘 라인을 볼 때 그렇다는 것을 알 수 있습니다.
　　　　　　　　　　　　　　　　　　 - 의문사진상규명위원회 「장송록 4회 진술 조서」

그러나 5국 공작과장 안흥용은 송치 서류 등을 사후에 만들라고 지시한 사람은 장송록 수사단장이라고 주장했다.

안흥용 : 19일 새벽 3시경 장 단장실에서 장 단장과 본인 그리고 차철권 이렇게 3명이 모였고, 차철권에게 사고 경위에 대해서 물어보고 동인에게 보고서를 작성하라고 한 사실이 있습니다.

문 : 차철권에게 사고 경위에 대해 물어본 장 단장이 무어라고 하던가요?
안흥용 : 장 단장이 차철권의 사고 경위에 관한 보고를 들은 후 '최종길이 사망했으니 송치 서류를 꾸며야 한다. 우선 수사과 직원들을 불러 피의자 신문조서를 만들어야 하니 사건 내용을 잘 아는 차철권이 수사과 직원들의 피의자 신문조서 작성을 보조해라, 그 외 긴급구속장, 압수수색영장, 첩보 보고서, 수사 보고서 등 송치에 필요한 일체의 서류를 만들라'고 지시했습니다. 그 결과 최종길 사후에 위의 서류 일체가 작성된 것입니다.
　　　　　　　　　　　　　　　　　　　 - 의문사진상규명위원회 「안흥용 1회 진술 조서」

이렇게 조일제·안경상·장송록·안흥용은 송치 서류 허위 작성의 책임을 서로 미루려 했지만, 진실은 이 서류들의 작성에 실무 책임자로 참여했던 정낙중 수사1과 2계장의 진술로 분명하게 드러났다.

정낙중 : 10월 19일 오후 1시경쯤에 장송록 단장이 저를 사무실로 불러서 공작과에서 최종길 관련 기록을 만들어 놓은 것이 아무것도 없으니 담당 수사관에게 물어서 기록을 만들어 놓으라는 지시를 해서 취급을 한 것입니다. 서철신 과장은 부검 때문에 국과수에 가고 없어 제가 장송록 단장으로부터 직접 지시를 받았습니다. 당시에 저는 장 단장에게 피의자 신문조서도 없고, 그렇다고 자필 진술서도 없는데 어떻게 기록을 만드느냐며 거절을 했더니, 사

람이 죽었으니 송치는 해야 한다며 대충 만들라고 했던 것입니다.

문 : 그럼 진술인이 최종길 담당 수사관들로부터 내용을 청취하고 자료 등을 입수해 기록을
작성한 것인가요?

정낙중 : 당시 최종길 담당 수사관인 차철권으로부터 메모지 몇 장(너무 오래되어 기억이 없
는데 대략적으로 16절지짜리 4~5장 정도)을 받고, 대략적으로 조사 내용을 물어보는 방
법으로 작성한 것입니다.

문 : 그럼 피의자 신문조서도 최종길 사후에 작성한 것인가요?

정낙중 : 저의 지시로 권영진이 1973년 10월 20일경에 작성한 것입니다. 사건 당일은 아니
었습니다.… (피의자 신문조서는) 차철권이 작성해 놓은 메모지와 차철권과 김상원으로부
터 들은 내용을 토대로 해서 작성한 것인데, 메모지 내용은 아주 짧았던 것으로 주로 차철
권의 진술 내용을 토대로 해서 서로 상의해서 작성한 것입니다.

문 : 송치 기록에 보면 첩보 입수 보고, 피의자 임의동행 보고, 긴급구속장등이 있는데, 이 것
은 어떻게 작성된 것인가요?

정낙중 : 저의 부하 직원에게 공작과 직원과 상의해서 작성하라고 해 서명과 날인을 받아온
것입니다. - 의문사진상규명위원회 「정낙중 1회 진술 조서」

그러나 차철권은 송치 기록과 관련해 정낙중과 상의한 적이 결코 없으며, 1988년 검
찰에서는 이 부분에 대해 허위 진술을 했다고 발뺌을 했으나 여러 진술을 종합해 볼 때
차철권의 진술은 거짓임이 분명하다.

문 : 최종길에 대한 송치 기록을 보면 밀봉교육, 공작금 수수 등 구체적인 범죄 사실들이 특정
이 되어 있던데 어떻게 된 것인가요?

차철권 : 저는 송치 기록을 만들 때 관여한 사실이 없어 잘 모르겠습니다.… 분명히 말해 정낙
중이 송치 기록과 관련해 저와 상의한 적은 결코 없었습니다.

- 의문사진상규명위원회 「차철권 2회 진술 조서」

또 '신문보도안'을 작성하는데 참여했던 양공숙은, 당시 중정에서 작성된 '신문보도안'
이라는 문건은 기록상 작성 시점이 실제와는 다르고, 그 내용도 피의자 신문조서 등 근거
가 있는 서류를 보고 작성한 것이 아니어서 실제의 사실과 다르다고 인정했다.

양공숙 : '사건 발생 보고'라는 제목으로 보고서를 작성한 기억이 납니다.

문 : 작성 시점은 언제인가요?

양공숙 : 19일 새벽3~4시경으로 장송록 단장이 준 초안을 보고 작성했습니다.

문 : 신문보도안을 진술인이 작성한 것인가요?

양공숙 : 제가 작성한 것이 맞는데 기록상에는 1973년 10월 19일 작성한 것으로 되어 있는
데, 그날 작성한 것이 아니고 신문 발표 며칠 전에 한 것으로 기억을 하는데 그때가 22일
아니면 23일이 아닌가 싶습니다.

문 : 여기 내용을 보면 최종길이 평양에 가서 노동당에 가입하고, 공작금도 받았다는 내용 등
이 있는데 어떤 근거로 그와 같이 작성한 것인가요?

양공숙 : 제가 어떤 근거 자료를 보고 작성한 것이 아니고, 당시 장송록 단장, 안홍용 과장, 고
병훈 계장이 메모를 해서 저에게 주면 이를 토대로 작성했던 것으로 그것도 단 한 번에 그
와 같이 작성한 것이 아니고 짜깁기 식으로 작성을 해 놓으면 과장과 단장이 이를 보고서
여러 차례 수정을 해서 작성했던 것입니다.

– 의문사진상규명위원회 「양공숙 1회 진술 조서」

◎ 친일파 매국노 집단의 통치가 가져온 반인륜 사회의 극치

죽은 자는 말이 없고, 그 억울한 죽음과 직 간접적으로 관련이 있는 자들은 변명과 책
임 회피의 장광설을 늘어놓고 있다. 이 사건의 피해자 최종길은 하나 뿐인 생명을 잃었으
니 그 피해가 심히 장대하나, 차철권 등 사건의 가해자들은 작은 불이익조차 당하지 않고
천수를 누리고 있다. 그리고 최종길의 남은 가족들은 그의 죽음 이후 피눈물을 흘리며 인
고의 세월을 보냈다.

연로하신 나의 부모님, 어머니는 큰딸의 불행을 견뎌 내지 못하고 병석에 누워서 오랫동안
고생하시다 돌아가시고 말았다. 나는 너무도 나약하고 평범한 여인에 지나지 않았지만, 강해
져야만 했다. 아이들 앞에서는 절대 약한 모습을 보일 수 없었다. 정 참을 수 없을 때는 아이들
이 잠든 밤에 혼자서 엉엉 울었다. – 부인 백경자

아버지가 돌아가신 후 저희는 평범한 듯 보였지만, 가슴에 항상 한을 가지고 살아왔습니다.
저는 너무 어려서 아버지에 대한 기억이 별로 많지 않지만 오빠는 초등학교 3학년이었고, 아
버지에 대한 기억이 그만큼 많아서 상처도 더욱 컸을 것으로 생각합니다. 저희는 간첩의 자식
이라는 누명을 쓰고 여러 차례 전학을 해야만 하는 힘든 시간들을 보냈습니다. – 딸 최희정

1998년에는 아버지가 돌아가시고 25년이 지나서야 서울대학교 교정 안에서 추모식을 가
질 수 있었다. 그 오랜 세월이 지나도록 서울대에서 아버님을 추모하는 행사를 갖는다는 것은
엄두도 내지 못할 일이었다. 아무에게도 알리지 못하고 가족끼리만 모인 자리에서 중앙정보부
직원들의 감시 하에 치러졌던 25년 전의 장례식을 생각하며 나는 준비도 되지 않은 인사말씀

을 올리는 도중, 계속 쏟아져 나오는 눈물을 어떻게 할 수가 없었다. 나는 이미 오래 전에 나의 눈물이 다 말라 버린 줄만 알았었다. 나는 평생 처음으로 어머니와 동생 희정이 앞에서 눈물을 보였다. 그동안 우리는 모두가 혼자서 울어왔다. - 아들 최광준

2002년 의문사진상규명위원회의 결정으로 정의는 실현된 것인가? 그러나 정의가 없는 힘은 폭력인 것처럼, 힘을 갖지 못한 정의는 무력하다. 2017년, 이 책을 마무리하면서, 피해자가 가해자들에게 '진실'을 밝히기를 간청하고, 그래서 정의의 실현을 가해자들의 '양심'에 기댈 수밖에 없는 이 반쪽뿐인 '정의'를 두고 정의란 과연 무엇인가를 되묻게 된다. 최광준의 증언이다.

1998년 10월, SBS가 아버지 사건에 대한 프로 그램(의문의 죽음 - 그리고 25년)을 제작할 때 기자와 같이 차철권의 집을 찾아갔다. 내가 최종길 교수의 아들임을 밝히고 이야기 좀 하자고 했으나 차철권은 문도 열어 주지 않고 아파트 안에서 자기는 "잘못한 일이 없어 할 이야기가 없다. 그리고 정보부 퇴직자의 기밀 유지 의무 때문에 아무 것도 말할 수도 없다"고만 되풀이했다. 그때 SBS 기자로부터, 미국의 김상원의 집에도 방문해 인터뷰를 요청했으나, 김상원이 완강히 거부하며 (자기가 미국시민권자이기 때문에) 경찰을 부르겠다고 해 접촉이 무산되었다고 들었다.

안흥용은 대구에서 혼자 살고 있어 명절 때 내가 가끔 찾아가기도 했다. 당시 수사 실무를 총괄했던 책임자로서 안흥용의 "… 김종한 계장은 나를 깨운 후 7층 비상계단으로 데리고 나가더니 비상계단 좌측의 한쪽을 손으로 가리키면서 '여기서 밀어 버렸어'라며 양손으로 최종길을 밀어 떨어뜨리는 동작을 연출했던 기억이 생생합니다'라는 4회 진술을 의문사진상규명위원회가 비중있게 다루지 않은 점은 참으로 아쉽다.

최종길 교수 고문치사 사건에 직접 관련이 있는 중앙정보부 5국 10과 주무수사관 차철권은 서울 근교 도시에 살고 있다. 최종길에 대한 조사에서 차철권을 보조했던 김상원은 현재 미국 시애틀에 살고 있다. 그의 소재를 파악해 의문사진상조사위원회 조사관들이 미국으로 가 진실 규명을 위한 증언을 요청했으나 그는 완강히 거부했다. 또 다른 보조수사관 변영철은 미국으로 이민을 가 로스앤젤레스에 살고 있다. 수사를 총괄한 5국 10과장 안흥용은 아내를 먼저 보내고 대구의 작은 아파트에서 홀로 노년을 보내고 있다.

진실을 파헤치기 위해 중앙정보부와 지난한 싸움을 벌여 온 최종선은 고국을 떠나 미국 워싱턴 근교에 살고 있다. 최종길의 아들 최광준은 고교를 졸업하고 아버지의 스승이던 케겔 교수의 초청으로 쾰른 대학에서 아버지의 전공과 같은 민법을 공부했다. 그는 유학을 마치고 부산대학교 교수를 거쳐 현재 경희대학교 법과대학에서 학생들을 가르치고 있다. 최종길의 딸 최희정은 결혼해 현재 서울 근교에서 두 아이의 어머니로 살고 있다. 최종길의 부인 백경자는

2015년 5월 24일 80세를 일기로 타계했다. 그녀는 국가배상금 등 유산을 천주교인권위원회에 기부한다는 유언을 남기고, 헤어진지 42년만에 마석 모란공원묘원의 남편 최종길 곁으로 돌아갔다.

3. 유신정권의 폭정에 당한 재일동포 청년들의 고통과 희생

1) 모국 유학중인 순진한 학생들을 극악한 고문으로 간첩 조작

1990년 6월 일본 도쿄 프레스센터에서 열린 국제학술회의에 취재하러 갔다가 희한한 경험을 했다. (『조국이 버린 사람들』을 쓴 김효순 당시 『한겨레』 특파원)

당시만 해도 한반도 문제를 폭넓게 논의하는 자리가 드물었기 때문에 일본의 「환태평양문제연구소」가 주관하는 학술회의가 제법 관심을 끌었다. 북한이나 중국 등 공산권을 자유롭게 오고 갈 수 있는 한국계 미국인 학자들이 자신의 접촉 경험을 토대로 북한의 실상이나 속내를 전하며 회의장 분위기를 주도하곤 했다. '탈북자'란 용어조차 없었던 시절에 국무부 등 미 당국의 위탁을 받아 북한을 드나들던 이들의 발언은 제약이 많은 국내 학자에 비해 거침이 없었다.

이틀간 열린 「한반도 통일문제에 관한 6차 국제학술심포지엄」의 주제는 한반도의 군축과 군사대치 해소였다. 한국·미국·일본 학자 외에도 콘스탄틴 사르키소프 소련과학아카데미 동양학연구소 일본연구센터 소장, 다오빙웨이 중국국제연구소 아·태연구실 주임 등 8개국에서 150여 명의 학자가 참석했다. 북한 쪽에서는 평화군축연구소의 최우진·이형철 등이 참석한다고 했다가 개막 며칠 전 갑자기 취소했고, 총련에서는 신희구 조선문제연구소 소장이 모습을 나타냈다.

(1) 친일 군사정권 정보원들, 일본내 동포사찰 마음대로 한듯

학술회의가 끝난 뒤 나카야마 타로中山太郎 외상이 주최하는 리셉션이 열렸다. 장소는 프레스센터 건너편 히비야 공원 안에 있는 유서 깊은 레스토랑 마쓰모토루의 연회장으로 기억한다. 한쪽 구석에서 옆에 선 사람과 얘기하고 있는데 갑자기 앞에서 섬광이 터졌다.

내가 있던 쪽을 향해 카메라 플래시가 터진 것이다. 순간 뭔가 이상하다는 직감이 들었다. 나는 학술회의의 발표자나 토론자가 아니었고 뉴스 가치가 있을 만한 존재도 아니었다. 일본 언론의 사진기자가 나를 굳이 찍어야 할 이유가 있을 리 만무했다.

플래시가 터진 방향을 쳐다보니 20대 후반으로 보이는 젊은 남자 두 명이 플래시가 부착된 큰 카메라를 들고 서 있었다. 내가 빠른 걸음으로 다가가자 그들은 뒷걸음질 하더니 연회장 밖으로 뛰어서 달아났다. 안면이 있던 자들이었다. 학술회의 개막 전 그들이 접수처 앞에서 명함을 내밀며 인사하기에 의례적으로 주고받았다. 넥타이를 맨 정장 차림에 머리를 짧게 깎은 그들은 한국과 연관 있는 한 외국어학원의 이름이 찍힌 명함을 주었다. 외국어학원 직원이 이런 데 왜 왔을까, 라는 생각이 스쳤지만 특별히 의아심이 든 것은 아니었다.

그들이 연회장에서 사라진 뒤 어이가 없어 주최 쪽 실무자에게 카메라를 들고 다니던 젊은이의 정체에 대해 물었다. 그랬더니 자신들도 이상한 사람으로 생각했다고 말했다. 접수처에서 등록한 뒤 발표나 토론은 듣지도 않고 방명록에서 참석자, 그것도 한국인의 이름만 적어가곤 했다는 것이다.

나는 지금도 그들의 정체를 알지 못한다. 안전기획부(중앙정보부의 후신이자 국가정보원의 전신) 요원이었을까? 설마 대한민국 대표 정보기관이 그렇게 서투르게 행동할까? 혹시 보안사령부 요원? 그렇다면 보안사가 일본에 요원을 상주시키고 있던 걸까? 그것도 아니면 정보기관의 프락치나 끄나풀? 내가 연회장에서 잠시 얘기 나누던 사람이 혹시라도 총련이나 일본 내 '반정부단체'와 연계가 있다고 하면 무슨 공작이라도 벌어졌을까?

그때 일이 여전히 내 뇌리에 남아 있는 것은 그런 막연한 불안감 때문이 아니다. 내가 충격 받은 것은 일본 외상이 자국 영토에서 주최하고 있는 리셉션 자리에서 대한민국의 정보기관과 연계된 것으로 보이는 자들이 공공연히 사찰한다는 점이었다. 그것도 전두환의 폭압통치가 겉으로는 끝나고 노태우의 '6공화국'이 들어선 시점이었다. 그러니 박정희와 전두환의 독재가 기승을 부리던 시절에는 프락치나 이중 첩자나 일본 공안기관 관련자 등을 통해 전해진 '첩보'가 침소봉대돼 얼마나 많은 사람이 무고한 희생을 치렀을까를 생각하면 가슴이 막막해진다. (김효순『조국이 버린 사람들』서해문집 2015년)

그 시절에는 법률 전문가인 변호사조차 간첩 혐의자나 민주화운동 활동가를 법정에서 변호하거나 옹호했다는 이유로 정보기관에 끌려가 구타를 당하거나 심지어 구속돼 재판에 회부되는 일까지 벌어졌다. 하물며 국내에 아무런 연고가 없고, 물정도 어둡고, 우리말도 서툰 재일동포 유학생이 어느 날 갑자기 정보기관에 끌려가 지하실에서 생전 경험해보지 못한 '원시적 폭력'에 노출되면 어떤 일이 벌어졌을까?

올해는 '11·22사건'(1975년)이 일어난지 40년이 된다. 이 사건은 발생 당시 재일동포 사회를 공포와 충격 속에 몰아넣었고, 그 상처는 지금도 온전히 아물지 않은 채 봉합돼 있다. 하지만 2010년대를 사는 한국인에게 '11·22사건'이 무엇인지 아느냐고 물으면 제대로 답할 수 있는 사람은 세대를 불문하고 거의 없을 것이다. '11·22사건'은 한국인의 기억에서 지워져 있다. 아니 애초부터 입력돼 있지 않았으니 지워졌다는 표현도 적절하지 않을 것이다.

사건 이름은 중앙정보부가 사건을 대대적으로 발표한 날짜에서 유래한다. 박정희 정권이 유신독재에 저항하는 민주화운동을 진압하기 위해 긴급조치 9호를 발동한 해인 1975년 11월 22일 중앙정보부는 "모국 유학생을 가장해 국내 대학에 침투한 재일동포 간첩 일당 21명을 검거했다"고 언론에 공표했다. 당시 일본에서 구원운동을 벌이던 사람들은 「11·22 재일한국인 유학생 청년 부당체포 사건」이란 긴 이름을 쓰기도 했다.

어마어마한 혐의가 씌워진 이들은 '주범'이라고 해봐야 20대 중반에서 후반 사이의 젊은이였다. 중앙정보부는 혐의가 있으면 남녀를 가리지 않고 잡아넣었다. 구속 기소자 21명 가운데 5명이 여성이었다. 이 가운데 일부는 극형인 사형선고를 받고 교도소에서 10여 년 수감돼 있다가 감형·특별사면 조처 등을 받아 풀려났다. 한국과 전혀 다른 사회·문화 분위기에서 자라 말도 잘 통하지 않는 모국에 온 재일동포 유학생 사회는 발칵 뒤집혔다. 혐의자와 교분이 있었다는 이유만으로 수사기관에 끌려가 문초를 당하는 일이 비일비재했고, 그중에는 겁에 질려 학기 도중 짐을 싸서 일본으로 돌아가 아예 모국과 등지고 살아가는 사례들도 적지 않았다.

(2) 동포 청년들의 조국사랑을 친북으로 역이용, 재판도 비밀리에

불행히도 '11·22사건'은 단막극으로 끝나지 않았다. 유사한 사건이 꼬리를 이었다. 국가정보원의 전신인 중앙정보부와 기무사령부의 전신인 보안사령부는 경쟁적으로 재일동포 유학생 간첩단 사건이라는 작품을 지속적으로 선보였다. 발표 시점도 미묘했다. 독재체제에 대한 국민적 저항이 거세져 정국이 불안해지거나, 대학가에서 반정부 시위가 활발해질 조짐이 보이면 마치 주문생산이라도 하듯 어김없이 나타났다. 그렇다고 재일동포 간첩단 사건이 속속 발표된 것은 아니다. 나중에 주범으로 몰린 사람이 사형 확정 판결을 받은 사건조차 전혀 발표하지 않은 것들이 상당수 있다. 일본 여론의 악화를 고려한 것인지, 일본의 구원회 조직이 혐의 내용을 면밀히 분석해 반박자료 수집활동에 나서는 것을 원천적으로 차단하려는 것인지, 수사보안 유지 때문인지 그것도 아니면 수사 내용이 함량 미달이라고 스스로 판단한 때문인지 비공개로 한 연유를 알 수는 없다.

1심부터 상고심까지 사형선고의 행진이 계속된 사건조차 재판 과정이나 선고 내역이 전혀 보도되지 않았다. 그래서 20대 젊은이들이 감옥에서 수갑을 찬 채 언제 처형될지 모르는 불안에 떨고 있어도 국내에 있는 사람들은 그들의 존재조차 알지 못했다.

재일동포 관련 간첩 사건 중에는 물론 북한과 연결된 사람들이 있다. 북한에 갔다 왔다고 인정한 유학생도 있다. 북한의 대남공작기관이나 총련 내의 관련 조직이 마냥 손을 놓고 있었다고 볼 수도 없다. 도쿄대학 법학부를 나온 재일동포 강신자가 쓴 『아주 보통의 재일한국인』(1987년)에는 일본의 좌파 학생 운동권 일각에서 북한을 비밀리에 왕래하고 있었다는 얘기가 나온다.

강신자는 1981년 대학에 들어가 선배의 권유로 「일조日朝문제연구회」에 들어갔다. 고마바 캠퍼스의 기숙사에서 주1회 독서회를 갖고 토론을 벌였다. 재일동포가 아니라 일본인 학생들로 구성된 동아리였다. 한 일본인 선배는 "비공개 루트로 북조선에 다녀왔는데 반 년 정도 공안의 미행을 당했어"라고 말했다고 한다. 강신자는 "모임에 나오는 사람은 모두 공안의 '블랙리스트'에 올랐다고 생각하는 것이 좋다"는 선배의 얘기를 듣고 이제 한국에 갈 수 없다는 공포에 사로잡혔다. 그래서 3학년이 되어 혼고 캠퍼스로 올라오면서 발을 끊었다고 한다. 그가 나중에 한국 땅을 밟기 전에 정말 괜찮을지 여기저기 알아보며 초조했으리라는 것은 충분히 상상이 간다.

공무원의 부패·비리를 엄단한 특수통 검사로 이름을 떨쳤던 함승희 변호사의 저서 『성역은 없다』는 1995년에 나왔다. 나중에 정치인으로 변신해 '칼잡이'로서의 평판에 흠이 가기는 했지만 그의 책에는 검사 시절의 활약이 생생하게 기술돼 있다. 법원과 검찰 청사가 서울 서소문에 있던 무렵 그는 한 무리의 비위 공무원을 잡아넣자마자 다음 작업을 구상했다. 자신의 집무실에서 서울시 청사를 내려다보며 저 '복마전'에 있는 공무원들이 "오늘은 또 무엇을 해 처먹고 있을까"를 생각하며 새로운 수사 실마리를 찾아냈다는 것이다. 그의 글에는 공무원 비리를 발본색원해야 한다는 집념이 드러난다.

정보기관의 대공수사관도 간첩 검거의 집념에 사로잡혀 있다는 점에서 심적 구조가 별로 다르지 않았을 것이다. 그 집념의 원천이 안보의식이건, 애국심의 발로이건, 포상·승진 등의 개인적 욕망이건, 조직의 강박적 문화이건, 정보기관끼리의 유치한 '실적' 경쟁이건 결과물은 마찬가지다. 함승희가 검사로서 성공했다면 그만큼 공무원 부패가 심했다는 반증으로도 해석할 수 있겠지만, 대공 수시관이 빛나는 성과를 올렸다면 재일동포 유학생 중에 그 정도로 간첩이 우글우글했다는 증좌라고 말할 수 있을까?

정보기관은 1972년의 7·4공동성명 등의 영향으로 북에서 직파되는 간첩 수가 눈에 띄게 줄자 일본을 경유한 '우회 침투' 가능성에 주목했다. 그래서 재일동포 유학생 속에 잠입 간첩이 우글거린다는 전제 아래 유학생 명부를 놓고 혐의 대상자를 압축한 뒤 '작전'에 들어갔다. 동포 유학생은 어항 안에 갇혀 언제 낚일지 모르는 물고기 신세에 불과했다. 불시에 수사기관에 연행돼 고립된 상태에서 조사받은 재일동포의 처지는 국내 일반 형사 피의자와 비교가 되지 않았다. 함승희 검사 앞에 불려 온 피의자라면 대체로 연행 사실이 바로 근무처나 가정에 알려지고 변호인의 조력을 받을 수 있었을 것이다.

　　그러나 유학생은 수사보안 유지라는 명목으로 수십 일씩 외부와 완전 고립된 채 혹독한 고문을 당하며 틀에 맞춘 진술을 강요당하는 사례가 많았다. 이들은 변호인의 조력을 받을 권리는 완전히 박탈당하고 그저 수사기관의 '자비'에 자신의 운명을 맡겨야 했다. 구치소에 수감된 뒤에도 일본에 있는 가족과 연락이 되지 않아 내의 한 벌 없이 한겨울을 보내야 했거나, 법정에 처음으로 출정하던 날 아침 공소장을 전달받아 자신의 '범죄 행위'가 무엇인지도 모르고 판사 앞에 선 사람도 있다.

　　봉건절대주의 시대 유럽의 기독교 세계에서 저질러졌던 「마녀사냥·마녀재판」과 똑같은 수준으로 극악무도한 살인마들이나 할 수 있는 일이었다. 그런 박정희와 그 졸개들과 반민주 언론인들이 여전히 공동체 사회의 우상처럼 떠받들려지고 있는 상황이니 통탄할 일이 아닐 수 없다.

　　재일동포 유학생이 간첩 사건에 휘말린 것은 물론 '11·22사건'이 처음은 아니다. 재일동포 모국유학제도는 1962년 11명이 '초청 장학생'으로 입국하면서 시작됐다. 1965년 한일협정 체결을 거쳐 점차 늘어나 1970년 대통령령으로 서울대학교에 재외국민교육연구소(재외국민교육원, 국제교육진흥원으로 거쳐 현재는 국립국제교육원)가 발족하면서 본격화됐다. 혁신계인 미노베 료키치 도쿄도 지사가 1968년 4월 일본 정부와 민단의 반대를 무릅쓰고 총련이 운영하는 조선대학교를 '각종학교'로 정식인가한데 따른 대책으로 재일동포 학생의 교육을 강화할 필요성이 제기됐기 때문이다.

　　동포유학생의 수가 늘어나면서 간첩 사건이 띄엄띄엄 발표됐다. 그 중에서도 가장 널리 알려진 것이 1971년 4월 대통령선거 직전 발표된 서승·서준식 형제 사건이었다. 형제가 함께 구속된데다 가혹한 고문 의혹이 제기돼 일본사회에 엄청난 반향을 몰고 왔다. 서승의 화상으로 일그러진 얼굴, 서준식의 목숨을 건 옥중 전향공작 고문 폭로와 장기간의 보안감호처분으로 지금도 사람들의 기억 속에 남아있는 사건이다.

　　그러나 재일동포 사건은 유학생이 전부가 아니다. 학자·교수·기술자·언론인 등 다양한 배경을 가진 사람들이 사건에 연루됐다. 시기를 거슬러 올라가면 멀리는 1961년 민족일보 사건, 집권당 국회의원이 간첩으로 구속된 1969년 김규남 사건은 물론이고, 2014년 봄 〈상처꽃〉이란 연극 상연으로 다시 조명을 받은 1974년 울릉도 사건도 다 일본과 연관이 있다. 또 사건의 내용을 보면 북한과 아무런 연결 고리 없이 민단 내의 비주류 모임을 '반국가단체'로 만들어 철퇴를 가한 것이 적지 않다.

1961년 5·16쿠데타 때 민단 내에서는 군부독재에 반대하고 본국 집권세력과의 유착에 반대하는 집단이 있었다. 1965년 한·일협정 체결에 따른 국교 수립으로 외교관 신분으로 일본에 들어간 정보부 요원에게 이들은 눈엣가시였다. 정보부 요원은 이들을 민단에서 몰아내기 위해 집요한 공작을 벌여 결국 민단을 완전 장악했다. 1980년 서울의 봄을 짓밟고 권력을 장악한 신군부가 김대중을 계엄군사재판에 회부해 사형선고를 내린 구실은 김대중과 접촉한 재일동포 인사 중심으로 구성된 「한국민주회복통일촉진국민회의(한민통)」가 '반국가단체'라는 유신시대의 판결이었다. 그러니 넓게는 김대중도 재일동포 사건의 피해자에 들어가는 셈이다.

간첩 사건에 연루돼 수감된 재일동포의 수에 대한 정확한 통계는 없다. 일본과 연관된 간첩 사건에 연루된 사람은 약 150여 명이다. 이 가운데 유학·사업 또는 친지 방문 목적으로 일본에 갔다가 구속된 이들을 제외하면 재일동포는 80여 명으로 추정된다. 이들은 과연 북한의 지령을 받고 국내에 잠입해 구체적인 스파이 행위를 하다 적발된 것일까? 재일동포 사건은 오랜 기간 국내에서 제대로 검증되지 않았다. 1970~80년대 한국 법정에서 진행된 공판 과정을 취재한 일본 기자들이 남긴 기록에는 한국 기자의 모습을 현장에서 볼 수 없었다는 표현이 제법 나온다. 일본 사회에서 큰 반향을 일으킨 서승·서준식 형제 사건도 그랬으니 다른 사건은 말할 것도 없을 것이다.

국내 언론은 정보기관에서 요란하게 발표한 혐의 내용을 앵무새처럼 나열했을 뿐이고, 중형이 선고되면 공소장과 다름없는 판결 내용을 간략히 전한 정도다. 독재정권의 철저한 통제 아래 있던 당시 언론 상황으로는 충분히 이해가 가는 일이긴 하다. 국내에서도 간첩단 사건이 터지면 가까운 친지조차 얼굴을 돌리는 판이었으니 재일동포사건의 피의자에게 위로의 말을 건네줄 사람은 국내에 없었다. 그들은 법정에서도, 언론에서도 외면 받았고, 옥중에서도 국내의 '민주인사'와 분리돼 고립됐다. 바다 건너 힘들게 면회 오는 그들의 가족이 느낀 절망감이나 모멸감을 달래줄 수 있는 국내 인사도 아주 드물었다.

서 형제의 모친 오기순이 1980년 5월 두 아들의 석방을 보지 못하고 숨을 거두었을 때 일본의 많은 지식인이 애도의 뜻을 표했지만, 국내에서는 그를 기억하는 사람조차 없었다. 그의 이름은 6·10민주대항쟁의 결과 새로운 매체가 나타나기 전에는 국내 신문에 언급되지도 않았다.

오랜 군부독재가 끝나고 김대중·노무현 정권에서 과거사 진상규명 작업이 진행된 결과 2000년대 들어 재일동포 사건에도 뒤늦게나마 햇볕이 들기 시작했다. 재심을 통해 무죄가 선고되는 사례가 더디기는 하나 꾸준히 나왔다. 수십 년 전 밀실에서 작성된 수사기관의 조서를 거의 그대로 인정하던 사법부의 행태를 생각하면 상전벽해 같은 변화라고 할 수 있었다. 하지만 재심을 통해 사법구제가 이뤄졌다고 해서 피해자의 망가진 인생이 복원되지는 않는다. 청운의 꿈을 품고 고국을 찾았던 이들 중 대부분이 이제 영락한 노인 대열에 들어섰다. 이미 세상을 떠난 사람도 있고 고문 후유증으로 시달리는 이도 적지 않다.

이 책(『조국이 버린 사람들』 재일동포 유학생 간첩사건의 기록)은 2010년부터 재심을 통해 피해자의 무죄판결과 명예회복이 서서히 진행되고 있는 '역사적 변화'를 계기로 재일동포 사건의 실체를 재조명하기 위해 쓰였다. 수많은 재일동포 사건을 나열하기보다는 재일동포의 수난이 어떤 시대적 맥락, 역사적 배경에서 전개됐는지를 입체적으로 드러내 보이고자했다. 그러기 위해서는 재일동포의 특수한 처지와 성장환경, 한반도의 분단 상황, 남과 북의 재일동포 정책, 모국 정권과의 관계 정립을 둘러싼 민단 내부의 오랜 갈등, 한일 공안기관의 연계, 한국 정보기관의 협력망과 수집된 정보의 신뢰도, 김대중의 해외 기반을 제거하려는 당국의 집착, 모국의 민주화운동에 소극적이나마 동참하고 싶었던 동포청년의 의식, 구속된 유학생 가족들의 고통, 정치범 구원활동을 통한 한일 시민사회의 만남, 전향공작 제도와 폐지 운동 등 다양하게 접근할 필요가 있었다.

재일동포로서의 정체성, 조국의 분단 현실, 한국의 민주화 투쟁에 아무런 고민이 없던 사람이 어느 날 갑자기 정보기관에 끌려가 하루아침에 간첩으로 '조작'된 사례는 적을 것으로 생각한다. 예를 들어 1970~80년대 양산된 '재일동포 유학생 간첩' 가운데 「재일한국학생동맹(한학동)」과 연관된 동아리 「한국문화연구회(한문연)」에 참여한 사람들이 많다. 총련 계열에 「재일본조선유학생동맹(유학동)」이 있다면 민단에는 한학동이 있었다.

민단 계열의 대학생으로 구성된 「한학동」이 「재일한국청년동맹(한청)」과 함께 민단의 산하 단체에서 축출된 것은 1972년 7월이다. 한학동과 한청이 박정희 독재정권을 지지하는 민단 지도부를 비난하고 민단 자주화 운동에 적극 나서자 민단 지도부가 중앙정보부와 합작해 이들을 쫓아냈다. 국내에서도 유신체제에 대한 대학생의 저항운동이 거세게 타올랐던 점을 생각하면 한문연에 속한 민단계 대학생이 일본에서 김대중·김지하 등의 구명운동을 벌이고 유신독재를 규탄하는 시위를 벌인 것은 자연스런 흐름이었을 것이다. 하지만 한문연 등에 참여한 동포학생이 모국에 유학하기 위해 입국하면 언제라도 간첩 용의자로 만들어질 수 있었다.

현재(2015년) 재일동포 가운데 일본 사회에서 가장 널리 알려진 사람으로는 강상중을 꼽을 수 있다. 그에게는 재일동포로서 처음 도쿄대학 교수로 임용된 사람이라는 수식어가 따라다닌다. 와세다대학 정치경제학부를 나와 대학원 과정을 마치고 독일 에르랑엔대학으로 유학한 그는 국제기독교대학 준교수를거쳐, 1998년 도쿄대학 사회정보연구소 조교수로 옮겼다. 이후 도쿄대학대학원 정보학환情報學環 교수로 승진하고 도쿄대학 부설 현대한국연구센터 센터장을 맡았다. 2013년에는 정년을 3년 남기고 퇴직해서 세이가쿠인대학으로 옮겨 학장으로도 있었다.

1950년 8월 규슈의 구마모토에서 재일동포 2세로 태어난 그가 화려한 경력을 갖추게된 이유는 무엇일까? 끝없는 노력과 남다른 재능의 결과겠지만, 그에 못지 않게 중요한 전제 조건이 있다. 유학의 대상지로 한국을 선택하지 않은 점이다. 와세다대학 재학 중이던 1972년 여름 그는 서울에서 변호사를 하던 작은아버지의 초청으로 후쿠오카에서 부산 김해공항으로 가는 비행기를 탔다. 김해공항에 도착해 수하물 검사를 받을 때 뜻하지 않은 일이 터졌다. 그가 갖고 있던 주간지 『선데이 마이니치』에 공교롭게도 김일성 사진이 화보로 실려 있었던 것이다. 그는 공항 청사의 한 사무실에 끌려가 신문을 받았다. 어찌할 바를 모르던 그는 다행히 숙부와 전화로 연결돼 별 탈 없이 풀려났다. 당시 벤츠 승용차를 자가용으로 굴렸다는 그의 숙부가 요로에 부탁한 덕분일 것이다

모국 동포들의 다양한 삶을 보고 돌아가는 비행기 안에서 그는 그때까지 편하게 사용하던 일본식 이름 '나가노 데쓰오'를 버리고 '강상중'으로 살기로 결심했다. 와세다대학의 「한국문화연구회」를 찾아가 동포학생과 고민을 나누고 활동에도 열심히 참가했다. 1973년 여름 나가노현 우쓰쿠시가하라에서 열린 하계 수련회를 마치고 시골집에 내려가 있던 그에게 긴급연락이 왔다. 1972년 10월 유신정변이 선포되자 해외 망명을 택한 김대중이 8월 8일 대낮에 도쿄의 한 호텔에서 중앙정보부 요원에게 납치되는 사건이 벌어진 것이다. 강상중은 그의 회고록인 『재일在日』에서 당시 느꼈던 분노에 대해 "대통령 선거에 입후보한 유력한 정치가조차 이렇게 취급 당한다면 이름도 없는 '자이니치(재일동포)'는 불면 날아가 버리는 쓰레기 취급을 받지 않겠는가"라고 썼다.

서둘러 도쿄로 올라온 그는 박정희 정권의 폭거를 규탄하는 시위에 참가했다. 1974년 7월 민청학련 사건으로 구속된 시인 김지하 등이 '비상보통군법회의'에서 사형판결을 받자 한학동 등 민단의 비주류는 도쿄 도심의 스키야바시 공원에서 텐트를 치고 단식투쟁을 벌였다. 재일동포 작가인 김석범·이회성 뿐만 아니라 후에 노벨문학상을 받은 오에 겐자부로 등 일본의 저명인사도 농성에 참여했다. 한학동 대학생들은 주일 한국대사관

앞으로 몰려가 시위를 벌였다. 당시 『마이니치신문』에 실린 사진에는 울부짖는 듯한 청년 강상중의 모습도 선명하게 나온다. 강상중의 기술에 따르면, 일본 경찰 기동대원이 학생보다 세 배나 많았고, 한국대사관 안에서는 데모하는 사람을 카메라로 일일이 찍었다.

이 시절의 강상중은 극렬한 '반한反韓분자'였을까? 재일 북한공작원이나 총련 활동가의 교양 지령을 받아 본국 정부를 규탄하는 '반국가적 행위'를 벌인 것일까? 아닐 것이다. 그와 함께 행동을 같이 한 대다수의 동포 대학생도 마찬가지일 것이다. 당시 일본 언론에는 박정희 독재정권의 악행이 비교적 상세히 보도됐다. 여과 없이 전달되는 뉴스를 통해 모국의 실상을 접하던 동포 대학생들이 규탄 시위에 나선 것은 당연한 분노의 표출로 봐야 타당할 것이다.

만일 젊은 시절의 강상중이 유학 행선지로 독일이 아니라 한국을 택했다면, 현재의 강상중이 있을 수 있을까? 그도 어느 날 무시무시한 기관에 끌려가 호되게 당하고 드넓은 세계로 도약할 수 있는 날개가 꽉 꺾였을 가능성이 높다. 역으로 숱한 간첩단사건의 희생물이 됐던 동포유학생이 그 시기에 다른 곳으로 떠났다면 제2, 제3의 강상중이 계속 나오지 않았을까.

우리 사회는 희망을 찾으러 모국에 왔다가 가혹하게 버림받은 재일동포 정치범 희생자에게 따뜻한 손길을 내민 적이 없다. 이 책이 그들의 수난 배경을 이해하고 재일동포 문제에 대한 사회적 관심을 높이는데 도움이 됐으면 좋겠다.

"혹독한 남북대립 속에서, 그리고 공산주의 존재를 긍정하는 것조차 허용되지 않는 박 정권 아래에서 서씨 형제는 '비국민' '비인간' 취급을 받았다. 당국의 규제를 받은 한국의 매스컴은 형제의 공판정에 나와서 직접 자신들의 눈으로 형제를 보고 자신들의 귀로 형제의 얘기를 들으려고 하지 않았다."(『아사히신문』 1971.10.23.)

서승·서준식 형제의 선고공판 사진으로 일본 전역의 매스컴을 달구었던 김천길은 세계적 통신사인 AP통신 서울지국의 사진기자였다. 1929년 일본 규슈에서 태어난 그가 AP통신에서 현역으로 일한 기간은 무려 37년에 이른다. 그는 사진기자로서 전문 수업을 받은 적이 없다. 1950년 한국전쟁이 발발한 직후 AP통신에서 영어를 할 줄 아는 사람을 구한다는 소식을 듣고 찾아갔다. 그는 미국에서 온 기자들의 취재를 지원하는 일을 하다가 사진기자로 정식 채용돼 1987년 퇴사할 때까지 한국 현대사 격동의 순간을 카메라에 담았다.

그가 현대사의 고비마다 현장을 떠나지 않고 생생한 사진기록을 남긴 시기는 자유당 정권의 혼란기에서 4·19혁명, 5·16쿠데타, 6·3사태, 10월유신쿠데타, 반유신민주화투쟁, 10·26사건, 광주민주항쟁, 6월항쟁에 걸쳐 있다. 대중에게 가장 낯익은 그의 작품은 5·16쿠데타 직후 검은 안경을 낀 박정희의 모습일 것이다 박정희가 서울시청 앞에서 쿠데타 주도세력들과 함께 서 있는 모습을 포착한 사진이다. 박

AP통신 사진기자 김천길이 찍은 5·16쿠데타 직후의 박정희 모습. (김효순 『조국이 버린 사람들』 서해문집 2015)

정희는 박종규·차지철 등에게 둘러싸여 육사생도의 쿠데타 지지 시위를 참관하고 있었다.

김천길이 오랜 기간 현장을 지킬 수 있었던 것은 그가 국내 언론이 아니라 외국 통신에 고용됐기 때문이다. 특별한 격변이 없는 한 외국 통신의 현지 사진기자는 혼자서 판단해 촬영·인화·송신 등의 모든 일을 해야 한다. 국내 기자들은 어느 정도 연한이 차면 데스크로서 내근을 하느라 현장을 떠나는 경우가 많다. 김천길이 찍은 사진은 국내 매체에 게재 되는 일이 적어 국내에서는 주목받지 못했지만 AP통신의 배급망을 통해 전 세계로 배포되기 때문에 영향력 면에서는 국내 사진기자의 작품과 비교가 되지 않는다. 세계적인 통신사에 소속된 사진기자의 능력은 그의 사진이 외국 언론에 얼마나 전재되느냐로 평가된다.

김천길이 찍은 사진이 1971년 10월 23일 자 일본 신문 조간을 휩쓸었다. 통신사 사진기자끼리의 경쟁도 치열하기 때문에 특정 사진이 주요 언론사의 지면을 석권했다면 당사자에게 상당한 영예가 된다. 1971년 10월 22일 서울 서소문 법원에서 서승·서준식 형제 사건의 선고공판이 열렸다. 이날 공판에서 서승은 사형, 서준식은 징역 15년의 중형을 선고받았다. 김천길의 사진이 주목을 끈 것은 공판정에 나온 서승의 상반신을 잘 포착했기 때문이다.

당시 서승의 상황에 대해서는 국내에 거의 알려지지 않았으나 일본에서는 뜨거운 관심의 대상이었다. 서 형제 재판에 방청했던 몇몇 일본인에 의해 그의 범상치 않은 상태가 단편적으로 전해졌기 때문이다. AP통신의 사진에 나타난 서승의 모습은 그간의 온갖 흥흉한 소문을 확인시켜 주었다. 턱밑에서 왼쪽 귀에 걸쳐 화상의 흔적이 역력했고, 왼쪽 귀 일부가 녹아내린 듯 머리 뒤로 천을 묶어 안경을 겨우 걸치고 있었다. 입술의 윤곽도

거의 드러나지 않았다. 김천길의 사진은 이후 서 형제 구원회의 소식지나 팸플릿 등에 끝없이 '무단 전재'됐다.

서 형제 사건은 서승의 출신 모교인 도쿄교육대학(옛 도쿄고등사범)의 교직원 동창을 포함해 많은 지식인이 구원운동에 참여했기 때문에 일본 언론의 관심이 높았다. 『아사히신문』은 「학원스파이 사건의 서 군, 탄원 헛되이 사형 판결」이란 제목으로 4단 기사로 보도했고, 『요미우리신문』도 「서군에 사형 판결, 조명助命 탄원 헛되이」란 제목으로 같은 4단으로 다뤘다. 사진도 두 신문 모두 2단 크기로 게재했고, 『마이니치신문』은 더 크게 실었다.

공판정에 나온 서승. 서승의 참혹한 얼굴 모습은 일본 사회에 충격을 주었다.

서 형제의 선고 공판을 대하는 일본 신문과 국내 신문의 보도 자세는 상당한 차이가 있었다. 『동아일보』는 선고된 형량을 중심으로 단 세 문장으로 전했다. 사진을 넣기는 했지만 10여 명의 피고인 전체를 찍은 데다 크기도 1단으로 작아 사연을 아는 사람이 아니면 서승의 얼굴에 나타난 특이한 점을 알아차릴 수도 없었다. 반면에 일본 신문들은 관련기사로 어머니 등 가족 얘기, 구원회 활동가 반응, 서승의 화상 치료 방안 등도 소개했다.

당시 『아사히신문』 서울특파원은 이카리 아키라였다. 그가 서울에서 근무한 시기는 1969년부터 1973년까지로 일본 적군파의 요도호 여객기납치 사건, 남북적십자회담, 10월유신쿠데타 등을 취재했다. 그는 북한의 빙상선수 한필화와 오빠 한필성의 「오누이 전화 상봉」에도 관여했다. 아시아에서 처음으로 개최되는 동계올림픽인 1972년 삿포로대회에 앞서 1971년 2월 프레동계올림픽이 삿포로에서 열렸다.

이 프레올림픽에 참가하기 위해 일본에 온 빙상선수 한필화는 1·4후퇴 당시 홀로 월남해 서울에서 살던 오빠 한필성과 국제전화로 30분간 눈물의 대화를 나눴다. 이 전화상봉은 『아사히신문』 도쿄 본사와 서울지국을 연결해 진행됐다. 1980년 9월 평양을 방문해 김일성과 회견하기도 했던 이카리는 서 형제 사건과 관련해 한국 국내 언론을 신랄하게 비판하는 글을 남겼다.

"혹독한 남북대립 속에서, 그리고 공산주의 존재를 긍정하는 것조차 허용되지 않는 박 정권 아래서 서 형제는 '비국민' '비인간' 취급을 받았다. 당국의 규제를 받은 한국의 매스컴은 형제의 공판정에 나와서 직접 지신들의 눈으로 형제를 보고 자신들의 귀로 형제의 얘기를 들으려고 하지 않았다. 그뿐인가. 재판 진행 중에 형제를 실명으로 등장시킨 스파이 드라마를 만들어 방송까지 했다. 서 형제는 이런 방법으로 중요한 한국의 민중으로부터 고립되어져갔다."

① 죽일듯한 고문으로 거짓 진술 강요, 곧 내보낼 듯 속이다가 사형 선고

서 형제의 본적은 충남 청양이다. 조부가 1928년 향리에서 생계 잇기가 어렵자 가족을 이끌고 일본으로 건너갔다. 서승과 서준식은 5남매 가운데 차남과 3남이다. 위로 형 선웅이 있고 밑으로 남동생 경식, 여동생 영실이 있다. 서선웅은 사건 발표 당시 서승의 '재일공작 지도원'으로 지목됐고, 서영실은 남자 형제들이 한국에 갈 수 없는 처지라 모친 오기순과 함께 수시로 국내에 들어와 오빠들의 옥바라지를 해야 했다. 서경식은 재일동포의 고난을 민족의 이산 측면에서 분석한 다양한 책을 쓴 저자다.

교토 인근에서 태어나 자란 서승과 서준식은 3년 터울이다. 1945년 생인 서승은 1968년 3월 도쿄교육대학 문학부(경제학 전공과정)를 나온

서승·서준식 형제의 1심 선고를 사진과 함께 보도한 『요미우리신문』 기사.

뒤 서울에 와 어학과정을 마치고, 69년 3월 서울대 대학원 사회학과에 들어갔다. 모국유학은 서준식이 1년 빠르다. 그는 1967년 교토 기쓰라고등학교를 나와 바로 한국에 왔다. 서울대 부설 어학연구소 과정을 수료하고 1968년 3월 서울대 법대에 입학했다.

서승이 처음 연행된 것은 1971년 3월 6일이다. 대학원 석사과정을 마치고 일본에서 방학을 보낸 뒤 김포공항에 도착한 직후였다. 그는 새 학기부터 서울대 교양학부 조교로 내정돼 있었다. 보안사 옥인동분실로 끌려간 서승을 맞이한 사람은 보안사 대공처장 김교련 대령이었다. 그는 "간첩에는 영장 필요 없다. 언제라도 죽일 수 있다"고 위협했다. 며칠 뒤 서승은 서빙고분실로 옮겨져 혹독한 취조를 받았다. 2주 정도 지난 뒤 보안사 수

사관들은 "재일교포 학생이니까 반성의 기회를 준다. 국가에 충성을 다하라. 앞으로의 행동에 따라서는 처벌하지 않도록 하겠다"며 풀어주었다. 서승보다 먼저 서울에 돌아온 서준식도 김포공항에서 바로 연행돼 조사를 받은 뒤 석방됐다.

하지만 그걸로 끝이 아니었다. 풀려난 뒤 어떤 의심스러운 행동을 하는지 감시하기 위해 일시적으로 놓아준데 지나지 않았다. 서승은 박정희·김대중의 양자 대결로 좁혀진 7대 대통령선거전이 막바지에 이른 4월 18일 저녁 다시 서빙고분실로 연행됐다. 수사관의 첫마디는 "나는 무자비하다"였다고 한다. 고문은 혹독했다. 수사 각본도 분명해졌다. "북한 지령으로 서울대에 지하조직을 만들어 공산주의폭력혁명을 기도했다"는 것과 "친분이 있는 김상현 의원을 통해 야당 대통령후보인 김대중에게 '불순자금'을 전달했다"는 것이다. 그가 있던 취조실 옆방에서는 친하게 지내던 국내 학생들의 신음소리가 끊임없이 들려왔다.

서승은 국내 학생운동에 엄청난 타격을 주게 될 '수사 각본'을 도저히 받아들일 수가 없었다. 아침이 되자 그를 닦달하던 수사관 두 명이 식사 하러 나가고 감시하던 경비병도 담배를 피우려 했는지 자리를 비웠다. 그 틈을 타 그는 경유난로에 조서용 종이를 대 불을 붙여 분신이라는 극단적 저항에 나섰다.

보안사는 4월 20일 서승의 분신 시도에 아랑곳하지 않고 학원간첩단 사건을 발표했다. 대통령선거일이 4월 27일이었으니 선거 일주일을 앞두고 터트린 것이다. 보안사는 교포학생 4명이 포함된 간첩 10명과 관련자 41명 등 총 51명을 일망타진했다고 밝혔다. 중증 화상을 입은 서승의 상태는 심각했다. 경복궁 옆 소격동의 육군수도통합병원으로 이송돼 한달 넘게 혼수상태로 있었다. 눈썹과 귀는 녹아버렸고, 입은 쪼그라들어 빨대 하나가 겨우 들어갈 정도였다. 그가 의식을 회복하자 검사가 찾아와 피의자 신문조서를 받았다. 손가락으로 무인을 찍을 수 없으니 발가락 무인을 찍어갔다.

첫 공판은 7월 19일 열려 인정신문만 하고 끝났다. 재판을 방청하기 위해 일본에서 온 부모는 재판이 끝난 후 서울구치소로 가 면회를 했다. 서 형제가 구속된 후 처음 허용된 면회다. 재판이 시작된 후에도 서승은 군병원에서 입 확대수술을 받았다. 양쪽을 절개해 입이 더 벌려지게 되자 간호장교가 겸자로 솜을 밀어 넣어 4개월만에 입 안을 닦아줬다고 한다.

서 형제에 대한 구형은 둘 다 사형이었으나 10월 22일 1심 선고에서 서승은 사형, 서준식은 징역 15년형을 받았다. 서승의 화상 치료를 위한 수술이 이어지면서 항소심부터는 분리재판을 받았다. 1972년 2월 14일 항소심 선고에서 서준식은 징역 7년이 됐고, 서승은 그해 12월 7일 무기징역으로 떨어졌다. 10월유신쿠데타와 동시에 선포된 비상계엄이 존속되던 시기임을 감안하면 그나마 다행이었다. 서승은 항소심 최후진술에서 자신을 '남북대립시대의 산 제물'에 비유했다. 그는 "우리나라가 앞으로 어떤 국제정세 아래 있건 지주적으로 평화통일이 되지 않으면 안 된다"고 말했다. 상고심은 그냥 기각이었다.

서준식이 1972년 5월 23일 먼저 기각돼 징역 7년형으로 확정돼 다음 달 대전교도소로 이송됐다. 서승은 1973년 3월 13일 기각돼 대전교도소로 이송됐다가 2주만에 다시 대구교도소로 옮겨졌다. 형제를 한 교도소에 수용하지 않는다는 분리원칙에 따른 것이다. 1심 선고공판을 끝으로 헤어진 형제가 다시 얼굴을 맞댄 것은 서준식이 1988년 5월 석방돼 교도소로 면회 왔을 때였다.(보안감호소에서 10년 더 살아)

② 오기순 어머님의 지극 정성 옥바라지 사망 후까지 뭇사람 감동시켜

신군부가 비상계엄을 확대하고 광주에 공수부대를 투입해 학살극을 벌이던 1980년 5월 20일 오전 2시 50분 교토의 한 병원에서 서 형제의 모친 오기순은 숨을 거두었다. 자궁암을 앓던 그는 두 아들이 풀려나는 것을 보지 못한 채 출혈과다로 타계했다. 장례는 다음날 교토의 자택에서 거행됐다. 관 속에 들어간 오기순의 가슴 위에는 서승·서준식의 사진이 놓여졌다. 그 옆에는 『윤복이 일기』 등 평소 애독하던 책들이 있었다. 『윤복이 일기』는 부친의 학대와 모친의 가출에도 불구하고 소년가장 역할을 하며 어렵게 동생을 보살피던 초등학교 5학년 학생 이윤복의 일기를 모아놓은 『저 하늘에도 슬픔이』의

병상의 오기순. 타계하기 3개월 전인 1980년2월의 모습.(김효순의 책)

일어판이다. 1964년에 나온 이 책은 국내에서 엄청난 반향을 일으켜 다음해 영화로 만들어졌고, 일어 번역판도 베스트셀러가 될 정도로 관심을 모았다. 일본에서 숱한 고난을 겪은 오기순도 책 내용에 상당히 공감했던 것으로 보인다.

그가 세상을 떠나고 나서 5개월 뒤 『아침을 보지 못하고』란 책이 일본에서 나왔다. 그를 기리는 사람들이 「오기순씨 추도문집 간행위원회」를 구성해 책을 낸 것이다. 간행위원회는 책을 펴낸 이유에 대해 "정치범의 어머니로서 혹독한 고난을 경험했다는 것만이 아니라 아들의 해방을 위해 수많은 고난에 정면으로 맞서는 과정에서 같은 고난을 공유하고 있는 동포 모두가 행복하게 살 수 있는 사회, 통일된 조국의 실현을 바랐던 그의

생애가 감명과 격려를 주었기 때문"이라고 밝혔다.

서 형제 구원 활동에 참여한 학자·목사·언론인·정치인 등 다양한 경력을 가진 사람들이 기고했다. 기고자 가운데 마르크스주의 철학자 고자이 요시시게가 있다. 일제 때 치안유지법 위반 혐의로 두 차례 검거됐고, 전후에는 원수폭금지운동 평화운동에 적극 참여한 경력을 갖고 있다. 그는 고인이 짧은 시간 옥중의 아들들과 면회하기 위해 한국을 60회나 방문했는데 그 심로心勞는 상상을 넘어서는 것임에 틀림없다고 회고했다. 그는 부득이한 사정으로 장례에 참석할 수 없어 조전弔電을 보냈는데 '세계 제일의 어머니'란 표현을 넣고 싶었지만 자신의 주관적 미음이 전달되기 어려울 것 같아 하지 못했다고 밝혔다. 그러고는 '이 세계 최고의 어머니'가 세상을 떠났으니 정말로 가혹한 운명이라고 썼다.

오기순은 충남 공주에서 태어났다. 1920년생으로 등록돼 있는데 본인은 생전에 1922년생으로 증언했다고 한다. 공주에서의 삶은 친가 외가 할 것 없이 아주 빈한했다. 생계가 막막해 부친은 이들을 데리고 먼저 일본으로 건너가 막노동을 했고 모친은 1928년 오기순을 데리고 시노모세키에 도착해 합류했다.

일본에서의 생활도 아주 어려웠다. 형제는 오빠 하나와 여동생 셋, 남동생 하나가 있었다. 여동생 하나는 어려서 죽었고, 고등소학교를 나온 남동생은 철로 건설공사에 동원됐다가 비오는 날 기차 밑으로 미끄러져 죽었다. 오기순은 학교 문턱에도 가보지 못했다. 어렸을 때부터 일본인 집에서 애 보는 일 등을 하며 남의 집살이를 했다. 결혼은 1940년 1월께 했다. 부친이 자전거가게에서 일하는 동향 친구의 아들을 보고 사윗감으로 정해서 얼굴도 보지 못하고 했다. 남편은 징용 영장이 나오자 도망다녔다. 오기순은 애를 업고 관공서를 찾아가 남편의 소재를 알 수 없다고 호소했다. 그러다 전쟁이 끝나 남편이 돌아와 생활이 조금씩 안정돼갔다.

오기순은 어렸을 때부터 '조센'이란 말을 들으며 살았다. 남의 집살이를 할 때 일본인 주인은 일본식 이름을 멋대로 정해서 부르곤 했다. 오기순은 아이들이 '조센'이란 말을 듣고 열등감에 빠지지 않도록 교육에 신경을 썼다. 누가 조선인이냐고 물으면 당당하게 "예! 조선인입니다"라고 말하도록 시켰다. 조선인이 나쁜 짓 한 게 하나도 없고 일본인을 부러워해서는 안 된다고 가르쳤다. 그는 소학교 교사로부터 이런 말을 들은 적이 있다.

'너는 조선인이냐'고 물으면 다른 아이들은 고개를 숙이고 가만히 벽을 향해서 풀이 죽는다. 그런데 당신 아이는 뭔가 모르겠지만 조선인이냐고 물으면 '옛'하고 대답한다. 크면 비행기를 타고 조선에 가니 배웅해달라고도 말한다. 가정교육을 어떻게 시키는 것이냐?

오기순은 자신은 교육 같은 것 모른다며 웃어넘겼다고 한다.

③ 아들의 문드러진 얼굴 보고 기절하지 않으려 발버둥

오기순 자신은 고향에 돌아가 사는 꿈을 실현하지는 못했지만 두 아들이 한국에 가서 공부하는 것만으로도 대단히 기뻤다. 그는 만나는 사람마다 "우리 애가 서울에서 공부하고 있어요"라고 자랑하고 싶었다. 그러나 1971년 봄 두 아들이 돌연 북한 간첩이었다고 발표되면서 모든 게 암흑으로 바뀌었다. 신문 발표를 보고 놀란 그는 일주일 걸려 준비한 뒤 바로 서울로 들어갔다. 기댈만한 연줄도 없고 아는 친척도 없으니 모든 게 구름을 잡는 것 같았다고 한다.

우선 서대문구치소로 찾아가 두 아들의 소재를 확인했으나 없다는 답변을 들었다. 그는 오랜 기간 우리 말을 사용하지 않아 말하는 거나 듣는 거나 서툴렀다. 의미를 파악하지 못해 다시 물으면 상대방은 웃어버렸다. 그럴 때마다 속이 상해 마음속으로 울었다. 그는 보안사령부 사무소라면 어디나 찾아다녔지만 없다는 말만 들었다. 검찰청도 마찬가지였다. 때로는 "당신 아들은 국가에 반역한 극악무도한 '비국민'인데 면회가 될 것이라고 생각하느냐"고 비아냥거림까지 들어야 했다.

국내에서 아무도 도와주는 사람이 없는 가운데 홀로 울분을 삭여야했던 그는 일본인 구원 활동가에게 "그 자들은 모두 살인자야. 오랜 기간 일본에서 살다보니 말이 잘 통하지 않잖아. 그것을 놀리며 트집 잡는다"고 하소연했다. 그렇게 헤매고 다니다 변호사를 통해 서준식의 소재를 알 수 있었다. 서대문구치소에 있다는 것이다. 하지만 서승은 도대체 어디에 있는지 알 수 없었다. 변호사도 모른다고 했다. 면회가 일체 허용되지 않아 일본에 돌아가야했다.

다시 준비해서 서울로 다시 들어가 물건이라도 차입하려고 서대문구치소로 갔다가 하늘이 무너지는 얘기를 들었다. 접수 창구의 여자 교도관이 서승은 '아마도' 죽었을 것이라고 했다. 소스라치게 놀란 오기순에게 그 교도관은 "누구에게도 얘기해서는 안 된다. 타오르는 것을 들것에 실어가는 것을 봤다"고 말했다. 오기순이 "어디서 그랬냐"고 다시 묻자 교도관은 창구에서 나와 들것에 실어나르는 것을 봤는데 아마도 죽었을 것이라고 되풀이했다.

오기순은 둘째아들의 생사도 확인하지 못하고 일본에 돌아왔다. 마음을 진정시킬 수는 없었지만 그래도 '아마도'라고 했으니 아직 모른다고 기대를 걸어야 했다. 5월 29일 두 형제가 기소됐다는 보도가 나오자 그는 '아, 살아있구나'하며 가슴을 쓸어내렸다.

죽었을지도 모른다던 서승의 모습을 본 것은 그해 7월 19일 첫 공판 때였다. 남편과 함께 방청석에 앉아 서승의 뒷모습을 보자 정신이 혼미해졌다. 귀는 없고 입도 붙어버렸고, 손은 붕대로 감겨 있었다. 여기서 기절하면 안 된다고 이를 악물었다. 남편이 옆에서 "승이가 귀가 없다"고 말하자 그는 더 이상 참을 수 없었다. 울면서 아들을 불렀더니 간수들이 고함치며 제지했다.

그날부터 면회가 허용됐다. 서대문구치소에 있을 때는 비교적 자유롭게 면회할 수 있었으나 형이 확정돼 형제가 다른 교도소로 흩어졌을 때는 찾아다니는 것이 보통 일이 아니었다. 기결수가 되고 나서는 월 한 차례 면회가 허용돼 있지만 거부당할 때도 적지 않았다. 정보부와 교도소는 면회조차 전향을 압박하는 수단으로 사용했다. 아들을 만나고 싶으면 "울면서 전향하도록 설득하라"고 강요받았다. 그럴 때마다 오기순은 자신은 배운 게 없어 그런 복잡한 일은 모른다고 응하지 않았다. 아들들이 고난에 처한 이유를 납득할 수 없었고, 그들의 감정을 거스르기까지 하면서 전향을 권하고 싶지 않았기 때문이다.

④ 서툰 말에 문맹자 수모 당하다 문자 익히며 60회 면회

정규 학교교육을 받은 적이 없는 오기순은 아들 옥바라지를 위해 혼자서 글공부를 했다. 출입국할 때나 교도소에서 면회를 신청할 때 본인이 이름·주소 등을 서류에 기재해야 했다. 일본에서 재일동포 정치범 구원 운동을 오랜 기간 벌인 요시마쓰 시게루 목사는 그 무렵의 오기순을 이렇게 회고했다. 오기순이 1974년 봄 서울의 한 여관방으로 사람들의 눈을 피해 밤에 몰래 찾아왔다. 한국에서 일본인과 만나지 말라는 경고를 받고 있다고 했다.

그날 오기순은 서승을 면회하러 갔는데 오전 9시부터 기다리다가 저녁 5시 종료 직전에 겨우 만났다. 형제가 따로 떨어져 있어 면회하는 데만 이틀이 걸린다고 털어놓았다. 당시 서승은 대구교도소에, 서준식은 광주교도소에 수감돼 있었다. 요시마쓰 목사는 오기순의 지친 모습에 가슴이 아팠다고 썼다. 오기순은 돈이 떨어지면 때로는 임시 일용직 일까지 해서 차입할 물건을 구했고, 빵 하나로 허기를 달래며 면회했다는 것이다. 그나마 위로하고 격려해준 사람들은 정치범가족이었다. 윤보선 전 대통령의 부인 공덕귀, 시인 김지하의 모친 정금성 등이 그의 하소연을 들어주고 따뜻하게 대했다.

징역 7년이 확정된 서준식의 만기는 1978년 5월 27일이었다. 셋째아들의 출소를 애타게 기다리던 오기순은 딸 영실, 일본인 구원회 관계자와 함께 전날 전주에 도착해 묵었다. 다음날 비포장 시골길을 달려 새벽 4시 지나서 전주교도소 앞에 도착했다. 서준식은 전향서 쓰기를 거부해 보안감호처분이 내려질지가 초미의 관심사였다. 교도소 앞에는 교도통신, 지지통신, 마이니치신문, 마이니치방송에서 나온 특파원 네 명이 대기하고 있었다. 당시 교도소 앞에 있던 일본 기자는 미국인 두 명이 있었지만 한국 언론 관계자는 아무도 보이지 않았다는 기록을 남겼다. 날이 밝기 시작한 오전 6시 15분 서준식이 보안처분으로 이미 대전교도소로 이송됐다는 소식이 전해졌다. 오기순은 교도소 정문 철책 밑으로 쓰러졌다.

보안감호소가 아직 설립되지 않았던 시점이다. 정부는 한 달 뒤인 6월 27일 국무회의에서 청주보안감호소를 신설키로 의결했고, 그해 11월 초 준공식을 열었다. 서 형제의 여동생 서영실은 1980년 5월 26일 청주보안감호소로 찾아가 서준식에게 모친의 죽음을 알렸다. 그가 보안처분을 받은지 만 2년이 되는 때였다. 서영실은 이틀 뒤 대구교도소로 가 서승에게 부보를 전했다. 서영실은 우리말이 서툴러 면회가 허용되어도 말도 거의 못하고 돌아간 적이 많았다고 한다. 면회 때 외국어를 사용할 수 없기 때문에 일본말을 아는 나이 든 교도관이 입회하지 않으면 의사소통이 편하지 않았다. 서 형제의 부친 서영춘은 아내보다 약 3년 늦게 1983년 5월 9일 타계했다.

◎ 독립운동가 변호한 일본인, 박정희에게 공개편지

서 형제 1심 공판 결과는 일본의 지식인 사회에 파문을 일으켰다. 20대 청년들에게 사형과 징역 15년형이라는 중형이 선고됐기 때문이다. 남북의 대치 현실에 익숙하지 않은 그들로서는 도저히 납득이 가지 않는 일이었다. 자칫 잘못되면 사형이 상급심에서도 유지될 우려가 있다고 보고, 구원회에 참여한 지식인들이 본격적으로 움직이기 시작했다.

일본 기독교교회협의회 총간사를 지낸 쇼지 쓰토무 목사가 처음 서울을 방문한 것은 1971년 12월이다. 항소심에 대비하기 위해 변호사 사무실을 방문하고 한국 당국에 진정을 내기 위해서였다. 오기순을 그때 처음 만났다고 한다. 간도 대지진 당시 조선인학살 문제를 연구해온 사학자 야마다 쇼지가 한국 땅을 처음 밟은 것은 1972년 11월이다. 박정희가 10월유신쿠데타를 단행한다며 비상계엄을 선포한 때다. 야마다가 서울을 찾은 것은 조선사학자 가지무라 히데키의 부탁을 받고 서 형제의 항소심을 방청하기 위해서였다. 야마다도 오기순을 처음 만난 곳이 서울이었다.

쇼지 목사가 서울에서 구원활동을 벌이던 무렵 한 일본인이 박정희에게 공개편지를 보냈다. 일제강점기 때 법정에서 조선인 독립운동가를 헌신적으로 변호한 후루야 사다오다. 그는 1920년대 조선공산당 사건 때 서울에 장기간 머물면서 변호했다. 조선인의 소작투쟁을 지원하기 위해 전남 신안의 하의도 상태도까지 찾아가기도 했다. 하지만 전후에는 사회당에서 의원 활동을 해 한국에서는 거의 잊힌 존재가 됐다.

1971년 12월 20일 자로 작성된 그의 편지는 명의가 일본조선연구소 이사장 후루야 사다오로 돼 있다. 그는 1889년생이니 박정희보다는 18년쯤 연상이 된다. 그의 서한은 일본제국주의와 비교하면서 중형 선고를 비판하고 있어 시각이 독특하다. 내용을 간추려 소개한다.

"일본인으로서 과거와 현재의 한국과의 관계가 낳고 있는 소용돌이를 깊이 반성하며 연구해온 우리로서 정말 주제넘은 일이기는 하지만, 유감과 걱정의 생각을 표하지 않을 수 없습니다.

8·15 이전의 일본 국가는 한민족의 가장 뛰어난 자식들, 독립의 의지를 굽히지 않는 투사들을, 그 주장에 깊이 귀 기울이지 않고 국가라는 이름으로 다수의 사람을 죽여왔습니다. 그것을 우리는 참회의 마음으로 기억에 남겨두고 있습니다. 또한 한민족에 대해 측정할 수 없을 민족적 손실을 입힌 것에 단장斷腸의 마음을 갖고 있습니다.

우리는 이 같은 것이 다시 되풀이되지 않도록 일본 정부의 대한국 정책 및 재일한국인 정책에 비판을 계속 가해왔습니다. 그렇지만 지금 당신들이 당신의 자식과 동세대의, 한민족의 장래를 바로 짊어져야 할 전도유망한 청년들을 국가의 이름으로 아주 간단히 죽여 버리려 하고 있습니다. 이 자세는 과거 일본제국주의의 잘못된 수법과 아주 비슷합니다. 이 같은 생명경시, 민족의 정화를 독단적으로 말살하는 것은 참된 민족통일을 지향하는 민중의 마음에 정말로 맞는 것이라고 생각하십니까?

서승 군이 무엇을 생각하고 무엇을 위해, 무엇을 했기 때문에 당신들의 국가가 그것을 사형 상당相當이라고 단정하지 않으면 안 되는 것입니까? 당신들의 민주적이라는 법정은 그것을 하나도 명확히 하지 않았다고 들었습니다. 들은 바에 따르면 변호인의 활동이 충분히 보장되지 않고 본인과의 접견조차 여의치 않다고 합니다.

우리는 서 군을 비롯해 본 건의 피고 가운데 재일한국인 조국유학생이 적지 않다는 것을 중시하고 있습니다. 일본사회의 차별과 억압 환경이 특히 서 군 등 일본 태생 청년들에게 인간답게 사는 길을 막아버린 벽이 되고 있다는 사정을 인정하지 않을 수 없습니다. 일반적으로 많은 일본 태생 청년들이 일본사회에서 자신의 삶의 방식을 어렵게 싸우며 모색하고 있다는 사실이 있습니다. 이 같은 제약 속에서 서 군들이 조국에 유학하는 길을 택하기에 이른 사상적 영위營爲, 민족적 열정은 평범치 않은 것이 있다고 말할 수 있습니다. 따라서 그들이 조국의 장래에 기여하려고 취한 행동과 그것을 지탱한 사상은 당신들의 그것과 꼭 같지는 않다고 하더라도 아무런 제약 없이 전면적으로 펼칠 권리가 있다는 것은 국제적으로 용인된 것입니다.

사상과 행동을 떼어내어서, 행동(서 군들이 실지로 한 것에 한정해서)만을 재단하는 것은 있어서는 안 될 것입니다. 당신들은 공판에서(조차도) 단 한 번이라도 서 군들의 사상을 전면적으로 주장할 수 있는 기회를 주고 진지하게 그것에 귀 기울이려 했던 것이 있습니까? 서 군들에게 주장할 기회를 만들어서 당신들의 논리를 정면으로 대치시켜 어느 쪽이 올바른지를 민중의 민족적 양심의 심판 앞에 드러내는 것은 민주국가의 최소한도 책무가 아닌가라고 생각합니다.

이상과 같은 의미에서 우리는 서 군을 비롯한 유위有爲한 청년들에 대한 판결을 철회하고 큰 민족적 관점과 올바른 의미에서의 민주국가로 되돌아가서 공정한 재판을 진행하도록 조치해주기를 바라는 바입니다."

⑤ 유신 독단주의의 극치, 민주·평등사상을 절대 부정하라는 전향 강요

서 형제가 형이 확정된 후 이송된 곳은 교도소 안의 특사(특별수용사)였다. 국가보안법·반공법 위반 혐의로 유죄판결을 받고 전향하지 않은 사람들을 격리 수용하는 장소다. 1956년 사상전향제도가 법무부장관령으로 공식화되기 전에는 '좌익수'라도 전향 여부와 상관없이 교도소 내 공장에 나가 일하는 '출역'을 시켰으나, 이후 비전향수는 모든 출역이 금지되고 종일 사방舍房에 수감하는 것으로 바뀌었다. 5·16쿠데타 이후 비전향 좌익수는 특별관리 명목으로 대전교도소에 집결돼 수용됐다.

북한의 특수부대가 '옥내 공산주의자'를 구출하기 위해 교도소 습격을 기도하려 한다는 첩보가 돌자 1968년께 대전·대구·전주·광주에 특사를 설립해 비전향좌익수를 분산 수용했다. 특사는 교도소 안에서도 '시베리아'라고 불릴 정도로 인권이란 것이 아예 존재하지 않았다. 서승은 1973년 3월 대구교도소로 이송된 직후 특사의 교도관에게 군화발로 걷어차였다. 특사의 살벌한 분위기를 파악하지 못한 그가 아침에 통에 물을 받아 돌아오면서 옆방 사람에게 인사했다가 걸린 것이다. 특사 수용자들은 '통방通房' 자체가 금지돼 있었다. 운동도 이틀에 한 번 5분 가량 시켰다고 한다.

하지만 그해 연말 본격화된 전향공작의 '테러'에 비교하면 이때만 해도 봄날이었다. 중앙정보부·법무부 등 유관기관을 망라한 '전향공작반'이 활동에 들어간 것은 1973년 9월이다. '좌익수'를 전담 수용하는 특사가 있는 - 대전·대구·전주·광주의 4개 교도소에 전향공작반이 설치됐다. 시기적으로는 7·4공동성명으로 지속되던 남북 당국 간의 대화가 갑자기 중단된 것과 관련 있다고 생각한다. 남북조절위 평양 쪽 공동위원장인 김영주는 1973년 8월 28일 대남성명을 발표해 김대중 납치사건을 주모한 중앙정보부의 이후락 부장과 대화를 더 하지 않겠다며 교체를 요구했다. 이후락 부장은 서울 쪽 공동위원장이었다. 김일성의 친동생인 김영주의 성명은 또 남측이 7·4공동성명의 합의 사항을 구체화하려 하지 않고 "반공정책을 강화해 수많은 친공인사를 체포 탄압하고 있다"고 주장했다.

전향공작반은 처음에는 부드럽게 나갔다. 거의 허용되지 않던 서신 발송이나 면회를 허가하고 운동시간도 조금 늘렸다. 하지만 유화책은 얼마 가지 않았다. 감방 안에서 정좌를 시키고 '검방(방 수색)'을 강화해 규정에 어긋나는 물품을 압수했다. 면회 오는 가족이 없어 다른 사람의 차입물에 의존하던 사람들에게 특히 고통을 주는 조치였다. 전향공작반은 비전향수의 가족을 찾아내 교도소로 데리고 와 비전향수를 설득하도록 했다. 공작반이 특히 선호한 것은 비전향수의 모친이었다. 늙은 어머니가 찾아와 눈물로 호소하게 만드는 것이다.

◎ 서준식, 작심하고 잔혹한 고문과 전향 강요 테러 폭로

1973년 12월 말부터는 사실상 테러단계로 들어갔다. 서신·면회·독서 등이 전면 금지되고, 몸이 아파도 의무과 진찰을 받지 못하도록 했다. 특사에 폭력 등의 전과로 들어온 '잡범'을 배치해 고문의 하수인으로 활용했다. 마구잡이 구타는 일반적이고, 한겨울에 발가벗겨 놓고 찬물을 끼얹는가 하면 누더기 이불조차 빼앗아 찬 마룻바닥에서 자도록 했다. 고문을 견디지 못해 전향하는 사람들이 속속 나왔지만, 죽음으로 저항하는 이도 있었다. 천으로 줄을 꼬아 철창에 걸어 자살한 것이다. 구타로 인한 충격으로 숨을 거두기도 했다.

비전향수에 대한 무자비한 공작은 '감옥 안의 감옥'이라는 밀폐된 장소에서 이뤄졌기 때문에 외부로 알려지지 않았다. "빨갱이 몇 명 죽여 봤자 아무도 신경 쓰지 않는다"는 게 전향공작반의 분위기였다. 전향공작 광풍은 재일동포라는 특수한 처지에 있는 서 형제라고 피해갈 수 있는 것이 아니었다. 1973년 9월 대전에서 광주로 이송된 서준식은 옥중에서의 야만적 고문에 분노해 손목을 그어 자살을 기도했다. 1973년 12월이나 1974년 1월 무렵이었다.

서준식의 면회는 전면 금지됐다. 오기순은 6개월 동안 서준식의 얼굴을 보지도 못하자 아들이 감옥에서 죽은 것은 아닌지 불안했다. 구원회 활동가들은 니시무라 간이치 사회당 참의원에게 한국에 가서 서준식을 면회해달라고 호소했다. 니시무라는 중의원 의원을 세 차례 연임하고 참의원으로 있었다. 목사이기도 한 그는 후에 앰네스티 일본지부 이사장을 하기도 했다.

니시무라의 서준식 특별면회는 김종필 총리의 허가를 얻어 1974년 5월 3일 광주교도

소 소장실에서 열렸다. 약 40분간 진행된 면회에는 중앙정보부 전남 대공분실 과장과 교도소 간부들이 배석했다. 일본인이 서준식을 면회한 것은 1972년 1월 4일 쇼지 쓰토무 목사 이후 처음이었다. 그 사이 일본인 구원회 활동가들이 숱하게 면회를 신청했지만 한 번도 허용되지 않았다. 죽음의 공포 속에서 하루하루를 보내던 서준식은 작심하고 특사에서 벌어지고 있는 실태를 폭로했다. 니시무라 의원을 따라와 면회에 동석한 일본인 활동가들이 작성한 면담록에는 당시의 긴박한 분위기가 그대로 드러나 있다

니시무라 : 서준식 군 건강은 어떻습니까?

교도소 소장 : 건강에 이상이 없고 정신상태도 정상입니다. 어제 모친이 면회 왔기 때문에 허가했습니다.

니시무라 : 생활태도는 어떻습니까?

소장 : 특별한 문제 없습니다. 곧 서준식을 이리로 데려옵니다.

　　　　(서준식, 수갑을 차지 않고 푸른 죄수복 차림으로 소장실에 들어오다.)

니시무라 : (서준식의 손을 잡고) 자네를 만날 수 있어 아주 기쁘다.

서준식 : 어제 선생께서 와주신다는 것을 듣고 고맙게 생각하고 있었습니다. 기다리고 있었습니다.

니시무라 : 고자이 씨, 모리카와 군, 기타하라 군한테서 부디 자네를 만나달라는 말을 들었어. 일본의 학우 등 많은 사람이 내가 한국에 가면 자네를 꼭 면회하도록 기대하고 있습니다. 여기에는 소장 등 높은 분이 많이 있지만, 주저하지 말고 있는 대로 말해주세요.

서 : 제 한 사람만의 일이 아닙니다. 저와 같은 입장에 있는 많은 사람을 돕기 위해 좀 처럼 없는 이런 기회에 선생의 힘에 매달릴 뿐입니다.

니시무라 : 건강은 어떻습니까?

서 : 그때(자살을 기도했던 때) 이래 저의 건강은 서서히 회복되고 있습니다. 저는 언제 다시 고문을 받을지 알 수 없는 불안과 공포에 떨면서 그날그날을 보내고 있습니다.

니시무라 : 나는 오늘 자네에게 전향을 권유하러 온 것이 아니다.

서 : 제가 어떤 험한 꼴을 당해도, 가령 죽임을 당하더라도 전향서는 쓰지 않습니다. 공산주의에 대한 확신이 있습니다. 미래에 대한 전망이 있습니다.

니시무라 : 언제부터 공산주의자가 되었습니까?

서 : 한국에 와서 2년 정도 지나고 나서부터입니다. 방학 때면 일본에 돌아가 사회사상의 책을 읽고 있었습니다. 그리고 공산주의에 공명을 느끼게 됐습니다.

니시무라 : 그것에 대해 누구도 이러쿵저러쿵 말할 권리는 없습니다. 사상·신조의 자유는 세계인권선언에서 약속되어 있습니다. 그러나 내 오랜 인생 경험을 통해 생각하는 것이지만 사회문제를 여러 각도에서 생각함과 동시에 인간 내면의 문제, 영혼의 문제를 응시해야 하는 것이 아닐까요? 성서를 읽은 일이 있습니까?

서 : 대전(1972년 6월 10일부터 73년 9월 중순까지 수감돼 있던 대전교도소)에 있었을 때는 때때로 읽었습니다. 여기서는 모든 독서가 금지돼 있었기 때문에 읽을 기회가 없었습니다. 어제 어머니가 오기 1시간 전에 처음으로 독서가 허용됐습니다. 그때까지는 독서는 물론 어떤 자유도 없었습니다. 괴로운 하루하루를 보내고 있었습니다.

니시무라 : 어머니하고는 어떤 얘기를 했습니까?

서 : 가족 얘기를 했습니다. 고문 등은 어머니에게 말하지 않았습니다.

소장 : (한국어로) 그것은 거짓이다. 모친에게도 그런 것을 말하지 않았나.

니시무라 : 차입은 어떻습니까? 순조롭게 들어오고 있습니까?

서 : 차입은 아무 것도 들어오지 않습니다. 독서와 마찬가지로 면회도 거의 할 수 없습니다. 편지는 한 통도 받지 못했습니다.

소장 : (한국어로 니시무라에게) 가족과의 서신은 금하고 있지 않습니다. 가족 외의 사람들과의 서신은 금지돼 있습니다. 정치범에 대해서는 특별한 처분을 하고 있습니다. 특히 서준식은 젊고 사상이 미숙하기 때문에 특별히 돌봐주고 있습니다. 그를 때린 일이 없습니다. 다른 사람에 비해 특별대우를 하고 있습니다. 예를 들면 나는 아주 바쁘지만 개별적으로 그를 네 번이나 면접했습니다. 여름에 더울 때는 다른 수형자는 한 방에 네 명 정도 잡거시키고 있지만, 그에게는 방 하나를 주고 있습니다. 겨울에는 이불도 몇 사람이 하나를 쓰게 하고 있지만, 그에게는 큰 이불을 혼자서 사용하게 하고 있습니다. 눈이 올 때는 눈 구경도 시켰습니다. 시내에 나가 쇼핑도 하게 하고, 보고 싶다고 할 때는 영화도 보게 했습니다.

서 : 그것은 거짓이다. 왜곡하고 있다. 소장은 거짓말을 하고 있다. 소 내에서는 지독한 고문과 테러가 행해지고 있습니다.

니시무라 : 자네는 어떤 고문을 받았나? 전부 말할 수 없더라도 한두 개 말해보세요. 모든 사람 앞에서 말해보세요.

서 : 추운 겨울날, 발가벗겨놓고 로프로 꽁꽁 묶어서 물을 뿌리고 실외로 내몰았습니다.

소장 : (한국어로) 그만해! 그만해! 그만해|

니시무라 : 계속하세요

서 : 한겨울 모포는 주지만 털실로 된 셔츠는 주지 않습니다. 이 작업복 뿐입니다. 예를 들면 주전자로 물 넉 잔을 억지로 마시게 해서 부풀어진 배를 짓밟아 뱃속에 있던 것을 전부 토해내게 하는 고문입니다. 작년 12월부터 올 1월에 걸쳐 소 내의 정치범에게 대규모 고문과 테러가 행해졌습니다. 너무나 심해서 나는 견딜 수 없어 자살을 기도했습니다. 수년간 어둠침침한 옥중에서 같이 고문 받으면서 살아온 사람들의 대부분은 이때 전향했습니다. 그러나 나는 전향하지 않았습니다. 왜냐하면 나와 형만의 문제가 아니라 전체의 문제이기 때문입니다. 고문이나 테러를 행하는 자는 간수가 아니고, 소 내의 흉악범을 써서 시키고 있습니다. 나 뿐만 아니라 모든 비전향정치범에게 고문을 가했습니다.

소장 : (한국어로) 이제 그만둬! 그만둬!

　　(소장, 당황해서 얼굴이 창백해져 섰다 앉았다 방을 들락날락했다. 다른 입회자들은 시종 얼굴색
　　이 바뀌지 않았다.)

서 : 저는 지금 대단한 용기로 이것을 말하고 있습니다.

　　(서준식은 회견 중 앞뒤 세 차례 같은 발언을 했다.)

소장 : 그가 말하고 있는 것은 모두 거짓입니다. 본인이 여기 있는 앞에서 한 가지 말하고 싶습니다. 편지를 보내는 것도 독서하는 것도 허용돼 있습니다. 변호사도 원하면 언제라도 부탁할 수 있지만 그는 부탁하지 않았습니다. 개별지도를 하려 했지만 그는 받아들이지 않습니다. 소 내의 정치범 전원에게 동일하게 한다면 자신에게도 그렇게 해달라고 말하며 그는 항상 우리의 호의를 무시해왔습니다. 비전향 무리를 한 군데 있게 해 기분을 풀어주려 했지만 역으로 그들은 단결했습니다. 어떤 때는 '소지'(사방에서 배식 청소 등을 하는 잡역수를 일컫는 일본어)를 포섭해 음모를 꾸민 일도 있습니다. 그래서 집단지도에서 개별지도로 옮겼습니다. 지금 우리에게 그가 아주 심한 말을 했지만, 그렇다고 그에 대한 처우를 바꿀 계획은 없습니다. 앞으로는 자살하게 하는 일은 없을 것이기 때문에 걱정하지 마세요. 그에 대해서는 충분히 배려하고 있습니다.

서 : 부디 국제여론, 국제기관에 이 일을 호소해주세요. 국제적십자사 등에도 호소해주세요.

니시무라 ; 적십자사만이 아니라 자네 형제의 일은 작년에 내가 런던에 갔을 때에도 직접 엠네스티 본부에 호소했습니다. 일본에서도 자네 일을 엠네스티가 맡고 있습니다. 형(서승)은 독일 그룹, 자네는 영국 그룹이 담당하고 있습니다. 자네 형제는 양심수로 지정돼 있습니다. 양심이 명하는 대로 마지막까지 훌륭하게 행동해주세

요. 불로도 물로도 어떤 것으로도 범할 수 없는 인간의 존엄을 지켜주세요.

면회가 끝나자 굉주교도소는 발칵 뒤집혔다. 서준식에 바로 보복조치가 내려졌다. 하지만 면회를 금지한다고 해서 '고문 폭로'가 사라지지는 않았다. 서 형제 구원회는 한국의 관계당국에 항의전보 발송운동을 벌였다. 오사카 한국총영사관과 도쿄 한국대사관 앞에서는 항의 시위가 이어졌다. 5월 23일 도쿄 중의원 제2의원회관 회의실에서 문인들이 돌아가며 항의 성명을 발표했다.

초당파 의원들은 성명에서 박정희 대통령에게 서준식에 대한 고문을 즉시 정지하라고 요구했다. 학자들의 '어필'에는 아이다 유지(사학)·구노 오사무(철학)·이누마 지로(농학)·히타카 로쿠로(사회학)·다카시마 젠야(사회학)·구와바라 다케오(프랑스문학)·나카노 요시오(영문학) 등 학계 원로 외에 만화가 데즈키 오사무도 이름을 올렸다. '어필'은 "한 개인의 사상·신조를 이유로 가해지고 있는 학대와 기본적 인권 침해는 극히 비인도적"이라고 비난하고 한국의 정치범이 놓여 있는 위기적 상황을 호소한 준식의 용기 있는 자세에 응답하고 싶다고 밝혔다.

소설가 노마 히로시·사타 이네코 등이 이끄는 '서군 형제를 지키는 문학창조자와 독자의 회'는 별도 성명에서 "서 형제가 한국 문자 그대로 목숨을 걸고 보이고 있는 바는 허위와 폭력에 대한 항의이고, 민족과 인간적인 것에 대한 사랑일 것"이라고 주장하고 한국 정부가 서 형제를 비롯한 정치범의 기본적 자유와 권리를 박해하는 일을 즉시 중지하도록 촉구했다.

(3) 「사회안전법」은 악법에 곱빼기 악법을 추가한 무법천지화 법

일본 지식인의 성명과 항의 파동은 유신정권의 행보에 별다른 영향을 미치지 못했다. 1975년 4월 30일 한국이 군대까지 파견하며 지원하던 사이공 정권(월남, 남베트남)이 무너지고 통일된 베트남사회주의공화국이 성립되자 '북한의 남침'이 재현될지도 모른다는 '안보 공포'가 전국을 휩쓸었다. 공포심은 집권연장을 꾀하던 독재자의 거짓조장으로 증폭되었다.

1975년 9월 9일 새벽 민방위기본법안·방위세법안 등과 함께 사회안전법안이 통과되었다. 「사회안전법」은 한마디로 형을 살고 나온 '불순분자'에 대해 국가 통제를 대폭 강화한 것이다. '반국가사범'의 재범 위험을 방지한다는 명목으로 당국이 위험인물로 간주하는 사람을 재판 없이 행정처분에 의해 장기간 인신구속할 수 있다는 점에서 인권 침해 소지가 아주 큰 법이었다. 하지만 야당에서도 전시체제를 구축해야 한다는 분위기에 눌려 정면으로 반대하지 못하고 사실상 정부안 그대로 통과시켰다.

적용 대상은 형법 87조~90조(내란, 내란목적 살인, 내란예비·음모 선동·선전) 군형법 5~9조, 11~16조(반란, 반란 예비·음모·선동 선전, 이적, 간첩) 국가보안법 1~8조 반공법 3~7조 위반으로 금고 이상의 형을 선고받고 집행을 받은 사람이다. 역대 정권에서 용공 조작 시비가 벌어진 사건이 끊이지 않았기 때문에 정권의 실정을 비판하다가 위의 법조항 위반 혐의로 실형을 받은 사람은 당연히 대상이 된다. 특히 반공법 4조 고무찬양 혐의는 '코에 걸면 코걸이, 귀에 걸면 귀걸이'식으로 적용됐던 점을 감안하면 악용될 소지가 많았다. 이른바 '막걸리 반공법'이 대표적인 사례다. 생계를 이어가기가 고달팠던 서민이 술기운에 시국을 비판하는 한두 마디 말을 했다가 반공법 위반으로 처벌되는 현상을 그렇게 불렀다. 야당은 마지막까지 반공법 4조를 제외하자고 요구했으나 받아들여지지 않았다. 사회운동은 커녕 그저 먹고 살기에 급급한 사람이라도 심사를 통해 보안처분조처가 내려졌다.

보안처분에는 보안감호·주거제한·보호관찰 이렇게 세 종류가 있었다. 처분기간은 2년이며, 2년마다 재심사를 통해 갱신할 수 있었다. 가장 강력한 제재 조처인 보안감호는 보안감호소에 수용하는 것이다. 법무부 차관을 위원장으로 하는 심의위원회가 재범의 '위험성'이 있다고 판정하면, 실제로 한 행위가 없더라도 가둬놓을 수 있었다. 그래서 '좌익수'로 복역한 전과가 있다는 이유만으로 부부가 함께 구속돼 자식들과 헤어지는 등 기막힌 사례가 적지 않았다. 교도소에서 양심과 사상의 자유 등을 이유로 전향서 쓰기를 거부하는 것도 재범의 위험성을 판단하는 주요한 기준이 됐다.

사회안전법의 피해자 가운데 널리 알려진 사람이 서준식이다. 그는 만기 7년형을 채우고 나서도 10년이 지난 1988년 5월 25일에야 풀려났다. 그것도 온전한 자유는 아니었다. 법무부가 "재범의 위험성이 상당부분 감소됐다"며 보안처분을 '보안감호'에서 '주거제한'으로 바꾼 것에 불과했다.

서준식이 '배보다 배꼽이 더 큰' 수감생활을 하게 된 것은 사회안전법에 의한 보안처분에 따른 것이다. 그는 1978년 5월 형기가 만료되자 2년 기한의 보안감호처분을 받고 그후 네 차례나 갱신돼 감호소에서만 10년간 수감됐다. 1988년 감호소에서 나올 때도 이전의 보안감호처분 만료일이 5월 26일이었는데 전날이 그의 생일이어서 하루 앞당겨 석방됐다고 한다. 법무부가 행정처분으로 10년을 더 잡아놓고서는 하루 앞당겨 풀어줬다고 생색을 낸 것이다. 그는 자신의 석방을 사전에 몰랐다. 사방에서 잠을 자다가 5월 25

일 새벽 0시 30분 통보를 받고 출소 절차를 밟은 뒤 박한철 검사(나중에 헌법재판소 소장)와 청주관광호텔에 잠시 머물다 서울에 거주하는 고모집에 인계됐다.

서준식이 17년만에 제한적이나마 자유를 되찾은 것은 무엇보다도 그 자신 투쟁의 성과다. 그는 전향제도와 사회안전법이 가장 기본적 인권인 사상과 양심의 자유를 탄압하는 것이기 때문에 법적 정당성이 없다고 주장해왔다. 그는 사회안전법의 폭력성에 항의한다며 1987년 3월 4일부터 4월 23일까지 무려 51일간 단식투쟁을 벌였다. 또한 민주화 투쟁의 쟁취물이기도 하다. 1987년 6월의 민주대항쟁을 거쳐 1988년 4·26 총선의 결과 '여소야대' 국회가 성립되면서 악법 폐지의 공감대가 형성됐기 때문이다.

철저하게 비밀의 장벽에 가려져 있던 비전향장기수 문제가 외부에 노출되기 시작한 것도 긍정적으로 작용했다. 유진독재나 전두환 폭압통치에 저항하다 구속된 대학생은 일반 죄수와 격리돼 특사에 수용되는 경우가 많았다. 비전향장기수에게 가해지는 비인간적 대우의 참상을 목격한 그들은 교도소 내 처우개선을 위해 함께 투쟁했으며 출소 후에도 장기수 문제의 실상을 알리는데 앞장섰다. 박정희가 긴급조치를 남발하며 감옥에 처넣었던 대학생들이 존재조차 알려지지 않았던 장기수 문제 해결의 선도자가 된 셈이다.

사회안전법은 1989년 5월 29일 여소야대의 국회에서 폐지되고 '보안관찰법'으로 대체됐다. 사회안전법상의 보안감호 주거제한은 사라졌으나 대신 보안관찰이 강화됐다. 당시 보안감호소에 수용돼 있던 35명은 근거법이 폐지됨에 따라 풀려났다. 서준식은 보안관찰법이 기본적으로 사회안전법과 다를 바 없는 악법이라고 반발해 법에 규정된 신고의무를 무시하다가 다시 구속돼 집행유예 판결을 받기도 했다.

서승은 동생보다 1년 9개월 늦은 1990년 2월 28일 3·1절 특사로 가석방됐다. 그에 앞서 1988년 12월 21일 무기에서 징역 20년으로 감형됐다. 끝까지 전향서 작성을 거부한 그는 19년에 걸친 수감생활을 사상전향공작과의 투쟁이었다고 의미를 부여했다. "사람의 생각을 강제로 바꾸고 힘으로 굴복시켜 인간성을 말살하려는 비인간적인 제도에 결코 굴복하고 싶지 않았다"고 말했다.

◎ 국가보안법은 식민지 노예시대의 악법을 본뜬 민주·평등주의 억압법

국가보안법이 일제의 치안유지법을 판박이로 해서 제정됐다는 것은 대부분 다 아는 사실이다. 보안감호제도도 치안유지법의 '예방구금' 제도를 거의 그대로 따왔다. 일본에서 치안유지법이 제정된 것은 1925년 4월이다. 일본 정부는 이 전에도 러시아혁명 이후 혁명적 사회주의 사상이 확산되는 것을 막기 위해 단속법안을 마련해 의회에 제출했으나, 단속 대상의 정의가 애매하고 남용할 우려가 있다는 이유로 폐기됐다. 1923년 9월에는 간토대지진으로 발생한 혼란을 수습한다는 명목으로 긴급칙령으로 치안유지령을 공포해 바로 시행에 들어갔다. 표면적으로는 질서문란·유언비어 살포 등에 대응한다고 돼 있으나 실제로는 사회주자들을 탄압하려는 외도에서 나왔다. 치안유지령은 치안유지법이 등장하면서 폐지됐다.

치안유지법은 소련과의 국교 수립(1925년 1월)과 보통선거법 제정과 맞물려 만들어졌다. 보통선거법은 일정한 금액 이상의 세금 납부자로 한정된 유권자를 만 25세 이상의 본토 거주 일본인 남성으로 확대한 것이다. 일본 정부는 보통선거법의 실시에 따라 진보 세력의 사회운동이 격화될 것을 우려해 치안유지법을 먼저 제정했다. 하지만 보통선거법의 실시는 3년 뒤로 미뤄졌다. 당초 치안유지법의 최고 형량은 징역 10년이었다. "국체國體를 변혁하거나 사유재산제도를 부인하는 것을 목적으로 결사結社를 조직하거나 정을 알고 가입하는 자"는 10년 이하의 징역 또는 금고에 처한다고 돼 있다. 국체는 천황제, 「천황을 중심으로 한 질서」를 의미한다.

1928년 6월 법 개정을 통해 최고 형량이 사형으로 대폭 강화됐다. 국체변혁과 사유재산제도에 대한 형량을 분리해서 "국체를 변혁하는 것을 목적으로 결사를 조직한 자 또는 결사의 임원, 기타 지도적 임무에 종사한 자는 사형 무기 혹은 5년 이상의 징역 또는 금고에 처한다"고 고쳤다. 결사 목적 수행을 위해 하는 행위도 처벌대상에 포함시켰다.

일본이 전면 전쟁 준비에 박차를 가하던 1941년 3월에는 긴급칙령으로 대폭 개악했다. 법 조항이 7개조에서 65개조로 대폭 늘어났다. 금고형을 없애 징역형으로 단일화하고 국체변혁을 기도하는 결사를 지원하는 결사도 처벌 대상에 포함시키고 준비 행위도 처벌하도록 했다. 사선변호인을 금지하고 관선변호인이 변호를 맡도록 했다. 개정된 내용에서 가장 중요한 특징은 '예방구금제도'의 도입이었다. 치안유지법 위반 혐의로 유죄를 받은 사람의 형 집행을 끝내고 석방해야 될 때 범죄를 저지를 우려가 현저하다고 판단되면 신설된 '예방구금소'에 구금할 수 있도록 했다. 예방구금 기한은 2년이며 갱신 가능하도록 했다.

일본은 이보다 앞서 1934년에 예방구금제도 도입을 시도했다. 3·1운동 뒤 조선총독을 지낸 사이토 마코토 총리가 이끄는 내각에서 치안유지법 위반자가 형기를 다 채운 뒤 미전향 상태로 출소하는 것을 막기 위해 치안유지법 개정안을 중의원에 제출해 통과시켰다. 하지만 귀족원에서 천황이 임명하는 칙선의원인 우자와 후사아키 등 법률학자 두 명이 제동을 걸고 나섰다. 이들은 예방구금이 사법처분인지 혹은 행정처분인지 불분명해서 "일본 신민臣民은 법률에 의하지 않고 체포·감금·심문 처벌을 받지 않는다"고 돼 있는 헌법 23조에 저촉될 우려가 있다고 따졌다. 결국 양원협의회에 넘겨졌으나 우자와가 소신을 굽히지 않아 개정안은 폐기됐다.

태평양전쟁 개전을 앞두고 예방구금제도가 실시된 직접적 계기는 미전향 공산당지도부 두 사람의 만기 출소를 봉쇄하기 위한 것이었다. 옥중저항의 상징 인물처럼 된 두 사람은 도쿠다규이치와 시가 요시오다. 이들은 공산당 재건운동 혐의로 1928년 2, 3월 체포돼 징역 10년형을 받고 1941년 연말 석방될 예정이었다. 이들은 예방구금제도의 도입으로 도요타마형무소(나카노형무소라고도 함)에 부설된 도쿄예방구금소로 옮겨졌다. 이후 이곳이 전향을 거부한 사상범의 주요한 집결지처럼 돼 버렸다.

일제의 조선침략사를 연구한 사학자 야마베 겐타로는 노동운동을 하다가 치안유지법 위반으로 구속된 뒤 전향을 거부해 예방구금소에 수용됐던 경험이 있다. 일본의 패전 이후에야 예방구금소에서 풀려난 그는 자신의 회고록 『사회주의운동 반생기半生記』에서 당시의 일을 기록했다. 그의 책에는 수사기관에 체포돼 조사받은 기간을 제외하면 감옥이나 예방구금소에서 신체적 고문을 당했다는 언급은 없다. 그가 자신의 감방을 하도 청소하지 않자 간수가 대신 청소를 해줬다고 한다. 전쟁 말기 일본의 식량 사정이 급격히 악화됐는데도 구금소 안의 급식은 풍부했다.

심지어 자체적으로 레코드 선정위원을 두고 베토벤 교향곡 등을 틀었다고 썼다. 사법성의 하청기관인 형무刑務협회에서 레코드판을 일괄 구입해 형무소로 보내주곤 했는데 일반 잡범은 클래식 음악에 관심이 없으니 예방구금소로 넘어온 것이다. 재즈는 '적성국가' 미국의 음악이라는 이유로 금지됐다. 베토벤은 동맹국인 독일 사람이니 괜찮고 베를리오즈는 비시 정권하의 프랑스가 적도 아니고 우군도 아니니 문제되지 않았다고 한다.

일본의 치안유지법은 1945년 10월 4일 점령군사령부의 '인권지령(정치적 시민적 종교적 자유에 대한 제한 철폐에 관한 각서)'으로 시행 20년만에 폐기됐다. 우리의 국가보안법은 남북의 대치가 지속되고 있다는 이유로 독사처럼 생명력을 유지하고 있다.

2) 모국에 유학 왔다 잔인한 고문 끝에 사형수가 되었던 강종헌

나는 결코 북한 간첩이 아니다. 민주화와 통일을 바라는 재일한국인 청년으로서 모국의 젊은이들과 함께 살고싶다는 소박한 심정에서 유학을 결심했다. 학우들을 고문에 의한 자백으로 간첩 사건에 말려들게 하는 것은 용인할 수 없는 반공선전이다.(김효순 『조국이 버린 사람들』서해문집 2015)

강종헌은 2011년 이와나미출판사에서 나온 『김대중 자서전』 일역판의 공동 역자다. 『아사히신문』 서울특파원을 지낸 하사바 기요시와 함께 자
서전을 번역했다. 그 전 해에는 자신의 자서전 『사형대
에서 교단으로』를 냈다. 사형대는 교수대를 뜻한다.
「내가 체험한 한국현대사」라는 부제가 달린 이 책의
제목에서 나타나듯 그는 사형수였다.

그는 그날을 평생 잊을 수가 없다. 북한의 지령을
받고 학원에 침투한 간첩이란 혐의로 기소돼 1심
재판의 심리가 끝난 결심일이었다. 1976년 6월 7
일 함께 기소된 10여 명의 국내 학생들과 함께 법정
에 섰다. 담당검사는 논고를 하면서 '간첩단 주범'인
강종헌에 대해 "반공을 국시로 하는 대한민국에서
강종헌

피고 같은 북한 간첩은 생존을 허가할 수 없다. 극형에 처해야한다"고 목소리를 높였다.
사형이란 말을 듣는 순간 귀가 먹먹해졌다. 몸 안에서 뭔가 머리 위로 붕 솟아오르는 느
낌이었다. 변론이 끝나고 최후진술의 차례가 왔지만 2~3분 정도 하다가 끝나버렸다.
재판장이 그의 진술을 "알았어", "이제 됐어"하며 몇 차례 가로막았기 때문이다. 극도로
긴장한 데다 우리말이 능숙하지도 않았지만 이런 취지로 말했다.

"나는 결코 북한 간첩이 아니다. 민주화와 통일을 바라는 재일한국인 청년으로서 모국
의 젊은이들과 함께 살고 싶다는 소박한 심정에서 유학을 결심했다. 학우들을 고문에 의
한 자백으로 간첩 사건에 말려들게 하는 것은 용인할 수 없는 반공선전이다."

그날 저녁 호송버스에 실려 서대문구치소로 돌아오자 바로 보안과로 끌려갔다. 당직
계장이 사형 구형을 받으면 규칙상 수정(수갑)을 채워야 한다고 말했다. 교도소에는 일제
강점기 때 용어가 많이 남아 있다. 당직 계장은 수갑을 채우는 '시정施錠'을 하면서 "자살
을 방지하기 위해, 어디까지나 너를 보호하기 위해서니까 오해하지 마라"고 설명했다.
그러고는 1심 판결에서 사형이 정해진 것도 아니고, 2심 3심도 있으니 너무 비관하지 말
라고 덧붙였다.

사형선고를 받은 사람에게 수갑을 채우는 것도 일제강점기의 잔재다. 정작 일본에서
는 패전 후 이 행형제도가 폐지됐지만 한국에서는 오랜 기간 명맥을 유지했다.

하루 동안 벌어진 일이 강종헌에게는 도저히 정리가 되지 않았다. 검사는 생존을 허가
할 수 없다며 사형을 요구하더니, 교도소 관리는 수갑을 채우는 것이 그를 보호하기 위해
서라고 말한 것이다. 그날 이후 수갑은 항상 차야만 하는 휴대품이 됐다. 잠잘 때나 식사
할 때는 물론이고 용변을 볼 때도 수갑을 차고 있어야 했다. 담당 교도관이 필요할 때는

한쪽 수갑을 풀어주게 돼 있지만 잘 지켜지지 않았다.

1976년 7월 7일 열린 1심 선고공판에서 사형이 언도됐다. 2심은 기각됐고, 1977년 3월 15일 대법원에서도 기각돼 극형이 확정됐다. 20대 중반의 나이에 사형수가 된 것이다. 서대문구치소에서 간첩 혐의로 형이 확정된 사형수 가운데 그가 최연소였다. 몇 차례 재심을 신청했지만 그마저도 번번이 기각됐다.

가족 면회는 1심 판결 후 처음으로 허용됐다. 일본에서 어머니가 왔다. 법정에서 방청석에 앉은 어머니와 몇 번 얼굴을 마주치기는 했지만 대화는 처음이었다. 그는 어머니를 위로하려고 말을 이어갔다. 비록 사형을 받기는 했지만 사람을 죽인 것도 아니고 남의 물품을 훔친 것도 아니니 걱정하지 말라고 달랬다. 어머니가 손에 찬 금속물건이 눈에 띄었는지 뭐냐고 물었다. 사형수는 모두 이것을 차고 있어야 한다고 했더니 어머니는 잠잘 때는 어떻게 하냐며 낙담했다. 겨우 3분 정도 진행된 면회는 눈물로 시작해서 눈물로 끝났다.

수갑을 차고 생활하는 것은 1982년 3월 3일에야 끝났다. 그날 무기로 감형조치를 받아 수갑을 푸는 '해정解錠'이 있었다. 5년 9개월간 두 손을 차가운 금속형구에 속박당한 채 살았던 것이다. 수감생활이 오래 되면 요령이 생겨 같은 방의 수감자가 교도관 몰래 수갑을 풀어주기도 했으나 그것은 어디까지나 일시적이었다.

◎ 사형수는 감방에서 혼자 호출되어 나갈 때면 '마지막 인사'까지

일반 형사범은 금고 이상의 형을 받아 풀려나지 않으면 다른 교도소로 이감을 가 기결수가 되지만, 사형수는 대법원 확정판결 이후에도 그냥 미결수다. 형이 '아직' 집행되지 않은 상태에 있기 때문이다. 살인이나 살인강도 등의 혐의로 극형이 선고된 일반사형수는 구치소에서 어차피 교수대로 갈 사람이라고 해 '제한된 자유'를 눈감아주기도 하지만, 간첩 혐의 사형수에게는 그런 것이 인정되지 않는다.

사형수는 죄명이 달라도 자신이 수용돼 있는 사방 인근에 어떤 사형수가 있는지 알게 된다. 아무리 마음의 평온을 유지하려고 해도 그 사람들에게 신변의 변화가 없는지 신경이 쓰이기 마련이다. 언제 같은 배를 탈지 모르는 신세이기 때문에 어쩌다 마주치기라도 하면 반갑게 눈인사를 건넨다. 강종헌이 수감된 사동의 건너편에는 울릉도 간첩 사건으로 형이 확정된 사형수가 있었다. 변소 쪽 창문에서 보면 인사를 나눌 수 있었다. 1977년 12월 5일 날마다 보이던 그 사람이 나타나지 않았다. 설마 하는 생각이 들었는데 울릉도 사건의 사형수 세 명이 그날 오전에 처형된 것을 나중에 알게 됐다.

강종헌은 피할 수 없는 운명이 언제 닥칠지 모른다는 것을 절감했다. 그날 이후 자신에게 '내일은 없다'는 마음으로 모든 일에 우선순위를 두고 하루하루를 보냈다. 혹시 감옥에서 나가게 되면 의학공부를 계속할 수 있으리라고 기대해서 손을 떼지 않던 의학 관련 서적을 더 이상 보지 않게 됐다. 사형 집행은 연말에 하는 경우가 많았다.

1980년 12월 말 일반사형수 두 사람이 처형됐다. 그 해는 그걸로 사형집행이 끝났다고 생각했는데 다음날 이상한 일이 벌어졌다. 아침 점호가 끝나고 어슬렁거리고 있을 때 처음 보는 교도관이 감방문을 열었다. 그는 강종헌의 수인번호를 부르며 교무과 호출이니 나오라고 했다. 이렇게 이른 시간의 호출은 없었다. 그는 순간적으로 형 집행이라고 짐작했다. 아무리 침착하려 해도 몸이 말을 듣지 않았다. 가슴이 두근거리고 무릎에 힘이 빠졌다. 방의 동료들도 눈을 피하는 것 같았다. "그동안 신세를 많이 졌습니다. 하루빨리 출소하세요"라고 기계적으로 말을 건넸다.

그는 그날이 올 것에 대비해 흰색 한복을 갖고 있었다. 마지막 모습을 추하게 남기지 않으려고 간직해온 한복을 찾고 있는데 교도관이 "빨리 나오지 않고 뭐하냐"고 버럭 소리를 질렀다. 할 수 없이 입고 있는 옷차림으로 교도관을 따라나섰다. 어지럽고 벽이 흔들리는 듯한 느낌이 들었다. 이상하게도 양쪽에서 자신의 팔을 움켜잡는 교도관들이 없었다. 사방 중간에 설치된 철제문을 지나 갈림길이 나왔다. 왼쪽이면 사형장이고, 오른쪽이면 교무과로 가는 길이다. 인솔 교도관은 오른쪽으로 들어섰다. 강종헌은 더 이상 참지 못하고 어디로 가느냐고 물었다. 교도관은 "무슨 잠꼬대를 하는 거야. 강당에서 오늘 반공 강연회가 있는데 너 같은 간첩들도 꼭 듣도록 하라는 게 위에서 내려온 지시야"라고 대꾸했다

강종헌은 온몸에서 힘이 빠져 나갔다. 정신이 돌아온 듯 추운 겨울날씨인데도 땀범벅이 된 것이 느껴졌다. 강당에 들어가 자리에 털썩 앉았지만 강연자가 무슨 소리를 하는지 귀에 들어오지 않았다. 강연이 끝난 뒤 방으로 되돌아오니 모두 놀라는 표정이었다. 그들은 강종헌이 처형된 것으로 생각해 명복을 빌며 묵도했다고 말했다.

그날 강연회에 참석한 국보법 혐의 사형수가 10명가량 되는데, 사형 집행이라고 지레짐작한 것은 자신뿐이었다는 것이 드러났다. 운명이 그렇게 짜인 것이라면 교수대에 섰을 때 "조국의 민주화와 통일을 위해 이 한 몸 바치는 것을 영광으로 생각한다"는 한마디를 남기고 죽겠다고 평소 마음가짐을 굳게 했는데도 막상 닥쳐오니 그 다짐이 온데간데 없이 사라진 것이다. 그는 스스로를 되돌아보는 계기로 삼았다.

(1) 일본에서 받고 있던 차별의 굴욕감 극복 위해 조선 이름으로 바꿔

강종헌은 도대체 어떤 삶을 살았기에 보통 사람이라면 생을 마감할 때까지 거의 겪지 않을 이런 고난을 체험하게 된 것인가? 1951년 나라현 야마토다카다시에서 태어난 그는 재일동포 2세다. 네 형제 중 장남으로, 어렸을 때부터 정체성 갈등을 의식했다.

소학교 3학년 무렵 작문시간에 한 일본 여자애가 휴일 꽃구경하고 돌아온 글을 써서 낭독했다. 가족 모두의 즐거운 나들이였지만, 근처의 한 무리가 북을 두드리며 큰소리로 노래를 부르고 춤을 춰 불편했다는 내용이었다. 그 여자애의 작문은 "조선인은 어디서나 시끄럽게 해서 힘들다"는 말로 끝났다. 아이들이 모두 깔깔 웃고, 교사도 웃었다. 웃지 못하고 얼굴이 달아오른 사람은 강종헌 혼자였다.

어린 나이의 강종헌에게 큰 버팀목이 된 것은 소학교 4, 5학년 때의 담임이었다. 20대 중반의 젊은 담임은 글짓기를 아주 중요하게 생각하고, 계속 쓰도록 지도해 주었다. 담임은 시간이 있을 때마다 강종헌을 불러서 조선이 어떤 나라였는지, 일본과 어떤 관계에 있었는지를 얘기해 주었다. 담임은 또 조선인이 심한 차별을 받고 있는데 절대로 기죽지 마라, 부끄러워 할 것은 하나도 없다고 말했다. 그래서 차별하는 말을 듣더라도 위축되는 일은 없었다.

그가 중학교 2학년 때 가족이 야오시에서 오사카시 이쿠노구로 이사했다. 이쿠노는 오사카에서도 대표적인 재일동포 집단거주지역이었다. 그해 가을 구청에 외국인 등록을 하러 갔다. 몇 분 걸리지 않았지만 어두운 방의 한쪽 구석에서 지문을 찍었던 것이 그의 마음을 무겁게 내리눌렀다. 외국인 등록 때 한 지문 날인은 어린 학생에게 너무 충격을 준다고 해서 시행 연령이 14세에서 16세로 상향 조정된 것은 1982년 8월이었다. 재일동포 사회를 중심으로 지문 날인 거부운동이 확산되자 일본 정부는 1993년 1월 특별영주권자에 대해서는 폐지했고, 2000년에는 일반 외국인도 면제 대상에 포함시켰다.

집으로 돌아오는 길에 강종헌은 이제까지 느끼지 못하던 굴욕감에 사로잡혔다. 도저히 일본인 흉내를 내면서 살 수 있는 나라가 아니라는 것을 절실하게 느꼈다. 화가 풀리지 않아 교과서나 노트에 써놓은 일본식 성 '나가시마'를 전부 '강'으로 바꿨다. 하지만 중학생인 그가 조선 이름으로 살아가기에는 현실의 장벽이 너무 높았다. 흥분이 가라앉자 그는 원래 자리로 돌아왔다. 고등학교 진학 원서를 접수할 때 직원이 합격하면 어느 쪽 이름을 쓸 것인지를 물었다. 그는 잠시 주저하다가 일본 이름으로 쓰겠다고 말했다.

그가 덴노지고등학교에서 가장 감화를 받은 선생은 세계사를 담당하는 후쿠다 쓰토무였다. 2, 3학년 시절의 담임인 후쿠다는 뒷날 강종헌이 보안사에 연행돼 취조 받을 때 의식화 교육을 시킨 장본인으로 그려졌다. 후쿠다 선생은 시험문제를 주관식 논술 형태로 냈다. 예를 들어 "1860년대 인도와 중국의 민족운동을 비교하라"는 식이다. 3학년 마지막 시험은 "러시아혁명의 세계사적 의의에 대해 말하라"는 문제 하나뿐이었다. 한국에서는 도저히 상상이 가지 않는 고등학교의 출제방식이다.

강종헌은 2학년 때 「조선문화연구회」를 만들었다. 덴노지고등학교에 조선인 학생이 10여 명 있었지만 '민족명(우리 이름)'으로 다닌 사람은 한 두 명에 불과해 서로 잘 몰랐다. 그래서 혼자 있으면 외롭기도 하니 같은 처지의 학생끼리 서클을 만들면 어떨까 해서 담임에게 상의했는데 좋은 생각이라며 명단을 구해주었다. 한사람씩 찾아가서 함께 공부해보지 않겠느냐고 말을 걸었다. 반응은 엇갈렸다. 찬동하는 학생도 있었고, 노골적으로 멀리하는 학생도 있었다.

그렇게 해서 만든 것이 「조선문화연구회」였고, 일교조 소속 교사들이 고문을 맡아 지도해 주었다. 동포사학자 강재언이 쓴 『조선』이라는 개설서 등을 보고 토론했다. 재일조선인 권익 문제에 관심이 많은 담임선생의 권유로 그는 재일조선인 인권에 관한 팸플릿을 두 차례 만들었다. 자신이 조선인이라는 것을 학교 안에서 선언한 셈이다. 3학년에 올라갈 때는 일본식 '통명'을 버리고 본명을 한자로 썼다. 단지 발음은 일본식 한자음에 따라 '고소켄'으로 했다.

(2) 결국 모국은 「고통 받는 약자 사랑 정신」 의 교포 청년들을 파멸시킨 셈

교토대 법학부에 응시했다가 떨어져 재수를 하기 위해 교토에 있는 학원 기숙사에 들어갔다. 당시는 일본 전역에 '전공투(전학공투회의全學共鬪會議)' 중심의 학생운동이 격렬하게 벌어지던 때라 교토대학이나 도시샤대학에서는 연일 학생들이 헬멧을 쓰고 시위를 벌였다. 강종헌은 일본 학생들의 시위가 사회 구조를 개선하기 위한 하나의 과정이라고 생각했지만, 일본인이 아닌 자신이 대학생활을 그렇게 보내야 하는지 회의가 일었다.

그는 조선인 취직 차별이나 입국관리 규제 강화가 논란이 되는 걸 보면서 조국에 대한 관심이 더욱 높아졌다. 신문에 한국이나 조선이란 문자가 보이면 저절로 눈길이 갔다. 일본 대학에 가야 할지 고민하던 상황에서 전태일의 분신 기사를 접했다. 자신과 비슷한 세대의 젊은이가 얼마나 고민이 많았으면 이렇게 생을 마감할까, 충격을 금할 수 없었다. 일본에 그냥 있으면 도저히 이런 현실을 공유할 수 없다는 생각이 들었다.

1971년 4월 5일 비행기를 탄 그는 조국 땅을 처음 밟았다. 재외국민 교육연구소에 등록하고, 거처는 동숭동 서울대 의대 구내에 있는 동포학생 기숙사로 정했다. 처음에는 우리말 교육과정이 끝나면 교사가 되고 싶은 생각에 사범대를 지망하려 했다. 매일 아침 기숙사를 나설 때 병원 앞에서 웅성거리는 사람들이 있었다. 알고 보니 피를 팔아서 겨우 생계를 유지하는 빈곤층이었다. 보통 사람조차 아파도 병원에 가지 못하고 약국에서 약을 사먹던 시기였다. 매혈 행위는 1975년에야 법으로 금지됐다.

그는 의사가 되면 가난한 사람에게 봉사할 수 있을 것 같아 연구소 과정

11.22사건 : 중앙정보부에서 발표한 재일동포 간첩단 사건을 다룬 『동아일보』1975년 11월 22일자 기사. ⓒ동아일보

을 마친 후 서울대 의예과에 진학했다. 사회문제에 대한 관심은 지속됐다. 본국의 학생운동에 적극 참여하려 한 것은 아니지만, 시대의 아픔을 같은 또래의 국내 젊은이와 나누고 싶은 생각이 강했다. 의예과 2년을 마치고 본과 1학년에 올라가서는 서울대 의대에서 학생운동의 중심 단체인「사회의학연구회」모임을 참관하기도 했다. 정보기관의 감시를 받고 있다는 생각은 전혀 하지 않았다. 위험이 따를 수도 있겠지만 그렇기 때문에 해야 할 일도 하지 못해서는 안 된다고 생각했다.

중학생 무렵부터 시작된 정체성 갈등과 민족적 자아를 되찾으려는 그의 노력은 정보기관 요원의 눈에는 그저 '대공 용의점'에 불과했다. 그러니까 선善을 강렬히 지향할수록 '악인'이 될 가능성을 높이는 꼴이 되었다. 보안사령부가 펴낸 『대공30년사』에는 수사 단서가 이렇게 기록돼 있다.

당 사령부 대공처 공작과에서 역용공작 중에 있는 공작원으로부터 모국 유학생 강종헌은 고교 재학 시 조선문화연구회 회장으로 활동한 바 있고 이후 조선학생동맹의 학생들과의 접촉이 많았으며 일본 출생자로 한국말을 유창하게 하며 재외국민연구소에서도 우수한 성적으로 수료했다는 점 등의 정보를 입수해 수사를 진행, 범증을 포착한 후 검거케 되었다.

'역용공작 중에 있는 공작원'이란 재일동포유학생으로 추정된다. 보안사는 "유학생을 연행해 조사했다가 별다른 혐의가 없으면 조건부로 풀어준 뒤 다른 혐의자를 찍어서 밀고하라고 압박을 가했다." 수사 경위에 관한 기술에는 "내사를 실시한 결과 재외국민연구소에서 우리말 성적이 우수하여 월반한 바있고…"란 표현도 있다.

강종헌은 1971년 봄 모국에 들어올 때 우리말을 거의 하지 못했다. 서울대 의대 구내의 유학생 전용기숙사에서 생활하다보니 보통 때는 일본 말을 쓰게 돼 우리말 공부에 방해가 됐다. 그래서 2개월 정도 있다가 기숙사를 나와 하숙을 구했다. 하숙생이 대체로 직장인이어서 그들과 초보적인 의사소통을 하면서 어휘 실력을 늘려갔다. 그렇게 닦은 우리말 실력이 오히려 의심의 단서가 된 것이다. 정보기관은 일본에서 태어난 동포2세 유학생이 우리말을 잘하면 총련(북조선 지지세력)쪽 사람들과 접촉이 잦았음을 드러내는 방증으로 받아들였다.

강종헌은 일본에서 '11·22사건'의 2차 체포자로 분류된다. 중앙정보부의 대대적인 '11·22사건' 발표 이후 연행됐기 때문이다. 하지만 국내에서 그의 사건은 발표된 적이 없다. 보안사의 사건 송치, 검찰 기소는 물론 3심까지의 판결도 언론에 보도되지 않았다. 『대공 30년사』는 그가 1975년 12월 2일 보안사령부에서 일당 15명과 함께 검거된 것으로 돼 있다. 또한 보안사 수사관 고아무개 준위 명의의 강종헌에 대한 '인지 및 동행보고'에는 1976년 1월 6일로 작성돼 있다.

같은 보안사 문서인데도 검거 날짜가 무려 한달 이상 차이가 난다. 그뿐만 아니다. 고아무개 준위는 진실화해위 조사에서 "동행 보고서의 성명과 인장이 자신의 것이 맞지만 수사에 전혀 참여한 바 없고 자신의 필적이 아니다"라고 밝히고 당시 수사 관행상 불가피한 측면이 있었다고 주장했다.

강종헌은 보안사의 기록보다 더 이른 1975년 11월 28일 종로구 연건동의 하숙집에서 연행됐다. 다음해 1월 17일 구속영장이 집행돼 구속됐고, 검찰에 송치된 것은 2월 4일이다. 보안사는 원칙적으로 민간인에 대한 수사권이 없기 때문에 송치될 때 의견서는 중앙정보부에서 보안사로 파견된 수사관 명의로 작성됐다. 그리고 2월 23일 간첩단 사건의 주범으로 구속됐으니 연행된지 거의 3개월이 되어가는 무렵이었다.

여기서 주목해야 될 대목은 연행부터 영장 발부까지의 기간이다. 1975년 11월 28일 연행돼 다음해 1월 8일 영장이 발부됐으니 무려 40여 일간 불법구금된 셈이다. 그의 공소장에는 상식적으로 쉽게 납득이 가지 않는 내용들이 많다. 서울대 의대 의예과 2학년 재적 중인 1973년 8월 3일부터 23일까지 공작선을 타고 북한에 밀입북해 평양에서 간첩 밀봉교육을 받았다는 것은 기본이고, 김일성 찬양 노래를 만들었다는 혐의도 있다.

취조 수법이 거칠기로 악명이 자자했던 보안사의 서빙고분실에서 장기간 수용되면 어떤 일이 벌어지는건가? 그의 증언은 이랬다.

원시적 구타를 당해보지 않고 일본에서 자란 사람이 원시적 폭력 앞에 노출되면 공포감밖에 없다. 수사관의 무차별 구타에 며칠은 버틸 수 있지만 이대로 가면 그냥 죽이겠구나 하는 절망감에 빠진다. 일단은 저 사람들이 원하는 대로 써줘야지 더 이상 버틸 수가 없겠다고 생각했다. 요만큼 쓰게 되면 그들의 요구에 따라 더욱 확대되고 나중에는 각본대로 다 맞춰주게 된다.

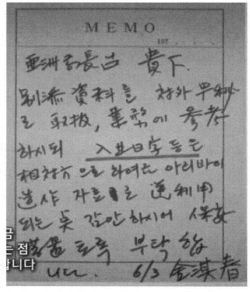

유신 시절 현직 검사로 중앙정보부에 파견돼 일했던 김기춘이 외무부 아주국장에게 보낸 메모. 별첨 자료에 기재된 입북일자가 일본의 구원회단체들에 의해 구속자의 알리바이를 '조작'하는 자료로 이용되지 않도록 엄중한 대외비로 처리해달라고 요청하고 있다.(김효순 『조국이 버린 사람들』서해문집 2015)

강종헌은 처음부터 갈피를 잡을 수가 없었다. 고문당하는 것도 견딜 수 없었지만, 사건이 이렇게 엄청나게 조작되면 도대체 어떻게 되는 건지 불안했다. 그의 혼란스러운 마음을 달래준 것은 일선 수사관이 아니라 보안사 간부였다. 공작과장은 "걱정하지 마라. 우리가 다 생각이 있어서 이렇게 하는 거니까 잘 협조하라"고 말했다. 나중에 서울구치소로 수감될 때는 대령 계급장을 단 장교가 왔다. 평소에는 서빙고분실에 잘 나타나지 않던 사람이다. 대령이라면 보안사 대공처장일 가능성이 높다. 그가 이렇게 타일렀다고 한다.

알다시피 시국이 참 어수선하다. 월남이 망하고 북에서 언제 적화통일을 기도할지 모르는 상황이다. 어떻게 하든지 학생들의 국가관을 바로 세워야 한다. 일단 너희들이 협조를 잘 해라. 재판이 끝나면 조용히 빼주겠다.

강종헌은 그 보안사 간부의 말을 굳게 믿었다. 1976년 4월 6일부터 시작된 1심 공판에서 공소 사실의 주요부분을 대체로 인정했다. 함께 기소된 국내 학생들한테서 "너 도대체 왜 그러느냐"고 핀잔을 들을 정도였다. 재일동포 유학생 사건들을 보면 그가 아주 특

2013년 1월 서울고법의 재심에서 무죄 선고를 받은 강종헌(앞줄 가운데)씨와 그를 돕고 응원한 사람들. 강씨 바로 뒤 왼쪽에 재일동포 유학생 간첩사건 재심 재판을 이끈 이석태 변호사. 그 왼쪽에 사형수였다가 13년만에 풀려난 이철씨가 보인다.(김효순『조국이 버린 사람들』서해문집 2015)

수한 사례는 아니다. 상당수가 정보기관의 위협과 회유에 넘어가 1심 법정에서 사전에 정해진 '모범답안'식 진술을 했다.

1976년 7월 7일 내려진 1심 선고는 사형이었다. 벼랑 끝에서 풀 한 포기를 잡고 버티던 그의 기대는 산산이 부서졌다. 그는 당시 상황에 대해 "한국 실정을 그 정도로 몰랐고 철저히 세뇌되어 있었다"고 회고했다. 협조하면 다 풀어준다는 말을 '어리석게도' 그대로 믿었다는 것이다.

강종헌은 항소심부터 보안사 취조 과정에서 있었던 가혹 행위, 회유 등을 밝히며 주요 공소사실이 조작됐음을 주장했으나 모두 기각돼 사형이 확정됐다. 그가 '가석방'으로 풀려난 것은 1988년 성탄절을 앞둔 12월 21일이었다. 모국의 젊은이와 호흡을 함께하겠다던 꿈이 13년이 넘는 감옥생활로 이어진 것이다. 석방되기까지 무기로 감형(1982년 3월 3일), 20년으로 감형(1984년 8월 14일), 징역 7년으로 감형(1988년 2월 27일) 등 세 차례 형 감경조치를 받았다. 그는 광의의 '11·22사건' 구속자 가운데 학생으로서는 가장 늦게 나온 셈이다. 발표 당시 직업이 오사카청년회의소 홍보위원으로 나왔던 백옥광은 1990년 5월 21일에 풀려났다.

일본에 돌아간 강종헌은 통일운동에 기여한다며 범민련해외본부에서 일하다가 2002년 쉰한 살에 대학원에 들어갔다. 50대 후반의 나이에 박사학위를 받아 시간강사를 하며 일본의 평화헌법 등을 강의하고 있다.

그의 자서전에는 1992년 8월 평양에서 열린 제3차 범민족대회에 참석하기 위해 북한에 갔다가 처외삼촌 가족을 만났던 일이 나온다. 일본에서 경정 선수를 한 처외삼촌은 공사장에서 땅을 파는 일을 하더라도 조국에서 살고 싶다며 가족과 함께 북한행 배를 탔다. 북한의 현실에 실망한 그는 비판적 발언을 하다가 수용소로 끌려가 죽었다. 그나마 장인 장모가 북에 계속 '재정 지원'을 해 남겨진 가족은 그럭저럭 살고 있었다. 장모의 처지에서 보면 사위는 남쪽에서 사형수였고, 남동생은 북쪽에서 옥사를 한 셈이라고 그는 썼다.

3) 보안사에서 몽둥이로 당한 후 요로에 간첩조작 폭로한 고순자

고순자는 더 이상 모국 유학을 계속 할 의미가 없다고 판단했다. 조국을 찾았다가 간첩으로 조작되는 비극이 유학생에게 더 이상 일어나지 않도록 피해 당사자가 나서서 폭로해야 한다고 결심했다.(김효순 『조국이 버린 사람들』서해문집 2015)

도쿄 지요타구의 '나가타쵸'는 일본 정치의 중심지다. 1932년 국회의사당이 완공되면서 일본 정치의 대명사가 됐다. 총리 관저, 중·참의원 의장 공관, 각 정당의 중앙당사, 의원회관, 국회도서관 등이 이곳에 몰려 있다.

1984년 12월 19일 중의원 제2의원회관에서 20대 재일동포 여성이 기자회견을 열었다. 사회당의 「재일한국인 정치범을 지원하는 국회의원 간담회」 대표인 이나바 세이치 중의원 의원 등이 자리를 같이 했다. 그는 3개월 전쯤 아무 영문도 모른 채 보안사령부 요원에게 끌려가 고문당한 뒤 '운 좋게도' 풀려난 자신의 체험을 얘기하며 동포 유학생을 상대로 한 간첩조작 실태를 폭로했다. 비슷한 시기에 보안사령부에 연행된 동포 유학생 가운데 몇몇은 그가 조사받는 동안 유학생 간첩단 사건으로 대대적으로 발표됐다.

고순자는 히로시마 현 구레 출생으로 덴리대학 외국어학부 조선학과를 나왔다. 그는 우리말을 더 익혀서 재일동포 아이들을 위한 민족교육에 투신하기 위해 1980년 4월 모국 유학길에 나섰다. 서울대 재외국민연구소에서 교육과정을 마치고 주한 일본대사관에서 일본어 강사 아르바이트를 하면서 1982년 고대 대학원 국문학과에 들어가 한국현대문학을 연구했다.

평온한 유학생활은 1984년 9월 21일 오전 학교 기숙사로 이상한 전화가 두 차례 걸려오면서 끝장났다. 한 번은 남자, 또 한 번은 여자 목소리였다. 동포 유학생이 연루된 사건들이 빈발하던 때라 뭔가 이상한 예감이 들었다. 아니나 다를까 기숙사 지하식당에서 점심을 먹고 방으로 돌아오는데 수상한 남자 두 사람이 있었다. 한 사람이 다가와 대공수사관이라고 밝히고 두세 가지 물어볼 것이 있으니 가자며 팔을 잡아끌었다. 고순자가 옷을 갈아입고 나올테니 잠깐 기다려달라고 하자 그는 금방 끝나니 이대로 가자며 끌었다.

그날 오후 4시께 도착한 곳은 과천의 한 아파트였다. 무슨 일이냐고 물어도 말해주지 않았다. 방에 들어가자 바로 취조가 시작됐다. 그들은 두 사람의 이름을 대며 아느냐고 물었다. 처음 듣는 이름이어서 고순자가 모른다고 하자 그들은 방 밖으로 나가 몽둥이를 가져왔다. 고순자를 일으켜 세우고는 허벅지·장딴지를 때리기 시작했다. 주먹으로 머리를 쥐어박고 발로 차기도 했다. 다시 앉으라고 해놓고 일본의 대학에서 서클 활동으로 무엇을 했는지 등을 물었다. 대답이 마음에 들지 않으면 세워놓고 마구 때렸다.

그가 재일한국학생동맹(한학동)에 관여했다고 말하자 수사관들은 기대하던 답을 얻었다는 듯이 "다른 데로 옮기자"고 말했다. 다시 이동한 곳은 숲으로 둘러싸인 건물이었다. 고순자는 마치 교도소 같은 건물의 소재지가 성남시였다고 기억하고 있는데 아마도 장지동 보안사 대공분실로 추정된다. 요원들이 집중적으로 캐묻는 것은 두 가지였다. 북한 방문 여부와 총련계 인사와의 접촉 여부를 반복해서 물었다. 솔직하게 인정하면 형을 가볍게 해준다고 달래기도 했다.

연행된 날로부터 6일 동안은 아예 잠을 자지 못하도록 했다. 그 후에는 동이 틀 무렵부터 아침밥을 먹을 때까지 길어야 3시간 정도 잠을 재웠다. 첫날 아파트에서 몽둥이로 난타당해 걷기조차 힘들었지만, 그들은 원하는 답이 나오지 않으면 앉았다 섰다를 계속 반복시켰다. 피멍이 든 다리로 고통을 참아가며 그들이 시키는 대로 해야만 했다

재일동포가 일본에 살면서 총련계 동포와 접촉이 없다는 것은 불가능한 일이다. 친지의 결혼식이나 제사에서 만날 수 있고 지역 행사에서 마주칠 수도 있다. 고순자가 재일동포의 현실을 누누이 설명하려 해도 수사관들은 들으려 하지도 않았다. 그들은 두려움에 떠는 젊은 동포여성을 상대로 "발가벗겨서 고문하겠다" "이곳의 젊은 애들은 무슨 짓을 할지 모른다" "산속에 들어와 있으니 아무리 비명을 질러도 밖으로 들리지 않는다"고 협박했다. 고순자가 일본의 대학시절 한학동 활동을 했다는 것은 요원들에게 더할 나위 없이 좋은 '요리 자료'였다. 배후 조종 인물을 만들어 내면 그럴듯한 유학생 간첩단 사건으로 포장할 수 있기 때문이다.

고순자 자신도 쉽게 풀려나지 못할 수도 있다며 체념하기도 했다. 보안사 분실에서 10

월 6일까지 취조 받다가 다시 처음 연행된 아파트로 옮겨졌다. 무슨 까닭인지 알 수 없지만 분위기가 달라졌다. 10월 13일 밤 수사관들이 그에게 밤 9시 티브이 뉴스를 꼭 봐야 한다고 말했다. 그날 재일동포 대학생 간첩단 사건이 대대적으로 발표됐다. 보안사가 6개 망의 간첩 6명을 검거했는데 그중 4명이 모국 유학생을 가장한 간첩이었다는 내용이었다. 뉴스가 끝난 후에는 간첩 검거에 관한 특별편성 프로그램까지 나왔다. 고순자는 멍하니 간첩이 된 동포 유학생들의 모습을 쳐다보았다.

간첩망 검거 발표 3일 뒤 그는 석방됐다. 풀려나기 전에 '자백 진술서'에 서명해야 했다. 임의로 수사기관에 동행했으며 취조 받은 내용을 외부에 일체 발설하지 않는다는 서약서도 썼다. 다른 사람에게 얘기하면 국가기밀과 군사기밀 누설죄와 국가보안법상의 이적행위로 엄벌에 처해진다는 위협도 받았다. 10월 16일 기숙사로 돌아왔지만 그걸로 모든 게 끝은 아니었다. 다음날 보안사 요원들이 기숙사 근처로 찾아왔다. 그들은 기숙사에서 별다른 일이 없는지 물었다. 일본에 있는 부모가 걱정해서 가봐야겠다고 하니 출국이 규제되고 있다는 말을 들었다. 고순자는 잘못되면 일본에 돌아가는 길이 막히는 것이 아닌지 대단히 불안했다.

고순자는 26일간이나 불법구금돼 고초를 겪었지만 간첩으로 만들어지는 신세는 면했다. 그나마 불행 중 다행이었다. 보안사는 왜 그에 대한 수사를 종결하고 훈방했을까? 혐의가 가벼워서 사건이 되지 않는다고 판단한 것일까? 그의 운명은 연행되던 날 방안에 남겨 놓은 메모 한 장으로 갈린 것으로 보인다. 수상한 전화를 두 차례 받고 불길한 예감이 든 그는 3일이 지나도 자신이 나타나지 않으면 일본 나라奈良의 본가에 연락해달라고 부탁하는 메모를 썼다.

연락을 받은 가족은 고순자의 행방이 묘연해지자 정보기관에 끌려간 것으로 짐작했다. 가족은 고순자의 친구, 지역의 노동조합, 시민단체 활동가들과 상담했다. 유학생 간첩단 사건이 터질 때마다 큰 충격을 받은 동포 사회는 나름 대응하는 방안을 익혔다. 「고순자씨 신변안전을 지키는 모임」이 결성됐다. 고순자의 언니 고열자와 덴리대학 친구들은 오사카변호사회에서 기자회견을 열고 고순자의 행방을 찾아달라고 호소했다. 일본 언론도 기자회견 내용을 보도하며 관심을 보였다. 가와카미 다미오 사회당 의원은 외무성에 고순자의 안전보호를 한국 정부에 요청하도록 했고, 일본기독교교회협의회는 한국기독교교회협의회에 조사를 의뢰했다.

보안사는 뜻하지 않은 사태가 벌어지자 고순자를 풀어주고 사태를 수습하는 쪽으로 방향을 잡았다. 그가 11월 4일 일본으로 돌아가는 것도 허용했다. 수사기관에 끌려갔던 것이 아니라 혼자 여행을 다녀온 것으로 둘러대도록 입막음했다. 당초 연행된 사실이 없었던 것으로 은폐하려 한 것이다.

일본에 돌아온 고순자는 더 이상 모국 유학을 계속할 의미가 없다고 판단했다. 조국을 찾았다가 간첩으로 조작되는 비극이 유학생에게 더 이상 일어나지 않도록 피해 당사자가 나서서 폭로해야 한다고 결심했다. 그는 수사기관에서 당한 일을 다른 사람에게 얘기하면 징역 10년 이상의 중벌에 처해질 수 있다는 위협에 굴하지 않기로 했다. 「고순자씨 신변 안전을 지키는 모임」은 11월 19일 나라부락해방센터에서 해산 집회를 열고 그의 무사귀환을 기뻐했다. 고순자는 집회에서 "여러분의 따뜻한 지원으로 무사히 석방됐다"고 고마움을 표시했다

재일동포 정치범 구원운동의 흐름을 보면 한 개인을 위해 결성된 후원 모임은 당사자가 돌아오면 대체로 활동을 종료하고 해산했다. 그러나 고순자 후원 모임의 경우는 '이변'이 발생했다. 그가 침묵을 거부하고 폭로하겠다는 결의를 굳히자 「고순자씨와 함께 싸우는 모임」으로 조직을 개편해 뒷받침하기로 한 것이다. 그해 연말 도쿄 의원회관에서 열린 기자회견도 그 과정에서 나왔다.

그는 유엔인권위원회 소위원회 등 국제무대에도 나가서 자신의 체험담을 밝혔다. 「재일한국인 정치범을 구원하는 가족·교포의 모임」이 1985년 7월 23일부터 8월 18일까지 11차 대표단을 주네브·런던 등에 파견해 국제캠페인을 벌일 때 그도 대표단의 하나로 참석했다. 대표단은 유엔인권위원회 소위에 참석하고 국제사면위원회(엠네스티 인터내셔널) 본부(런던), 마이노리티 라이츠 그룹(런던), 국제여성법률가연맹, 반고문위원회 등지를 방문해 재일정치범 문제를 호소했다. 국제여성법률가연맹의 슈라이버가 인권위원회 소위에서 고순자의 고문 증언을 소개했다고 한다.

4) 중앙정보부에서 성폭행 당한 권말자, 「11.22간첩사건은 조작」 폭로

고순자보다 9년 전에 똑같은 자리에서 기자회견을 한 재일동포 여성이 있었다. 『아사히신문』1975년 12월 24일 자 사회면에 기자회견 내용이 「KCIA에 폭행당했다. 재일한국여성이 호소하다」는 제목으로 1단기사로 실렸다. 기사에 따르면 서울교육대에 유학 중이던 이 여성은 12월 23일 중의원 제2의원회관에서 기자회견을 갖고 "서울 체류 중 중앙정보부에 영장도 없이 연행돼 폭행당했고 억지 자백을 강요당했다"고 말했다. 그는 자신이 이름을 댄 친구 두 사람이 이번 간첩 사건으로 체포돼 있다고 밝히고 "사건은 조작"이라고 주장했다. 그가 조작됐다고 말하는 것은 이른바 '11·22사건'이다. 중앙정

보부는 1개월 전에 유학생으로 위장해 대학에 침투한 재일동포 간첩 21명을 검거했다고 대대적으로 발표했다.

회견을 한 여성은 일본에서 태어나 자란 권말자다. 그는 호세이대학 영문과를 졸업한 뒤 도쿄에 있는 민단계 학교인 한국학원 초등부에서 교원으로 근무하다 모국 유학길에 올랐다. 1974년 3월 서울교육대에 들어가 다니다가 졸업을 포기하고 중앙정보부에 정면으로 맞선 것이다.

그가 기자회견을 결심한 것은 체포자 명단에 그와 가깝게 지내던 두 사람이 있었기 때문이다. 한 사람은 와세다대학을 나와 모국의 재외국민연구소에서 교육 중이던 최연숙이고, 또 한 사람은 호세이대학 2년 후배로 서울대 사회대학원 경제학과 1학년에 다니던 김원중이었다. 회견장에 같이 나온 다나카 스미코 사회당 참의원 의원은 여성 의원들이 국경을 넘어 실태를 추궁해가겠다고 말했다.

『아사히신문』의 기사에서 눈길을 끄는 대목은 이원홍 주일 한국대사관 수석공보관의 논평이다. 이원홍은 한국일보 주일특파원, 편집국장 출신으로 주일공보관장에 기용됐다가 청와대 민정수석을 거쳐 전두환 정권 때 한국방송공사 사장, 문공부장관을 지낸 사람이다. 관운이 좋은 것인지 문공부장관을 그만둔 후에도 무역진흥공사 이사장, 간행물윤리위 위원장 등을 역임했다. 그의 말은 이렇게 인용돼 있다.

아주 저열한 각본이다. 정숙해야 할 여성에게 일신상의 희생을 강요하고 대한對韓 모략 공작의 주역으로 내세워 특정 정치세력을 배경으로 한국을 부당천만하게 비방하려 하는 몸부림은 인간성의 이름으로 규탄되지 않으면 안된다.

이원홍이 구사한 표현은 아주 자극적이다. "정숙해야 할 여성에게 희생을 강요하고"라든지 "인간성의 이름으로 규탄"한다든지 하는 말은 한 나라를 대표하는 대사관의 대변인이 공개적으로 사용하기에는 적절하지 않은 단어다. 『아사히신문』의 기사에는 이원홍이 왜 이렇게 흥분했는지를 설명해주는 글이 없다.

권말자의 기자회견에는 신문이 그대로 옮기기가 부담스러웠을 것으로 추정되는 내용이 있었다. 권말자는 중앙정보부 요원들에게 끌려가 구타와 함께 성폭행까지 당했다고 폭로했다. 그 기사에는 권말자의 이름·나이·주소까지 나와 있다. 스물여섯의 젊은 여성이 자신의 치욕스런 경험을 만천하에 낱낱이 공개한다는 것은 웬만한 각오로는 불가능한 일이다.

권말자는 자신이 중앙정보부에서 겪은 일을 장문의 수기로 남겼다. 피해자의 육성이 그대로 드러나 있는 이 글이 당시 상황을 판단하는데 도움이 될 것으로 생각해 간추려 소개한다 일부 오자로 보이는 부분은 수정했다.

◎ 『KCIA의 고문에 대한 나의 회고록』 - 권말자 1975년 12월

나는 현재 일본 사이타마 현 우라와시 뱃쇼쵸에 양친과 함께 살고 있다. 나의 이름은 권말자이며 26세다. 나는 서울교육대학 2학년에 적을 두고 있다.

졸업 수개월을 남겨두고 있으므로 고국에서 열심히 공부하여야 하지 않겠느냐는 생각들을 할 것이다. 하지만 그곳에 가지 못하고 어느 누구도 이해할 수 없는 복잡한 감정 속에서 이러한 회고록을 쓰지 않을 수 없다. 고국에서 지난 여름에 공부하고 있을 때 나는 갑작스럽게 KCIA에 끌려가 처녀성을 잃었다. 너무 수치스러워 내 희망이 사라지고 내 운명이 종지부를 찍었음을 느꼈다. 그 짐승 같은 사람들에 대한 억누를 수 없는 분노 때문에 나는 이 회고록을 쓰고 있다.(Korean Central Intelligence Agency한국중앙정보부, 미국의 정보부 명칭과 같다.)

이런 일이 출판된다면 나는 유망한 남자를 남편으로 맞을 기회를 갖지 못함으로써 내 생도 파멸로 이끄는 결과를 잘 알고 있지만 나는 KCIA가 내게 행한 그 모든 것을 폭로하기로 작정했다. 그 증오스런 여름 이후 수개월을 괴로워하면서 내가 이런 결심을 하게 된 까닭은 재일교포 학생 다수가 아무 근거 없이 KCIA에 구속되었다는 소식을 듣고 분노와 양심의 가책이 너무 큰 때문이었다. 그 중에는 나의 가장 친한 친구도 끼어 있었다.

나는 1949년 11월 우라와시의 한 가난한 가정에서 태어났다. 내 부모는 나를 무척이나 사랑했고, 나는 초등학교에서 대학교까지 일본에서 체계적인 교육을 받았다. 공부를 더 하고 싶어서 나는 고국에 가게 된 것이다. 나는 외국에서 태어난 2세이기 때문에 한국에 대해서 아는 것이 아무것도 없었고 조국에서 무엇이 일어나고 있는지를 잘 몰랐다. 고국에 가기 위한 마지막 준비로서 나는 도쿄의 한국인학교에서 2년을 공부했다. 이 학교 교장은 나에게 필요한 충고를 해주었다. 결국 나는 서울교대에 들어갔다

1974년 3월 나는 새로운 희망에 가득 차 배로 부산에 도착했다. 그 이후 1년 반 동안 나는 교사가 되기 위한 수업을 열심히 쌓았고 대학생활을 만끽했다. 이런 행복한 생활은 내가 KCIA에 끌려갔을 때 갑자기 중단되었다.

중앙정보부 요원들로부터 성폭행을 당했다고 폭로한 권말자의 수기.(김효순 『조국이 버린 사람들』 서해문집 2015)

8월 5일 11시 30분경 같은 방을 쓰는 친구가 학교에 간 후 조용히 책을 읽고 있을 때 이상한 한 사람이 갑자기 들이닥쳐 KCIA의 신분증을 제시하면서 KCIA로 동행할 것을 요구했다. 나는 개 끌리듯 남산 KCIA 본부 근처 평범한 2층집으로 끌려 들어가 거실과 이어진 방으로 인도되었다. 점심 식사 후 몇 사람이 나를 심문하기 시작했다. "넌 왜 여기에 온 줄을 알지!"라고 물었고 나의 대답은 "모릅니다"였다. 똑같은 질문과 대답이 잠시 동안 계속되었다. 그들이 벼락같은 소리로 협박했다. "넌 왜 네가 여기 와있는지를 알고 있어. 너는 우리 손에 달려 있다는 사실을 명심해! 사실대로 불어!"

그들은 내가 일본에서 친하게 지낸 친구 중에 현재 남한에서 공부하고 있는 학생들의 이름을 대라고 했다. 나는 몇 사람의 이름을 댔다. 그러자 그들은 내가 그들과 함께 정치활동에 가담했다는 진술을 하라고 명령했다. 사실 그런 일은 하나도 없었다. 그들은 내 진술서를 보고는 완전히 실망하여 소리를 꽥 질렀다. "이 쌍년이 바른대로 대지 않고 있군-.건방진 년 같으니라고" 그러면서 전혀 무방비 상태의 내 뺨을 후려갈겼다. 잠시 멍해졌다. 그들은 자백을 받기 위해 모든 고문을 다 사용할 수 있다고 위협했고, 지하 고문실이 어떤지를 내게 상기시켰다. 전문적인 고문 기술자들이 나를 살려 보내지 않을 것이라고 그들은 말했다. 이름 모를 희생자가 그의 의지를 담은 시를 쓴 것을 읽어주며 나를 그에게 비유했다

나는 놀라 정신을 잃었다. 현재로서는 그 후 10일간 고문당할 동안 내가 무엇을 어떻

게 지껄였는지 확실히 기억할 수가 없다. 그들은 내가 일본과 한국에서 여행했던 일, 대학에서의 클럽활동, 서울에서 공부하고 있는 목적, 도쿄 한국인학교에 있을 때의 직업, 두 나라에서 사귄 친구 등등에 대해 끈질기게 질문을 해댔다. 나는 그들이 만족해할 때까지 진술서를 반복해서 몇 번씩 고쳐 쓰도록 강요당했다. 밤낮 쉴 새 없이 고문이 계속되어 나는 일종의 몽유병자처럼 되었다.

지쳐 내가 거의 잠에 빠져 들었을 때 나는 우연히 KCIA 요원들이 자기들끼리 하는 이야기를 들었다. "이 년을 도구로 사용하자. 그러나 만약 너무 고집이 셀 경우 죽여버리자." 죽음이 시시각각 나를 기다리고 있었다. 눈물이 펑펑 쏟아졌고 공포가 나를 사로잡았다. 갑자기 내 부모형제, 친구들이 생각났다

절망에 빠져 나는 내가 알지 못한 것, 사실이 아닌 것들을 그들이 부르는 대로 쓰겠다고 승낙했다. 그들은 내가 순순히 따르는 것이 현명할 것이라고 했다. 그들은 음탕한 말을 하기를 좋아했고 밤에 나를 수사할 때 술을 마시라고 했다.

어느날 밤 나는 남자손이 내 몸을 만지고 있음을 느끼고 깨어났다. 그 남자는 소리 없이 방을 나갔다. 내가 석방되기 전날인 8월 14일 밤. 기억하기로는 아마 자정쯤 됐을 것이다. 한 남자가 내 방에 침입하여 나를 강간하려 했다. 필사적인 저항으로 그 기도를 저지했다. 남자들끼리 무어라고 소곤거리는 소리가 옆방에서 들렸다.

내가 석방된 다음날 KCIA 사람들이 내 아파트에 찾아와 나를 또 다시 구속하고 여권을 빼앗겠다고 위협하면서 나의 정조를 요구했다. 그들은 미친 짐승처럼 나를 범했다. 나는 처녀성을 상실했고 견딜 수 없는 수치를 당했다. 나는 정신을 잃었고 정신착란 상태에 빠졌다.

8월 15일 석방되기 전 나는 어느 누구에게 KCIA 사무실에 내가 구금되었고 조사를 받았고 고문당했다고 말하지 않을 것이며 그런 말을 입 밖에 낼 경우 다시 연행되어 엄벌을 받아도 좋을 것이라는 각서에 서명하도록 강요당했다. 나는 애국청년단의 열렬한 회원이 되어 유신체제를 위해 활동하겠다는 맹세를 하지 않을 수 없었다.

석방된 후인 8월 18일에도 나는 KCIA 짐승들에게 아스토리아호텔에, 8월 21일에는 프린스호텔에 불려가 거기에서 또다시 윤간을 당했고, 언제 일본으로 떠나느냐는 질문을 받았다. 8월 21일 KCIA 고위층이 내게 전화해서 "우리는 네가 다시 서울에 오면 너를 만나야 하며 앞으로 할 일을 의논해야 하겠다. 우리는 네가 대학을 잘 다니도록 보장하겠으며 졸업 후 직장도 알선해주겠다"고 말했다. 그는 그런 말을 할 정도로 수치를 모르는 사람이었다.

나는 새로운 희망에 뛰는 가슴을 안고 서울에 갔지만 몸을 버리고 비참하게 일본으로

돌아왔다. 돌아온 후 나는 일본에 잘 돌아왔노라고 엽서를 KCIA에 보냈다. 나는 그 짐 승들의 지시에 따른 것이다. 다행스럽게도 나는 집에 왔지만, 그때 일이 생각나면 분노를 누를 길이 없었다. 나는 내 불운을 부모와 오빠들에게 이야기 할 수가 없었고, 날이 갈수록 박정희 정권과 KCIA에 대한 증오는 커갔다.

나는 더 이상 학교에 갈 기분이 나지 않았다. 나는 미래에 대한 특별한 계획 없이 빈둥 거리며 시간을 보냈다. 9월 말경에 나는 KCIA요원들로부터 빨리 비행기로 서울에 오라는 편지를 받았다. 그들은 일본의 동료들이 서울에 오는 일로 도와줄 것이라고 했다. 또다시 분노와 함께 일본에 있는 KCIA의 희생물이 되지 않을까 하는 공포가 밀려왔다.

나는 가까운 친구에게 내가 당한 일을 털어놓았고, 또다시 수치를 당할 수 밖에 없는 KCIA 앞잡이가 되는 것을 의미하는 서울에서의 대학생활을 포기했다. 나는 결혼할 수 없으리라는 것을 뚜렷이 느꼈다.

그때 KCIA는 소위 「재일교포학생 간첩단 사건」을 발표했다. 나는 KCIA 건물에서 조사받는 동안 이야기한 사람들의 이름이 구속자 명단에 들어가 있는 것을 보고 깜짝 놀랐고, 큰 충격을 받았다. 그들이 구속된 책임이 내게 있다는 죄의식이 나를 사로잡았다. 내 경험으로 판단한다면 맹세컨대 '대학생간첩단사건'은 완전히 조작이라고 말할 수 있다.

나의 폭탄 같은 이 성명이 내 부모에게 어떤 충격을 줄 것인지는 쉽게 상상할 수 있을 것이다. 이것을 발표하게 된 동기는 고국에 있는 학생들에게 안전하게 공부할 수 있는 환경을 마련하고 남한에 민주주의가 회복되기를 바라는 나의 간절한 소망 때문이다. 박 정권이 빨리 무너지기를 바라면서 나는 내 불명예를 김춘 비밀을 폭로하는 것이 나에게 있어서 얼마나 불이익한 것이라는 사실을 잘 알고있다. 나는 남한의 젊은 세대가 수모 당하는 것을 방지하고 우리 고국이 가능하면 빨리 통일되기를 바라는 마음에서 이 글을 싣는다.

5) 먼저 꾸며 놓은 시나리오에 착한 청년들을 잔인한 고문으로 짜맞춰

시나리오의 큰 틀이 꾸려지자 수사관들은 거기에 담을 세부내용을 짜맞추기 위해 고문의 강도를 높였다. 전기 고문, 물 고문이 계속됐다. 시간관념이 마비되니까 정확히 알 수 없으나 일주일에서 열흘 정도 계속 됐던 것으로 기억한다. 가혹 행위의 절정은 성기 고문이었다.(김효순 『조국이 버린 사람들』 서해문집 2015)

그는 악몽이 시작된 날을 평생 잊지 못한다. 자신의 생일날 악명 높은 보안사 분실로 연행됐기 때문이다. 1982년 11월 6일 고려대 국문과에 다니던 재일동포 유학생 이종수는 수강을 마치고 학교 문을 나오면서 고민에 빠졌다. 책을 읽고 리포트를 내라는 과제가 주어졌는데 주머니 안에는 만 원밖에 없었다. 다른 날이라면 그다지 갈등을 느낄 것도 없었겠지만 세상에 나온 날이었다. 책을 사면 수중에 3000원 정도만 남게 돼 생일을 자축할 돈이 없어지는 셈이다. 잠시 망설이다가 미련을 버리고 책을 사서 자취집으로 발길을 돌렸다.

고대 후문 쪽에 있는 그의 자취집은 학교 친구들이 심심하면 들리던 곳이었다. 일본인의 예법에 익숙해 있던 그에게 한국인 친구들은 거칠게 느껴졌다. 피곤해서 혼자 자고 있는데 그냥 문을 열고 들어와 깨우는 것은 보통이었다. 거리감이 좁혀지다보니 그의 조그만 자취방은 가까운 친구들에게 쉼터가 됐다. 시위하다가 경찰에 쫓겨 도망쳐온 친구들이 주위가 잠잠해질 때까지 몇 시간이고 머물다 가기도 했다.

누군가 와서 술이라도 한 잔 사주었으면 하고 속으로 기대했는데, 그날따라 찾아오는 친구도 없었다. 아, 이번 생일은 이렇게 지나가는구나 하던 때에 주인집 아주머니가 누군가 아는 사람이 찾아온 것 같다고 알려주었다. 잘 됐다 싶어 나갔더니 양복 차림의 두 남자가 서 있었다. 그들은 "당신 친구가 데모하다 우리에게 왔는데 이종수란 이름을 댔다"며 "참고로 확인할 게 있으니 2시간 정도만 시간을 내달라"고 정중하게 말했다. 그들은 기관에서 왔다고 밝혔으나 이종수는 그 말의 의미를 이해하지 못했다. 당시 데모하다가 두들겨 맞고 자취집으로 도망쳐온 친구가 가끔 있어 속으로 그 자식이 사고를 쳤나, 하고 생각해 별달리 의심하지 않았다. 여권만 챙겨가지고 나오라고 해 그저 따라나섰다.

그를 태운 승용차는 도심을 지나 이태원 방향으로 달렸다. 대학교 인근에 경찰서가 있는데 왜 이렇게 멀리 가지, 하는 의아심이 들 때 기관원들은 그의 머리를 눌러 숙이게 했다. 도착해보니 경찰서가 아니고 군인들이 총을 들고 서 있었다. 한 수사관이 방으로 끌고 가더니 솔직히 얘기하라고 위압적으로 말을 건넸다. 도대체 무슨 소린지 어리둥절해하고 있는데 두 명이 더 들어오더니 다짜고짜 "너 언제 이북 갔다 왔어"라고 고함을 질렀다.

그때는 이북이라는 말뜻도 몰랐다. 이북이 뭔데요, 라고 되물으니 "이 새끼가"하면서 윽박질렀다. 이종수는 생각지도 않은 엉뚱한 단어가 나오자 머릿속이 멍해졌다. 보안사 요원들은 이종수에게 군복으로 갈아입게 했다. 본격적인 시련이 시작된 것이다. 그날부터 서울구치소에 수감되는 12월 14일까지 38일간 그는 불법구금됐다.

(1) 「조선말 못 알아 듣는다」는 할머니 말씀에 자극, 조선이름으로 바꿔

1958년 교토에서 태어난 이종수는 주로 할머니 박분석 밑에서 자랐다. 그의 할아버지는 일제 말기 부인과 이들을 두고 필리핀으로 징용에 끌려갔다. 전쟁이 끝난 후 일본에서 기반을 닦은 할아버지는 가족을 데려오려고 향리인 충북 괴산으로 돌아갔으나, 처의 행방을 알 수 없었다. 그는 친척집에 맡겨져 있던 아들과 함께 일본으로 와 동포여성과 재혼했다. 그 여성이 이종수의 인생에 큰 영향을 준 할머니다. 전후 일본에 남은 동포들이 생계를 잇기 위해 할 수 있는 직업은 아주 제한돼 있었다. 할아버지는 이들과 함께 고물상을 했다. 이종수가 세 살 때 아버지가 갑자기 숨졌고, 다음해에는 할아버지마저 세상을 떠났다.

교토지역에서 자란 그는 초등학교부터 쭉 일본학교를 다녔다. 학교에서는 일본식 이름인 '통명通名'을 썼기 때문에 그가 조선인임을 아는 학생은 거의 없었다. 성격이 쾌활하고 낙천적이어서 그랬는지 '이지메(집단따돌림)'를 당하지도 않았다.

교우관계가 비교적 원만하긴 했지만 고등학교 2학년 무렵부터 일본 사람 행세를 하며 살아가는 처지가 거북하게 느껴졌다. 마치 이중인격이 자신의 내면에 떡 버티고 있는 듯했다. 유명한 재일동포 작가인 이회성의 작품들을 읽어보았지만, 정신적으로 성숙하지 못한 탓인지 그가 찾고자 하던 답을 얻지는 못했다. 고민 끝에 1977년 교토의 세이카 단기대학 영문과에 입학하면서 본명을 쓰기 시작했다. 일본에서 한국인으로 살아가려면 각오를 분명히 해야 하고, 그 토대가 되는 것이 자신의 이름을 쓰는 것이라고 생각했기 때문이다.

집에서 항상 우리 말로 얘기하던 할머니가 던진 한 마디가 자극이 됐다. "어렸을 때는 한국말로 해도 알아 듣더니 커서는 하나도 알아듣지 못한다"고 서운한 감정을 토로한 것이다.

자신의 가족관계에서도 영향을 받았다. 교토집은 2층집이었다. 아래층에는 둘째고모 부부가, 할머니와 그는 2층에서 살았다. 고모부 조창순은 교토대학 농학부를 다녔고, 한학동(재일한국학생동맹) 교토지부 초대 위원장을 지냈다. 한학동은 원래 민단 내 공식 산하단체였다. 총련의 대학생 조직으로 유학동(재일본조선유학생동맹)이 있다면, 민단의 상응하는 조직이 한학동이었다. 일본이 패망한 직후인 1945년 9월 동포 유학생들은 와세다대학 오쿠마 강당에 모여 「재일본조선유학생동맹」을 결성했으나 좌우 대립으로 결국 갈라진 것이다.

조창순은 1969년부터 교토의 민단계 한국중·고등학교를 운영하는 학교법인 교토한국학원의 사무장을 10여년 지냈다. 교토한국학원의 뿌리는 1947년 동포들의 힘으로 수립된 교토조선중학교다. 1958년 교토한국학원이 설립되면서 교명의 조선을 한국으로 바꿨다. 산하의 교토한국중학교는 1961년, 교토한국고등학교는 1965년에 각기 본국 정부의 인가를 받았다. 2004년 학교 이름을 교토국제중·고등학교로 바꾸면서 일본의 정식학교(일조교 一條校)로 인정받았고, 법인 이름도 교토국제학원으로 변경됐다. 이종수는 조창순의 삶을 보고 일본사회에서 민족적으로 살아가는게 중요하다고 생각했다. 보안사에 연행됐을 때 그의 이런 가족관계가 간첩으로 만들어내는데 빌미로 이용됐다.

대학생이 되면서 그는 교토지역 한학동 동아리에 나갔다. 무엇보다도 동포학생들과 만나 교류할 수 있었기 때문이다. 한학동에서는 우리말, 우리 역사를 학습하고 남북관계 등을 주제로 토론했지만, 당시는 박정희 유진독재시대라 반정부적 성향이 있었던 것도 사실이다. 그는 다른 대학에 다니던 동포학생들과 함께 도쿄까지 가서 한일각료회담 반대시위에 참가하기도 했다. 그렇다고 그가 특별히 관심을 갖고 활동했다기보다는 동포학생들이 있으니까 어울린 것이다.

그는 본래 문학을 좋아했다 그래서 한국 문학을 배워 재일동포에게 우리말과 문학을 가르치고 싶었다. 그게 자신의 삶에서 의미를 찾는 길이라고 생각했다. 그냥 한국말만 가르치는 것은 우리말에 능숙한 일본 사람이 할 수도 있지만 우리의 역사 문화를 잘 아는 재일동포가 재일동포를 가르치는 게 더 중요하지 않을까, 라는 생각이 들었다. 한학동 모임에 나가서 뭔가 공허하다는 느낌이 들기도 했다. 혈기왕성한 젊은 나이의 대학생들이 당시 한국 사회문제를 진지하게 생각한 것은 사실이지만, 어디까지나 그럴싸한 책에서 얻은 정도의 지식을 바탕으로 얘기하는 정도였다.

그래서 한국 사회를 직접 경험해봐야 한국 사람으로 당당히 살아갈 수 있을 것 같아 모국 유학을 결심했다. 막내고모가 한국에서 유학을 마치고 돌아와 교토한국학교에서 국어 강사를 하고 있는 점도 그의 마음을 기울게 했다.

이종수는 2년제인 세이카대학 과정을 마치지 않고, 1980년 3월 서울로 떠났다. 그가 서울에서 순조롭게 정착할 수 있도록 도와줄 수 있는 연고자는 없었다. 마침 막내고모가 동료 교사와 결혼하고 한국으로 신혼여행을 가기로 해서 따라 나선 것이다. "안녕하세요"라는 인사말 외에는 우리말을 거의 못하던 때였다. 자기 이름도 제대로 쓰지 못했다. 막내고모가 하숙집을 구해주고 떠나자 그는 홀로 남았다.

「재외국민교육원」으로 가는 버스 번호를 메모해서 찾아갔다. 재외국민교육원은 정부가 재일동포 등 해외동포 유학생 교육을 위해 1970년 서울대학교 부설기관으로 설치한 재외국민연구소의 후신이다.

우리말 학습을 본격적으로 받은 지 두 달이 됐을 때 신군부는 전국으로 계엄을 확대하고 민주인사들을 일제히 검거하기 시작했다. 서울 시내 곳곳에도 무장한 군인이 배치됐고, 부쩍 강화된 검문검색은 그를 짜증나게 했다. 전경들은 지나가는 그를 불러세워 가방을 뒤졌다. 가방 안에 든 공책에는 교육원에서 내준 숙제를 하려고 써놓은 글들이 있었다. 전경들은 초동학생 수준도 되지 않는 문장을 읽다가 키득거리곤 했다. 이종수는 지금도 그 광경을 생각하면 화가 치민다.

(2) 100년여 식민세력에 아부 충성하다 보니 극악한 고문기술은 발달

보안사 수사관들은 일본에서의 교우관계를 집중적으로 캐물었다. 친하게 지낸 재일동포 친구는 누가 있느냐, 가입해 활동한 동아리는 무엇이 있느냐, 동아리에서 무슨 일을 했느냐고 추궁했다. 이종수는 말꼬리를 잡히지 않으려고 바짝 긴장했다. 교토집에 가끔 놀러오던 조신부의 이름을 댔다. 교토의 리쓰메이칸대학에 다니던 조신부는 고모부 조창순의 조카였다. 고모부한테 인사하러 왔다갈 때마다 나이가 서너 살밖에 차이나지 않는 이종수와 스스럼없이 어울렸다. 조신부는 모국의 상황에 관심이 많았고, 독서를 좋아해 아는 것이 많았다.

보안사 요원들은 조신부가 조창순의 조카라는 사실을 알게 되자 쾌재를 불렀다. 뭔가 '작품'이 나올 듯한 예감이 든 것이다. 조창순은 수사기관에서 주시하던 인물이었다. 교토대학 재학 중 모국의 군사정권 비판에 앞장섰고, 한학동 교토지부 초대위원장을 했기 때문이다. 큰 그림이 바로 그려졌다. 조신부는 재일공작 지도원 조창순의 배후조종을 받아 이종수를 포섭해 교육을 시킨 뒤 한국으로 잠입시켰다는 시나리오가 짜인 것이다

시나리오의 큰 틀이 꾸려지자 수사관들은 거기에 담을 세부내용을 짜맞추기 위해 고문의 강도를 높였다. 전기 고문, 물 고문이 계속됐다. 시간관념이 마비되니까 정확히 알 수 없으나 일주일에서 열흘 정도 계속 됐던 것으로 기억한다. 가혹 행위의 절정은 성기 고문이었다. 처음에는 양손 엄지손가락에 전선을 연결해서 전기 고문을 하더니 나중에는 그의 성기에 전선을 감았다. 그러고는 언제 이북에 갔다 왔는지 솔직히 얘기하라며 다그치더니 평생 불구가 될 것이라고 위협했다.

피부가 예민한 그곳에 찢어지는듯한 고통이 왔다. 그는 도저히 안 되겠다 싶어 북에 갔다 왔다고 말했다. 수사관들은 원하던 답이 마침내 그의 입에서 나오자 입북과정 등 구체

적인 내용을 캐내려 했다. 하지만 억지 자백을 한 이종수는 더 말할 것이 없었다. 도저히 바로 말할 기운이 없다고 하자 수사관들은 그를 조사실로 옮기고 달래기 시작했다. 그들은 문초의 고비를 넘겼다고 판단했는지 "술 마실래, 커피 마실래"라고 묻기도 했다. 커피를 주고 나서 다시 추궁이 시작됐다. 그는 허위자백을 뒤집으면 또 고문이 시작될 것 같아 억지문답에 응할 수밖에 없었다.

수사관들은 이종수의 진술이 전혀 아귀가 맞지 않자 그 다음부터는 밀입북 얘기를 더 이상 묻지 않았다. 그러고는 조창순·조신부와 나눈 얘기에 초점을 맞춰 심문했다. 조서 작성 단계에 들어가서는 연행 초기와 같이 심한 고문을 당하지는 않았다. 그들이 의도하는 방향대로 답변하지 않으면 구타를 당하기는 했지만, 강도는 많이 약해졌다.

전기 고문이 가해진 성기의 그 부분은 상처가 나서 곪았다. 수사관들이 연고를 가지고 와 발라주었다. 일주일 정도 지나니 아물기는 했지만 정신적 상처는 오래 지속됐다. 그는 10여년의 세월이 지나 진실화해위원회의 조사관을 만났을 때도, 재심을 신청하기 위해 담당 변호사를 만났을 때도 차마 그 얘기는 꺼낼 수 없었다고 한다.

○ 성고문의 생생한 증언

보안사에 연행돼 간첩으로 조작됐다가 협박에 못 이겨 보안사 요원으로 근무한 김병진이 일본에 돌아와 폭로한 수기 『보안사』에는 한 재일동포에 대한 성고문 상황이 생생하게 묘사돼 있다. 김병진이 직접 목격한 것을 쓴 것이어서 이종수가 당한 고문이 아주 예외적 사례가 아니라는 점을 알 수 있다. 보안사 요원들은 1985년 5월 단체여행의 하나로 입국한 재일동포 유아무개를 연행해 '엘리베이터실'에서 고문했다. 이들은 민단 오카야마현 본부의 총무부장인 그를 알몸뚱이 상태로 의자에 앉힌 뒤 양손과 양발을 끈으로 묶었다. 이들은 영문도 모르고 끌려온 그의 몸에 물을 뿌리고 야전용 수동발전기에서 코일을 풀어내 손가락에 감았다. 발전기의 손잡이를 돌리면 그는 신음 소리를 내며 펄쩍펄쩍 뛰었다. 수사관들이 원하는 자백이 나오지 않자 코일 한 가닥을 성기에 얽어 놓았다. 김병진은 차마 더 이상 볼 수가 없어 밖으로 뛰어나갔다고 썼다.

(3) 자백·친구 배신·고발·밀정은 모두 잔혹한 고문과 군사 훈련 제조품

건국 이래 특무부대·방첩부대·보안부대 등을 거치면서 국가 발전의 초석을 쌓아왔다고 자부하는 보안사령부는 조직의 성과를 과시하기 위해 자료집 『대공 30년사』와 『대공활동사 I』를 냈다. 전자는 진종채가 보안사령관으로 재직하던 1978년 10월, 후

자는 12 · 12군부 반란을 주도한 하나회의 핵심 중 하나인 고명승이 사령관이던 1987년 3월에 나왔다. 『대공활동사』는 아마도 시리즈물로 기획된 것으로 보이나, 그해 있었던 6 · 10민주대항쟁으로 군부의 위세가 꽉 꺾이면서 중단된 듯하다. 『대공 30년사』는 보안사 요원의 활약을 이렇게 기술했다.

자신의 안락을 추구하는 이기주의를 버리고 오직 혼신을 다 바쳐서 공산당을 때려잡아야겠다는 집념과 타인에 비해 아무런 특혜도 없이 밤을 낮 삼아 밤새기를 다반사로 하면서 뼈를 깎는 고통스러운 활동을 통해 국가에 몸을 바친 것이다. 보안사 대공요원들은 애국충성의 결정이라고 해도 과언은 아닐 것이다.

두 자료집에는 보안사 요원의 시각으로 본 수많은 대공사건의 해설이 가득 실려 있다. 사건 개요, 수사 경위, 범죄 사실, 공판 등의 순으로 정리 돼 있는데 기술 내용의 신뢰성은 물론 면밀히 따져봐야 할 문제다. 이종수의 경우는 『대공활동사 I』에 「학원침투간첩 이종수 사건」으로 수록돼 있다. 수사 경위에 대해서는 이렇게 쓰고 있다.

사령부 수사과에서는 81년도 중점사업으로 재일교포 유학생 중 유학을 가장하여 학원에 침투한 간첩을 색출할 목적으로 수사 근원 발굴에 착수했으며 그 결과 총 430명의 유학생 중 40명을 중점 대상자로 선정했는데 그중의 한 사람이었다.

수사 근원 발굴은 북한에서 직파 간첩을 눈에 띄게 줄이자 보안사가 일본을 경유한 우회 침투 간첩을 적발하기 위해 마련한 대책이다. 보안사는 1971년께 공작과를 부활하고 대일공작계를 신설하여 간첩으로 포섭될 가능성이 있는 용의자 명단을 작성해 내사에 들어갔다. 보안사는 대상자의 용의점을 찾기 위해 광범한 협조망을 운영했다. 보안사의 협조자들은 '망원網員'으로 불렸다. 동네 복덕방 · 우편배달부 · 하숙집 주인들도 다 망원으로 활용될 수 있는 범주에 들어갔다. 이종수 사건 기술을 보면 보안사 요원들이 대학 지도교수를 만나 동태를 탐문하거나 하숙집 주인의 '협조'를 얻어 불법으로 용의자 방에 들어가 수색을 벌이는 행위가 나온다.

이종수는 자신을 곤경에 빠트린 장본인으로 재외국민교육원에서 우리말 교육을 같이 받은 동포 유학생 박아무개를 의심한다. 이태원에는 이종수가 유학생활의 따분함을 달래기 위해 이따금 가던 술집이 있었다. 분위기가 색달라 동포 유학생들이 제법 몰리던 곳이다. 친구와 함께 둘이서 갔는데 박아무개가 혼자서 술을 마시고 있었다. 친한 사이가 아니어서 따로 앉아 술을 마시고 있는데, 박아무개가 다가와 합석하게 됐다. 이런저런 잡담을 하는데 그가 갑자기 한국은 데모하는 학생들 때문에 골치가 아픈데 너는 어떻게 생각하냐고 물었다. 친구는 아무 대꾸를 하지 않고 무시했으나 이종수는 그냥 평소의 생각을 말했다. 학생들이 '김일성 만세' 하는 것도 아닌데 학생보다는 최루탄을 마구 쏘는 경찰이 너무한 것 아니냐고 한 것이다. 보안사에 끌려간 시점은 그로부터 한두 달 지난 뒤였다.

이종수가 박아무개를 밀고자로 확신하는 것은 보안사에서 취조 받을 때 수사관들이 "너 이런 말 했잖아"라며 다그쳤기 때문이다. 처음에는 기억이 나지 않아 그런 말 한 적이 없다고 했는데, 나중에 곰곰이 생각해보니 박아무개에게 한 말이었다. 이종수는 그를 프락치로 생각하지만 크게 원망하지도 않았다. 그도 누군가에게 희한한 말을 해서 보안사에 연행 됐다가 별 게 없으니까 협조하라는 협박을 받고 풀려났을 것으로 추정한다. 그래서 '수상한 말'을 하는 유학생이 있으면 신고해 약간의 금품을 받는 보안사의 '망원'이 된 것이다. 그러니 유학생 모두가 보안사가 쳐놓은 덫에 노출돼 있었던 셈이다.

재일동포 유학생이 한국에 들어오면 거의 거치게 돼 있는 재외국민교육원도 사실상 정보기관의 하수인 구실을 했다. 재외국민교육연구원은 유학생에게 한국의 실정을 알리기 위해 안보시설이나 군부대 견학 등을 주선하고 참가학생에게 감상문을 내도록 했다. 정보기관의 요청이 있으면 이런 자료는 통째로 제공됐다. 유학생들이 아무런 경계심 없이 쓴 글들이 개개인의 '사상'을 판정하는 자료로 활용된 것이다. 이종수는 연구원이 마련한 제3땅굴 견학을 다녀왔다. 소감을 써서 내라고해 제3땅굴을 직접 언급하기보다는 우리 민족이 백두산을 거점으로 살아온 배경 등을 써서 제출했다. 보안사에서 취조받을 때 수사관들은 그 글을 보여주며 의도를 물었다. 북한의 남침 야욕 운운하는 모범답안에서 벗어나 있었기 때문일 것이다.

(4) 수사관은 고문협박, 검찰은 거짓자백 문서 확인, 판사는 시치미 뗀 판결

보안사가 서울지검에 송치한 것은 그해 연말인 12월 22일이었다. 수사관들은 송치하기 전에 검사 앞에서 다른 말을 하지 못하도록 입막음을 했다. 이들은 "너 가서 다른 말하면 여기에 다시 와야 하는데 그러면 우리도 고생이고 너도 고생하니까 시키는 대로 얘기하라"고 위협했다.

담당 검사는 최병국이었다. 검사 취조를 받기 위해 검사실에 들어갔는데, 그 방안에 보안사 수사관 두 명이 앉아 있었다. 보안사에서의 '자백'을 인정할 수밖에 없었다. 최병국 검사는 조서 내용에 알맹이가 없다고 생각했는지 "너 정말 적화통일을 위해 목숨을 바치겠다고 생각했냐"고 물었다. 그렇다고 하자 "너 나쁜 놈이구나"라고 말했다. 검사 취조가 순조롭게 진행됐다고 생각했는지 세 번째 취조를 받을 때 보안사 수사관들이 나타나지 않았다.

이종수는 기회가 왔다고 생각해 "이제까지 말한 것은 다 거짓이다. 고문을 심하게 받아서 억지로 그렇게 말했다"며 사실을 밝히자, 검사는 옆에 서서 타자 치는 사람에게 "얘 얘기 들어줘라"라고 한 뒤 방을 나가버렸다. 타자 치는 사람은 아무 것도 묻지 않았고, 검사는 이종수를 더 이상 부르지도 않았다. 최병국 검사는 영화 〈변호인〉에서 다뤄진 부림 사건(1981), 함주명 조작간첩 사건(1983)을 담당했고, 한나라당 국회의원을 지내기도 했다.

검찰에 송치하기 전 접주기와 검사 피의자 신문조서 작성 때 보안사 요원의 '입회'는 다른 재일동포 간첩 사건에서도 반복해서 나타나는 하나의 패턴이다. 검사의 피의자 신문조서는 일반적으로 법정에서 증거 능력을 갖는다. 그러니 유신과 5공시대의 법정에서 대부분의 재판부는 간첩으로 몰린 재일동포 피고들이 혹독한 고문에 견디지 못해 허위 자백했다고 호소해도 들으려 하지 않았다. 1심 공판에서 최 검사는 이종수가 부인하면 "이런 말을 검사에게 진술한 것은 사실이지요"하고 넘어갔다. 이런 식이다.

- 4월 중순 일자 미상 17시경 자취방에서 조신부로부터 일본어판 북괴의 괴수 김일성을 찬양 선전하는 서적 『김일성 전기』를 읽어보라는 권유를 받고 김일성 전기 책자 1권을 받아 탐독한 일이 있는가요?
"그런 책을 보지 못했습니다."
- 김일성 전기라는 책을 읽어본 일이 있는가요?
"없습니다."
- 검사 앞에서는 이런 책을 탐독했다고 진술한 것은 사실이지요?
"예."

보안사는 이종수를 송치한 후에도 일본에 있는 가족에게 구속 사실을 통지해주지 않았다. 다른 사건에서도 수사 보안을 유지한다는 명분으로 피구속자 가족에게 알려주는 일이 거의 없었다. 그나마 가족이 알게 되는 것은 수사기관이 대대적으로 발표해 일본의 언론매체에 보도됐을 때가 고작이었다.

보안사는 이종수 사건을 공식 발표하지 않았다. 단독범인데다 내용도 별 것이 없어 선전가치가 없다고 판단했는지 모른다. 이종수는 다른 재일동포 유학생과 마찬가지로 방학이 되면 일본으로 돌아가 가족과 지냈다. 2학기가 끝나면 대체로 12월 23, 24일께는 돌아갔다. 그는 외아들이어서 신년 설에는 차례를 주관해야 했다. 가족들은 12월이 다 지나도 별 다른 의심을 하지 않다가 설에도 아무런 연락 없이 나타나지 않자 불안해졌다. 그래서 서울에 사는 막내고모의 친구에게 자취방을 찾아가 어떻게 된 영문인지 알아봐달라고 부탁했다.

자취방 주인은 여행을 간다고 나갔는데 돌아오지 않았다고 말꼬리를 흐렸다. 고모 친구는 주인이 말하는 태도가 이상하다고 느껴져 다시 캐물었다. 연탄가스로 죽는 사고도 있다던데 제대로 말하지 않으면 경찰에 신고하겠다고 압박하자 그제야 "신사복 입은 남자 둘이 와서 데리고 갔다"고 말했다.

할머니가 부랴부랴 입국하자 보안사 요원이 나타나 손자의 '간첩 행위'를 알려주었다. 놀란 할머니가 검사실로 찾아가자 최병국 검사는 "너무 낙심하지 마라. 잘 될 것"이라고 '위로'했다. 국내 법조계에 아무런 연줄이 없던 할머니는 누군가의 소개로 김아무개 변호사에게 변호를 의뢰했다. 하지만 그 변호사는 보안사와 검찰 공안부의 작품을 정면으로 다툴 생각이 없었다. 도리어 이종수에게 그냥 공소 사실을 시인하면 재판부에서 봐줄 것이라고 말했다

이종수는 이런 변호사로는 불안하다고 생각했지만 어쩔 수 없었다. 그는 처음부터 공소사실을 부인했다. 검사는 아주 교활하게 간첩행위를 부인한다며 무기를 구형했다. 1983년 5월 18일 1심 선고공판에서 재판부는 징역10년을 선고했다. 김 변호사는 고등법원에서 7년 나오게끔 해주겠다며 법정에서 '반항'하지말라고 충고했다. 할머니는 그 말에 화가 나서 다른 변호사를 물색했다

11·22사건 때 구속된 유학생 허경조를 맡아 이례적으로 무죄판결을 이끌어 낸 문인구 변호사가 새로 선임됐다. 재일동포 사건에 경험이 많은 문 변호사는 이종수의 배후 공작원으로 지목된 조창순과 조신부가 총련이 아니라 민단 소속이라는 점을 부각시키기 위해 교토지역의 민단계 유력인사들을 증인으로 세웠다. 최영오 교토한국학원 이사장과 하병욱 교토민단본부 단장은 오사키총영사관에서 확인받은 진술서를 제출하고 1983년 9월 27일 항소심 2차공판에 출석했다.

다카야마물산주식회사를 경영하고 있는 최 이사장은 변호인 신문에서 조신부를 직원으로 채용할 때 총련계가 아니라는 것을 확인했으며, 조창순의 '사상'에 대해서도 민단에

서 일하는 사람과 똑같다고 증언했다. 하병욱 단장은 조창순이 재일한국인 법적 지위향상 요구와 영주권 신청운동을 위해 많이 활동했으며, 한국을 지지하는 교육자의 한 사람으로 확신한다고 답했다. 하 단장은 우토로 문제를 해결하기 위해 노력했고, 「교토보호육성회」 이사장으로서 감옥에서 나온 출소자나 보호관찰 처분 대상자의 사회 복귀에 기여한 공로를 인정받아 2001년 일본 정부 훈장을 받은 사람이다. 문 변호사의 노력에도 불구하고 항소심 재판부의 김석수 판사는 항소를 기각했다.

그러나 대법원에서 반전이 벌어졌다. 대법원은 1984년 2월 7일 이종수의 검찰 자백 내용과 변호인이 제출한 자료에 서로 다른 내용이 있는데도 충분히 사실심리를 하지 않았다고 하급심에 파기환송을 했다. 재일동포 간첩 사건으로는 의외의 사태였다. 비상이 걸린 것은 보안사였다. 『대공활동사 1』에는 이종수 사건에 대한 교훈이라며 이렇게 기술하고 있다.

이 사건은 최종 단계에서 대법원이 파기환송 판결을 내려 우리에게 커다란 충격과 실망을 안겨 주었으며 지금까지의 노고는 모두 수포로 돌아가고 앞으로의 대책이 막연했다. 더욱이 이종수의 활동 무대가 국내도 아닌 일본이기에 새로운 증거와 소명 자료를 수집한다는 것은 더욱 어려운 일이었다. 그러나 담당수사관들은 좌절하거나 포기하지 않고 꼭 이겨야 한다는 강한 신념과 끈질긴 근성으로 모든 고난을 극복하고 충분한 자료를 수집하여 제기함으로써 대법원의 판결을 번복하고 부대의 명예를 회복했다.

보안사는 꼭 이겨야 한다는 신념에서 무엇을 했을까? 보안사는 대책회의를 열고 하병욱과 최영오의 증언 효력을 떨어트리기 위해 이들의 '신원 탄핵'에 나섰다. 민단 내에서 반한 활동을 주도하고 있는 '불순분자'로 몰아붙이는 전술을 썼다. 보안사 재일협조망의 하나인 한태웅이 재항소심 공판에 검찰쪽 증인으로 나왔다. 조선대학을 나와 총련에서 활동하다가 민단으로 전향했다는 한태웅은 최영오가 한민통(한국민주회복통일촉진국민회의)의 골수분자로 자금을 지원하고 있으며, 하병욱은 최의 지원을 받아 교토 민단 단장으로 당선된 '베트콩파' 핵심이라고 주장했다.

한민통은 김대중이 해외 망명 중이던 1973년에 결성한, 유신독재 반대와 김대중 구명운동에 앞장섰던 단체다. '베트콩파'는 정보기관이 민단 내에서 군사독재 반대운동을 벌이던 사람들을 매도하기 위해 즐겨 사용하던 호칭이다. 보안사는 또 다른 한학동 사건으로 구속됐던 서성수나 보안사 협력자로 일하도록 강요당한 김병진 등을 검찰 쪽 증인으로 억지로 법정에 세워 이종수 집안이 빨갱이라는 취지로 진술토록 했다. 서성수는 고베

대학에서, 김병진은 간사이학원대학에서 한학동 활동을 했다. 김병진은 이종수의 막내 고모부 권찬수와 대학 선후배 사이였다.

보안사는 심지어 최영오 등에 대해 항만·공항 수배 조치를 내렸다. 재항소심 공판을 앞두고 최영오가 입국하자 바로 연행해 법정에 이종수쪽 증인으로 서게 된 경위와 사업을 하면서 총련쪽 조선신용조합의 융자를 받았는지의 여부까지 조사했다. 그리고 조창순의 부탁을 받아 증언하게 됐다는 진술서를 작성토록해 법정에 제출했다. 증인을 함구시키려는 명백한 공갈 행위였다. 보안사의 집요한 뒤집기 공작의 결과 재항소심 재판부는 1984년 5월 항소를 기각했다. 대법원도 그해 9월 상고 기각을 해 이종수의 형은 징역 10년으로 확정됐다.

대법원에서 파기환송됐을 때 이종수는 일말의 기대를 걸었지만 다시 물거품이 됐다. 그가 더 할 수 있는 일은 아무 것도 없었다. 파기환송, 재기각을 거치면서 그는 다른 유학생 동료보다 확정판결이 늦어졌고, 서울구치소와 지방교도소 사이를 오갔다. 1983년 10월 첫 항소심이 기각된 뒤 광주교도소로 이감되었다가 대법원의 파기환송 판결이 나와 서울구치소로 되돌아갔다. 재항소심에서 다시 기각되자 이번에는 대전교도소로 옮겨졌고, 확정판결을 받았다.

대전교도소에서 묘하게도 서성수를 만났다. 두 사람 모두 재일동포사건의 피해자였지만, 경위가 어찌 됐든 한 사람은 다른 한 사람의 유죄판결을 이끌어내는데 이용됐던 사이다. 원래부터 알던 관계도 아니었고, 법정에서 처음 대면했으니까 어색한 마주침이었다. 서성수는 "당신 가족들이 나를 아주 미워할텐데 죄송하다"고 사과의 말을 전했다. 이종수는 당시 대법원에 사건이 계류 중이어서 달리 할 말도 없었다. 그는 '괜찮다' '이해한다'는 식으로는 도저히 말할 수가 없어 "건강하게 빨리 나가는 것만 생각하자. 여기서 하루라도 빨리 해방되는 게 중요하니 그것만 생각하자"고 답했다.

국가보안법·반공법 위반 혐의로 형이 확정된 '좌익수'는 대전·대구·광주·전주 교도소 네 곳에 분산 수용됐다. 네 곳에는 좌익수를 격리 수용하는 특별사동(특사)이 설치돼 있었다. 감옥 안의 감옥인 셈이다. 이종수는 다시 전주교도소로 이송됐다. 형이 확정된 좌익수는 '전향 공작'의 대상이 된다. 자신이 공산주의 사상을 갖고 반국가적 행위를 한 것을 반성하고 그 사상을 버렸다고 공개적으로 선언하지 않으면 유기형을 받은 사람은 설사 형기가 종료되더라도 석방되지 않았다. 이종수는 전향이라는 말 자체가 자신에게는 성립되지 않는다며 전향 공작에 응하지 않았으나 결국 받아들였다. 그 시절에는 전향 절차를 거치지 않으면 감옥 문을 나올 수가 없었다.

이종수는 1988년 6월 30일 법무부의 가석방 조치로 풀려났다. 보안사에 연행된 지 5

년 8개월만에 석방된 것이다. 그와 함께 석방된 재일동포는 여석조·윤정헌·이주광·조일지·허철중 등 다섯 명이었다. 국내 인사로는 고문 전문가인 이근안한테서 살인적 고문을 받은 민청련 사건의 김근태, 통혁당사건의 무기수인 오병철 등이 이때 풀려났다.

이종수는 석방되던 날 아침까지 풀려난다는 것을 전혀 몰랐다. 일본 가족에게는 사전 통지가 갔는지 할머니와 막내고모가 교도소 밖에서 기다리고 있었다. 가족과 만나기 위해 일본으로 돌아가려면 복잡한 절차가 필요했다. 당시 그처럼 고초를 겪은 재일동포 유학생 대부분이 거쳐야 하는 과정이었다. 우선 민단의 서울사무소를 통해 여권을 신청하고 기다려야 했다. 형집행 정지 상태여서 상당한 시일이 걸렸고, 나오더라도 여행증명서 같은 편도여권이었다.

그는 원래 한일협정체결에 따른 협정영주권자였다. 하지만 오랜 시일 감옥에 갇혀 있어 1년에 한 번은 일본에 입국해야 하는 규정을 지키지 못했기 때문에 협정영주자격(1991년부터는 특별영주자격으로 바뀌었다)이 박탈됐다. 그래서 일본 거주 가족들이 초청장을 보내주면 3개월 유효기간의 비자를 발급받았다. 그가 일본 땅을 다시 밟은 것은 1988년 12월이었다. 공항에 내려 입국심사를 받을 때는 통상여권이 아니어서 불법입국자를 임시로 수용하는 방으로 안내돼 서류를 작성해야 했다. 초기에는 3개월 체류기한이 되면 입국관리사무소에 가서 계속 연장 허가를 받아야 했고, 점차 체류허가 기한이 늘어나 이제는 3년마다 갱신하는 일반영주권자 대우를 받고 있다. 일본 정부는 특별영주자격을 복원하는데 난색을 표하고 있다.

이종수는 생계를 잇기 위해 식당일을 했지만 공부에 대한 아쉬움이 남았다. 일본에서도, 한국에서도 결국 대학을 마치지 못했기 때문이다. 그를 오랜 기간 돌봐주던 할머니가 1989년 4월 세상을 떠난 것은 큰 충격이었다. 할아버지가 시작한 고물상을 이어받아 운영하면서 유학비를 마련했다. 30대 후반의 나이에 세이카대학 영문과 재학시절 은사인 대만인 교수 우훙밍의 추천으로 아이오와 주에 있는 코넬대학으로 유학을 갔다. 우 교수는 시민운동에 관심이 많고 재일동포의 처지에 대해서도 이해가 깊은 사람이었다.

이종수는 4년 정도 민족학을 공부한 후 돌아왔다. 한국의 탈춤이나 꼭두각시놀이 등에 관심이 있어 일본인 등과 함께 심우성의 『민속문화와 민중의식』을 공동번역해 책을 내기도 했다. 마침 공역자의 한 사람이 교토외국어대학 부속 외국어전문학교에서 한국어 전임강사로 있어 그의 의뢰로 시간강사로 나가 한글을 가르치는 일도 하고 있다.

김대중·노무현 정부 들어서서 진행된 각종 과거사진상규명위원회의 활동에 대해 재일동포 간첩 사건 피해자들은 별다른 기대를 하지 않았다. 모국에 갔다가 잔혹하게 당했다는 피해의식이 아주 컸고, 자신들의 억울한 문제에 진지하게 관심을 기울여 줄 것으로 생각하지 않았다. 국정원과거사위(국가정보원 과거사건 진실규명을 위한 발전위원회)는 일본 관련 간첩 사건들을 대체로 피해갔고, 국방부과거사진상규명위는 보안사가 수사한 사건 가운데 이헌치 · 김양기 · 김태홍 · 김정사 사건 등 4건만 표본조사하는데 그쳤다.

진실화해위(진실화해를 위한 과거사정리위원회)가 개별사건을 조사하는 임무를 띠고 2005년 12월 1일 발족했을 때도 재일동포 간첩 사건 피해자들의 관심은 아주 낮았다. 진실화해위는 발족 때부터 1년간 위원회와 246개 지방자치단체, 해외공관을 통해 진실규명 신청을 받았으나 마감 기한이 거의 끝나가는데도 재일동포 사건 관련해서 신청하는 사람이 없었다.

오사카에는 모국에 유학 갔다가 간첩 사건으로 곤혹을 치른 정치범의 친목단체인 양심수수양동우회가 있다. 오사카 · 교토 · 고베 지역에 거주하는 동포들로 구성된 이 모임에서 진실화해위에 개별적으로 진실규명을 신청할지를 놓고 토론이 벌어졌다. 대다수는 부정적이었다. 한국의 정부기관이 새로 조사한다고 해서 뭐가 달라지겠냐는 기류가 강했다. 일부는 피해자들이 각각 신청할 것이 아니라 한국 정부가 특별법을 제정해 전면 재조사를 벌인 뒤 일괄적으로 피해구제를 해야 한다는 주장을 폈다. 하지만 이종수의 판단은 좀 달랐다. 별 기대는 하지 않더라도 신청하는 게 무작정 기다리는 것보다는 낫다고 생각했다. 이종수가 오사카총영사관을 찾아가 진실규명 신청을 먼저 했고, 결국 이것이 그가 재심을 통해 무죄를 선고받은 유학생 1호가 되는 전기가 됐다.

진실화해위에 신청한지 6개월 정도 지나서 서울에서 전화가 걸려왔다. 진실화해위의 안은정 조사관이었다. 휴대폰으로 사건 얘기를 길게 할 수는 없었다. 이종수는 외국어학원 방학 때 시간을 내서 서울에 갈 테니 그때 만나서 충분히 얘기하자고 했다. 안 조사관은 이종수가 놀랄 정도로 꼬치꼬치 캐물었다. 재판기록 등 관련 자료를 다 읽어봤다고도 했다. 오전 9시부터 저녁 8시까지 하는 조사가 1주일 정도 계속됐다. 이종수는 그 후에도 몇 차례 서울에 가 추가조사를 받았다. 진실화해위 조사관들의 열의에 감동한 그는 수양동우회 동료들에게도 앞으로 다시 기회가 없을지도 모르니 빨리 신청해서 조사를 받으라고 재촉했다. 진실화해위는 2008년 9월 이종수 사건이 고문에 의한 조작 사건이라고 진실규명 결정을 했다.

이종수는 진실화해위의 결정을 토대로 서울고등법원에 재심을 신청했다. 항소심 때 열성적으로 변론한 문인구 변호사가 다시 사건을 맡았다. 2010년 재심 개시 결정이 나자 그는 고민 끝에 보청기를 샀다. 고문의 후유증인지는 알 수 없으나 그는 양쪽 귀의 청력이 아주 좋지 않다. 급할 때는 다른 사람의 보청기를 빌려 쓰기도 했는데, 재심 공판 중 판 · 검사가 하는 말을 알아 듣지 못하면 큰일이라고 생각해 고가의 보청기를 구입했다.

이종수에 대한 재심 무죄 선고는 2010년 7월 15일에 나왔다. 재일동포 유학생 간첩 사건의 재심에서 처음으로 무죄판결이 나왔다고 해서 언론에 비중 있게 보도됐다. 서울 고등법원 형사10부의 재판부(재판장 이강원 부장판사)는 국가가 범한 과오에 대해 진정으로 용서를 구한다고 말했다. 재심 판결문의 결론은 무죄를 선고하면서 이렇게 매듭짓고 있다.

이 사건은 재일동포 유학생을 간첩으로 조작하기 위하여 민간인에 대한 수사권이 없는 보안 사가 안기부 명의로 피고인을 불법 연행하여 39일간 강제 구금한 상태에서 고문으로 자백을 받아내고, 그로 인하여 피고인이 5년 8개월간 아까운 청춘을 교도소에서 보내게 된 사건이다.

재외국민을 보호하고 내국인과 차별대우를 해서는 안 될 책무를 가진 국가가 반정부세력을 억누르기 위한 정권안보 차원에서, 일본에서 태어나 자란 피고인이 한국어를 잘 못하여 충분 한 방어권을 행사할 수 없는 것을 악용하여 재일동포라는 특수성을 무시하고 오히려 공작정치 의 희생양으로 삼은 것이 이 사건의 본질이다.

이에 우리 재판부는 권위주의 통치시대에 위법·부당한 공권력의 행사로 심대한 피해를 입 은 피고인에게 국가가 범한 과오에 대하여 진정으로 용서를 구하면서, 형사소송법 제440조, 형법 제58조 제2항에 의하여 이 판결의 요지를 공시하기로 한다.

이종수는 국가를 대신한 재판장의 사죄 발언을 들었을 때 그저 담담했다고 말했다. 한 국 사회가 자신이 재판을 받던 1980년대와 달리 제대로 가고 있구나 하는 느낌이 들기 도 했지만 한국 땅을 다시 밟는 것조차 두려워해서 재심 신청조차 하지 않는 피해자들을 생각하면 가슴이 아프다고 했다. 이제 그는 50대 중반이 됐다. 여전히 미혼이다. 결혼하 지 않은 게 아니라 못한 것이라고 했다. 서른 살에 일본에 돌아와 선도 제법 봤는데 인연 이 맺어지지 않았다. '간첩'이었다는 게 계속 발목을 잡는 것 같다고 했다.

제4장
학생·근로자·시민의 「민주화 요구」를 모두 「국보법」으로 학대

1. 독재자는 민주·평등 이념으로 의식화된 국민 억압하다 자멸

1) 정당한 국민들의 요구에 고문폭력으로만 대응, 저항 확산

「인혁당재건위」 사건은 통일운동가 8명의 목숨을 앗아간 박정희 정권 시기 최악의 공안사건이었다. '재건' 이란 말로 알 수 있듯이 이미 1964년에 인혁당(인민혁명당)이란 이름의 단체를 결성하려 했다는 대대적인 공안사건이 있었다. 그래서 1964년의 사건을 1차 인혁당 사건으로, 10년 뒤 발생한 '인혁당재건위' 사건을 2차 인혁당 사건이라 부르기도 한다. 두 사건은 주요 피해자는 물론 그 가해자도 겹친다.

1차 사건 당시의 가해 주동세력이 중앙정보부 수사과장 이용택, 검찰총장 신직수, 법무부장관 민복기였다면, 10년 뒤 이용택은 중앙정보부 6국장, 신직수는 중앙정보부장, 민복기는 대법원장으로 사건을 처리했다. 10년이 지나 직책이 올라갔을 뿐 사건의 수사와 처리를 맡아한 사람들 역시 그 사람이 그 사람이었다.

(1) 용공·과대포장된 인혁당 재건위 사건, 판결 즉시 사형

1차 인혁당 사건은 5·16군사반란으로 집권한 박정희가 군복을 벗고 제3공화국을 출범시킨 직후인 1964년에 발생했다. 아니 조작해냈다. 박정희는 경제발전을 이루기 위해 일본과의 관계개선을 적극적으로 추진했지만, 이 '굴욕외교'는 곧 대대적인 저항에 부딪혔다. 학생과 시민들의 대대적인 시위에 계엄령까지 선포하고 군을 출동시켜야 했던 박정희 정권은 시위의 배후에 인민혁명당이란 지하혁명조직이 있다고 내세웠다.(1차 인혁당 사건에 대해서는 『한겨레』 2010년 4월 19일자와 4월 26일자 한홍구 교수가 쓴 「사법부, 회한과 오욕의 역사」 47·48회에서 자세히 다루었다.)

「인혁당재건위」 사건 역시 위기상황에서 나왔다. 1972년 10월의 유신 친위 쿠데타 직후 국회의원까지 잡아다 고문하는 살벌한 분위기 속에서 일시 위축되었던 저항운동이 1973년 8월에 있었던 김대중 납치사건을 계기로 살아나기 시작했기 때문이다.

한편, 1차 인혁당 사건 관련자들은 엄청난 고초를 치렀음에도 운동을 포기하지 않았다. 이들은 1967년 야당의 대통령 후보 단일화 운동에 참여한 것을 시작으로, 1969년 3선개헌반대운동에 적극 참여했다. 특히 1971년 대통령 선거와 국회의원 선거를 앞두고 민주수호국민협의회(민수협)가 결성될 때 경북민수협에서는 서도원·도예종·하재완·송상진·전재권 등이 운영위원으로, 강창덕은 총무위원장, 이재문은 대변인으로 활동했는데, 인혁당재건위 사건으로 검거되거나 수배된 사람들이 핵심적인 역할을 했다.

이들 혁신계 인사들은 개인적인 조건과 결단에 따라 공개적인 민주화운동에 참여했지만, 1차 인혁당 사건의 충격이 너무 컸던 탓인지 비밀지하혁명운동을 조직적으로 전개하는 데는 주저했던 것으로 보인다. 하지만 이들이 아무리 조심하려 해도 험난한 세월은 이들을 비껴가지 않았다.

① 베트남 전쟁에서의 미국의 패배, 독재자에겐 불안 조성

1972년 2월 21일 닉슨 대통령은 중국을 방문하여 베이징에 역사적인 첫발을 내딛었다. 1953년 한국전쟁 종전 이후 근 20년만에 미국과 중국이 적대적인 관계를 청산하고 화해의 모드로 돌아선 것이다. 닉슨의 중국 방문은 아직도 "무찌르고 말테야 중공 오랑캐"(당시는 중국이 아니라 중공이라 불렸다)를 소리 높여 부르던 "싸우는 대한의 아들딸"들에게는 큰 충격이었다.

그리고 비가 억수같이 오던 7월 4일, 중앙정보부장 이후락은 자신이 5월 초 극비리에 평양을 방문하여 김일성 주석을 만나 자주·평화·민족대단결의 남북통일 3대 원칙에 합의했으며, 이제 남북간에 상호비방을 중단한다고 발표했다. 7·4남북공동성명의 충격에 비하면 닉슨의 중국 방문은 아무 것도 아닌 일이었다.

온 국민이 충격·흥분·기대에 들끓었지만, 특히 자나 깨나 통일문제를 고민해온 혁신계 인사들이 이 새로운 사태 전개에 받은 충격은 이루 말할 수 없었다. 혁신계인사들은 닉슨의 중국 방문 직후부터 미국과 중국의 화해가 한반도에 미칠 영향에 주목했던 것으로 보인다. 대구의 하재완은 1972년 2월부터 1970년 11월에 있었던 북의 조선노동당 제5차 당대회에서 김일성이 행한 보고문의 내용을 북한 방송을 들으며 노트에 받아 적기 시작했다. 하재완은 군대시절 특무대(훗날 보안사)에서 하사관으로 근무하면서 수년간에 걸쳐 북측의 방송 녹취를 담당한 바 있었다.

그는 아마도 혁신계 인사들이 미중 화해 이후 북의 통일정책 추이에 대해 깊은 관심을 보이자, 그 궁금증을 풀기 위해 이북 방송을 청취하여 그 내용을 노트에 받아 적었던 것으로 보인다. 대구사범을 졸업한 뒤 4월 혁명 후 교원노조활동을 한 송상진도 이 일을 거들었다. 이 노트를 돌려본 것, 이것이 여덟 명의 목숨을 앗아간 「인혁당재건위 사건」의 실체였다.

혁신계 인사들이 7·4 남북공동성명으로 한국 사회에서 반공태세가 완화되면 혁신계의 활동범위도 넓어질 것으로 기대한 것은 당연한 일이었다. 그러나 박정희는 남북공동성명이 발표되고 100여 일만에 이 기대에 찬물을 끼얹었다. 유신 친위 쿠데타를 단행한 것이다. 명목은 「평화통일을 지향한다」는 것이었지만 누가 보아도 종신 독재를 꾀한 것임이 분명했다.

혁신계 인사들 사이에는 유신체제라는 억압적인 체제가 등장했지만 대중들의 통일에 대한 열망이 확인된 만큼 "혁신세력을 하나로 재규합하여 통일운동을 가속화함과 동시에 정권의 비민주성을 비판하기 위한 조직의 필요성"을 강조하는 입장과 "정권의 군부 파쇼적 성격은 전혀 변한 것이 없기 때문에 정세의 변화를 조심스럽게 관망하되 성급한 조직화를 경계해야 한다는 입장"이 병존했다.(국가정보원 과거사건 진실규명을 통한 발전위원회 「인혁당 및 민청학련 사건 진실 규명」『과거와 대화, 미래의 성찰』 2007)

분명 가만히 있을 수는 없는 일이었다. 그렇다고 무엇을 할 수도 없었다. 모두들 운동가였기에 조직에 대한 열망은 분명히 있었다. 그러나 조직이란 것이 열망만으로 만들어질 수 있는 것은 아니었다. 일부에서는 혁명의 지도부인 전위 조직 없이는 민족민주혁명에서 승리를 기대할 수 없다며 전위조직을 당장 만들자고 주장했지만, 많은 사람들은 '과거 운동에서 실패한 사람들'(1차 인혁당 사건 관련자)이 나서서는 안 된다고 주장했다. 그들은 정보당국에 의해 주목을 받고 있는 자신들이 모여 다니며 명칭과 강령과 규약까지 갖는 조직을 결성한다면 당장 '넥타이 공장'(교수대)으로 끌려갈지도 모른다는 현실적인 공포를 갖고 있었던 것이다.

1974년 4월 3일 밤, 박정희는 긴급조치 4호를 발동하면서 민청학련 관련자들을 사형에 처하겠다는 엄포를 놓으면서, 민청학련 사건의 배후를 인민혁명의 수행을 위한 통일

전선의 초기 단계적 지하조직으로 규정했다. 이 때 청와대 대변인 김성진은 민청학련이 "반국가적 불순세력과 결탁"하여 "그들의 지령"에 의해 "현 정부를 전복하고 노동자 농민의 정권을 수립하고자 기도"했다고 주장했다.(『동아일보』1974.4.4.) 아직 수사도 하기 전에 "반국가적 불순세력과 결탁"했다는 '사실'이 발표된 것이다. 이제 수사기관의 과제는 그 불순세력을 찾아내는(혹은 만들어내는) 것이었다.

② 애당초 인혁당 · 재건위는 없었고 강압수사로 짜맞춰

중앙정보부장 신직수는 4월 25일 민청학련 사건의 수사상황을 발표했다. 이에 따르면 민청학련의 배후에는 "과거 공산계 불순단체인 인민혁명당 조직과 재일조총련계의 조종을 받은 일본 공산당원들과 국내 좌파 혁신계 등이 복합적으로 작용했다"고 한다.(『동아일보』1974.4.25.)

10년 전 세상을 떠들썩하게 했던 인혁당이란 이름이 다시 나온 것이다. 민청학련과 인혁당의 연결고리로 지목된 것은 경북대 법정대 학생회장 출신의 여정남이었다. 여정남은 64학번으로, 한일회담 반대 등으로 세 번이나 학교에서 제적된 바 있어 당시의 민청학련 주모자들에 비하면 나이가 훨씬 많은 선배 활동가였다. 여정남은 겨울방학이 되자 중앙의 학생운동 동향을 살피기 위해 상경하여 서울대 문리대 학생운동권의 핵심인 이철 · 유인태 등과 접촉했다.

유인태와 이철의 증언에 따르면 처음에는 수사관들이 민청학련의 '중앙'인 유인태와 이철이 여정남을 '조종'한 것으로 몰고 갔다고 한다. 이철과 유인태가 여정남은 자신들보다 한참 선배인데 무슨 조종을 하겠느냐며 버티자 수사관들은 너희들은 서울대 학생이고 여정남은 지방대 학생 아니냐며 배후관계를 이철과 유인태가 여정남의 상부에 있는 것으로 설정했다는 것이다. 그러나 신직수의 발표가 있기 직전 갑자기 "나이도 한참 위고 하니 너희들이 지도받은 것으로 하자"며 여정남이 민청학련을 배후조종한 것으로 변경하고 수사를 종결해버렸다.

중앙정보부는 여정남을 인혁당으로 몰아갈 수 없었지만, 이 만남을 「인혁당 재건위가 민청학련의 배후」라는 중앙정보부의 시나리오에서 핵심고리로 만들었고, 결국 여정남을 포함한 8명이 법의 이름으로 살해당한 것이다. 여정남은 1969년부터 하재완의 집에 입주 가정교사로 있으면서 인혁당 사건 관련자들을 자연스럽게 알고 지냈는데, 그의 불행은 여기에서 비롯되었다.

비도덕적인 유신정권은 학생과 시민들이 불법적인 체제에 도전하는 것을 못 견뎠다. 그들에게는 이 저항의 배후에 반드시 '불순세력'이 있다는 강박증이 있었다. 그 강박증은 불순세력이 없으면 만들어내기라도 해야 직성이 풀리는 것이었다. 대구를 중심으로 한 인혁당 관련자들이 여정남 한 명을 통해 서울의, 나아가 전국의 학생운동을 지도한다는 것은 뒷날 의문사위원회나 국정원 과거사위원회에서, 당시의 수사관들도 인정했듯이 말이 안 되는 일이었다.

1964년에 '인혁당이 조직된 바 없었으니' 인혁당 '재건'이란 시나리오 자체가 말이 안 되는 일이다. 재판 과정에서도 고문으로 받아낸 진술 이외에 "반국가단체의 결성 및 국가 전복기도를 위한 활동을 확인할 수 있는 조직명·강령 및 규약·조직체계·조직 활동 관련 물증이 제시되지 않았다." 참으로 기가 막힌 사실은 많은 사람들이 2차 인혁당 사건을 「인혁당재건위 사건」이라 부르고 있지만 「인혁당 재건위원회」라는 반국가단체는 비상군법회의 검찰측 공소장이나 대법원 판결문 어디를 보아도 만들어진 적이 없다는 것이다. 박정희 정권은 무고한 사람을 8명이나 잡아 죽였지만 끝내 인혁당을 재건해주지 못했다.(국가정보원 과거사건 진실규명을 통한 발전위원회 「인혁당 및 민청학련 사건 진실 규명」 『과거와 대화, 미래의 성찰』 2007)

대법원의 판결문에 따르면, 이 사건은 하나의 반국가단체 사건이 아니라 서로 느슨하게 연결된 세 개의 반국가단체 사건이었다. 대법원은 '인혁당재건위'가 아니라 '인혁당 재건단체'라는 모호한 말로 배후조직의 성격을 규정했다. 이 인혁당 재건단체는 1970년 8월에 조직되었다는 「인민혁명당 재건을 위한 경북지도부」, 1973년 10월 초에 조직되었다는 「인민혁명당 재건을 위한 서울지도부」 그리고 1973년 11월 초에 조직되었다는 도무지 무슨 뜻인지 이해하기 어려운 「서울지도부와 같은 조직」 등 세 개의 단체로 구성되었다는 것이다. 이들이 처형되고 딱 30년 후인 2005년, 국정원 과거사위 사무실에서 이 이해할 수 없는 판결문을 읽다가 나(한홍구 조사위원)는 울어버렸다.

◎ 4·3 민주화 학생시위에 가해진 긴급조치 4호와 반공 학살극

유신 선포 후인 1974년 1학기, 3, 4월 투쟁을 앞두고 마치 큰 경기의 '오픈 게임' 같은 시위가 추진됐다. 그 선도투쟁은 한신대가 맡았다. 거사일은 3월 10일경이었는데, 이날 시위는 성공하지 못했다. 중순 들어 지방에서 먼저 시위를 일으켜 보면 어떻겠느냐는 의견이 제시됐다. 이에 경북대가 앞장서겠다고 자진했다. 날짜는 3월 21일, 소위 '3·21투쟁'이었다. 그런데 경북대 시위도 실패나 마찬가지였다.

다시 서울로 이목이 집중됐다. 상황이 그리 좋지는 않았지만 3월 28일 서강대, 4월 1일 연세대에서 시위를 벌이기로 했다. 이어 4월 3일 서울과 지방에서 일제히 시위를 벌일 계획이었다. 그런데 서강대·연세대 두 대학 모두 불발에 그치고 말았다. 엎친 데 덮친 격으로 서강대 시위를 시작으로 검거선풍이 불기 시작했다. 4월 1일 저녁, 정문화 · 김병곤 · 황인성 등 서울대 1선 지도부는 긴급비상회의를 열었다. 여기서 주저앉을 것인 가, 아니면 계속할 것인가. 상황은 매우 비관적이었다. 그러나 그렇다고 이제 와서 내친 걸음을 포기할 수도 없었다. 무조건 싸우는 길밖엔 달리 다른 방법이 없었다. 이 정도의 난관은 이미 각오한 것이었다. 결국 예정대 로 4월 3일 거사를 결행하기로 재확인했다. 집결지는 서울은 청계 5가와 서울역이었다.(정운현 『청년 여정남과 박정희 시대』 다락방 2015)

　마침내 4월 3일이 밝았다. 오전 10시, 11시를 기해 서울시내 주요 대학에 일제히 「민중민족민주선언」 등 유인물이 뿌려졌다. 이와 동시에 서울대 · 성균관대 · 이화여대 · 고려대 · 서울여대 · 감신대 · 명지대 등에서 학생들이 교문을 박차고 거리로 쏟아져 나왔다. 서울대 의대생 500여 명은 흰 가운을 입고 시위를 벌이다 교문 앞에서 경찰과 대치하였으며, 서울대 문리대생 1백여 명은 교내 4 · 19탑 앞에서 반정부 유인물을 살포했다.

　또 성균관대생 4백여 명도 교내에서 선언문을 낭독하고 시위를 벌였으며, 이화여대생 3천여 명은 대강당에서 있은 채플시간을 이용해 선언문을 낭독한 후 저녁에는 청계천 일대에서 시위를 벌였다. 당초 예상보다 규모는 그리 크지 않았다. 그나마 서울에서는 이정도라도 가능했지만 지방은 거의 전멸 수준이었다. 정보기관의 감시와 탄압이 심한 탓이었다.

　이날 전국민주청년학생총연맹(민청학련) 명의로 작성된 「민중민족민주선언」이 살포됐다.

　　"…소위 유신이란 해괴한 쿠데타, 국가비상사태와 1 · 8조치 등으로 폭압체제를 완비하여 언론을 탄압하고 학원과 교회에 대한 억압을 가중시킴으로써 비판을 원천적으로 봉쇄하고 있다. 이것이 과연 한국적 민주주의인가?… 이에 우리는 반민주적 반민중적 반민족적 집단을 분쇄하기 위하여 숭고한 민족 민주 전열의 선두에 서서 우리의 육신을 바치려 한다."

　이 선언문은 나병식이 쓴 것을 현장 지도부가 대폭 수정한 것으로 알려졌다. 이밖에도 당일 현장에는 「지식인 언론인 종교인에게 드리는 글」 「민중의 소리」 「결의문」 「행동사항」 등의 유인물이 배포됐다. "굶어죽을 자유 말고 먹고 살 권리 찾자/배고파서 못 살겠다 기아임금 인상하라"로 시작하는 4 · 4조의 '민중의 소리'는 장기표가 쓴 것으로 당시 크게 화제가 되기도 했다.

① 용공 간첩망 연결고리로 조작당한, 민주화운동 고리의 시작

'4·3투쟁'이 있던 그날 밤 9시경, 여정남은 이철·유인태와 셋이서 광화문 시민회관 옆 대관령주점에서 소주잔을 기울이고 있었다. 3개월 이상을 공들여 준비한 거사가 실패로 돌아갔으니 세 사람 모두 참담한 심경이었다. 이철은 "각 대학에서 하려던 시위가 사전에 정보가 누설돼 실패로 돌아갔다"며 여정남에게 피신처를 알아봐 달라고 부탁했다. 두 사람에게 정남은 후견인과도 같았다. 일단 정남은 두 사람을 신설동 하숙집으로 데리고와 피신시켰다.

밤 11시경 라디오 방송에서 박정희 대통령의 특별담화가 흘러나왔다. 당일 밤 10시에 선포된 '긴급조치 4호'에 뒤이은 것이었다. 불순세력이 배후조정하고 있다는 상투적인 어구의 되풀이였다. 음해의 전주곡이었다.

"친애하는 국민 여러분, 나는 작금 우리 사회의 일각에서 공산주의자들이 상투적으로 전개하는 적화통일을 위한 통일전선의 초기 단계적 불법 활동 양상이 대두되고 있음에 대하여 이 같은 불순요인을 발본색원함으로써 국가의 안전보장을 공고히 다지고자 헌법 절차에 따라 긴급조치를 선포하게 되었음을… 이른바 전국민주청년학생총연맹이라는 불법 단체가 반국가적 불순세력의 배후조종 하에 그들과 결탁하여 공산주의자들이 이른바 그들의 '인민혁명'을 수행하기 위한 상투적 방편으로 으레 조직하는 소위 통일전선의 초기 단계적 지하조직을 우리사회 일각에 형성하고 반국가적 불순활동을 전개하기 시작했다는 확증을 포착하기에 이르렀다." (『경향신문』 1974.4.4.)

박정희의 특별담화는 이날 낮에 있은 「민청학련」 주도의 대학가 시위를 정조준 한 것이었다. 권위주의적인 문투는 말 할 것도 없을 뿐더러 담화문 가운데 공산주의자·적화통일·통일전선·반국가적 불순세력·배후조종·인민혁명·지하조직 등을 언급한 걸로 봐 박정희 정권의 의도와 목표가 뚜렷하게 드러났다. 대학생들의 순수한 반독재 유신반대 민주투쟁을 공산주의자들과 연계된 '반국가 불순활동'으로 몰고 갈 속셈이었다. 나중에 드러난 일이지만 중앙정보부는 실지로 「인혁당 재건위 사건」을 조작해 민청학련의 배후세력으로 만들었다.

박정희를 대신해 긴급조치 4호를 발표한 김성진 청와대 대변인은 "민청학련의 전모는 아직 수사 진행 중이므로 밝힐 수는 없으나… 이들은 현 정부를 전복하고 이른바 노동자 농민의 정권을 수립하고자 기도한 것으로 현재 수사당국에서는 소위 프롤레타리아 혁명을 기도한 것으로 보고 수사를 계속 중"이라고 밝혔다. 그는 '민청학련 사건'은 현재 "수사

긴급조치 4호 선포(경향신문, 1974.4.4.)

중"이라고 하면서도 '노–농정권 수립', '프롤레타리아 혁명' 운운하며 노골적으로 빨간 칠을 해댔다.

이날 밤 10시에 발표된 '긴급조치 4호'는 유신헌법 53조에 근거한 것이었다. 골자는 민청학련과 관련된 단체를 조직·가입하거나 그 활동을 찬양·고무·동조할 경우 사형, 무기징역 또는 5년 이상의 징역에 처하며 학생들의 수업 거부나 농성 등 집단행동은 일체 엄금한다는 내용이었다. 국가안보를 내세워 헌법이 보장하고 있는 집회·결사의 자유 등 기본권조차도 짓밟고 나선 것이다. 명색이 민주주의를 표방하는 국가에서는 있을 수 없는 일이다.

당시 문교부는 이날 전국 대학에 공문을 보내 학생들의 피해를 줄이자며 해당자의 자수와 함께 학교 당국이나 주변사람들의 신고를 적극 권하고 나섰다. 또 긴급조치 4조 7항에서 규정한 '폐교 처분'에 대비해 폐교 관련법을 곧 제정하겠다고 협박성 계획을 밝히기도 하였다. 때리는 시어미보다 말리는 시누이가 더 밉다고나 할까. '긴급조치 4호' 전문은 다음과 같다.(긴급조치 1호, 4호는 1974년 8월 23일자로 해제됐다.)

1. 전국민주청소년학생총연맹과 이에 관련되는 제 단체(이하 '단체'라 한다)를 조직하거나 또는 이에 가입하거나, 그 구성원과 회합 또는 통신 기타 방법으로 연락하거나, 그 구성원의

잠복, 회합·연락 그밖의 활동을 위하여 장소·물건·금품 기타의 편의를 제공하거나, 기타 방법으로 단체나 구성원의 활동에 직접 또는 간접으로 관여하는 일체의 행위를 금한다.

2. 단체나 그 구성원의 활동에 관한 문서, 도화·음반 기타 표현물을 출판·제작·소지·배포·전시 또는 판매하는 일체의 행위를 금한다.

3. 제1항, 제2항에서 금한 행위를 권유, 선동 또는 선전하는 일체의 행위를 금한다.

4. 이 조치 선포 전에 제1항 내지 제3항에서 금한 행위를 한 자는 1974년 4월 8일까지 그 행위 내용의 전부를 수사·정보기관에 출석하여 숨김없이 고지하여야 한다. 위 기간 내에 출석 ·고지한 행위에 대하여는 처벌하지 아니한다.

5. 학생의 부당한 이유 없는 출석·수업 또는 시험의 거부, 학교 관계자 지도·감독하의 정당적 수업·연구 활동을 제외한 학교 내외의 집회·시위·성토·농성 기타 일체의 개별적 · 집단적 행위를 금한다. 단, 의례적·비정치적 활동은 예외로 한다.

6. 이 조치에서 긍한 행위를 권유, 선동 또는 선전하거나 방송·보도·출판 기타 방법으로 타인에게 알리는 일체의 행위를 금한다.

7. 문교부장관은 대통령 긴급조치에 위반한 학생에 대한 퇴학 또는 정학의 처분이나 학생의 조직, 결사 기타 학생단체의 해산 또는 이 조치 위반자가 소속된 학교의 폐교처분을 할 수 있다. 학교의 폐교에 따르는 제반 조치는 따로 문교부장관이 정한다.

8. 제1항 내지 제6항에 위반한 자, 제7항에 의한 문교부장관의 처분에 위반한 자 및 이 조치를 비방한 자는 사형, 무기 또는 5년 이상의 유기징역에 처한다. 유기징역에 처하는 경우에는 15년 이하의 자격 정지를 병과할 수 있다. 제1항 내지 제3항, 제5항, 제6항 위반의 경우에는 미수에 그치거나 예비, 음모한 자도 처벌한다.

9. 이 조치에 위반한 자는 법관의 영장 없이 체포, 구속, 압수, 수색하며 비상군법회의에서 심판 처단한다.

10. 비상군법회의 검찰관은 대통령 긴급조치 위반자에 대하여 소추를 하지 아니할 때에도 압수한 서류 또는 물품의 국고귀속을 명할 수 있다.

11. 군 지역사령관은 서울특별시장, 부산시장 또는 도지사로 부터 치안질서 유지를 위한 병력출동의 요청을 받은 때에는 이에 응하여 지원하여야 한다.

12. 이 조치는 1974년 4월 3일 22시부터 시행한다.

수사당국은 '4·3 투쟁'을 전후로 대대적인 검거작전에 돌입했다. 처음 겪는 일도 아니거니와 이미 각오한 일이어서 여정남은 크게 흔들리지 않았다. 자신의 하숙집에서 이철·유인태와 함께 은신하며 조직 재정비와 제2선 조직을 논의하였다. 이를 위해 김용원을 만나 활동자금을 추가로 지원받았으며, 긴급조치 4호 반박문을 준비하기도 했다. 아울러 대구의 서도원·하재완과도 계속 연락을 주고받으며 대책을 강구했다.

간첩 현상금이 30만원이던 시절 유인태·이철 등의 현상금은 200만원까지 치솟아 있었다. 경찰은 눈이 시빨게 있었다. 그런 상황에서 세 사람이 함께 있는 것은 자멸행위나 마찬가지였다. 14일 밤, 세 사람은 위험 분산을 위해 각자 흩어지기로 했다. 정남 역시 이날 밤 하숙집을 나왔다.

헤어지면서 세 사람은 만약 붙잡히지 않으면 사흘 뒤 16일 밤 어린이대공원 후문에서 만나기로 약속했다. 그러나 이 약속은 지켜지지 못했다. 유인태가 하숙집을 나선 그날 밤 미아리 인근에서 경찰에 잡히고 만 것이다. 이어 정남은 17일, 이철은 24일 각각 체포되었다. 이철은 고교생 복장으로 위장해 다니면서 지인을 통해 프랑스 망명을 시도했으나 이루지 못했다. 검거 당일 밤 고등학교 친구를 만나러 갔다가 사직공원 정류장에서 불심검문에 걸려 체포되고 말았다.

② 몽둥이질·물고문·전기고문 등 악행으로 간첩망에 짜넣어

'4·3투쟁' 이후 정남의 신설동 하숙집에 숨어있던 유인태는 하숙집을 나온 14일 당일 저녁에 검거됐다. 유인태가 검거되면서 정남도 17일 오후 유인태·이강철과 만나기로 약속했던 서대문로터리 미동초등학교 앞 등대다방에서 검거됐다.

정남이 검거되고 그 다음날 이수병과 김용원, 20일에는 도예종과 서도원이 각각 검거됐다. 4월말~5월초에 걸쳐 인혁계가 속속 붙잡혔다. 이들이 검거된 것은 정남이 배후를 다 불었기 때문이다.(실제로 정남은 정화영에게 "죽도록 고문 받고 내가 다 불었다"고 얘기한 바 있다.)

여정남은 검거되고 이틀 뒤인 19일 서울구치소에서 첫 피의자 신문을 받았다. 수사관이 정남에게 건강상태를 물었다.

"좌측 이내막耳內膜이 잘 들리질 않습니다."

체격도 좋은데다 평소 건강한 정남이었다. 그런데 검거된지 이틀만에 왼쪽 귀가 잘 안들릴 정도였다니 구타와 고문이 얼마나 심했는지 짐작이 간다. 정남은 항소이유서에서 "장기간에 걸친 취조과정 중 잠을 재우지 않으면서 계속되는 전기고문·물고문, 심한 매질 등으로 인한 극도의 쇠약한 몸으로 주사를 맞아가며 재판에 임했다"고 썼다.

'민청학련 사건'으로 검거돼 서울구치소에 수감 중이던 후배 정화영이 어느 날 중정에 조사를 받으러 호송차를 탔다가 우연히 정남의 바로 옆 좌석에 앉게 됐다. 정남이 정화영에게 고문 받은 얘기를 털어놨다.

"너무나 지독하게 고문을 받아서 정신이 없다."

정화영이 보기에 정남은 제정신이 아니었다. 마치 실성한 사람 같았다.

서울구치소의 '병력표'에는 "약 1주일 전부터 요도에서 '농膿과 출혈'이 되고 있음"이라며 '급성 요도염' 진단작성일자 미상을 내렸다. 요도를 통한 성고문이나 여타 신체적 위해에 따른 요도 출혈 후 요도감염이 된 것으로 보인다.

현역군인 시절 외박을 나왔다가 정남을 따라 하재완의 집에 가서 '노트'를 본 혐의로 체포된 이현세(수학교육과, 68학번)는 인혁당 사건 재판과는 별개로 군사재판에 회부됐다. 1975년 2~3월경에 열린 공판 때 하재완과 정남을 증인으로 요청하여 두 사람이 출석했다. 이현세의 이야기이다.

"법정에 출석한 여정남 선배를 보니 마치 파김치 같았다. 체포된지 불과 10개월만에 그 우람한 덩치의 여 선배가 증인석에 서 있기도 힘들어 해서 재판장이 앉으라고 했다. 심지어 동공이 풀려 앞이 안보일 정도였다. 그런 여 선배의 모습을 보노라니 눈물이 쏟아져서 하나도 따져 묻지 못했다."(2015.5.24. 증언)

'1차 인혁당 사건' 때도 무자비한 고문이 자행됐다. 국회 법사위 회의록(1964.10.21.)에 "도예종 이하 26명 중 20여 명을 조사한 바, 거의가 전기 또는 물고문을 당했다고 진술했다"고 기록되어 있다. 오죽하면 피의자 허작의 경우 수사기관의 고문이 두려워 자기의 안경알로 성기를 잘라 자살을 하려고 했겠는가.

고문은 2차 인혁당 사건, 즉 '인혁당 재건위 사건' 때도 여지없이 자행됐다. 유신헌법(제10조 8호 2항)도 고문을 금지하고 있었으나 이는 말뿐이었다. 소문으로만 나돌던 고문 실상은 민청학련 사건으로 옥고를 치른 김지하가 동아일보에 연재한 옥중수기 '고행·1974'를 통해 세상에 알려지게 됐다. 김지하는 1975년 2월 15일 긴급조치 위반 구속자들과 함께 석방되었으나 동아일보에 이 글을 연재한 것이 문제가 되어 재수감됐다.

"정보부 6국의 저 기이한 빛깔의 방들. 악몽에서 막 깨어나 눈부신 흰 벽을 바라봤을 때의 그 기이한 느낌을 언제나 느끼고 있도록 만드는 저 음산하고 무뚝뚝한 빛깔의 방들… 아득한 옛날 잔혹한 고문에 의해 입을 벌리고 죽은 메마른 시체가 그대로 벽에 걸린 채 수 백년을 부패해가고 있는 듯한 환각을 일으켜주는 그 소름끼치는 빛깔의 방들… 그 방들 속에서의 매순간 순간들은 한마디로 죽음이었다. 죽음과의 대면! 죽음과의 싸움! 그것을 이겨 끝끝내 투사의 내적 자유에 돌아가느냐, 아니면 굴복하여 수치에 덮여 덧없이 스러져가느냐? 1974년은 한마디로 죽음이었고, 우리들 사건 전체의 이름은 이 죽음과의 싸움이었다."

어둡고 밀폐된 공간에서 자행된, "매순간 순간들이 죽음"이었던 잔혹한 고문의 기록이 남아있을 리 없다. 가해자들의 양심고백이 없는 한 40년 전 남산의 중정 골방에서 있었던 일을 정확히 파악할 수는 없다. 관계자들의 증언과 정황증거만이 존재할 뿐이다. 위 김지하의 글은 당시 중정에서의 고문 분위기를 문학적 펼치로 그려내고 있다.

반면 고문을 당한 피해자는 물론 파견경찰·교도관·변호인·가족 등 목격자들의 진술은 아주 구체적이다.

「국정원과거사건진실규명을통한발전위원회」(국정원진실위원회)도 「인혁당 및 민청학련 사건 조사보고서」(2005.12.7.)에서 이런 점을 감안하여 고문 수사 개연성을 인정했다. 관련자들의 진술 및 증언 사례를 살펴보자.

"1974.4.20.~6.8(50일간) 중정 조사에서 4~5차에 걸쳐 고문을 당함.(6국311호) 중정 취조시에 협심증까지 일으켜 수차 졸도하는 등 만신창이가 됨."(도예종 상고이유서)

"중정 조서와 진술서는 심한 몽둥이질과 전기고문, 물고문을 통해서 꾸며진 것임. 중정에서 몽둥이질을 해서 왼쪽 눈썹 위가 찢어져 피가 줄줄 흘렸음."(김용원 상고이유서)

"4.28 혹독한 고문으로 탈장이 되었으며, 탈홍이 되고, 폐농양이 생겨 취조관이 시키는대로 조서가 작성됨."(하재완 상고이유서)

"취조과정에서 잠을 재우지 않으면서 계속 되는 전기·물고문·심한 매질 등으로 인한 극도의 쇠약한 몸으로 주시를 맞아가며 재판에 임함."(여정남 항소이유서)

"물고문과 구타를 어떻게 당했는지 몇 번이고 정신을 잃었으며, 구치소에서 피 소변을 5일간 누는 등 무자비한 고문을 당함."(정만진 항소이유서)

인혁계 피고인들의 항소 및 상고이유서에는 구타·물고문·전기고문 등 다양한 고문 유형이 등장하고 있다. 도예종·김용원·하재완·송상진·여정남·정만진 등은 고문 일시, 고문 방법, 고문으로 인한 상처 및 후유증, 심지어 고문수사관 이름 등을 구체적으로 진술했다.

이밖에도 황현승(전기고문) 전창일(구타·전기고문) 임구호(구타) 유진곤(구타) 김한덕(물·전기고문) 정만진(구타·물고문) 강창덕(구타) 등도 구체적인 고문 유형을 진술하였다. 또 전창일·이재형·정만진·강창덕 등은 고문으로 인한 상처 및 후유증을 진술하기도 했다. 관계자들의 얘기를 들어보자.

"유진곤은 손과 목에 붕대를 감고 있었으며 김용원은 맥이 풀려 몸 상태가 정상이 아니었음. 하재완은 탈장이 되었고, 물고문에 의한 폐농양증으로 기침을 할 때마다 피가 배어 나옴."(전병용 서울구치소 보안과 교도관, 의문사위 진술)

"대구팀 4명이 피의자를 전기고문하고 있었음. 전기고문 장소는 6국 건물 밖 남산 방향으로 들어간 곳으로 기억함. 박재명의 얼굴이 낯이 익음. 손잡이를 돌리고 나서 피의자에게 물어보고 수사관이 기대하는 얘기가 나오지 않으면 또 손잡이를 돌렸음."(전재팔 성북서 파견경찰, 의문사위 진술, 2002.9)

"중정 6국 지하실은 큼지막한 보일러 기계가 꽉 차 있었던 곳인데 그곳까지 내려가 조사할 일도 없었고 고문은 할 수 있는 곳이 아니었음."(박재명 경북도경 파견경찰, 국정원진실위 면담, 2005.9.29)

전병용 보안과 교도관은 하재완의 진술(탈장)을 사실로 확인해주었다. 이택모 당시 서울구치소 보안분실장도 의문사위 진술에서 "하재완은 고문을 받아서 탈장이 되었고, 전기고문을 받아서 경련을 일으켰다"고 증언한 바 있다. 물론 위 박재명(경북도경 파견경찰)처럼 고문에 직간접적으로 연루된 사람들은 한사코 고문 사실을 부인했다. 그러나 전재팔(서울 성북서 파견 경찰)의 전술한 구체적인 정황을 감안하면 박재명의 진술은 사실이 아닌 것으로 보인다. 중립적인 위치에 있는 서울구치소 교도관들이 이구동성으로 광범위하게 고문이 이뤄졌음을 확인해주었다.(국정원진실위 조사보고서, 2005.12.7.)

인혁당 재건위 사건을 총괄기획하고 부하들을 시켜 전기고문·물고문 등 온갖 고문과 협박으로 사건을 조작한 실무책임자는 당시 중앙정보부 6국장 이용택과 윤종원 계장이었다. 그러나 윤종원도 이 사건은 진술서 외에는 다른 증거가 없으며 민청학련은 학생 유인태가 총괄기획하였으며 인혁당 재건위 관련자들이 배후 조정한 것은 아니라고 말했다.(국정원 과거사위 진술)

③ 취조한 중정, 기소한 검찰, 재판한 판사 모두 고문살해 합세

수사관이 피의자들을 고문하는 이유는 두 가지다. 첫째, 수사에 필요한 사항을 알아내기 위해서다. 1987년 6월 항쟁 당시 서울 남영동 대공분실 소속 경찰들이 박종철을 물고문한 것은 그의 선배 박종운의 은신처를 알아내기 위해서였다. 둘째는 '입맛'에 맞는 진술을 받아내기 위해서다. 조작사건을 꾸며내기 위해서는 각본에 따른 진술이 필요한 법이다.

그런데 붙잡혀온 사람들이 '사실'이 아닌 것을 인정할 리 없다. 바로 이때 잔혹한 고문이 등장한다. 과거 독재정권하에서 자행된 조작사건은 대부분 이런 식이었다. 일단 수사기관에서 고문으로 허위진술서를 받아내면 검찰은 이를 근거로 공소장을 만들어 기소한다. 그러면 이들과 한 통속인 법원은 검사의 구형대로 소위 '정찰제 판결'을 내려주곤 했다. '인혁당 재건위 사건'도 꼭 그대로였다.

조작사건의 첫 출발은 '허위진술서'로부터 시작된다. 각본에 따라 없던 사실을 마치 있었던 일인 양 거짓 진술을 받아내는 것. 이때 피의자들에게 온갖 고문이 가해지는 것은 두말할 필요도 없다.

'민청학련 사건'이 발생한지 한 달 가량 지난 1974년 5월 1일 저녁. 당시 극동건설 외공부장으로 있던 전창일은 안방에서 이재문과 술을 마시고 있었다. 검거선풍을 피해 대구에서 도망쳐온 이재문은 이 집 골방에 숨어 있었다. 그런 이재문을 위로도 할 겸해서 차린 술상이었다.

그때 아래층에서 그의 아내가 "경찰! 경찰!" 하며 다급하게 올라왔다. 잠시 뒤 건장한 세 사람이 나타나 중앙정보부원 신분증을 제시했다. 전창일은 이재문을 잡으러 온 줄 알았다. 그러나 그들은 골방을 뒤지는 대신 안방 책장에서 사회주의 관련 서적 몇 권을 뽑았다. 그리고는 전창일에게 동행을 요구했다.

끌려간 곳은 남산 중턱의 정보부 신축건물이었다. 그날 밤 전창일은 다시 서대문구치소로 옮겨져 그곳에서 하룻밤을 잤다. 5월 4일, 다시 남산으로 불려갔다. 본격 취조가 시작됐다. 이용택이 국장으로 있던 중정 6국이었다. 취조실로 인계되자 바닥에 무릎을 꿇리고는 구둣발로 차면서 첫 마디부터 욕설이었다.

"이 역적 놈들아, 너희 놈들이 떠든다고 순순히 내 놓을 줄 아냐? 천년만에 잡은 정권을…." 무슨 말인지 잘 몰라 어리둥절한 그에게 야전침대 막대기로 무차별 몽둥이찜질이 가해졌다. 그리고는 취조가 시작됐다. 본론은 이수병·우홍선·이성재·박중기 등과 함께 충무로 지다방에서 만나 유신헌법을 비방하고 민청학련을 지원하여 현 정부를 전복하고 사회주의 정권을 세우려고 모의한 사실을 자백하라는 것이었다.

'사실'이 아니니 자백할 리가 없었다. 다시 몽둥이세례가 이어졌다. 며칠 뒤 아침, 전창일은 다시 그 방, 그 자리로 끌려갔다. 전면 재조사를 한다고 했다. 내용인즉 앞의 네 사람과 함께 충무로 지다방에서 인혁당과 유사한 지하당을 조직하여 민청학련을 지원하고 기독교세력, 혁신세력을 규합하여 국가전복을 기도했다는 자백을 강요하는 것이었다.

역시 '사실'이 아닌 것을 이번이라고 인정할 수는 없는 노릇이었다. 전창일은 진술서 작성을 거부했다. 다시 지하실로 끌려 내려갔다. 어두컴컴한 보일러실이었다. 전신 나체로 시멘트 바닥에 꿇린 다음, 양 손목과 두 발을 꽁꽁 묶었다. 그리고는 긴 막대기를 사이에 끼워 책상 둘 사이에 걸쳐 놓았다. 마치 도살장에서 네 발짐승을 묶어 매단 꼴이었다.

이어 주전자로 물고문이 시작되었다. 비명을 지르다 기절하면 정신을 차리게 한 후 자신들이 부르는 대로 다시 진술서를 쓰라고 강요했다. 거부하면 다시 지하실로 끌고 내려갔다.

버티던 그도 결국 인민혁명당과 유사한 지하당을 만들었다는 허위 자백서를 쓰고 말았다. 중정에서 받은 조서임에도 중부경찰서에서 받은 것처럼 쓰라고 강요했다. 결국 한 번도 가본 적이 없는 중부경찰서에서 조사를 받은 것처럼 쓸 수밖에 없었다.

2, 3일 지나 다시 끌고 가서는 지난번에 쓴 자필 진술서 가운데 '5인 지도부'를 '4인 지도부'로 고치고 박중기를 빼라고 했다. 박중기는 긴급조치 발동 이전에 반공법 위반으로 구속돼 재판을 받고 나왔기 때문에 긴급조치 위반을 걸 수가 없었다.

이후로도 그는 몇 차례 더 지하실을 다녀왔다. 중정이 인혁당 재건 조직으로 지목한 서울의 '4인 지도부'는 이렇게 해서 만들어졌다. 공소장을 받고서 며칠 지나 그는 소장실로 불려나갔다. 정보부 6국 윤종원 계장이란 자가 기다리고 있었다. 윤 계장은 단도직입적으로 말했다.

"전창일 씨, 고생이 많소. 이번 정보부 간부회의에서 전창일 씨는 대한민국 제거대상에서 제외되었소. 극동건설 김용산 회장의 구명운동 덕분이오. 그리 알고 건강관리 잘하세요."

'대한민국 제거대상'은 무엇이며 '제외'는 무슨 말인가. 무슨 뜻인지 잘 몰라 물었더니 윤 계장이 답했다. "극형은 면한다는 말이오!" "판결은 재판에서 판사가 결정할 것이 아니오?" "대통령 긴급조치령에 정보부가 재판에 관여하기로 되어 있소."

7월 11일 제1심 선고공판에서 전창일은 무기징역을 선고받았다. 그제야 그는 일전에 윤 계장이 구치소장실에서 '대한민국 제거 대상'에서 '제외'됐다고 한 말뜻을 알아차렸다. (「세칭 인혁당 사건을 말한다」 『실록·민청학련 4』 참조)

유인태도 조사과정에서 마지막으로 인혁계의 민청학련 배후 조종건과 맞닥뜨렸다. 처음에는 정남에게 모든 것을 지령했다고 쓰라고 하자 유인태가 반발했다. "이분이 선배인데 어떻게 내가 지시를 합니까?" "임마! 선배 좋아하지마. 너희 서울대 애들은 지방대 애들을 우습게 알잖아!"

그러더니 얼마 안가서는 거꾸로 정남으로부터 모든 것을 지시받았다고 쓰라고 윽박질렀다. 그 경위를 알지 못했던 유인태가 항의를 했다. "이 새끼야, 잔말 말아, 그래도 선배

잖아."

언제는 선배에게 지시했다고 쓰라더니 이젠 선배니까 지시받았다고 쓰라는 것이었다. 이 건과 관련해 이철도 이와 유사한 내용의 증언을 한 바 있다.

우홍선은 6월 14일 변호인(김종길)접견에서 "처음엔 간첩으로 몰려고 하기에 이북에 몇 번 갔다 왔다고 하니 알리바이가 성립되지 않는다고 하여 5월 6일에야 수사관이 부르는 대로 진술서를 작성했다"며 "인혁당재건위원회라는 진술서는 5월말에 작성했으며, 검사 조시를 두 번 받았으나 첫 번째 검사 조사 시에는 저의 뜻이 반영되는 듯 했으나 두 번째는 문답식으로 일방적으로 썼으며, 서명은 강제로 제 손을 붙잡고 쓴 흔적이 있습니다. 각본대로 했습니다"라고 털어났다.

비단 전창일 유인태·우홍선 뿐일까? 민청학련계·인혁계 할 것 없이 모든 피의지들이 법정진술이나 항소·상고이유서를 통해 진술서가 조작됐다고 주장했다. 게다가 조사과정에서 수사관들로부터 고문과 함께 협박, 회유를 받은 사실도 폭로했다. 그러나 공판정에서 이를 경청하는 심판관이나 검찰관은 한 사람도 없었다. 오히려 이런 사실을 폭로했다며 법정에서 끌려 나가 두들겨 맞았다. 정만진의 항소이유서는 수사과정에서의 진술서 조작 실태를 적나라하게 보여주고 있다.

"… 중앙정보부 지하실에서 1차 검사 조사가 끝난 5월 30일 사법 경찰관 이 경사, 손 순경 등 수사관들이 새로 조서를 만들면서 무조건 조서에 1972년 4월 하재완 가에서 하재완에게 포섭되었다고 쓰기에 본 피고인이 '무엇을 씁니까? 하고 물으니까 '그런 것이 있어. 너는 살아 나가려면 도장만 찍으면 된다' 하기에 계속 물으니까 '인민혁명당을 재건하려 하였는데, 하재완을 만난 놈은 다 그놈들의 조직에 포섭된 거야' 하여서 본 피고인은 1969년 7월 이후 하재완을 만난 사실이 전혀 없었고, 특히 지하조직에 포섭 운운하는 것은 전연 터무니없는 허위사실이며, 지금 처음 듣는 이야기이며 본 피고인은 전연 모르는 사실이라고 이야기를 해도 수사관은 막무가내로 '너 뿐만 아니라 구속된 놈은 전부 조직원으로 되어 있으며, 한 사람도 빠질 수 없다' 하면서 '너 같은 놈은 문제가 아니다. 살아 나가려면 무조건 아무 말도 말고 시키는 대로 하라' 하기에 전연 엉터리로 만들어 생사람을 잡으려 한다고 항의하자 자기들의 말을 안 듣는다며 마구 구타를 하여 정신을 못차리게 하였으며, 자기네들이 만들고 싶은 대로 조서를 만들었던 것입니다.

그 후 6월 2일 정보부에서 다른 수사관이 새로 조서를 만들면서 1970년 9월 하재완에게 포섭되었다고 조서를 고쳐 쓰기에 본 피고인이 5월 30일에는 1972년 4월에 포섭되었다고 쓰더니 왜 지금은 1970년 9월에 포섭되었다고 고쳐 쓰느냐고 물었더니 수사관말이 '다 이렇게 짜여져 있어!' 하기에 또 하재완을 1969년 7월 이후 한 번도 만난 사실이 없으며 허위 사실로 생사람을 잡으려 한다고 항의를 하여도 자기들이 시키는대로 하면 된다면서 자기네들 임의대로 조서를 만들었습니다. …"

'살아 나가려면 도장만 찍으면 된다' '다 이렇게 짜여져있어!'

협박과 고문으로 만들어낸 허위진술서는 엉터리 재판을 위해서는 필수불가결한 재료다. 허위진술서를 토대로 공소장을 만들고 재판부는 이 엉터리 공소장의 내용을 전부 유죄로 인정했다. 멀쩡한 사람이 죄인이 되는 것은 한 순간이었다.

긴급조치 2호를 근거로 창설된 '군사재판'은 형식과 절차는 물론 사실 심리조차 제대로 하지 않았다. 이는 군법회의법 제340조위반이다. 게다가 피고인들이 공판정에서 한 발언을 기록한 공판조서까지 변조하여 결국 대법원에서 유죄판결을 내리는 근거로 작용하게 된다. 유신헌법이든 뭐든 명색이 법치국가를 표방한 나라에서는 있을 수 없는 일이다

'인혁당 재건위 사건'의 변호인 김종길은 1974년 9월 말 피고인들의 항소이유서를 작성하는 과정에서 비상보통군법회의에서 피고인 전창일·우홍선·김한덕·이성재·강창덕 등의 공판조서를 열람한 결과 피고인이 법정에서 진술한 내용과 공판조서가 다르게 작성되어 있는 것을 확인했다. 김 변호인은 1974년 10월 중순 사무실을 내방한 전창일의 아내 임인영과 우홍선의 아내 강순희 등에게 "공판조서의 기재 내용이 피고인의 진술 내용을 충분히 반영하지 않고 있다"고 설명한바 있다.

김종길을 조사한 1977년 중앙정보부 문건 '인혁당사건 공판조서 변조 발설자 조사'에 따르면, '무죄의 핵심의 반영이 아니고 접촉과정 및 정황 기록의 충분한 반영'이라 되어 있다. 이는 피고인들이 법정진술에서 무죄를 주장한 핵심적인 내용은 공판조서에 반영이 되지 않고 반국가단체 결성의 증거로 활용될 수 있는 상호 접촉과정이나 정황 등은 충분히 반영되어 있다는 뜻이다. 즉, 피고인들이 무죄를 항변하는 핵심내용은 빠지고 유죄의 근거가 된 반국가단체 결성과 관련한 내용은 충분히 반영됐다는 얘기다 다시 말해 피고인들의 법정증언과 달리 필요한 대목에서 손을 봤다는 얘기다.

(2) 고문 수사에 공판조서까지 변조, 8명 모두 즉각 처형

이렇게 어이없는 재판에서 정말 믿을 수 없는 일이 벌어졌다. 공판조서가 변조된 것이다. 대법원의 재판은 피고인을 직접 심리하지 않고 기록만으로 사건을 판단하기 때문에 공판조서의 변조는 보통 문제가 아니다. 박정희와 대구사범 동창인 김종길 변호사는

1974년 9월 말 항소이유서를 작성하면서 공판조서 변조 사실을 처음 알게 되었다. 법정에서 분명히 아니라고 부인한 부분이 대부분 공소사실을 시인한 것으로 되어있었던 것이다.

「인혁당 사건 공판조서 변조 발설자 조사」라는 중정의 내부 문건에 의하면 김종길 변호사는 1974년 10월 중순 사무실을 찾아온 우홍선과 전창일의 부인에게 "공판조서의 기재내용이 피고인의 진술내용을 충분히 반영하지 않고 있다"고 설명한 것으로 되어 있다. 1975년 2월 초에는 조승각 변호사도 이수병·김용원 등의 공판조서 열람을 대법원에 신청해서 타자로 된 공판조서 등본 1통을 교부받아 검토했다. 조승각 변호사 역시 많은 부분이 자신이 공판정에서 직접 들은 피고인의 진술과 다르게 기록되어 있음을 확인했다.

그는 이수병 진술 중 피고인의 진술과 정반대로 작성된 공판조서 부분에 "―"와 "×"로 표시해서 2월 중순 이수병과 김용원의 부인에게 나눠줬다. 김종길·조승각 두 변호사가 공판조서가 실제 답변과 다르게 작성되었다고 지적한 부분은 "공산주의국가 건설을 목적으로 공산비밀조직을 구성하자는 회합결의를 한 사실" 등 반국가단체 결성과 관련된 부분이다.

8명이 사형을 당한 것도 바로 이 혐의 때문인데, 검찰 쪽이 제시한 유일한 증거는 '피고인들의 자백'이었다. 피고인들은 법정에서 이를 부인했지만, 군법회의는 공판조서를 허위로 작성했고, 대법원은 「날조된 공판조서」에 의거해서 사형을 확정했다.

민청학련 사건 관련자도 처음 군법회의에서 7명이나 사형이 선고되었지만, 1974년 7월 20일 여정남을 제외한 대부분이 무기로 감형되었다. 이때 이미 민청학련은 살리고, 인혁당은 죽인다는 방침이 정해진 것인지는 알 수 없지만, 상황은 인혁당 관련자들에게 매우 불리하게 돌아갔다. 8월 15일에는 대통령 부인 육영수가 피격 서거하여 분위기가 얼어붙었다.

1975년 2월 박정희는 유신헌법에 대한 찬반 국민투표라는 승부수를 던진 뒤 긴급조치 위반자들을 석방하는 유화 조처를 취했다. 그런데 박정희의 기대와는 달리 석방된 사람들은 '자숙'하는 대신 개선장군 대접을 받았고, 풀려난 김지하는 『동아일보』에 인혁당 사건이 고문으로 조작되었음을 생생하게 폭로했다. 격분한 박정희는 인혁당이 김일성의 지령으로 간첩에 의해 조직된 것이라며 극형이 가능하다고 강조했다.

그러나 그 간첩은 북이 보낸 남파간첩이 아니고, 미군정보기관이 북쪽으로 침투시킨 북파간첩이었다. 그런데도 박정희 정권은 사이공 함락이 임박하는 등 정세가 악화되자 인혁당 관련자의 사형을 전격 집행했다. 형 집행은 대법원 확정판결 18시간만에 시작되었다. 구속 이래 1년 가까이 면회를 할 수 없었던 가족들은 형이 확정되었으니 면회가 가능하겠지라고 아침 일찍 서대문구치소에 왔다가 사형이 집행되고 있다는 소식을 듣고 혼절했다.

◎ 새벽의 연쇄살인

1975년 4월 9일 아침, 만원버스에 몸을 실은 고등학교 1학년이었던 나는 서대문 형무소 앞에 웬 사람들이 많이 모여 있는 것을 무심코 보며 학교로 갔다. 집에 와서야 그날 인혁당 관련자들의 사형이 집행되었다는 사실을 알았다. 30년 뒤 국정원 과거사위에서 이 사건 진상조사의 담당위원이 되었을 때, 대구로 가 그분들 산소에 술이라도 한 잔 따르고 조사를 시작하자고 했다.

산소 위치를 확인하고자 유족 한 분에게 전화했더니 그냥 가서는 못 찾는다며 안내해 줄 분을 보내겠다고 하셨다. 잠시 후 만난 분과 인사를 하고 보니 나와 동갑이었다. 아버지가 중3 때 잡혀가 이후 한 번도 보지 못하고 고1 때 돌아가셨다는 송상진 선생의 아들이었다. 숨이 탁 막혔다.

1975년 4월 9일 새벽, 국제법률가협회가 「사법사상 암흑의 날」이라 부른 그날 박정희 정권은 인혁당 사건 관련자 7명과 여정남에 대한 사형을 집행했다. 아니, 그것은 사형의 집행이 아니라 연쇄살인이었다. 오전 4시 30분 4월 혁명 후 민민청(민주민족청년동맹) 위원장으로 활동했던 서도원이 제일 먼저 끌려갔다. 53세로, 그날 사형당한 분들 중 가장 연장자였다. 대법원에서 형 확정 18시간만에 사형이 집행되어 20분만에 끝이 났다.

두 번째 희생자는 5시 30분 김용원이었다. 새벽잠에 빠진 같은 방 수감자들을 깨울까 봐 미제 새 가죽수갑을 찬 채, 까치발로 살금살금 걸어 나와 형장으로 갔다. 서울대 물리학과를 나와 경기여고 물리교사로 있다가 잡혔는데, 강금실 변호사와 이화여대 철학과 김혜숙 교수 등이 그 제자였다. 김 교수는 김용원 선생님께 학기 초 잠깐 수업을 받다가 잡혀가셨는데 참 조용하고 좋은 분이라 회고하셨다.

세 번째는 이수병이었다. 김용원에 대한 집행이 끝나고 15분 후인 6시 5분에 시작되어 딱 20분만에 끝났다. 1960년 남북학생회담 때 경희대 민통련(민족통일전국학생연맹) 위원장으로 "가자 북으로, 오라 남으로, 만나자 판문점에서!"란 유명한 구호를 만든 분이었다. 갓 마흔, 두 아이의 아빠였다.

네 번째는 우홍선. 이수병을 보내고 10분만인 6시 35분 시작, 20분만에 끝났다. 전쟁 때 고교생 학도의용군으로 참전하여 육군 대위로 예편한 참전용사였다. 4월혁명 후 통민청(통일민주청년동맹) 위원장이었고, 사건 당시에는 골든스탬프사 상무로 기업가로 일하고 있었다. 45세, 네 아이의 아버지였다.

1975년 4월9일 서울 서대문형무소 앞에서 인혁당 사건 관련자들에게 사형이 집행됐다는 소식을 들은 유가족들이 오열하고 있다. 『한겨레』 자료 사진

다섯 번째는 송상진. 박정희의 대구사범 후배로, 초등학교 교사 시절 교원노조 활동도 열심히 했다. 우홍선을 보내고 뭐가 그리 급했는지 7분만인 7시 2분에 형 집행이 시작되어 20분만에 끝이 났다. 향년 48세.

여섯 번째는 여정남. 송상진 집행 후 13분만인 7시 35분 시작되었다. 대구의 준걸이라, 박근혜 신랑감을 대구에서 찾는다면 제격이라는 말도 있었다고 한다. 인혁당 관련자로서가 아니라 민청학련 관련자로 사형판결을 받았는데, 두 조직의 연결고리로 억울하게 희생되었다. 겨우 서른 두 살.

일곱 번째는 특무대 중사 출신으로 북쪽 방송을 노트에 받아 적은 하재완이었다. 감옥에서 김지하를 만나 인혁당 사건이 고문으로 조작되었음을 폭로했다. 네 아이의 아버지였고, 여정남은 이 아이들의 가정교사였다. 하재완이 세상을 하직할 때 겨우 네 살이었던 그의 막내 아들을 동네 형아들이 간첩새끼라며 새끼줄로 묶어 끌고 다니다가 총살시키는 놀이를 했다고 한다. 그 골목에 살지 않아서 그렇지, 우리 모두는 그 새끼줄 한 자락을 잡고 있었던 셈이다.

마지막은 도예종. 10년 전 1차 사건의 주역으로 1974년 당시에는 삼화건설 회장이었다. 하재완을 보내고 10분만인 8시 30분 시작되어 8시 50분에 끝났다. 4시 30분에 시작된 그 새벽의 연쇄살인극은 4시간 반만에 끝났다.

저들은 가족들에게 시신을 돌려주려 하지 않았다. 고문의 흔적이 아직도 남아 있어 그랬다고도 하고, 유족들이 한데 모여 억울한 죽음을 호소할까봐 그랬다고도 한다. 경찰은 마지막 미사를 드리기 위해 응암동성당으로 향하던 송상진의 영구차를 벽제 화장장으로 강제이송하려 하여, 유가족들과 4시간 20분 동안 실랑이를 벌였다. 유가족과 종교인들은 차에 시동을 걸지 못하게 열쇠구멍에 껌을 밀어 넣기도 하고, 차 앞에 드러눕기도 했다. 서른여섯 젊은 신부神父가 차 앞에 드러누웠지만 경찰은 크레인을 동원해 신부를 타고 넘어 영구차를 끌고 갔다. 그 젊은 신부는 그때부터 지팡이를 짚어야 했다. 거리의 신부, 문정현 신부다.

박정희 정권 시절 최악의 공안조작사건인 인혁당재건위 사건은 의문사위원회와 국정원 과거사위원회의 조사를 토대로, 2007년 재심에서 무죄판결을 받았다. 유가족들은 국가를 상대로 손해배상을 청구하여 1심에서 490억의 배상판결을 받았고, 상당한 액수를 가집행 받았다. 그러나 대법원은 이자가 과잉계산 되었다며 배상액수를 대폭 삭감하였고, 국가는 이를 토대로 배상금을 받은 유가족과 사건 관련자 77명을 상대로 '부당이득' 251억을 돌려달라는 소송을 제기했다. 인혁당 사건은 끝나지 않았다.

◎ 인혁당 32년만에 국가배상 판결　　이자 포함 637억…유족 "추모법인 설립"

법원이 '인혁당 재건위 사건' 희생자와 유족에 대해 1975년 법원 판결 등의 불법성을 인정해 국가의 배상책임을 인정한 판결을 내렸다. 법원 스스로 판결의 불법성을 인정한 판결은 이번이 처음이다.

서울중앙지법 민사합의28부(재판장 권택수)는 21일 우홍선·송상진·서도원·하재완·이수병·김용원·도예종·여정남씨의 유족들이 국가를 상대로 낸 340억원의 손해배상 청구소송에서 △희생자 8명한테 10억원씩 △배우자 및 부모에게는 6억원 △자녀에게는 3억5천만~4억원 △형제들에게는 1억5천만원씩을 배상하라고 판결했다. 배상액 총액만 245억여원이며, 사형 집행일부터 이날까지 연 5%의 이자를 계산하면 실제 국가가 지급해야 하는 액수는 637억여원에 이른다. 법원은 "시국사건 국가 배상액 중 최고액"이라고 밝혔다.

재판부는 판결문에서 "국가는 국민 개개인의 존엄과 가치를 보장할 임무가 있는데도 오히려 국가권력을 이용해 8명을 사회 불순세력으로 몰아 소중한 생명을 빼앗았다"며 "유족들은 30년 남짓 이루 말할 수 없는 고통을 당했다"고 밝혔다.

재판부는 또 "8명이 국가권력에 의해 사형당했다"며 중앙정보부 등 수사기관은 물론, 대법원을 포함한 법원 판결의 불법성을 지적했다.

유족들은 선고 직후 서울중앙지법에서 기자회견을 열어 "국가가 항소를 포기하기 바라며, 배상금 일부는 고인들을 추모하는 사단법인을 만들어 통일·인권운동 등을 도울 예정"이라고 말했다. 홍만표 법무부 홍보관리관은 "항소 여부는 서울고검과 국정원이 협의하고 법무부 장관의 승인을 얻어 결정될 것"이라고 밝혔다.　전정윤 기자 ggum@hani.co.kr

인혁당 재건위 사건이란?

박정희 정권 시절 긴급조치에 따라 설치된 비상군법회의가 국가보안법 위반 등의 혐의로 도예종씨 등 8명을 기소해 1975년 4월8일 대법원에서 사형이 선고된 뒤 18시간 만에 전격적으로 사형을 집행한 사건. 서울중앙지법은 2007년 1월 23일 재심에서 "피의자들의 혐의는 고문 등에 의해 조작된 것으로 판단된다"며 모두 무죄를 선고했다.

◎ 인혁당 피해자들, 배상금 반환하고 거지된 사연

42년 전인 1975년 4월9일 '인혁당 재건위' 조작 사건의 피해자 8명이 처형됐습니다. 국제법학회는 이날을 "사법 사상 암흑의 날"로 선포했습니다. 의문사조사위원회(2002년)와 국정원과거사위원회(2005년)의 조사 결과 사건이 조작됐음이 밝혀졌고, 관계자들은 뒤늦게나마 재심에서 누명을 벗었습니다. 하지만 이들의 아픔은 여전히 현재진행형입니다. 피해자 중 한명인 김종대 전 4월혁명회 공동의장을 만나 얘기를 들어봤습니다. (『한겨레』2017. 4. 8.)

"국가한테 이중 삼중으로 고통을 받고 있는 것이지. 사주팔자인가라고 생각하다가도 억울해서 말이 안 나오죠. 정말 이게 나라인가 싶죠."

박정희 정권이 조작한 인혁당 재건위 사건 관련자로 20년 징역을 선고받고 8년을 옥살이했던 김종대(81) 전 4월혁명회 공동의장(이하 직함 생략)의 목소리가 잠시 떨렸다. 43년 전 느닷없이 중앙정보부(현 국가정보원의 전신)에 끌려가서 고초를 당하던 시절을 얘기할 때는 가끔 웃음도 짓던 그였다. 하지만 이명박·박근혜 정부가 인혁당 피해자와 그 가족들을 상대로 저지르고 있는 일에 이르러서는 감정이 격한지 한참 동안 말을 멈췄다. 인터뷰는 지난 5일 오후 서울 수송동 4·9통일평화재단 사무실에서 이뤄졌다.

인혁당 재건위 사건(1974년) 관계자 24명은 사건 발생 30여년 만에 이뤄진 재심(2007~2008년)에서 전원 무죄 판결을 받았다. 관련자 16명(사형된 8명 제외)을 포함한 가족 77명은 2009년 6월 손해배상 소송에서도 이겼다. 그동안 겪은 고통과 경제적 어려움 등을 고려해 전체 금액의 65%인 436억원을 그해 8월 먼저 지급받았다. 하지만 2011년 1월 대법원은 배상금에 대한 지연 이자를 사건 당시(형 확정된 1975년 4월 9일)부터 계산한 원심 판결은 잘못됐다면서 이자 산정일을 민사소송의 2심 재판 변론이 끝난 시점(2009년 11월과 2010년 7월)으로 해야 한다고 결정했다. 전체 배상액이 절반 정도 깎여서 이미 받은 돈의 상당액(250억원)을 도로 내놓아야 하는 상황이 발생한 것이다.

○ 교사 부임 뒤 첫 제자가 노무현

당연히 당사자들은 반발하면서 반환을 거부했다. 그러자 국가는 2013년 7월 국정원을 내세워 이들 77명을 상대로 '부당이득 반환 청구 소송'을 걸었고, 법원은 결국 정부 편을 들어줬다. 돈을 안 내놓으면 연 20%의 지연 이자까지 물어야 한다고 결정했다. 애초 피해자들의 배상금을 정할 때 지연 이자를 연 5%로 매겼던 국가였다. 인혁당 피해자 중 한명인 이창복(79·전 국회의원)의 경우 반환하라는 5억원에다가 몇년간의 지연 이자를 합하면 애초에 그가 받은 배상금 10억여원을 훌쩍 넘는다. 이창복은 전재산인 집 한 채마저 국가에 압류당했고, 강제 경매가 곧 끝나면 거리에 나앉게 된다. 집이 경매에 부쳐진 사람만 해도 7명이다.

– 화투판에서도 낙장불입이라는 원칙이 있는데, 어떻게 국가가 자신이 저지른 불법행위의 피해자들한테 지급한 배상금을 다시 내놓으라고 하는가?

"말이 안 된다. 배상금으로 받은 8억원 남짓 되는 돈은 그동안의 빚 갚고, 신세진 사람 등에게 나눠주다 보니까 바닥이 난 지 오래다. 나는 지금 딸한테 얹혀산다. 얼마 전 판사 앞에서 재산이 하나도 없다는 선서를 하고는 신용불량자가 됐다. 우리 애들은 각자가 받은 돈보다 더 많은 돈을 국가에 빼앗겼다. 기가 막힌다."

– 40여년 전 엉터리 기소와 재판으로 죄 없는 사람을 죽이고 가뒀던 국가가 할 일은 아닌 것 같다.

"한마디로 개판이다. 두번 세번 나라로부터 고충을 당하는 생각을 하면 어떨 때는 대한민국이라는 나라에 태어난 것이 잘못 아닌가 싶기도 하다."

김종대는 1974년 5월1일 저녁 삼락일본어학원에 들이닥친 중정(중앙정보부) 요원들에게 붙잡혀 중정의 남산분실로 끌려갔다. 당시 나이 38살이었다. 학원을 같이 운영했던 친구 이수병이 십여일 전에 먼저 끌려갔다. 둘은 부산사범학교를 함께 다닌 친구였다. 사범학교 졸업 뒤 김종대는 1956년 고향(창원군 대산면) 근처인 김해시 진영읍의 대창초등학교 교사로 부임했다. 당시 4학년이던 노무현이 그의 첫 제자 중 한명이었다. 스승과 제자는 2002년 대선을 앞두고 부산에서 처음 재회했다.

김종대가 교사를 그만두고 서울로 온 것은 1969년이었다. 박정희가 3선 연임을 위한 개헌을 한 뒤 서울에서 활동하던 이수병이 고향에 내려와 이대로 있어서는 안 된다면서 서울행을 권했다. 진영중학교와 사범학교 친구이던 유진곤도 비슷한 시기에 같은 이유로 상경했다. 서울에서의 첫 사업인 건재상이 망하자, 이수병과 김종대는 1972년 초 김종대의 퇴직금 남은 것을 보태 지금의 교보문고 뒤쪽에 삼락일본어학원을 열었다. 학원장인 김종대와 이수병이 다른 강사 몇명과 함께 학생들을 가르쳤다.

○ 중정 요원은 고문, 검사는 정강이 차

– 함께 일하던 친구 둘이 잡혀갔는데 도망치지 그랬나?

"나도 곧 붙잡혀 갈 것이라고는 예상했었다. 그러나 죄지은 게 없으니 금방 나올 것이라고 생각했다."

그해 4월3일 박정희 정권은 긴급조치 4호를 발동했다. 이른바 '민청학련'(전국민주청년학생총연맹)을 '공산주의 사상을 가진 학생을 주축으로 한, 정부를 전복하려는 불순 반정부세력'이라고 규정한 뒤 관련자들을 사형까지 시킬 수 있다는 내용이었다. 1974년 초부터 유신 독재정권에 저항하는 대학생들의 반정부 시위가 전국 주요 대학으로 확산될 조짐을 보이는 데 대한 초강경 대응이었다. 물론 민청학련이라는 명확한 조직 자체가 없었으며, 이름은 반정부 유인물에 즉흥적으로 적혔던 명칭에 불과했던 것으로 훗날 밝혀졌다. 그러나 당시 정권은 학생조직뿐 아니라 이들을 배후조종한 세력이라며 '인혁당 재건위'라는 가공의 조직까지 만들었다. 1차 인혁당 사건(1964년) 역시 굴욕적인 한일수교 협상에 반대하는 학생시위를 막기 위해 중앙정보부(부장 김형욱)가 만든 조직사건이었다. 당시 서울지검 공안부장 이용훈 등 담당 검사들이 기소에 반대해 사표를 냈을 정도였으며, 결국 2013년 재심에서 전원 무죄 판결이 났다.

ㅡ 삼락일본어학원에 다녔던 경북대 졸업생 여정남을 고리로 민청학련과 인혁당 재건위를 엮은 것 아닌가?

"여정남이 여익환이라는 이름으로 다녔다. 어느날 이수병이 여정남을 좀 맡아달라고 부탁을 했는데 나는 학생운동을 한 적도 없고 해서 그럴 능력이 안 된다고 거절했다. 그러면서 서울대 졸업하고 경기여고 교사 하던 김용원이 어떠냐고 말했다. 그때 내가 여정남을 맡았더라면 김용원은 죽지 않았을 거다." 상경 직후 반년 가까이 김용원의 집에서 기숙했던 김종대는 이 대목에서 한숨을 크게 내쉬었다.

ㅡ 인혁당 재건위에 연루됐던 사람들 가운데 사건 전에는 아예 몰랐던 사람도 많았다던데.

"이창복, 김용원, 황현승 등은 서울에서 만나서 알게 됐지만, 대구 쪽 사람들은 전혀 몰랐다. 만날 일이 없었으니까. 하재완은 재판받을 때 내 앞자리에 있었는데 그때 이름과 얼굴을 처음 봤다. 그런 조직이 세상에 어딨나."

김종대도 다른 피해자와 마찬가지로 남산 중정 지하실에서 심한 구타와 통닭구이 등 모진 고문을 받았다. 이수병이 사회주의 책을 그에게 권유했다는 자술서를 쓰라는 요구를 거부하자, 팬티까지 다 벗기고는 손목과 발목을 붕대로 감은 뒤 끈으로 묶었다. 그 끈 사이로 끼워 넣은 긴 나무 막대기를 들어서 책상 양쪽 사이에 걸쳤다. 몸이 대롱대롱 막대기에 매달리게 돼 통닭구이로 불린 고문이다. 매달기가 끝이 아니었다. 바닥으로 처진 얼굴에 수건을 덮고 주전자로 물을 부었다.

"숨을 참다가 물이 기도로 넘어가서 가슴이 터질 듯이 아팠다. 고문을 받다 기절하면 찬물을 끼얹고, 담뱃불로 몸을 지졌다. 한번은 담뱃불로 몸이 꿈틀하자, '죽은 줄 알았더니 살아 있네. 조심하자'라는 소리를 비몽사몽간에 들었다. 아마 네댓번 기절을 했던 것 같다. 이렇게 고문으로 기진맥진하게 만든 뒤 취조가 시작됐다."

그러나 신문조서는 사전 각본대로 중앙정보부 요원이 작성했다. 곁눈질로 '공산주의 운운'이라고 쓰는 것을 보고는 "초등학교 교사로서 민주교육을 시킨 사람이다. 어째서 내가 공산주의자냐"고 항의하자, 그는 "이 새끼, 너를 공산주의자로 만드냐? 이수병을 공산주의자로 만들지"라고 했다. 김종대가 "나와 같이 사범학교를 나온 친구인데 이수병이 왜 공산주의자냐"고 따졌지만, 되돌아온 것은 발바닥 몽둥이질이었다. 진술조서 날인을 거부한 그에게 수사관 3명이 달려들어서 강제로 지장을 찍어 갔다.

– 조작된 조서를 바로잡을 기회는 없었나?

"검사를 만나면 고문 받은 사실과 조서가 조작된 것을 말하려고 했다. 그런데 검사가 내가 취조 받았던 중앙정보부 남산 분실로 와서 조사를 하더라. 중정 요원이 먼저 나를 지하실로 끌고 가서는 "검사한테 부인하면 죽는다"면서 몽둥이로 어깨를 때린 뒤 검사한테 데리고 갔다. 그러고는 몽둥이를 들고 내 뒤에 내내 서 있었다. 검사는 건방지다면서 다짜고짜 구둣발로 내 정강이를 세번이나 찼다. 살갗이 벗겨지고 피가 났다. 구체적인 것을 묻지도 않았다. 날짜가 안 맞는 것 몇개 고치고는 끝이었다." 그는 자신을 구타하고 고문했던 중정 취조관 손종덕과 계장 윤종원 그리고 각본 조서를 추인했던 검사 이규명의 이름을 뼛속에 새겨놓았다.

– 그때 혹시 친구들과 술자리 등에서 공안당국에 꼬투리 잡힐 만한 얘기를 한 적은 없나?

"술 한잔 먹으면 우리 사회가 어디로 가야 하는지를 가끔 토론했다. 그러나 나나 이수병이나 사회주의혁명 이런 것은 불가능하니까 북유럽식 복지국가로 가야 한다고 생각했다. 남북한 관계는 서로 화해해서 통일해야 한다고 생각했다."

그런 김종대는 1심에서 무기징역을 받았다. 2심에서 감형된 게 징역 20년이었다.

○ '박정희의 인혁당 후회' 진심일까 의심

– 이수병, 김용원 등의 사형 집행 소식은 언제 들었는가?

"유기징역 형을 받은 사람은 그때 안양교도소에 있었다. 4월9일 아마 가족 면회를 통해서 소식을 들었던 것 같다. 화가 나서 죽겠더라. 이강철 등 민청학련 관련자 중에서 석방되지 못한 사람들과 함께 콜라와 과일을 사서 교도소에서 제사를 모셨다. 그때 내가 참 많이 울었지라."

어느새 김종대의 눈에 물기가 어렸다. 김종대가 구속된지 얼마 뒤 진영읍 대창초등학교 교사로 있던 부인(차영자)한테 장학사가 찾아왔다. 그는 공산주의자 아내가 반공시범학교에 있을 수 없다면서 사표를 내거나 지리산 골짜기 학교로 가거나 둘 중 하나를 택하라고 요구했다. 부인은 사표를 내고는 초등학교 4학년과 1학년, 유치원생 등 아이 셋을 데리고 서울로 올라왔다. 그는 호텔 룸메이드 등의 일을 하면서 혼자서 아이들을 공부시켰다.

   - 박정희가 죽은 뒤 1982년 형집행정지로 출소했는데, 그 뒤에는 어떻게 지냈나?

   "친구가 하는 박스 만드는 공장에서 일하기도 하고, 나중에는 일본책 번역을 하면서 살았다."

   - 재심 법정에서 박정희가 술만 먹으면 인혁당 사형을 후회했다는 말을 한 적이 있는데 출처는 어딘가?

   "윤보선 전 대통령이다. 석방운동을 해준 데 대한 감사의 뜻을 전하려고 1982년 출소한 직후 그의 집을 찾아갔다. 윤 전 대통령은 박정희 측근한테 들었다면서 박정희가 말년에 술만 먹으면 인혁당 8명을 사형시킨 것을 후회하면서 울었다는 말을 했다. 그 측근이 누군지는 얘기하지 않더라. 하지만 나는 박정희가 그런 일말의 양심이 있었을까 싶다."

   그는 지난겨울 20여 차례의 촛불시위에 한 번도 빠짐없이 참여했다. "민주주의는 독재자가 주는 선물이 아니라 쟁취하는 것입니다. 민주주의를 위해 계속 싸워야 하는 것은 민주시민의 의무이죠."

   ※42주기 인혁당 추모제가 대구(8일 오전 11시 칠곡현대공원)와 서울(9일 오후 3시 서울시청 다목적홀)에서 열린다.(김종철 선임기자)

(3) 부하 윤필용 소장, 반역 의심받아 무참하게 제거돼

   1973년 4월 28일 석간신문은 당대의 세도가로 위세를 떨치던 수도경비사령관(수경사령관) 윤필용 소장이 횡령 등의 혐의로 징역 15년 형을 선고받았다고 보도했다. 이 사건은 박정희 시대를 이해하는 데에서, 나아가 그 뒤를 이은 전두환 시대를 이해하는 데에서 대단히 중요한 의미를 갖는다. 이 사건에 깊이 관련된 전두환이 박정희 사후에 권력을 장악함에 따라 윤필용 사건은 결과론적 해석의 영향을 쉽게 벗어날 수 없게 된다.

   윤필용 사건에 대해서는 당사자 윤필용을 비롯하여 사건의 수사 책임자였던 보안사령관 강창성, 사건을 밀고한 서울신문사 사장 신범식 등 관련자 여럿이 상세한 증언을 남겼다. 이를 통해 우리는 사건의 대체적인 윤곽을 파악할 수 있지만, 사건의 전체상을 두고서는 관련자 누구도 명쾌한 증언을 내놓고 있지 못했다. 놀라운 첩보망을 자랑하던 미국도 이 사건에 대해서만큼은 혼돈과 정보 부족에 빠져 있었다. 어쩌면 사건의 전체상을 파악하고 있는 사람은 박정희 한 사람이었는지도 모른다.

유신체제의 성립 과정에서 발생한 윤필용 사건은 박정희가 결코 2인자를 허락하지 않는 성격이고, 박정희의 퇴임이나 후계 체제를 논하는 것 자체가 최고의 불경죄임을 보여주었다. 이미 박정희는 12년 전 선글라스를 끼고 홀연히 등장한 그때의 박정희가 아니었다. 이 사건을 통해 박정희는 권력집단 내부에서 마치 '천황'과도 같은 초월적인 권위를 가진 존재로 등장했다.

천황과 다른 점은, 박정희는 자신의 두 손아귀에 실제 권력을 움켜쥐고 있었다는 점이다. 제갈량이 울면서 마속을 벰으로써 군령의 지엄함을 보이려 하였다면, 박정희는 지난 20년간 자신을 그림자처럼 보좌해온 윤필용을 내침으로써 권력의 냉혹함을 보이려했다. 권력 자체가 야비한 것인데, 그 권력을 휘두른 권력자는 더 야비했다.

박정희는 5사단장 시절에 만난 윤필용을 총애하여 7사단장, 1군 참모장, 군수기지 사령관, 1관구 사령관 등 새로운 보직을 맡을 때 대부분 윤필용을 데리고 갔다. 5·16군사반란 당시 윤필용은 육군대학에서 수학 중인 관계로 사전 모의에 참여하지 못해 이른바 "혁명주체"가 아니었지만, 박정희와의 개인적인 인연 덕분에 최고회의 의장 비서실장 또는 비서실장 대리로, 육군 방첩대장, 수경사령관으로 20년간 최측근에서 박정희를 보좌했다.

윤필용은 육군 방첩대장으로 있던 1965년 5월 원충연 대령 등이 주도한 쿠데타 모의를 적발하는 공을 세웠다. 원충연은 윤필용이 최고회의 의장 비서실장을 할 때 최고회의 공보실장을 맡았던 박정희의 또 다른 측근이었다. 박정희는 걸리적거리는 군부의 선후배들을 '반혁명 사건'이란 이름으로 잡아들였다. 1960년대 초반에 발생한 수많은 반혁명 사건은 사실 모두 조작된 것인데, 원충연 사건만큼은 병력 동원이 계획된 실체가 있는 사건이었다. 세상을 떠들썩하게 만든 다른 반혁명 사건의 주역들은 모두 금방 풀려났지만, 원충연은 박정희가 죽고 난 다음에야 16년만에 풀려났다.(『조선일보』1965.5.12., 1981.3.4. 원충연은 출옥 후 회고록을 남겼다. 『이 줄을 잡아라, 옥중회고록』설우사 1982)

육사 8기 중 처음으로 별을 달고 소장으로 진급한 윤필용은 맹호부대장으로 베트남에 갔다가 돌아와 1970년 1월 수경사령관에 임명되었다. 이때 중앙정보부장은 이후락, 청와대 경호실장은 박종규, 보안사령관은 김재규로, 수경사령관 윤필용까지 4인이 박정희 체제를 물리력으로 떠받치고 있었다. 박정희는 이들 네 측근을 적당히 경쟁시키고 서로 견제하게 하면서 권력을 관리했다. 육사 기수로는 2기인 김재규가 8기인 윤필용보다 한참 선배였지만, 나이는 1926년생인 김재규가 윤필용보다 한 살 많았을 뿐이다.

윤필용의 후임으로 방첩대장이 된 김재규는 방첩대를 보안사령부로 확대·개편하면서 윤필용의 사람들을 한직으로 내몰았다. 두 사람의 팽팽한 신경전은 윤필용의 과감한 공격으로 끝이 났다. 수경사 내의 보안부대가 자신의 전화를 도청하고 있음을 눈치 챈 윤필용은 1971년 8월 헌병대를 동원하여 수경사 영내의 보안대 사무실을 폐쇄하고 도청 테이프를 압수했다. 김재규는 한 달 뒤 보안사령관에서 해임되어 3군단장으로 나갔다. 이 사건을 계기로 군부 내에서 윤필용의 위상은 더욱 높아졌다.

세간에서는 삼각지 육군본부 외에 윤필용의 수경사를 필동 육군본부라고 불렀다. 김재규가 물러난 뒤 박정희는 국방부장관이나 육군참모총장 인선 등 군 인사를 윤필용과 상의 했다고 한다. 이 때문에 윤필용의 집에는 3성 장군 등 군 선배들이 세배를 오고 육군참모총장이 인사를 오는 웃지 못할 일이 벌어졌다고 한다. 곁에서 보기에는 '김종필이 2인자다, 이후락이 2인자다, 정일권이 2인자다' 하고 있었지만 진짜 2인자는 따로 있었던 셈이다.

윤필용의 위세가 등등해지자 여러 가지 구설수도 생기게 되었다. 1968년 1·21 사건 당시 윤필용은 이북에서 침투한 특수부대원 김신조를 생포한 당일 방첩대 회의실에서 기자회견을 하게 했다. 여기서 김신조는 침투 목적이 무엇이냐는 질문에 "박정희 모가지 따러 왔시오"라고 답하여 충격을 주었다. 그 후 윤필용은 며칠간 김신조에게 전향교육을 시킨 뒤 깔끔한 옷을 입혀 같이 텔레비전에 나와 그가 얼마만큼 자유대한에 잘 적응하고 있는지를 과시했다.

김형욱의 중앙정보부는 윤필용이 전과를 과시하려고 무장공비를 영웅으로 만들었다고 아우성을 쳤다. 1971년 6월 27일에는 윤필용의 집 경비헌병에 의해 절도범으로 몰린 한 청년이 사살당하는 사건까지 발생했다. 군 당국은 절도범이 담을 넘다 발각되어 3회에 걸친 헌병의 수하에도 불구하고 응답이 없어 발사하게 된 것이라고 주장했으나 가족들은 사인규명을 요구하는 등 논란이 계속되었다.(『경향신문』 1971.6.29.)

윤필용이라는 이름은 점차 정치권을 넘어 대학가에까지 알려졌다. 1971년 9월 30일 고려대에서는 대표적인 부정축재자 3인으로 이후락·박종규와 함께 윤필용을 꼽는 대자보가 나붙었다. 며칠 후인 10월 5일 새벽 수도경비사 헌병 30여 명이 고대에 난입하여 학생 5명을 수경사로 연행해가는 사태가 발생했다. 교련 반대 시위가 한창이던 상황에서 군인들의 고대 난입 사건은 잘 타고 있는 불길에 기름을 끼얹은 격이었다. 대학가의 규탄 시위는 걷잡을 수 없이 확산되었고 박정희 정권은 결국 10월 15일 위수령을 발동하여 각 대학은 군홧발에 짓밟혔다.

유신을 단행하기 이전에도 박정희는 2인자를 용납하려 하지 않았다. 누군가가 조금 치고 나간다 싶으면 다른 측근들의 견제가 집중되었다. 김종필 세력이 칼을 맞았고, 김성곤 등 4인 체제도 몰락했다. 유신을 전후한 시기에 중앙정보부장 이후락의 역할이 증대되었다. 이후락이 평양에 가 김일성을 만나고 돌아와 7·4 남북공동성명을 이끌어내자 그의 대중적 인기는 치솟았다. 유신의 기획과 실행 과정에서 이후락의 역할은 뚜렷했다. 윤필용도 처음에는 이후락을 견제했으나 이후락에 대한 박정희의 신임이 두터운 것을 보고 그와 손을 잡았다.

수경사 참모장이던 준장 손영길은 이후락의 울산농고 후배이기도 했다. 1957년에 박정희의 전속 부관이 된 이래 박정희·육영수 부부의 총애를 받아온 손영길은 박정희 체제의 버팀목이어야 할 중앙정보부장과 수경사령관이 불편한 사이여서는 안 된다고 보고둘 사이의 화해를 주선했다.(노재현「윤필용 사건 누명 벗은 손영길 전 준장, 권력투쟁과 시기심… 음모로 희생된 통한의 38」『월간 중앙』2011년 3월호)

이후락과 윤필용이 가까워지는 것을 정작 그들의 보스 박정희는 바라지 않았다. 박정희뿐이 아니었다. 10년 가까이 경호실장을 맡아온 박종규는 중앙정보부와 같은 방대한조직을 이끌어보고 싶어 했다. '피스톨박'이라 불린 박종규가 가장 어려워한 사람은 육영수였다. 육영수는 남편의 외도에 민감한 반응을 보이며 박종규를 몰아세워 박종규는 청와대 본관 올라가는 게 도살장에 가는 거 같다며 힘들어했다고 한다.

청와대 탈출을 꿈꾼 박종규는 김형욱이 물러난 자리를 노렸지만, 중앙정보부장 자리는 김계원을 잠시 거쳐 이후락에게로 갔다. 중앙정보부장을 맡은 이후락은 펄펄 날았고, 윤필용은 세를 키워 까닥하면 그 자리를 이어받을 수도 있는 형편이었다.

김재규의 뒤를 이어 보안사령관을 맡은 강창성은 이후락-윤필용의 구도에 맞서 박종규와 손을 잡았다. 이들 4인 이외에 박정희의 측근 한 사람이 등장한다. 청와대 대변인과문공부장관을 지낸 뒤 서울신문사 사장으로 있던 박정희의 골프 파트너 신범식이다. 윤필용이 이후락과 작당하여 박정희가 노쇠하였으니 물러나게 하고 다음은 '형님'(이후락)이 해야 한다는 불경한 소리를 하고 다닌다는 것을 박정희에게 고자질한 이가 바로 신범식이다.

신범식도 자신이 윤필용 사건에서 일정한 역할을 한 것을 부인하지는 않는다. 다만 그는 자신이 골프장에서 박정희에게 윤필용 이야기를 한 것은 유신 직후인 1972년 10월말이고, 사건이 터져 윤필용이 잡혀간 것은 이듬해 3월로 상당한 시간 차이가 있다는 점을 강조했다.

조갑제는 "이 사건의 꼬투리가 된 신씨의 말과 윤 장군의 구속 사이에 오랜 시간이 흘렀다는 것은 이 사건이 어느 세력에 의해 숙성, 발효되는 과정을 거쳤다는 추정을 가능케한다"고 보았다. 귀가 얇고 의심이 많은 박정희에게 반이후락 세력이 단결하여 공동보조를 취했다는 것이다. 이후락 자신도 언론과의 인터뷰에서 이 사건의 표적은 자신이었다고 이야기했다.

박정희로부터 윤필용을 조사하고 필요하면 이후락도 잡아들이라는 특명을 받은 보안사령관 강창성은 뒤에 언론과의 인터뷰에서 자신은 동기생인 윤필용을 구제하고 사건이 이후락으로 확대되는 것을 막기 위해 노력했다고 변명하지만, 실제 일이 진행된 것을 보면 전혀 그렇지 않았다.

윤필용 장군의 전속부관이었던 예비역 소령 정봉화씨가 쓴 자서전 『신작로에 남겨진 발자국』에 따르면, 강창성은 겉으로는 윤필용을 돕는 척하면서 도청 장치를 한 음식점으로 불러내 유도신문을 하고 그 내용을 보안사에서 적절하게 가공해 박정희에게 보고했다(그러나 강창성 전 사령관의 유족들은 도청 사실이 허구라고 주장했다. 당시 관계자들에게 문의한 결과 박정희 대통령이 윤필용 사령관에 대한 수사를 전격적으로 지시하자마자 강창성 장군은 이 사실을 듣고 윤필용 사령관을 보안사령관실로 불러서 수사를 통보하고 그 다음 날로 수사를 시작했기에 도청을 하고 정보를 가공할 물리적 시간이 없었다는 것이다.)

박정희는 윤필용에 대한 안 좋은 이야기를 신범식 한 사람에게서만 듣고 있었던 것은 아니었다. 박정희는 강창성에게 윤필용을 조사할 때 전두환이 내용을 잘 아니, 그를 불러 물어보라고 했다고 한다.

윤필용이 하나회의 대부였다고 하지만, 하나회를 키운 것이 윤필용만은 아니었다. 전두환과 윤필용의 관계도 흔히 알려진 것처럼 긴밀한 사이는 아니었다고 한다. 윤필용과 가까웠던 것은 오히려 여러 차례 같이 근무한 노태우였다. 연대장으로 있던 노태우는 서울에 오면 윤필용에게 자주 들렀는데 윤필용은 박정희의 건강이 나빠 오래 못 산다느니, 여색은 왜 그리 밝히느냐는 등 '불경스러운' 말을 많이 했다고 한다. 이 이야기는 때로는 직접, 때로 전두환을 통해 박종규에게 전달되었고 박종규는 전두환이 박정희에게 직접 이 이야기를 할 자리를 마련해주었다는 것이다.

강창성은 윤필용 등을 조사하는 과정에서 육사 11기 이하의 장교들로 구성된 하나회라는 비밀 사조직이 있다는 것을 밝혀냈다. 강창성은 사건을 확대하여 하나회에 대한 본격적인 수사를 준비했다. 이때 잡혀 들어간 민간인이, 전두환과 노태우의 집권 시절 금융가의 황제로 군림한 이원조(당시 제일은행 후암동 지점 차장)였다. 제1공수여단장 전두환은 이원조가 잡혀갔다는 이야기를 듣고 얼굴색이 변하더니 그날부터 여러 날 동안 부대 바깥에 나가지 않았다고 한다. 전두환은 부대 내에 칩거하면서 박종규와 연락했고, 박종규를 만나고 난 뒤에야 비로소 집에 들어갔다고 한다.

수경사 참모장으로 육사 11기의 선두 주자였던 손영길은 조서용지 뒷장에 연필로 침을 발라 꾹꾹 눌러써 언뜻 보면 글씨가 보이지 않는 편지를 몰래 전두환에게 보냈다고 한다. 그는 윤필용이 방첩대장 때부터 데리고 다니던 하사관 최용락이 보안사에서 심하게 고문당하며 쓸데 없는 얘기를 많이 해 상황이 복잡해졌다면서 전두환과 노태우에게 밖에서 구명운동에 힘써줄 것을 부탁했다. 손영길은 전두환과 노태우가 위관장교시절 반혁명 사건에 연루되어 위험한 지경에 빠졌을 때 적극적으로 그들을 구명해준 적이 있다. 그러나 손영길이 곤경에 처했을 때 전두환은 그 자신이 존망의 위기에 처해 있다고 보고 손영길의 구명운동에 나서지 않았다.

위기에 빠진 전두환·노태우를 구해준 것은 박종규와 서종철(국방부 장관), 진종채(박정희의 대구사범 후배로 전두환의 전임 보안사령관) 등 영남 출신 장성들이었다. 그들은 박정희에게 강창성을 보안사령관에 그대로 두면 "경상도 장교의 씨가 마르겠다"며 박정희 자신이 군대 내의 친위대로 육성한 하나회가 초토화되는 것을 막아달라고 요청했다. 윤필용을 잡은 강창성은 영남 군벌의 반격으로 보안사령관에서 밀려났고 얼마 뒤 예편되었다. 아무리 피의자라지만 일국의 장성을 잡다 모진 고문을 가한 강창성은 전두환 등 신군부가 집권한 뒤 감옥에서 삼청교육을 받았다.

윤필용은 크게 보면 쿠데타 음모, 작게 보면 불경죄로 잡혀갔지만, 박정희와 강창성은 그를 파렴치한 부정축재자로 처벌했다. 박정희의 여색을 거론한 괘씸죄 때문인지 사건의 판결문이나 배경에 대한 해설은 이들이 '탕녀나 유녀들과 어울려 방탕 생활을 일삼'았고, 치부와 엽색 행각을 했다며 '1951년도 민족의 이름으로 단죄된 국민방위군 사건 피고인들이 무색할 인면수심의 향락을 만끽'했다고 비난했다. 『동아일보』는 사설에서 '차마 귀로 들을 수도 없고 차마 눈으로 볼 수도 없으며 입으로 차마 말할 수도 없는 내용과 그 소행들이 판결문 속에 점철'되어 있다고 썼다.(『동아일보』1973.4.30. 사설「군법회의 선고를 보고」)

윤필용은 사건이 보안사에 의해 고문으로 조작된 것이라는 이유로 최근 재심에서 무죄판결을 받았다. 이 재심은 윤필용 자신이 아니라 그가 사망한 직후에 아들이 청구한 것이다. 자신의 주군이 가한 모진 형벌을 끝까지 감수하겠다는 것은 윤필용의 마지막 충성이었을까, 오기에 찬 보복이었을까?

윤필용 사건으로 방아쇠가 당겨지면서 굵직굵직한 사건들이 연쇄적으로 일어났고, 그 여파로 박정희 주변의 권력구도가 크게 변화했다. 청와대 비서실장 김정렴을 제외하고는 핵심 측근들 모두가 엄청난 소용돌이 속에 빨려 들어갔다. 윤필용은 감옥으로 갔고, 중앙정보부장 자리에서 물러나 있던 김형욱은 윤필용이 잡혀가자 바로 명예박사 학위를 받는다는 핑계로 대만으로 빠져나갔다가 미국으로 망명해버렸다. 이후락은 윤필용 사건으로 흔들린 입지를 만회하기 위해 김대중 납치 사건에 적극 나섰다가 교체되었고, 강창성은 토사구팽 당했다. 김대중 납치 사건은 재일동포 사회에 반박정희 정서가 폭발하도록 하여 문세광의 박정희 저격미수(육영수 사살) 사건을 낳았고, 경호실장 박종규는 이 책임을 지고 사임했다. 그 후임자가 된 것이 차지철이고, 중앙정보부장 자리는 신직수를 거쳐 김재규에게 돌아갔다. 박정희의 죽음을 가져온 권력구도는 박정희 자신만이 전모를 알고 있는 윤필용 사건에서부터 짜인 것이다.

2) 독재자의 말로를 재촉한 불행한 사건들의 행렬

(1) 대통령을 저격하려던 총탄이 빗나가 육영수를 사살

박정희 정권은 도쿄에서 반유신 활동을 하던 김대중을 떠들지 못하게 하면 유신정권에 대한 모든 저항을 완전히 잠재울 수 있다고 생각했지만, 그것은 오산이었다. 김대중 납치 사건은 탱크를 앞세운 유신 쿠데타의 살벌한 분위기 속에 얼어붙었던 국내의 민주 세력을 오랜 잠에서 깨어나게 만들었다. 1973년 10월 2일 서울대 문리대생의 데모를 시작으로 민주화운동이 되살아나자 박정희는 긴급조치 1호와 4호를 선포했다. 민청학련 사건과 인혁당 사건을 조작하여 1,000여 명의 학생과 재야인사를 잡아들인 유신정권은 그해 여름 내내 학생운동의 중추 세력들에 대해 사형과 무기징역을 제멋대로 구형하고 선고하고 감형하는 짓을 되풀이했다.

박정희는 잡아놓은 고기를 어떻게 요리할까 생각하면서, 멀리 미국에서 닉슨 대통령이 부하들이 야당 선거운동본부를 도청하려다 걸린 일로 사임(8월 9일)해야 하는 것을 '왜 저러나' 하는 심정으로 바라보고 있었을 것이다.

1974년 8월 15일은 착공 3년 4개월여만에 서울 지하철이 개통되는 날이었다. 박정희 대통령과 부인 육영수는 국립극장에서 열리는 29주년 광복절 기념식을 마치고 기쁜 마음으로 청량리역에서 열리는 지하철 개통식에 참석할 예정이었다. 박정희 대통령이 광복절 경축사를 읽기 시작한지 채 10분이 안되어 "조국 통일은 반드시 평화적인 방법으로 이루어져야 한다는 것을 다시 한번…"이라는 대목에서 갑자기 '탕' 하는 소리가 났다. 그 순간은 아무도 그 소리가 무엇을 의미하는지 몰랐던 듯싶다.

박정희는 계속 경축사를 읽고 있는데 단상의 경호실장 박종규가 일어서며 무대 앞으로 달려 나와 총을 뽑아들었고, 총소리와 비명이 뒤섞이며 장내는 아수라장이 되었다. 박정희 대통령은 방탄으로 되어 있다는 연단 뒤로 몸을 숨겼고 흔들리던 화면은 무대 아래에서 범인 문세광이 제압당하는 장면을 비추었다. 박정희 대통령에 대한 저격이 발생한 것이다. 한동안 중단되었던 생방송은 곧 재개됐다. 박정희는 큰 박수를 받으며, "하던 얘기를 계속 하겠습니다"라며 카랑카랑한 목소리로 중단된 지점을 정확하게 찾아 경축사를 읽어나갔다.

육영수 여사가 부상을 입어 병원으로 옮겨졌다는 멘트가 있었지만 박정희가 의연한 것이었는지, 냉혹한 것이었는지 연설을 계속했기 때문에 시청자들은 큰 부상이 아니겠거니 생각했다. 오후가 되어서 육 여사의 용태가 심각하다는 뉴스가 나오더니 저녁 7시께 하늘이 온통 보기 드문 노란색 노을로 덮인 가운데 육 여사가 운명했다는 보도가 나왔다. 그의 나이 마흔아홉이었다. 내가 다닌 국민학교는 청와대 들어가는 입구에 있었는데 박정희가 행차할 때면 큰길로 난 창문을 모두 닫게 하던 때도 있을 만큼 경호에 신경을 썼다. 박정희가 참가하는 행사에서는 웬만한 사람들은 식장 근처에 얼씬하는 것조차 힘들었다. 특히 3·1절이나 광복절처럼 늘 대통령이 참석하는 기념식은 테러리스트의 표적이 될 수 있기 때문에 경비가 여간 엄중한 것이 아니었다. 문세광은 드골 암살 기도를 그린 『자칼의 날』이라는 소설을 탐독했다는데, 그 소설에서도 암살범 자칼은 드골이 반드시 참석하게 되어 있는 해방기념일을 거사일로 삼았다.

그런데 엄중한 경호는 늘 부작용이 따르게 마련이다. 그해 3·1절 기념식에서는 행사에 참석한 외국 대사 부인들의 핸드백조차 물품보관소에 보관하도록 하다가 대사부인회에서 영부인에게 엄중히 항의하는 바람에 경호과장이 2개월간 정직 처분을 받기까지 했다. 이 때문에 외국인에 대한 경호가 느슨해져 문세광이 일본 대사관 직원 행세를 하면서 무사히 통과할 수 있었던 것이다.

당일 행사의 경호에는 청와대 경호실의 3개 과 중 경호2과 병력 50명이 동원되었고, 경찰은 좌석 곳곳에 배치된 사복근무자 88명 등 총 546명이 동원되었다. 문세광이 총을 쏘며 질주한 B열과 C열 사이의 통로만 해도 당시 용산경찰서에 근무하던 전두환의 형 전기환을 비롯한 12명의 경찰이 배치되어 있었지만, 그 누구도 문세광을 저지하지 않았다. 문세광의 발을 걸어 넘어뜨린 것은 경호원이 아니라 독립유공자 가족으로 참석한 어느 세무서 직원이었다.

만약 누군가가 문세광을 툭 치기만 했어도 육영수 여사가 변을 당하는 일은 없었을지도 모른다. 이 때문에 경찰 40여 명의 목이 달아났는데, 시경 국장 이건개는 경호실의 지시 없이는 절대 움직이지 말라는 경호실의 강압적인 태도에 경찰이 주눅 들게 된 점을 경찰이 그토록 무기력해진 이유로 꼽았다.

사건이 발생하고 채 두 시간이 지나지 않은 상태에서 일본의 엔에이치케이NHK방송 해설위원 야마무로 히데오는 범인이 북조선의 무장간첩이거나 민청학련 계열의 극력분자일지도 모른다면서, 또 하나의 가능성으로 "나치가 1939년 독일 의사당에 불을 지른 뒤 국회를 해산하고 정권을 탈취한 예가 있듯이 이번 사건도 한국의 현 정권에 의해 조작 됐을 가능성이 있다"고 주장했다. 아직 모든 것이 불확실했고 육영수의 용태는 어떠한지 전혀 알려지지 않은 상황에서 나온 것이긴 하지만 공공방송에서 하기에는 무책임한 발언 이었다.

조작설은 일파만파로 번져나갔다. 너무나 허술했던 경비 상황과 그 경비 상황보다 더 허술했던 초기 수사 발표는 수많은 허점을 안고 있었다. 수사 발표에서 나타난 허점은 곧 의문점으로 변해갔고 작은 의문들은 눈덩이처럼 뭉쳐지며 엄청난 의혹으로 발전했다. 옛말에 도둑이 들려면 개도 안 짖는다고 했지만 박정희 정권의 철통 같은 경호가 문세광 이라는 재일동포 청년에게 어이없이 뚫린 것은 사건 당시부터 음모론이 무성하게 되는 요인이 되었다. 일반의 예상과는 달리 문세광을 재판이 끝나자마자 사형에 처한 것도 여러가지 면에서 음모론을 부추겼다. 어쩌면 문세광 처형 후의 무성한 음모론이 칼KAL기 폭파범 김현희의 생명을 연장시켜준 것인지도 모른다.

음모설의 수준도, 음모의 동기도 가지가지였다. 당시 합동수사본부의 요원이었던 서울 시경 감식계장 이건우 경감은 1989년 월간 『다리』에서 행한 증언을 통해 육영수는 문세광이 쏜 탄환에 맞아 숨진 것이 아니라는 충격적인 주장을 폈다. (이건우의 주장은, 노가원 『영부인 암살자, 저격 당시 서울시경 감식계장 이건우 양심고백록』 [동광출판사 1989]에 자세히 나와있다.)

2005년 초에는 문화방송MBC의 「이제는 말할 수 있다」와 서울방송SBS의 「그것이 알고 싶다」가 비슷한 시기에 각각 2부작으로 육영수 여사 피살 사건의 의혹을 다뤘다. 여기서도 『로스앤젤레스 타임스』 도쿄 특파원 샘 제임슨은 그동안 한국 텔레비전에서 방영되었던 흑백 영상이 아닌 다른 각도에서 촬영한 새로운 컬러 영상을 공개하면서 이를 토대로 육영수를 쏜 것은 무대 오른쪽에서 뛰어 들어온 경호원이었다는 주장을 펴기도 했다.

이건우는 31년간 경찰에 봉직했고 사건의 합동수사본부에 직접 참가했다는 무게감으로, 샘 제임슨은 『로스앤젤레스 타임스』의 후광과 새로운 영상의 힘으로 나름 주목할 만한 주장을 폈다. 여기에서 일일이 검토할 수는 없지만 그들의 주장은 튼튼하지 못한 가설에 입각해 있거나 많은 허점(위조 번호판 문제, 경호실의 공모설, 피격 부위, 총격 시의 섬광 등)

1974년 11월 20일 법정에 선 박정희 암살미수범 문세광.
1974년 12월 17일 대법원에서 사형 확정판결을 받고 3일
뒤인 12월 20일 사형 집행을 당했다.

을 갖고 있다. 다만 문화방송과 서울방송은 각각 당시의 녹음자료를 음향전문가에게 분석 의뢰하였는데, 두 기관의 분석이 조금 다르지만 문세광의 총이 아닌 제3의 총에서 발사된 총성이 발견되었다는 점은 주목할 만한 일이다.

이 가설에 따르면 문세광의 왼쪽 후방에 있던 경호원이 문세광을 향해 발사한 총이 빗나가 육영수 여사를 맞혔다는 것이다. 지금까지 밝혀진 바로는 B열 후방에는 백상규와 김용완 두 경호원이 배치되었는데, 이들은 문세광이 첫 발을 오발했을 때 총성을 인식하지 못했고 범인이 뛰어나가는데도 범인을 제지하거나 소리조차 지르지 않는 등 아무런 경호조치를 취하지 못했다는 점에서 비난을 받았다.

1974년 당시 수사본부는 정밀한 음향 분석과 영상 프레임별로 육영수 여사의 반응을 분석하는 일 없이 현행범 문세광의 총격에 육 여사가 변을 당한 것으로 결론지었다. 문세광이 육영수를 직접 조준했다기보다는 박정희가 연단 뒤로 숨은 뒤 무대 앞으로 튀어나온 박종규를 향해 총을 쏜 것이 빗나가 육 여사를 맞혔을 가능성이 크지만, 새로운 의혹이 제기되어 있는 상황이니만큼 의혹 해소 차원에서 모든 기록을 공개하고 재조사하는 것이 바람직하다고 하겠다. 문화방송과 서울방송이 의혹을 제기했을 당시 국정원 과거사위원회가 활동 중이었지만, 위원회는 시간과 역량 부족으로 이 사건을 조사할 수 없었다.

문세광이 박정희의 저격을 시도한 타이밍이 참으로 절묘했다. 사건 발생 하루 전인 8월 14일 한국 정부는 김대중 납치 사건에 대한 수사를 중지한다고 일본 정부에 정식 통보했다. 다음 날 일본 정부가 위조된 신청서류를 걸러내지 못하고 잘못 발행해준 여권을 들고 일본 경찰에서 훔친 권총으로 일본에서 나서 자란 젊은이가 한국의 퍼스트레이디를 저격하여 절명케 한 사건이 발생했다.

한국 정부는 즉각적으로 문세광이 조총련 간부 김호룡의 지령을 받고 범행을 저질렀다며 조총련에 대한 단속을 주장했다. 한국 정부는 강경했다. 김대중 납치 사건 당시 김동운 일등 서기관이 남긴 지문 때문에 1년 내내 일본 정부의 시달림을 받아온 한국 정부

는 역공의 찬스를 맞이한 것이다.

일본도 처음에는 강경하게 대응했다. 김대중 납치 사건에 대해 한국정부가 일방적으로 수사 중단을 통보한 것은 몹시 불쾌한 일이었다. 더구나 실제로는 김대중 납치 사건을 저지른 중앙정보부가 한국에서 문세광 사건의 수사를 모두 통제하고 있었던 것도 일본으로서는 큰 불만이었다. 일본은 일본 경찰이 도난당한 권총으로 한국의 대통령 부인이 사망한 것은 유감스러운 일이지만 한국 국적의 재일한국인이 한국 땅에서 한국인을 살해한 사건에 대해 법적으로는 일본 정부가 책임을 질 이유가 없다고 버텼다.

또 일본 정부는 한국 쪽의 주장과는 달리 이 사건은 문세광의 개인 범행이라며 조총련 배후설을 일축했다. 한국 쪽은 거칠게 반응했다. 일본통 인사들은 서울의 분위기가 '도쿄 폭격론'이 나올 정도로 격앙돼 있다고 열을 올렸고, 박정희는 일본대사를 직접 불러 '단교'까지 거론해가며 일본 정부의 사죄와 조총련에 대한 단속을 요구했다. 이 뜻밖의 사건으로 한일관계가 파탄이 날 것을 우려한 미국은 보채는 한국 정부에 대해 "미국이 할 것은 다 했으니 좀 가만히 있어라"라고 면박을 주면서도 일본이 적당한 선에서 한국에 사죄하도록 개입했다.

일본은 1965년 한일교섭 당시 일본 외상이자 만주 인맥의 거물이었던 자민당 부총재 시나 에쓰사부로를 '진사사절'로 파견했다. 박정희는 시나에게 일본에 대한 불만을 작심하고 퍼부었고, 시나는 청와대를 나서며 이런 모욕은 평생 처음이라고 고개를 저었다고 한다.(김충식 『남산의 부장들, 정치공작사령부 KCIA』 동아일보사 1992)

역사에 원인과 결과가 없는 사건은 없다지만, 이 사건만큼 유신의 종말에 이르기까지 끊임없는 연쇄반응을 낳은 사건도 드물다. 박정희는 아내의 장례식을 치르고 난 뒤 처남 육인수에게 "납치 사건이 없었더라면 이런 끔찍한 일은 일어나지 않았을 텐데"라며 대단히 비통해했다고 한다.(「이후락 증언에 할 말 있다」 중 육인수 증언 『신동아』 1987년 11월호)

김대중 납치 사건 이후 한국이 납치국가로 낙인찍히면서 한국 국적의 재일동포 청년들은 깊은 모멸감과 좌절감에 시달려야 했다. 문세광 역시 김대중의 연설 녹음을 열 번 넘게 반복 청취할 정도로 김대중 구출운동에 적극 가담했다. 그는 박정희 1인독재를 타도하는 것이 한국혁명에 가장 중요한 일이라면서 자신은 "죽음이냐 승리냐의 혁명전쟁에 나선다"고 유서에 썼다.

광복절 저격 사건으로 박정희는 부인을 잃었다. 박정희는 사건 직전인 8월 12일 야당의 긴급조치 해제 건의안을 부결시켰지만, 사건 후인 23일 긴급조치를 해제하는 등 잠시 유화적인 태도를 취했다. 국민들은 육영수의 죽음을 진심으로 슬퍼했으나, 그 슬픔 때문에 박정희의 독재를 용인하지는 않았다. 국민들의 저항이 계속되자 박정희는 평정심을 잃고 인혁당 재건위 관련자 8인에 대한 사법살인을 자행했다.

광복절 저격 사건의 좀 더 직접적인 결과는 권력구도의 변화였다. 김대중 납치 사건으로 이후락이 물러난 데 이어 저격 사건으로 경호실장 박종규가 물러날 수밖에 없었다. 5·16 이후 최측근에서 박정희를 떠받치던 윤필용·이후락·박종규가 차례로 물러났고 그 빈자리를 메운 것은 차지철과 김재규였다. 유신체제 몰락의 인적 구도가 형성된 것이다. 육영수의 빈자리를 메운 것은 프랑스에 유학 가 있던 23세의 박근혜였다.

1917년생 박정희의 나이는 58세, 1~2년쯤 지난 뒤 새 장가를 들었어야할 나이였으나 본인은 아직 시집 보내지 않은 딸들이 있다는 이유로, 주변의 권력자들은 새로운 대통령 부인의 탄생으로 인한 권력지형의 변화에 대한 우려로 박정희의 재혼을 적극 추진하지 않았다. 대신 대연회·소연회 등 여자 문제를 놓고 별의별 소문이 떠돌았다.

어머니의 비극적인 죽음으로 어린 나이에 퍼스트레이디 역할의 중압감에 시달려야 했던 박근혜는 자칭 '태자마마'라던 최태민이라는 종잡을 수 없는 목사에게 크게 의존하게 되었다. 자식 이기는 부모 없다고 박정희조차 어쩌지 못한 최태민 문제는 박근혜를 제외한 유신정권 핵심 인사 모두의 골칫거리가 되었다. 뒷날 김재규는 법정에서 박정희를 쏘게 된 요인의 하나로 최태민 문제를 꼽았다. 인간 박정희에게, 나아가 박정희 체제에 육영수의 빈자리는 참으로 컸다.

(2) 노동자 수탈·야당 탄압 동시에 드러낸 「YH무역 사태」

1979년 8월 9일 오전 9시 30분 무렵 여성 노동자 187명이 공덕동 로터리에 있는 신민당 당사로 몰려들었다. 그때만 해도 회사가 문을 닫지 않고 계속 조업할 수 있게 해달라는 애절한 호소를 하러 몰려간 그들의 절박한 행동이 유신정권을 무너뜨리는 격동의 드라마를 촉발할 것이라곤 아무도 생각할 수 없었다. 여성 노동자들이 유신독재 타도나 유신헌법 철폐를 외치며 유신체제에 정면으로 맞선 것은 아니었다.

그러나 경직될 대로 경직된 유신체제는 "이 나라의 배고프고 예쁜 아가씨"들의 호소를 받아들이지 못하고, 야당과 교회와 노동자 모두를 적으로 만들었다. 새벽 2시, 아수라장 속에 사지가 들려 끌려간 여성노동자들도, 그들을 끌어낸 '사복'들도 딱 두 달 반 후에 박정희가 머리에 총 맞고 죽으리라고는 상상조차 하지 못했다. 1970년대는 노동자 전태일의 죽음으로 시작해서 노동자 김경숙의 죽음으로 끝났다.

아니, 김경숙의 죽음은 끝의 시작이었다. YH 사건으로 구속되었던 시인 고은은 1970

년대의 시작과 끝을 이렇게 노래했다. "1970년 전태일이 죽었다/1979년 YH 김경숙이·마포 신민당사 4층 농성장에서 떨어져 죽었다/죽음으로 열고/죽음으로 닫혔다/김경숙의 무덤 뒤에 박정희의 무덤이 있다/가봐라"(양성우 「그대 못다 부른 슬픈 노래를, K양의 죽음에 붙여」 채광석 편 『노동시선집』 실천문학사 1985. K양은 YH사건 당시 사망한 김경숙. 고은 「YH 김경숙」)

① 가발공장의 성업과 여성 노동자들의 열악한 처지

1960년대 말 이후 한국의 수출 팽창 신화에서 가장 중요한 것은 가발이었다. 1964년 중국이 핵실험을 강행하자 미국 재무성은 1966년 2월 '중공 봉쇄'라는 기본정책에 따라 유럽으로부터 원료원산지 증명이 없는 가발을 일체 수입하지 않겠다는 강경한 제재조치를 취했다. 이 조치로 중국제 원료를 사용한 제품으로 미국 시장의 90%를 석권하고 있던 이탈리아의 가발 산업이 몰락했다.(『동아일보』1966.3.31.)

당시 뉴욕의 한국무역관 부관장으로 있던 장용호는 한국산 가발이 유망할 것이라 생각하여 무역공사를 사임하고 발 빠르게 왕십리에 종업원 10명의 소규모 가발공장을 차렸다. 장용호는 회사의 이름은 자신의 이름을 따서 YH무역이라 지었고, 부사장에는 동서인 진동희를 앉혔다.(「7억 달러의 기수, 국무총리상 YH무역」 『매일경제』 1969.12.13.)

가발은 불티나게 팔려 YH무역은 2년 만에 면목동에 5층 건물(현재의 녹색병원)을 마련했고, 인천에 제2공장을 지었으며, 창사 4년만인 1970년에는 종업원 수가 무려 4,000명을 넘어섰다. 1970년 11월 30일 수출의 날에 장용호는 수출 1,000만 달러를 달성하여 대우의 김우중과 함께 철탑산업훈장을 받았다.(『동아일보』 1970.11.30.)

1972년의 고액 개인소득자 순위를 보면 장용호는 8위, 진동희는 9위를 차지했다. 장용호는 1973년엔 7위로 한 단계 뛰어올랐다. 한마디로 갈퀴로 돈을 긁어모은 것이다. 1968년 1월 뉴욕에 YH가발제품 판매를 목적으로 용 인터내셔널 상사를 설립한 장용호는 1970년에는 진동희에게 사장 자리를 맡기고 자신은 가족과 함께 미국으로 이민을 가 미국에서의 활동에 주력했다. 유신정권 시절 박동선과 함께 '코리아게이트'의 주역이었던 김한조나 민주당의 전 대표를 지낸 박지원 의원도 가발 관련 제품으로 큰돈을 번 재미동포였다.

한창때는 고액 소득자 상위 10명중 7명이 가발업자일 정도로 잘나갔던 가발 산업의 최대 걸림돌은 한국업자들 끼리의 과당경쟁이었다. 개당 12달러 하던 상품이 4달러에 투매되면서 가발 산업은 급격히 내리막길로 들어섰다. YH 노동자들에 따르면 눈치 빠른 장용호는 해외로 빼돌린 재산으로 미국에 백화점·방송국·호텔 등을 차렸고, 진동희는 1970년 사원들에게 상여금으로 10억여 원을 주었다고 꾸미고 그 돈으로 YH해운을 설립했다고 한다.

가발 산업은 대표적인 노동집약 산업으로 장용호 등은 여성 노동자들의 저임금과 열악한 근로조건을 토대로 막대한 돈을 벌어들였다. YH노조 위원장이었던 최순영이 1970년 입사했을 때 노동자들의 초봉은 월 2,000~2,500원 정도였는데 기숙사비가 1,500원 정도로 월급의 절반이 넘었다. 종업원의 대다수는 농촌에서 국민학교나 중학교를 갓 마치고 서울로 온 여성들이었고, 기업은 이런 어린 여성들에게 임금을 제대로 주려 하지 않았다. 1969년도에 중학교 무시험이 실시되면서 중학교 진학자가 급증했지만, 어디에서도 이들에게 가장 필요한 노동교육을 해주는 곳은 없었다.

YH 노동자들 사이에도 자신들의 처지를 개선하려면 노동조합이 필요하다는 움직임이 일기 시작했다. 당시 여성 노동자들은 그래도 노조를 결성하려면 "남자가 있어야 일을 박력 있게 추진할 수 있을 것"이라 생각하고 현장에서 한마디 할만한 사람을 노조 준비모임에 끌어들였다. 그것이 화근이었다. 하필이면 그는 공장장의 처남이라 노조 결성 움직임을 매부에게 고자질했다.

주동자 4명이 해고당하는 우여곡절 끝에 YH무역에 노동조합이 설립된 것은 1975년 5월24일이었다. 노조를 준비하던 사람들은 기숙사 이불 속에서 가입원서를 받아 브래지어 속에 숨겨 회사 밖으로 가지고 나왔다. 4,000명까지 갔던 종업원 숫자가 2,000명 아래로 떨어진 상황에서 그렇게 900장의 가입원서를 받고 노조는 첫발을 내디뎠다. (전 YH 노동조합 『YH노동조합사』 형성사 1997)

② 가발 인기 줄자 경영주는 돈 챙기고, 노조 설립했으나 역부족

1975년 12월 24일 회사는 관리직 사원들에게는 100%의 상여금을 지급했지만, 생산직 사원들에게는 한푼도 지급하지 않았다. 여성 노동자들이 상여금 차별에 대해 항의하자 총무이사는 "억울하면 여러분도 관리직으로 취직하세요.… 여러분은 초등학교 밖에 안 나와서 키우는데 돈이 적게 들어갔지만, 관리직은 적어도 고졸 이상입니다. 그런데 함께 대우해달라는 게 말이 됩니까?"라고 대답했다. '못 배운 쪼깐이'들은 원통해서 눈물바다를 이뤘다.

그래도 노조가 있어서 싸운 덕에 회사 창립 이래 최초로 50%의 상여금을 쟁취할 수 있었다. 대한민국에 열 개도 채 안 되는 민주노조의 위엄이었다. 노조가 생긴 뒤 YH의 근로조건은 겨우 근로기준법 따라가기에 허덕이는 수준이었지만 "노동조합이 없던 공장에서 YH에 오면, '아 노동자의 천국이구나'라고 했다"고 한다. 부모가 돌아가셨을 때 5

일의 휴가를 요청하면 회사는 "여자들이 장례에 그렇게 오래 있어 뭘 하냐"고 타박하던 곳이 1970년대 노동자들의 소박한 천국이었다.

이 소박한 천국도 늘 불안했다. 회사는 걸핏하면 가발 산업이 사양 산업이라느니 일감이 없다느니 하면서 휴업을 하고 도급 단가도 후려쳤다. 1977년에는 회사가 "정부 당국의 시책에 따라 가발과를 충북 (옥천군) 청산 두메산골로 이전"한다는 공고를 내붙였다. 당장 아무 연고도 없는 시골로 가야 한다는 소리에 가발과 종업원 중 500명 이상이 사표를 쓰고 말았다. 사실 청산은 공장이 이전할 수 있는 전기나 수도도 없이 낡은 창고 하나만 덩그러니 있는 곳이었다. 회사는 '정부시책' 때문에 회사를 옮겨야 한다면서 500여 명의 종업원을 해고수당도 주지 않은 채 쫓아낸 것이다. (강인순·이옥지 『한국여성노동자운동사』 한울 2001)

YH 노동자들의 호소문 「정부와 은행은 근대화의 역군을 윤락가로 내몰지 말라」에 따르면 이렇게 떠나간 사람들은 "겨울바람이 쌩쌩 부는 차가운 거리로, 보다 열악한 하청공장으로, 그리고 적지 않은 수가 여자의 마지막 밥벌이로 나갔던 것"이다. 회사는 사양산업이 된 가발부를 이렇게 해서 자동으로 폐쇄해버렸다. 1970년 4,000명, 1976년 2,000명이던 종업원 수는 1978년 5월이 되자 550명으로 줄어들었다.

신기한 것은 1977년 YH무역의 수출액은 가발과 봉재, 장갑 등을 합쳐 약 1,600만 달러에, 수출 순위는 86위로 한창때만은 못하지만 여전히 100대 기업 안에 들고 있었다는 점이다. 본공장이 휴업을 거듭하고 종업원이 줄어들면서도 이런 수출 실적을 올릴 수 있었던 마법은 "회사가 본공장은 휴업하면서 근로조건이 나쁜 하청공장으로 작업물량을 빼돌리면서 종업원들의 신분에 대한 불안감을 조성하여 휴업수당만으로는 생활하기가 곤란한 종업원들을 떠나게" 했기 때문이다.

그러는 사이 회사의 빚은 눈덩이처럼 불어나 1974년 6억3,000만원이던 것이 1975년 16억9,000만 원, 1977년 31억7,000만 원, 1979년3월에는 40억5,000만 원이나 되었다. 이렇게 빚이 늘어난 것은 정부로부터 은행 이자의 절반밖에 안 되는 수출 특혜금융을 받아 오리온전자를 인수하고 새한칼라 주식 40%를 인수하는 등 무리하게 사업을 확장하다가 경영에 실패했기 때문이었다.

마침내 1979년 3월 30일 회사는 "경영 부실로 인하여 사업을 계속할 수 없어 1979년 4월 30일 자로 폐업"한다는 공고문을 회사 정문에 내붙였다. 장용호는 YH로부터 15억 상당의 물품을 미국에서 외상으로 수입한 뒤 대금을 지불하지 않았다. 300만 달러의 막대한 외화가 해외로 빼돌려진 것이다. 악덕 기업주가 저지른 외화도피의 부담은 고스란히 저임금에 시달려온 여성 노동자들의 몫이 되었다. 노동자들은 남진의 「님과 함께」

("저 푸른 초원 위에~")의 가사를 바꿔 "임금은 최저임금 생산량은 초과달성 연근 야근 다 해줘도 폐업이란 웬 말이냐'고 노래를 불렀다.

노조는 회사를 정상화하기 위해 다각도로 노력했다. 그래도 노동자의 편일 줄 알고 찾아간 북부노동청에서는 "자본주의 사회에서는 자본을 가진 자가 하기 싫다면 누구도 막을 수 없다"는 말밖에 듣지 못했다. 장용호의 매부로 회사의 재정담당 상무를 맡은 자는 회사 기계를 사장의 결재도 없이 마음대로 팔아먹기까지 했다. 1979년 2월에는 쌍용그룹이 YH무역을 인수하려 한다는 기사가 경제지에 실리기도 했지만 회사 인수는 이루어지지 않았다.

누구의 도움도 받을 수 없었던 노조는 장기간의 투쟁에 돌입할 것을 예상하여 빵 2,000개, 생리대 120봉지, 스티로폼 200장 등을 준비하고 기숙사의 이부자리를 긴급총회 장소인 회사 강당으로 옮겼다. 농성은 오래 가지 못했다. 그날 밤 9시 20분 태릉경찰서장은 강제해산의 최후통첩을 한 뒤 곧 경찰을 투입했다. 폐업 철회를 외치며 노동자들이 공장에서 농성을 시작하자 경찰은 곧바로 현장을 덮쳤다. 노동자들은 '축구공'처럼 걷어차이고 머리채를 휘어 잡힌 채 무더기로 끌려갔다. 악에 받쳐서인지 그때는 내동댕이쳐져도 아픈 줄도 몰랐지만 150명이나 부상을 입고 보니 노조가 치른 약값만 해도 그때 돈으로 18만 원이 넘었다고 한다.(한국기독교협의회 한국교회산업선교 25주년기념대회 『1970년대 노동현장과 증언』)

노동자들은 다음 날 다시 농성을 시작했다. 놀라운 것은 기동대의 만행에 충격을 받은 남성 노동자들이 농성에 참가한 것이다. YH에서는 당시에 여성 노동자들이 주도한 다른 민주노조에서 자주 나타나던 약한 고리인 노동자 내부의 남녀 갈등이 전혀 없었다고 한다. 노동자들은 당시의 유행가 가사를 자신들의 처지에 맞게 부르거나 '와이에(이)치'의 첫 글자를 갖고 "와: 와싸 건물도 크고만·이: 이렇게 큰 건물에 취직을 하고 보니·에: 에그머니나·치: 치사 방구스럽구나" 등등의 문장을 만들며 시간을 보냈다.

노동자들의 단결된 모습에 정부와 회사도 한발 물러서지 않을 수 없었다. 4월 17일 현장에 나타난 사장은 폐업 철회를 선언했고, 노동청 차장 박창규는 자신의 전화번호까지 적어주며 노동청이 꼭 책임질 것이라고 다짐했다. 그러나 그것은 농성을 해체시키려는 임시방편에 불과했다. 5월 25일 정부는 수출 금융을 받고도 수출 의무를 이행하지 않은 YH무역 등 29곳에 대한 수출 지원을 중단했다.

"은행으로부터 외면당하고 노동청에 속고 경찰서에 속고 회사의 무책임으로 거리로 쫓겨날 지경에 이른 조합원들"은 7월 30일 다시 농성에 들어갔다. 8월 6일 회사는 다시 일방적으로 폐업을 공고했다. 노조 사무장 박태연은 조합원들 앞에서 열변을 토한 뒤 분신하려 했으나 동료들이 간신히 뜯어말려 함께 죽기를 각오하고 싸울 것을 다짐했다.

회사는 발 빠르게 움직였다. 회사 쪽은 8월 8일 아침부터 전기도 끊고 물도 끊고 식사 제공도 중지한다고 통지했고, 8월 9일부터 기숙사를 폐쇄하며, 8월 10일까지 퇴직금과 해고수당을 수령하지 않을 때에는 법원에 공탁한다고 통고했다. 똥물 사건으로 동일방직 노조가 깨진 뒤 노동계에는 경찰과 자본과 섬유노조 본조가 한편이 되어 그다음으로 YH 노조를 깰 것이라는 소문이 파다했다. 기숙사 폐쇄와 퇴직금 공탁은 '구사대' 투입이 임박했다는 것을 의미했다.

고은 시인이 "순하기는 식은 숭늉 같고 맹렬하기는 대장간에서 당장 꺼낸 뜨거운 호미나 괭이" 같았다고 한 노조 위원장 최순영은 "우리가 이왕 깨질 거 왕창 깨지자. 소리를 크게 내자. 전국 방방곡곡에 알리자. 그리고 다른 노동자들을 보호하자. 민주노조 깨는 데 피해를 줘야지만 쟤네들도 겁을 먹을 거 아니냐"고 마음먹었다. 임신 6개월의 몸이었기에 결코 쉬운 결단은 아니었다. 농성을 시작하면서 노동자들은 스스로 걸어나가지는 않겠다고 결의했지만, 구사대에게 일방적으로 끌려나가고 신문에는 한 줄도 실리지 않는 그런 싸움을 할 수는 없었다.

싸움을 계속하려면 농성장을 옮겨야했다. 노동자들은 밤사이 무슨 일이 벌어질지 모른다는 불안감에 떨며 장용호가 미국 시민권자이고 미국으로 돈을 빼돌렸으니 미국 대사관에 가서 농성하자, 회사의 주거래 은행인 조흥은행에 가서 농성하자, 정부여당의 책임이 크니 여당인 공화당 당사에 가서 농성하자, 야당인 신민당 당사에 가서 농성하자 등등의 주장을 두고 검토했다. 미국 대사관이나 공화당사는 경비가 삼엄하여 뚫고 들어가는 것이 어려웠고, 조흥은행은 바로 경찰이 투입될 것이 뻔했다. 신민당이 노동문제에 꼭 적극적인 것은 아니었지만, 그래도 기댈 곳은 거기밖에 없었다.

노동자들은 새벽이 되자 마치 목욕이라도 가는 듯 작은 대야를 들고 네댓 명씩 기숙사를 빠져나갔다. 도중에 발각되더라도 농성장소가 노출되지 않도록 팀원들에게는 명동성당으로 간다고 말해두었다. 노조 지도부는 경찰이 눈치 채지 못하도록 나이 어린 50여 명은 기숙사에 남아 농성 때 부르던 노래 등을 녹음한 것을 크게 틀어놓게 하였다.

③ 신민당사 농성 호소도 무용, 김경숙의 죽음만으로 끝장

노동자들이 몰래 면목동의 YH 공장에서 마포의 신민당사로 옮겨가는 사이 문동환·고은·이문영 등 재야인사들은 상도동의 김영삼 신민당 총재 집을 찾아갔다. YH 여공들이 기숙사에서 쫓겨나 마지막 호소를 하러 신민당사로 가니 총재께서 이들의 호소를 듣고 해결책을 찾아달라는 말에 김영삼은 선뜻 야당 당사는 누구에게나 개방되어 있으니

1979년 8월 와이에이치무역 노조 조합원들이 '배고파 못 살겠다 먹을 것을 달라'라고 쓰인 펼침막을 내걸고 신민당사에서 농성하고 있다.

그들이 찾아오면 이야기를 듣고 최선을 다해 돕겠다고 이야기했다. 면담시간은 딱 5분, 길지 않은 시간이었다. '감'의 정치인 김영삼의 최고의 직감이었다.

신민당사 주변에 흩어져있던 노동자들이 8월 9일 오전 9시 30분 신민당사로 들어가려 하자 처음에는 당원들이 놀라서 막아섰다. 잠시 주춤하는 사이 상도동에서 연락이 와서 노동자들은 4층 강당으로 올라갔다. 새벽에 삼삼오오 기숙사를 빠져나온 187명이 모두 다 모인 것이다. 불과 몇 시간 만이었지만 그들은 무사히 다시 만난 감격에 부둥켜 안고 눈물을 흘렸다. 그들은 곧 "회사 정상화가 안 되면 죽음이다"라는 머리띠를 두르고, "우리를 나가라면 어디로 가란 말인가" "배고파 못 살겠다 먹을 것을 달라"란 펼침막을 내걸고 농성을 시작했다.

신민당에서 급하게 빵과 우유를 가져다주었지만 노동자들은 면목동에 두고 온 어린동료들은 아무것도 먹지 못하고 있다며 손을 대지 않았다. 당원들이 그쪽에도 음식을 제공하도록 하겠다고 한 다음에야 겨우 먹기 시작했다.

당사에 나온 김영삼은 먼저 노동자 대표들을 만나 이야기를 듣고 4층 강당으로 올라와 농성 중인 노동자들에게 "여러분들이야말로 산업발전의 역군이며 애국자인데 이렇게 푸대접을 받아서야 되겠느냐"며 보건사회부 장관과 노동청장을 오게 해 문제를 해결하겠다고 말해 큰 박수를 받았다. TV에서나 보던 유명 정치인들이 직접 찾아오고, 라디오에서도 YH의 농성 사실이 보도되고, 때마침 배달된 석간신문에도 농성 장면 사진과 기사가 크게 실린 것을 보자 이들은 힘을 얻었다.

YH무역 사장 박정원은 신민당사로 와 당 간부 및 노동자 대표들과 만났다. 그는 "회사가 폐업을 할 정도는 아니지만 이들 여공들은 작업 성적이 극히 나쁘기 때문에 더 이상 고용할 수 없다"고 주장했다가 생산성이 떨어진 것은 노동자들이 열심히 일했지만 회사가 제때에 부품을 공급해주지 않았기 때문 아니냐는 반박을 받고 아무 대꾸도 하지 못했다

YH 여공들의 신민당사 농성은 정국을 뒤흔들어놓았다. 유신체제의 억압에 대한 불만은 널리 퍼져 있었지만 1979년 상반기에는 그 불만이 저항으로 표출되지는 못했다. 사복들이 캠퍼스에 쫙 깔려 있고, 로마병정 같은 복장을 한 전경들이 여러 대의 닭장차에 타고 앉아 있던 대학가에서 1979년에는 1학기가 다 가도록 이렇다 할 학생 데모조차 일어나지 못했다. 겉으로 볼 때는 태평성대였다. 학생들도, 야당 정치인들도, 재야인사들도, 민주투사들도 깨지 못한 그 위장된 태평성대를 제일 먼저 깨고 나온 것은 "이 나라의 배고프고 예쁜 아가씨들"이었다.

여성 노동자들이 야당 당사로 뛰어들면서 YH무역 사건은 한 개 회사의 노사문제가 아니라 정국의 뇌관이 되었다. 이 충격파를 흡수하기에 유신체제는 너무나 경직되어 있었다. 여성 노동자들이 신민당사에 들어간지 만24시간이 된 8월 10일 오전 청와대에서 열린 고위대책회의는 신속한 강제해산을 결정했다. 경찰 내에서는 여공 200명에 당원과 당직자까지 합치면 한 끼 설렁탕값만 해도 100만 원이 되니 돈 없는 신민당이 자연히 내보낼 터인데 구태여 끌어낼 필요가 어디 있느냐는 의견이 우세했다.

그러나 이런 신중론은 곧 강경론에 묻혀버렸다. 중앙정보부장 김재규가 강제진압을 주장했다고 하지만, '부각하'라 불리던 경호실장 차지철은 더욱 강경한 입장이었다. 신민당 의원 일부는 당사 건너편 가든호텔에 방을 잡아두고 농성 현장의 움직임뿐 아니라 신민당 간부회의의 내용까지 차지철에게 열심히 보고했다고 한다.(진실화해위원회 「YH노조 김경숙 사망 관련 조작의혹 사건 조사보고서」)

경찰의 강제진압 움직임이 가시화되자 여성 노동자들은 8월 10일 밤 10시 40분 긴급 결사총회를 열고 경찰이 진입하면 모두 투신하겠다는 결의문을 채택했다. 흥분한 여성들은 창틀에 매달려 투신하겠다고 울부짖기도 했다. 모두 8명이 실신해서 병원으로 옮겨졌는데, 카랑카랑한 목소리로 결의문을 낭독했던 노조 조직부 차장 김경숙은 금방 깨어나 농성장에 남았다. 현장의 상황이 급박하다는 보고를 받은 김영삼은 급히 4층으로 올

라와 "너희는 결코 두려워 말라. 나의 의로운 손으로 너희를 붙들리라"는 성경 말씀을 인용하며 이들을 달랬다.

김영삼은 여태껏 경찰이 야당 당사를 습격한 적은 없다면서 자신과 30여 명의 의원이 지키고 있으니 안심하라며 흥분한 농성자들을 진정시켰다. 여성 노동자들이 잠자리에 들자 김영삼은 당사 정문으로 내려가 "여공들이 흥분하니 모두 물러나라"고 요구했다. 경찰들이 이에 응하지 않아 승강이를 벌이던 김영삼은 "너희들이 정말 저 여공들을 뛰어내리도록 할 참이냐"며 마포서 정보과장의 따귀를 때리기도 했다.

새벽 2시, 자동차 경적 소리가 세 번 길게 울리는 것을 신호로 경찰 1,000여 명이 동원된 진압작전이 시작되었다. 사복조들이 재빨리 4층 강당의 창문 쪽을 봉쇄하여 여성 노동자들의 투신을 막는 사이, 4인 1조의 전경들은 농성 중인 여성 노동자들을 한 명씩 끌어내 닭장차 15대에 태워 서울 시내 경찰서 7곳에 분산 수용했다. 진압작전은 23분밖에 걸리지 않았지만 대단히 폭력적이었다. 신민당 대변인인 박권흠 의원은 "나 대변인이야"라고 외치다가 사복들에게 "그래, 대변인 잘 만났다"며 자근자근 밟히는 폭행을 당했다. 그는 코뼈가 내려앉고 갈비뼈가 부러지는 중상을 입었다.

청와대 비서실장 김계원은 "당시 강제해산 작전에 차지철이 청와대 경호실 직원들을 보내 야당 의원들을 손봐주라고 하였을 것"이라고 주장했다. 이 과정에서 여성 노동자 한 명이 목숨을 잃었다. 실신해 업혀가다 깨어나 농성장에 남은 스물둘 김경숙이었다. 김경숙은 "혼탁한 먼지 속에 윙윙대는 기계 소리를 들으며 어언 8년 동안 남은 것은 병 밖에 없다. 비록 몸은 병들었지만 마음은 상하지 않은 인간으로 올바른 삶을 살리라 다짐"했건만 그 다짐을 지킬 수 없었다.

여덟 살에 아버지를 여읜 김경숙은 오빠마저 병으로 죽고 어머니가 떡장사를 나간 사이 남동생 둘을 돌보느라 제때 국민학교에 들어가지 못했다. 그는 동생 하나가 또 병으로 세상을 떠나 동생 돌보는 일의 부담이 줄어들자 학교에 가게 되었다고 한다. 동생의 죽음은 너무너무 슬픈 일이었지만, 학교를 가게 된 것은 무척 기쁜 일이었다. 하나 남은 동생의 학비를 대겠다던 누나의 다짐은 허공 속에 사라져버렸다.(『한겨레』1991.12.22.)

경찰은 김경숙이 동맥을 끊고 투신자살했다고 발표했다. 그러나 2007년 진실화해위원회는 김경숙의 부검 보고서와 시신 사진을 근거로 손목에는 동맥을 끊은 흔적이 없고, 손등에는 곤봉과 같은 둥근 물체로 가격당한 상처가 발견되었다고 발표했다. 김영삼에 따르면 YH 여성 노동자들에게 식사를 날라주던 인근 식당의 여종업원들이 끝내 밤중에 경찰에 의해 개처럼 끌려가는 그들의 모습에 충격을 받아 목숨을 끊는 비극적인 일도 있었다고 한다.(김영삼 『김영삼 회고록, 민주주의를 향한 나의 투쟁』백산서당 2000)

④ 신민당도 농성투쟁, 김총재에게 직무정지 가처분 강제

김경숙의 사망이 TV 뉴스로 보도되자 박정희는 문공장관 김성진을 불러 이런 뉴스가 나갔다고 크게 화를 냈다. 김성진은 『중앙일보』및 동양방송 회장 홍진기를 불러 닦달했는데, 얼마나 혼이 났던지 홍진기는 근처 약국에서 진정제를 먹고 간신히 정신을 차렸다고 한다. 경찰서로 끌려간 노동자들과 기숙사에 남아 있던 노동자들은 모두 강제로 퇴직금을 수령한 뒤 경찰이 마련한 버스 편으로 귀향 조치를 당했다.(KBS 『인물현대사』「여공, 유신을 몰아내다, YH사건 김경숙」 2005.2.4. 방송)

경찰에 의해 집으로 끌려갔던 김영삼은 아침 일찍 당사로 돌아와 당사 정면에 "밤이 깊을수록 새벽이 가깝다"라고 쓴 대형 플래카드를 내걸고 여성노동자들이 끌려간 바로 그 자리에서 당 소속 국회의원 전원과 함께 농성에 들어갔다.

신민당이 농성에 들어간 지 사흘째 되던 8월 13일, 신민당의 원외지구당 위원장인 조일환·윤완중·유기준 세 사람이 총재단의 직무집행정지 가처분 신청을 서울민사지방법원에 제출했다. 이들에 따르면 신민당성북지구당 위원장 조윤형과 전당대회 부의장 김한수, 그리고 조윤형이 임명한 성북지구당 대의원 5명 등 7명의 대의원 자격을 인정할 수 없기 때문에, 1979년 5월 30일 전당대회에서 과반수를 겨우 2표 넘겨 당선된 김영삼의 총재 선출이 무효라는 것이다.

김영삼과 사사건건 대립하던 비주류 내부에서도 이들의 가처분 신청을 '정신 나간 짓'이라고 비난하는 입장이 있었지만, 막상 심리가 시작되자 분위기는 심상치 않게 흘러갔다. 전당대회 직후인 6월 5일 조가연이라는 자가 중앙선거관리위원회에 조윤형과 김한수 두 사람의 당원 자격에 대한 유권해석을 의뢰하여 그들이 당원 자격이 없다는 결정을 받아낸 바 있었다.(『동아일보』1979.6.23.)

조가연은 과거 신민당 서대문지구당 부위원장을 지낸 바 있지만 당을 떠난지 오랜 인물이었다. 무기명 비밀투표로 진행된 전당대회에서 문제가 된 대의원들이 꼭 김영삼에게 투표했다고 볼 수도 없고, 과거 선거 또는 당선무효 판결 등으로 의원직을 그만둔 사람들이 재직 중에 행사한 표결이 유효하다는 판례에 비추어볼 때 총재 직무정지 가처분 신청은 참으로 말이 되지 않는 것이었다.

그러나 유신체제하의 사법부는 이 가처분 신청을 받아들였다. 9월 8일 서울민사지법 합의16부 조언 부장판사는 김영삼의 총재 직무를 정지시키고, 전당대회 의장 정운갑을 총재 직무권한대행으로 선임했다. 조윤형과 김한수는 제8대 국회의원이었다가 유신 쿠데타로 투옥되어 실형을 산 사실 때문에 국회의원 선거권이 없어 정당원의 자격이 없다고 했지만, 이는 마치 노동조합에서 해고자의 조합원 자격을 인정하느냐와 같은 성격의 문제였다.

그러나 이들은 1978년 국회의원 선거에서 투표도 했고, 조윤형은 1976년 전당대회 때는 김영삼에 반대하여 이철승 편에 서서 투표한 바 있었다. 이 때문에 사람들은 유신체제에 협조적인 이철승을 찍으면 유효하고, 선명야당을 표방하는 김영삼을 찍으면 무효라는 것은 법의 폭력이라고 비난했다. 청와대와 중앙정보부의 적극적인 지원을 받은 정운갑은 총재 직무권한대행의 역할을 수행하려고하여 신민당에는 정치적 총재와 법적 총재가 따로 있는 기형적인 모습이 연출되었다. 결국 이성을 상실한 유신정권은 김영삼의 의원직마저 박탈해버렸다.

김영삼이 8월 9일 아침에 별생각 없이 YH 여공들의 신민당사 진입을 허용할 때만 해도 그는 일이 이렇게 커질 줄은 상상도 하지 못했다. 고은 시인은 김영삼이 "직감 이상의 결단으로 YH 노동자들 신민당 강당농성을 허용"해주었다고 『만인보』12권에 썼지만, 정작 김영삼은 회고록에서 자신은 "이때 여공들이 신민당사를 농성장소로 택한 줄은 몰랐고, 호소차 방문한 것 정도로 알았다"고 주장했다.

신민당은 "밤이 깊을수록 새벽이 가깝다"라는 플래카드를 내걸고 농성을 했고, YH 사건에 대하여 『말기적 발악, 신민당사 피습 사건과 YH 사건의 진상』이라는 책자를 펴냈지만, 유신의 종말이 불과 석 달도 남지 않았다는 사실은 꿈에도 생각하지 못하고 있었다. YH 여성 노동자들이 농성장소를 신민당으로 택함으로써 김영삼과 신민당은 한국 현대사의 격동의 순간에 중심으로 떠올랐다. 그러나 이것은 단순한 우연만은 아니었다.

1970년대 신민당의 투쟁에 어느 정도 점수를 줄 것인가는 관찰자마다 생각이 다를 것이다. 그는 대통령 임기 중반 이후 돌이킬 수 없이 망가졌지만, 1970년대 젊은 김영삼이 했던 투쟁에는 볼만한 구석이 조금은 있었다. 가까이는 1978년 12월의 제10대국회의원 선거, 멀리는 1974년 8월의 신민당 전당대회 이후의 김영삼은 때로는 중심을 잃고 비틀거렸지만 그래도 유신반대라는 선명한 깃발을 내걸고 한길을 걸어왔음에 틀림없다.

(3) 김총재 「닭의 모가지를 비틀어도 새벽은 온다」며 투쟁

김영삼은 1974년 8월 신민당 전당대회에서 47세의 젊은 나이에 총재로 당선되었다. 한국의 야당사에서 보기 드물게 젊은 나이였다. 신익희는 61세, 조병옥은 62세, 장면은 60세, 박순천은 66세, 윤보선도 66세, 유진오는 63세, 유진산은 66세에 야당의 총재를 지냈으니, 김영삼의 당선으로 야당이 크게 젊어진 것은 분명했다. 박정희가 유신 쿠데타

1979년 8월 11일 새벽 2시 YH무역 여성 노동자들이 농성 중인 신민당사에 경찰 1,000여 명이 들이닥쳤다. 경찰은 김영삼 당시 신민당 총재를 당사에서 강제로 끌어내 집으로 보냈다. 이날 아침 당사로 돌아온 그는 당 국회의원 전원과 농성을 시작했다. 이 사건으로 김영삼은 한국 현대사의 중심으로 떠올랐다.

를 단행할 무렵, 신민당은 둘로 나뉘어 싸우고 있었다.

때로는 대사(큰 뱀), 때로는 왕사쿠라라 불렸던 유진산의 죽음은 싫든 좋든 한국의 야당사에서 한 세대가 저물었음을 상징하는 사건이었다. 유진산의 후임을 뽑는 신민당 전당대회에서 김영삼이 당선되리라고 예상한 사람은 많지 않았다. 지구당 위원장의 지지를 가장 많이 받은 사람은 김영삼·김대중과 함께 '40대 기수론'을 펼쳤던 이철승이었고, '진산 계열'에서 미는 김의택은 언론에서 선두주자 대접을 받았다.

유신체제와의 정면대결을 회피했던 것은 꼭 유진산만이 아니었다. 유신헌법의 중선거구 제도에 따라 공화당과 사이좋게 동반 당선된 대다수의 신민당 의원들은 좀 더 '현실적'이고 좀 더 타협적이었다. 그러나 대의원들의 입장은 달랐다. 그들은 야당다운 야당, 정권을 비판하고 견제하고 싸우는 야당을 바랐다. 대의원들의 절대다수는 지구당 위원장에 의해 임명되었지만, 위원장이 이들에 대한 완벽한 통제력을 발휘하는 것은 아니었다. 지구당 위원장의 숫자로 본다면 꼴찌나 꼴찌에서 두 번째를 했음직한 김영삼이 1차 투표에서 1위를 했을 때 아마도 가장 놀란 사람은 김영삼 자신이었을 것이다.

5명의 후보 중에서 김영삼이 유일하게 유신정권과 맞서 싸우겠다고 주장했다. 대의원들이 바란 것은 선명한 야당이었다. "요즘 신민당은 야당다운 야당을 하고 있지 않다"거나 "최근엔 신민당 하는 것이 도리어 부끄럽게 느껴질 정도"라는 대의원들은 야당성을 회복하겠다는 김영삼을 선택한 것이다. 김영삼 자신도 당선 소감으로 "대의원들이 나를 총재로 뽑아준 의미는 무기력하고 침체된 야당을 재건하고 국민의 진정한 소리를 대변해달라는 절규"라고 말했다.(「당권 경쟁을 앞둔 신민당의 오늘〔중〕, 대의원의 소리」『동아일보』 1974.6.19.)

정통 보수야당을 표방한 신민당의 젊은 총재는 당 밖의 재야민주 세력과 손잡고 유신헌법의 개정을 촉구하면서 전국에서 개헌추진운동지부 현판식을 벌였고, 재야인사들이 주축이 된 '민주회복국민회의'에도 참가했다. 김영삼의 질주에 반발했던 것은 당내에 광범위하게 퍼진 타협 세력, 즉 좋은 게 좋은 거라며 유신체제와 맞서지 않고 적당한 비판만 하며 야당 의원 생활을 즐기고 있던 자들만이 아니었다. 예상을 뒤엎고 김영삼이 총재에 당선되고 곧이어 유신반대 투쟁에 적극 나서자 박정희는 상이군인을 동원했다.

김영삼이 유신체제의 안보 장사에 맞서 "북괴의 남침 위협이 없다"고 하자 1974년 12월 20일 광주지부 현판식에 상이군인이 몰려와 난동을 부렸다. 상이군인 300여 명은 이 과정에서 신민당원들이 자신들을 보고 '병신육갑' 한다고 욕했다면서 12월 27일의 대구지부 현판식 참석차 내려온 김영삼을 대구 금호 호텔에 감금하고 사과를 요구했다. 1975년 3월 말 김영삼은 장준하가 헌신적으로 추진한 민주 세력의 통합 흐름에 동참하여 윤보선·김대중·양일동과 4자회담을 하고 신민당과 통일당의 통합에 합의했다.

1975년 인도차이나 반도의 상황이 심각하게 전개되자 김영삼의 반유신 민주화운동의 스텝이 꼬이기 시작했다. 김영삼의 어머니는 1960년 권총 강도들에게 피살당했는데, 수사 결과 강도들은 일본으로 밀항할 자금을 마련하려던 좌익 출신들이었다.(『경향신문』1960.9.26.)

4월 30일 남베트남의 수도 사이공이 공산군에 함락되고 3주 뒤인 5월 21일 박정희와 김영삼은 여야 영수회담을 했다. 박정희는 "김 총재, 나 욕심 없습니다. 집사람은 공산당 총 맞아 죽고 이런 절간 같은 데서 오래 할 생각 없습니다. 민주주의 하겠습니다. 그러니 조금만 시간을 주십시오"라고 부탁했다고 한다. 김영삼은 "꼭 민주주의를 하겠습니다"라는 박정희의 말이 "이번 임기를 마지막으로 물러나겠다"는 뜻으로 들렸다고 주장했다. 그는 "비명에 타계한 아내를 들먹이며 눈물을 보이고 인생의 허망함을 털어놓은" 박정희의 말을 일단 진심으로 받아들이기로 했다고 회고했다.

좋게 보면 부인을 좌익의 흉탄에 잃은 대통령과 어머니를 좌익의 흉탄에 잃은 야당총재 간에 국가의 안보위기 상황에서 어떤 공감이 형성된 것이고, 좀더 냉정하게 말한다면 노회한 독재자 박정희가 3년 뒤인 1978년에 물러나겠다면서 그 다음은 당신 차례라는 암시를 준 것에 순진한 김영삼이 속아 넘어간 것이고, 의심의 도를 높인다면 둘 사이에 어떤 묵계가 있었던 것은 아닌가 생각해볼 수도 있는 정황이었다.

영수회담 이후 김영삼이 반유신 민주화운동에서 발을 빼자 그의 입지도 위축되기 시작했다. 유신체제에 적극적으로 맞서라고 그를 지지했던 밑바닥의 야당 세력은 김영삼을 지지해야 할 이유를 상실했다. 특히 1975년 10월 8일 김옥선 의원이 인도차이나 사태 이후의 안보궐기대회를 관제 데모라고 비판했다가 여당이 초강경 제명 협박을 했을 때 김영삼은 당내에서 자신의 강경노선을 적극 뒷받침했던 김옥선을 보호하지 못했다. 김옥선이 눈물을 흘리며 의원직을 사퇴했을 때 가장 상처를 입은 것은 김영삼이었다.

선명야당의 깃발이 부러지자 1976년5월 전당대회에서는 '안보지상주의와 자유지상주의 사이의 중도통합론'을 내세운 이철승이 김영삼을 꺾고 대표최고위원에 당선되었다. 이 전당대회는 김영삼을 낙선시키기 위해 청와대 경호실장 차지철이 "사람만 죽이지 않으면 절대로 징역 살 일이 없으니까 맘 놓고 하라"며 김태촌 등 주먹패를 동원하여 '각목대회'로 치러졌다.

신민당의 당수가 된 이철승은 꼭 박정희가 바라는 대로 행동했다. 그는 국외동포들의 반정부 활동은 "결과적으로 북괴의 통일전선 전략을 돕는 것이 된다"거나, "한국의 자유 문제는 유무의 문제가 아니라 '레벨'의 문제" "야당은 국가보안법을 폐기할 용의가 없다" 등등의 발언을 쏟아냈다.(「신민당의 난기류〔상〕,불행한 내출혈의 생리」『동아일보』1977. 3. 31.)

이런 신민당을 두고 당 밖에서는 유신당, 제2의 유정회 등등의 비난과 조롱이 쏟아졌고, 당내에서는 「야당성 회복 투쟁동지회」가 결성되기도 했다. 1978년 12월 12일에 실시된 제10대 국회의원 선거에서는 누구도 예상하지 못한 결과가 빚어졌다. 공화당이 31.2%에 그친 반면, 신민당 32.3%로 야당인 신민당이 공화당보다 득표율에서 1.1% 포인트를 앞선 것이다. 이것은 신민당이 잘해서가 아니었다. 그만큼 민심이 유신체제를 떠났다는 것을 의미했다. 국민들의 준엄한 요구에 지리멸렬했던 선명야당 세력이 다시 결집하기 시작했다.

오만한 유신체제는 국민들의 경고를 무시했다. 1979년 3월 제10대 국회가 개원할 때 여당 쪽은 의장으로 차지철이 적극 추천한 백두진을 내정했다. 국민들과 대다수의 야당 의원들은 지역구 출신이 아니라 박정희가 '임명'한 유정회 소속인 백두진이 국회의장으로 지명된 것을 씻을 수 없는 모욕으로 간주했다. 여론의 지지를 얻은 비주류 야당의원들은 강경투쟁을 주장했지만, 이철승 등 당 지도부는, 신민당 의원들은 퇴장하고 당 지도부만 남아 표결에 참가하는 해괴한 방식으로 백두진의 위장취임을 용인했다.

백두진 파동으로부터 두 달 뒤인 5월 30일에 거행된 신민당 전당대회에서 대의원들은 "아무리 새벽을 알리는 닭의 모가지를 비틀어도 민주주의의 새벽은 오고 있다"고 외친 김영삼을 선택했다. "신민당은 유신체제에 참여하고 있으며 유신체제가 자유민주주의를 부정하는 체제라고 보는 견해는 크게 잘못"이라며 중도통합론을 강조해온 이철승이 신민당을 이끌고 있었더라면 YH무역의 여성 노동자들이 신민당사로 농성장소를 옮기는 일은 결코 없었을 것이다.

2. 친일·친미·반공에 충성한 독재자, 부하의 총탄으로 마감

1) 독재권력과 보수언론은 민중의 노동고통도 호소도 묵살

(1) 국민기본권 짓밟은 「긴급조치 시대」, 전국 감옥화

박정희는 1975년 5월 13일 「국가안전과 공공질서의 수호를 위한 대통령 긴급조치 제9호」를 선포하여 다시 한 번 반헌정적인 폭압통치를 자행했다. 이 긴급조치는 유신헌법의 부정·반대·왜곡·비방·개정 및 폐기를 주장하거나 청원·선동 또는 이를 보도하는 행위를 일체 금지, 위반자는 영장 없이 체포토록 하였다.

이 내용은 ① 유언비어를 날조 유포하거나 사실을 왜곡하여 전파하는 행위 ② 집회 시위 또는 신문 방송 통신 등 공중전파 수단이나 문서 도서 음반 등 표현물에 의해 헌법을 부정 반대 또는 비방하거나 그 개정 폐지를 주장하거나 청원 또는 선전하는 행위 ③ 학교 당국의 지도 감독 하에 행하는 수업연구 또는 학교장의 사전허가를 받았거나 기타 의례적 비정치적 활동을 제외한 학생의 집회 또는 정치 간여 행위 ④ 이 조치를 공공연히 비방하는 행위 등을 규제하고 있다.

이 조치는 또 위반자의 범행 당시 소속 학교 단체나 사업체에 대해 휴업·휴교·정간·폐간·해산 또는 폐쇄조치를 취할 수 있도록 했다. 또 이 조치를 위반했을 때 1년 이상의 유기징역에 처하고 이 경우에는 10년 이하의 자격정지를 병과키로 되어 있으며, 이 조치 또는 주무부장관의 조치에 위반한 자는 법관의 영장 없이 체포 구금 압수 또는 수색을 할 수 있도록 했다. 한 인간을 철저히 멸망시키려는 악법이었다.

긴급조치 9호는 국민의 기본권을 대통령의 특별조치로 짓밟는 폭거였다. 국민은 누구나 헌법을 비판하거나 반대할 권리가 보장된다. 이것은 국민의 기본 권리에 속한 것이다. 유신헌법에 대한 비판과 반대를 금지시킨 것은 엄연히 헌법위반 처사가 아닐 수 없다.

박정희는 긴급조치 9호를 선포하면서 특별담화를 발표했다. 이 담화는 상투적인 안보위기를 강조, "미증유의 난국에 처해서 우리 국민 각자가 시급히 해야 할 일은, 불필요한 국력의 낭비와 국론분열 그리고 국민총화를 저해하는 일체의 행위에 종지부를 찍는 일입니다"라면서 "모든 국민이 한덩어리로 총화단결하고 국론을 통일하여 국가 안전보장을 공고히 다지기 위해 모든 국력을 기민하고도 유효하게 총집결해야만 하는 것입니다"라고, 5 · 16 쿠데타 및 유신체제 선포 때와 똑같은 주장을 되풀이한다. 1975년 봄에 접어들자 3권을 귀일시켜 독재체제를 떠받들고 있는 유신헌법에 대한 국민의 저항이 뜨겁게 달아오르기 시작했다.

정부의 연이은 강경한 탄압에도 불구하고 학생 · 지식인 · 종교인 등 재야세력의 유신헌법 철폐투쟁은 요원의 불길처럼 번져갔다. 긴급조치 9호는 이것을 물리적으로 진압시키려는 박 정권의 마지막 발악이었다. 유신체제와 더불어 계속하여 선포되기 시작한 긴급조치가 일련번호를 9호까지 이르게 되었고, 그야말로 '긴급'할 때 쓰여져야 할 조치가 장장 4년 반, 날짜로 쳐서 1,669일 동안 계속되었다.

독재자는 비판세력을 때려잡기 위해 발동한 긴급조치로도 국민의 저항을 막지 못하고 결국 부하의 총격에 의해 피살되고 이 긴급조치는 그의 사후에야 해제되기에 이른다. 긴급조치 9호 선포에 모든 언론매체들은 도배질을 하다시피 크게 보도하고 사설 · 논평 · 해설을 통해 지지찬양했다.

① 언제나 독재자편만 든 반민주 『조선』

『조선일보』는 5월 15일 「새 질서 확립의 이정 – 긴급조치 선포를 보고」란 사설에서 "긴급조치 9호의 발동과 내용이 일반에게는 충격적일 수도 있겠으나 그것은 얼마만큼 예상할 수도 있었던 조치였다고 본다"고 '예상'했음을 자랑하면서, 다음과 같이 말한다.

급변하는 내외정세로 우리는 새로운 생활테두리를 맞은 것이다. 그리고 그것이 시한부이거나 단기성을 띤 과도적 성격이 아닌 함축을 지닌 것이라는 데서 냉정히 이를 음미하고 소화시키는 것이 당면해서의 긴급한 과제가 됐다. … 대통령은 헌법이 보장한 고유권한에 의해 이와 같은 조치를 취했다.

헌법 53조는 대통령은 그러한 사유가 발생했을 때 '국가전반에 걸쳐' 또 '국민의 자유와 권리를 잠정적으로 정지하는' 긴급조치를 취할 수 있게 규정하고 있는 것이다.

긴급조치 체제를 "단기성을 띤 과도적 성격이 아닌 함축을 지닌 것이라는 데서"라는 구절이 '함축'하듯이 장기화의 당위성을 강조하고 있다. 이 사설은 아울러 대통령이 긴급조치를 발동할 헌법상의 '권한'을 지적하고 있다. 유신헌법은 긴급조치에 대한 조항도 있지만 그 이상으로 국민의 기본권을 규정하고 있는데도 이 부분은 애써 외면하고 있는 것이다. 사설은 이어서 예의 '현실'을 앞세우면서 "애매한 질서이탈의 착오를 범하지 않기 위해서" 정성스럽게 긴급조치 내용을 설명하고 있다. 정부 대변인보다도 더 '성실한' 해설이다. 다음의 대목을 살펴보자.

이상과 같은 긴급조치 내용에 따라 우리는 분명히 새로운 생활체제에 직면한다. 헌법이 부여한 권한에 따른 대통령 긴급조치에 의한 새로운 생활질서가 요구된 것이다. 변화된 생활질서에 익숙하기 위해서는 모든 사물의 변화과정이 그러하듯이 적지 않은 시간을 필요로 하리라. 그러나 그 과정에 있어서라도 결코 의외의 또는 애매한 질서이탈의 착오현상이 있어서는 안될 것을 우선 바라지 않을 수 없다. 그러한 착오현상의 빈발은 변화된 질서에서 오는 긴장을 더욱 가중시키는 작용을 할 것이기 때문이다.
이 긴장을 해소시키고 충격파를 새 질서에의 순치로 유도 전환시키는 작업이 실은 긴급조치 이후의 정부의 가장 큰 과업이 된다. 그것은 정치의 기미이며 보다 높은 이념적 차원에서의 배려에 의해서만 기대가 가능한 작업이다.
가령 유언비어의 금지사항을 다룸에 있어 구체적으로 그 저촉 여부를 가리는 작량의 폭이 아주 넓을 수 있다. 사안 담당자의 주관에 따라 작량이 좌우될 수 있는 여지가 많은 것이다. 그로 해서 의외의 또는 애매한 저촉 사례가 발생하는 경우, 사회분위기는 긴장을 벗어나지 못할 것이며, 상호 불신의 심각한 저류를 조성할 가능성마저 없지 않다.
그렇게 되는 경우 그것이 국민 개개인의 생활감정에 어떤 영향을 끼칠 것인가는 물을 나위도 없다. 뿐만 아니라 유언비어 금지사항은 저열한 감정의 사적 보복행위 등에 악용될 우려 또한 있다. 결국 긴급조치의 운영의 묘 여하에 따라서 국민의 일체감 조성과는 역행되는 현상이 부분적으로 제기될 수 있다는 가능성을 당국자는 미리 인식할 필요가 있다.
…국가안위의 간두에서 부득이 취할 수밖에 없었던 긴급조치를 보다 높은 이념적 차원에서 운영해 주기를 바라는 기대가 그래서 절실해지는 것이며, 각각 장관은 해당 사안에 대한 보완 작업을 서둘러 줄 것을 당부하지 않을 수 없다.

이 사설은 계속 "적지 않은 시간을 필요로 하리라"면서 긴급조치 체제의 장기화를 강조하고, "애매한 질서이탈의 착오현상"에 대해 주의를 환기시킨다. 간교하게 '질서이탈'이란 표현을 쓰고 있지만 뒤집으면 '긴급조치 위반'의 왜곡된 표현에 불과하다.

이 사설은 또 "국가안위의 간두에서 부득이 취할 수 밖에 없었던 긴급조치"에 대해 "보다 높은 이념적 차원에서 운영"해 줄 것을 당부하고 있는데 이야말로 5·16 군사쿠데타 세력이 기회 있을 때마다 써먹은 대국민 협박논리의 재탕이다.

박정희는 1961년 5·16 쿠데타를 일으키면서 "백척간두에 놓인 국가의 안전을 위해서 거사했노라고"했고, 1972년 유신쿠데타 때에도 비슷한 주장을 했으며 연이은 긴급조치 선포 때마다 마찬가지의 소리를 했다. 사설의 끝 대목을 살펴본다.

우리에게 가해지고 있는 잠재적 또는 현실적 위협이 용이한 것이 아니라는 시국관에 이의를 달 선량한 국민은 한 사람도 없으리라. 그러한 위협이 우리에게 새 질서의 생활을 요구한 것이다. 우리는 그것을 분명하게 확인하는 것이며 또한 현실을 직시하려 한다.

우리 사회에는 각종 이익단체와 기능이 존재하고 활동하고 있다. 그것은 공산주의를 반대하는 사회 곧 반공산주의 이데올로기 사회의 조건이며 특징이다. 그러나 그것들을 포함하고 있는 전체이며 유일한 국가의 존재를 보위하고 유지하는데 심각한 양상이 제기됐을 때 개개 이익단체는 국가존립을 위한 이익에 우선적으로 종속돼야 한다는 이치와 현실을 우리는 이에 익혀오기도 했다.

이러한 우리의 입지조건을 지양하는 날을 가져온다는 이념과 결의에서 유신을 지향한 헌법이 마련됐고, 그 헌법이 우리에게 요청한 새로운 생활 질서를 외면하고 우리가 달리 갈 길이 없음을 우리는 이 시점에서 거듭 확인하는 것이다. 그 길이 우리가 처한 여건에 의해 이상적이고 최선의 길은 아니라 하더라도 불가피한 길임을 우리는 인식하는 것이다.

문제는 다함께 새로워져야 한다는데 있다. 그리고 그것은 당연히 모든 지도계층의 생활자세에 대한 변화의 시범에서부터 비롯돼야 할 것이다. 긴급조치 정신이 지향하고 요구하는 이념적 체득이 얼마만큼 절실하며, 그것이 생활실천을 통해 얼마만큼 참되게 실현되느냐에 오로지 애타게 추구하는 국민총화의 관건이 좌우됨을 우리는 명심코자 하는 것이다.

이정표는 제시됐다. 그곳을 가는 도정에서의 소득이 결코 부(負)아닌 승(勝)의 결과로 누적돼야 한다는 숙제가 남았을 뿐이며 우리가 기대하는 모든 새로운 생활 변화에 의해 그 숙제가 풀릴 것을 우리는 확신코자 한다.

대통령긴급조치 제9호는 우리 헌정사상 가장 포악스러운 조치였다. 쿠데타·계엄령·유신 등 정변은 말할 것도 없고 국민의 헌법 논의를 금지시킨 이 긴급조치 9호야말로 가장 비민주적이고 반헌정적인 폭거였다. 또 그 기간이 가장 길고 희생자도 가장 많았다. 민주화 요구와 주장에 응대하기 싫을 때마다 "공산주의 악마" "북괴 남침"을 읊어대는 야비한 공갈 수법은 모든 악법의 합리화 방법이었다.

이러한 폭압조치를 『조선일보』 사설은 현실론과 합법성 그리고 무류의 안보논리를 내세워 장황하게 "새 질서의 이정표"로 미화시키고 있다. 긴급조치 9호와 관련된 대표적인 악성 곡필의 하나라 하겠다.

② 「난국에의 대처」라며 폭력 독재에 충성

『중앙일보』는 5월 15일 「난국에의 대처」란 사설에서 인도차이나 사태 이후 아시아 정세에 관해 서술하면서 다음과 같이 긴급조치 제9호에 관해 논급했다.

지금까지 우리는 흔히 시국관이라든가 안보관의 차이라는 말을 많이 써왔다. 그러나 인지 사태 이후, 우리가 처한 국면이 매우 어렵다는 점에 대해서는 별 이의가 없게 되었다.

오늘의 현실이 난국임을 부정할 수 없다면 그 난국에 적극적으로 대응하는 자세와 수단이 필요한 것은 자명하다. 하물며 우방이 한국의 위국을 염려하고 누차 대한방위공약의 준수를 다짐하고 있는 마당에선 더욱 그러하다.

…그렇다면 어떻게 하는 것이 우리의 안보태세를 더욱 굳건하게 만들 수 있겠는가라는 방법론이 중요하며, 그 방법론의 효과적인 실천이 중요한 과제가 된다.

대통령긴급조치 제9호는 그 방법론에 대하여 사실상의 논의종결 선언과도 같아. 박 대통령은 앞서의 담화에서 "안보에 관한 논의를 할 때는 이미 지났다"고 말했다. "국론을 통일해 위국에 대처하고, 북괴의 오산을 막도록 힘을 결집하는 일만이 남았다"고 역설했다.

이번 조치는 그러므로 이 담화를 구체적으로 실천에 옮기는 방법론의 제시인 셈이다. 학생은 공부만을 해야 하고, 정치인은 국력의 결집을 저해하는 반체제적 활동을 삼가야 하며, 사회적 부조리는 엄중히 척결돼야 한다는 것이 그 내용이다.

이 사설은 대통령긴급조치를 '안보논의의 종결선언'이라 해석하며(사실은 개헌논의의 종결선언일 터인데 왜곡한 듯—필자) '학생은 공부만을 해야 하고' 식의 훈계적인 내용을 담고 있다. 긴급조치는 안보논의 때문에서가 아니라 개헌논쟁, 유신반대 논쟁을 봉쇄시키기 위해서, 그것도 월남패망의 기회를 이용해서 전격적으로 취한 조치였다. 그리고는 명분을 안보위기에 맞추었고 어용언론들이 여기에 덩달아 맞장구를 쳤다.

③ 「한 시대를 획하는 긴급조치 9호의 불가피성」

『경향신문』은 5월 14일 「국가안전 공공질서의 수호—한 시대를 획하는 긴급조치 9호의 불가피성」이란 사설에서 긴급조치라는 악법의 '불가피성'을 강조한다.

만약 2년 전에 유신체제를 확립하지 않았다면 오늘 우리의 국내정세는 걷잡을 수 없는 혼돈과 힘의 공백을 초래했으리라는 것은 재언할 나위도 없다.

그 틈을 노려 인지印支의 적화에 고무된 북괴가 남침의 호기를 택했을 가능성은 충분했을 것이라고 봐야 할 것이다.

그처럼 맹백한 현실을 직시하고도 총화를 거역하고 안보태세에 외면하려는 사람은 소아에 사로잡혀 허무맹랑한 백일몽에서 깨어나지 못한 것이라고 생각된다. 그들의 정치적 모험과 도박에 전국민의 생존을 걸 수 없다는 것은 당연한 사리가 아닐 수 없다.

우리는 이제 모든 안보를 저해하려는 기도에 철추를 내리고 한결같이 전국민이 준엄한 역사적 소명에 호응하여 안보의 대열에 참여해야 할 시점에 섰다. 어느 국민 한 사람이라도 민주주의의 소중함과 인권의 존귀함을 모를 사람은 없을 것이다.

사실상 이번 긴급조치 9호가 국민의 기본적 권리의 유보를 의미하는 것이지만, 우리는 보다 절박한 생존을 위하여 보다 근본적이며 항구적인 민주와 인권을 위하여 그 조치를 환영하며 전폭적인 지지를 아끼지 않는다.

적화된 월남의 피난민을 실은 LST함의 부산 입항과 때를 같이 하여 내려진 긴급조치 9호는 또한 월남 피난민을 구조한 우리의 쌍룡호가 해상방황 10여 일이 지나도 망국민이 설 땅을 찾지 못해 우리나라로 항로를 돌린 날에 선포되었다는 것을 잊어서는 안된다.

나라를 잃은 날에는 민주주의고 인권이고 찾을 길이 없고 생존을 위해 설 한치의 땅조차 이 지구상에 없다는 것을 다시금 절감하면서 긴급조치 9호의 참 뜻이 흐려지는 일이 없기를 정부와 국민에 대하여 간곡히 호소하는 바이다.

월남 적화를 물실호기로 삼아 긴급조치 9호를 선포한 정부는 시민들을 동원하여 관제 궐기대회를 열고 위기의식을 고취시키면서 이 조치가 국가안보에 있는 것처럼 위장시켰다. 관제 어용언론들은 여기에 동조하여 큰 인권을 위해 작은 인권의 유보를 참아야 한다는 협박논조를 앵무새처럼 읊어 댔다.

『경향신문』은 5월 15일 「반총화적 행위를 발본색원」이란 사설에서 긴급조치를 선포한 대통령의 '영단'을 치켜세우고 위반자들의 가차없는 처단을 촉구한다.

긴급조치 9호가 박 대통령에 의해 선포되지 않았다고 해도 이미 우리들 주위에서는 우리들의 일부가 반사회적, 반국가적, 반민주적 행위라는 깊은 수렁 속으로 빠져들어가고 있었기 때문에 어떤 구원의 응급조치의 필요성은 엄연히 현존하고 있었던 것이다. 다만 긴급조치 9호가 몽롱한 망각의 잠을 깨우는 촉진적 자극제가 되는 것뿐이다.

마치 긴급조치9호는 잠을 자고 있거나 착각과 환상적 백일몽 속에서 헤매는 우리에게 "너는 지금 이 시간에 어디에 있느냐"라든지 "너는 지금 무엇을 하고 있느냐"라든지 "너는 왜 부질없는 환상을 쫓고 있는 줄을 모르는가"라든지 "바로 너 때문에 이 성(城)의 안전이 위험에 직면케 되는 것을 왜 모르는가"고 외치는 소리와도 같은 것이라고 생각한다.

독재와 억압체제를 구축해 놓고 이를 비판하는 양심적인 인사들을 마치 안보위협 세력이나 사회불안 분자로 몰아붙이는 상투적인 관제언론의 요설이다. 다음 대목도 살펴보자.

이제 또 우리의 가장 큰 관심사의 하나는 학원 문제이다. 고대의 휴교령도 긴급조치 9호로 해제됐다. 24개의 휴강 중인 대학들이 금주 내로 거의 전면 개강을 하게 되었다.

무엇이 그들로 하여금 어느 누구도 바라지 않았던 두뇌와 지성의 어리석은 공백지대를 가져오도록 하였던가를 지금 이 시각에 깊이 통찰하고 반성하지 않아서는 안될 줄 안다.

확실히 한국 학생들은 과거라는 현재의 기억을 미화시키는 병에 걸려 있었고 현재를 현존으로 보지 못했으며 현재의 기대가 생명력 있는 미래라는 것을 과거의 추억에서 찾으려는 과오를 범한 것 같다. 이것은 마치 장님이 캄캄한 방에서 방 속에는 있지도 않은 까만 고양이를 찾으려는 것 같은 어리석음을 보여준 것이었다.

또 그것은 마치 사무엘 헌팅턴 하버드대학 교수가 그의 명저 『변혁기의 정치적 질서』에서 한국 학생들의 부정일변도의 정치적 성향의 설명이 얼마나 정확했는가를 말해준다.

헌팅턴 교수는 한국 학생들의 4·19 의거로써 이승만 정권을 붕괴시켰지만 그들의 힘을 입어 세워진 가장 민주적이라던 장면 정권이 학생들의 요구를 남김없이 다 받아들였지만 3개월도 못가서 장면 정부를 지지한 학생들은 4%에 불과하였고 또다시 학생데모는 신생 민주당 정권을 위협하여 암초에 부딪치게 했다고 개탄해 마지않았던 것이다. 그것은 무엇 때문이었을까.

…그건 두말할 여지도 없이 자유당 정권에 대해서 지나친 오만과 독존 독선의 싹이 자라 매사 주인노릇을 하려는 데 있었다고 생각된다. 그러한 타성이 가시지 않고 기회 있을 때마다 고개를 쳐들고 제3공화국 하에서도 사회적 혼란의 씨가 되고 그에 편승하려는 일부 재야세력과 더불어 국력의 약화나 국가적 위신을 짓밟으려 한 전철은 더 이상 용납될 수 없다. 이제 그 타성의 싹을 가차없이 잘라내야 할 때가 온 것이다

결코 대학이란 저항과 부정만이 활개치는 성역은 아니다. 아직도 4·19 당시의 노스탤지어에 걸려서 시대착오적인 학생데모 만능의 사고방식이 남아 있다면 주저 없이 말끔히 씻어내지 않으면 안된다. 공산침략자들에게는 우리 학생들의 데모가 시체를 찾아서 떼지어 날아다니는 까마귀떼의 입맛을 돋우는 먹이로밖에는 더 보이지 않는 것이다.

정말로 치졸하기 짝이 없는 내용으로 채워진 사설이다. 우리의 민주화 운동이 학생들에 의해 추진되어 온 것을 부인할 사람은 아무도 없을 것이다. 그런데도 이 사설은 학생운동을 "4·19 당시의 향수병에 걸려서 시대착오적"이라 비난하면서 한 외국인 교수의 논지를 빌어 한국 학생운동을 매도한다. 그러면서 저항세력의 싹을 가차없이 잘라내야 한다고 주장한다.

(2) 보수신문들, 폭력독재엔 찬양, 민주화운동엔 비방

① 3·1 민주구국선언 사건

1976년 3월 1일 윤보선·김대중·함석헌씨 등 재야인사 20명은 서울 명동성당에서 3·1절 기념미사를 갖고 전격적으로 「민주구국선언」을 발표했다. 대통령긴급조치 9호가 여전히 발효하여 일체의 정치적 집회와 정부 비판을 봉쇄하고 있는 상황에서 재야 지도급 인사들에 의해 이루어진 이 사건은 국내외에 큰 충격파를 불러일으켰다.

국내에는 보도통제로 제대로 알려지지 않았지만 해외에서는 대단한 반향을 일으켰다. 이 사건은 그동안 유신정권의 혹독한 탄압으로 숨죽이고 있던 민주세력이 다시 대오를 정비하여 반독재투쟁을 전개하는 새로운 계기를 만들었고 민주인사·학생들에게 큰 희망과 격려를 주었다.

민주인사들은 이날 ① 긴급조치의 철폐 ② 구속인사 석방 ③ 언론 출판 집회의 자유 보장 ④ 국회기능의 회복 ⑤ 사법부의 독립을 요구하고 박 정권은 이에 대한 책임을 지고 사퇴할 것을 촉구했다.

구국선언에 서명한 인사는 이우정(전 서울여대 교수)·정일형(신민당 국회의원)·윤반웅(목사)·김승훈(신부)·장덕필(신부)·김택암(신부)·안충석(신부)·문정현(신부)·문동환(전 한신대 교수)·이문영(전 고대 교수)·서남동(전 연대 교수)·은명기(목사) 등이다

서울지검은 3월 11일 「3·1 민주구국선언」에 대해 이를 '정부전복 선동사건'(일명 명동사건)이라 규정하면서 "사회의 혼란을 야기시켜 정권을 탈취하려는 행위로서 종교의 자유를 악용한 정치활동"이라고 언급, 11명을 구속하고 9명을 불구속기소한다고 발표했다. 구속자는 김대중·함세웅·문익환·이문영·서남동·안병무·신현봉·이해동·윤반웅·문정현·문동환 등이고, 불구속기소자는 윤보선·함석헌·정일형·이태영·이우정·김승훈·장덕필·김택암·안충석 등이다.

한편 천주교 주교단은 3월 15일 명동성당기도회에서 「3·1민주구국선언」 사건은 정당한 국민적 요구라는 내용의 성명을 발표하고 유신독재에 항쟁할 것임을 천명했다. 「3·1 민주구국선언」 사건은 민주회복을 위한 정치인·재야·종교계·학계·여성계의 가장 존경받는 민주인사들의 거룩한 저항운동이었다.

이에 대해 언론의 태도는 어떠했는지 살펴본다.

② 「3·1절에 있은 정부전복 선동사건에 부쳐」 적반하장의 곡필

『조선일보』는 3월 14일 「한국민의 생각, 1976년 — 3·1절에 있은 정부전복 선동사건에 부쳐」란 장문의 사설을 통해 이 사건을 정부의 발표대로 「정부전복 선동사건」으로 규정하면서 신랄한 어조로 비난하고 나섰다. 지배자 편만 드는 친일파 신문의 고질병이었다.

이 사설은 서두에 "사건은 앞으로 법에 의하여 공정히 가려질 것으로 알지만, 소수이기는 하나 관련자들이 내외에 알려진 우리 사회의 지명인사들임에 비추어 우리는 이 사건에 대하여 법 논의로써만 따지지 않는 차원에서, 우리의 솔직한 심정을 밝히고 넘어가려 한다"면서 다음과 같이 썼다.

결론부터 말하면 유감스럽다는 것이다. 유감스럽다는 것은 느닷없다는 인상 때문이다. 그것은 상당수 국민의 공통적인 반응으로 우리는 믿는다.

작년의 월남 공산화가 없었던들 어쩌면 국민은 느닷없는 인상을 받지 않고, 또 3, 4월이면 부는 계절적 정치현상으로 받아들였을는지 모른다. 그 주장도, 그 주장을 하고 나선 인사도 이제까지 일관하여온 내용이요, 관련되어온 인물들이기 때문이다. 그러나 월남의 비극적 사태가 있은 후 일반 국민은 물론 이른바 민주회복운동에 가담했거나 관심을 가졌던 사람들도 한국은 결코 월남꼴이 되어서는 안된다는 생각에서 그렇게 안되기 위하여는, 안보와 경제발전에 최고 우선권을 부여하여야 하며, 그러기 위한 대전제로의 질서와 안정이 절대적으로 요청되는 만큼 언동에 세심한 조심을 기울여왔고 신중에 신중을 기해 오고 있는 것이다.

그러한 결의에서 비롯된 조심성과 신중성은 동북아의 일단에서 한사코 공산주의적인 생활양식을 거부하는 한국민으로서 당연히 보여야 할 행동원칙인 것은 두말할 것도 없거니와 그로 말미암은 한국민의 의식전환과 자세의 확립은 자유우방의 이해와 신뢰를 얻었던 것이 사실이다. …그러한 추세에서 더욱 월남의 붕괴가 일년을 채 넘지 못한 때에 그러한 사건이 일어났다는 것은 분명히 느닷없다는 인상이 아닐 수 없는 것이다.

이 사설은 민주구국선언의 사건이 '느닷없이' 일어난 것을 비판하면서 결론부터 도출하여 '유감'을 피력하고 있다. 특히 월남 적화를 내세우면서 안보와 경제발전에 최우선권을 두어야 한다는 유신논리를 대변한다. 사설은 월남적화가 독재와 경제적 독점으로 인한 부패 때문이었다는 사실을 외면한 채 오직 강압적인 안정만을 반공의 방책으로 제시하고 있다. 다음으로 이어진 내용을 살펴보자.

특히 그 사건에 관련된 인사들이 언제 어디서나 부정적인 생리를 갖기 마련인 오기와 객기의 연소층이 아니라, 예전에 나라에 대한 막중한 책임을 진 일이 있거나와 지려고 했었거나 정신적으로 국민을 이끌어왔다고 믿어지는 지명인사들인 까닭에 지금 그런 사건을 일으켜서 이 사회의 질서와 안정을… (1행 해독불가─필자)… 어떻게 하자는 것인지 또 그것이 가능하다고 생각한 것인지, 우리의 상식으로는 곤혹과 회의를 느끼지 않을 수 없으며, 백보를 양보하여 3·1절을 맞아 '정기正氣'를 나타내 보려는 의도에서였다면 그로 말미암은 세속 차원의 잡음과 대외적인 파문이 결국 한국과 한국인 전체의 이미지에 이롭게 작용하지 않을 당연한 반응에 대하여 마땅히 심려하는 바 있어야 하지 않았을까 못내 아쉬운 일이다

사건에 관련된 인사들을 살펴보면 연로하거나 이른바 성직에 종사하는 사람이 대부분인데 이런 인사들이 갖기 쉬운 생각은 세속을 사는 국민을 가르친다거나 잠을 깨운다는 것이다. 잘못되면 아집과 독선에 흐르기 쉽다. 그런데 땀흘려 생산에 종사하며 자식을 키우는 일반 서민은 어디까지나 현실의 세속을 사는 것으로서 아무리 아름다워도 '실實없는 추상적인 말과는 인연이 멀고, 또 그런만큼 어떻게 구체적으로 살아야 할 것인가, 어떻게 하는 것이 생존과 생활을 지키는 방법인가 하는 현실감각이 더 예민하다.

월남꼴이 되지 않기 위하여 안보와 경제발전이 우선되어야 한다는 국민적 결의도 그와 같은 현실을 사는 서민의 지혜의 소산이다. 그렇다고 민족정기와 민주주의를 모르거나 잠자고 있는 것으로 생각해서는 잘못이다. 오히려 더 정신을 차리고 견실하게 파악하고 있다고 보아야 한다. 따라서 정치적이든 사회적이든 현실바탕을 잃은 명분의 강요는 오히려 역겨운 소음으로 받아들여지기 쉽다.

땀흘려 일한 뒤 잠을 필요로 할 때, 수학문제를 풀려고 신경을 곤두세우고 있을 때, 젖을 물려 아기에게 잠을 재우려 할 때 베토벤의 절묘한 심포니도 오히려 그것을 방해하는 소음일 수가 있는데, 하물며 안보와 발전에 질서와 안정이 필요한 마당에 느닷없이 그와 같은 정치적인 사건이 어떻게 받아들여질 것인지는 두말할 나위가 없는 것이 아니겠는가.

이 대목에 접하다 보면 민주구국선언 사건은 그야말로 '소음'에 불과하다. 잠을 자려 할 때, 수학문제를 풀려고 할 때, 아기에게 잠을 재우려 할 때 방해하는 '소음'과 같은 것에 불과한 것이다. 이 사설은 곡필의 필요충분 조건을 두루 갖추고 있다. 서민들은 아무리 아름다워도 '실'없는 것에는 관심조차 없다고 단정해 놓고는 서민대중을 유물주의적

으로 비난한 것이 염려스러웠던지 이어서 '그렇다고 민족정기와 민주주의를 모르거나 잠자고 있는 것으로 생각해서는 잘못'이라고 앞의 내용을 뒤엎고 있다. 그야말로 곡필이다. 사설의 마지막 대목을 마저 살펴보자.

그토록 끈질기게 종교가 정치에 간섭한 월남이 오늘날 어떤 꼴이 되었으며 그토록 정력적이던 성직자와 사원과 신앙이 어떻게 되었는가 하는 것을 우리는 다같이 한번 생각해 보았으면 한다. 여기서 성직자의 타이름을 듣지 않았으니까 그런 꼴이 되었다고 한다면 아전인수의 비현실적 추상론밖에 되지 못한다. 적과 싸우는 나라에서 고고하기 짝이 없는 진리와 민주주의만 내세워 그토록 극성스럽게 세속의 현실정치를 몰아친 결과는 민심의 혼란을 일으켜 국민사기를 떨어뜨리고 일체감과 국제적 신뢰를 상실케 함으로써 나라와 민주주의와 종교를 한꺼번에 잃어버리고 만 것이다. 다만 투쟁적인 성직자 몇 사람의 허명만 남기고, 아니 그 허명조차 남길 역사도 상실한 것이다. 스스로 불타 죽은 소신 자살의 순교인들 무슨 소용이 있었던가.
....
끝으로 한 마디, 이 땅에 정치적 사건이 일어날 때면 으레 민주주의의 기치를 내어 흔들어 야단법석으로 보도하기 마련인 행복스러운 외국기자들에게 물어보고 싶은 말이 있다. 그것은 "전체주의와 대치하여 방위의 제일선에 서 있는 나라 가운데 과연 완전한 민주주의를 유지할 수 있는 나라가 있을 수 있을 것인가?" 하는 것이다. 그리고 이 말은 우리의 말이 아니라 지난해 미국을 찾은 솔제니친이 미국민에게 한 연설의 한 구절임을 밝혀둔다. 그는 바로 그 뒤를 이어 "당신들의 그리고 미국은 그것을 할 수 있다고 보는가?"라고도 묻고 있는 것이다. 미국에 대해서도 그러하거늘, 하물며 다른 나라들에 있어서랴!
모름지기 외국인들은 한국민의 마음의 최대공약수를 정치적 성명서에서 찾을 것이 아니라 꾸준히 일하는 대다수 한국민의 말 없는 가슴속에서 찾아야 할 것이다. 민주주의도 그들을 위하여 다른 누가 말로 할 일이 아니라 그들 자신에 의해 땀으로 이루어질 일이다.
이런 글이 말미에 관대한 처분을 바란다는 형식적인 말도 이제 맹랑해지고 말았는데, 그것은 사건을 일으켜 들어갔다 나오면, 또 일으켜 들어갔다 나왔다 하는 이 몇 년 동안의 무수한 반복 때문이다. 그러니 한없는 관심을 보내기에는 이제 국민들도 고달파졌고, 달리 할 일도 많은 것이다.

참으로 파렴치하고 불손하기 그지없는 내용이다. 월남패망을 구두선처럼 내세워 독재와 부패를 합리화시키고, 민주화를 바라는 국민의 저항을 사갈시하는, 반역사적인 인식에서 쓴 사설이다. 특히 용서하기 어려운 내용은 반독재투쟁을 하다가 투옥된 민주인사와 학생들의 저항운동을 '사건을 일으켜 들어갔다 나왔다 하는' 따위의 저속하고 폄하하는 어투를 사용하여 민주회복운동을 욕보이는 대목이다.

유신독재를 지지찬양하고, 이에 대한 비판 저항운동을 반역시한, 이런 류의 어용곡필 때문에 독재세력은 더욱 기승을 부리고 국민의 기본권이 짓밟혔으며 서민대중의 삶과 소망은 산산이 찢어지게 되었던 것이다.

③ '이 무슨 평지풍파냐' 곡필

『서울신문』은 3월 21일 「이 무슨 평지풍파냐」란 사설에서 "신성한 성당에서, 그것도 3·1절기념 미사집전 기회를 노려 참석한 신자를 선동하고 시위를 촉발하여 민중의 봉기로 유도 확산함으로써 사회의 혼란을 조성하고 정권의 탈취를 획책하는데 있었다고 하니 그 목적과 수단이 치졸하다 하지 않을 수 없다"고 유신검찰의 무지막지한 반공기소장 내용 같은 소리를 되풀이하면서 다음과 같이 썼다.

　주지하는 바와 같이 3·1절 기념행사는 일제의 식민지적 지배에 대한 항거로서 전민족이 궐기한 역사적 사건을 귀감삼아 그 숭고한 자주·자립 정신을 이어받기 위한 것인데 그와 같은 뜻 깊은 기념미사에 허망한 외세를 업고 정권의 획득을 의도했다 함은 3·1 정신에 대한 중대한 모독에 속하는 일이라 생각된다. 그뿐 아니라 우리나라는 정·교가 엄연히 분리되어 있고 종교 의식이 사회의 질서를 해치지 않는 한 결코 교역자들이 모두 이의 없이 인정하는 바인데 3·1 절 명동성당 사건과 같은 정치적으로 반정부적인 태도가 교회 안에서 공공연히 표명되어 그것이 사회질서를 흔들게 된다면 신교의 자유를 과도하게 남용하는 것이라고 지탄되지 않을 수 없을 것이다

　대저 정·교를 분리하고 신교를 국가가 보호하는 까닭은 종교의식은 정신활동으로서 그 행위가 외부적인 영향을 미치지 않음에 연유하는 까닭이라 할 것인즉, 만약 종교의식이 사회의 혼란을 저지를 '행동'으로 구체화된다면 당국에 의하여 제지될 수밖에 없다고 할 것이다. 더욱이 카톨릭 교회와 성직자들은 작년 5월 5일 한국 주교단의 성명에 유념하여 정치세력과의 제휴를 일체 금기로 삼아야 할 것이고 교회 내에서 미사에 편승한 정치행위는 교외의 손으로 봉쇄되어야 옳았을 것인데 그렇게 못하였으므로 주교단의 권위훼손과 나아가서는 우리 정부와 로마교황청과의 외교관계도 약간 난처한 입장에 놓이게 될 것이 아닌가에 생각이 미쳤더라면 그와 같은 일은 일어나지 않았을 것으로 짐작되는 바이며 또 앞으로 교회를 비롯한 종교의식의 경우 그 행사가 정치와 연결되지 않도록 자중하는 곳에서 종교의 자유가 국가적으로 보장되는 것임을 명념해야 할 줄 안다.

　이른바 『민주구국선언』이라는 것을 발표한 반정부인사의 경우 오늘날과 같은 한반도의 정세를 냉철히 생각할 때 정권을 노려 사회혼란을 꾀한다는 것은 바로 북괴의 남침에 문호를 방비 없이 개방하는 격과 같은 꼴이 될 것이다. 북괴의 의도에 말려들어가는 결과를 초래하는 어리석음이라는 점을 깨닫는다면 '민주'를 구두선으로 하는 몇몇 지명인사들의 반정부적 행위는

결코 민주주의와 자유수호에 역행하는 소치임을 알게 될 것이다.

물론 우리나라는 자유주의적 민주주의 제도를 기본체제로 하고 있음은 두말할 필요도 없고, 따라서 공공연하게 정부를 비판하는 언론이 나올 수도 있기는 하지만 문제는 그런 것도 어디까지나 국론을 통일하여 국민 모두가 강철같이 단결해서 승공이념으로 정신적 무장을 공고하게 할 수 있는 방향으로 작용해야 하겠다는 점에 있는 것이다. 따라서 국민총화를 다지며 총력안보에 매진해야 할 중대시국에 있어서 공연히 평지풍파를 일으키는 일은 법으로 엄하게 다스려짐을 면치 못할 것이다

이 신문은 3·1절을 기해 「민주구국선언」을 발표한 행위를 '3·1 정신에 대한 모독'이라고 비난한다. 또 "허망한 외세를 업고 정권의 획득을 의도"했다고 매도한다.

그리고 종교의 사회참여를 '신교의 자유를 남용'한다고 지탄하면서 '북괴남침의 문호개방'이라고 예의 매카시적인 주장으로 "평지풍파를 일으키는 일은 법으로 엄하게 다스릴 것"을 촉구하고 있다. "종교인은 공동체가 썩든 병들든 간섭말라"는 투로 밀어붙이고 있다.

사설의 구절구절이 허위와 왜곡으로 어용으로 조립된 표본적인 유신 곡필의 하나이다. 이런 가운데 유신체제는 안으로 안으로 곪아갔다.

④ 유신 2기 대통령 당선 찬양

『중앙일보』는 1978년 7월 7일 「제9대 대통령」이란 사설에서 하루 전인 6일 통일주체국민회의 전체회의에서 혼자 뛰어 1등 당선된 박정희 대통령에 관한 내용을 쓴다. 『중앙일보』는 이 사설에서 "박 대통령은 우리 민족이 역사상 미증유의 번영과 탈바꿈을 이룩한 시기에 이나라를 이끌어왔다"라면서 다음과 같이 쓴다.

지도자로서의 박 대통령에 대한 평가는 어떠한 형용사보다도 5·16 혁명 이래 이룩된 실적이 말해준다. 지난 61년을 기준으로 작년까지 16년 동안에 경제규모는 4.4배로 늘었고, 수출은 무려 2백 53배나 신장을 이루었다.

원시 정체상태에 머물던 우리의 경제는 60년대 후반기부터 고도성장을 시동하여 세계의 유례가 없을 정도로 연율 10% 이상의 성장을 지속하고 있다. 그 기간 중에는 오일쇼크 같은 전 세계적인 위기도 있었지만 그것도 성공적으로 극복되었다.

이제 우리 경제는 원조경제에서 차관경제를 거쳐 자립경제로 넘어서는 길목에 와 있다.

국방비의 자립도는 이미 100%에 가깝고, 수년 전부터 시작된 우리의 방위산업은 항공기와 고도의 정밀장비를 제외한 모든 무기의 대량생산체계를 갖추기에 이르렀다.

금년 말부터 주한 미 지상군의 철수가 개시됨에도 불구하고 우리 국민이 큰 불안감 없이 생업에 종사하고 있는 건 우리의 방위태세와 경제적, 그리고 스스로에 대한 신뢰감이 두터운 증거이기도 하다.

박 대통령의 주도로 지난 71년부터 시작된 새마을운동은 농촌의 환경을 일신하고 소득증대를 이룩해 도·농간의 소득 및 문화의 격차를 해소하는데 적지 아니 기여했다.

5·16 이래 경제개발이 이루어진 것은 숨길 수 없는 사실이다. 그러나 그것은 이미 민주당정권 때부터 마련된 경제개발계획과 농어민·노동자들의 피땀어린 희생을 앞세운 전국민적인 참여에 따라 이루어진 결과이지 박정희 혼자만의, 그것도 반공독재정치의 공적이 될 수는 없는 것이다. 그리고 "국방비 자립도 100%"나 "도·농간의 소득 및 문화의 격차 해소"라는 내용은 당시 실상과는 전혀 상반되는 대목이다. 더욱이 이 사설은 민주주의의 일반원리인 대통령선거의 경선원칙에 대해서는 단 한 마디의 언급조차 하지 않고 있다. 혼자 입후보하여 1등 당선된 체육관 선거의 비민주성에 대해 비판하는 구절도 보이지 않는다. 다음 부분을 살펴보자.

지난 72년 10월유신 이후 제정된 유신헌법상의 권력구조는 헌법학자들에 의해 '권력의 인격화'로 설명되고 있다. 그 시대에 그 나라가 요구하는 구체적인 지도자가 헌법에 표상되어 있다는 것이다. 프랑스 제5공화국 헌법이 드골이란 지도자를 염두에 두었던 것처럼—.

그러면 유신헌법이 표상하는 지도자는 누구이겠는가. 두말할 필요도 없이 그는 박정희 대통령이다. 그렇다면 유신2기를 이끌 조타수로서 박 대통령이 9대 대통령에 선출된 것은 유신헌법의 논리적 귀결이라 할 만 하다.

이 사설은 일부 어용학자들에 의해 개진된 '권력의 인격화' 문제를 수용하면서 "그 시대에 그 나라가 요구하는 구체적인 지도자가 헌법에 표상되어 있다"라고, 국가기본법인 헌법체계가 아닌 위인설관爲人設官의 유신헌법을 조작된 논리와 미사여구로 치장하여서 정당화시키고 있다. 마지막 대목을 소개한다.

우선 안보태세의 공고화와 아울러 남북한의 평화정착을 위한 노력이 차원 높게 전개되었으면 하는 점이다. 주한미군이 철수할 앞으로서의 3, 4년이 포괄된 9대 대통령의 임기는 우리의 안보와 남북관계가 질적인 변화를 겪게 될 운명적 시기다. 이 중요한 시기의 주도적이고 능동적인 활용이야말로 장래 우리의 사활을 가름할 분기점적 의미를 지니게 될 것이다.

또 유신 2기에는 보다 대화의 정치가 성숙되었으면 한다. 그러려면 여러 조건이 성숙되어야 하겠지만 우선 작년 여야영수회담의 합의정신과 97회 임시국회가 만장일치로 채택한 '시국수습에 관한 대정부 건의'가 조속히 현실화되도록 조야를 망라한 국민적 노력이 경주되어야 하겠다. 그래서 이왕이면 9대 대통령 취임 전에 그 기틀이 마련되면 그보다 좋은 일은 없을 것이다.

그리고 이제는 사회 전반적으로 생산에 못지않게 분배, 성장에 못지않게 복지, 국민총생산(GNP)에 못지않게 국민총복지(GNW), 경제발전에 못지않게 사회정의가 중시되어야 할 때가 되었다. 이미 4차 5개년계획이 그러한 정책성향을 보이고는 있지만, 아직도 우리 사회에는 그늘진 구석이 너무도 숱하게 남아 있다.

이러한 그늘진 구석의 상대적 박탈감(Relative Deprivation)은 사회의 부조리와 함께 국민의 단합과 일체감을 해쳐 이 사회에 침체와 불안을 야기하는 요인이 될 수 있다.

그런 의미에서 유신 2기는 형평과 복지, 그리고 정의가 보다 높은 가치관의 우선순위를 지니는 연대가 되었으면 한다. 그렇게 함으로써 모든 국민들이 열심히 일하는 의욕을 지속해 나가도록 해야 하겠다. 아무튼 새로운 6년의 시작이 이 사회에 침체를 일소하고 새로운 청신감을 몰고 올 전기가 되기를 고대한다.

"박 대통령의 9대 대통령 당선을 축하하면서 유신제2기 시정방향에 대한 몇 가지 원망을 피력코자 한다"라는 전제 아래 쓰여진 내용이다. 자기가 자기를 대통령으로 뽑는 부당성이나 사회적 불평등의 심화와 절대권력화의 부당함 등 본질적이고 기본적인 문제는 외면한 채로이긴 하지만 양극화와 형평성에 언급만이라도 한 것이 모처럼 대견스러울 정도이다.

⑤ 「제9대 대통령선출」 곡필

『조선일보』는 7월 7일 「제 9대 대통령선출」이란 사설에서 "우리는 박 대통령의 9대 대통령 당선을 충심으로 축하한다. 아직 9대 대통령 취임에 상당한 시일이 있고 간략한 당선소감만이 발표된 이 시점에서 우리는 차기 박 대통령으로서의 국정방향이나 구상을 소상히 알 도리는 없으나 이제까지의 시정 성격에서, 그리고 우리가 처해 있는 기적이 있을 수 없는 내외정세의 여건에서 그 기조는 족히 예측할 수 있다"라면서 다음과 같이 쓴다.

박 대통령은 자신이 차기대통령으로 선출된 2기 통일주체국민회의 첫집회에 임하여 국민회의 의장자격에서의 개회사를 통해 유신1기에 해당하는 지난 6년을 회고하면서, 10월유신은 구국적 일대 개혁이었고, 10월유신으로 모든 면에서 비약적 성장을 이룩하여 총력안보의 기틀을 확고하게 다져 자신감에 가득차 있다고 그동안의 업적을 평가하고, 70년의 '8 · 15 선언' 이후 엄청나게 벌어진 남과 북의 국력 격차로 공산주의자들의 허황된 야망을 꺾어버리고 평화와 번영을 가져오는 길은 오직 총화단결해서 국력 배양에 총력을 집중하는 길뿐이라고 강조하면서, 80년대의 영광된 조국의 건설을 위하여 피와 땀이 필요하고, 총화와 단결이 필요하고, 중단없는 전진이 필요하다고 역설했다.

유신 제2기를 담당하는 통일주체국민회의 대의원들에게 개진한 박 대통령의 이와 같은 정치적 촉구는, 그대로 자신의 제9대 대통령 재임기간의 국정의 기본방향을 제시한 것으로 해석해서 잘못이 없을 것이다. 특히 '중단 없는 전진'의 필요성을 강조한 것은 유신과업의 강력한 계속 추진을 구체적으로 촉구한 것이 된다.

사실 박 대통령의 계속 집권이 확정된 이상, 그리고 10월유신 단행으로 더욱 구체화된 박 대통령의 지난 정치경륜을 체험해온 국민들로서, 앞으로는 6년 동안 국정의 성격이나 방향에 변화가 있으리라고 기대한다는 것은 상식 밖의 일이 될 것이다.

그동안 우리는 엄청난 변화를 경험한 것이 사실이다. 세계질서의 재편성과정에서 유독 한반도에만 그대로 도사리고 있는 냉전구조의 어려운 시련 속에서, 대한민국의 국가적 비약을 도모한 유신체제의 치적을 우리는 솔직히 시인해야 한다. 그동안의 수직의존적 대외관계를 수평평등적 관계로 전환시키면서, 국제경쟁력의 지속적 강화로 자립경제의 기반을 구축한 경제성장의 치적은 무엇보다도 앞서 꼽아야 할 새로운 이정표의 생산이 될 것이다.

먼 민족사의 흐름에서 바라볼 때 엄청난 의미를 가질, 70년대에 새로운 전개가 시도된 남북관계의 역사적 의의도 사실은 이 같은 경제 및 국력성장의 토대 위에서 가능했던 유신 치적의 성과의 하나였다.

불변한 남북관계의 극한적 대치상황에서, 또 현실적인 지난날의 의존적 국가체질의 조건에서 오늘과 같은 새로운 역사전개의 이정표를 구현했다는 것은 어느 한 정권의 공과에 국한한 차원에서가 아니라, 나라와 겨레의 차원에서 우리는 그 의미를 발견하고, 간직해야 할 것이다.

박 대통령은 계속 그 과업을 연장하고 축적하기 위한 6년의 대임을 다시 맡았다. 유신체제에 의한 정치적 낭비를 지양한 새 제도에 의해 80년대를 담당할 제9대 대통령은 조용하게 선출됐다 해도, 당사자로서의 박 대통령의 경륜은 앞으로 70년대에 못지않은 보람에 찬 고비고비를 맞을 80년대가 될 것임을 우리는 우리 모두의 과업으로 또한 명심하게도 된다. 박 대통령의 9대 대통령 당선을 국민과 함께 충심으로 축하해 마지않는다.

사설의 한 부분, 즉 "유신체제에 의한 정치적 낭비를 지양한 새 제도에 의해 80년대를 담당할 제9대 대통령은 조용하게 선출됐다 해도, 당사자로서의 박 대통령의 경륜은 앞으로 70년대에 못지않은 보람찬 고비고비를 맞을 80년대가 될 것임을 우리는 우리 모두의 과업으로 또한 명심하게 된다"라는 내용이 특히 눈에 띈다. 이 사설은 유신체제를 '정치적 낭비를 지양한 새 제도'라며 노동고통에 피눈물을 흘리는 민중은 안중에도 없이 오로지 권력자만 쳐다보며 찬양하고 있다.

(3) 부마釜馬 항쟁 폭발

전국민을 절대군주의 통치하에 몰아넣은 채 야당총재의 국회제명과 야당의원들의 사퇴서 제출, 신민당 총재직 가처분 등 잇따른 야당탄압이 직접적인 계기가 되어(야당 총재 김영삼의 지역구) 부산지역에서 대규모적인 반정부 시위가 발생했다. 부산시위는 곧바로 마산지역으로 비화되어 경남지역이 시민 · 학생들의 시위로 위기상태에 접어들었다. 이에 따라 정부는 18일 부산직할시 일원에 비상계엄을 선포하고 군대의 힘으로 시민들의 시위를 진압시키고자 시도했다. 박정희 정부는 부산 시민들의 민주회복을 요구하는 시위를 '난동'으로 몰아붙이면서 '불순분자'들이 시위에 합세하고 있다고 비난했다. 부마민중항쟁(1979. 10. 16~20)은 박정희와 하수인들간의 극한적인 감정대립을 촉발시켜 부하의 손에 최후의 순간을 맞게 한 직접적 계기가 되었다.

부산 시위사태와 정부의 계엄령 선포에 대해 『경양신문』의 보도를 보자. 이 신문은 10월 18일 1면 머릿기사에 「대학생 등 도심서 연이틀 난동 — 야음 틈타 불순분자 합세 — 부산사태 치안본부 발표」라는 제목 아래 다음과 같이 쓰고 있다.

치안본부는 부산직할시 일원의 비상계엄 선포와 관련, 부산지역에서 일어난 일련의 사태를 18일 발표했다. 치안본부는 이 발표에서 "부산지역에서 16일과 17일 연 2일간 야음을 이용하여 일부 학생과 불량배가 합세하여 난동을 부렸다"고 밝히고, 일련의 사태를 다음과 같이 발표했다.

"지난 16, 17일 부산대와 동아대학교 학생 3천여 명이 정권타도를 주장하여 교내에서 시위를 하던 중 경찰의 제지로 해산되었다가 시내 번화가 중심지에 다시 집결, 2백 명에서 5백 명씩 6개 방향으로 진출, 해산을 종용하는 경찰과 대치하던 중 야음을 탄 일부 불순분자들이 합세하여 경찰관서에 투석, 기물을 파손하는가 하면 순찰중인 경찰 차량을 불사르고 경남도청, 세무서 및 방송국과 신문사에 침입, 기물을 파괴하는 등 우발적인 군중시위 행동이 아닌 조직적인 폭거로서 민심교란 선동과 사회혼란을 조성하는 폭도로 변하여 방화 · 폭행 · 기물파괴 · 투석 등으로 부산전역의 치안과 질서를 극도로 마비시키고 전시민을 불안과 공포 속으로 몰아넣었다. 이로 인해 경찰관 56명을 비롯, 학생 · 일반인 등 수많은 부상자를 발생케 했으며 순찰백차 등 경찰차량 6대가 전소되었고 12대가 파손되었으며 21개의 경찰서 파출소가 파손 또는 파괴되고 기타 주요 공공건물들이 습격 파괴되었다."

이 신문은 이 밖에 1면의 전 지면에 걸쳐 구자춘 내무장관의 '학생소란 단호조치'라는 기자회견 요지, 계엄공고 1·2호 내용 등 부산시민들의 정당한 반유신 항쟁을 '난동'으로 몰아붙이는 정부의 발표를 대대적으로 보도했다. 『경향신문』뿐만 아니라 다른 신문들 역시 편집방향은 대동소이했다.

① 「부산의 계엄과 질서회복」만 강조, 파멸을 재촉한 악성언론

『경향신문』은 10월 19일 「부산의 계엄과 질서회복」이란 사설에서 "18일 0시를 기해 부산시내 일원에 비상계엄령이 선포되었다. 이 조치는 16, 17일 이틀간 부산시내 일부 학생과 불순분자의 난동 소요로 인한 혼란으로부터 대다수 국민을 보호하고, 공공의 안녕과 질서를 유지하기 위한 불가피한 것이다"라고 서두에서부터 시민항거를 '난동 소요'로 단정하면서 다음과 같이 쓴다. 사태의 원인을 항상 약자쪽인 민주시민쪽으로 돌리는 불공정·부도덕한 보도자세로 일관되어 있다.

치안당국이 밝힌 일부 학생과 이에 합세한 불량배의 행동은 단순히 우발적인 시위가 아니라 소요였다. 문명사회에서 이같이 사회의 기본질서를 파괴하고 헌정질서를 송두리째 흔드는 소요가 일부 대학생과 불순분자에 의해 자행되었다는 것은 참으로 통탄할 일이다.

더욱이 이들이 시위가 아니라 공공의 기물과 관공서를 파괴하고 방화까지 일삼았다는 것은 도저히 용납되기 어렵다. 그들의 행동이 부산 전역의 치안과 질서를 마비시키기에 이르렀던 상황에 즈음해서 시민의 불안과 공포가 어떠했으리라는 것은 가히 짐작하고도 남음이 있다. 이러한 행위가 무지한 사람들의 일시적 충동에 의해서가 아니고 면학에 열중해야 할 학생들에 의해 저질러졌다는 데서 그 충격이 한층 크다. 공공의 기물과 시민의 재산이 어찌 일부 몰지각한 학생들과 그에 합세한 불순분자에 의해 파괴될 수 있다는 말인가.

오늘날 우리가 내외로 당면하고 있는 현실은 어느 모로 보나 미증유의 비상시국이다. 북괴의 끊임없는 도발책동과 남침야욕이 그렇고 세계경제의 가중되는 어려움이 그러하다.

북한공산도배들은 전례없는 군비확충과 함께 호전적 근성을 노골화하고 있으며 최근에는 휴전선 너머로 무장간첩을 침투시켜 갖가지 악랄한 행동을 저지르고 있음을 우리가 결코 가벼이 보아넘길 수 없다. 그 밖에도 나라 안팎으로 우리에 대한 모략선전을 일삼고 대남 민심교란과 반정부 음모를 충동질하고 있는 사례를 우리는 여러 갈래의 보도로 익히 알고 있다. 경제적으로도 세계적 불황 속에서 그 파장을 벗어날 수 없는 게 우리의 입장이다. 그야말로 2중 3중의 시련이 중첩된 가혹한 여건과 국제환경 속에서 우리 온국민은 단결과 피땀어린 노력으로 이런 도전을 극복해야 할 마당에 있는 것이다.

그럼에도 불구하고 일부 지각 없는 학생과 불순분자들이 사회의 기본질서를 파괴하고 난동을 저지른 것은 개탄을 금치 못할 것이다.

　유신헌정체제는 이미 국민의 총의에 의해 그 정당성이 입증되었으며, 국난을 극복하고 번영과 안정을 다지는 데 가장 효율적인 제도임이 확인되었다. 이러한 국민의 지지와 승인속에 뿌리가 내려진 유신헌정을 부정하려든다는 것은 바로 국기를 뒤흔드는 일이다.

　우리에게 당장 시급한 것은 정국의 안정과 이를 토대로 한 국가와 민족의 생존권 확보이다. 이를 거부하고 혼란을 야기시켜 이득을 보는 측은 오직 북한공산주의자들뿐이며 그들에게 허점만을 드러내는 결과가 된다고 우리는 생각한다.

　우리의 헌정질서와 국법은 어떻게든 북괴의 재침을 막고 국력을 배양하는 데 제일의를 두고 있다. 그러기에 우리는 국가안보를 최고의 가치로 받아들이고 있는 것이다. 북괴의 재침위협과 국내외적으로 냉혹한 현실에 놓여 있는 오늘의 우리 처지를 망각하고 혼란을 조성하려든다는 것은 실로 통탄을 금치 못할 일이다. 학생들은 더욱 자숙하여 국가적으로 당면한 난제가 무엇인지를 파악하고 본연의 학업에 충실하기를 당부코자 한다.

　아울러 부산시의 질서가 하루속히 회복되고 시민생활의 명랑화가 유지될 수 있도록 부산시민들은 계엄당국에 적극 협조하는 자세를 가다듬어주기 바란다.

　국민의 민주화요구는 정당한 시민권의 발동이다. 유신체제가 자유민주주의를 말살한 일인독재체제란 것은 박 대통령의 단독선거를 통해 드러났다. 더구나 말기에는 폭력과 권력남용을 다반사로 행사하여 이미 민심이 박 정권을 떠나 있었다. 정부 당국이나 어용언론이 구두선처럼 내세우는 '안보'를 위해서라도 박 정권의 장기독재는 종결되어야 했다.

　이런 상황에서 부산의 학생·시민에 의한 대규모적인 시위가 벌어졌다. 유신철폐와 민주회복을 요구하는 정당한 시민저항권의 발동이라 하겠다. 그런데 어용언론은 이것을 "일부 학생과 불순분자의 소행"이라고 매도하기에 급급했다. 일이 터질 때마다 「공산악마」를 이용해 먹던 「친일파 독재 집단」은 모든 선善을 악惡으로만 갚다가 마침내 부하의 손에 종말을 고하고 만다.

◎ 긴급조치 9호 시대의 특징

　유신은 긴급조치의 시대이고, 그것은 한마디로 민주주의의 암흑기였다. 긴급조치는 1974년 1호로 시작해서 유신체제가 몰락한 1979년까지 모두 아홉 차례 발표되었다. 이 중에 가장 교묘한 것이 긴급조치 9호이다. 말 한 마디나 문장 한 구절로도 구속할 수 있는 제도가 긴급조치 9호였다.

'전 국토의 감옥화'(교도소 증설 풍자), '전 국민의 죄수화'(긴급조치 9호 위반자의 급증에 따른 풍자), '전 여성의 창녀화'(기생관광정책의 풍자), '전 경제의 매판화'(차관 급증의 풍자)와 같은 당시의 유행어는 박 정권에 대한 국민들의 불신과 민주주의의 부재를 잘 보여주고 있다. 긴급조치 9호 위반으로 투옥된 어느 기자는 1심 법정 최후진술에서 "이 시대에 가장 반민주적으로 후세에 비판받아야 될 사람은 판사와 교수와 기자이다. 정의로운 판결을 내리지 않는 판사, 정의로움을 가르치지 않는 교수, 정의로움을 보도하지 않는 기자, 이 사람들이야말로 이 시대의 범법자이다"라고 하여 유신체제를 신랄하게 비판했다.

◎ 친일 역적 박정희, 日 · 美에서 훈련받은 대로 통치

"옛날 왕조시대 임금도 늙은 신하가 호랑이같이 준엄하게 간하면 함부로 하지 못했다. 그러나 박정희는 거칠 게 없는 독재자이자 총통으로 군림했다. 국회나 법원은 장식품이었고 헌법은 왕이 백성에게 내리는 서릿발 같은 칙서에 불과했다. 유신으로 박정희는 사실상 박씨 왕조를 세웠다."

한때 박정희의 5 · 16쿠데타 동지로서 박 정권 시대 중앙정보부장 등의 요직을 역임하다 외국으로 도피한 김형욱이 그의 회고록에서 밝힌 박정희와 유신에 대한 평가이다. 독재자에게 버림받은 인물이 내뱉은 독설이기는 하지만, 박정희 체제의 통치방식을 적절하게 설명하고 있다. 이승만은 경찰과 관료, 폭력배 등을 동원해 독재체제를 유지했으나 박정희는 철저하게 중앙정보부를 정치 통제의 가장 중요한 도구로 사용했다. 정보부는 박정희 체제를 유지 · 강화시키는 데 필요하다고 생각되는 거의 모든 문제에 개입했다. 이 때문에 박정희 체제를 '정보정치', '공작정치'라고 부르기도 했다. 정보부는 야당과 저항세력에 대한 통제와 감시뿐만 아니라 공화당 의원들과 고급 관료 등 친박정희 세력 내에서도 정치적 야심이 있는 인물에 대해서 감시하고 통제했다.

박정희는 국회나 행정부를 통한 정치운영과 같은 일체의 민주적인 절차를 무시했다. 그는 유신 선포 직후에 "지금까지 우리가 걸어온 길은 도리어 안정을 저해하고 비능률과 낭비만을 일삼아왔으며 정략과 갈등에서 벗어나지 못했습니다"라고 말할 정도로 민주적인 토론과 합의 절차를 시간 낭비라고 생각했다. 또한 박정희는 일인 독재체제를 유지시키기 위해서 권력 내부의 경쟁을 유도하여 특정인에게 권력이 집중되는 것을 막았다. 그리고 2인자의 도전이나 저항을 결코 용서하지 않았다. 김종필과 그의 지지 세력들이 공화당 내에서 제거된 것이나 윤필용사건 등이 이를 잘 말해준다.

상호 견제의 원칙은 육영수 저격사건 이후 차지철이 경호실장으로 취임하면서 무너졌다. 경호실은 중앙정보부를 누르고 권력의 핵심 기관으로 부상했다. 차지철은 국회 · 행정부 · 군인사 등을 좌지우지했고, 국정에도 깊숙이 개입했다. 하지만 그의 이러한 정상적인 절차를 무시한 과도한 정치 개입은 유신시대의 종말을 재촉하는 도화선이 되었다.(서중석『한국 현대사』웅진 2006)

2) 권력 · 자본 · 언론의 철통보수에도 민주화 의지는 분출

(1) 남민전 사건, 평화적 민주화 길 막히자 민중의지 과격화

유신의 종말이 채 20일도 안 남았던 1979년 10월 9일, 내무부장관 구자춘은 기자회견을 열어 경찰이 "북괴의 폭력에 의한 적화통일혁명노선에 따라 대한민국을 전복, 사회주의 국가 건설을 위한 전위대"인 "남조선민족해방전선준비위원회(이하 남민전)라는 불법 불온 단체의 전모를 파악했다"고 밝혔다. 경찰은 남민전이 북의 지령을 받지 않는 자생적 공산주의 조직이라고 했지만, 속칭 반체제와는 성격이 완전히 판이하다고 강조했다.

『동아일보』는 남민전이 "무려 74명이 지하점조직을 만들었다는 데서 6·25 후 불온조직으로서는 가장 큰 규모인 것 같다"며 이 사건을 대대적으로 보도했다. 10월 16일의 2차 발표에서 경찰은 "남민전이 단순한 자생적 공산주의 조직이 아니라 북괴와 관련된 무장간첩단"이라고 규정했다.(『동아일보』1979.10.16.)

남민전 사건은 유신정권뿐 아니라 일반 국민, 나아가 당시의 '반체제'재야인사나 청년학생들에게도 상당한 충격을 주었다. '남조선'이라는 명칭, 북의 김일성에게 '피로써 충성을 맹세'하는 서신을 보냈다느니, '남조선해방전선기'를 걸어놓고 칼을 잡고 가입선서를 했다느니, 총기와 폭약을 준비했고 실제로 무장조직을 만들어 재벌 집을 털었다느니 하는 발표 내용은 남민전이라는 이름의 조직이 기존의 민주화운동 선상에 출현했던 여러 조직이나 운동 행태와는 달라도 너무 다른 것이라는 인상을 주기에 충분했다.

조직의 구성에서도 반독재 민주화 투쟁에 주력하는 한국민주투쟁국민위원회(민투)와 반제투쟁까지를 목표로 한 남민전의 2원조직을 만들고, 민투의 '투사' 로서의 활동을 일정 기간 검열하여 남민전의 '전사'로 승격시키는 방식도 기존의 민주화운동에서는 보기 힘든 방식이었다. 실제로 검거된 사람의 다수는 민투의 투사였기 때문에 남민전의 존재를 수사과정에서 처음으로 알게 되었다고 한다.

민주화운동 진영 내에서도 반응은 냉담했다. 사건이 터진 시기는 YH사건을 겪고, 김영삼 신민당 총재에 대한 총재 직무정지 가처분 신청이 인용되고, 2학기 개학 이후 대학 가에서 자연 발생적인 데모가 일어나는 등 반유신 투쟁이 달아오르기 시작할 때였다. 재야 세력 내에서는 남민전 사건의 발표가, 막 달아오르기 시작한 민주화운동에 찬물을 끼없는 것으로 생각했다. 남민전의 일원이었던 임헌영은 사건 발생 직후 "어제까지 동지였던 사람들조차도 차갑게 눈길을 아래로 깔아야만 했던 아픈 상처의 계절"이었고, "운동권에서조차도 얼마나 남민전 사건을 편견적이고 선입견에 차서 냉정하게 대했던가"를 참담하게 회고했다.(임헌영 「김남주의 시세계」 김남주 『솔직히 말하자』 풀빛 1989)

사건이 터졌을 때, 나는(한홍구 과거사 진실규명 위원) 대학교 2학년이었다. 여기저기서 남민전이 얼마나 무모하고 분별없고 소영웅주의적이고 모험적이고 맹동적이고 운동에 해만 끼쳤는가를 성토해댔다. 그 와중에 누군가가 물었다. "가만, 그래도 연장이라도 한 번 들어본 게 지리산에서 다 깨진 다음에 처음이잖아!" 반년쯤 지나 광주에서는 수천의 시민군이 총을 들었다.

남민전의 주모자는 당시 45세(1934년생)의 이재문이었다. 경북의 유학자 가문 출신인 이재문은 4월혁명 직후 짧은 기간 발간된 『민족일보』의 기자를 지냈고, 1964년 1차 인혁당 사건에 연루되어 옥고를 치렀다. 전세계적으로 1960년대는 민족주의가 크게 고양된 시기였다. 아시아·아프리카에서는 연합국의 구식민지들이 앞다투어 독립을 선포했고, 베트남 전쟁의 전개 과정은 전 세계 양심들의 눈길을 사로잡았다. 한국의 진보적인 청년들도 제3세계 민족해방운동을 예의 주시하면서 분단 조국의 민주화와 통일을 어떻게 달성할 것인가를 모색했다.

1차 인혁당 사건·통혁당 사건·해방전략당 사건 등은 총칼로 잡은 정권을 영구히 지키려는 군사정권에 맞서서 민족민주혁명의 지도부를 어떻게 건설할 것인가를 모색하던 진보 세력이 충돌하는 과정에서 터진 사건들이었다. 1차 인혁당사건 당시는 다행히 사형을 당한 사람들이 없었지만, 통혁당 사건과 해방전략당 사건, 그리고 몇몇 '간첩' 사건 관련자들이 1960년대 후반과 70년대 초반에 사형을 당했다. 군사정권의 혹심한 탄압과 연이은 실패에도 불구하고 진보세력은 끊임없이 혁명의 지도부인 전위조직에 대한 열망을 포기하지 않았다.

일부에서는 혁명의 지도부 없이는 민족민주혁명의 승리를 기대할 수 없다며 즉각적인 전위조직 건설을 주장한 반면, 이재문은 즉각적인 당 건설 주장에 대해 "누굴 믿고 당을 만들자는 것인가. 과거 운동에서 실패한 사람들과 무슨 일을 할 수 있겠는가. 새로운 인자의 양성이 필요하다"고 반박했다고 한다. 특히 1974년 봄 전국적인 학생 시위가 준비될 당시 대구·경북 지역을 중심으로 활동하던 진보인사들 사이에는 투쟁 방향을 놓고 상당한 의견 차이가 있었다고 한다.(김민희 「유신을 가른 불꽃, 이재문」 『쓰여지지 않은 역사, 인물로 본 사회운동사』 대동 1993)

서도원 등은 "대중운동이 고양되고 있는 지금 그동안 계속 투쟁해온 사람들을 중심으로 전위조직을 건설해야 한다"고 주장한 반면, 이재문 등은 "투쟁이 계속되면 기반이 취약한 역량이 다 바닥난다"면서 일시적인 성공에 도취하지 말고 조직적으로 후퇴해야 한다고 주장했다는 것이다. 이렇게 이야기가 오가긴 했지만 전위조직이 어떤 형태로든 실제로 만들어 진 것은 아니었다.

그러나 전위조직을 시급히 결성해야한다고 주장했던 사람들을 중심으로 중앙정보부는 '인혁당 재건위'를 조작했다. 8명의 목숨을 앗아갔지만 '인혁당 재건위' 라는 명칭의 단체는 조직된 바 없었다. 1차 인혁당 사건을 겪은 진보인사들은 명칭·강령·규약 등을 갖춘 조직을 만들 경우 당장 '넥타이공장'(교수대)에 끌려갈 것이라는 사실을 잘 알고 있었기에, 형식이 없는 느슨한 모임만 가질 뿐이었다. 그렇기에 중앙정보부도 '인혁당 재건위' 의 실존을 입증할 수 없었고, 이 들은 '인혁당 재건위' 를 만들 경우 서울 지도부와 같은 조직, 경북 지도부와 같은 조직이라는 별개의 반국가 단체를 조직한 것으로 기소되었다.

이때 이재문도 체포되었다면 사형을 면하기 어려웠을 것이지만, 그는 일찍이 모든 연락을 끊고 지하로 잠적했다. 전창일의 집에 피신 중이던 이재문이 전창일과 함께 저녁을 하고 있을 때 경찰이 전창일을 잡으러 들이닥치자, 전창일은 이재문이 잡히면 사형을 당할지 모른다는 생각에 시간을 끌어 이재문이 벽장 속에 몸을 숨길 수 있었다고 한다. 별일 없을 것으로 생각해서 이재문이 은신처로 택했던 친구 전창일은 이렇게 잡혀가 무기징역을 받았다.(조유식 「이재문과 남민전」 『말』 1992년 8월호)

경찰은 이재문을 잡기 위해 특별검거반을 편성했다. 이재문의 가까운 선배인 김병권은 해방전략당 사건으로 5년형을 받고 복역 후 출소한지 얼마 되지 않았는데, 매일 특별검거반에 불려가 이재문을 잡으러 다녀야 했다. 김병권은 낮에는 이재문을 잡으러 다니는 척하고, 밤에는 몰래 이재문을 만나 수사 방향도 이야기해주고 깊이 있는 정세토론도 같이했다. 이렇게 몸을 피하기 1년여, 마흔을 갓 넘긴 이재문의 머리는 하얗게 세어버렸다.

1975년 4월 8일 대법원은 인혁당 관련자 8명에 대한 상고를 기각하여 사형을 확정했고, 박정희 정권은 형 확정 열여덟 시간만인 4월 9일 새벽 4시부터 연쇄 사법살인을 저질렀다. 큰 뜻을 품었으나 유신체제에 맞서 제대로 변변히 싸워 보지도 못하고 목숨을 빼앗긴 것이다. 사람이 한번 세상에 태어나서 불의 앞에 납작 엎드려 있어도 죽고, 마주 싸위도 죽어야 할 운명이라면 마주 싸우는 것이 도리가 아니겠는가. 김남주는 미지근한 싸움은 차라리 참는 게 낫다고 했다.(김남주의 시 「진혼가」) '얼어붙은 강을 으깨어' 놓기 위해 전사 김남주가 원했던 것은 '철의 규율'과 '불의 열정'과 '바위의 조직' 이었다.(김남주의 시 「강」)

남민전 사건은 당시로서는 충격적이고 어쩌면 황당하기까지 했다. 남민전 전사들의 헌신성과 민주화운동 진영의 보통 사람들이 느꼈던 황당함 사이의 거리는 인혁당 사형수 8명의 억울한 죽음을 어떻게 받아들였느냐의 차이로 설명되어야 할 것이다. 1980년대의 맥락에서 본다면 한국전쟁 정전 이후 가장 과격한 운동집단이었다는 남민전의 강령이나 분위기는 특별한 것이 아니고, 그 강령은 민주화 이후 "재야의 여러 단체에서 공개적으로 내세우는 강령에 비추어 오히려 온건"한 것이라는 평가까지 받고 있다.(안병용 「남민전」 『역사비평』 10월호 1990)

그것은 광주의 힘이었다. 1980년 5월 27일 새벽 '나는 도청에 남았을까'라는 질문에서 자유롭지 못한 사람들은 과감하게 모든 금기를 뛰어넘어 전두환을 향해 돌격했다. 1980년대 '살아남은 자의 슬픔'을 깊이 간직한 사람들의 행동은 그런 슬픔을 전혀 느끼지 못하는 사람들이 볼 때 무모하고 모험적이고 편협하기 짝이 없는 것이었다. 광주가 있기 5년 전, 인혁당 8명이 목숨을 빼앗겼을 때, "그들은 나일 수 있고 내가 그들일 수 있었다. 그들의 죽음은 곧 나의 죽음일 수 있었다"(홍세화)고 생각한 사람들은 불행히도 많지 않았다.

인혁당은 그렇게 쓸쓸하게 죽었고, 남민전 전사들은 그만큼 더 돌출적으로 과격했다. 이재문은 전창일의 부인을 통해 인혁당 사형수 8명의 가족으로부터 가신 이들이 입었던 속옷을 모아 남민전의 깃발을 만들었다. 홍세화는 이재문으로부터 그 깃발의 내력에 대해 들었을 때 "눈물이 핑 도는 현기증"을 느꼈다고 한다.(홍세화 『나는 빠리의 택시운전사』 창작과 비평사 1995)

인혁당 관련자들에 대한 연쇄살인이 있고 채 1년이 안 된 1976년 2월 29일, 청계천3가의 태성장이라는 중국음식점에서 이재문·김병권·신향식 등 3인은 남민전의 결성식을 가졌다. 이재문은 1차 인혁당 관련자이고, 김병권은 해방전략당, 신향식은 통혁당 관련자였다. 꼭 그렇게 모으려 했던 것은 아니지만, 1960년대를 대표하는 전위조직 관련자들 중에서 탄압 속에 살아남은 사람들이 모인 것이다.

남민전이 결성되고 바로 다음 날인 3월 1일, 명동성당에서는 전 대통령 윤보선, 전 대통령 후보 김대중, 원내 최다선 의원 정일형, 종교인 함석헌 등 저명인사 11인이 서명한 '3·1민주구국선언문'이 3·1절 기념미사의 마지막 순서로 낭독되었다. 시위도 농성도 없이 달랑 선언문 한 장 성당에서 읽었을 뿐인데 김대중 등 11명이 구속되었다. 공개적인 영역, 합법적인 영역에서의 모든 활동은 철저히 차단된 것이다. 독재정권에 대한 싸움을 포기한다면 모를까, 투쟁을 한다면 비합법·비공개·지하활동밖에는 길이 없었다.

더구나 1975년 「사회안전법」이라는 악법이 공포되면서 과거 좌익 활동에 관련되었던 사람들은 신고하고 전향서를 제출하지 않으면 보안감호란 명목으로 다시 투옥되어야 하는 상황에 놓이게 되었다. 이재문은 이미 수배 중이었고, 김병권과 신향식은 사회안전법 때문에 지하로 들어가지 않을 수 없는 처지였다. 꼭 이런 처지가 아니었다 하더라도 남민전이라는 지하 비합법 전위조직에 가담한 사람들은 혁명가로서 자신이 옳다고 생각한 일에 목숨을 건 사람들이었다. (이재문은 후일 사형을 선고받고 1981년 11월 고문 후유증으로 서대문구치소에서 옥사했다.)

목숨을 걸었다는 것만으로 모든 행동이 정당화될 수는 없겠지만, 목숨을 걸어본 사람들의 행동을 가벼이 평가하는 것도 옳은 일은 아니다. 조직의 모든 기밀을 담은 문서 보따리와 모든 증거물과 수배자들이 한꺼번에 털려버린 것은 어처구니없는 일이지만, 그 어두운 죽음의 시대를 치열하게 산 남민전을 제대로 평가하려면 안도현의 짧은 시 한 구절을 한 번은 외워보아야 한다. "연탄재 함부로 발로 차지 마라/너는/누구에게 한 번이라도 뜨거운 사람이었느냐"

유신정권은 남민전이 이북과 어떤 관계를 갖고 있을 것이라고 확신하고 가혹한 고문을 가하며 관련자들을 수사했지만, 남민전이 이북과 직접적인 관련이 있다는 사실은 밝혀내지 못했다. 『동아일보』는 남민전에 대해 "북괴의 무장남파간첩도 아니고 접선간첩도 아니며 고정간첩도 아닌 점에서 '코레콩'은 주목을 끈다"고 보도했다. 그럼에도 검찰은 논고문에서 "이 사건은 직접적으로나 현실적으로 김일성의 지시를 받지 못하였을 뿐"이지 북한 공산집단의 "대남간첩단 사건임이 명백"하다고 주장했다.

그렇지만 남민전 사건으로 사형을 당한 신향식의 공소장을 보면 남민전 중앙위원회는 "남민전은 북괴의 지시에 의한 남한의 혁명 세력이 아니고 남한 출신 인사의 자주적 혁명단체"이고, "북괴와의 접촉이 가능하면 남민전과 북괴의 대표가 대등한 입장에서 접촉한다"는데 합의하였다고 한다. 이 점은 북을 '남조선 혁명'의 지도역량으로 상정했던 통혁당과는 다른 입장이었다. (『좌익사건실록』 대검찰청, 신향식 공소장에서)

남민전은 7년에 걸친 유신시대에서, 그 절반이 넘는 3년 8개월간 지하에서 활동했다. 고도의 정보정치가 행해졌던 유신시대에 상당한 규모를 가진 지하조직으로서는 꽤 긴 시간 활동한 것이라 할 수 있다. 남민전의 보위력은 상당한 것이었다. 남민전이 조직된 직후 3인 중앙위원의한 사람이었던 김병권이 남민전 강령 초안을 소지한 채 검거되었으나,

조직의 실체는 드러나지 않고 김병권 개인만이 단순 반공법 위반으로 처벌받았다. 1977년 초에는 민투의 책임자였던 이재오(자유한국당 상임고문)가 긴급조치 위반으로 구속되었으나 불똥이 지하조직으로 튀지 않았다.

1979년 4월에는 남민전의 무력부장 임동규(현재 24반무예협회 총재)가 조총련 간첩 사건으로 구속되어 무기징역을 받았으나(임동규는 남민전 사건으로 무기징역을 또 받아 행형 사상 보기 드문 '쌍무기'가 되었다) 조직이 드러나지 않았다. 1979년 4월에는 남민전의 혜성대 전사들이 당시 7공자의 맏형으로 불리던 동아그룹 회장 최원석의 집을 털다가 이학영(현 민주당 의원)이 체포되고 '공범'인 박석률·김남주·차성환 등이 사진수배 되었지만 역시 남민전이라는 지하조직은 드러나지 않았다. 이 '강도 사건'은 두고두고 말이 많았는데, 수사 당국의 발표처럼 도시 게릴라 활동이나 무장대의 활동이라기보다는 자꾸 늘어나는 수배자의 은신처 마련 등 조직의 활동자금을 마련하기 위한 것이었다.

그러나 '땅벌 1호 작전'이라고 명명한 이 사건으로 오히려 특급 수배자가 3명이나 늘어났다. 이들이 잠실 시영아파트에 있던 조직의 중앙 아지트에 이재문과 같이 은신하다가 박정희가 죽기 불과 3주 전인 10월 4일 단순히 유인물 사건의 관련자를 잡으러 온 경찰에게 몽땅 잡혀간 것이다. 이 과정에서 이재문은 자살을 기도하여 중상을 입었다.

조직원의 포섭과 교양 이외에 남민전이(주로 민주의 이름으로) 대외적으로 했던 주된 활동은 전후 여덟 차례에 걸친 유인물의 배포였다. 지금과 같은 정보의 홍수 속에서는 유인물의 의미가 잘 드러나지 않을 수 있지만, 유신과 같이 끝없는 침묵을 강요당하던 시기에는 바늘 하나가 떨어져도 큰 울림이 오듯 유인물 한 장이 주는 충격이 적지 않았다. 특히 남민전이 결성된 시기는 성명서 한 장 낭독한 것으로 고령의 전직 대통령이 연금되고 전직 대통령 후보가 구속되는 그런 때였다.

남민전은 유인물의 배포에서 당시로서는 획기적인 실력을 과시했다. 건물 옥상의 애드벌룬에 대량의 유인물을 묶어 쑥으로 만든 담배에 불을 붙여 하늘로 띄우면, 일정한 시간이 지난 뒤 쑥담배가 타들어가며 유인물이 묶인 끈을 태워서 하늘에서 유인물이 살포되는 방식은 남민전이 처음 개발한 것이었다. 버스가 정류장에 정차했을 때 유인물을 버스의 환기구를 통해 지붕에 두고 내려 달리는 버스에서 유인물이 살포되도록 하던 방식은 80년대에도 애용되었다.

때로는 혼잡한 버스 정류장 부근에서 전후좌우에 건장한 체격의 조직 성원이 엄호하는 가운데 키가 작은 성원이 과감하게 유인물을 뿌리고 대오가 유유히 빠져나가는 대담한 방식을 쓰기도 했다. 워낙 탄압이 심하던 시기라 똑같은 방법을 두 번 쓰기도 힘들어 남민전은 매번 새로운 방식을 개발해야 했다. 애드벌룬을 이용할 수 없게 옥상의 출입문은 모두 잠겼고, 혼잡한 버스 정류장은 유인물이 살포되자 곧 노선별로 정류장이 분할되었다. 유인물 살포에는 조직의 총책임자인 이재문도, 수배자의 신분이었음에도 불구하고 빠지지 않고 앞장섰다고 한다.

유인물 배포는 성공적이었지만, 조직의 총체적 붕괴의 실마리도 유인물 배포에서 비롯되었다. 장기간의 유인물 배포에 노이로제가 걸린 경찰은 남민전이 YH 김경숙의 죽음을 애도하기 위해 뿌린 유인물의 필체가 몇 년 전 서울대에 살포된 유인물의 필체와 동일한 것을 확인하고 그 필체의 소유자인 김부섭을 추적하여 김부섭의 상부인 이수일(전전교조 위원장)의 집을 덮쳤다가 뜻밖에 이재문과 박석률·김남주·차성환 등 최원석 집 '강도 사건' 수배자를 한꺼번에 잡아가게 된 것이다.

경찰이 남민전이라는 거대한 지하조직을 적발한 것은 뜻하지 않게 유신정권의 심장부에서 권력투쟁을 격화시켰다. 중앙정보부는 방대한 조직망에도 불구하고 남민전의 존재에 대해 아무런 정보도 수집하지 못했다. 남민전과 같은 조직을 적발해내는 것이 중앙정보부의 임무였음에도 불구하고 남민전이라는 대어를 낚은 것은 경찰이었다. 경호실장 차지철은 남민전 사건이 터지자 중앙정보부장 김재규의 무능을 질타했고, 박정희도 김재규에 대한 신임을 거두기 시작했다. 한마디로 남민전 사건은 김재규가 박정희의 신임을 잃게 된 결정적인 계기였다.(이상우 『비록 박정희 시대』 중원문화 1985. 한용원 『한국의 군부정치』 대왕사 1993)

남민전 관련자들은 남영동 치안본부 대공분실에서 혹독한 고문을 받았다. 이재오는 자신이 박종철 고문치사 및 은폐 사건의 주역인 박처원과 유정방에게서 혹독한 고문을 당했다고 증언했다. 김근태를 고문했던 자의 사진을 보고 그의 이름이 이근안임을 확인한 것도 이재오였다.(정민수 「유신 최후의 희생양 남민전 사건」 『월간경향』 2083호 1988)

남민전 사건 이후 1980년대에 이근안에게 고문을 당한 자들은 이근안이 당당하게 "이재문이가 왜 죽었는지 아느냐"고 하는 소리를 들으며 끔찍한 일을 당해야 했다. 남민전에서 청년학생에 대한 조직과 지도를 담당했던 최석진(법륜 스님의 가형)은 고문을 견디다 못해 직원 화장실 창문으로 투신하여 중상을 입고 들것에 누운 채 재판을 받아야 했다.

남민전이 적발되었을 때 대부분의 자료는 그 성원들이 무명의 사회인이라고 했다. 그때는 그랬을지 모른다. 당시 『동아일보』는 "그 구성원들도 남의 달콤한 꾐에 속아 넘어가는 단순한 사람들이 아닌 교사·학생·지식인 등 이른바 '아는 사람'들이며 사회지도층도 될 수 있는 사람들이었다"고 썼다. 30년이 넘게 지난 오늘의 입장에서 보면 남민전에는 오른쪽으로는 이재오에서, 왼쪽으로는 김남주에 이르기까지 인재가 참 많았다. 그 수많은 인재들이 목숨을 걸고 재벌 집 담을 넘고, 예비군 훈련장에서 총기를 분해해서 훔쳐 나왔다. 유신은 그런 시대였다. 그 어둠의 시대는 남민전의 적발과 함께 저물어가고 있었다.

(2) 유신시대 중정부장 김형욱의 망명·실종·의문의 죽음

1979년 10월 16일 아침 『조선일보』는 1면에 3단짜리 크지 않은 기사로 "미국의 거주주민 김형욱 전 중앙정보부장이 프랑스에 여행 중 1주일째 행방불명"이라고 보도했다. 기사를 쓴 신용석 특파원은 당시 서울에 왔다가 돌아가는 길에 일본에 체류 중이었기에, 데스크에서는 파리에 있지도 않은 특파원의 기사를 못 미더워했지만 신용석이 강하게 밀어붙여 큰 특종을 했다. 김형욱, '날으는 돈가스', '공포의 삼겹살' 등의 별명을 얻을 만큼 박정희 집권 18년 중 3분의 1이 넘는 기간 동안 중앙정보부장으로 박정희를 위한 악역을 도맡았던 그였다.(최보식 「이상열 공사 등 중앙정보부 관계자 집중인터뷰」 조갑제 외 『과거사의 진상을 말한다, 월간 조선의 과거사 진상보고』 월간 조선사 2005)

유신 다음 해인 1973년 슬그머니 미국으로 망명한 그는 1977년 6월 미국 하원 국제관계 소위원회의 세칭 프레이저 청문회에 나와 박정희 정권에 불리한 증언을 쏟아냈다. 그 때문에 김형욱은 유신체제의 공공의 적 1호가 되어 반역자·변절자·쓰레기 등 온갖 비난을 받았을 뿐 아니라, 1977년 말에는 그를 단죄하기 위해 「반국가행위자의 처벌에 관한 특별조치법」이 제정(1996년 헌재의 위헌 결정)되기까지 했다.

그런 김형욱이 갑자기 사라진 것이다. 그의 실종을 둘러싸고 갖가지 시나리오가 난무할 만큼 많은 사람이 관심을 가졌지만, 정작 그의 죽음을 슬퍼한 사람은 가족 이외에는 별로 없었다. 아무도 슬퍼하지 않은 죽음, 파란만장했지만 참 슬픈 삶이었다.

3선개헌을 성공적으로 마친 직후 박정희로부터 큰 상을 받는 대신 토사구팽당한 김형욱은 불안한 심경으로 세월을 보내다가, 유신 후 1973년 박정희가 그동안 총애해 마지 않던 수도경비 사령관 윤필용을 구속시키자 타이완에 명예박사 학위를 받으러 간다는 핑계로 슬그머니 한국을 빠져나왔다. 가족과 재산은 이미 빼돌려놓았고 자신만 맨 마지막에 나온 것이다. 프레이저 청문회 과정에서 밝혀진 바로는 그가 빼돌린 재산은 미국 내에만 1,500만~2,000만 달러에 달하고 바하마 등 해외에 숨긴 재산이 400만~600만 달러에 달하는 막대한 것이었다.(안치용 『박정희 대미 로비 X파일〔하〕, 끝까지 핵폭탄 숨긴 김형욱』 타거스 2012)

망명 초기 김형욱은 조용히 지내고 있었지만, 그의 망명은 유신정권에는 큰 골칫거리였다. 1974년 6월 국회의장 정일권은 박정희의 친서를 갖고 미국에가 김형욱을 두 번 만나 귀국을 종용했다.(국가정보원 과거사건 진실규명을 통한 발전위원회 「김형욱 실종사건 진실 규명」 『과거와 대화, 미래의 성찰』 2007)

김형욱의 존재가 부각된 것은 1976년 10월 24일 『워싱턴 포스트』가 한국 정부가 로비스트 박동선을 통해 미국 관리들에게 수백만 달러를 뇌물로 제공했다고 폭로하면서 부터였다. 이른바 「코리아게이트사건」이 시작된 직후인 11월 말 대외적으로는 주미 한국 대사관의 참사관이었지만 실질적으로는 중앙정보부의 미국 활동조직 부책임자였던 김상근이 미국으로 망명하는 일이 벌어졌다. 김상근은 과거 김형욱의 비서였으며, 망명 과정에서도 김형욱의 도움을 받았다.

박정희 밑에서 가장 좋은 관운을 자랑했다던 중앙정보부장 신직수는 김상근의 망명으로 1976년 12월 4일 자리에서 물러나야 했다. 신직수의 후임이 바로 김재규였다. 김재규의 첫 번째 임무는 김형욱을 귀국시키는 일이었다.1977년 1월 17일 자로 김재규는 김형욱에게 정중히 예를 갖춘 편지를 보내 귀국을 종용했다. 김재규는 이 편지에서 "각하께서는 그 친구가 돌아온다면 얼마나 반가운 일인가, 자유롭게 왕복한다면 남이 보아도 좋고 본인은 얼마나 떳떳하겠는가, 또 돌아와 일하겠다고 하면 원하는 중책도 맡기지, 하시더군요"라고 썼다.(송승호 「김형욱 유인살해는 이 사람이 했다」 조갑제 외 『과거사의 진상을 말한다. 월간 조선의 과거사 진상보고』 월간 조선사 2005)

약 한 달 뒤인 2월 14일 김재규는 '백의종군한 충무공'을 들먹이면서 "싱긋이 웃으며 김포공항의 트랩을 내리는 김 부장의 그리운 모습을 생각"한다는 편지를 또 보냈다. 이 무렵 김형욱은 심한 향수병을 앓아 한국 술집에서 술만 마시면 '고향이 그리워도 못 가는 신세'를 부르곤 했다고 한다. 유신정권은 이 밖에도 국회의장 정일권, 김형욱과 황해도 신천 동향인 전 총리 백두진이나 육사8기 동기인 전 총리 김종필, 박정희의 사위인 유엔 대표부 부대사 한병기 등을 보내 그의 귀국을 종용했다.

유신정권의 김형욱 귀국 공작은 1977년 6월 6일과 7일 이틀에 걸쳐 『뉴욕 타임스』가 김형욱과의 독점 인터뷰 내용을 대서특필함으로써 물거품으로 돌아갔다. 이 인터뷰에서 김형욱은 박동선을 활용한 공작에 대해 자세히 폭로하고, 박정희는 하야 해야 한다고 주장했다. 이것은 예고편에 불과했다.

김형욱이 6월 22일 미 하원 국제 관계 소위원회의 프레이저 청문회에도 나가 증언하기로 한 것이다. 시한폭탄이 터지는 것을 피해보려고 박정희는 김형욱의 고향 선배이자 군 선배인 무임소장관 민병권을 급히 김형욱에게 보냈다. 민병권은 김형욱에게 첫째, 신변을 보장할 테니 귀국하거나 둘째, 미국을 떠나 제3국으로 가거나 셋째, 앞에 두 가지를

김형욱은 유신 다음 해인 1973년 미국으로 망명했고, 1977년 '프레이저 청문회'에
나와 박정권에 불리한 증언을 쏟아내 '유신 공공의 적 1호'가 됐다. 사진은 1977년
청문회 모습이다.

받아들이기 어려우면 증언을 2주간만이라도 미뤄달라는 것이 박정희의 뜻이라고 전했
다. 민병권은 불가피하게 증언을 하게 되더라도 "박동선 사건에 박 대통령이 직접 개입되
었다는 사실만 언급하지 말아달라"고 '애걸' 했고, 김형욱은 선배가 여기까지 온 것은 안
됐지만 자신은 거짓말을 할 수 없다고 답했다고 한다.(월간 조선 특별취재반 「김재규와 김형
욱의 비밀협상」 조갑제 외『과거사의 진상을 말한다, 월간 조선의 과거사 진상보고』월간 조선사
2005)

　6월 22일 청문회에 나간 김형욱은 "박정희씨 개인에게 설사 인간적인 배신자가 되는
것을 감수한다 하더라도 국민과 역사 앞에 배신자가 될 수는 없다고 믿기에 이르렀다"고
밝혔다." 여섯 시간에 걸친 그의 증언에 대해 『월간 조선』은 "전직 정보 책임자로서 신랄
하면서도 권위 있는 폭로"이며 "5·16 이후 어느 누구도 이처럼 지독하게, 또 증거를 들
이대면서 박 대통령에게 도전한 사람은 없었다"고 평가했다.

　"내가 입만 열면 한방이면 훅 간다"는 말을 우리는 흔히 듣는다. 그런데 막상 현실에서
는 제대로 입을 여는 사람도 많지 않고, 누가 입을 열었다고 정권이 한 방에 훅 가는 일도
거의 없다. 김형욱의 증언은 확실히 박정희에게 시궁창 물을 제대로 끼얹어 잊을 수 없는
치욕을 안겨준 것임에 틀림없었으나, 박정희 정권을 무너뜨리기에는 무언가 부족했다.

　증언을 마친 김형욱이 1977년 6월 말에 착수하여 실종되기 직전인 1979년 9월 말 완
성할 때까지 몰두한 것은 회고록의 작성이었다. 민병권의 부탁을 받아들인 탓인지, 아니

면 보복의 두려움 때문이었는지, 아니면 마지막 카드는 쥐고 있는 것이 유리하다고 생각했기 때문인지 김형욱은 청문회에서 박정희의 여자관계를 비롯하여 중요한 몇 가지 문제에 대하여 언급하지 않았다. 그래서 사람들은 회고록에 더 주목했고, 프레이저 의원은 김형욱이 자신이 아는 사실을 충분히 진술하지 않았다고 생각하여 그를 압박하기 위한 수단으로 김형욱이 미국으로 빼돌린 2,000만 달러 이상의 막대한 재산 문제를 치고 들어갔다.

1977년 7월 11일 프레이저 청문회에서 2차 증언을 마친 김형욱은 7월 15일 「국민과 역사 앞에 참회합니다」라는 제목의 특별성명서를 발표했다. 그는 자신이 "박정희씨를 인간적으로 비하시키는 개인적인 부덕을 강력 자제"해왔다면서, 오랜 기간 정보기관의 책임자였던 자신은 "박정희씨에 대하여 여러분이 상상하시는 것 이상으로 많은 것을 알고" 있다고 강조했다. 김형욱은 "박정희씨가 유치한 방법으로 나를 계속 중상한다면 이를 천하에 폭로할 작정"이라고 유신정권을 협박했다.

김형욱은 "나는 박정희씨를 참된 반공주의자요, 민주주의자라고 믿고 있지 않다"고 밝히면서, 자신의 최종 목표는 놀랍게도 박정희의 "탄압 아래 신음하고 있는 수많은 동포들의 인권 회복"이라고 강조했다. 김재규의 편지를 김형욱에게 전달하는 등 김형욱에 대한 감시와 회유 공작을 담당했던 정보부의 뉴욕 파견 영사 손호영은 상부의 닦달에 "김형욱이 상당히 뉘우치고 있다"는 등 거짓 보고를 계속하다가 귀국명령을 받자 문책을 우려하여 미국으로 망명했다.(김형욱『김형욱 회고록』아침 1985)

회고록이 어느 정도 작성되어 출판을 앞두게 되었다는 소문이 돌자 박정희는 마음이 조급해졌다. 박정희는 중앙정보부 해외담당 차장으로 있던 윤일균을 선택했다. 윤일균은 예비역 공군 준장으로 김형욱과는 고향이 30리 정도밖에 떨어지지 않아 매우 가까운 사이였다. 육군 중령 김형욱이 1963년 정보부장 감투를 썼을 때, 지프에 그를 태우고 운전해서 정보부로 모셔온 사람이 당시 정보부에서 국장을 하고 있던 공군 중령 윤일균이었다.

둘의 관계를 잘 알고 있던 박정희는 1978년 11월 말 또는 12월 초 윤일균에게 직접 전화를 걸어 "자네, 미국 좀 다녀와야겠어"라고 했다고 한다. 윤일균이 준비되는 대로 가겠다고 하자 박정희는 "아니야, 당장 가"라고 서둘렀다. 미국으로 달려간 윤일균은 권총을 탁자에 꺼내놓는 김형욱을 상대로 사흘 밤낮을 설득하여 복사지 2,000장 분량의 방대한 회고록 원고를 건네받는데 성공했다. 그 대가로는 미국 돈 50만 달러를 제공하고 김형욱의 여권 문제를 해결해주기로 했다. 회고록 출판을 중단시키기 위해 박정희가 보낸 특사 중 일고여덟 번째에 해당한다는 윤일균이 마침내 성과를 거둔 것이다.

김형욱은 이중 플레이를 하고 있었다. 김형욱은 일본의 유명한 출판사인 고단샤(강담사)에서도 회고록 출간을 준비했는데, 한국 정부가 고단사에 다른 이권을 주고 출판을 저지했다고 한다. 그런데 1979년 4월 '창'이라는 작은 출판사가 『권력과 음모』라는 제목으로 김형욱 회고록의 축약판을 내놓았다. 유신정권이 뒤통수를 맞은 것이다. 윤일균은 『월간 조선』과의 인터뷰에서 중앙정보부가 "협상에 매달렸던 것은 회고록 출판의 원천 봉쇄이지, 출판이 확대되는 것을 막는 데 있지는 않았다"면서 "문고판으로 나온 순간 우리 정부는 국제적으로 망신을 당할대로 다 당한 것"이고, 회고록 협상은 물 건너갔다고 주장했다.

윤일균은 가능성을 부인했지만, 조갑제는 전 해군참모총장 이용운이 김재규와 김형욱 사이에서 회고록 출간을 저지하는 교섭을 담당했다고 쓰고 있다. 이용운은 1975년 1월 일본 교도통신과의 회견에서 6·25는 남침이 아니라 북침이라고 발언하여 큰 파문을 일으킨 바 있는 인물이었다.

그는 1978년 4월 로스앤젤레스에서 그동안의 반정부 활동을 반성하는 기자회견을 했고, 8월에는 국내에서 기자회견을 하여 반체제에서 친정부로 완전히 돌아섰다. 군의 원로였던 이용운은 김형욱의 집에서 김재규에게 전화하여 두 사람의 통화를 주선했다. 김재규는 김형욱이 요구한 150만 달러를 주고, 압류 중인 김형욱의 국내 부동산을 풀어주고, 여권 문제도 해결해주는 대가로 이용운이 원본임을 확인한 원고를 건네받기로 했다고 한다. 이것이 1979년 9월의 일이었다.(『경향신문』1978.4.12.)

김재규는 얼마 후 이용운에게 전화하여 김형욱의 여권을 뉴욕 총영사관에 맡겨놓았으니 찾아가면 된다고 말했다. 이용운이 김형욱에게 이를 전하자 김형욱은 "뉴욕 총영사관은 치외법권 지대인데 내가 만약 여권을 찾으러 갔다가 납치라도 당하면 어떻게 합니까?"라며 여권을 간부급 직원이 직접 가져다줄 것을 요구했다. 이를 전해 들은 김재규는 지금까지 약속한 것을 다 취소하겠다고 전화통에다 신경질을 내더니 한마디를 덧붙였다고한다. "김형욱, 그 자는 혼 좀 나야 하겠습니다."

① 온갖 협박·협상 끝에 도피했다 암살된 것으로 추정

박정희보다 20일 정도 앞서 김형욱은 죽었다. 김형욱이 어디서, 어떻게 살해당했느냐를 두고 다양한 설이 제기되었다. 2005년 국정원 과거사위원회에서 사람들 입에 비교적 많이 오르내린 시나리오를 정리해보면 모두 열 가지가 넘었다. 살해설만 하더라도 '국내 압송 후 살해' 설과 '프랑스 현지 살해' 설로 대별되었다. 국내설에는 국내로 납치해오다 대서양 상공에서 바다로 떨어뜨렸다느니, 폐차장에서 압살했다느니, 청와대 지하 사격장에서 박정희가 직접 쏘아 죽였다는 주장이 있다.

프랑스 현지설로는 주프랑스 대사관 지하실에서 살해했다, 살인청부업자가 살해하여 우아즈 강에 수장했다, 파리 근교의 양계장에서 살해하여 시신을 닭 모이 분쇄기로 처리했다, 중앙정보부 요원이 파리 교외에서 살해했다 등등이 있었다. 돈을 노린 범죄라는 설도 있었고, 이북이 납치해갔다는 설도 있었고, 본인이 잠적했다는 주장도 함께 제기되었다.

2004년 11월 출범한 국정원 과거사위원회는 김형욱 실종 사건을 7대 우선규명 사건의 하나로 선정했다. 다른 사건은 대개 민간 측의 요구에 의해 선정된 반면, 이 사건은 국정원 측의 강력한 요구에 의해 선정되었다. 당시 국정원 기조실장으로 위원회의 국정원 쪽 간사를 맡았던 김만복 전 국정원장은 사건 해결을 자신했다. 김형욱이 중앙정보부장 김재규의 지시에 의해 프랑스에서 연수중이던 중정 요원에 의해 납치 살해당했다는 것은 정보부 내에서 공공연한 비밀이었다는 것이다.

김만복 실장은 그 연수생들이 누구인지 알고 있었고, 이미 그들에 대한 설득 작업을 진행 중이었다. 이들은 상당한 정도로 사건의 진상을 털어놓았다. 문제는 관련자들이 사건 당시 그들에게 '과업'을 직접 부여한 프랑스 주재 중앙정보부 조직의 거점장인 전 프랑스 공사 이상열의 존재를 여전히 부담스러워했다는 점이다.

이상열은 김재규와는 각별한 사이였다. 김재규가 3사단 부사단장을 지낼 때 이상열이 부관이었고, 김재규가 보안사령관을 지낼 때 보안사에 근무했고, 김재규의 동생 김항규와는 젊은 시절부터 오랜 친구였다. 김재규가 건설부 장관으로 중동 건설에 매진할 때 이상열은 사우디아라비아 대사관의 참사관과 공사를 지냈다. 이상열의 인생에서 전기가 된 것은 1965년의 원충연 반혁명 사건을 고발한 일이었다. 5·16 후 최고회의 공보실장을 지낸 원충연 대령은 박정희가 원대복귀의 약속을 저버리고 장기집권의 길로 들어서자 그를 제거하려고 하였다.

박정희 집권 초기에는 군부 내에서 수많은 '반혁명 사건'이 발생했는데, 모두 박정희가 반대파를 제거하기 위해 조작한 것이고 오직 원충연 사건만이 실제 병력을 동원하여 박정희를 제거하려 한 실체가 있는 사건이었다. 원충연은 거사의 성공을 위해서는 방첩대(오늘의 기무사) 소속 고위 장교가 가담해야한다고 이상열을 끌어들였는데, 그가 원충연 등의 모의 내용을 녹음하여 이를 고발한 것이다. 일부에서는 이상열이 김형욱에게 고발하면서 그와 깊은 인연을 맺었다고 하나, 최근 원충연 사건 관련자들의 증언에 의하면 이상열은 김형욱이 아니라 방첩대장 윤필용에게 녹음테이프를 갖다 바쳤다고 한다.

원충연 등의 재판에 이상열이 증인으로 나오자 피고인들이 자리에서 벌떡 일어나 "이

놈 배신자야!" "개XX야" 하는 등 욕설을 퍼부어 공판장이 소란해졌다고 한다. 이상열이 주월 방첩부대장, 주말레이시아 무관, 주사우디 참사관 공사, 주멕시코 공사 등 외국으로 전전한 것도 이 사건을 고발하여 보복이 두려웠기 때문이었다고 한다.

② 김형욱은 후배 정보원들이 매수한 제3국민에 의해 암살

1979년 9월 이상열은 중앙정보부 직원으로 프랑스에 연수를 나가 있던 5~6명의 유학생을 자택으로 초대했다. 이상열은 "요즘 젊은 사람들은 패기도 없고 마음에 안 든다"고 이들을 자극하면서 파리 주재 북측 통상대표부에 관한 정보를 수집해오라고 지시했다. 연수를 마치고 귀국을 앞두고 있던 신현진(가명)은 "우리 같은 졸따구들이야 그렇더라도 공사님들급은 패기가 없으면 국가에 문제가 있을 수 있다"며 가볍게 들이받았지만, 북측 통상대표부에 대해서는 다른 유학생들에 비해 상세한 보고서를 작성하여 제출했다.

신현진의 담대함과 업무 추진력을 눈여겨본 탓인지 이상열은 신현진을 따로 불러 특별히 부여할 임무가 하나 있는데, "일단 자네한테 임무를 전달하고 나면 자네한테는 선택의 여지가 없다. 이 일은 자네 아니면 할 사람이 없다"고 분위기를 잡았다. 이상열은 "부장님한테 (김형욱 살해) 지시를 받았는데 자네가 적극적으로 해주었으면 좋겠다"며 임무를 부여했고, 신현진은 김형욱을 처치하겠다는 뜻으로 "보내겠습니다"라고 답했다고 한다.

신현진은 "평소 기질이 맞아 친근하게 지내던 후배 연수생 이만수(가명)"를 보조 역할로 지목했다. 신현진은 국정원 과거사위원회와의 면담에서 김형욱 살해의 실행은 어학연수 과정에서 알게 된 제3국인(동유럽) 친구 2명에게 10만 달러를 주고 시켰다고 진술했다.

김형욱이 파리에서 마지막으로 모습을 보인 것은 1979년 10월 7일이었다. 이상열은 그날 오후 신현진을 급히 불러 김형욱으로부터 돈을 빌려달라는 전화가 와서 곧 만나기로 했으니 오늘 처치하라는 지시를 내렸다. 신현진은 이상열을 조수석에 태우고 이상열의 관용차(푸조 604)를 직접 운전했다. 신현진은 이만수 등을 불러 10만 달러가 든 돈 가방을 가지고 다른 곳에서 대기하게 한 후 제3국인 친구 2명을 뒷좌석에 태우고 김형욱을 만나기로 한 장소로 갔다.

이상열은 김형욱에게 운전하는 사람은 자신이 아끼는 중정 연수생이고, 뒷좌석의 두 사람은 돈을 빌려주기로 한 사람들이니 가까운 카페에 가서 이야기를 나눠보라고 하고 자신은 저녁 약속이 있다면서 현장을 이탈했다. 김형욱은 이상열 대신 조수석에 올랐고, 차는 개선문 앞 로터리를 우측으로 돌아 시 외곽 순환도로를 건너 어두워진 파리 시내를 벗어났다.

신현진에 따르면 뒷좌석에 앉아 있던 제3국인 친구가 갑자기 김형욱이 머리 뒷부분을 가격하여 실신시켰다. 그리고 파리 교외의 인적이 드문 작은 숲에서, 제3국인 친구 2명이 조수석에 실신해 있는 김형욱의 양쪽 팔을 끼고 차에서 끌어내려 도로 우측 숲속으로 끌고 내려간 후 30분쯤 지나서 돌아왔다고 한다. 그들은 신현진에게 바바리코트로 싼 김형욱의 소지품을 전해주면서 도로에서 약 50미터 떨어진 장소에서 신현진으로부터 받은 소음권총으로 김형욱의 머리를 쏘아 죽이고 땅을 깊이 파지 않은 채 두껍게 쌓여 있는 낙엽으로 덮어버렸다고 말했다

신현진은 10월 10일, 이만수는 10월 11일 각각 귀국했다. 신현진은 3년 반의 연수가 끝나 귀국할 때가 되었지만 이만수는 2년 계획으로 연수를 떠난 지 3개월밖에 안 된 상태였다. 신현진은 연수를 마치고 귀국한 여러 명과 함께 중앙정보부장 김재규에게 귀국 신고를 했는데, '하늘 같은 부장' 김재규가 '새까만 졸따구' 신현진에게 "신 군, 자네 내 방으로 좀 와!"라고 해서 사람들은 "어떻게 부장이 연수생을 아는지" 상당히 놀랐다. 며칠 후인 10월 16일 김형욱 실종 사건이 보도되자 중정직원들 사이에는 신현진과 이만수가 김형욱 사건과 관련 있다는 설이 널리 퍼지게 되었다고 한다.

신현진에 따르면 김형욱 처리 결과를 보고하자 김재규는 "수고했어. 잘했어. 우리가 그런 놈을 그냥 놔두면 우리 조직은 뭐하는 곳이야"라면서 현금 300만원과 20만원이 든 봉투를 각각 2개씩 주어 그중 1개씩은 이만수에게 전해주었다. 김재규는 신현진에게 근무하고 싶은 곳이나 가족관계·생활형편 등을 자상하게 묻고 앞으로 장가가면 살 만한 신혼집을 40~50평대 아파트로 알아보고 전화하라고 번호를 따로 적어주었다고 한다.

이것이 신현진이 전한 김형욱의 최후이고, 국정원 과거사위원회도 이 이상을 밝혀낼 수 없었다. 과거사위원회는 김재규-이상열-신현진으로 이어지는 김형욱 살해 체계는 틀림없는 것으로 보았지만, 마지막 단계에서 김형욱 살해에 제3국인 2명이 동원되었다는 신현진의 진술은 신빙성이 없는 것으로 보았다.

김대중 납치 사건 당시에도 일본 야쿠자를 이용하는 방안이 검토되었지만, 한국 정부가 두고두고 야쿠자에게 코가 꿰일 것을 우려하여 포기한 바 있었다. 김재규는 해외담당 차장-차장보-담당 국장-프랑스 거점장-파견 요원으로 이어지는 공식 라인을 통하지 않고 자신과 친밀한 관계에 있던 이상열에게 직접 지시했다. 이상열은 일부 파견 요원들의 도움을 받긴 했으나 핵심 과제는 신현진에게 직접 지시하여 처리했다. 이상열은 과거사위원회와의 면담에서 자신의 개입 사실 자체는 시인했지만 구체적인 내용에 대해서 "내면담 조사는 노NO라고 기록해달라"고 말할 정도로 철저히 함구했다.

당시 신현진·이만수와 직접 면담했던 국정원 과거사위원회의 국정원 쪽 간부들은 이상열이 살아 있는 한 신현진과 이만수도 더 이상의 진술을 하지 않을 것이라고 보았다. 이상열은 끝내 입을 열지 않고 2006년 4월 3일 사망했다. 신현진은 산에 오르다 사찰이 보이면 자신도 모르게 법당 앞으로 가 끝없이 절하며 김형욱의 극락왕생을 빌었다지만, 끝내 김형욱을 살해한 장소에 대해서는 입을 다물었다. 과거사위원회는 김형욱의 유해라도 수습하여 유가족이 장례를 치를 수 있도록 하고자 했으나 뜻을 이루지 못하였다.

김형욱은 1977년 10월 21일 프레이저 청문회에 다시 섰을 때, 한국역사에 일본으로 망명했다가 중국 상하이에서 살해당한 김옥균이라는 정치인이 있던 사실을 상기시켰다. 그는 또 1977년 7월 15일 자 성명서에서 자신이 박정희에게 맞선 것을 "로마를 구원하기 위해 시저(카이사르)를 죽인 브루투스의 과감한 용기를 택한 것"에 비유했다.(김형욱 『김형욱 회고록』아침 1985) 불행하게도 김형욱은 김옥균도, 브루투스도 아니었다. 박정희의 브루투스는 따로 있었다. 바로 김형욱을 살해하라는 지시를 내린 김재규였다. 김재규는 박정희의 제상에 바칠 제물로 김형욱을 준비했다. 그것이 박정희에 대한 김재규의 마지막 충성이었다.

3) 저승사자 손길 다가온 줄도 모르고 간첩 누명 공작 계속

(1) 부마항쟁의 불길이 유신독재권력 소멸을 재촉

1979년 10월 18일 아침, 조간신문을 집어든 사람들은 깜짝 놀랐다. 부산에 18일 자 0시를 기해 비상계엄이 선포되었다는 것이다. 박정희가 하도 '비상사태다' '긴급조치다' '위수령이다' 등 특별조치를 남발했지만, '비상계엄'이란 말에는 각별한 무게가 담겨 있었다. 계엄법에 따르면 "비상계엄"은 전쟁 또는 전쟁에 준할 사변에 있어서 적의 포위공격으로 인하여 사회질서가 극도로 교란된 지역에 선포한다"고 규정되어 있었다.

지난 여름 YH 사건이 터진 뒤로 김영삼 신민당 총재에 대한 총재 직무정지 가처분 신청이 떨어지고, 2주일 전인 10월 4일에는 급기야 김영삼 총재가 국회에서 제명되는 소동까지 일어나는 등 정국은 계속 요동치고 있었지만, 비상계엄은 참으로 느닷없었다. 7

년 전 10월 17일 느닷없는 비상계엄으로 시작된 유신체제는 꼭 7년 후 느닷없는 비상계엄으로 종막을 향해 치달리기 시작했다. 아무도 이틀 전인 10월 16일 부산대학에서 일어난 작은 시위가 5만 군중이 참여하는 격렬한 가두시위로 발전하리라고 예상치 못했다.

또한 비상계엄을 불러온 이 시위가 중앙정보부장이 대통령을 총으로 쏘아 죽이는 엄청난 태풍을 불러올 나비의 날갯짓일 것이라고는 아무도 생각하지 못했다. 너무 엄청난 결과를 가져왔기에 그 역사적 의미가 제대로 규명되지 못한 것이 바로 1979년 10월의 「부마항쟁」이었다.

부산대의 상징은 무지개문에 달린 자유의 종과 독수리탑 꼭대기의 독수리였다. 부산대생들은 부산대의 2대 불가사의가 울리지 않는 자유의 종과 날지 않는 독수리라고 자조했다.(김종세 「부마항쟁의 발원지, 부산대 구 도서관」『기억과 전망』2004년 봄호)

1975년 10월 부산대에서는 1974년 4월의 민청학련 사건 이후 처음으로 유인물이 뿌려졌는데, 유인물에 쓰인 노동자의 '동' 자가 일본에서만 쓰는 글자였다. 이 때문에 중앙정보부는 재일동포 유학생 김오자가 유인물을 뿌렸다는 것을 쉽게 파악했고, 그를 중심으로 학생 간첩단 사건을 조작했다. 이제 순수한 학내 유인물도 간첩으로 몰리는 세상이 된 것이다.

아직까지 운동의 토대가 약했던 부산대의 학생운동은 이 사건으로 초토화되었고, 그로부터 4년 동안 학내에서는 유인물 한 장 뿌려지지 않았다. 지금은 상상하기 힘들겠지만 당시의 대학 캠퍼스에는 '짭새'들이 곳곳에 둥지를 틀고 있었고, 로마군사 복장을 한 전경들을 태우고 온 닭장차는 학교 도로에 길게 줄지어 서 있었다. 매일매일 숨죽인 채 닭장차와 짭새들 사이로 눈을 깔고 얌전히 등교해야 했던 젊은 학생들의 모멸감과 자괴심은 날로 깊어가고 있었다. 4년간 데모 한번 없어 스스로 '유신대학'이라고 자조하던 부산대에서는 "이화여대생들이 남자 성기 그림과 가위를 보내왔다"는 유언비어가 소리 없이 퍼져가고 있었다. 이대생들이 실제로 가위와 그림을 보낸 것은 아니었지만, 당시 데모도 못 하는 대학의 운동권 학생들은 스스로 이런 유언비어를 만들어 퍼뜨리며 자신들을 질책했다.(부마민주항쟁기념사업회 외 편『부마민주항쟁 10주년기념 자료집』1989)

1979년 10월 15일 오전 10시가 조금 못 되어 부산대 교정에는 10시에 도서관 앞으로 모이자는 유인물이 뿌려졌다. 유인물을 뿌린 학생들은 도서관 앞에서 초조하게 사람들이 모이길 기다렸으나 학생들은 별로 모이지 않았다. 10시 30분쯤 일이 실패한 것으로 단정한 주동자들이 학교를 빠져나온 뒤에야 도서관 앞 잔디밭과 계단에는 학생들이 하나 둘 모여들어 300여 명에 달했다. 이들은 무언가 극적인 상황을 기대하고 모였지만, 대학에 입학한 뒤 구호 한번 외쳐본 적도, 어깨 걸고 스크럼 한번 짜본 적도 없었다. 모두 무언가 해야 한다고 생각했고, 누군가 나서주기를 간절히 바라고 있었다. 그러나 정작 자기가 폭풍전야의 적막을 깨는 첫발을 내딛지는 못했다. 숨 막힐듯한 시간을 보내고 하릴없이 집으로 돌아가는 발걸음은 너무나 무거웠다. 눈물이 나게 부끄러웠다.

다음 날인 10월 16일 또 다른 학생들이 유인물을 뿌렸다. 전날의 실패에 대한 반성 때문에 경제학과 정광민은 학생들이 많이 모여 있는 강의실을 돌며 두 주먹을 치켜들고 "저 유신독재정권에 맞서 우리 모두 피 흘려 투쟁하자"고 열변을 토했다. 이들이 뿌린 '민주선언문'은 "한민족반만년 역사 위에 이토록 민중을 무자비하고 처절하게 탄압하고 수탈한 반역사적 지배집단이 있었단 말인가?"라고 유신정권을 규탄하면서, 조금은 고색창연하지만 동학군을 본떠 유신헌법 철폐 등 7개 항의 「폐정개혁안」을 제시했다.

처음 200여 명에 불과했던 시위대는 곧 2,000명으로 늘어났고, 시내 진출을 기도하면서 정문으로 향할 때는 그날 등교한 학생의 절반이 넘는 5,000명으로 불어 있었다. 경찰의 완강한 봉쇄에 막혀 주춤하던 학생들은 구 정문 옆의 담장을 힘껏 밀었다. 때로 부실공사도 민주화에 기여하는가, 힘없이 무너진 담장 밖으로 학생들은 몰려나가기 시작했다. 학생들이 버스에 올라타자, 안내양은 차비를 받지 않았고 운전사는 격려했고 승객들은 손을 잡아주었다.

학생들이 시내로 진출하자 부산대학교 당국은 학교 차로 시위 현장으로 가 학생들을 설득하기 위해 교수들을 모았다. 이때 마침 고향 부산에 와 있던 문교장관 박찬현이 허겁지겁 부산대로 달려와 교수들에게 "이번 사태는 전적으로 교수 여러분들의 책임이다. 어용이 무엇이 두려운가. 자랑스러운 어용이 되라"고 일장연설을 늘어놓았다. 연설 도중 비서관이 헐레벌떡 뛰어 들어와 쪽지를 전하자 당황한 박찬현은 연설을 중단하고 황급히 달려나갔다. 창선동 파출소가 학생들에 의해 불타고 있다는 것이다.

① 부산대 · 동아대 · 고신대 학생 데모에 시민 대대적 참여

휴대폰은 없던 시절이지만 소식은 빨랐다. 부산대 학생들이 거리로 진출했다는 소식이 전해지자 동아대와 고려신학대 학생들도 시내로 모여들었다. 고신대는 한국의 보수 기독교 교파 중에서 가장 보수적인 교파로 종교의 사회참여를 강력히 반대해온 예장 고신파의 신학대학이었다. 경찰은 이런 곳에서 반유신 데모가 일어나 학생들이 가두로 진출하리라고는 꿈에도 생각하지 못했기에, 고신대생 500여 명은 아무런 제지도 받지 않고 시내의 데모대에 합류했다. (조갑제 『유고!』 한길사 1987)

경찰이 진압하면 학생들은 복잡한 골목길로 피했다가 다시 모이곤 했다. 시민들은 1960년 4 · 19 이후 근 20년만에 대규모 가두시위를 벌이는 학생들을 박수로 응원했다. 경찰이 학생들을 때리거나 잡아가려고 하면 모여든 시민들은 "우우" 소리를 지르며 경찰을 제지했다. 어둠이 깔리면서 시위의 양상은 변화했다. 낮의 시위는 학생들의 시위였지만, 밤이 되자 다양한 계층의 시민들이 시위에 참여했다. 규모도 놀라울 정도로 늘어나 5만을 넘어섰고, 양상도 상상을 초월할 정도로 격렬해졌다. 아무도 예상하지 못했던 시위는 다음 날인 17일도 계속되었다.

부마항쟁 때 거리행진을 벌이는 시위대를 시민들이 바라보고 있다. 1979년 10월 16일 부산대에서 일어난 시위는 김재규 중앙정보부장이 대통령을 총으로 쏘아 죽이는 엄청난 태풍을 불러온 나비의 날갯짓이 되었다.

16일 밤에는 파출소 열한 곳과 언론기관 한 곳, 17일 밤에는 경남도청, 중부세무서, 경찰서 두 곳, 파출소 열 곳, 언론기관 세 곳이 시위대의 습격을 받았다. 부산 시민들은 유신7주년을 이렇게 격하게 기념해주었다.

시위대의 습격을 가장 많이 받은 곳은 시민들이 유신권력의 최말단촉수로 여긴 파출소였다. 파출소는 원래 병력이 많지 않은데다가 그 병력마저도 시위 진압에 동원되었기에 시위대의 습격을 받으면 속수무책이었다. 시민들은 파출소를 점령하면 오토바이나 순찰차를 때려 부수고 박정희 사진을 떼어내어 짓밟고 불질렀다. 시위대의 또 다른 공격 대상은 언론인과 언론사였다.

특히 17일 자 신문에 부산 시내를 들었다 놓은 16일의 격렬한 시위를 제대로 보도하지 않고 10월 유신 7주년이라는 사실만 강조하자 시민들의 분노는 극에 달했다. 당시 한 기자는 "기자 신분임을 밝혀도 시위대는 시위대대로, 진압대는 진압대대로 기자를 마구 폭행"했다고 고충을 토로했다. (『국제신문』 기자 임수생의 증언. 부마민주항쟁기념사업회 외 편 『부마민중항쟁 10주년기념 자료집』 1989)

4·19 당시 시위를 생중계했던 부산문화방송과 김주열의 시신 사진을 실어 혁명의 승리에 크게 기여했던 『부산일보』는 5·16 장학회로 넘어가 어용이 되어 한국방송 부산방송국과 함께 시위대의 공격을 받았다.

기독교방송은 시위 현장의 한복판인 광복동에 자리 잡고 있었지만 평소 용기 있게 유신체제를 비판해온 까닭에 아무 탈이 없었다. 『국제신문』은 부산시경 바로 옆이라는 입지 조건 덕에 습격을 면했다. 당시 부마항쟁을 밀착 취재했던 조갑제는 시위대가 "표적으로 삼은 언론기관은 그 나름대로 정확하게 선별된 것이란 평가를 기자사회에서 받았다"며 "민중의 분노는 폭발적이라고 해서 결코 눈먼 것은 아니었던 것이다"라고 평가했다.

기자들, 특히 카메라를 든 사진기자들이 공격 대상이 된 이유는 "언론에 대한 반감과 함께, 시위 군중들의 신원 노출에 대한 공포감 때문"이었다. 시위대는 누군가가 "경찰이 옥상에서 사진을 찍는다"고 외치자, 주변의 건물을 향해 "불 꺼, 불 꺼"라고 외쳤고, 불을 끄지 않은 상점이나 사무실, 민가를 향해서는 돌팔매를 날렸다. 군중들은 "야음의 익명성 속에서 억압된 자아의 해방감을 유감없이 분출"했다.

낮에 학생들이 목이 터져라 애국가를 부를 때 가슴이 벅차올라 눈물을 흘리기도 했지만, 그때와는 또 다른 감격과 희열이 있었다. 파출소를 습격했던 한 어린 노동자는 "속이 후련했습니다. 나이도 몇 살 안 되었겠지만 겁도 없었고 정말 인자 세상이, 아, 바뀌는구나, 그런 생각"이 들었다고 했고, 또 다른 참여자는 구호를 외치고 돌을 던지며 "오히려 황홀하기까지 한 그런 분위기"를 느꼈으며 "희열을 넘어서 황홀한 감정"에 휩싸였다고 회고했다.(차성환 「부마항쟁과 한국언론」 『항도 부산』 27호 2011)

조갑제에 따르면 "많은 취재기자들은 그때의 분위기를 '축제'로 표현"했다고 한다. 당시 앰네스티 부산지부 간사였던 허진수는 "오랜만에 시내에서 구호도 마음껏 외치고 뛰어다니고 하니까 일단 모든 것을 떠나서 신이 났어요. 정말 이것이 정권 몰락의 불씨가 되리라고는 전혀 생각지도 못했습니다. 다음날이 되자 사람들의 물결이 거대하게, 그러니까 공중에 떠서다니는 기분이 들었습니다"라고 증언했다.

② 항쟁이 마산으로 번지자, 부산·마산에 계엄령·위수령 선포

5년 동안 데모가 없다 보니 경험이 부족하긴 경찰도 마찬가지였다. 10월 16일 부산진경찰서 기동대가 시내로 나온 학생들과 처음 대치한 곳은 동래온천 부근 미남 로터리였는데, 경찰은 시위 진압을 위해 출동하면서 방패를 갖고 나오지 않는 치명적인 실수를 저질렀다고 한다. 학생들이 인근 공사장의 자갈을 던지자 경찰의 방어선은 궤멸되었다. 10월 17일 오전 내무장관 구자춘은 시위 진압 실패의 책임을 물어 부산시경국장 이수영을 해임하고 시위 진압 전문가인 육사 8기 동기 송제근을 후임으로 임명했다.

그러나 경찰이 시위를 진압할 책임을 맡을 시간은 많이 남아 있지 않았다. 박정희가 18일 밤 0시를 기해 부산 일원에 계엄령을 선포한 것이다. 부산에 투입된 공수부대와 해병대는 무자비하게 시위를 진압했다. 계엄군이 휘두른 곤봉에 맞아 중상을 입는 사람이 속출했다. "대검을 꽂은 M-16을 휘두르며 최루탄을 쏘아대는 공수부대의 무자비한 진압에 시위대는 깨어지고 무수한 시민들이 부상을 당하면서 부산 시내는 다시 '강요된 침묵'으로 빠져들었다." 시위가 격렬하긴 했지만 내무장관 구자춘은 경찰 병력으로 시위를 막을 수 있다고 판단했다. 현지를 관할하는 2관구 사령관 장성만 소장도 구태여 군 동원을 하지 않아도 사태를 수습할 수 있다고 밝혔다. 그럼에도 박정희는 비상계엄 선포라는 과잉대응을 했다. 어떤 도전도 용납할 수 없다는 강박관념에 빠진 박정희는 날이 갈수록 정상적인 판단력을 잃어가고 있었다.

공수부대의 잔인한 진압으로 부산의 시위는 일단 잠잠해졌다. 이번에는 마산에서 대대적인 시위가 발생했다. 마산은 4월혁명의 도화선이 된 3·15 의거가 발생한 고장이지만, 박정희의 오랜 충복이자 경남대의 사실상 교주였던 박종규의 고향이기도 하다. 경남대 학생들은 처음 시위에 나설 때 3·15 의거 희생자들에게 "선배님, 못난 후배를 꾸짖어주십시오. 우린 전국 대학생들이 유신헌법 철폐 시위를 벌일 때 학교 당국의 농간으로 '유신찬성 데모'를 해버린 못난 후배들입니다"라고 묵념을 올렸다. 마산의 시위는 부산보다 더 격렬했다. 시위대는 1960년 3·15부정선거 당시 자유당사를 공격했던 것처럼 공화당사를 때려 부수었고, "박종규 개새끼, 죽여라!" 하고 외치면서 그의 호화주택으로 몰려가 돌팔매를 퍼부었다.

시위대는 부산과 마찬가지로 시내 곳곳의 파출소를 습격하여 박정희의 사진을 떼어내 찢어버리고 짓밟았다. 부마항쟁에서 사망자가 있었다는 소문은 오랫동안 떠돌았는데, 2011년에 가서야 사실로 확인되었다. 경찰의 보고서에 "왼쪽 눈에 멍이 들고 퉁퉁 부은 채(코와 입에서 피를 흘린 채)" 변사체로 발견되었다고 기재되어 있던 이의 신원이 유족이 제시한 호적등본의 사망사유 등을 통해 유치준씨(당시 51세)로 확인된 것이다. (유성국 증언 「내 아버지 죽음의 진실, 32년만에 밝힌다」 부마항쟁기념사업회 『마산, 다시 한국의 역사를 바꾸다. 부마민주항쟁증언집 마산편』 불휘미디어 2011)

마산에서도 격렬한 시위가 계속되자 유신정권은 10월 20일 정오를 기해 마산과 창원 일대에 위수령을 발동했다. 부산과 마산에서의 시위로 부산에서는 모두 1,058명이 연행되어 66명이 군사재판에 회부되었고, 마산에서는 505명이 연행되어 59명이 군사재판을 받게 되었다. 박정희는 10월 18일 계엄령을 선포하면서 "지각없는 일부 학생들과 이에 합세한 불순분자들"이 난동을 부렸다고 했고, 치안본부는 시위 양상을 볼 때 "우발적인 군중 시위행동이 아닌 조직적인 폭거"로, "조직적인 불순 세력이 개입한 징후가 농후하다"고 주장했다. (『경향신문』 1979.10.18.)

길 가다가 애국가가 나오면 멈춰 서고, 반공궐기대회에 동원하면 김일성 허수아비 화형식을 잘만 하던 선량한 시민들이 하루아침에 '폭도'로 돌변하여 파출소를 때려 부수고 박정희 사진을 불태운 것에 대해 유신정권은 어떻게든 나름의 설명을 내놓아야 했던 것이다. 거기에는 배후가 필요했다. 당시 부산 보안부대장으로 계엄하의 합동수사본부장이었던 권정달의 증언에 따르면 중앙정보부 모 국장이 "남민전 조직도를 나에게 가져와 남민전 관련자가 부마사태를 일으켰을 것으로 보인다. 여기에 맞춰서 수사를 해주십시오"라고 부탁했다고 한다."(진실화해를 위한 과거사정리위원회 「부마항쟁과정에서 발생한 인권침해사건」 『2010년 상반기 보고서』 9권)

당시 연행된 많은 사람들이 10월 초에 적발된 남민전과 부마항쟁을 억지로 엮으려는 유신정권의 기도 때문에 모진 고문을 받았다. 부마항쟁과 관련된 또 하나의 해프닝은 마산경찰서장 최창림이 시위대가 「사제 총기를 사용한 것을 적발했다」고 발표한 것이다. 취재기자들에 따르면 이 사제총기라는 것은 딱총에 화약을 넣어 발사한 장난감 수준이었다는 것이다. 기자들이 이런 걸 발표하는 것은 "시위대를 음해하기 위한 수단이 아닌가"라고 질문하자 서장은 얼굴을 붉히고 당황해했다고 한다. 그러나 '사제 총기'가 발견된 것은 대대적으로 방송되었다.

1979년 10월에 하필이면 부산과 마산에서 격렬한 반유신 데모가 일어나고, 1980년 5월에 하필이면 광주에서 격렬한 민중항쟁이 일어난 것은 김영삼과 김대중이라는 그 지역이 배출한 정치인의 존재를 떠나서는 설명할 수 없다. 물론 부마항쟁이나 광주항쟁의 발발 이유를 김영삼 제명이나 김대중 체포로 단순화시키는 것은 매우 잘못된 일이다. 그러나 이때로부터 30년 가까이 지속된 이들의 영향력을 고려할 때 부마항쟁이나 광주항쟁이 '양 김'이라는 변수와 무관하다고 볼 수는 없다.

부마항쟁과 관련하여 좀 더 엄밀한 연구가 필요한 부분은 시위의 주체가 누구였나 하는 점이다. 박정희는 부산의 데모는 선량한 시민보다 "식당 보이나 똘마니들"이 많지 않았냐면서, "그놈들이 어떻게 국회의원의 사표를 선별 수리 하느니 뭐니 알겠는가. 신민당에서 계획한 일인데"라며 시위의 배후는 신민당이고, 데모에 나선 것은 "식당 보이나 똘마니들"이라고 인식하고 있었다.(김재규 변호인단 「항소이유서」 김성태 『의사 김재규』 매직하우스 2012)

이 '똘마니들'이 역사를 바꿨다. 부산시경의 「79부마사태의 분석」이란 보고서를 보면 "20세 전후 불량성향자들의 대학생 가장 합세(때밀이 · 식당종업원 · 공원 · 구두닦이 등)"를 "데모의 특이 양상"으로 지적했다. 특히 "야간이 되면서 시위대는 도시룸펜 · 접객업소 노동자 · 영세상인 · 반실업 상태 자유노동자 · 무직자 · 구두닦이 · 식당종업원 · 상점종업원 · 고교생 등 도시 하층민이 중심이 되어 시위를 주도"한 것이다. 광주항쟁에서도 일정하게 유사한 양상을 볼 수 있었지만, 항쟁의 전체 흐름을 볼 때 학생이나 자영업자 · 사무직 등 중산층의 역할 또한 경시할 수 없었다.

중앙정보부장 김재규는 부마항쟁이 일어나자 급거 부산으로 내려와 현지를 둘러보고 생생한 보고를 받았다. 박정희 시해 후 재판에서 변호인이 작성한 '항소이유서'에 따르면 김재규는 부마항쟁의 성격을 "피고인이 현장인 부산에까지 가서 본 결과 160여 명을 구속하였는데, 학생은 불과 16명밖에 안 되고 나머지는 순수한 민간인이고, 남민전 같은 불순 세력의 배후조종이 없고 오히려 민란이나 민중봉기와 같은 것"이라고 보았다. 그는 박정희에게 부마항쟁은 "유신체제에 대한 도전이고 물가고에 대한 반발과 조세에 대한 저항에다가 정부에 대한 불신까지 겹친 민중봉기입니다. 불순세력은 배후에 없습니다. 위와 같은 민란은 정보자료로 판단건대 5대도시로 확산됩니다"라고 보고했다가 질책을 받았다.

유신정권은 1978년 12월 총선에서 패배한 주요한 이유를 경제 문제의 악화에서 찾았다. 그런데 1979년도의 경기는 "1978년보다 현저히 하강곡선을 그리고 있었고, 물가는 뛰고 있었다". 부마항쟁 직후 부산계엄사령부 합동수사단이 실시한 여론조사를 보면 부마항쟁이 발발한 첫 번째 이유는 "경제침체에 의한 서민 상인층의 불만"으로 나타났다. (서중석 외 『박정희체제와 부마항쟁의 역사적 재조명, 부마민주항쟁 30주년 기념』 2009)부산은 박정희가 5 · 16 군사반란 전에 군수기지 사령관으로 근무하였기 때문에 각별한 인연이 있는 곳이었다. 박정희의 대표적인 업적으로 사람들은 경제성장을 꼽지만, 당대의 민중들, 그것도 박정희가 특별한 연고를 가진 부산 시민들은 정치적 억압 때문만이 아니라 경제의 실패 때문에 박정희의 사진을 불태웠고 유신체제를 온몸으로 거부했다. 시민들의 저항이 확산되려 하자 박정희는 발포하겠다는 강력한 의지를 표명했다가 김재규의 총에 맞게 된다.

4) 식민제국에 결사 충성한, 민족 · 민주 배반자의 종말

(1) 민중의 오랜 원한과 고통을 인지한 부하가 대신 처리

1979년 8월의 YH 사건 이후 김영삼 총재 직무정지 가처분 신청, 김영삼의 의원직 제명, 부마항쟁의 발발과 계엄령선포 등으로 상황은 절정을 향해 숨 막히게 치달아가고 있었다. 파국은 너무나 갑자기 아무도 예상하지 못한 방식으로 와버렸다. 유신체제 수호의 총책임자인 중앙정보부장 김재규가 친형과도 같은 각별한 사이였던 박정희를 총으로 쏴 죽인 것이다.

김재규의 박정희 살해 사건 수사책임자 전두환은 10·26 사건을 "김재규가 과대망상에 사로잡혀 대통령이 되겠다고 어처구니없는 허욕으로 빚어낸 내란 목적의 살인 사건"이라고 규정했다. 박정희의 추종자들에게 이 사건은 '패륜아' 김재규가 공적으로는 '국부'요, 사적으로는 '은인'인 박정희 대통령을 '시해'(시해란 봉건시대에나 쓰는 말이다)한 사건이었다.

어떤 사람들에게는 권력의 최고 정점에 있는 자들이 자기들끼리 총 쏘고 죽이며 엄벙덤벙 난리굿을 친 사건이었고, 또 어떤 사람들에게는 김재규의 어설픈 총질로 민중봉기에 의한 유신정권 타도의 기회를 날려버린 아쉬운 사건이었다. 계엄하의 철저한 언론통제 때문에 밖으로는 거의 알려지지 않았지만 뜻밖에도 김재규는 자신의 행동을 단호하게 민주구국혁명으로 규정하고 있었다.

① 대통령 지시로, 최고 권력자들 안가에서 저녁 연회

10월 26일 오후 4시 10분께 경호실장 차지철은 중앙정보부장 김재규에게 전화로 저녁 6시 궁정동 중앙정보부 안가(안전가옥: 대통령이 연회를 하거나 사람을 만나는 비밀장소)에서 만찬을 할 것이니 준비하라고 통보했다. 운명의 10·26, 그 날짜를 택한 것은 김재규가 아니라 박정희 자신이었다. 김재규는 육군참모총장 정승화에게 궁정동에서 저녁이나 하자는 전화를 걸었다. 대통령과의 만찬이 있는데 이중으로 약속을 잡은 것이다.

김재규는 남산의 집무실을 떠나 궁정동 안가로 와 자신의 집무실 금고에 있던 권총에 실탄을 장전했다. 김재규가 궁정동에 도착했을 무렵 중정의전과장 박선호는 해병대 동기이자 절친한 친구인 경호실 경호처장 정인형으로부터 '대행사'를 준비하라는 통보를 받았다. '대행사'는 주로 대통령·중앙정보부장·비서실장·경호실장 등 유신체제의 권력서열 1위에서 4위까지의 인사들이 2~3인의 여성과 함께 술 마시는 자리이고, '소행사'는 대통령이 여성을 은밀하게 만나는 자리였다.

청와대 경호실차장까지도 그 존재를 모를 정도로 은밀한 장소였던 궁정동 안가에서는 '대행사' 월 2회, '소행사' 월 8회 꼴로 매달 10회 가량의 연회가 열렸다고 한다. 경호실과 중정의 담당 직원들 사이에서는 '대행사' '소행사'라는 말이 아예 공식용어가 되었다. 중정 의전과장의 주된 임무는 이런 행사가 벌어지는 궁정동 안가의 관리와 여기에 참석할 여성을 조달하는 일이었다. 그날도 박선호는 연회 한 시간 반가량을 남기고 허겁지겁 연회에 참석할 여성을 '섭외'하여 은밀히 모셔와 단단히 교육시켜 연회에 들여보내야 했

다.(김재규 변호인단 「상고이유서」 안동일 『10·26은 아직도 살아 있다』 랜덤하우스코리아 2005)

연회가 시작된지 한 시간쯤 지나 김재규는 옆 건물에서 자신을 기다리던 육군참모총장 정승화에게 갔다. 정승화는 김재규를 대신해서 그를 접대하던 중정 제2차장보 김정섭과 식사 중이었는데, 김재규는 그들에게 대통령과의 식사가 곧 끝나니 조금 더 기다려달라고 말했다. 김재규는 2층 집무실에서 권총을 꺼내온 뒤, 의전과장 박선호와 현역 육군대령으로 자신의 수행비서인 박흥주를 불러 엄청난 얘기를 꺼냈다. "시국이 위험하다. 나라가 잘못되면 우리도 다 죽는다. 오늘 저녁 해치우겠다. 방 안에서 총소리가 나면 너희들은 경호원을 제압하라. 불응하면 발포해도 좋다."(김대곤 『김재규 X파일, 유신의 심장 박정희를 쏘다』 산하 2005)

둘이 당황한 기색을 보이자 김재규는 육군참모총장과 2차장보도 와있다면서 각오는 되어 있느냐고 되물었다. 박선호가 얼떨결에 "각하까지입니까?"라고 묻자 김재규는 "응" 하고 대답했다. 박선호가 "경호원이 7명이나 되는데, 다음 기회로 미루면 어떻겠습니까?"라고 묻자 김재규는 오늘 하지 않으면 보안이 누설된다며 "똑똑한 놈 세 명만 골라서 나를 지원하라. 다 해치운다"고 단호하게 말했다. 박선호는 30분만 여유를 달라고 부탁했다.

김재규는 유신체제의 절대 권력자 박정희를 살해하는 엄청난 일을 준비하면서 자신의 최고 심복들에게도 거사 직전에야 계획을 알렸다. 김재규는 피의자 신문조서에서 "이조시대 이래 2인 이상이 역모를 해서 성공한 사례를 볼 수 없었기 때문에 혼자서 골똘히 구상했다"고 진술했다.(「김재규 피의자신문조서 1회」)

꼭 부하를 못 믿어서가 아니었다. 유신정권 정보수집 체제의 정점에 있던 그는 한번 입밖에 나간 말은 어떻게든 첩보망에 걸려들게 되어 있다는 것을 잘 알고 있었다. 박선호는 김재규가 한때 군에서 쫓겨나 대륜중학교에서 체육 교사를 할 때의 제자로, 김재규가 특별히 중앙정보부로 끌어들여 가장 비밀스러운 임무를 맡긴 자였다. 박흥주는 중위 시절 사단장인 김재규의 전속부관이 된 이래, 김재규가 6관구 사령관, 보안사령관, 중앙정보부장으로 자리를 옮길 때마다 데려와 네 번이나 같이 근무한 가장 아끼는 부하였다. 놀라운 것은 박선호와 박흥주 뿐만 아니라 "똑똑한 놈 세 명"으로 뽑힌 이기주·유성옥·김태원도 모두 김재규의 말 한마디에 대통령 살해 계획에 서슴없이 가담했다는 점이다.

이는 김재규가 부장으로서의 권위뿐만 아니라 인격적으로도 측근 부하에서부터 말단까지 절대적인 신뢰를 받고 있었다는 것을 의미한다. 특히 예비역 해병 대령으로 사나이 중의 사나이를 자부하던 박선호는 현대판 '채홍사' 역을 하는 것을 죽기보다 싫어했다고 한다. 권력의 사유화와 도덕적 타락이 극에 달했을 때, 그 일을 실제 담당해야했던 실무자의 환멸도 깊어만 갔던 것이다.(採紅使 : 연산군이 방탕한 생활을 위해 전국에 걸쳐 미녀, 특히 지방 士族의 미혼처녀들을 불러들인 신하. 작위까지 주었다고 함. 홀아비가 된 박이 불러들인 여자가 숱하게 많았다고 함)

② 대위 출신 차지철, 수도경비 사령부 통제하는 월권 남용

박정희가 죽은 직후 사건의 진상이 밝혀지기까지 긴박했던 몇 시간 동안 유신정권의 요인들은 김재규가 아니라 차지철이 박정희를 해친 것으로 의심했다고 한다. 그만큼 차지철의 월권은 심각했다. 차지철은 수도경비 사령부를 경호실장의 통제를 받도록 하고 야전포병단과 미사일부대를 창설했다. 그는 경호실 주관으로 성대한 규모의 열병식을 거행하고 박정희를 졸라 경호실 차장을 중장으로, 차장보를 소장으로 보임했다. 대위 출신의 차지철이 이렇게 대장 행세를 하자 군 내부에서 그에 대한 비판이 높았다고 한다. (고건 「고건의 공인 50년」 55회 『중앙일보』 2013.4.30.)

차지철의 월권은 1978년 12월 총선 패배의 책임을 지고 청와대 비서실장 김정렴이 물러나면서부터 더욱 심해졌다. 신임 비서실장 김계원은 육군참모총장과 중앙정보부장의 요직을 지냈지만 유순한 인물이었고, 박정희가 기대한 역할도 김정렴처럼 경제정책을 총괄하고 정치자금의 수금과 관리를 전담하는 일이 아니라 그저 술친구 역할을 해주는 것이었다.

차지철은 나이로 보나 경력으로 보나 새까만 선배인 김계원이 자신보다 늦게 청와대에서 일하게 되자 보고 순서를 양보하지도 않는 등 여러 가지 면에서 '서열 정하기' 게임을 벌였다. 모욕감을 느낀 김계원이 차지철을 가만두지 않겠다고 분개하자 김재규는 대장 출신이 대위 출신과 싸우면 대장이 욕을 먹는다고 김계원을 달랬다고 한다.

그러나 차지철은 곧 김재규도 여러 면에서 밟아버리기 시작했다. 경호실에 정보처를 두고도 비공식적인 사설 정보대까지 운영하며 정보수집에 나서는가 하면, 4선 국회의원 경력을 근거로 국회나 신민당에 대한 정치공작을 자신이 디자인하여 중앙정보부로 하여금 실행케 하는 등 월권을 자행한 것이다. 박정희는 이 모든 것을 최소한 방임, 어쩌면 권장했다.

차지철의 오만방자함이 심각했다지만, 문제의 근원도, 10 · 26 사건의 직접적인 이유도 박정희에게 있었다. 김재규가 방아쇠를 당긴 가장 절박한 이유는 부마항쟁에 대한 박정희의 태도에서 찾아야 한다. 김재규는 부산의 현장을 다녀온 뒤 부산의 소요는 불순 세력이나 신민당의 선동 때문이 아니라 유신체제에 대한 민중봉기이고 곧 5대 도시로 확산될 것이라고 보고했다. 그러자 박정희는 버럭 화를 내면서, "앞으로 서울에서 4 · 19와 같은 데모가 일어난다면" "이번에는 대통령인 내가 발포명령을 하겠다"고 호언했다. 이 자리에 배석했던 차지철은 "캄보디아에서는 300만 정도 죽여도 까딱없었는데, 데모대원 100만~200만 정도 죽여도 걱정없습니다"라고 박정희를 부추겼다.

김재규는 1946년 육사 2기 동기생으로 만난 이래 같은 고향 출신의 박정희와 친형제처럼 친하게 지내왔기에 박정희에 대해서 누구보다도 잘 아는 사람이었다. 박정희는 이승만과는 달리 절대로 물러서지 않는 성격의 소유자였다. 그런 박정희의 말이 결코 빈말이 아니라는 것을 김재규는 잘 알고 있었다. 김재규는 "4·19와 같은 사태는 눈앞에 다가왔고, 아니 부산에서 이미 4·19와 같은 사태는 벌어지고" 있는 절박한 상황에서 수천 명이 희생되는 유혈사태를 피할 수 있는 길을 모색했다. 불행하게도 대한민국에서 가장 많은 정보를 쥐고 있는 김재규가 이 유혈사태를 막기 위해 할 수 있는 일은 박정희를 제거하는 것밖에는 없었다. 일체의 비판도 허용하지 않은 박정희의 극단적인 성격은 자유민주주의와 박정희를 양립 불가능한 사이로 만들어버렸다.(김재규 변호인단 「항소이유서」 김성태 『의사 김재규』 매직하우스 2012)

유혈사태가 임박했음을 감지한 김재규는 매우 초조하고 절박한 상황에 놓이게 되었다. 김재규가 오늘 해치운다고 말했을 때 그의 부하들이 선택의 여지가 없었던 것처럼 10월 26일 오후 차지철로부터 만찬을 준비하라는 통보를 받았을 때 김재규에게도 다른 선택의 여지가 없었다. 1976년 12월 중앙정보부장이 된 이후 김재규는 '순리적인 방법'으로 문제를 풀어보고자 여러 가지 건의를 올린 바 있다. 김재규는 1977년에는 박정희에게 직선제를 해도 무난히 당선될 수 있으니 개헌을 하자고 건의하기도 했고, 1979년에는 악명 높은 긴급조치 9호를 해제하기 위해 긴급조치 9호의 실효성이 떨어졌다는 명분으로 긴급조치 10호를 건의했으나 역시 받아들여지지 않았다.

김영삼이 1979년 5월 전당대회에서 당선될 수 있었던 것도 김재규가 연금 중이던 김대중의 외출을 눈감아주어 김대중이 김영삼 측 단합대회에 참가하도록 해주었기 때문이다. 김재규로서는 나름 최선을 다해 극한 상황을 피하기 위해 노력했지만 모든 방법은 실패로 돌아갔다. 유혈 참극 가능성은 바로 문밖에 와있었고, 신문지상에는 정부 여당의 요직 개편설이 거론되고 있었으며, 정가에서는 다음 중앙정보부장으로 법무장관 김치열이나 내무장관 구자춘의 이름이 거론되고 있었다. 중앙정보부장 자리에서 물러나게 된다는 것은 임박한 유혈사태를 막을 기회를 잃어버린다는 것을 의미했다.

그날은 26일이었지만 박정희에게는 그때 한창 유행하고 있던 이용의 노래처럼 10월의 마지막 밤이었다. 연회의 분위기는 무거웠다. 연회에 불려온 가수 심수봉이 「그때 그 사람」을 불러도, 비서실장 김계원이 애써 화제를 돌려도 박정희는 신민당 이야기를 자

꾸 꺼냈고, 김재규에게 "정보부가 좀 무서워야지, 당신네는 (신민당 의원들) 비행조사서
만 움켜쥐고 있으면 무엇하나. 딱딱 입건해야지"라며 언짢은 소리를 해댔다. 차지철은
"데모대가 지나치게 하면 탱크를 동원해서라도 좀 더 강압적으로 눌러야 됩니다"라고 박
정희의 비위를 맞췄다.

(2) 차지철을 먼저 쏘고 박정희를 사살, 유신의 막 내려

박선호로부터 준비가 완료되었다는 보고를 받은 직후인 저녁 7시 40분께 김재규는 옆
자리에 앉은 김계원을 톡 치면서 "각하 똑바로 모시오" 하더니, 권총을 꺼내 차지철에게
"이 버러지 같은 새끼…" 하면서 한 발을 쏘았다. 차지철을 먼저 쏘았기 때문에 박정희의
추종자들은 김재규와 차지철의 갈등 때문에 김재규가 욱해서 우발적으로 차지철을 쏘고
흥분해서 박정희까지 쏘게 되었다고 믿고 싶어 한다. 김재규가 박정희에 앞서 차지철을
쏜 것은 그가 총을 갖고 있으리라 생각하여 먼저 제압한 것이었다. 차지철은 수도경비 사
령부의 막강한 무력을 경호실의 통제 아래 돌렸지만 정작 결정적인 순간에 권총 한 자루
지니고 있지 않았다. 김재규가 총을 뽑고 조금 망설였던 탓인지 차지철은 팔로 방어자세
를 취했고 김재규가 쏜 총알은 차지철의 오른 팔목에 맞았다.

자신만이 박정희를 보호할 수 있는 것처럼 으스대던 차지철은 피를 흘리며 화장실로
도망갔다. 김재규는 차지철을 쫓아갈 듯 엉거주춤 일어서다가 앞에 앉은 박정희의 가슴
을 향해 총을 발사했다. 자유민주주의의 회복이라는 대의를 위해 박정희와의 개인적인
의리라는 소의를 끊고 "야수의 심정으로 유신의 심장"을 쏜 것이다. 김재규가 박정희를
향해 다시 방아쇠를 당겼으나 총알이 나가지 않았다. 김재규는 밖으로 나와 박선호의 총
을 빼앗아 들고 다시 방으로 들어갔다. 그는 경호원을 부르며 화장실에서 나오는 차지철
에게 한 발을 발사하고 식탁에 쓰러져 있는 박정희에게 다가갔다. 50센티미터 거리에서
김재규는 박정희의 뒷머리에 다시 한 발을 쏘았다.

실내에서 김재규가 첫 발을 쏘았을 때 경호처장 정인형과 부처장 안재송은 박선호와
대기실에서 TV를 보고 있었다. 해병대 동기인 정인형과 박선호는 휴가를 같이 가는 둘
도 없는 친한 친구였다. 상황을 예측하고 있던 박선호는 총소리와 함께 먼저 총을 꺼내
들었다. 박선호는 "꼼짝 마!"라고 소리치며 정인형에게 "우리 같이 살자"고 애원조로 말
했다. 국가대표 사격선수 출신으로 속사에 능한 안재송이 총을 뽑으려 하자 박선호의 총
이 불을 뿜었고, 정인형도 총을 뽑으려 하자 박선호의 총이 다시 친구를 쓰러뜨렸다. 김

박정희 정권의 파국은 아무도 예상치 못한 방식으로 왔다. 1979년 10월 26일 중앙정보부장 김재규는 '대행사'가 열리던 궁정동 안가에서 '거사'를 실행했다. 사진은 1979년 11월 7일 박정희 대통령 저격사건에 대한 현장검증에서 김재규가 밧줄에 묶인 채 권총을 들고 당시 상황을 재연하고 있는 모습.

재규는 그 직후 밖으로 나와 이 총을 가져가 박정희를 다시 쏜 것이다.

김재규의 계획은 여기까지는 기적적으로 맞아떨어졌다. 김재규는 옥중에서 쓴 수양록에서 경호요원들의 사격 실력으로 볼 때 자신이 박정희의 살해에 성공하더라도 "죽을 가능성을 90%"로 보았는데 기적적으로 죽지 않고 살았다고 고백했다. 김재규는 자신의 행동을 민주구국혁명이라 주장했지만, 여러 동지들과 충분한 토론을 통해 면밀하게 계획한 혁명은 아니었다. 10·26 사건은 가장 가까운 심복들조차 30분 전에야 행동지침을 통보받은 데서 볼 수 있듯이 김재규가 처음이자 끝인 단독 거사였다. 김재규는 히틀러를 암살하려던 독일의 신학자 본회퍼와 같이 '미친 운전사' 박정희의 폭주를 중단시키는 것을 과제로 삼았다. 김재규는 군중을 향해 돌진하는 미친 자동차의 폭주를 일단 멈추게 하는 데 성공했다. 어제까지 유신만이 살길이라고 외치던 자들도 유신헌법을 고쳐야 한다는데 감히 토를 달지 못했다. 긴급조치는 해제되었고 그 많던 구속자들은 석방되었다.

궁정동을 빠져나온 김재규는 육군참모총장 정승화와 함께 차를 타고 남산의 중앙정보부로 가려다 용산의 육군본부로 방향을 들었다. 김재규의 '민주구국혁명'이 실패로 돌아가는 치명적인 갈림길이었다. 김재규는 박정희만 제거하면 곧 유신체제의 붕괴라고 안이하게 판단하여 자신이 구상한 민주구국혁명의 지휘소를 어디에 둘 것인지조차 구상하지 못했던 것이다. 김재규는 변호인들이 작성한 '항소이유서'를 보충하기 위해 자신이 직접 쓴 '항소이유서 보충서'에서 "본인이 결행한 민주 회복을 위한 혁명은 완전히 성공" 했으며 "10·26 이후 유신체제는 완전히 무너졌고, 자유민주주의는 회복되었다"고 주장했지만 불행하게도 박정희의 제거가 유신체제의 붕괴를 의미하지는 않았다.

박정희가 키운 영남 군벌의 핵심인 전두환과 노태우는 청와대 경호실 작전차장보와 행정차장보를 지냈다. 박정희에 뒤이어 박정희 없는 박정희 체제를 이끌어간 자들은 박정희의 근위장교들이었다. 김재규가 친형과도 같던 박정희의 목숨과 자신의 목숨을 던져 막아보려고 했던 유혈참극은 몇 달 뒤로 미루어졌을 뿐이었다.

유신체제에 대한 저항이 대단했다고 하지만, 청년학생들의 구호는 "유신철폐"와 "독재타도" 정도였지 박정희를 죽이자는 구호까지 나온 것은 아니었다. 그런데 박정희가 죽어버렸다. 그것도 중앙정보부장의 손에! 대중들의 충격은 너무도 컸다. 대중들은 감히 예상치 못한 독재자의 죽음에 충격과 불안에 빠져들었고, 일부는 이북에서 김일성이 죽었을 때만큼은 아니더라도 분향소를 찾거나 국장 때 연도에 나와 하염없이 울었다. 그러나 어느 누구도 박정희 1인을 위해 복무하던 유신체제가 유지되어야 한다고 주장하진 못했다.

어제까지 "유신만이 살길이다"라고 외치던 공화당과 유정회 의원들이나 유신언론인들은 저마다 새로운 살길을 찾아야 했다. 그렇게 기세등등하게 신민당 의원들의 사퇴서를 선별수리 하겠다느니 떠들어대던 자들 중에 유신체제를 지켜야한다고 나선 자는 아무도 없었다. 아버지 장례를 치르자마자 쫓겨나듯 청와대를 떠나야 했던 박근혜는 사람들이 "아버지 살아 계실 땐 '유신을 해야 우리가 산다!' 이렇게 외치고 다녔는데 아버지가 돌아가신 후에는 유신에 대해서 옹호를 안 한다"며 배신감에 치를 떨었다.(MBC 「박경재의 시사토론」 1989년 5월 19일 방송)

유신의 나팔수들은 국회에서 여야 동수로 새로운 헌법을 만들기 위한 개헌특위가 조직된 것을 지켜봐야 했고, 긴급조치의 해제와 구속자의 석방에 감히 토를 달지 못했다. 유신 '잔당' 들이 내건 유일한 꼼수는 대통령 권한대행을 맡은 유신정권의 국무총리 최규하를 현행 헌법(즉 유신헌법)에 따라 통일주체국민회의에서 정식으로 대통령에 선출하여 그의 주도 하에 개헌 등 정치 일정을 진행하자는 것이었다.

재야민주 세력은 「선 대통령 선출, 후 개헌」을 유신 잔당들이 "자신들의 부패한 특권 지배를 끝내 온존시키겠다"는 "시대착오적인 사기극"으로 보고 이를 저지하기 위해 '통대선출 저지 국민대회'를 개최했다. 11월 24일 명동 YWCA 회관에서는 신랑 홍성엽과 신부 윤정민의 결혼식이 열리게 되어 있었다. 신랑은 민주화운동 진영의 꽃미남이었지만 신부는 가공의 인물이었다. 당시는 계엄령 때문에 일체의 집회가 금지되어 있었기 때문에 '위장 결혼식'을 빌려 국민대회를 연 것이다. (이날의 신랑 홍성엽은 '위장 결혼식'을 한 탓인지 진짜 결혼식을 치르지 못하고 총각으로 살다 안타깝게 2005년 백혈병으로 별세했다. 홍성엽 『맑은 영혼 홍성엽, 홍성엽 유고집』 학민사 2006) 국민대회 준비위원장 백기완 등은 계엄포고령 위반으로 잡혀가 모진 고문을 당했다.

민주화라는 뚜렷한 목표가 제시되었음에도 불구하고 짙은 안개 때문에 길은 보이지 않았다. 유신 막바지 국회에서 쫓겨났던 김영삼은 화려하게 정치 무대에 복귀했고, 오랫동안 연금 상태에 있었던 김대중은 최규하가 대통령으로 뽑힌 뒤에 연금에서 풀려났다. 오래 전 자신이 만들었던 공화당의 총재로 선출된 김종필은 유신체제의 피해자인 척하면서 "새로운 시대를 개척하고 그 주역이 되어야 한다"며 개헌 이후 실시될 대통령 선거에 대한 욕심을 감추지 않았다. 바야흐로 3김 시대가 개막되는 듯했다. 그러나 소식통을 자처하는 사람들은 차기 대통령은 어쨌든 김씨는 아니라는 군부 발 루머를 열심히 시중에 퍼 날랐다.

① 3김시대가 열리는 듯 했으나 폭력적 군사정권 계속

계엄령이 선포되자 합동수사본부장이 된 보안 사령관 전두환은 10월 28일의 중간수사 발표에서 김재규가 차지철과 감정대립이 격화되었고 "업무 집행상의 무능으로 수차례 걸쳐 대통령으로부터 힐책을 받아왔으며 이로 인하여 최근 요직 개편설에 따라 자신의 인책해임을 우려한 나머지 범행을 저지른 것"이라고 주장했다. 11월 6일의 수사 결과 발표에서 전두환은 10·26 사건을 "정권 탈취를 목적으로 한 김재규의 계획된 범행"으로 밀고 나갔다. 10·26 사건은 "음흉한 야욕"을 가진 김재규가 "과대망상증에 사로잡혀 대통령이 되겠다는 어처구니없는 허욕이 빚은 내란 목적의 살인 사건"이라는 것이다. 전두환에게 김재규는 "아버지를 죽인 자식과 다를 바 없는 패륜아"였다. (『동아일보』 1980.4.30.)

김재규에 대한 재판은 12월 4일 처음 시작되었다. 김재규가 박정희를 쏘아 죽였다는 점은 의문의 여지가 없었다. 문제는 의도였다. 전두환을 중심으로 결집한 '신군부'는 김재규의 행위가 내란 목적의 살인 사건이었다고 규정했지만, 당사자인 김재규는 자신이 "개인의 의리를 배반하고 대통령 무덤 위에 올라갈 정도로 도덕관이 그렇게 타락되지 않았습니다"라고 주장했다. 김재규는 박정희가 박정희 자신의 존재를 자유민주주의와는 결코 공존할 수 없는 대립관계로 몰아갔기 때문에 민주회복을 위해 불가피하게 박정희를 쏜 것이지, 자신이 정권을 잡을 생각은 추호도 없다고 강조했다. (김재규 「1심 최후진술」 김성태 『의사 김재규』 매직하우스, 2012)

재판에서 또 다른 쟁점은 관할권 문제였다. 김재규가 박정희를 사살한 것은 1979년 10월 26일 저녁 7시 40분께로 계엄령이 선포되기 이전이었고, 박정희나 김재규나 모두 현역 군인이 아니었기 때문에 군사법정에서 재판이 진행되어야 할 근거는 어디에도 없었다. 그럼에도 신군부는 군법회의에서 거의 매일 재판을 열 정도로 재판의 진행을 서둘렀다.

최규하가 유신헌법에 따라 대통령으로 선출되고 12월 8일 0시를 기해 긴급조치가 해제되자, 사람들은 더디지만 이제야 민주화가 시작되는 듯한 느낌을 가질 수 있었다. 그런 느낌은 며칠 가지 않았다. 12월 12일 저녁 한강 이남에서 강북으로 귀가하던 시민들은 계엄군이 당시 11개였던 한강 다리를 모두 차단하고 차량통행을 허락하지 않음에 따라 곤욕을 치러야 했다. 착수에서 완료(이듬해 5월 17일)까지 세계에서 가장 길었던 쿠데타라 불리는 12·12 사건이 벌어진 것이다.

이날 저녁 계엄사의 합동수사본부장인 전두환이 계엄 사령관인 육군참모총장 정승화를 김재규의 공범으로 의심된다고 연행한 것이다. 정승화는 김재규의 강력한 추천으로 육군참모총장이 된데다, 김재규가 10·26 사건 당일 궁정동 안가에 불러두었기 때문에 김재규와 어떤 공모를 한 것으로 의심을 받았다. 한국 현대사의 가장 결정적인 순간에 선제공격으로 결정타를 날린 것은 전두환이었다.(「대해부 국군보안사령부」『월간 조선』1990년 11월호)

박정희는 자신과 고향이 같은 영남 출신들을 중용했다. 전두환은 5·16직후 육군사관학교 생도들의 5·16 지지 시위를 조직하여 박정희의 눈에 든 이후 청와대 경비를 맡은 30대대장, 공수1여단장, 대통령 경호실작전차장보, 1사단장, 보안 사령관 등을 지내며 박정희의 총애를 받았다. 박정희의 정치적 아들인 그가 10·26 사건의 수사 책임자인 보안사령관이었다는 점은 향후의 사태 진전에서 결정적인 의미를 갖는다.

10·26 사건은 유신정권의 실제 권력서열 1위에서 4위에 해당하는 대통령·중앙정보부장·경호실장·비서실장이 모인 자리에서 정보부장이 대통령과 경호실장을 살해한 사건이었다. 유신체제의 정점에 갑자기 엄청난 권력의 공백이 발생한 것이다. 이 공백기에 새로운 실력자로 부상한 사람은 육군참모총장으로 계엄사령관이 된 정승화와 보안사령관으로 합동수사본부장을 맡은 전두환이었다. 10·26 사건은 법적으로 살인 사건이었기에 수사 책임자인 합동수사본부장의 권한이 강화될 수밖에 없었다.

그런데 합동수사본부장의 상급자인 계엄사령관이 살인 사건의 공모자로 의심을 받게 된 것이다. 정승화로서는 매우 억울한 일이었다. 그는 결정적인 순간에 김재규를 남산의 중앙정보부가 아닌 용산의 육군본부로 이동하게 함으로써 김재규의 의도를 좌절시킨 장본인이었다. 그럼에도 불구하고 그가 의심을 받게 된 것이다.

　정승화가 의심을 받은 이유는 따로 있었다. 정승화는 전두환에게 권력의 쏠림 현상이 일어나는 것은 매우 위험하다고 보았다. 정승화는 전두환을 보안사령관에서 해임하여 동해경비 사령관으로 좌천시킬 계획을 세웠으나, 보안사가 감청을 통해 이 계획을 알아버렸다. 자신이 군사반란을 통해서 집권한 박정희는 보안사를 통해 쿠데타를 방지하고 군을 통제했다. 독재 체제하에서 군의 지휘 체제가 정상적인 라인과 보안사라인으로 2원화된 것이다. 항상 군부 쿠데타를 경계해온 박정희 체제에서 보안사는 막강한 기구였지만, 10·26 사건 이후의 보안사는 어제의 보안사가 아니었다. 계엄령으로 보안사를 중심으로 합동수사본부가 편성되면서 보안사는 검찰과 경찰을 통제하게 되었다.

　평상시 보안사를 견제할 수 있던 유일한 기관인 중앙정보부는 그 수장이 대통령을 살해함에 따라 완전히 역적기관으로 몰려 보안사에 장악되었다. 보안사의 실제 병력은 얼마 되지 않았다. 정승화는 쿠데타 방지가 주된 임무인 보안사가 군의 정보 채널을 독점하고 쿠데타를 일으키니 계엄 사령관도 당할 수밖에 없었다고 변명했다. 계엄 사령관 정승화는 육군 대장에서 졸지에 이등병으로 강등되어 보안사에서 물고문까지 당했다. 대통령과 중앙정보부·경호실·비서실이 모두 무력화된 상태에서 합동수사본부 직제를 통해 검찰과 경찰을 장악하고 군사반란을 일으켜 계엄사령관까지 제압한 보안사령관 전두환은 최고의 실세로 떠올랐다.

　"유신이라는 거대한 괴물"이 "박정희 한 사람이 없어지면 그대로 없어질 것"으로 보았던 김재규는 유신의 머리를 자르는 데는 성공했다. 그러나 머리 잘린 유신이란 괴물에게 새로운 머리가 솟아났다. 박정희의 정치적 사생아 전두환이었다. 전두환은 김재규를 베고 광주를 피로 물들였다. 박정희의 뒤를 이어 결국 이 나라를 13년간 통치한 전두환과 노태우는 각각 청와대 경호실 작전차장보와 행정차장보를 지낸 박정희의 근위장교들이었다. 전두환은 박정희의 흔적을 지우고 새 시대를 표방했지만, 그것은 박정희 없는 박정희 시대였다.(한홍구 『유신』 한겨레출판 2014)

② 유신독재를 마감시킨 김재규에 대한 평가

　김재규는 12월 18일에 행한 1심 최후진술에서 민주화를 향한 정치 일정을 밟지 않는 최규하를 향해 "자유민주주의는 대문 앞에 와 있는데 문을 열지 않고 있다. 절대로 자유민주주의 때문에 혼란이 오지 않는다. 빨리 정권을 이양하여 혼란을 막아라"라고 촉구했다. 김재규는 "빨리 민주회복을 하지 않으면 내년 3, 4월경 전국적으로 민주회복운동이 일어날 것"이라고 예언했다. 최규하는 무엇을 적극적으로 해서가 아니라 이 결정적인 시기에 아무것도 하지 않음으로써 전두환의 등장과 유신의 부활을 위한 카펫을 깔아주었다.

아무것도 하지 않은 죄가 이리 클 수는 없었다. 시중에는 전두환 고스톱이 등장하고 최규하 고스톱도 나왔다. 전두환 고스톱은 싹쓸이를 하면 피가 아니라 자기가 갖고 오고 싶은 것을 아무거나 한 장씩 가져오는 것이었다. 최규하 고스톱은 싹쓸이를 하면 자기 피를 상대방에게 한 장씩 주는 것이었다. 고스톱 판에서는 최규하 고스톱을 치면서 낄낄댈 수 있었지만, 실제 역사에서는 수많은 사람들이 피눈물을 흘렸다.

법정에서의 김재규는 당당했다. 처음 인권 변호사들은 아무리 독재자 박정희를 처단했다고 하지만, 민주인사를 탄압한 중앙정보부의 수장을 변호해야 하느냐며 김재규의 변호를 마뜩잖게 여겼다. 그러나 재판이 진행되면서 변호사들은 자유민주주의의 회복에 대한 김재규의 진정성과 인품에 매료되었다.

계엄령하의 군사법정에서 진행되는 재판 상황을 알 길이 없었던 청년학생들이나 일반 시민들은 김재규의 거사를 차지철과의 갈등에서 비롯된 우발적인 것으로 보는 경향이 있었다. 그러나 보다 심층적인 정보를 접할 수 있었던 재야인사들이나 양심적인 종교인들, 특히 김수환 추기경 이하 가톨릭 사제들은 김재규의 구명에 적극적이었다. 김재규 구명운동의 취지문은 "우리는 결코 김재규를 영웅이라든가 의사라 칭해야 한다고 주장하지는 않는다"면서 "김재규는 새 헌법 아래에서 유신악법과 함께 국민의 공정하고 공개적인 심판을 받아야지, 유신악법이 그를 심판할 수는 없다"고 주장했다.(민주화운동기념사업회 소장 「김재규 구명운동의 취지문」)

김재규는 "대장부로 이 세상에 나서 내가 할 수 있는, 내가 죽을 수 있는 명분을 발견"했다고 생각했기에 법정에서 자신의 목숨을 구걸하지 않았다. 다만 그는 부하들만큼은 꼭 살리고 싶어 했다. "혁명 이념에 완전히 동조한 사람이면 저 세상에 데리고 가도 좋지만 아무 것도 무슨 영문인지도 모르고 죽는다는 것"에 대한 죄의식 때문이었다. 김재규는 옥중 수양록에서 "지금까지는 자신의 정당성 주장으로 죄책감 못 느꼈다"고 했지만 "이제 저 얼굴들을 보니 죽고 싶다. 하루빨리"라고 썼다.

김재규는 박정희를 쏘았지만, 박정희의 명예만큼은 지켜주고 싶어 했다. 그는 법정에서 박정희에게 여자 연예인을 불러다 주는 일을 담당했던 박선호가 (윤창중이 한 짓은 아무것도 아니었던) 박정희의 여자 문제에 대해 진술하려 하자 뒤를 돌아보며 "야, 하지 마"라고 제지하기도 했다. 그러나 김재규는 현역 군인으로 박흥주가 단심으로 사형을 선고받자 흔들렸던 것으로 보인다. 그는 1980년 2월 15일(음력 12월 29일)자 수양록에서 "전원을 구제하는 방법이 대국민 여론에 달렸다고 하면 사실만은 공개해주어야겠다"며 "물론 돌아가신 분의 명예를 생각하면 가슴은 아프다. 그러나 저 젊은 생명 여하히 하겠는가"라고 번민했다. 김재규도 박선호도 박정희의 여자 문제에 대해서는 끝내 입을 열지 않았다.

우리 역사에는 또 다른 「10 · 26 사건」이 있다. 안중근이 이토 히로부미를 쏜 날이 1909년 10월 26일이었다. 70년을 두고 두 개의 「10 · 26 사건」이 있는 것이다.

일본 제국주의의 잔재를 청산하지 못해 군사독재가 왔는데, 일본 제국주의를 상징하는 이토의 제삿날과 군사독재의 상징인 박정희의 제삿날이 같다는 것은 단순한 우연만은 아닐 것이다. 안중근도, 윤봉길도, 김재규도, 아니 저 멀리 사마천의 『사기열전』에서 가장 감동적인 부분인 「자객열전」의 형가도 장부 또는 장사를 노래했다.

분단과 전쟁과 학살을 거치면서 너무 얌전해진 탓인지 진보진영에는 대의를 위해 제 몸을 불태우고 제 피를 흘린 열사들은 일일이 이름을 부를 수 없을 정도로 넘치지만, 제 목숨을 바쳐 적의 피를 흘리게 한 의사는 단 한 명도 없었다. 오른쪽 동네라고 사정이 다른 것은 아니다. 친일파가 득세한 나라에서 안중근 · 윤봉길 · 이봉창 · 김구로 상징되는 보수우익 의사의 계보는 대가 끊어졌다. '야수의 심정'으로 유신의 심장을 쏘았으면서도 박정희의 명예는 끝까지 지켜주고자 했던 김재규는 대가 끊겼던 한국 보수우익의 계보학에서 돌출한 마지막 대륙형 인간이었다.

김재규는 5 · 16과 유신이라는 박정희의 내란에 동행했으면서도 결국 이 내란을 종식시켰다. 김재규의 행동을 내란 목적 살인으로 몰고 간 것은 전두환의 내란이었다. 김재규는 최후진술에서 "국민 여러분, 자유민주주의를 만끽하십시오"라는 말로 국민들에 대한 작별인사를 대신했다. 김재규가 사형당한 것은 광주에서 민중항쟁이 한창이던 1980년 5월 24일이었다. 김재규를 죽인 전두환은 광주 시민들의 항쟁마저 짓밟고 생명이 다한 것 같았던 유신체제를 간판만 바꿔 달아 신장개업했다. 전두환의 내란은 그렇게 완성되었고, 그로부터 33년이 지난 오늘, 우리는 아직도 자유민주주의를 만끽해보지 못했다.

1979년 10월 민중들의 거센 저항과 집권 세력 내부의 균열로 인해 역사의 무대에서 퇴출당했던 박정희는 1997년 말의 외환위기와 2012년의 대통령 선거를 거치면서 화려하게 부활했다. 2012년의 대선 결과가 역사의 법정에서 박정희에게 준 최종판결일 수 있을까? 프랑스에서도 혁명 후 나폴레옹이 스스로 황제가 되는 일이 벌어졌고, 최초의 대통령으로 선출되었던 그 조카 루이 나폴레옹도 '국민투표'를 거쳐 또다시 황제가 되었다.

프랑스 마지막 황제의 출현을 보면서 마르크스는 인간이 과거로부터 조건 지어지고 넘겨받은 환경 속에서 역사를 만드는 것이라고 말했다. "모든 죽은 세대의 전통은 악몽과도 같이 살아 있는 세대의 머리를 짓누르고 있다"는 것이다. 황제 나폴레옹의 동상이 거꾸러져 산산조각이 나기 위해 조카 루이 보나파르트의 어깨에 황제의 망토가 걸쳐져야 했던 것처럼, 박정희의 향수도 또 어떻게든 한 번은 소비되어야 했다. 역사의 법정에서 박정희와 김재규가 제대로 마주 서게 되는 것은 그 후에야 가능할 것이다. 지금은 대중들에게 자신이 왜 박정희를 쏘았는지를 이야기할 기회조차 제대로 갖지 못한 채 형장의 이슬로 사라진 김재규의 재평가를 위한 준비를 시작할 때다.(한홍구, 앞의 책)

○ 박정희의 권력의지와 지지세력의 무지한 충성

1948년 10월 국방부는 여수순천사건에 관련된 장교 및 사병 1천여 명을 검거하였다. 조사는 3개월 이상 지속되었고, 1949년 2월 8일부터 군법회의가 열렸다. 그해 2월 13일까지 이어진 군사재판에서 총 73명이 유죄판결을 받았다. 제15연대장 최남근에게 총살형이 선고된 것을 필두로, 김학휴・조병건・박정희・백명종 등 4명에게는 무기징역형이, 그밖에는 15년부터 5년까지의 징역형이 선고되었다.(『경향신문』1949. 2. 17.) 그러나 중죄인 박정희는 무사하였다. 직속상관인 육군본부 정보국장 장도영이 정일권・백선엽 등 만주군 출신들과 작당하여 구명운동을 벌였다. 박정희 역시 만주군 출신의 수사관 김창룡에게 옛 동지들, 즉 군 내부에서 암약하던 남로당원의 명부를 넘겨주고 목숨을 구걸하였다.

피값으로 되살아난 박정희는 5・16쿠데타를 일으켰다(1961). 군복을 벗은 그는 대통령 선거에 뛰어들었다(1963). 경쟁자인 윤보선이 박정희의 남로당 경력을 좌시하지 않았다. 그러자 박정희는 자신이 이끄는 '국가재건최고회의'와 '민주공화당'의 이름으로 윤보선을 고소했다. 있지도 않은 허위사실을 윤보선이 유포했다는 것이다.(『동아일보』 1963. 9. 26.) 박정희와 그 휘하세력인 민주공화당 의장 윤치영, 공보부 장관 임성희, 민주공화당 선전부장 서인석, 정치군인 원용덕 등은 여순사건 또는 남로당과 관련해 박정희가 형을 선고받은 적이 없었노라는 거짓말을 일삼았다. 특히 윤치영과 서인석은 박정희 찬양으로 도배된 『민주공화보』를 작성해 전국의 가가호호에 뿌렸다.

박정희 추종세력은 지금까지도 역사적 진실을 외면한다. "그분이 남로당의 중책을 맡았던 것처럼 이름이 올라 있었으나, 당원으로서 활동은 없었다. 인간 관계상 최남근 등과 친하게 지내다가 그들의 포섭공작에 휘말려 술 몇 잔 얻어먹은 것뿐이다." 박정희는 이 거짓말쟁이들 앞에 '반인반신半人半神'의 성인이 되어 황금빛 동상으로 서 있다.(백승종:마을공동체문화연구소 대표. 『한겨레』 2012.11.27.)

5) 민족공동체 분열시키고 동포형제 증오·갈등 부추긴 사람들

(1) 민족공동체의 역사 법정, 민족문제연구소의 『친일인명사전』 발간사

　마침내 「친일인명사전」이 출간되었습니다. 짧게는 이 작업을 위해 편찬위원회가 꾸려진지 18년 만의 일이요, 길게는 반민족행위특별조사위원회가 와해된 지 꼭 60년 만의 일입니다. 이 사실 하나만으로도 「친일인명사전」 간행은 '역사적 사건'이라 할 만한 대역사大役事라 할 수 있을 것입니다.

　돌이켜 보면 참으로 부끄러운 일이 아닐 수 없습니다. 일제의 식민통치 압제로부터 해방된 후 대한민국의 탄생과 함께 당연히 해결했어야 할 친일청산의 과제가 60여 년을 끌어오다가 이제야 「친일인명사전」이라는 이름으로 역사화하는 일단의 작업으로 결실을 맺게 되었습니다. 만시지탄晚時之歎(기회를 놓친 탄식)을 금할 길이 없지만 미래 세대를 떠올릴 때 역사적 청산과 학문적 정리의 단서端緒(일의 실마리·처음·시작)라도 열게 되었다는 점은 다행이 아닐 수 없습니다.

　타율적 개항으로 시작된 한국근대사는 외세의 침탈과 민족적 수난으로 점철되었으며, 결과적으로 식민지배라는 일찍이 겪지 못한 치욕스런 망국의 기록을 남기게 되었습니다. 일제의 가혹한 식민통치에 따른 인적·물적 피해가 가늠하기 힘들 정도였지만, 오랜 역사와 고유한 문화 전통에 대한 자부심도 씻기 힘든 손상을 입게 되었습니다. 따라서 당연하게도 민족사의 굴절과 왜곡의 원인을 외세에서 찾는 피해자 관점의 역사인식이 지배적으로 자리 잡게 되었습니다.

　그러나 이 같은 시각에는 안타깝게도 민족 내부의 자성이라는 성숙한 모습이 결여되어 있다는 문제점을 지적하지 않을 수 없습니다. 외적 원인의 해명에만 치중한 나머지 역사윤리와 정의실현의 측면에서 고백적 자기 성찰에는 소홀하였다는 비판에도 귀 기울여야 할 것입니다.(민족문제연구소의 『친일인명사전』 2009)

　「친일인명사전」 편찬의 문제의식은 바로 여기에서 출발하고 있습니다. 그동안 수많은 종류의 인물사전이 간행되었지만 이처럼 부끄러운 자화상을 가감 없이 담은 사전은 유례가 없었으며 앞으로도 나오기 쉽지 않을 것입니다. 자랑스러운 항일투쟁의 역사 이면에 부일협력附日協力(때로는 조국과 동포에 대한 적극적 반역)이라는 치욕스런 과거도 엄연히 존재하고 있음은 누구도 부인할 수 없는 사실이라 하겠습니다. 이러한 오욕의 역사도 우리의 역사일진대 정확히 기록하고 용기 있게 대면하는 것이야말로 과거를 극복하고 미래로 나아가는 지름길이 될 것이라 믿습니다.

돌이켜 보면 해방공간과 정부수립 직후 친일행위자들의 역사적 죄과에 대해 책임을 묻지 못하게 되면서, 이들이 반성하고 자숙하기보다 오히려 권력의 최고 상층부로 도약하는 어처구니없는 결과를 빚고 말았습니다. 이로 인해 자주독립적 민족공동체로서의 국가의 정통성은 심각하게 훼손되고 최소한의 가치기준마저 무너지게 되었던 것입니다. 상식과 배치되는 퇴행적 현실은, 정의는 칼을 쥔 자의 것이며 역사는 언제나 권력자의 편이라는 자조적인 역사인식을 일반대중에게까지 확산시켰으며, 그 결과 우리사회는 잘못을 잘못으로 인식할 자정능력조차 상실하고 도덕적 불감증이 만연하는 실정에 이르게 되었습니다.

식민지 시절, 민중 착취·수탈과 고문·억압의 침략세력에 적극 협력한 사실을 뉘우치기는커녕, 일본군 장교가 되고 총독부 고등관리를 지낸 것이 무슨 문제냐고 강변하고 오히려 자랑으로 삼는 삐뚤어진 역사인식이 확대 재생산되어 왔음을 부정하기 힘든 현실입니다.

「친일인명사전」은 이 같은 자조적인 역사의식과 역사 허무주의에 경종을 울리고 더욱 성숙하고 올곧은 역사의식과 가치관을 정립하는 데 기여하고자 합니다. 「친일인명사전」의 편찬 목적은 수록된 개개인에게 역사적 책임을 묻고 비난의 화살을 돌리려는 것이 아니라 과거 사실에 대한 정리와 역사화를 통해 우리 사회의 가치 기준을 바로 세우고, 나아가 후대에 타산지석他山之石(다른 사람의 보잘 것 없는 언행일지라도 자기의 지식과 덕망을 연마하는 데에 도움이 된다는 말)과 반면교사反面教師(다른 사람의 잘못이 자기의 올바른 일을 하는 데에 도움을 주는 교훈이 됨)로 삼을 수 있는 역사의 교훈을 남기기 위한 데 있다는 점을 거듭 말씀드립니다.

목적의 정당성에 걸맞게 편찬위원회는 객관성과 엄정성을 갖추기 위해 최선의 노력을 기울였습니다. 수록기준과 수록대상자 확정에도 최대한 신중을 기하였습니다. 장기간에 걸친 폭압적인 지배하에 놓인 개개인의 삶을 쉽게 재단할 수 없었기 때문입니다.

위원회는 먼저 일제강점기의 공문서·신문·잡지 등 3천여 종의 문헌자료를 수집하고 분석했습니다. 이를 토대로 약 250만 건의 인물정보를 데이터베이스로 구축하고, 5천 건의 친일혐의자 모집단을 추출하여 20여 개 분야의 전문분과회의에서 수십 차례의 심의를 거쳤습니다. 이렇게 선정된 인물들을 다시 50여 차에 걸쳐 소집된 편찬상임위원회의 면밀한 검토를 거쳤으며, 최종적으로 지도위원회의 자문을 구한 뒤 편찬위원회 전체회의에서 확정하였습니다.

이 과정에서 수록 기준과 대상자 선정을 두고 위원들 간에 열띤 토론이 수없이 있었습니다. 이 사전이 지니고 있는 남다른 예민성에 유의하지 않을 수 없었기 때문입니다. 최종 단계에서 적지 않은 보류자가 생겨난 것도 이와 무관하지 않다 하겠습니다.

이같이 신중하고 엄격한 검증 절차를 밟았음에도 다수의 이의신청이 말해주듯 이견을 넘어선 항변도 적지 않을 것이라 봅니다. 그러나 피할 수 없는 시대적 과제라면 비록 고통스럽더라도 함께 극복해 나가기를 호소합니다.

「친일문학론」의 저자 임종국 선생은 서문에서 부친의 부끄러운 과거부터 고백했습니다. 저 자신을 포함해서 사전편찬에 참여하고 있는 많은 이들도 선대의 과오에서 전적으로 자유로울 수는 없었지만 힘든 선택을 했습니다. 사적인 아픔보다는 과거에 명백히 존재했던 사실을 그대로 기록하고 평가해야 한다는 역사의 엄중함이 더욱 소중한 가치라고 판단했기 때문입니다.

친일문제는 우리 근현대사의 원죄요 아픈 기억이라 할 수 있습니다. 덮을 수도 외면할 수도 없고 방치할수록 덧나기만 한다면 치유의 길만이 남아 있습니다. 과거 60여 년간 그러했듯 여러 명분과 이유를 들어 이 문제를 또 미루고 회피한다면 역사를 둘러싼 갈등과 대립은 지속될 것이며, 우리의 후손들에게 이 무거운 짐을 계속 떠안기게 될 것입니다. 더구나 우리가 일본의 우경화에 격렬히 반발하고 과거사 반성을 촉구하는 한편으로 이와 표리관계에 있는 우리 내부의 친일문제는 애써 외면한다면, 이는 이중의 잣대이며 자기모순이 아닐 수 없습니다. 이러한 점에서 친일청산은 동북아의 잘못된 과거사를 청산하고 평화의 길을 다져가는 데 있어서도 필수적인 과제라 하겠습니다.

이제 더 이상 과거사의 올무에 매여 있을 수 없습니다. 「친일인명사전」 간행이 친일의 주박呪縛(저주스러운 속박, 저주와 굴레)을 풀고 내일의 역사를 열어갈 첫걸음이 되기를 기원합니다. 우리 모두 역사의 진전을 위해 잘못된 과거를 인정하고 반성하는 용기를 보여줍시다. 그리고 이를 통해 관용과 화합의 새 장을 여는 전기를 마련하기를 진심으로 바랍니다.

이 거대한 '역사물'을 만들어내기까지 많은 분들의 헌신과 인내가 있었습니다. 사전의 성격상 역사학계를 중심으로 정치·경제·사회·문화·예술 등 각 분야의 교수와 학자 150여 명이 편찬위원으로 참여했으며, 분야별 전문가 180여 명이 집필위원으로 함께했습니다. 문헌자료의 수집과 정리·색인·입력·검수 작업에 80여 명의 연구자가 참여했습니다.

다수의 전문 연구자가 오랜 기간 최선을 다했다고 자부하지만 한계도 없지 않다는 점을 말씀드립니다. 예컨대 군과 경찰은 직업의 특성상 자료가 절대적으로 부족한 것이 사실이며, 지방과 해외의 경우 자료수집과 조사연구에 현재의 여건이 충분히 따라주지 못했습니다. 이밖에도 증언을 일일이 자료 확인을 통해 채택할 수 없는 안타까움도 없지 않았습니다. 이러한 점은 앞으로 진행될 편찬사업 과정에서 보완할 것을 약속드립니다.

편찬사업이 첫 성과를 내기까지 참으로 험난한 과정이 있었습니다. 끝이 보이지 않는 작업의 방대함, 외압과 난관 속에 지치고 좌절할 때마다 우리들을 일으켜 세운 분들이 없었다면 사전은 나올 수 없었을 것입니다. 「친일인명사전」 편찬 지지를 선언한 1만여 명의 대학교수들, 2004년 국민모금에서 7억여 원의 편찬기금을 마련해 주신 3만여 명의 국민들, 열렬한 격려와 성원을 보내주신 수많은 시민들, 그리고 끝까지 든든한 버팀목 역할을 다해 주신 민족문제연구소 회원 여러분께 심심한 사의와 경의를 표합니다.

이렇듯 많은 이들의 헌신과 정성을 담아 어렵사리 만들어진 「친일인명사전」은 우리가 걸어왔던 시대를 좀더 객관적으로 올곧게 이해하고 평가하는 기초자료가 될 것으로 기대합니다. 더불어 이 사전이 역사 속에서의 삶이 어떠해야 하는가를 끊임없이 되묻게 하는 '역사의 등대' 역할을 하였으면 합니다. 거듭 이 사전이 간행되기까지 물심양면의 성원을 보내주신 많은 분들과 집필위원을 비롯하여 검수와 편집을 맡아주신 담당자들에게 진심 어린 감사와 경의를 표하며 이 「친일인명사전」이 우리 사회가 한층 성숙한 단계로 나아가는 데 길잡이가 되기를 간절히 기대합니다. 고맙습니다.(친일인명사전편찬위원회 위원장 윤경로 2009년 10월)

(2) 친일인명사전 서문 "참회와 화해의 첫걸음이 되길"

겨레의 열망을 담아 여기 「친일인명사전」을 펴낸다. 상해임시정부 수립 90년, 국권 회복 64년, 반민특위 와해 60년. 이 기나긴 망각의 세월을 딛고 국치 100년을 한 해 앞둔 지금에 이르러서야 오욕의 역사에 대한 진정한 참회록을 품에 안게 되었다. 민족 문제연구소가 역사정의 실현의 기치를 높이 세운 지 실로 18년 만이다. 1999년 「친일인명사전 편찬 지지 전국 대학교수 1만인 선언」은 지식인 사회의 민족사 정립에 대한 열망을 확인시켜 주었으며, 이를 기반으로 2001년 친일인명사전편찬위원회가 출범하고 본격적으로 편찬사업을 추진하게 되었다. 그간 역사의 일꾼을 자임하는 많은 연구자들이 열악한 여건 속에서도 지칠 줄 모르는 열정으로 자료를 수집하고 분석하며 치열한 논구를 계속해왔다.

이 사전은 지난 한 세기에 대한 각 분야 전문가들의 학문적인 연구 성과의 총체적인 집적이라 할 만하다. 그렇다고 이를 온전히 학계의 몫으로 돌리기에는 시민사회의 역할이 너무도 커 보인다. 실천운동이 학술연구를 추동한 측면을 간과할 수 없을 뿐더러, 민주주의의 성장으로 국민의식이 성숙한 바탕이 있었기에 가능했기 때문이다. 나아가 인류사회의 보편적인 가치인 반전평화, 반파시즘, 인종과 신앙차별 반대 등 20세기 말 형성된 인도주의 원칙도 이 거대한 성취의 보이지 않는 밑거름이 되었다.

인류사회가 추구해야 할 이상적인 목표가 평화공존의 국제관계 구축과 자유·평등·박애의 실현을 위한 민주주의의 정착이라면, 이를 구현하는 기본 단위는 아무리 세계화를 부르짖어도 여전히 국토와 국민과 국권을 갖춘 '국민국가'일 수밖에 없다. 국민국가가 가져야 할 기본은 밖으로는 외침을 막아내고 민족자존을 유지할 수 있는 민족주체성에 입각한 국방력이며, 안으로는 소수 지배층이 아닌 국민 절대 다수의 민생과 복지의 실현이다. 그러므로 이를 저해한 반민족행위자에 대한 숙정은 식민지배를 경험한 '국민국가'에서 응당 가장 우선적으로 치러야 할 범국민적인 책무일 것이다. 과거청산이 불가피한 과제라고 한다면 「친일인명사전」은 유보된 숙정을 가장 온건한 형태인 역사적 청산과 학문적 정리로 풀어낸 최소한의 통과의례라 할 수 있겠다.

이 사전 앞에서 우리는 정파적 목적이나 현실적 이해관계의 벽을 넘어 어떠한 편견도 배제하고 하나의 겨레로 만나야 한다. 여기에는 남북은 물론이고 해외 동포도 다 포함된다. 제국주의 침략전쟁과 천황제 파시즘에 협력한 사실에 대한 우리 민족 내부의 진지한 자성은 동아시아 전체의 과거청산과 평화정착에도 기여해 공동의 번영을 구가할 수 있는 계기를 마련해 줄 것이다.

이 사전이 민족사에 대한 반성을 전제하고 있다면 우리 모두는 겸허하게 반성의 주체가 되어야 하리라고 본다. 이 사전이 수록대상자만을 단죄하기 위해서 만들어진 것도 아니며, 제외되었다고 해서 면죄부가 주어지거나 오욕의 역사로부터 해방되었다는 사실을 의미하지도 않기 때문이다. 윤리적으로 냉혹하게 말한다면 나라 잃은 시대에 생존했다는 그 자체가 나라를 지키지 못한 원죄로부터 자유로울 수 없는 숙명이기도 한 것이다. 따라서 역사의 치부를 드러내는 사전 편찬은 우리 민족공동체 전체의 총 참회적인 성격을 지니고 있다고 보아야 할 것이다. 그 참회를 여기 오른 이름들이 대행해 주고 있다는 뜻이기도 하다. 덧붙이면 편찬위원회와 민족문제연구소가 앞으로도 계속 이 사전을 수정·보완해 나가야 할 숙제를 안고 있다는 의미이기도 하다.

다른 한편으로 이 사전에 등재된 이들의 유족이나 연고자들에게 깊은 유감을 표시하면서 위로의 말씀을 드린다. 관련자들의 고뇌와 번민을 고려하면 착잡하기 이를 데 없다. 그러나 역사 앞에서 우리 모두 겸허하고 냉철해져야만 한다. 친일행위에 대한 참회는 당연히 당사자의 몫이어야 하지만 대다수의 경우 시대의 흐름 속에 묻히고 만 것이 현실이다. 이제 역사의 평가는 자칫 후손이나 연고자들에게까지 영향을 미칠 수도 있으며 그 대응 또한 남은 자의 몫이 되고 말았다. 경우에 따라 식민지 현실에 대한 이해의 차이도 있을 수 있으며 입증하기 힘든 억울함도 있을 수 있다. 혹 이를 기화로 친일행위를 합리화하거나 식민 잔재 청산을 반대하는 우를 범하지 않기를 기대한다.

더구나 해방 이후 독재체제나 군사정권에 야합한 행위를 민족과 국가를 위해 헌신했다고 강변하면서 친일행위의 상쇄를 주장하는 일은 도리어 오명을 더하는 길이 될 수도 있을 것이다. 앞 세대가 남긴 영예만 취할 것이 아니라 과오도 인정하면서 후대가 역사와 사회 정의실현에 동참하는 자세야말로 오히려 바람직한 극복의 방법이 되리라 믿는다.

사전 편찬에 참여한 연구자들이 등재된 인물들에 대해 선입견을 가지지 않았음은 두 말을 필요로 하지 않는다. 오로지 객관적인 사료에 근거하여 엄정하게 기록했을 따름이다. 연구자들은 대상자 개개인을 자신의 조선祖先을 대하듯이 유의하여 분석했다. 그 가혹했던 시대의 불가피한 정황을 연구자들은 누구보다 절실히 인식하고 있으면서도 민족사적인 수난을 증언하는 어려운 입장에 서야만 했다. 한 개인의 삶에 대한 역사적 평가를 내리는 작업인 만큼 신중에 신중을 기했지만 어쩌면 지엽말단적인 착오나 오류가 없지 않을 것이다. 사소한 흠을 빌미삼아 대의를 훼손하고 소모적인 논란을 야기하려는 시도가 없기를 간절히 바라마지 않는다.

편찬사업에 참여한 모든 이들은 「친일인명사전」이 우리 민족사의 이정표가 되기를 기대하고 있다. 더불어 불행했던 우리 역사의 한 시기를 정리하고 새 시대를 열어갈 계기가 되기를 소망한다. 그리하여 민족사의 비원이 담긴 이 사전이 해원解冤의 터가 되고 상생相生의 초석이 되기를 갈망한다. 이 같은 진정성을 비판자들도 이해해 주기를 간절히 바랄 따름이다.

아직도 많은 과제가 남아 있다. 이 사전은 식민지시기에 관한 방대한 연구 총서의 일환이다. '인명편'에 이어 '단체·기구편'과 '자료편' 그리고 '도록'도 출간할 예정이다. 앞으로 가야 할 기나긴 도정이 기다리고 있다. 동시에 역사관을 건립하여 그간에 축적된 연구 성과와 자료를 사회에 환원시킬 준비도 갖추어야 한다. 전시와 교육을 통해 미래 세대의 역사의식을 고양하고 범국민적인 윤리의식으로 승화시키는 단계에 이르도록 노력해야 된다. 이 모든 과제들이 이 시대를 선도하는 깨어있는 자의 어깨에 걸려 있다 하겠다.

끝으로 사전 발간 주역들의 충정을 가슴에 되새기고 싶다. 고개 숙여 감사드리고 싶은 첫 대상은 민족문제연구소 회원들이다. 5천여 회원들의 뜨거운 지지와 성원이 지속되지 않았다면 이런 작업은 불가능했을 것이다. 그리고 사전 연구 작업이 예산문제로 곤경에 처했을 때 격려와 함께 성금을 내주신 수많은 시민들을 결코 잊을 수 없다. 또 어려운 조건 속에서도 한결같았던 내외 연구자들과 상근일꾼들의 신념과 헌신을 오래 기억하고 싶다. 출간 뒤 이 사전의 운명은 곧 우리 민족사의 성쇠와 함께할 것이다. 이 사전이 반향 없이 묻히게 되면 우리 민족의 미래는 암담할 것이고, 길이 빛나서 국민의 사랑을 받으면 우리 민족의 장래는 찬연할 것이다.

이제 우리는 「진연구 대국민盡研究待國民」의 자세로 민족의 피와 땀과 눈물이 담긴 이 사전을 세상에 내놓는다. 역사여, 이 사전에 축복이 가득하기를! (민족문제연구소 소장 임헌영 2009년 10월)

(3) 반민족 영향력이 컸던 언론·교육·병역을 통한 친일협력자 사례

① 신문·잡지·방송을 통해 민족 동포들의 여론을 친일로 왜곡·세뇌

친일인명사전에 등재되는 언론인은 모두 다섯 부류다. 첫째는 친일단체 기관지의 발행인과 편집인이다. 1904년부터 1945년까지 존속한 수많은 친일단체들은 각기 신문·잡지 등의 기관지를 발행했다. 이 중에서도 통감부나 조선총독부의 한국지배를 당연하게 여기는 논지를 편 대표적 언론으로『국민신보』와『시사평론』을 들 수 있다. 이들 언론의 간부와 주요 집필자는 대개 친일단체 활동으로 분류되기 때문에 언론 분야에서는 신문지법에 규정된 발행인과 편집인으로 수록대상자를 한정했다.

『국민신보』는 한말 최대의 친일단체였던 일진회의 기관지로서 1906년 1월 6일에 창간되었다. 일진회 간부들이 사장과 주필을 맡은『국민신보』는 일제의 대한對韓 정책과 통감부의 한국 통치를 지지·옹호했다. 특히 1909년 12월 4일 일진회가 순종황제와 내각·통감부·일본 정부에 건의한 「정합방성명서」를 지면에 게재하여 한국을 일본에 합병시키자는 운동을 전개했다. 이후 1910년 3월까지 일진회의 합방청원운동에 찬동하는 유생·군인들의 건의안과 편지를 계속 게재하고 이에 반대하는『대한매일신보』와『황성신문』등을 맹렬하게 비난했다. 1910년 10월 11일 일진회가 해체될 때 함께 폐간되었다. ('합방' 호칭은 '강제'가 아니고 양국 정부 '합의로 병합'된 것처럼 왜곡시켰다.)

『시사신문』은 1920년 4월 1일에 창간한 국민협회의 기관지다. 1920년 1월에 출범한 국민협회는 조선독립을 부정하는 신일본주의를 내걸고 참정권청원운동을 펼쳤다. 참정권청원운동은 조선은 일본의 한 지방이며, 조선인은 일본국민의 구성요소 중 하나이므로 조선인에게도 일본인과 동일한 정치적 권리를 제공해야 한다는 운동이다.『시사신문』은 사장이자 국민협회 회장인 민원식의 사재 출연과 조선총독부의 지원으로 발행되었다. 1921년 2월 민원식이 양근환에게 죽임을 당한 뒤『시사신문』은 재정난으로 휴간했다.『시사신문』은 월간잡지『시사평론』으로 바뀌어 1922년 4월부터 1928년 1월까지 발행되었다. 이후 1930년 2월 1일 국민협회는 다시 일간으로『민중신문』을 창간하여 1930년대 말까지 간행했다.

두 번째 수록대상자는 국책 기관지의 신문제작과 논설 책임자들이다.『매일신보』·『경성일보』·SEOUL PRESS·『만선일보』등이 대표적이다. 조선총독부의 일본어와 영어판 기관지인『경성일보』·SEOUL PRESS의 간부는 모두 일본인이었다. 조선총독부는 한국을 병합하자마자 항일언론인『대한매일신보』를 매수하여『매일신보』로 고치고 기관지로 삼았다. 처음부터 발행인 겸 편집인을 한국인이 맡았으나『매일신보』편집부는『경성일보』의 편집국의 한 부서로 예속되어 있었다. 1920년에『매일신보』편집국으로 독립하고 논설부 등 5개 부서를 설치했다. 1929년에 한국인 편집국장이 처음으로 임명되었고, 1938년 4월 주식회사 매일신보사를 설립하면서 경성일보사와 분립했다.

한편 일본의 괴뢰국인 만주국에서도 '국책적 견지'에서 만주에 거주하는 1백만의 조선인을 독자로 하는 신문을 발간했다. 1933년 8월 25일 관동군참모부의 주도로 한글판『만몽일보』를 만주국 수도 신징新京에서 창간했다. 자본금 30만 원의 법인체로 출발한『만몽일보』의 1934년 발행부수는 3만 8000부에 이르렀다. 1936년 만주홍보협회가 결성되어 신문과 통신의 통제에 나섰다. 이에 따라『만몽일보』는 간도에서 발행되던『간도일보』를 통합하여 간도판을 따로 발행하면서 만주국 유일의 한글신문이 되었다. 1937년 10월 21일부터『만선일보』로 제호를 고쳤다.

세 번째 수록 대상자는 경성방송국의 간부들이다. 경성방송국은 1927년 2월 16일 출범했다. 개국 당시 일본어와 조선어를 함께 방송했으나 1933년 4월 26일부터 일어방송을 담당하는 제1방송과와 조선어방송을 전담하는 제2방송과로 이중방송을 실시했다. 조선어방송에서 조선의 민요와 동요·국악 프로그램을 방송하기도 했지만 주로 일본의 식민지 통치를 뒷받침하고 침략전쟁 수행을 위한 홍보 도구로 기능했다. 특히 일제가 태평양전쟁을 도발한 이후에는 연예와 오락프로그램을 거의 폐지하고 전쟁보도에 방송의 사명을 두었다.

네 번째 수록 대상자는 친일 논조를 생산한 신문·잡지의 책임자들이다. 창간 초기에는 민족적 색채나 비정치적 태도를 취했지만 1937년 중일전쟁 이후 일제의 언론통제정책에 굴복한 언론과 내선일체 구현이나 전쟁협력에 목적을 두고 1940년 전후에 창간된 잡지들이 이에 해당한다.『동아일보』『조선일보』『삼천리』『조광』등이 전자에 속하며『동양지광』『내선일체』『신시대』『춘추』등이 후자에 해당한다.

『삼천리』는 1926년 6월 창간하여 1943년 3월에 폐간된 월간 종합잡지다. 일제가 추진한 국민정신총동원운동에 적극 협조하면서 창씨개명을 장려하고, 지원병과 징병에 솔선해서 참여할 것을 독려했다. 1941년 8월 삼천리사 주최로 각계 유지 2백 명을 초빙하여 2천 4백만 민중이 자발적으로 「반도를 병참기지화하는 방안을 협의하기 위한 임전대책협의회」를 개최했다. 곧 임전대책협력회로 이름을 바꾼 임전대책협의회는 일제의 침략전쟁에 모든 조선인을 끌어들이는 것을 목적으로 한 「조선임전보국단」의 결성에 산파역을 했다. 1942년 5월 "아세아의 역사적 대전환을 계기로 내용을 일층 쇄신하여 방가邦家의 숭고한 국책에 매진"하기 위해 『대동아』로 이름을 고쳤다.

『조광』은 1935년 11월 『조선일보』의 자매지로 발간된 월간 종합잡지다. 1944년 12월 통권 110호로 종간되었다가 해방 후인 1946년 3월에 복간되었다. 발행 초기에는 순수 문예 창작물이 주로 실렸지만 1940년 4월 발행 주체를 조광사로 바꾼 뒤부터 일제의 침략전쟁에 적극 동조하고 내선일체를 강조하는 글이 대부분을 차지했다. 1940년 10월호를 '시정30주년기념호' 특집으로 꾸며 역대 총독의 업적을 나열했다. 또 사설에서 "내선일체 정책의 강화로 민족융합의 이상적 경지로 매진하기 위해 국내 체제를 정비하자"고 주장했다.

1940년 11월 창간 5주년을 맞이해서 사장 방응모는 "시국인식을 강화하여 일본이 중심이 된 세계 신질서를 건설하며 종래의 자유주의 개인주의를 지양하고 전체주의적 방향으로 나가야 한다"고 주장했다. 1942년 5월 조광사 주최로 지원병훈련소에서 '징병령과 지원병의 결의' 그리고 '징병령과 반도, 어머니의 결의'라는 좌담회를 개최했다. 1944년 1월호 권두언 「성수무강聖壽無疆」에서는 천황의 은혜를 칭송했다.

『동양지광』은 1939년 1월에 창간된 월간 잡지로서 1945년 5월에 종간했다. 창간사인 「창간에 제하여」에서 "이번 동지와 함께 궐연히 일어나 동양지광사를 흥興하고, 기관지로서 월간 『동양지광』지를 창간하기에 이른 것도 필경 내선일체 구현에 대한 일본정신 앙양의 수양도장 하나를 제공하는 것에 지나지 않는다"고 밝혔듯이 내선일체 구현을 통한 일본정신의 앙양에 창간 목적을 두었다. 동양지광사를 주최로 하여 일제의 정책을 선전하는 강연회나 전람회 등을 개최했다. 예를 들어 1941년 12월 반도호텔에서 미·영 타도좌담회를 개최했다. 1942년 3월호에는 '싱가폴 함락에 부친다'는 일제의 전승戰勝을 축하하는 메시지를 모아 특집으로 게재했다. 또 조선징병제 실시가 결정되자 1942년 6월호에 '징병에 젊은이의 감격'이라는 특집을 편성했다.

1940년 1월에는 월간 잡지 『내선일체』가 창간되어 1944년 10월까지 발행되었다. 『내선일체』의 발행 주체는 1939년 8월에 설립된 내선일체실천사로서 "황도정신 발양, 내선일체구현, 내선결혼 창도唱導 실천, 총후 후원 강화, 일본어 보급 철저" 등을 강령으로 내걸었다. 『내선일체』는 「창간의 말」에서 "빛나는 기원 2천 6백년(1940년) 벽두부터 내지식內地式 씨제氏制로 이성양자제도異姓養子制度가 실시된 것은 반도 통치사상 획기적인 치적이고, 확실히 내선일체의 완성에 박차를 가하게 된 것이다. 우리 동포들은 일억일심一億一心, 건국의 이념인 팔굉일우八紘一宇의 구현에 노력"할 것을 강조했다.

또 내선일체실천사를 창설하고 기관지『내선일체』를 발행하는 이유를 "총독의 의義 체體하고 내선일체의 실實을 구현하기 위한 것"으로서 "내선일체의 구현은 동아 신질서의 건설을 속성시키는 첨병"이라고 주장했다. 이어 매호마다 '내선일체의 실천화'를 선전하는 글을 발표했다. 또 내선일체실천사는 내선일체의 구체적 실현방책으로서 사내에 내선결혼상담부를 두고 일본인과 조선인의 결혼을 장려했다.

『신시대』는 1941년 1월에 창간되어 1945년 2월에 통권 45호로 종간한 잡지다. 일제의 "대동아공영을 이루기 위한 세기적 대전환기에 필요한 신시대의 대중교양"을 표방하면서 "시국하 반도민중에게 필요한 일체의 국민지식과 훈련과 사상의 보급, 전달을 꾀하려고 생긴 획기적인 종합잡지"라고 선전했다. 창간호 첫 장부터 일본 천황 부부의 '성수무강'을 기원하는 사진을 실었다. 또 창간호 연두사에서 "아등은 사변을 완수하고 생산을 확충하고 군비를 확충함에 일층 전 노력을 바쳐야" 할 것을 천명했다. 매호 표지마다 "내선일체 국방국가건설 일억일심"이라 새긴 도장을 찍었다.

1941년 6월에 반도호텔에서 조선악극단朝鮮樂劇團의 황군위문에 관한 좌담회를 개최했다. 1942년 7월에는 '징병제 실시의 의의와 반도의 책무'에 관한 좌담회를 개최하고 8월호에 실었다. 1948년에 발간된『친일파군상』은『신시대』를 "(일본) 군부의 지시로 박문서관 주인이 주재하여 간행한 월간지"로서 "창간부터 전쟁협력, 전쟁교육열의 고취에 열중하였다"는 평가를 내렸다.

『춘추』는 1941년 3월에 창간된 종합잡지로서 1944년 10월까지 통권 39호를 발행한 뒤 종간했다. 창간호에는 권두언에 해당하는 「근봉하신년」과 「기원무운장구」를 첫머리에 배치하고 이어서 조선총독과 조선군사령관의 신년사와 훈시를 게재했다. 「근봉하신년」에서 창간호의 제일성으로서 "국체명징·서정쇄신·선만일여·농공병진·교학쇄신의 모든 시책이 우수한 성과를 거둬가고 그 중에서도 지원병제도·창씨개명의 획기적 사실 등은 모두가 내선일체의 구현"이며, 앞으로 "2천 3백만 대중이 협심하여 국민정신 앙양과 국가총력 발휘에 그 소임을 다할 각오를 새롭게" 할 것을 강조했다. 이후 종간할 때까지 일제의 식민정책과 침략전쟁을 지지하고, 지원병과 징병을 독려하며 찬양하는 논설과 기사를 매회 게재하였다.

다섯 번째 수록대상자는 특정한 언론에 소속되지 않은 채 저널리스트로서 활발한 언론 활동을 펼치며 일제의 식민통치와 침략전쟁에 적극 협력한 인물들이다.

② 학교라는 제도교육과 교과서를 통해 완벽한 일제의 충신 양성에 진력

교육·학술계 친일행위의 핵심은 일제의 지배정책과 침략전쟁의 논리를 옹호 또는 형성하고, 이를 대중들에게 확산시키는 데 있다. 이러한 행위가 우리 민족에게 끼친 해악은 어떤 분야보다도 컸다. 1948년 9월 22일 법률 제3호로 제정된 「반민족행위처벌법」에서도 교육·학술계 친일인사를 "종교·사회·문화·경제 기타 각 부문에 있어서 민족적인 정신과 신념을 배반하고 일본침략주의와 그 시책을 수행하는 데 협력하기 위하여 악질적인 반민족 언론·저작과 기타 방법으로써 지도한 자"(제4조 11항)로 규정하고 이들에 대해 "10년 이상의 징역에 처하거나 15년 이하의 공민권을 정지하고 그 재산의 전부 혹은 일부를 몰수할 수 있다"(제4조)고 처벌 조항을 명시했다.

이에 따라 친일인명사전은 교육·학술계의 역사적 책임을 엄중히 묻는다는 취지하에 다섯 가지 범주로 나누어 교육·학술계의 수록 대상을 선정했다.

1. 교육·학술계에 종사하면서 일제의 식민지배 이론을 합리화하고 이를 확산시키는 데 앞장선 자
2. 각급 교육기관과 각종 교육·학술단체의 설립자·책임자·운영자로서 전쟁동원을 독려한 자
3. 고등관 이상의 교육 관리
4. 조선사편수회(반도사편찬사업·조선사편찬위원회)의 편수활동에 지속적으로 참여한 자
5. 좌담·강연 등을 통해 일제의 식민통치와 침략전쟁에 적극 협력한 자

이들은 교육·학술계 수록대상자를 포괄하는 범주로서 일제의 식민지배 이론을 합리화하고 이를 확산시키는 데 앞장선 인물이다. 내선일체론·동조동근론·황국신민화론·대동아공영권론 등은 일제가 만들어 조선인에게 강요한 논리지만, 이러한 논리를 내면화하여 조선인에게 선전한 지식인들이 이에 속한다.

두 번째는 각급 교육기관과 각종 교육·학술단체의 설립자·책임자·운영자로서 학생들에게 전쟁터에 나가도록 독려한 인물이다. 중일전쟁 이후 일제의 침략전쟁이 확대되면서 전황이 악화되자 일제는 조선인 학생을 전쟁에 동원하는 데 전력을 기울였다. 1938년 2월 조선인에 대해 지원병제도를 실시한다는 것이 발표되면서부터 학생들을 전쟁터로 동원하는 데 교육자들이 적극 나서기 시작했다. 이러한 현상은 1942년 5월에 이르러 1944년부터 조선에서도 징병제를 실시한다는 방침이 확정되고 이어 1943년 8월 해군특별지원병제도, 1944년 1월 학병제도가 시행되면서 더욱 강화되었다. 특히 1942년 이후 전

황이 극도로 악화되고 있었기 때문에 전쟁터로 나간다는 것은 바로 죽음을 뜻했다.

③ 동아일보 사장이자 보성전문학교 교장 김성수의 친일행각

김성수金性洙(1891~1955)는 1891년 10월 11일 전라북도 고창에서 태어났다. 호는 인촌仁村이다. 1906년에 전라남도 창평 영학숙英學塾에서. 1907년에는 내소사에서 공부했다. 1908년 10월 도쿄東京 세이소쿠正則영어학교에 입학했다가 1909년 4월 도쿄 긴조錦城중학교 5학년에 편입했다. 1910년 4월 와세다早稻田대학 예과에 입학한 뒤 이듬해 같은 대학 정경학부로 진학했다가 1914년 7월에 졸업했다.

1915년 4월 중앙학교를 인수하여 1917년 3월에 교장에 취임했다. 이해에 경성직뉴주식회사를 인수하고 경영했다. 1918년 3월 중앙학교 교장을 사직했다. 1919년 3·1운동시에는 고향 고창에 돌아가 지낸 것으로 알려져 있다. 1919년 10월 조선총독부로부터 경성방직 설립 인가를 받았고, 동아일보 설립에 주도적으로 참여했다. 1920년 7월부터 동아일보 사장으로 일했다. 1921년 7월 조선인산업대회 발기총회에서 위원으로 선출되었다. 같은 해 9월 동아일보가 주식회사로 전환하면서 사장을 사임하고 취체역으로 활동했다. 동아일보를 매개로 1922년 11월부터 물산장려운동에 참여했고, 1923년 3월 조선민립대학기성회 회금會金 보관위원으로 활동했다.

1924년 4월 동아일보 취체역을 사직했으며, 같은 해 9월 고문으로 동아일보에 복귀했다. 이어 1924년 10월부터 동아일보 사장으로서 전무와 상무를 겸하다가 1927년 10월에 사임했다. 1928년 3월 경성방직 이사에서 물러났다. 1931년 9월 중앙고등보통학교 교장에 취임했다. 1932년 3월 보성전문학교를 인수한 뒤 1932년 6월부터 1935년 6월까지 보성전문학교 교장으로 활동했다. 그해 5월 중앙학교 교장을 사임했다. 1935년 3월 「조선문화 향상을 위해 도서출판의 진흥을 도모한다」는 취지로 설립된 조선기념도서출판관의 관장 겸 이사로 추대되었다. 1935년 11월 경기도청의 주도로 「경기도내의 사상선도와 사상범의 전향 지도 보호」를 목적으로 조직된 소도회昭道會의 이사에 선임되었다. 1936년 11월 '일장기말소사건'의 여파로 동아일보 취체역에서 물러났다.

1937년 5월 보성 전문학교 교장으로 다시 취임했다. 같은 해 7월에 일어난 중일전쟁의 의미를 널리 확산시키기 위해 마련된 경성방송국의 라디오 시국강좌를 7월 30일과 8월 2일 이틀 동안 담당했다. 같은 해 8월 경성 군사후원연맹에 국방헌금 1000원을 헌납했다. 같은 해 9월 학무국이 주최한 전조선시국강연대의 일원으로 춘천·철원 등 강원도 일대에서 시국강연에 나섰다. 1938년 7월 일제 총독부가 주도한 국민정신총동원조선연맹 발기에 참여하고 이사를 맡았다. 같은 해 8월 경성부 방면위원, 10월 국민정신 총동원조선연맹이 주최한 비상시국민생활개선위원회의 의례 및 사회풍조쇄신부 위원으로 임명되었다.

1939년 4월 경성부내 중학교 이상 학교장의 자격으로 신설된 국민정신총동원조선연맹의 참사를 맡았다. 1941년 5월 조직된 국민총력조선연맹의 이사 및 평의원을 지냈다. 같은 해 8월 흥아보국단 준비위원회 위원 및 경기도 위원을 지냈다. 이어 9월 조선임전보국단의 발기에 참여하고 10월에 감사로 뽑혔다. 1941년 조선방송협회 평의원과 조선사회사업협회 평의원도 겸했다.

조선에서 징병제 실시가 결정되자 1943년 8월 5일자 『매일신보』에 「문약文弱의 고질痼疾을 버리고 상무기풍 조장하라」는 징병격려문을 기고했다. 이 글에서 징병제 실시로 비로소 조선인이 명실상부한 황국신민으로 되었다면서 지난 오백 년 동안 문약했던 조선의 분위기를 일신할 기회를 얻었다고 주장했다. 이어 상무 기풍을 조장하여 문약한 성질을 고치기 위해서 인고·단련할 것을 청년들에게 요구했다.

징병제 실시를 기념하여 「선배의 부탁」이라는 특집란에 실린 김성수의 대표적인 친일논설. 『매일신보』 1943년 8월 5일

그리고 이를 실천할 지름길로서 '황국신민의 서사'의 정신을 온몸으로 체득할 것을 당부했다. 10월 20일 조선에 학도지원병제가 실시된 이후 보성전문학교의 지원율을 높이기 위한 각종활동에 나섰다. 같은 해 11월 6일 매일신보사가 주최하는 '학도출진을 말하

는 '좌담'에 참석하여 지원율이 저조한 이유를 조선인의 문약한 성질에서 찾았다.

1943년 11월 7일자『매일신보』에 「대의에 죽을 때 황민됨의 책무는 크다」라는 글을 게재했다. 이 글에서 "의무를 위해 목숨을 바치라"고 독려했다. 여기에서 말하는 의무는 "대동아 성전에 대해 제군과 반도 동포가 가지고 있는 의무"로서, 살아오면서 받은 국가·가정·사회의 혜택에 보답하는 것이다. 만약 학병에 지원하지 않아서 '대동아건설'에 참여하지 못한다면 제국의 제일분자로서 '내지'와 조금도 다름없는 대우, 곧 권리를 받지 못할 것이라 경고했다. 게다가 권리를 주장하여 의무를 지는 서양과 달리 동양은 의무를 다함으로써 필연적으로 권리가 생기는 것임을 강조했다.

일본인은 3000년 동안 의무를 수행하여 권리를 얻었지만 조선인은 단시일이라도 '위대한 의무'를 수행함으로써 일본인의 오랫동안의 희생에 필적할 수 있다고 보았다. 그 의무는 "제군이 생을 받은 이 반도를 위하여 희생"하는 것, 곧 죽을지도 모르는 학병에 지원하는 것이었다. 11월 20일 학병지원 마감일을 맞이해서는『경성일보』에 학병 미지원자는 모두 원칙대로 징용되어야 한다는 입장을 밝혔다. 12월 7일에는 학병들이 남아 있는 가족 걱정으로 전투할 때 지장을 받지 않도록 후방에서 군인원호사업에 힘쓸 것을 강조했다.

특히 당시 징병의 구체적 목적은, 일본제국의 군대가 침략·점령한 만주대륙의, 영하 30~40도의 살인적인 추위의 고산준령 설산에서 조국 해방을 위해 싸우던 독립군을 토벌하기 위한 동족 살육의 전쟁터로 내몰려는 명백한 「민족 반역의 길」이었다.

12월 10일 징병검사를 맞이하여『매일신보』에 「학병을 보내는 은사의 염원」을 밝히면서, 한 사람도 주저함 없이 "광영스러운 군문으로 들어가는" 징병검사에 나설 것을 촉구했다. 12월 17일 보성전문학교의 학도지원병 예비군사학교 입소식에서 "제군은 세계무비의 황군의 일원의 광영을 입게 되었으니 학도의 기분을 버리고 군인의 마음으로 규율 있는 생활을 하라"고 훈시했다.

해방 후, 1945년 9월 미군정청 한국교육위원회 위원으로, 10월 미군정청 한국인고문단 의장으로 활동했다. 이제 다시 이어진 점령외세하에서 출세의 길을 걷게 되었다. 1946년 1월 동아일보 사장에 다시 취임했고, 송진우의 사망으로 공백이 된 한국민주당 수석총무로 선출되었다. 같은 해 2월에 보성전문학교 교장을, 1947년 2월에는 동아일보 사장을 사임했다. 1949년 2월 민주국민당을 창당하고 최고위원으로 선출되었다. 같은 해 7월 동아일보 고문이 되었다. 1951년 6월 대한민국 부통령으로 선출되어 1952년 5월까지 활동했다. 1955년 2월 18일에 사망했다. 1962년 대한민국 건국공로훈장 복장複章이 추서되었다.

④『조선일보』와『조광』을 통해 일본제국에 보도보국한 방응모의 충성

 방응모方應謨는 1884년 1월 3일 평안북도 정주에서 태어났다. 호는 춘해春海이며, 뒤에 계초啓礎로 고쳤다. 16세 때까지 서당에서 한학을 익혔다. 1911년 잠시 교편을 잡았다가 정주읍내 변호사 사무소에서 1914년까지 대서업에 종사했다. 1915년 살던 집을 이용해 여관업을 시작했다. 1922년 6월『동아일보』정주분국을 인수한 뒤 지국으로 승격되자 정주지국장에 임명되었다. 같은 해 7월 여성들의 사회참여와 평등권 신장을 위해 여자교육회를 열었다. 정주군 수해구제회를 결성하여 봉사활동도 펼쳤다. 1923년 4월 조선민립대학기성회 정주준비회 집행위원으로 활동하다가 5월에 조선민립대학기성회 정주지방부가 설립되자 상무위원을 맡았다.

그는 금광개발에 뛰어들어 1924년 평안북도 삭주의 교동광업소를 인수하고 경영을 확대하여 굴지의 광산업자로 성장했다. 1927년 5월『동아일보』정주지국 지국장에서 물러나 고문을 맡았다. 1930년 3월 정주에서 평안북도 도평의회원 선거에 입후보했으나 낙선했다. 1932년 교동광산을 135만원이란 거액에 일본 중외광업주식회사에 매각했다.

1932년 6월부터『조선일보』영업국장으로 활동하다가 1933년 3월『조선일보』의 경영권을 인수하여 부사장에 취임했다. 같은 달 조선군사령부 애국부에 고사기관총(제16호) 구입비로 1600원을 헌납했다. 같은 해 7월 조선일보 사장에 취임해 1940년 8월 폐간 때까지 재직했다. 10월에는 조선신궁 설립 10주년 기념사업을 진행하기 위한 조선신궁봉찬회에 발기인 겸 고문으로 참여했다. 1934년 3월 조선대아세아협회 상담역에 추대되었다. 이 단체는 조선총독부와 군부의 지원을 받아 조선인과 일본인 합작으로 만들어진 대아시아주의 황도사상단체다.

1935년 10월 잡지『조광朝光』을 창간했다. 1936년 동방문화학원 이사장과 고계학원 이사장에 취임했다. 1936년 8월『동아일보』와『조선중앙일보』가 손기정 선수 일장기 말소사건으로 정간과 강제휴간을 당하자, 경쟁관계에 있던『조선일보』는 전국적으로 발전자축회를 개최하는 등 이를 사세 확장의 기회로 이용했다. 전선지국全鮮支局 시찰에 나선 방응모는 진남포·원산·함흥·청진 등을 전전하면서 자비로 강연회와 좌담회를 개최하였는데, 1937년 2월 원산의 순회강연에서는 "우리 조선일보는 다른 어떤 신문도 따라오지 못하는 확고한 신념에서 비국민적(일본제국 국민이 아닌 듯한) 행위를 단연 배격하여 종국까지 조선일보사가 이미 정해 놓은 방침에 한뜻으로 매진한다"는 망언을 서슴지 않아 참석자들에게 봉변을 당하는 일까지 일어났다.

1937년 5월 조선문예회 제2부 문학위원으로 선출되었다. 조선문예회는 문예와 연예 방면의 교화를 통해 국체명징國體明徵의 정신을 진작하는 것을 목표로 한 단체로서 심전 개발·정신작흥 운동에 앞장섰다.

중일전쟁 개전 직후인 1937년 7월 11일에 열린『조선일보』간부회의에서 주필 서춘 이 '일본군, 중국군, 장개석 씨' 등으로 쓰던 용어를 '아군, 황군, 지나 장개석'으로 고치고 일본 국민의 입장에서 논설을 쓸 것을 주장했다.(여기서 '중국군'은 중국을 점령중인 일본군) 편집국장 김형원과 영업국장 김광수가 이에 반대하자 방응모는 일장기말소사건으로『동 아일보』가 이미 몇 십만 원의 손해를 보았을 뿐만 아니라 3·1운동 때처럼 신문이 민중 을 지도할 수 없다면서 서춘의 입장을 지지했다.

이후『조선일보』지면은 '국민적 입장'으로 변했다는 조선총독부의 평가를 받았고,『조 선일보』안팎의 반발에도 불구하고 이러한 편집방침은 변하지 않았다.『조선일보』지면 의 변화와 함께 방응모도 일제의 침략전쟁을 옹호하는 활동에 나섰다.

1937년 7월 "일반 국민에 대한 황군皇軍 원호 철저, 응소應召 출동이나 개선 군인의 환송·접대" 등의 활동으로 후방에서 군인의 사기를 북돋우기 위해 조직된 경성군사후원 연맹의 위원으로 활동했다. 8월 21일 경성 방송국에서 '극동의 화인禍因된 지나의 배일' 이란 제목으로 "지나는 쓸데없는 배일排日을 일삼아 제국에 도전하여 극동의 평화를 교란 시키므로 일본제국은 극동 화인이 되는 지나의 배일을 절멸케 하여 극동 평화를 확립시 키려 한다"는 내용의 시국강연을 했다.

이 무렵 학무국은 중일전쟁을 계기로 시국인식과 내선일체를 철저히 할 것을 목적으로 8월에 제1차 전조선순회시국강연회를 개최했다. 이 성과를 바탕으로 9월에 조선의 명사 들을 동원하여 각 도별로 제2차 시국강연반을 조직할 때 경기도를 담당했다. 9월 6일 오 전에 의정부 양주공립보통학교 강당에서 「지나사변의 원인과 지나에 대한 세계 열국의 대 세와 금후 국민의 각오」에 대해 열변을 토했으며. 오후에는 연천공립보통학교 대강당에 서 「지나사변과 제국의 결의」라는 주제로 강연했다. 7일 포천에 이어 8일에는 파주 문산 공립보통학교 강당에서 「지나사변과 정부방침」이란 제목으로 강연한 뒤 장단군으로 이동 해 강연했다. 9일 개풍군, 10일 김포군에 이어서 11일 강화 공립보통학교 대강당에서, 12일에는 부천 경인선 소사역 앞 진흥관에서 시국인식을 강조하는 강연활동을 전개했다.

1938년 2월 조선총독부의 언론통제정책에 협조하기 위해 조선 내 일간신문 25개사 로 조직된 조선춘추회에서 발기인 겸 간사로 활동했다. 같은 달 조선지원병제도 제정축 하회 발기인으로 조선에서 육군특별지원병제도가 실시되는 것을 축하했다. 같은 해 7월 "국민정신을 총동원하고 내선일체 전 능력을 발휘하여 국책 수행에 협력하여 성전聖戰의 궁극적 목적을 관철"하기 위해 조직된 국민정신총동원조선연맹의 발기에 참여했고, 그날 결성된 경성연맹 창립총회에서 상담역을 맡았다.

9월부터 조선방공협회 경기도연합지부 평의원을 지냈다. 10월에 국민정신총동원조선연맹이 주최한 비상시 국민생활 개선을 위한 제1회 생활개선위원회에서 제2부(의례와 사회풍조 쇄신부) 위원으로 위촉되었다. 1939년 2월 조선인의 군사동원을 위한 지원병 참가를 독려하기 위해 조직된 경성부지원병후원회 고문에 추대되었다. 7월에 영국 타도를 주장하며 전국 차원에서 적극적 배영운동을 벌이기 위해 결성된 배영동지회排英同志會의 상담역으로 선출되었다.

1940년 3월『조광』발행인으로 취임했다. 10월에는 "국체의 본의에 기초하여 내선일체의 실實을 거두고 각각 그 직역에서 멸사봉공의 성誠을 바치며 협심육력으로 국방국가체제의 완성, 동아 신질서의 건설에 매진"할 것을 목적으로 하는 국민총력조선연맹의 참사로 선출되었다. 1941년 1월 조선일보사의 사명을 동방흥업東邦興業주식회사로 변경하고 사장에 취임했다. 1941년 8월 "물질·노무 공출의 철저, 국민생활의 최저표준으로 인하, 전시봉공戰時奉公의 의용화"를 표방한 임전대책협의회(임전대책협력회로 개칭)가 결성될 때 참여했다.

이어 9월에 일제의 전쟁비용 조달을 목적으로 임전대책협력회가 1원짜리 애국채권을 판매하기 위해 조직한 채권가두유격대에 종로대의 일원으로 참여했다. 같은 달 조선인을 전쟁에 최대한 협력하도록 하기 위해 흥아보국단과 임전대책협력회를 통합하여 조선임전보국단을 결성할 때 경성지역 발기인으로 참여하고 10월에 이사에 선출되었다. 1944년 9월 군수산업체인 조선항공공업주식회사 설립에 발기인으로 참여하고 감사역을 맡았다.

언론사 경영인으로서 일제의 침략전쟁에 적극 협력하는 글도 남겼다.『조광』1940년 11월호에 창간 5주년을 맞이하는 '권두언'에서 중일전쟁 개전 이래『조광』은 시국인식 철저화에 미력을 다해 왔지만 당면의 시국은 과거와 다르므로 "국민된 자로서는 누구나 실로 최후의 각오"를 하지 않으면 안 된다고 주장했다. 그리하여 "안으로는 신체계의 독립, 밖으로는 혁신 외교정책을 강행하여 하루바삐 동아 신질서 건설을 완성해 세계의 신질서를 건설하고 나아가 세계 영구평화를 기도"해야 하기 때문에 모름지기 "국민은 이 선에 따라 행동하고 생활" 해야 하며 , 따라서『조광』의 주력도 이에 따를 것을 천명했다.

「타도 동양의 원구자」, 『조광』 1942년 2월호

또 앞으로의 문화정책은 "자유주의·개인주의를 지양하고 전체주의적 방향으로 향하도록 운명이 결정"되었으므로『조광』은 이 "국책과 신문화정책에 따라 시국을 인식시키고 조선문화 향상에 일단의 노력을 더할 것"을 다짐했다.『조광』1942년 2월호의「대동아전과 우리의 결의」라는 특집에서「타도 동양의 원구자怨仇者」라는 글을 썼다. 이 글은 대동아전쟁, 곧 태평양전쟁 개전 소식을 들은 뒤의 감상이다. 그는 영국과 미국을 "동양의 원구요, 동양 전체의 죄인"으로 규정하고, 그 이유를 "동양을 침략하고 유린하고 또 임의로 착취하여 동양인을 멸시 천대"한 데서 찾았다. 따라서 "대동아 전쟁은 그들에게 동양을 이탈하여 공영권을 건설하고 세계의 평화를 도모"하려는 것일 뿐만 아니라 한편으로 "참아오던 원한의 폭발"이라 규정했다.

그러므로 이 전쟁에서 반드시 이기기 위해서 '반도민중'에게 첫째로 군관軍官 당국을 절대로 신뢰하여 유언비어에 현혹되지 말 것이며. 둘째로 일하지 않는 사람은 국민이 아니라는 관념을 깊게 가지고 국민개로운동國民皆勞運動에 동참하여 정신적 분발과 생산확충에 적극 협력하며, 셋째로 장기전에 중요한 요소인 물자절약에 솔선하며, 넷째로 전비 확충의 바탕이 되는 저금 강화, 곧 저금 우선주의로 나아갈 것을 강조했다. 다시 말해 "물력物力과 심혈을 총경주"하여 국책에 협력할 것을 다짐했다.

해방 직후인 1945년 8월 말과 9월 초에 조선재외전재동포구제회朝鮮在外戰災同胞救齊會 고문과 건국준비위원회 위원으로 활동했다. 그해 11월『조선일보』를 복간했다. 이후 12월까지 조선사회문제대책중앙협의회 중앙위원, 대한국민총회 발기인, 대한독립애국금

헌성회 발기인, 신탁통치 반대 국민총동원위원회 중앙위원을 지냈다. 1946년 2월 대한독립촉성국민회 부회장, 5월 조선공업구락부 고문, 8월 한독당 중앙집행위원, 9월 독촉국민회 총무부장으로 활동했다. 1950년 6·25전쟁 중에 납북되어 생사가 확인되지 않았다.

⑤ 「친일 충성」엔 반성 한마디 없이 조국의 최고지위까지 차지한 박정희

박정희朴正熙(일본이름 다카키 마사오高木正雄 1917~1979)는 1917년 11월 14일 경상북도 선산에서 태어났다. 본관은 고령이다. 1926년 4월 구미공립보통학교에 입학하여 1932년 3월 졸업했다. 1932년 4월 대구사범학교에 입학하여 1937년 3월 심상과尋常科를 제4기생으로 졸업했다. 1937년 4월 경상북도 문경면의 문경공립보통학교(1938년 문경 서부심상소학교로 개칭) 훈도로 부임해 1940년 2월까지 근무했다.

훈도로 재직 중 일제의 괴뢰국인 만주국의 군관으로 지원하였으나 일차 탈락하고 재차 응모하였는데, 당시의 정황이 만주지역에서 발행되던 일본어신문인 「만주신문滿洲新聞」 1939년 3월 31일자에 「혈서 군관지원, 반도의 젊은 훈도로부터」라는 제목으로 상세히 보도되었다.

기사 전문에는 "29일 치안부 군정사軍政司 징모과徵募課로 조선 경상북도 문경 서부공립소학교 훈도 박정희 군(23)의 열렬한 군관지원 편지가 호적등본·이력서·교련검정 합격증명서와 함께 '한 번 죽음으로써 충성함 박정희'(一死以テ御奉公 朴正熙)라고 피로 쓴 반지半紙를 봉입封入한 등기로 송부되어 관계자係員를 깊이 감격시켰다. 동봉된 편지에는 '(전략) 일계日系 군관모집요강을 받들어 읽은 소생은 일반적인 조건에 부적합한 것 같습니다. 심히 분수에 넘치고 두렵지만 무리가 있더라도 아무쪼록 국군에 채용시켜 주실 수 없겠습니까. (중략) 일본인으로서 수치스럽지 않을 만큼의 정신과 기백으로써 일사봉공一死奉公의 굳건한 결심입니다. 확실히 하겠습니다. 목숨을 다해 충성을 다할 각오입니다. (중략) 한 명의 만주국군으로서 만주국을 위해, 나아가 조국을 위해 어떠한 일신의 영달을 바라지 않겠습니다. 멸사봉공滅私奉公·견마犬馬의 충성을 다할 결심입니다. (후략)' 라고 펜으로 쓴 달필로 보이는 동군同君의 군관지원 편지는 이것으로 두 번째이지만 군관이 되기에는 군적에 있는 자로 한정되어 있고 군관학교에 들어가기에는 자격 연령 16세 이상 19세이기 때문에 23세로는 나이가 너무 많아 동군에게는 안타까운 일이지만 정중히 사절하게 되었다"라고 하여 군관학교 지원의 동기와 좌절된 사연을 미담으로 소개했다.

기혼자인데다가 연령 초과로 입학 자격이 문제되었으나 다시 도전하여 결국 1939년 10월 만주 무단장시牡丹江市에 소재한 제6군관구 사령부에서 4년제 만주국 초급장교

양성기관인 육군군관학교(신경군관학교) 제2기생 선발 입학시험을 치르고 1940년 1월에 15등으로 합격했다. 만계滿系 (日系 외 통합분류) 합격자 240명 중 조선인은 11명이었다.

자격 제한의 벽을 넘어설 수 있었던 배경에는 당사자의 강고한 지원 의지와 함께 대구사범학교 재학 시 교련배속장교로 있다가 전임하여 신징新京 교외 제3독립수비대 대장으로 근무하고 있던 관동군 대좌 아리카와 게이이치有川圭一(1945년 6월 오키나와에서 전사)의 추천, 그리고 대구 출신으로 신경군관학교 교관부에 일시 근무하고 있던 간도특설대 창설요원인 강재호 소위(만주국 중앙육군훈련처, 세칭 봉천군관학교 4기)의 도움이 있었다.

1940년 4월 신경군관학교 예과과정에 입교해 제3련連 제3구대區隊에 소속

「만주신문」 1939년 3월 31일

되어 군사교육을 받고 1942년 3월 졸업했다. 졸업식에서 일계 2명, 만계 2명과 함께 우등생으로 선정되어 만주국 황제 푸이溥儀가 하사하는 금장 시계를 은사상恩賜賞으로 받았다.

예과 졸업 후 타호산打虎山에 있는 제6군관구 예하 제5단第五團 제3영營 제8련連에 파견되어 2개월간 조장組長으로 부대실습을 한 후 다시 관동군 보병 제30연대 일명 다카다高田부대에 파견되어 3개월간 실습을 마쳤다. 1942년 10월 성적 우수자로서 일본 육군사관학교 본과 3학년에 편입했다. 1944년 4월 일본육사 제57기와 함께 졸업한 뒤 견습사관으로서 소만蘇滿국경 지대의 관동군 23사단 72연대(치치하얼齊齊哈爾에 주둔한 관동군 635부대라고도 한다)에 배속돼 2개월여 근무한 후 같은 해 7월 만주국군 제6군관구 소속 보병 제8단으로 옮겨 배장排長(소대장)으로 근무했다. 같은 해 7월 하순경부터 8월 초순까지 제8단의 2개 대대가 일본군과 합동으로 팔로군을 공격할 때 소대장으로 작전에 참가했다.

만주국 육군군관학교 제2기 예과생도 졸업식의 은사상품 전달식 광경. 「만주일일신문」1942년 3월 24일

1944년 12월 23일 일본군 소위로 예비역으로 편입됨과 동시에 만주국군 보병 소위로 임관하였으며, 보병 8단으로 부임해 단장의 작전참모 역할을 하는 을종乙種 부관 겸 부대의 단기團旗를 책임지는 기수로 근무했다. 옌지延吉에서 조직된 8단은 간도지구경비사령부 히노 다케오日野武雄 소장이 편성한 히노지대日野支隊를 기반으로 출발하였으며, 처음에는 주로 동북항일연군과 소련에 대한 작전을 수행했다.

1938년 7월 말부터 두만강 유역 하산호湖 일대에서 벌어진 국경분쟁에서 일본군이 소련군에 패퇴하는 장고봉張鼓峰사건이 발생한 이후, 만주국 국경경비대를 해산하고 국경경찰대로 개편하는 과정에서 만주국군 잔류를 원하는 군인들을 기간으로 히노지대를 신설했다. 히노지대는 장비와 전투력이 우수하고 대원들의 일제에 대한 충성도가 높다는 평가를 받아 8단의 주력으로 재편되었다. 1943년 8단은 중국 관내의 팔로군을 공격하기 위해 러허성熱河省 칭룽현青龍縣과 싱룽현興隆縣 일대로 이동해 쭌화遵化 인근의 팔로군 11·12단團에 대한 작전을 전개하는 한편 집단부락정책을 실시했다.

1944년 4, 5월경부터 일제가 패망할 때까지 8단은 칭룽현 서남부의 반벽산半璧山을 중심으로 남북 지역에 산재한 팔로군과 교전했으며, 이때 을종 부관으로 8단 예하 각 부대에 작전 지침과 명령을 하달하는 임무를 수행했다. 8단에 근무하던 조선인 출신 장교로는 배장 방원철(신경군관학교 2기)과 제1영 본부의 이주일(신경군관학교 1기, 일본육사 56기 해당)이 있었으며, 뒤이어 신현준(봉천군관학교 5기)도 간도특설대에서 8단 연장連長(중대장)으로 전입해 왔다.

1945년 7월 만주국군 중위로 진급했다. 1945년 8월 보병 8단 예하 각 부대는 뒤룬多

倫으로 진출해 소련군의 진격을 저지하라는 상부의 명령을 받고 8월 10일부터 이동을 개시해 8월 17일 싱룽에 집결했다. 이곳에서 일본이 패망했다는 소식을 들은 8단의 중국인 군인들에 의해 신현준 등과 함께 직위에서 해임되고 무장을 해제당했다.

같은 해 9월 팔로군의 지휘를 받는 제8단과 함께 미윈密雲으로 이동한 후 이곳에서 8단을 떠나 신현준·이주일 등과 함께 베이핑北平(베이징)으로 가서 과거 일본군이나 만주국군 출신 조선인들을 중심으로 편성된 광복군 제3지대 주駐평진平津대대의 제2중대장을 맡았다. 1946년 4월 평진대대가 해산한 후 5월초 톈진天津 탕구塘沽항에서 미국 수송선을 타고 부산항으로 귀국했다. 해방군으로 한반도 남부를 점령한 미군의 지휘하에 재편입된다.

1946년 9월 조선경비사관학교朝鮮警備士官學校(육군사관학교의 전신)에 입학하여 3개월의 단기과정을 마치고 12월 14일 제2기로 졸업하면서 조선국방경비대 육군 소위로 임관했다. 경비사관학교 생도로 재학할 당시 형 박상희가 대구 10월사건으로 경찰에게 살해되었다. 이 사건을 전후해 남로당의 군 내부 조직원으로 가담한 것으로 보인다. 1947년 4월 조선국방경비대 제8연대(연대장 : 원용덕) 제4소대장으로서 38도선 경비를 맡았고, 9월 대위로 진급했다. 1947년 10월 육군사관학교 중대장으로 부임해 8월 소령으로 진급했다.

1948년 10월 19일 제주 4·3사건을 진압하기 위해 제주도로 출동하기로 되어 있던 여수와 순천의 제14연대가 이를 거부하고 무장봉기를 일으키자 육군본부 작전정보국에 발탁되어 전라남도 광주에 있는 호남지구 전투사령부에서 작전참모로 근무했다.

같은 해 11월 11일 군내 남로당 프락치를 적발하는 '숙군肅軍사업'을 담당하던 제1연대 정보주임장교이자 육군 정보국 요원인 김창룡 대위(관동군 헌병 오장 출신)에 의해 남로당 군 내부 프락치 혐의로 체포되었다. 수사 과정에서 좌익 혐의 사실을 순순히 시인하면서 군내 남로당 조직원들의 명단을 제공하고 '숙군사업'에 적극 협력한 점을 인정받아, 1949년 2월 군법회의에서 사형을 면하고 '파면·무기징역·전全 급료 몰수' 선고를 받았다. 이후 재심에서 징역 15년으로 감형받았다.

육군본부 정보국의 숙군책임자인 백선엽 육군본부 정보국장(봉천군관학교 9기 출신), 김안일 육군본부 정보국 제3과장(SIS), 김창룡 1연대 정보주임 등이 연대 신원보증을 하고 원용덕(만주국군 군의 중교 출신) 등 만주국군 출신은 물론 일본 육사 인맥들이 적극 구명운동을 해 사형을 면했다. 재판 중에도 육군본부 정보국 1과(전투정보과)에서 근무하다 1949년 4월 18일 형집행정지와 함께 군에서 파면되었다.

육군본부에서 비공식 문관으로 근무하다 6·25전쟁이 일어나자, 1950년 7월 소령으로 육군본부 작전정보국(국장 : 장도영) 제1과장을 맡으면서 현역으로 복귀했다. 이후 제 9사단 참모장, 육군정보학교 교장, 육군본부 작전교육국 차장, 제2군단과 제3군단 포병 단장을 역임했다. 1953년 11월 준장으로 진급하였으며, 다음해 도미하여 6개월간 오클 라호마주 포트실 육군포병학교에서 고등군사훈련과정을 이수했다. 1954년 6월 미국에 서 귀국한 뒤 제2군단 포병사령관, 육군포병학교 교장 겸 포병감을 지냈다.

1955년 7월 제5사단장이 되어 1956년 7월까지 처음으로 일선 전투부대 지휘관으로 복무했다. 1957년 3월 육군대학을 졸업했다. 곧바로 제6군단 부군단장으로 전보되었 다가 9월에 제7사단장으로 임명되어 1958년 6월까지 복무했다.

1958년 3월 육군 소장으로 진급했고, 같은 해 6월 제1군 참모장으로 보임되었으며, 1959년 2월부터 11월까지 제6군관구 사령관을 거쳐 1960년 1월부터 7월까지 부산의 육군군수기지사령부 사령관으로 재임했다. 4·19혁명 후 민주당이 집권한 제2공화국 정부 아래서 1960년 7월 제1군관구 사령관에, 9월 육군본부 작전참모부장에 임명되었 다가 12월 제2군 부사령관으로 전보되었다. 1961년 5월 16일 군사쿠데타를 일으키고 권력을 장악했다. 1961년 5월 군사혁명위원회 부의장이 되었고 계엄부사령관·계엄사 무소장·국가재건최고회의 부의장을 거쳐 7월에 국가재건최고회의 의장에 취임했다. 1961년 8월 육군 중장으로 진급하고 3개월 후인 11월 육군대장이 되었다.

1962년 3월부터 육군 대장으로서 대통령 권한대행과 내각 수반을 겸하다가 1963년 8월 정계에 진출하기위해 예편했다. 1963년 9월 민주공화당 총재를 맡았고, 1963년 10월 제5대 대통령 선거에서 윤보선 후보에 신승辛勝해 12월 17일 대통령에 취임했다.

1967년 제6대 대통령에 취임한 후 장기집권을 위해 1969년 9월 3선 개헌을 단행하 고 1971년 7대 대통령에 취임했다. 1972년 10월 비상계엄령을 선포하고 국회를 해산 하였으며, 같은 해 12월 유신헌법을 공포하여 대통령 직선제를 간선제로 바꾸면서 유신 체제를 구축했다. 통일주체국민회의 선거를 통해 제8대와 제9대 대통령이 되었다.

1979년 10월 26일 궁정동 안가에서 중앙정보부장 김재규의 저격을 받고 사망했다. 김영삼 대통령 재임 당시 5·16군사쿠데타는 불법이라고 공식 규정되었다.

◎아버지와 똑같이 친일·친미·반민중 정치를 하다가 몰락

박근혜는 식민지 시절 독립투사들을 때려잡던 아버지의 친일 충성열정을 이어받

아 불행했던 조국의 역사에 무지하고 침략외세에 순종하는 가풍을 이어받아 반민중·반민주 정치를 펴다가 시민대중의 장기간의 촛불집회 시위와 함성에 굴복하여 탄핵된 채 투옥되어 25년의 징역형을 받고 갇히는 신세가 되었다.

※ 일본의 침략세력이 조선민족에게 저지른 죄악

(조찬선·최영 『일본의 죄악사』 풀잎향기 2018년)

1. 임진년 조선 침략과 300만 명을 죽인 것
2. 임진왜란 전 일본에서 조선인을 잡아 죽여 혈제 드린 것
3. 일제 36년 지배와 무력통치한 것   4. 두 침략에서 한국인 약 800만 명을 죽임
5. 20만 명의 조선 처녀들을 끌고 가서 강간한 것
6. 끌고 간 처녀들을 성폭행하고 불에 태운 것
7. 끌고 간 처녀들을 마구 때린 것   8. 끌고 간 처녀들을 짐승처럼 대한 것
9. 200만 명 한국인 노동자들을 강제로 끌고 간 것
10. 징용자들의 임금을 착취   11. 징용자들에게 밥을 굶긴 것
12. 징용자들을 비인격적으로 짐승처럼 다룬 것
13. 징용자들을 마구 때린 것   14. 밤에 징용자들 방문 고리에 열쇠 채움
15. 태평양 전쟁이 끝난 후 섬에 조선인 징용자들을 버린 것
16. 전사한 징용자들의 유골을 쓰레기처럼 버린 것
17. 조선인 원폭 피해자들에게 차별과 치료를 방치한 것
18. 관동대지진의 참사 원인을 조선인에게 돌린 것
19. 731부대의 조선인에 대한 생체 실험
20. 마취주사도 투약하지 않고 생사람을 실험한
21. 피부표본을 얻기 위해 산채로 인육을 벗긴 것
22. 난징에서 중국인 학살   23. 버마 전선에서 493명의 조선인 처녀들을 강간
24. 강간하고 죽여 우물에 처넣은 것   25. 징용자들의 목을 검도로 잘라버림
26. 사람 죽이는 것을 경쟁한 것   27. 임진년에 조선군의 시체에서 코와 귀를 잘라감
28. 조선을 강제로 합병   29. 명성황후에게 윤간과 시간을 한 것
30. 명성황후의 시체를 불태운 것   31. 궁녀들의 앞가슴을 도려낸 것

32. 조선의 토지를 약탈한 것 33. 철도를 놓으면서 땅을 빼앗고 살육

34. 강제로 개명하게 한 것 35. 쌀을 강제로 몰수해 한 것

36. 문화재를 약탈해 간 것 37. 도공들을 끌고 간 것

38. 도자기를 훔쳐 간 것 39. 민가를 불태우고 약탈한 것

40. 광개토왕 비를 조작하고 훼손한 것 41. 단군역사를 말살하려 한 것

42. 교과서를 왜곡하는 것 43. 언어와 문화를 말살한 것

44. 전쟁준비로 개인의 놋그릇까지 강제로 몰수한 것

45. 위안부는 자발적인 행위였다고 거짓말한 것

46. 위안부는 직업적인 창녀라고 속임 47. 조선의 학도병을 끌고 간 것

48. 지원제를 만들어 징용, 위안부 등이 자원이었다고 하는 것

49. 식민지 시대에 일본 자국의 국민을 속이면서 통치한 것

50. 독도를 일본 땅이라 왜곡하는 것 51. 일본 내의 한국인 묘를 조작

52. 조선의 쌀과 벼를 일본의 개량으로 조작한 것

53. 조선 포로들을 노예로 유럽에 팔아먹은 것

54. 일본 내에 한국적인 역사유적을 지우는 것

55. 제암리교회를 불태운 것 56. 제암리교인들과 마을 사람들을 죽임

57. 제암리교회 어린이를 죽인 것 58. 조선 도처에서 잔악한 고문을 행함

59. 여운형을 통해 남북의 분열을 조성한 것 60. 종교까지 침략한 것

61. 한국인의 정기를 죽이기 위해 북한산 등에 쇠말뚝을 박은 것

62. 신사참배를 강요한 것 63. 교회 안에 신전을 세운 것

64. 교회 종을 부수어 전쟁기구를 만듦 65. 후쿠시마호 조작으로 폭파한 것

66. 조선의 화폐를 마구 찍어 뿌리고, 화폐기계를 파손한 것

67. 조선의 경제를 죽인 것 68. 영친왕을 납치한 것

69. 3·1운동의 문서를 태우고 시위 군중을 총살한 것

70. 하시마 섬에서 강제징용자들을 학대한 사실을 감추는 것

71. 다시 전쟁준비를 꾸미는 것 72. 사실과 증거를 부인하는 것

제5장
외세지배의 결과, 남북동포 원수 되고
불평등 수탈전쟁 영구화

1. 친일파가 재벌·군장성·학교재벌 되어 자주 지향 민중 억압

1) 공동체 원칙과 도리가 왜곡되니 아우성과 몽둥이가 쉴틈 없어

수구 통치세력의 반민중적 수탈행위와 지배언론의 수탈계층 아부 편중보도에 대한 반성은 침탈세력의 입장에서 이루어졌으면 더없이 좋겠으나 그렇게 할 수는 없고 우리의 입장, 즉 군사·경제·문화적 침략을 100여년 동안 받아온 한반도의 피지배 민족·민중의 입장에서, 온 인류사회를 대신하여 할 수 밖에 없다. 그러나 강요당한 언론은 바로 누가 어떻게 강요했는가가 그대로 드러나기 때문에 침탈자들이 반드시 반성하도록, 이번에는 자주정신으로 무장한, 당한 쪽에서 요구하지 않으면 안 될 것이다. 물론 당한 쪽에서의 자기반성도 스스로 잘못한 점까지 더욱더 철저하게 이루어져야 할 것이다.

(1) 폭력적 외세가 유도하는 수탈체제와 불평등이 민중의식을 분열시켜

「자주성」 및 「자주의식」의 내용은, 인간 누구나가 보편적으로 가지고 있는 요구와 지향인 개인의 물질적 정신적 자유와 행복이며, 그 사회적 표현관계인 평등하고 민주적인 「자율성과 자율의식의 보장」이라고 할 수 있다.

이 평등하고 민주적인 자율성은, 한 개인의 경우는 다른 개인이나 집단과의 관계에서 이루어지며, 민족 국가의 경우에는 다른 민족 또는 국가와의 사이나 국제사회 일반과의 사이에서 이루어지는 관계로서, 개인의 경우와 동일선상에서(오히려 현실적으로는 개인의 경우보다 우선적으로) 요구되는 이념理念 또는 이상理想이라고 하겠다.

따라서 극심한 불평등 사회인 봉건적 통치시기나 자본주의 체제하에서도 민족국가적 자율성이 보장되는 경우에는 대내적 불평등 관념이나 지각은 별로 문제시되지 않았다. 하지만 민족 국가적 침략과 수탈과 억압에 의해 민족적 자주권은 물론 말과 글까지 송두리째 빼앗긴 상태에서의 개인은 침략세력에 순종치 않을 경우 물질적으로나 정신적으로 완전히 개별화 되어버린 채 사회적 기본권은 고사하고 생존유지 자체가 불가능에 가까울 정도의 상황에 이르게 되었다.

일제日帝(일본제국의 식민통치) 침탈 41년과 미점령군의 군사독재 기간 및 그 후 간접통치 시기는, 비인간적 살육이 정당화되는 전쟁의 참화까지 간간이 곁들여지면서 한반도 사회성원들의 생존은 궁극적으로는 총칼에 의해 지휘하는 지배자 욕구와 요구에 전적으로 맡겨진 채 휘둘림을 당하였다.

그뿐만 아니라 지배자들의 이익과 요구에 맞추어 만들어 놓은 무력장치 및 각종 법적 인간적 장치에 의해 오늘에 이르는 100여년 동안 한반도인들의 개인적 사회적 생활의식은 특정의 영역에 따라서는 왜곡된 물질적 생활습관과 더불어 지극히 옹색하고 폐쇄적인 단계에 이르러 있음은 앞의 여러 항목(실증된 역사분석)에서 밝혀진 바와 같다.(박지동의 박사학위 논문「한민족에 대한 日·美의 종속화 교육 및 언론시책에 관한 연구」1996)

그러나 역사발전은 거역할 수 없는 듯, 自主化·民主化를 좌절시킨 反自主·反民主세력의 득세·집권에 의해 저질러진 불합리함과 억울함과 고통을 참아가며 열심히 일한 사회성원 각자의 피땀 어린 노력의 결과로 물질경제적으르는 불평등한 상태로나마 생존권 위협을 벗어나게 되었고, 아직 분단의 질곡은 깨뜨리지 못했지만, 그런대로 여러 분야에서 평등성·복지성·자주성 보장을 자각하고 모색하기 시작한 것이다.

한반도 성원들의 사회의식이 외세에 의해 비뚤어져왔다(상호 분열·증오하게 되었다)고 추정되는 과정을 대충 정리하여 보면 다음과 같다고 할 수 있을 것이다.

지배세력의 통치의도·실행과 그 목표였던 순종적 의식화 과정 추정도

(1) 군·경찰 등 폭압기구에 의한 인신구속·고문·투옥 등에 의한 위협. 피압박인들에게는 가장 무서운 환경조건이며 강력한 反自主化 변인.

(2) 노동력착취·조세 수탈·소작료 등 경제적 생존권 통제·조종

(3) 행정명령·지시·집행·각종 법규와 제도의 사슬. 일상의 삶을 지배

(4) 교육·언론·종교 등 선전·설득기구에 의한 의식세뇌 강요. 체제의 재생산장치

(5) 피지배 민중의 의식을 지배자의 의도대로 사회화·내면화·관습화·대물림시켜가는 것이 그들의 목표였고 상당수준 그네들의 뜻대로 되었다.

(1)(2)(3)(4)에 걸친 重多변인(지배세력의 의도와 집행)의 작용에 의해 (5)의 종속변인은 자주의식·평등의식을 상실하여온 것으로 추정해 볼 수 있다(지배세력이 기대했던 지향점이자 주창된 목표였기 때문에).

자주성이란 한 개인의 다른 개인들에 대한 관계에서나, 한 민족의 다른 민족 또는 국가사회에 대한 관계에서나 같은 맥락의 성격을 지닌 이상적 이념으로서, 이익과 권리의 요구에서 상호 대등하고 자립적인 주체적 자율(권리와 의무와 자유를 지니고)을 누릴 수 있는 자격과 조건을 구비한 것으로 정의될 수 있다.

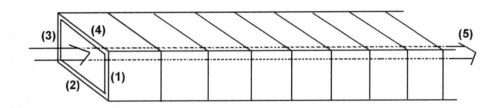

경제 관계와 사상의식이 강제된 사회 안에서의 '여론 형성'과정은, 마치 "청색 (또는 흑색) 물감을 들인 천을 다시 빨면 똑같은 색깔의 물이 빠지듯이" 지배세력의 언론매체에 의해 염색된 사상의식을 자기의 의견으로 착각한 채 표출시켜 이른바 '여론'이라는 이름으로 결합하게 된다고 할 수 있다.(반자주적 맹종의식의 범람)

일제日帝는 황국신민화皇國臣民化·내선일체화內鮮一體化·예속적 무산無産 근로대중화를 위하여 교육·언론·종교에 의해 선전·세뇌시키고 매질·고문·투옥 등의 폭력의 堤防(제방)에 의해 민족자주의식의 흐름을 막거나 매국배족賣國背族의 방향으로 의식의 폭을 점차 좁히거나 굴절시켜 나갔으며 종국에는 조선인으로서의 민족적·인간적 자주의식을 잃음은 물론 자기 민족의 문화와 정신을 말살하는 데 오히려 앞장서게 만들었다.(종주국宗主國 일본과 식민지 조선은 하나다. 빨리 동화同化되어 대일본 황제의 신하가 되어야 한다는 절대 순종을 유도)

인간의식의 固定化·大勢化

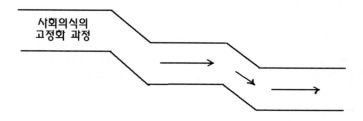

사회의식의
고정화 과정

그 뒤를 이어받은 다음 통치자인 미군정청도 이미 만들어져 있는 약화된 자주의식의 통로를, 군과 경찰의 억압력(근로민중 이웃을 거의 적대시한 친일파 주도의 반공의식 실천)은 물론 교육·언론·종교에 의해 보다 더 강력히 통제하여 자기네 경제이익 획득과 군사적 방파제로서의 방벽으로 잘 활용하여 왔다. 또 그들에게서 교육을 받고 훈련을 쌓은 동족의 독재자나 교육·종교·언론인들에 의해서도 상대적으로 완화된 상태로나마 反民主·反統一的(두가지 모두 反共을 위해서라는 구실로 삼아왔다) 억압에 의한 생활의 고통과 의식의 왜곡은 계속되어 왔다.

원천적 독립변인인, 외세에 의해 창설·유지된 「억압기구」나 「선전·교육기구」에 적극적 혹은 소극적으로 참여해온 정도에 따라 달라진 피탈被奪 성원들의 반민족성 또는 반민중 성향의 강도와 (그 반대인) 자주의식 소유와의 차이를 분별하여 보면 다음과 같은 「의식분별 척도」를 그려볼 수 있을 것이다.

(2) 친외세 수탈계층의 경제권력 세습, 사회정의 왜곡·파괴

외부 세력이 만들어 놓은 정치·경제·군사·문화적 영역에 걸친 「억압·수탈 기구」에 적극적으로 참여했거나 「교육·선전 기구」에 종사해온 정도에 따라 자주·반자주성향이나 민주·반민주의식의 차이가 이루어진다는 것은, 다른 어떤 증거에서보다도 극단적으로 대립되는, '독립투사들의 희생'과 '친일파의 매국배족적 속성'에서(그들의 생성·행태와 그들이 미친 영향에 의해) 생생하게 밝혀졌고 깨닫게 되었다.(아래 그림)

앞의 침략의 역사에서 살펴본 바와 같이 외침세력과 그 영합세력에 의해 조작되고 집행된 「억압·통제 기구」와 「선전·교육기구」는 (−)쪽을 합법화·정당화시켜 강요하고, (＋)쪽은 불법·부당한 것으로 몰아쳐서 장기간에 걸쳐 협박하고 설득시켜 왔으니, (−)영역의 의식범위나 수준이 확대되는 것은 필연적인 사실이라 하겠다.

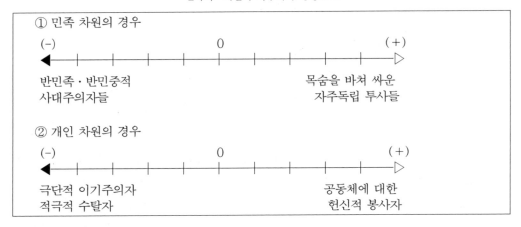

민족적 · 개인적 자주의식 성향분포

① 민족 차원의 경우

(−)　　　　　　　　　　0　　　　　　　　　　(＋)

반민족 · 반민중적　　　　　　　　　목숨을 바쳐 싸운
사대주의자들　　　　　　　　　　　자주독립 투사들

② 개인 차원의 경우

(−)　　　　　　　　　　0　　　　　　　　　　(＋)

극단적 이기주의자　　　　　　　　　공동체에 대한
적극적 수탈자　　　　　　　　　　　헌신적 봉사자

　　사실 일제통치 중반기부터 터져나오기 시작한 「반공」구호의 경우, 대륙세의 평등사상 침투와 그들의 혁명의 과격성에 대한 견제노력의 일환으로 볼 수 있는 그럴듯한 반대의 「명분」이나 「구실」도 있었으나 실제로는 한〔조선〕민족의 자주독립 요구와 근로대중의 생존과 평등 · 민주화 요구를 유린 · 억압하여 수탈을 영구화하기 위한 목적이 지배적이었음을 최근에 이르기까지도 여러 차례의 군사 쿠데타와 언론의 부화뇌동성 방조행위에서 번번이 드러내어 입증해 주었다.

　　일제시기와 미군정시기의 한민족의 항거운동 사건들에서나 자치정부 수립 이후 반세기 동안 거듭되어온 「민주화운동」이 있을 때마다 재벌언론 및 족벌언론 집단의 반민중적 권력편들기 여론조작은, 사실상의 정치 · 경제적 의사결정 참여권이 없는 근로계층의 고충을 묵살하고 언제나 자기네가 자의恣意로 가상 · 지정해 놓은 '외부의 적'과의 연계고리로 묶으려는 부당한 의도(빨갱이 타령)를 드러내곤 하였음을 입증시켜 주었다.

　　다시 되풀이하여 정리해 보면 이상의 역사적 관찰에서는 다음과 같은 사실들이 확인되었다. 즉 외세가 주도한 「물리적 억압기구」와 그 지휘자들의 통제행위는 당대의 피억압민중의 자주성을 표면적으로는 완전히 꺾어 예속화 · 생활화시켰으며, 동시에 실시 · 강요한 「교육 · 언론 · 신앙기구」에 의한 세뇌 · 사회화 · 내면화 효과는 재생산되어 당대를 넘어 여러 대에 걸쳐 이어지게 되었음을, 특히 친외세 영합세력들의 주장과 변절과 실천행동에 관한 기록에서 분명히 알 수 있게 되었다.

　　여기에서 한민족의 자주성과 민주의식을 정면으로 꺾으려했던 황민화 강요와 반공주의 세뇌는, 사대주의적 편향성과 정치 · 경제 · 사회적 불평등을 심화시키면서 두 외세의 소기의 목적(한민족 분열 · 대립에 의한 대륙세 봉쇄 · 압박의 보루화)은 상당한 정도로 달성되었다. 반공주의의 경우 특정 계층에 의한 폭력혁명 가능성을 배제한다는 긍정적 의미의 명분에도 불구하고 그것이 지나치게 광범위하여 가난한 근로대중의 정치적 및 생존적 권익과 주장을 상당부분 봉쇄하여 왔음은 물론 반세기가 넘는 현재까지도 그들의 정치·경제문제에 대한 의사결정 참여가 불가능한, 참된 민주화가 안되었음을 증명하는 상태에 머물게 하고 있다.

　○ 미국 예일대 정치학 교수인 Robert A. Dahl은 A Preface to Economic Democracy (『경제민주주의』로 변역됨)에서 1830년대의 토크빌이 미국 백인 남성들만의 평등성을 전제로 「자유」를 강조한 것은 편파적인 것이라고 비판하고 여성과 특히 유색인종(노예상태)들의 정치·경제 참여는 현재까지도 확실하게 보장된 것은 아니라고 주장, 경제적 불평등 조건이 바로 그 현실적 요인이라고 했다.

　또 『한국전쟁의 기원 Ⅰ·Ⅱ』의 저자로 잘 알려진 미국의 석학 Cumings도 최근(1996. 5) KBS 방송국의 「특별초대강연」에서 미국·일본의 경우와도 같이 한국의 경우도 사회 경제적 불평등 심화가 민주화 성취의 장애요인이라고 분석하면서 한국의 경우는 앞의 선진국들 보다 근로민중의 활동의 역동성으로 보아 앞으로 민주화의 가능성은 오히려 높다고 예측하였다.

　특히 미군정에 이어 수립된 이승만의 단독정부 출범과 함께 만들어진 「국가보안법」은 (미군정의 직접 통치력의 대체 수단으로서, 반공의 철퇴인 동시에 함정으로서) 그 후에 나왔다 없어진 「반공법」과 함께 「근로계층 옹호의 정치운동」이나 「대미對美 자주화 운동」에 관한 한 통제수준과 범위가 헌법을 초월·압도하게 됨으로써 자주·민주주의는 물론 인간의 기본권마저 위협해 온 것이 사실이며, 따라서 정치에 있어서나 경제 경영에 있어서 서민대중의 의사결정에의 참여기회 획득운동마저도 봉쇄되어왔음이 현실로 입증되고 있다.

　국가보안법이 문제가 되는 것은, 외세의 한반도 지배권익과 한반도 서민대중의 권익 (주장)이 일치되지 않고 배치되는 부분이 많은데, 이로 말미암아 배치되는 반민중 반민주적 성격의 통치로 인한 고통에 저항하는 것을 초헌법적 물리력으로 보복·강제하려는 수단이 되고 있기 때문이다. 더 구체적으로 말하면, 국보법의 악성은, 침략외세와 친외 (아부)세력이 근로민중을 수탈하여도 절대로 저항할 수 없는 악마의 저지선을 쳐놓고 있다는 것과 자주독립세력을 적敵으로 대하도록 극악하게 분열시켜 놓았다는 점이다.

　사회적 부정·부패의 경우도 (−)영역의(앞의 ②번 도형) 사회세력에 속할수록 그 정도가 심해져 있지만, 부정한 고리와 부패한 부분은 전 사회적인 연결망으로 이어져서, 극단적으로 말하면 전 사회 성원 누구도 예외없이 부정부패의 고리에 연결되어 있다고 볼수도 있다. 그러므로 물질적 풍요가 아무리 하늘 높이 구가되어도 평등·민주·자주의 원칙과 제도가 정착되어 있지 않는 한 사대주의적 경쟁과 비굴한 맹종, 혹은 음해모략적 사고방식은 항상 보편적으로 존재할 것으로 보인다. 왜냐하면 인간의 자주적 본성 못지 않게 배타적이고 이기적인 본능 역시 강인하게 공존하고 있기 때문이다.

연구자 박지동은 역사상 사회적 「실체들에 관한 史實의 기록」과 그 실체들의 활동 중에서 기록으로 남겨진 「주의 주장들」을 함께 「실증적 보완자료」로서 분석 대상으로 하였으며, 특히 그 중에서도 이 민족성원들에게 가장 큰 충격과 고통과 의식의 변화를 주었을 것으로 생각되는 ① 외세의 군사적 침략·점령 행위(恣意的 살상이 가능), ② 억압기구 및 교육·언론·종교기구 설치와 탄압 집행과정, ③ 이 모든 활동가운데 표출된 지배·피지배 쌍방간의 언론활동에 주목하여 관찰하였다.

그리하여 이를테면 각종 「명령과 법제적 통제」에 따른 전민족적 「굴종관행」과, 교육·종교 등에 충실히 따른 피지배자들의 「의식의 내면화」는, 친일파나 그 유사집단과 같은 경우에서 뚜렷이 입증되듯이 「反自主的이면서 동시에 非民主的인 사회의식」의 확산·공고화를 가져온 것으로 판단가능하게 해 주었다.

다시 말하면 친일파로 상징되는 反자주·反민주세력이 계속 지배세력을 형성하여 식민지 상태에서의 그것과 유사하게 「억압기구」 및 「교육·언론기구」 재편·활용에 의한 「자주·민주의식 약화」의 재생산 작업에 총력을 기울여 왔으니, 다음과 같은 결과가 초래되리라는 것은 너무나 당연하다고 할 것이다.

개인의 경우, 침탈세력에 의해 지배·수탈을 받게 된 가난하고 힘없는 근로계층은 불가피하게 생산·공급노동에 참가하게 되었으면서도 민족공동체내에서의 정치·경제적 의사결정에는 투표하는 날 외에는 거의 전무할 정도로 참여하지 못하여 왔다. 그러니까 「자주성」의 주요 내용인 개인의 「권익」이나 「기대」를 친외세 자산계층과 대등하게 요구할 수 있는 법제도적·물질경제적 장치나 보장도 받지 못 하고 있을 뿐 아니라 사회 일반의 민주·평등의식도 그렇게 보편화되어 있지 않은 상태에서 이들의 자주권은 가까스로 생존이나 유지하는 수준으로 약화되게 되었다.

민족의 경우도, 지배외세와의 군사·행정상의 협약이나 경제거래상의 관계가 지극히 불평등하게 이루어져 있음에도 불구하고 자산·지배계층은 이에 대한 모순·대립의식이 거의 없는 가운데(자신들에게는 매판적 수탈이득이 주어지기 때문에) 법과 제도와 지배통념에 의해 근로계층에 대한 수탈을 요지부동으로 강화시켜 왔다. 따라서 외세 및 자산가 계층과 근로대중간에는 심각할 정도로 첨예하게 모순·대립·갈등을 빚고 있는 상태이다. 특히 주둔비용 지불 및 군정보 의탁은 물론 동족을 향해 총부리를 겨누고 있는 군의 작전지휘통제권까지 양도하고 있는 현상은 국가적 자주성의 수준과 내용을 의심하지 않을 수 없게 하고 있으며 이로 말미암은 외세의 치외법권적 지위로 인한 민족모멸적 태도와 분단·분열 항구화 조장행위를 언제까지 참아내야 할지 답답한 지경에 있다.(주둔 「미군의 범죄행위」와 「토지를 점령·수용당하고 있는 현지 주민들과의 갈등」에서 자주 드러나고 있는 현상)

문화·경제적 측면에서도 기술·정보의 후진성으로 인한 불평등은 감내한다 하더라도 사사건건 힘의 우위에 의해 자국편의에 따라 일방적으로 조종·강제해가는 거래현황 (무역에서의 잦은 보복 조치, WTO체제의 불평등성)은 민족공동체의 장래를 몹시 걱정되게 만들고 있다.

결국 개인·민족들 상호간의 자주권을 살리면서(지난날의 친외세 사대주의적 생활태도를 버리고 대등한 자세에서) 비교적 평화롭고 향상된 삶을 살아가는 길은, 자본주의적 자유경쟁의 장점과 사회복지주의적 평등·복지지향의 장점을 함께 살릴 수 있는, 上下限線 경계안에서 자율성을 보장해 주는(인도주의적 생존권 보장 한계와 약육강식 성향의 시장원리가 조화조정되는) 법과 제도와 도덕적 행동준칙을 만들어내고(뒤의 「잉여가치」 모형 참조) 지켜가는 데에 사회 성원 모두가 합심 노력하는 것이라고 조심스럽게 전망해 본다.

2) 한반도 분단 공고화의 주요인 (침탈욕망의 합리화 과정)

이제까지 우리가 배워온 수많은 사실史實에 의거하여 식민지 피압박 시대에 대한 '귀납적 정리'가 되었다고 보고, 여기에서는 보완적으로 남북분단 고착화와 상호 증오·적대시의 요인을 연역적으로 따져봄으로써 한반도를 둘러싸고 전개된 미해결의 문제들을 총체적으로 조감하여 해결 가능성의 기회를 엿보고자 한다. 300여년(서세동점西勢東漸의 시작은 500년이 넘는다)의 역사와 전통으로 잘 알려져 있는, 열강들에 의한 직·간접적 식민주의 세계분할이라는 보편적 지배행태를 「대전제大前提」로 하고 그것이 특히 침탈적 해양세력에 의한 살상과 대륙의 저항적 사회혁명세력 사이에 끼어있는 한반도 주민에게 구체적으로 압박·분단·전개되어온 과정(강국의 정치·경제·군사·문화적 충격과 약소민족의 반응 작용의 반복 상승과정)을 연역적으로 추리 고찰해 봄으로써 이제까지의 귀납·수렴적 분석·판단을 보완해보고자 한 것이다. 여기에서의 요인점검은 한반도를 둘러싸고 전개된 총체적인 것이 아니고 일·미의 대한對韓정책에만 주로 초점을 맞추어 추리하여 본 제한점이 있다.

(1) 본원적 인간성에 기인起因

사람은 악의 소지(素地=밑바탕, 근본 원인)가 될 수 있는 배타적 욕망과, 남과 나를 동시에 생각하여 더불어 사이 좋게 살아나갈 줄 아는 선의 소지가 될 수 있는 이성을 함께 지니고 태어나는 것으로 볼 수 있다. 그러나 사물에 대한 판단능력인 이성은 선과 악 어느 쪽으로도 발달·세련될 수 있는 것이어서 이것이 인간의 욕망과 어우러질 경우 잔인하리만큼 배타적인 지배욕을 발휘하게 된다

한반도의 경우 인간이 가진 지배욕이, 정치·경제의 억압수단을 가진 지배계층과 피지배계층을 낳았고 이것이 봉건체제와 외족의 침입·지배를 거치면서 역사적으로 심화되는 한편, 여기에서 벗어나려는 평등주의 및 민족주의적 자각이 저항세력을 형성하면서 부족한 자원과 뒤떨어진 문명이 곁들여져 내외의 여타 요인과 함께 원심력을 증대시킴으로써 분열과 분단의 고착화를 가져왔다고 할 수 있다.

이같은 분열상태는 한 사람의 마음속에서도 항상 일어났고 환경조건에 따라 우연 또는 필연적으로 남과 북 어느 한쪽 사회의 부분으로 속하게 되었으며 일단 어느 한쪽에 속하게 되면 철鐵의 규율에 의해 통제되어 죽음을 각오하지 않는 한 이탈하기 어려운 상황으로 몰리게 되었다. 게다가 인간에게는 부득이한 경우가 아니더라도 본능처럼 자기와 자기가 속한 집단이나 사회를 (식민지 경우까지도) 이기적으로 옹호하기 마련이어서 어떤 사회든 탄생된 이상 생명력을 갖고 발전해 가는 것 같다. 상당수의 사회성원들은 자기가 속해있는 집단이나 사회가 애초에 어떻게 이루어졌고 얼마나 불합리하게 운영되고 있는지를 그다지 따지지 않고, 또 현실생활에 쫓기며 살다보면 조국분단의 원인이나 극복의 방법 등을 고민하지 않고 「역사 청맹과니」(눈을 뜨고 있어도 보지 못하는 맹인)가 되어 있기 때문이다.

침략전쟁과 식민지 통치에 경험이 많은 제국주의자들은 이 같은 개인의 집단 이기심과 사회 발전의 생리를 잘 알고 있었고 또 그렇게 되도록 통제하기 때문에 애초부터 이러한 상황을 완벽하게 이용하여 온 것으로 볼 수도 있다. 그들은 선진문명을 이용하여 식민지 후진지역 주민들의 민족심리를 미리 파악하였고 일단 갈라놓기만 하면 자동적으로 그 민족 자체의 갈등과 분파적 이기심에 의해 분단은 고착·영구화될 것이므로 그들 침략세력 본래의 목적인 세력확장과 수탈적 지배를 영구화시킬 수 있을 것으로 예측했던 것이다.

더구나 동족상잔의 전쟁까지 치르게 만든 반도의 경우는 동족 쌍방간에 극렬한 적개심으로 불타게 만들어놓았기 때문에 침략자들의 예측은 120%로 적중했고 그럴수록 한

반도인끼리 증오하며 몸부림칠수록 그들은 회심의 미소를 지으며, 가끔 적절한 외교적 언사나 군사적 위협에 의한 부추김만 읊어대면 증오의 분열은 지속되게끔 되어 있다.

(2) 외부세력의 침략·지배·교육이 분단·분열·증오의 주요인

한반도는 불행하게도 세계 최강대국들이 접촉하는 한가운데에 위치하고 있다. 이들 열강들은 세력의 확장을 노리거나 최소한 상대방의 세력확장을 막기 위한 견제 목적으로라도 한반도를 차지하거나 갈라놓고 부분적으로나마 영향력을 행사하고 싶어 하는, 그런 지정학적 요충이기 때문에 분단의 가능성은 항상 있어왔다.

외세 가운데서도 미국은, 19세기 말에 이르기까지 이미 300년 가까이 제국주의 세력의 챔피언이었던 영국의 후계자로서, 19세기와 20세기 초·중반에 이르는 사이에 세계 최강의 제국주의 지배국이 된다. 아시아에 있어서 지난 100여 년간은 바로 미국이 서남태평양을 완전 석권하여 온 시기로서, 마침내는 사회주의로 내부통일을 이룩한 소련(러시아) 및 중국세와 맞부딪치면서 경계를 이루어 서로 다른 이념과 팽창욕으로 첨예한 대립양상을 빚어온 시기이기도 하다.

Slav 민족에 대한 Anglo-Saxon, 대륙 중앙부에 대한 해양세력인 영·미의 관계는 전통적으로 적대적인 데다가, 사회주의 지배체제와 자본주의 지배체제라는 체제·이념의 대결이 한반도를 사이에 두고 치열하게 부닥치고 있었다.

여기에다 후발 제국주의 세력인 일본이 유럽에서의 나치 독일과 비슷하게 재빨리 인근 지역의 침략에 동참하게 된다. 반도에 대한 식민지 지배의 先手를 차지한 일본은 총칼에 의한 무단통치를 펴는 일방, 앞잡이들에게 경제적 이권을 보장해 주면서 앞장세워 다수 민중의 노동력을 직·간접으로 수탈해 갔다.

일제는 3·1운동을 전후하여 높아지는 민족해방운동 기세를 꺾고 식민지 영구화를 위해 이른바 문화정책을 가장假裝한다. 그들은 앞잡이들을 시켜 신문을 발간케 하였고, 이들로 하여금 민족지임을 선전케 하여 민족 전체가 일제의 식민지(大日本國의 소수민족) 신민臣民으로서 자발적으로 참여·귀속하도록 촉진시킨다. 이들의 주요 언론활동은 식민지 영속화 작업으로서, 곧 민족 독립세력을 말살하는 싸움이었다고 할 수 있으며 이 과정에서 민족 내부는 이념상으로도 첨예하게 갈라지게 된다.

이런 상황에 이어 미군이 점령하게 되었고 그들은 잔인했던 압제자 일본제국을 물리쳐준 은인으로 환영을 받는 가운데 또 다른 지배세력으로서의 자리를 쉽게 구축해 간다.

외세가 지배체제를 구축하는데 가장 쉽게 이용한 것이 바로 이념적인 갈등관계였다. 인류사회가 나타난 이래 지배세력은 언제나 지배받는 세력의 단결과 저항을 싫어했고 잔인하게 억압하여 왔다. 이런 현상은 한 국가사회 안에서는 물론 제국주의 침략이 시작된 근세 이후 지배민족이 피지배민족의 저항을 탄압할 때에도 똑같은 논리로 이루어져 왔다.

그들이 종전終戰과정에서 이미 갈라놓은 한반도에서도 가장 효과적인 통치수법은 서민대중의 평등주의적 민주주의 주장을 이적利敵 반역행위로 몰아세우는 일이었다. 국가에 대한 반역죄는 어떤 죄목보다도 우선적으로 당연히 처단되어야 하는 것으로 사람들은 수천 년 동안 길들여져 왔다는 사실을 지배세력들은 오랜 경험으로 잘 알고 있기 때문이다. 다시 말하면 이 방법은 반외세 독립운동 세력을 꺾는 데 있어서나 반독재 민주주의운동 세력을 탄압·분열시키는 데 있어서 가장 효과적으로 이용할 수 있는 수단이었다. 이 시기에는 미 본국에서의 자산가 중심 '민주주의' 개념이나마 제대로 전달되지 않았음은 물론 반인권적 강압에 대한 저항의 지렛대가 될 「사상의 자유」, 「소수의견 보장 개념」, 「주권재민의식」 등이 발달되지 않았기 때문이다. 인간사회에서 비교적 높은 가치를 지니고 있는 평등주의의 주창이 이처럼 국내외 지배세력의 억압의 표적으로 이용당하게 된 이유와 과정을 가설적으로 살펴보자.

인간의 배타적인 본원적 욕망이 지배자들로 하여금 많은 자원과 다수의 노동력을 강제로 독차지하게 만들었음은 말할 필요도 없거니와 이 같은 지배와 수탈은 지구촌 전역에 걸쳐 실현해 가는 제국주의 팽창과정에서, 이에 저항하는 사람들에게 가장 높은 이념적 이상理想으로서 단결을 용이하게 해준 사상은 평등주의적 민주주의를 낳았고, 이 때문에 자동적으로 평등주의는 제국주의자들의 최대의 적이 되고 만다. 자주성이 허물어지고 불평등의 심화로 인한 분열과 경쟁과 혼란 속에서만이 배타적 지배자들의 약육강식적 수탈과 조종은 가능해지기 때문이다.

'평등주의'가 '최대의, 절대적인 적'이 되고 이 '주의를 주창하면 악을 지지하는 것'으로 되어 처벌을 받는, 3단논법적 연역演繹의 논리가 한반도 사람들의 뇌리에 당연한 의식으로 박혀서 끈덕지게 변치 않고 전해지게 된 연유를 살펴보면 다음과 같다고 할 수 있다.

주로 앵글로색슨족의 후예들인 아메리카 백인들이 땅을 차지하기 위해 원주민을 죽이고 다른 대륙에서 사람을 잡아다가 노예로 부려먹은 역사는 그들이 아메리카 대륙으로 건너간 직후부터 시작되었다. 그러는 가운데 그들은 영국으로부터 독립(1776년)을 하고 다시 프랑스 혁명(1789년)을 맞는다.

인간의 생득의 권리와 존엄성, 자유와 평등을 주창하는 프랑스 혁명의 열기가 아메리카 대륙으로 밀려올 때 유색인종을 노예로 부려먹고 있던 백인들의 입장은 난처해진다. 그들은 백인들끼리의 인간 존엄성은 상당 수준으로 보장하면서도(The First Amendment 에서는 「신앙·언론·집회의 자유」를 生得(생득)적인 것으로 보장하고 있다) 일터에서 부려야 되는 노동자와 농노들을 다루는 수법은 더욱 악랄·교묘해지기 시작한다.

그들은 자기네 일꾼들의 각성을 두려워한 나머지 잽싸게 「외국인 및 소요방지법」 (Alien & Sedition Act, 보안법)을 만들어 자유·해방사상을 억압한다. 그 뒤 남북전쟁이라는 노동력 쟁탈 전쟁을 치른 후 1917년에 이르면 노동자·농민 등 근로대중이 주인이 되는 러시아 혁명이 일어나, 싸구려로 노동력을 사고 팔던 백인들로서는 내우외환의 겁에 질린 나머지 강력한 사상통제 입법과 동시에 슬라브 민족의 해방사상에 대한 적대 선전을 하기 시작한다.

여기서 그들의 내우외환이란 아메리카 본토의 노예노동자들은 물론 식민지 영토의 민족자주독립 세력들을 억눌러 지배하는 데서 오는 폭발의 위험이었다. 그때부터 그들은 평등주의에 대한 욕구를 온갖 구실을 붙여 죄악시하여 종교까지 이용하면서 악선전과 탄압을 하게 된다. 이성을 가진 사람이라면 누가 보아도 정당치 못한 일을 할 경우 공개적인 탄압 대신 정보기구를 통한 음모적인 침해행위가 필요하게 되고 그래서 식민지 민족들의 심리와 풍토를 미리 파악하고 이간질시키는 한편 유혹과 협박 수법을 번갈아 사용하여 식민지 현지 주민들을 꼼짝없이 그들의 자본자유적 反평등주의 이념으로 세뇌시켰던 것이다. 그래도 민주선거를 통해 자주적 성향의 행정수뇌부가 구성될 경우 친미 군사쿠테타에 의해 전복시키고 친미 반민주 독재정권을 유지시키곤 하였다(아시아와 중남미에서).

이제 바로 "평등주의를 주창하는 반항은 남의 재산권을 부당하게 넘보거나 혁명으로 빼앗으려고 하는 악이다"라고 하는 명제(反共 절대주의 명제)가 통념이 되어 3단논법의 「대전제」(사회적 대원리·원칙·법칙)로 성립되었다.

이 원칙에다 걸어서 누구라도 처벌할 수 있는, 마치 살인자를 처벌할 수 있는 법과 마찬가지의 효력을 가지는 사상 아닌 사상이 굳건하게 탄생한 셈이다. 여기에는 물론 인간의 본원적 욕망들을 적절히 이용하여 배타성이나 침해성을 자기 합리화시킬 수 있는 논리적인 근거로 제시하였으니, '자유'와 '재산권', '기업권'등이 그것이다. 남을 해치고 누릴 수 있는 자유와 남의 것을 수탈하여 모은 방대한 재산, 싼값으로 노동력을 마음대로 부릴 수 있는 기업권이 마치 다수인의 생존권(특히 노동력을 부당하게 수탈당하지 않을 권리)보다도 우선하는 기본권인 양 언제나 철저히 보장되었고 이들의 불공정성 때문에 직접 손해를 입었거나 양심을 가진 사람들이 이에 불만을 품거나 저항하는 경우에는 바로 저

'대전제大前提의 원칙'에 걸어서(생존권을 침해당하여 고통받고 억울해하는 것은 무시·묵살한 채 오히려 남의 '재산권'과 '자유'를 침해했다는 구실을 붙여-3단논법의 소전제이자 매개개념 성립) 처벌하였던 것이다(3단논법의 결론 성립).

그리하여 타인 침해적인 강자의 욕망과 주장은 계속 승리하고, 피해·손해를 당한데 대해 공정한 대우를 바라는 약자는 "남의 재산을 노린다"는 구실로 불법화되어 처벌되고 만다.

결국 반세기 이상이나 사회 구성원의 절대다수인 근로민중의 권익 대변자의 입법기구 참여가 통제된 상태에서, 서민대중의 자주·평등·자유화 의지와 노력을 억압하는 법과 제도에 의해 정치·경제상의 의사표시(사상의 자유)와 행동은 ('불법'·'비합법적인' 것이 아니고는) 완전 통제되어 왔다. 이를테면 국가보안법의 경우도 (北의 동포형제를 지목하는) '외부의 적'을 구실로 민중의 자유·평등·자주화에로의 각성과 성취노력을 억압·봉쇄하기 위한 (개인적, 민족적으로) 반자주적 성격이 강하기 때문에 악법으로 문제가 되어온 것이다.

그러니까 생산노동에서 부림을 받고 있는 사람들이 감히 자유·평등·민주를 주장하는 경우에는 제1명제(저들이 수백 년 동안 선전하고 관행화 시켜 온 원칙)에 합치되는 행동을 하니까 그에 상당한 처벌을 받아야 한다는 결론을 자연스럽게 도출하여 다수의 사람들이 속수무책으로 당하게 만들었다.

이 논법은 저들이 갈라놓은 한반도 사회에서 그대로 즉각즉각 써먹을 수 있는 (책 한 권은 물론 말 한마디만으로도 이적利敵 행위로까지 몰아서) 살인적인 사상·행동의 통제수단이 되어왔고 지금도 그 피해를 온 사회성원이 다 받고 있는 중이다. 동족끼리의 끝없는 증오·적대시 조장은, 미군의 영구주둔과 일본 재무장에 대해 둔감해지게 함은 물론 침략세력이 「공조·왕래·훈련체제」를 공공연히 자랑하는 가운데 「평화통일」도 영구히 무산될 우려마저 일게 하고 있다.(『중앙일보』, 「여론조사」 1996. 10. 28)

① 유학 및 외국어 교육에 의한 특정 가치관의 확대재생산

침략·점령국 일본·미국과 한반도 주민의 관계를 보완하여 설명하면 이러했다. 두 나라 모두 군사·경찰력, 즉 살인적 무력에 의한 완전·절대적 통제를 가한 다음, 교육과 종교와 언어·사상으로 설득·강요하는 방법으로 식민지 주민들을 철저히 세뇌시킴으로써, 이념화·신앙화된 사회의식이 자발적 반공·반소·반북·반민중적 성향을 지니게 만들면서 한반도는 얄궂게도 자본체제 日·美를 방어해주면서 대륙봉쇄의 첨병 구실을 떠맡게 된 것이다.

Harry Magdoff는 미국의 대외원조의 중심목적이, (1) 미국의 전세계적 군사·외교 정책을 수행하기 위해, (2) 문호개방에 의해 미국기업들이 자유롭게 원료·무역·투자 기회에 접할 수 있도록 하기 위해, (3) 후진국에서 일어나고 있는 경제개발이 자본주의 방식과 습관에 깊이 뿌리박도록 보장하기 위해, (4) 무역과 투자기회를 찾고 있는 미국 기업인들에게 당장의 경제적 이득을 얻도록 하기 위해, (5) 수원국受援國들로 하여금 미국과 여타의 자본시장에 점차 의존〔종속〕케 하기 위해서라 했다.(차관의 연장으로 진 부채 때문에 수원국들은 원조제공국〔식민지 본국〕들의 자본시장에 영영 얽매이게 되니까) (Harry Magdoff, The Economic of U.S. Foreign Policy, New York, 1969)

맥도프는 또 이 책에서, 남미 군사지원에 관한 국방장관 맥나마라의 의회증언을 다음과 같이 인용, 외국인 교육·훈련의 이유를 다음과 같이 밝혀주고 있다. "군사원조라고 하는 우리의 투자에 대한 최대의 수익은, 아마도 미국내와 해외에 있는 우리의 군사학교와 훈련소들에서 외국의 선발된 장교와 전문 기간요원들이 교육을 받고 배출되어 나오는 일이다. 이들 학생들은 자기 나라에서 정선되어 와서 귀국할 때쯤이면 교관이 되어 돌아간다. 그들은 기술정보를 습득한 장차의 지도자들로서, 자기 나라 군대에게 그 지식을 전수하게 된다. 미국인들이 사고하고 행동하는 방법을 직접 익힌 사람들이 지도자의 자리에 앉게 된다는 것은 내가 구태여 그 가치를 자세히 설명할 필요도 없을 것이다. 이런 사람들을 우리의 친구로 만드는 일은 대가를 따질 수 없을 만큼 값진 일일 것이다. 이렇게 해서 생긴 친밀하고 소중한 우정은, 단순히 모교의 인연이라는 감상적 가치 이상으로 깊어져 좋은 결과를 가져온다는 것은 분명한 사실이다." 이에 대해 하원 외교위원장은 나중에 이렇게 대꾸했다고 한다.

"대외원조를 비판하던 사람이면 누구나, 브라질 군대가 굴라르(Goulart)정권(민주선거에 의해 당선된 자주노선지향의 정부)을 축출했고 미국의 군사원조가 이 군대에게 친미성향과 서구식 민주주의 원칙을 주입한 중요한 요인이었다는 사실을 알게 된다. 이들 많은 외국 장교들이 AID(미「국제개발국」-대외원조 통합기구, 1961년 발족) 계획으로 미국에서 교육을 받았었다."

한국의 경우도 여러 차례의 쿠데타 참여자들을 비롯하여 사관학교 출신의 지도급 장교들은 대부분 미국에 유학, 정보·전술 분야의 재훈련을 받고 온 것으로 알려져 있다.

선진국 교육의 영향력은, 일반적으로 유학을 하는 학습당사자들의 일생동안의 생활상식과 행동양식 및 가치관으로 작용할 뿐만 아니라 연구자나 학자·교육자의 위치에 나설 경우 그들의 학위논문이나 연구·조사 보고서 또는 교육활동 등에서 대부분 자기가 배운 강의노트나 참고원서, 이론·방법론을 배경이론이나 근거와 기준으로 삼아 작성하거나 가르치게 되는 것이므로 많은 수의 후배나 사회성원들에게 「이론방법론적 권위와 신뢰」를 제공함으로써 선진 지식과 함께 확고한 사대주의적 가치관 정립의 확대 재생산을 촉진하게 됨은 흔히 경험되고 있는 바이다.(박정희 부녀의 경우가 모범적 사례다.)

고등교육의 경우는 유학을 한 사람은 물론 국내에서 교육을 받은 사람의 경우에도 대부분의 논문, 심지어는 중국이나 러시아 혹은 아랍세계를 비롯한 제3세계 나라들에 관한 논문이나 연구보고서까지도 거의가 영어로 된(혹은 일본어를 통해 重譯된) 참고원전을 이용할 수밖에 없으므로(사상자유의 통제와 정보자료 수집 곤란으로) 이들 지역이나 나라들에 대한 지식이나 평가·판단을 미국인의 시각이나 그들이 지칭한 용어를 그대로 사용하여 대개는 「부정적」이거나 「증오스럽게」 표현하는 경향이 대세를 이루어 왔다고 볼 수 있다.

따라서 아무리 연구자의 자세가 객관중립적이고 선진국인들의 지식과 가치관이 올바르다고 하더라도 사회현상을 파악하는 태도로서는 아주 위험스러울 정도로 불균형 편파적일 수밖에 없다고 할 수 있다. 어떻게 보면 한반도의 남북 동포들이 증오심으로 대결하여 온 것도 이러한 외세(교육·언론)에 의해 보편화된 왜곡된 시각과 인식의 탓으로 대부분 그 원인을 돌릴 수도 있다고 하겠다.

언어교육에서도 외세의 영향력은 뚜렷이 입증된다. 인간의 생각이나 사상과 정보의 전달은 전적으로 언어에 의해서만 이루어지는 바, 수천년에 걸쳐 한문이 그러했듯이 일제시기의 일본어와 현재까지의 영어가 정도의 차이는 있겠지만 온갖 종류의 서적과 교육을 통해 한민족 구성원들의 뇌리에 미쳐왔을 유형무형의 긍정적 부정적 영향력은 측량하기도 어려울 정도로 어마어마했으리라는 것은 아무도 부정하지 못할 것이다.

지식·기술에 관한 정보와 사회사상과 제도·실생활에 관한 모범은 물론 정직성·정의감·충성·신앙·신조·순종의 미덕·자유·민주 등으로 일컬어지는 인간의 윤리적 도덕적 품성은, 대부분 정신·언어지배국의 말과 글 속에 들어있는 '성인', '위인', '학자'들의 언행·교훈·위대성에 대한 존경심과 함께 신념으로 길러져왔음은 선조·선배들의 생활경험기록에서는 물론 오늘을 살고 있는 사람들은 누구나(유치원·초등학교 때부터의 학교교육에서 빠짐없이 거치는 것으로서) 사고와 행동에서 수시로 예외 없이 겪고 있는 현실이다. 삼국시대와 고려조·조선조에 걸친 한민족의 생활풍습과 정치제도 등이 (심지어는 지명·인명까지도) 한문의 전래에서 비롯된 것이 많았고 일제하의 모든 생활·제도·사고방식이 일본어 터득과 더불어 이루어졌으며(학문·기술·인쇄·건축용어) 歐美(유럽과 미국)의 선진지식과 기술문명과 사고방식 역시 영어의 학습과 더불어 시작되었고 생활화되었다.

이 사회의 정신적 지도계층은 한문시대에는 물론 일어·영어시대에도 언어실력 경쟁과 그 언어에 의해 습득된 지식 및 친교 경쟁에서 우선 승리자가 되어야(과거시험·고등고시·진학시험) 출세와 재부의 축적도 가능하였던 것이다.

② '약탈자'와 '희생자'를 바꿔놓은 영화코드

미군이 일본을 패망시키고 한반도를 점령한 지 70년을 넘기고 있는 지금까지 미국의 문명은 한국인의 생활과 의식에 엄청난 영향력을 미쳐왔다. 그 중에서도 정치·경제·군사 문화에 끼친 영향은 여러 곳에서 설명되었으므로 생략하고 문화정책의 한 가지 사례만을 예로 들어 본다.

미국은 점령 초기에 이미 영화라는 오락수단을 통해, 일제가 3·1운동 후 시행한 '문화정치' 이상으로 은밀하고 음흉한 고단수의 세뇌술책을 썼다. 이른바 '서부극'하면 유교의 삼강오륜이라는 틀 속에서 남녀유별의 멍에를 쓴 채 꼼짝 못해온 이 땅의 청춘남녀들에게 호방한 자유연애 관습과 인권 및 개인주의 사상을 불어넣어준, 그래서 미국을 동경의 나라, 이상적 사회로 아름답게 그려보도록 한 환상세계의 안내문이었다.

이런 영화들 속에서 전개되는 남녀관계는 이때까지의 유교적 동양적 시각으로 볼 때에는 분명 퇴폐타락한 육욕의 발산이었지만 '영화예술 공간'이라는 명분으로 방탕한 향락을 정당화·합리화시켜 주었다. 그러나 이런 정도의 영향력은 개인의 정서를 자극하는 것으로서, 호·불호의 오락으로 치부해버릴 수도 있었다.

심각한 일은 아메리카 대륙에 15세기 말부터 상륙하여 그때 이미 수천년 이상을 살아오던 원주민(아메리카 '인디언')들을 내쫓고 땅을 차지해가는 과정에서 저질러졌다(당시 인디언 인구는 1,800만명 정도였으나 침략자들에 의해 약 300만명으로 줄었다고 한다). 앵글로 색슨족의 수백·수천 총잡이들은 농토를 빼앗고 금광과 석유자원을 탈취하는데 혈안이 된 나머지 본래의 땅 주인들을 닥치는 대로 살육하였다. 침탈자들은 음흉한 공작에 의해 인디언 부족끼리 싸움을 붙이거나 잔인한 살육으로 항복을 받아내기도 하였다.

이런 일들을 2차대전 후에 아시아인들에게 보여준 '영화' 속에서는 "미국인은 절대로 비겁하게 총을 적의 등뒤에서 쏘지 않는다", "전투중에라도 미국인은 연약한 아녀자들을 괴롭히지 않고 보살핀다", "될 수 있는 한 사격전도 상대방이 사격준비를 완료한 순간부터 시작한다"는 등의 영화제작 규약(film code)을 지키는 것으로 조작되었던 것이다. 참으로 그럴듯하게 꾸며진 조작극이었다.

그리하여 석양의 붉은 노을이 이지러질 무렵 어둑어둑한 산등성이 능선을 따라 형형

색색의 물감으로 칠한 험상궂은 얼굴을 한 채 화살과 창으로 무장한 인디언 부족들이 질풍노도와 같이 다그쳐드는 모습은 정녕 떼강도이거나 무고한 백인을 죽이려는 살인악마였다.

과연 화살과 창끝에서 처참하게 쓰러지거나 아슬아슬하게 흩어져가는 연약한 백인 아녀자들의 울부짖음은 관객의 비명과 동정과 눈물을 자아내거나 '침탈자' 인디언에 대한 분노를 자아내면서 인디언을 해치우는 백인 명사수의 멋지고 여유 있는 사격 솜씨에 찬탄을 아끼지 않게 하곤 했다.

어두운 극장 속 분위기는 남녀가 손을 잡고 분노와 흥분과 희열을 만끽하면서, 역시 해방의 은인 백인조상들의 극적인 승리에 아낌없는 박수와 찬사를 보냈다. 이러기를 수십 년, 아빠·엄마의 연애시절에 그리했던 것처럼 그 아들 딸들의 데이트 역시 코카콜라와 함께 미국인들에 대한 감탄과 환희로 채워졌다. 그리하여 미국이란 나라는 영화 하나를 만들어도 나이아가라나 그랜드 캐넌, 로키산맥, 텍사스 초원처럼 장대하고 허허롭고 황홀하게 만들고 등장인물도 언제나 신사적이고 악의 무리 퇴치에 용감하며 세계 문명을 지도할만큼 위대한 기량과 능력의 소유자들로 보였다. "병주고 약준다"는 말이 있지만 이건 "침략전쟁으로 다 죽여놓고도 유가족과 고아와 기지촌 여인들에게 구호 물자와 식량·구충제 DDT로 은인으로서의 생색을 내 온 인간들"임을 모르고 멍청하게 제민족 동포형제를 빨갱이라며 증오하고 죽이는 용병의 역할을 용감하게 하여 온 어리석은 민족이 되고 말았다.

중학교 영문법 수동태에서 배우게 된 "아메리카는 콜럼부스에 의해 (처음) 발견되었다"는 역사적 명제(원주민들의 존재를 부정하고 앵글로 색슨을 비롯한 유럽 백인들의 주인됨을 은연중 확인시키는 명제)를 의심도 없이 수백·수천만의 뇌수와 가슴 속 깊이 간직하게 했다. 어느새 백인들은 "침략자이기는 커녕 잔인무도한 인디언들의 습격에 무지막지한 고통과 죽임을 당한 피해자·희생자들이며 그것을 '하나님의 가호로' 이겨낸 복음의 사도들"로 변한다. 이제 아메리카 백인들은 불의에 항거한 용사의 상징이 되었다.

6·25 당시 전쟁을 겪은 많은 사람들의 실제 경험에 의하면, 북측이 전투장에서 총포탄을 주로 사용했던 것에 비해 남측, 특히 미국은 주로 공군과 해군에 의해 민간인 살상과 가옥파괴·도로·철도·교량파괴·방화에 의한 전국토 초토화 무차별 융단폭격과 함포사격에 의해 세계 최대 군국주의 무기를 무한량으로 쏟아부었던 것이다.

그럼에도 불구하고 한국〔조선〕전쟁과 베트남 전쟁을 치르는 과정에서 「친미 반공교육」과 사대주의적 「반민중 자본 언론」에 의해 저질러진 가장 무서운 범죄적 세뇌현상은, 미국군이 잔인무도하게 폭격의 대상으로 삼아왔던 아시아대륙 남부 주변의 모든 나라가

(중동에서 극동에 이르기까지) '천사의 나라' 미국의 저주를 받아 마땅한 '악마의 나라들'이라고 생각하도록 만들었다는 사실이다.

따라서 한국의 기자들도 상당수가 군국주의자들의 침략적인 선제先制폭력에 의한 점령에는 눈을 감은 채, 침략외세의 학살만행에 최소한의 힘으로 저항하는 사람들을 '폭력배' '깡패국' '공산도배' '테러국' 등으로 기사화하는 미국의 신문을 아무런 의식 없이 그대로 베끼거나 침소봉대하여 왔다.

그러니까 크고 작은 아시아대륙 나라들의 자주적 근로민중 중심 복지사회 건설노력이나 자주 민주적인 회교국 건설과정에서 미국 군산복합체軍産複合體 세력의 요구에 어긋나게 하는 일체의 행동은 모두 '반자유·반민주 악마적 비행'이며 따라서 당연히 '자유세계의' 무력응징이나 경제적 봉쇄 제재를 받아 마땅하다는 의식이 피해 당사국 민중들, 특히 한반도 남쪽 사람들조차도 세계관이자 상식으로 되어 반세기 이상(일제 식민지시기로부터 100여년간의) 철칙처럼 확고부동하게 자리잡게 되었다.

③ 「신을 믿으면 복을 받고 착하게 된다」는 믿음의 함정

film code라는 낱말이 나온 김에 한 가지 더 생각되는 것이 있다. 눈에 보이지 않는 신(하나님·알라 등)을 믿는 종교들의 성서·경전은 모두 선지자·성인으로 불리웠던 사람들이(고대나 중세의, 사물인식의 과학 수준이 낮았던 시대여서 판단력도 낮을 수밖에 없었을 것인데) 말하거나 만들어 놓은 것을 기록해놓은 인쇄된 책으로 존재한다. (이야기의 재료는 기껏해야 그들이 살던 지역에서 일어난 정치·경제·사회·문화 생활 곳곳에서 듣고 본 것들이었다.)

따라서 성서·성경·경전에서나 성직자들이 자주 강조하는 '하나님 혹은 알라의 말씀'이라는 표현은 아무리 생각해도 상상적 상징적인 것으로 일반화·보편화시킨 것일 수밖에 없다. (아무튼 그렇다치고.)

사람들은 눈으로 성서를 보거나 성서에 능통한 성직자들의 설교를 반복적으로 들으면서 스스로는 신의 위대한 가르침(계시·복음)으로 받아 마음속에 깊이깊이 새기곤 하여 왔다. 그러기를 2000여년 동안 성직자와 신자·교도들은 똑같은 신의 코드에 맞추어진, 또는 맞추려고 애쓰는 충직한 신의 신하요 자녀가 되어, 자신들의 생활상의 잘못에 대한 진정한 고백까지도 성실히 이행하며 자부심으로 느끼곤 하여왔다.

그런데 여기에 진실 신앙의 결함이 숨어있었다. 보이지 않는 신과의 코드를 혼자의 마음속으로 맞추려 하다 보니 자신의 현실적 이기심(정신적 육체적 욕구)과 뒤섞여 이웃 사람과의 관계에서 자신만의 순수함이나 유익함·우월감·오만심 등이 생겨나면서 믿지 않는 순박한 사람보다 오히려 이웃 사랑정신을 놓쳐버리는 경우가 흔히 생겨나게 되었다.

인간은 배고픔의 고통을 느끼는 생명체이기 때문에 반드시 의식주가 있어야 살아가는 나약한 존재이다.(그러니까 신을 믿고 의지하여 고통을 덜려고 했겠지만) 따라서 의식주는 인간의 생명유지에 필수적인 물질(존재)이다.

그런데 이 필수적인 물질자료는 눈에 보이지 않는 하나님이 주는 것이 아니며(하나님은 「대자연」으로 대체시켜보면 자연은 크나큰 은혜 베풂의 거룩한 존재이니까 그렇게 상징시켜 표현했을 터이지만) 실제로는 반드시 이웃하며 관계를 맺고 사는 인간 누군가로부터 의식주 자료를 받아야 되며, 따라서 그 이웃하고 있는 사람은 나의 생명의 은인이 된다.

쉽게 말하면 사람의 생명유지에 관한 한 첫 번째로 최고의 마음씨 좋은 은인은 농민·노동자·어민이고 집을 지어주는 일용직 건축노동자들이다. 물론 기업주나 고급기술자·일선 행정기관의 공무원들도 이웃의 은인 속에 들어간다.

이렇게 은인을 구체적으로 열거하게 되는 이유는, 자신에게 복을 주신다며 하나님을 믿는 사람들 가운데 자기가 교도라는, 그래서 착한 사람이라고 생각하는 사람들 중에는 개인주의·이기주의적 사고방식이 몸에 배어(실질적 은인이 될 수도 있는) 이웃 가난한 근로민중에 대한 동정심이 전혀 없는, 심지어는 사회적 적대세력으로 몰아치는 악덕 고용주들 비슷하게(고용주 자신이 신앙인인 경우에도) 오만하게 상대방을 깔아뭉게 왔다.('민주공화국' 국민이 된지 70년이 넘었는데도 특정 종교인들과 신앙집단은 남이 다 내는, 공동체 유지의 기본 의무인 세금도 내지 않고 특권세력으로 살아왔음을 뒤늦게 알게 되었지만) 물론 신앙인 대부분은 자신들이 스스로 자부하고 있듯이 '신의 말씀대로 행동하고 착한 이웃사랑의 마음으로 살아가고 있다'고 믿는다.

독실한 신앙인임을 자랑하던 유럽과 미국의 백인 조상들은 중세에도 이미 '마녀 사냥'이라는 흉악한 죄악을 저지르더니 근세·현대에 이르면서는 오대양 육대주를 누비며 착한 사람들이 사는 곳마다 총칼로 덮치고 그때마다 성경을 꺼내들고 하나님의 이름으로 순종을 강요했다.

그들은 당당한 제국주의 침략자가 되어 적당한 곳마다 직선으로 경계선을 그어(아시아·아프리카·라틴아메리카 3대륙에는 유난히 직선 국경선이 많다.) 약소민족의 동포 형제 자매들 끼리 증오·분열하여 싸우게 만들어놓고 자신들은 멀리서 수시로 협박하며 구경만 하다가 큰 희생 없이 공짜로 땅을 확장하고 노예를 부릴 수 있는 지위를 차지해갔다. 한반도의 경우는 이 「동족분열·분단과 영토 확장 전략」의(제국주의 분열·침략의) 맨 마지막 판에 걸려들어 고통을 겪고 있는 중이다.

제국주의자들의 싸움 붙이는 방법에는, 성서를 부정하거나 대립되는 주장을 하는 이념·이상이나 신앙교리를 '적대 이념'으로 설정해놓고 '종교의 자유'를 표면적인 구실로 표방하면서 '상대방이 언제나 악'이라고 읊으면 지원을 받고 있는 종속세력들도 한결같이 아부하며 절대 순종 자세로 복창復唱하며 따랐다. '붉은 악마' '좌익 빨갱이' '극좌 테러분자'라는 악담은 약소민족들의 자주·평등·민주·독립운동을 좌절시켜온 세뇌의 도구들(구호·저주·명령)이었다.

이제 선과 악의 형태에 대한 이상의 역사적 경험을 토대로 사람이라면 종교인이든 일반인이든 허상 숭배에 앞서, 혹은 병행하여 이웃 사람들간의 「은혜 베풂」에 마음을 기울여, 받은 만큼, 또는 그 이상의 「은혜 보답」에 정성을 쏟는다면 자신과 이웃의 행복은 물론 조국과 세계의 평화와 공존공영의 길이 머지않아 활짝 열릴 것으로 믿는다.

기독교와 이슬람 교도들 간의 오랜 싸움의 역사도, 각각의 종교가 모두 중세 이전 또는 초기에 생겨난 관계로 인간을 평등하게 볼 줄 모르는 불합리성이 많은데다가 양쪽 모두 인간에 대한 진정한 사랑이 없으니 대를 이어 봉건적이고 제국주의적인 이기심으로 가득 차 절대로 상대방에게 양보나 동정심을 발휘하지 못하는 약점을 가지고 있다. 이처럼 사랑은 없고 증오로 뭉친 절대주의 신絶對神을 모시는 절대주의 신앙집단이 되다보니 자기쪽만 위대하고 상대방은 악마로 취급하면서 짐승 이상의 악랄한 살육전으로 대를 이어, 온 세상 사람들을 괴롭히고 있는 것이다.

(3) 사대굴종·비열한 경쟁·증오 적대시

첫째로 사대주의(아부주의)와 출세주의적 성향이(공익을 해치고 타인의 권익을 침해하는 것을 당연시하는 정도로) 강한 것이 공동체 번영에 큰 결함이 되고 있다. 우리 민족은 핏줄이 같고 단일언어 민족이라는 점과 순박성이라는 장점들을 가지고 있는 반면, 민족적 단결을 이룰 수 있는 공통된 이념이나 신앙이 없었기 때문에(오랜 기간에 걸쳐 피압박·분열되어 왔기 때문에 사대적 종교 이외에 공통된 신앙의 형성이 어려웠다고 볼 수도 있다) 사상적 중심 기둥이나 토대가 없이 이리저리 외세에 찢기운 채 의존·아첨하는 일에 익숙해졌고, 그러다보니 동포·형제나 이웃의 약자를 돕거나 사회적 공익을 우선시하기보다는 사리사욕이 앞섰고 사리사욕을 채우려면 정치·경제·사회적으로 남을 누르고 지위를 향상시켜야 했으므로 사대주의·출세주의는 한반도의 청장년들에게 거의 동시적으로 작용하는 행동요인이며 생활방식이 되어왔다.

특히 수탈에 의한 부富와 일제에 충성하여 얻은 지위와 권력을 지닌 민족반역의 범죄자를 부조父祖로 둔 자산계층의 자식들은 태생에서부터 성장하는 과정에서 생산노동의 고통을 전혀 이해하지 못하고 있을 뿐만 아니라 유학이나 지배자교육에 의해 근로민중 수탈의 방법만을 연구하기 때문에 결국은 근로계층을 수탈대상의 머슴이나 적대적으로 대하는 외세와의 공조세력이 되어 자주·평등의식을 법과 제도와 폭력으로 제압하게 된다.

이같은 성품은 적자생존適者生存의 논리로 합리화된 채 약자에겐 무자비하고 강자에게 비굴한 기회주의적 성향을 가지는 것을 당연시함으로써, 이웃의 약자를 돕고 무리無理한 강자를 제재制裁할 줄 아는 억강부약抑強扶弱의 인도주의적 도덕성을 훼손시키게 되어 공동체 내의 인격적·물질적 불평등을 조장하는 결과를 가져왔다.

이런 성향은 또 지위가 높아질수록 심화되어 국가의 관리를 맡은 사람들이 매판성 거래를 한다든지 불법적 쿠데타로 권력을 잡고 불평등조약을 체결한다든지 하는 매국배족賣國背族 행위를 자행하며 출세주의에 의해 조장된 권위주의적 장기집권 욕망과 결합되어 자기 민족을 억압·수탈하고 외세에 봉사하는 정치집단으로 고착된다.

두번째로 큰 결함은, 비합리적이고 비민주적인 성향이 강하다는 점이다. 바꾸어 말하면 장점의 하나인 순박성은, 공동체 전체의 이해관계를 이해하고 과학적인 사태 파악과 판단을 가능케 하는 합리성이나 자주·자립성이 결여될 경우 고의적인 종속화 교육이나 언론선전, 종교를 빙자한 사술詐術이나 비합리적인 미신과 맹신에 좌우될 가능성이 높기 때문에(두 차례의 식민지화와 분열의 역사경험에서 보았듯이) 곧바로 결점의 큰 요인이 되기도 한다.

이런 상황은 민족 스스로도 자체의 합리적인 의견통일을 가져오지 못하는 장애요인인 동시에 외세의 교묘한 심리적인 속임수에 이용당하기 쉬우며 이 같은 어리석음은 언제나 당하고 난 다음에야 뒤늦게 깨닫고 뉘우치는 경험을 뒤풀이해 왔지만 의식적인 계몽과 교육 없이는 쉽사리 고쳐지지 않을 부분이다. 그렇다고 성급하게 고치려 들다가는 분열·증오심만 오히려 조장하게 된다.

민주주의의 전제조건인 자주·평등성의 보장도 역시 앞의 합리성과 결합될 때 비로소 실현될 수 있는 가치이다. 만약 비합리적인 성향이나 무의식 상태를 개인 저마다 그대로 간직한 채 덮어놓고 민주주의나 평등을 주장해 보았자 사회적 갈등만 더욱 심해지며 시행착오만 자주 되풀이하게 된다. 물론 용기 있게 되풀이하여 주장하며 싸워나가는 가운데 깨우쳐서 지혜와 방법을 터득해 낼 수도 있겠지만 결과는 항상 더 복잡하고 증오스런 감정의 앙금을 남기게되므로 웬만한 합리성과 이해심을 가지고는 해결하기 어려운 난제를 다시 누적시켜 가게 된다.

한반도의 사회성원들이 본래 자주정신·평등정신이 약했던 것은 아닐 것이다. 다만 봉건체제와 외세 및 그 앞잡이들의 혹독한 수탈과 살상에 시달리다 보니까 소유한 자산은 별로 없고, 있는 자들에게 고용되거나 소작농을 하는 과정에서 '주인'과 '머슴'이라는 불평등한 인격관계를 자연스럽게 이루어왔던 것이다.

근로자들이 법적 신분제도로 얽매여 있던 봉건제하에서는 물론, 신분제도상으로는 평등하다고 하는 자본주의 경쟁체제하에서도 각종 산업이나 직장마다에서 경영 참여는 엄두도 못내고 가진 자들에게 고용되어 꼼짝 못하고 시키는 대로 해야 하는 신세에 있는 한, 이름만 바뀌었을 뿐 '주인'과 '머슴'으로서의 위치지움은 이전과 별로 다를 바 없다고 볼 수도 있다. 더구나 미국·일본 등 자본종주국들의 돈놀이 기구인 IMF의 차관과 외국인 기업체로 넘어간 대기업체들에 고용된 근로자들의 신세가 머슴의 위치인 것은 물론 시위·농성에서 여차하면 동포 형제인 경찰과 폭력적으로 만나야 하는 얄궂은 처지가 된 것이다.

복지사회 건설의 정신적 물질경제적 토대를 마련하려면 자본·자유주의적 분위기 조장으로 강화된, 부유층의 (이웃을 무시한) 안락을 위한 무한욕망이 절제되어야 하는데, 언론도 교육도 거의 제기능을 발휘하지 못하고 있는 것이 사회 현실이다. 그러므로 지배·피지배계층 쌍방의 민주적 자각과 획기적인 개선 노력이 없는 한 사회성원 다수의 인간적 주체성과 평등주의적 성향이 함께 피어나기는 어려울 것이다.

(4) '순종의 미덕'의 부정적 결과

"순종의 미덕"을 강조하고 경쟁시킴으로써 초래된 폐해는 여러 가지였다. 첫째는 지배적인 위치의 사람들이 약자 위치에 있는 사람들을 계속 그 위치에 두고 충실하게 힘든 노동을 잘 해 나가도록 하려는 의도에서 신이나 성현의 말씀을 이용하여 무상(無上)의 권위로 내리누르려 했다는 점이다.

봉건시대 이래로 여성들을 아내로서나 딸로서 남성에게 정절을 지키도록 한 점은 인간적으로나 계급적으로 범죄에 가까운 차별이고 학대였다. 물론 이 경우도 사회 도덕적으로나 종교상의 긍정적이고 보편적 가치는 있었다고 볼 수도 있으나 남성위주의 지나친 순종 강요가 무서운 고통과 사회적 폐습을 오래오래 전해지게 하였다고 할 수 있다. 그야말로 약육강식의 수준 낮은 인간상을 장기간 존속시키게 했던 것이다.

두 번째 폐해는 봉건수탈과 침략외세의 정복 책략에서 왔다. 봉건시대에는 농업이 주산업이었으므로 농민의 비중이 컸으며 따라서 지배세력의 수탈에 고분고분하여야 마음

놓고 수탈이 가능했다. 지배계층은 대체로 유식하고 근로계층은 대체로 무지한 상태에 있었던 시대이고 보면 자연히 지배계층은 종교의 성인들이나 그들이 설교했던 신이나 성현의 말씀을 거듭거듭 제시하여 그 권위에 꼼짝없이, 생명까지 받쳐서라도 순종치 않을 수 없는 신념信念으로 불어넣어 다지고 대대로 철칙처럼 지키게 만들었다. 우리네 사람들이 족보를 따지고 양반성姓을 따지며 어느 지역과 어느 도道를 따지며 "나는 양반의 핏줄임"을 자랑하며 은연중 다른 "쌍놈 씨족"이나 반항을 잘 하는 그 어느 "못된 지방 사람들을" 비하하거나 피하도록 만든 것은 근로계층 사람들을 분열시키면서 순종케 한 비열한 방법이었다고 할 수 있다. 오늘날까지도 어느 고장, 어느 성씨네의 '양반타령'이나 동서지역 상호 헐뜯기나 경멸 풍조 등이 여기에 속하는 것으로서, 정치꾼들이 외세에 붙어서 정치권력을 다툴 때 언제나 써 먹어온(악용해온) 지방색과 씨족 찾기가 바로 이 악습의 전승傳承인 셈이다.

일제 군국주의자들이 조선반도와 중국을 침략 정복해 가는 과정과 식민지 시기에 저질렀던 온갖 차별정책과 특정계층이나 활동가에 대한 학살 탄압 등은 그 자체에도 파멸의 목적이 있었지만 원대하게는 분열에 의한 민족 전체의 궤멸과 절대순종에 의한 노예화에 더 큰 계략이 숨어 있었던 것이다.

영국이 인도 대륙의 여러 부족들을 복속시켜 가는 과정과 미국이 아메리카 대륙을 이른바 '개척'이라는 이름으로 원주민을 죽이며 정복해 가는 과정에서는 언제나 자주적 저항세력은 '호전광好戰狂'이고 순종하는 사람은 착한 '하나님의 자손'이었다. 2차대전 후 멀리 태평양 건너 일본의 식민지(조선땅)를 차지할 때에도 "은혜를 베푼 해방자"로 나타나 저항세력은 "사탄이며 주적主敵"으로 몰고 순종세력(주로 친일파 아부세력)은 역시 "착한 하나님의 아들딸"이며 학교교육과 신문 방송으로, 영화로 "적과 동지"를 구별하고 차별화하며 분열·증오·적대시시켜 "하늘에 맹세하는 신념과 의리와 깊은 신앙심"으로 침략외세와 결탁하여 동포 주적主敵을 저주하고 혈투를 다짐하며 정복전쟁의 용병이 되어 복수의 칼부림을 재삼재사 결의하게 만들어왔다.

이 모든 음모 책략의 감초가 바로 "맹목적 충성·효도·의리·신앙"으로 호칭되어 온 "순종의 미덕"이었고 이 미덕이 널리 뿌려져서 맺어 온 열매는 결국 다시 또 "악덕의 씨앗"이 되어 약육강식의 비열한 공동체 정신으로 자라나 강건한 협동적 민족정신과 그 실체를 분열시켜 파멸에로 이끌어 가려한, 무저항·무기력의 아편이 되었다. 심각한 경우는, 6.25전쟁 당시 남편이 인민군으로 나간 동안 아들을 키우고 있던 아내가 교회에 나가면서 "붉은 악마의 침략으로 하나님의 나라 종들이 고생하게 되었다"면서 과부 아닌 과부로서의 원망까지 하는 모습을 보였던 사실과, '빨갱이 가족'이라는 소리를 들으며 협박당하는 것이 두려워서 특정 신앙집단에 나가 보신을 하는 가운데 폭격 학살자는 '하나님의 형제'로, 동포형제와 내 가족은 '사탄'이나 '붉은 악마'로 웅변대회 때마다 서슴없이 저주하게 되는 모습들에서 "순종의 미덕"이 얼마나 어리석고 사악하기까지 한가를 실증적으로 보여주었다. 그러니까 자신은 부지불식간에 '허상의 종'이 되어있고 어린이의 아빠인 남편은 "지옥의 사자인 사탄"으로 지칭되는, 죽도록 증오하는 대상으로 만드는 심각한 상태의 '도깨비놀음'에 빠져 있었던 것이다. 사해동포정신이라는 선의의 착각을 넘어 동포형제를 해치는 자해적 신앙과 신념으로 빠져드는 어리석은 존재가 되었다. 가상의 하나님에 대한 순종은 미국에 대한 사대주의적 맹신과 무지가 하나로 어우러져서, 분명한 외세의 침략전쟁과 학살까지도 '사탄'인 동족 동포형제의 탓이거나 하나님의 뜻에 따른 운명(팔자)으로 확신해가면서 일체의 자주적 저항을 포기함은 물론 동포 살육의 앞잡이로서의 신념과 용감성(맹신과 만용)만을 자랑하거나 격려하는 바보들이 되어왔다.

지구 저쪽에서 몰려와 정복 주둔하고 전쟁을 일으킨 자가 누구인줄도 모르며, 동포형제와 가족들이 이 전쟁에서 어떤 위치의 어떤 존재이며 일본 제국주의자들이 어떻게 이 민족을 분열시켜 난도질하고 달아났는지, 전혀 캄캄하고 무지몽매한 상태에서 누가 주선 안내해주는 "하나님(허상)에 대한 맹종"이 얼마나 끔찍한 범죄가 되는지 알지 못하고 있었다. 이 같은 어리석음은 차라리 순진하게 믿는 미신보다 훨씬 악성의 인간 파괴요인이며 사회 유지관계의 파멸을 초래하는 원흉으로서 누군가의 사악하고 의도적인 인간집단의 배후 조종이 아니고는 있을 수 없는 현실들이었다. 실제로 '킬링필드' 참극이나 팔레스타인 사태, 아프가니스탄 전쟁, 한반도의 남북 증오 적대시 관계 등의 갈등 조건의 배후 원인 제공자는 영·미·일 제국주의 침략세력이었다. 제국주의 군국주의자들의 약소민족 정복과 지배를 부정적 시각에서 따져보면 크게 세 가지 영역의(종과 머슴으로 만드는) 수단과 방법이 있어왔다. 이 책의 다른 곳에서도 서술되었듯이, 첫 번째 방법은, 군대·경찰·사법기관 및 악법·몽둥이와 고문 등 폭력에 의한 육체적 정신적 고통에 의한 것이며, 두 번째는, 교육·언론·종교와 같은 설득·유인·세뇌에 의해 자발적 충성과 순종을 이끌어내는 방법이며, 세 번째는, 인간이면 누구나 필연적 약점으로 가지고 있는 의식주 해결 문제를 미끼로 이용하는 경제적 통제방식이었다. 이 경제적 조종방식은, 직접적인 강제수탈 방법도 있으나 불평등 교역이나 투자를 통한(눈에 띄지 않는 수법의) 수탈 행위가 많았다. 평등과 기회균등으로 가장된 무역의 경우도 약소국의 물건은 생산원가나 노동의 고통도 따짐이 없이 싼값으로 수출해야하고(그것마저도 자기 나라 산업이 피해가 있다며 덤핑으로 제재하기도 한다) 그네들의 물건을 사들일 때에는 부르는 대로 높은 대가를 지불해야하는 굴욕을 당하여 왔다. 가치가 하락했을 때 투자했다가 올라갔을 때 팔아 큰 이익을 남긴 채 빼가는 주식투자의 경우도 긍정적 의미도 있지만 부정적 도박의 의미도 강한 편이다.(국내 개인 주주들은 투기꾼을 돕는 얼간이가 된다.)

이상의 세가지 통제방법 가운데 폭력과 경제지배 방법은 언젠가는 피차 알아차림이라도 있지만 교육·언론·종교에 의한 설득·세뇌·유도 방법은 전혀 그 의도를 눈치채지 못하고 자진 협력하면서 수천년 동안 피와 희로애락과 고통을 나누어온 자기의 공동체 사람들(조국과 민족동포)을 배반하는 줄도 모르고 사고하고 행동하는데('머저리들'이라고 할 만큼) 이와 같은 현상은 모두가 "순종의 미덕의 진실한 소유자"가 되기 때문이라고 할 수 있을 것이다. 이들은 침략자에 대한 분노를 일으키기는커녕 외세의 속임수에 빠져 약소민족의 민중투사들을 오히려 증오 적대시하던 지난날의 크나큰 과오를 절실히 깨달아야 될 것이며 그때에야 비로소 "말 안 들으면 지옥 간다"는 공갈에 떨지 않는 똑똑한 인간사랑의 자주적 행동인이 될 수 있을 것이다.

2. 평등·복지사회 건설을 위한 가치평가 판단척도

사람들은 정보를 입수하고 만들고 제공해줄 때마다 "진실된 것인지 아닌지", "진실된 것이면 기준이 어디에 또는 어느 누구에게 있는지"등을 따지게 된다. 그리고는 대충 '이기적인 결론'을 '공정한 판단'이라고 가정하고 정보와 이권利權을 주고받는다.

우선 '논평'이라는 낱말의 의미를 따져보자. 논論이라는 글자는 '말의 무리', 즉 말을 주고받는 집단, 또는 '말의 덩어리' 또는 주장이라는 뜻으로(명사와 동사) 별로 큰 의미는 없다. 그러나 평評 자에는 "말을 공평하게 한다"는 뜻이 들어 있어서 말을 주고받는 대상인 물의 "자격이 평등하다"는 의미에다 그런 자격자들에게 "비슷한 이익이 돌아가도록 말의 내용과 형식을 조정調整해야 함"을 뜻하는 말이다.

이런 이유 때문에 글을 쓸 때 사회성원들의 정치·경제·문화적 지위나 신분을 비슷하다고 가정하면 대수롭지 않은 일로 생각되어 별로 신경을 쓰지 않아도 좋을 것이지만, 재벌과 빈민, 수입이 좋은 상공계통의 종사자와 언제나 고통으로 찌들어가는 가난한 농어촌 사람이나 그 자녀들인 노동자들, 집없이 떠돌아야 하는 도시의 셋집살이 빈민들, 기타 이들보다도 더 못한 신세의 사회성원들의 인구수가 오히려 과반수가 넘는 사회에서는 필자가 아무리 '공평', '공정'을 내세워도 현실과는 엄청난 차이를 나타내기 일쑤이다.

더군다나 이들 가진 계층과 못 가진 계층이 서로 모순되게 대립·충돌하는(약자들의 고통 어린 생산노동에 의해 이룩된 가치가 엉뚱한, 불로소득으로 부유한 강자의 수중으로 부당하게 이동하는) 관계에 있는 것이 분명함에도 불구하고 이 모든 진실을 묵살하고 일방적으로 "공평하니까 잔소리 말고 따르라"고 한다면, 그럭저럭시키는 대로 따라가면 생존·생활은 가능하겠으나 사회의 옳고 그름의 기준이나 원칙은 계속해서 바로 서지 못할 것이며, 이에 따라 억울해하고 고통스러운 노동과 질병과 각종 의무를 많이 짊어진 계층은 소득의 상대적 감소경향과 함께 '하인'으로서의 굴욕을 받아야 하는 비민주·비인간사회가 되고 만다는 결론이 나온다.

불행중 다행으로 과학발달의 역사와 그 반영인 과학적 사고의 발달에 힘입어 여기에 실증적 과학의 현재의 수준을 나타내줄 수 있는, 자연현상과 사회현상에 관한 몇 가지 명제들을 정리해 봄으로써 공정성을 생명으로 하는 논평문의 전개방법과 여타 문제에 관한 논리적 사고와 판단과정에서 독단과 편파성을 가려내 볼 수 있는 기준 및 원칙으로 삼아 보고자 한다.

왜냐하면 이들 명제들의 내용은 특정인의 자의恣意에 의해 판단·선정된 것이 아니라 나름대로 오랜 인류의 경험과 가까이는 과학자들의 관찰과 연구결과로, 즉 귀납적 과정을 통해 일반화되어 주창된, 어찌 보면 상식화된 진술들이므로 다음 차례의 더욱더 구체적인 사실들을 입증해 주는 연역演繹의 대전제이자 원칙으로서도 충분한 역할을 할 수 있는 것들이기 때문이다.

1) 물질적 재부財富 이동의 포착 가능성과 당위성

(1) 사물의 존재와 인간의식의 관계

"사회의 물질적 현상은 개별 인간의 의식에 앞서 이미 독립적으로 존재한다. 따라서 물질적 대상의 파악은 인간 두뇌에의 능동적 혹은 수동적 반영에 의해 이루어진다"(명제 1).

"인간은 체득된 의식(지식과 체험과 사상의식 또는 가치관)을 주체의 의지(욕구나 계획·기대)의 내용으로 삼아 각종 물질적 존재(생산물·건설·개혁 등)와 정신적으로 가치있는 것들을 창출해낸다"(명제 2).

○ 인간의 지배욕과 자주성

"인간은 누구나 남의 지배를 받기보다는 지배하기를 좋아한다. 같은 논리에서 사람은 대개 남의 지배를 받기를 싫어하며 최소한 자주적인〔평등 민주적인〕상태에 있기를 바란다"(명제 3).

○ 인간의 욕구와 충족의 관계

질량보존(에너지 불멸)의 법칙을 근거로 하여 다음과 같은 사회적 원리를 도출해 본다. 모든 인간의 욕구와 필요를「수요」측면으로 보고 이에 대한 충족 및 해결을「공급」측면으로 하여 인간의 활동에너지의「수요-공급」과정을 생체 및 사회유기체의 신진대사 과정으로 보고 부족하거나 넘치는 정도에 대한 과학적(수량적)인 관찰이 가능하다.

따라서 "물질적 재화(財貨, 물론 화폐 자체도 포함)를 다른 사람으로부터 공급받아 소유하거나 소비하는 경우 물질이용의 수량과 소유 및 소비의 당·부당성(착취·낭비 여부)을 추적 측정·판정할 수가 있다."(명제 4)

그리고 "일정량의 생산·공급 물량 중에서 소수인少數人이 (다른 사람들의 노동 고통의 대가인) 다량의 생산물을 점유할 경우 정작 고통스런 생산노동에 참여했던 다수인多數人은 피탈被奪·상실자喪失者가 되는 것이 필연적인 사실이며 역사와 현실에서 항시적으로 경험·실증되고 있다"(명제5).

다만 자본 소유자들의 비밀과 독단과 이기적 강제에 의해 부당하게 분배(점유)되기 때문에 근로자측이 일방적으로 당하고 있으며 근로자들이 고통과 억울함을 참다못해 폭발할 때에야 겨우 조금씩 드러나곤 할 뿐이다.

(2) 수탈체제하에서의 근로자 고통

착취란 '비틀어 짜낸다'는 뜻으로서, 보통은 자본가나 지주가 노동자나 농민들이 힘든 노동에 의해 생산하거나 창조한 것들을 노동력 또는 노동가치에 상당하는 대가의 지불을 하지 않고 생산물을 독차지하는 것을 말한다. 착취라는 말은 이처럼 비인간적이고 강도짓에 가까운 사악한 인간행위를 가리키는 말이기 때문에 실제로 착취행위를 하고 있는 지배자계층 인간들은 이 용어의 사용 자체를 싫어하며 이런 착취행위에 반항하는 피착취자들이나 비판적 연구자나 사상이념의 소유자들에게 엉뚱한 구실을 붙여 응징을 하기도 한다.

사람들이 생명을 유지하고 적절한 생활을 누리는 과정에서 물질적·정신적 욕구를 충족시키려면 역시 물질적·정신적인 생산이 이루어져야 하는데 생산이나 창조에는 일정한 노동력이 필수적으로 요구된다. 그리고 이 노동력은 사회공동체의 누군가에 의해 싫든 좋든 반드시 제공되어야 한다. 그런데 사회공동체와 그 구성원들의 생존·유지·발전에 절대적으로 필요하고 귀중한 노동은 대부분의 인간들에게는 힘이 들거나 괴롭고 고통을 주는 것이기 때문에 사람들은 물질적 여건이 허락되는 순간 가능한 한 기피하려는 것이 본성처럼 되었다. 그리하여 인류사회는 수렵 및 농경사회 이래의 오랜 경험을 통해 개인들 자신은 물론 자기 자손과 부족과 대사회를 위해 이와 같은 노동기피 현상을 막으려고 의식적으로 '신성한 의무'로서 노동의 가치를 높이고 장려하여 왔으며 저마다 학습과 훈육을 통해 어려서부터 신앙에 가깝도록 마땅히 해야 되는 것으로 내면화(사회의식화)시켜 왔다.

인간의 착취의 역사도 바로 이러한 노동기피 경향에서부터 출발한 것으로 보이며 착취에 대한 반항과 반성이 논란되어온 역사 역시 노동을 해야 할 사람들이 하지 않고 특정의 약자들에게만 계속해서 하게 하고 다른 사람들의 노동의 결과물을 빼앗아 차지하는 지위를 누리면서 노동고통을 언제나 피지배자들에게만 전담시키는 모순된 인간관계에서 발단되었던 것이다. 바꾸어 말하면 인간은 누구나 무언가의 지배욕을 가지고 있으면서 동시에 그 지배욕 이상으로 남의 지배를 받고 싶어하지 않는 자주적 성향을 가지고 있기 때문에 물질적 소유 측면에서나 사회적 명예나 지위의 향유 측면에서 남의 지배를 받거나 남보다 뒤떨어지기를 싫어하게 되며 더군다나 자기에게 전혀 도움을 주지 않는 사람에게 일방적으로 봉사해야 하는 노동은 부득이한 경우가 아니면 하지 않으려고 하는 것이 인간의 보편적 속성이다.

그러나 인류사회의 현실은 이러한 이성적이고 당위론적인 규범에 따라 움직이는 것만은 아니며 인간 저마다 또는 사회집단 저마다의 책무는 저버리고 이익과 욕망에 따라 동물적 경쟁을 하면서 모순·대립·갈등·충돌·강제하게 되며 어떤 의미에서 약육강식의 자연사적 발전과정을 거쳐온 것으로 알려졌다.

19세기 중반에 접어들면서 사람들, 특히 근로대중은 자신들의 부당한 경제적 피탈을 의식하게 되면서부터 생산자로서의 주체성을 찾아 단결하였고 근로자 중심의 정부권력까지 차지하는 세력으로 등장하게 되었다. 그러나 1990년대에 접어든 지난 수년간의 세계사의 전개는 이상사회로서 인정되어 왔던 사회주의·공산주의 사회가 생각했던 것만큼 완벽하고 쉽게 다가오지 않는다는 사실을 폭로시켜 주고 말았다.

곧이어 유럽의 사회주의권 국가들 모두가 (의식주 생산은 늘지 않고 소비지출은 엄청나게 늘어) 생산력 저하, 대중과 유리된 관료주의, 군비 확장으로 인한 소비재 생산의 위축, 유통질서의 파탄 등으로 인해 국가의 관리체계가 대혼란에 빠졌다는 소식이 잇따랐다. 자본주의권에서는 적대세력의 붕괴에 신바람이 난 듯 흥분하여 자본주의적 시장경제 지향의 이기주의적 성향의 사람들을 '진보개혁파'라 하고 종래의 진보적 혁명세력을 오히려 '보수파'라고 하는 등 사상이념의 호칭까지 바꾸어가면서 역선전에 열을 올리기도 했다.

그러니까 "자본주의야말로 지구상의 어떠한 사상이념이나 체제보다도 훌륭한 것이며 따라서 불평등한 자본주의적 지배체제에 불만을 표시하거나 항거하는 자는 반사회적이며 시대착오적인 어리석은 자"라고 강변하기 시작했다. 결국 세계는 수탈자 주도의 '자본주의'의 '사회주의'에 대한 승리가 아니라 「자본주의」 「사회주의」 체제를 가릴 것 없이 '인간들의 공평의지'와 '이타심利他心'이 (같은) 인간들의 끝없는(보편적) '이기적利己的 욕구'를 이겨내지 못하고 있는 현상에 불과하다는 사실을 깨닫지 못하는 어리석고 성급한 이기적 판단을 내리고 있었던 것이다. 그리하여 착취노동을 줄이고 자기 노동대가의 몫을 제대로 찾아먹으려던 근로자들의 소망은 체제지배자들의 소동으로 산산조각이 날 판이었다.

그런 가운데 중국을 비롯한 아시아권 사회주의 국가들의 자세는 일단 겉으로는 의연해 보였다. 이들 나라들은 생산력 저하와 소비재 생산 둔화, 지금도 자본주의 대국들의 협공위협에 처해 방위력 증대에 바쁘며, 농본국들로서 공업기술 수준의 약세 등이 원인이 되어 가난한 편이긴 하지만 제국주의 세력의 침략에 시달리기도 하였고, 가난할수록 착취의 악랄성에 대한 쓰디쓴 경험이 생생하게 살아남아서인지는 몰라도 현실적으로나 이념적 성향이 아직은 호락호락 본격적인 자본주의 체제로 기우는 일을 삼가고 있다.

자본주의가 자랑하는 '대자본 축적력과 대단위 투자력'이라는 것도 따지고 보면 "일하는 자 따로 있고, 놀면서 소유하는 자 항상 따로 있는" 관계 조건이 변치 않는 상황에서는 타의에 의해 강요된 생산관계와 생존을 위해 피치 못할 노동에 의해 이루어지는 것이다. 즉 '대자본'이란 결국 '대착취'의 증거물에 불과한 것이며 타의에 의한 강제노동의 산물로서 제국주의자나 착취자 쪽에서 보면 보람이고 자랑이며 우월성의 과시가 되겠지만 피착취자측에서 보면 수많은 사람들이 대를 이어 당해온 피눈물나는 겁탈행위의 결과라고 하겠다.

설령 어떻게 이루어졌든 대자본의 형성으로 해외투자도 할 수 있고 국내 대단위 사업을 일으킬 수 있다 하더라도 그것은 그나마 경영주와 권력자들이 제대로 머리를 쓸 때의 (이른바 '사회적 환원'이라는 의미) 일이고 대부분은 소유자의 사리사욕에 따라 얼마든지 반사회적으로 낭비·탕진(해외의 은행이나 부동산 구입으로 빼돌리고 자자손손 거부로 행세하도록 대비)하게 됨으로써 애당초 그 자본형성의 창출자였던 근로대중에게는 후손 대대로 이중 삼중의 피해와 고통이 중첩되고 만다.

그러니까 생산 근로대중이 허리띠를 졸라매면서 힘든 노동을 하여 창출해낸 자본(노동가치)을 힘있는 자들이 합법적·비합법적으로 탈취하여, 공익을 위한 재생산의 투자라도 하면 다행이겠지만, 상당 부분을 사유화 및 사치와 낭비 등 반민중적·반 공동체적인 소비에 탕진해 버리고 말거나, 적어도 근로자들과의 협의하에 계획성을 가지고 재투자·재생산·공정분배하는 등의 이성적 행위는 기대하기 어렵다는 것이다.

이제 세계는 자본주의도 사회주의도 다 경험해본 상황에서 자본주의 체제의 단점을 극복한 사회복지주의하에서의 무착취·평등·협력정신을 잘 살리고 노동기피현상을 잘 극복하여, 관리자도 생산 근로자도 자발적으로 근면하게 행동할 수 있는 방법과 준칙과 책임과 권리를 모두 합의와 교육에 의해 만들고 실천할 때가 된 것 같다.

그리고 노동가치의 정밀한 계산, 이를테면 직종에 따른 노동의 난이도와 가치생산성, 투입 노동력의 에너지량 측정 등은 경제과학자나 노동가치 전문가들에 의해 보다 더 정확하게 이루어져서 인격의 평등과 물질·정신적 자유의 동등한 향유가 가능한 사회를 만들어가야 될 것이다. 그러니까 결국 자본주의 체제에서 주로 강자들이 강조하는 「자유로운 경쟁의 원리·원칙」(이른바 "이기적 욕구의 충족"에 의한 인센티브제)과 사회주의체제 건설 지향자(경쟁체제에서의 약자)들이 주로 강조하는 「평등주의적 환원과 분배의 원리·원칙」을 항시적으로 상호 순환 조정하는 방법에 의해 공동체 사회내의 모순과 갈등을 해결해 갈 수 있을 것으로 본다. 물론 「자유경쟁의 원리나 원칙」은 「자연법칙」에 가깝고, 「평등을 위한 환원 및 분배의 원리·원칙」은 인간적 「당위원칙」이기 때문에, 전자는 자연스럽긴 하지만 방치하면 불원간 사회적 혼란이 반드시 올 것이고, 후자는 사람들의 집단적 이성理性에 의해 사명감을 가지고 실천해야 하는 어려움이 따를 것이다.

그럼에도 불구하고 전자의 적절한 집단적 통제와 후자의 적절한 협동적 권장 실천에 의한 상호 순환적 조정 실천만이 평등·민주·평화사회의 건설을 가능케 할 것이라고 믿는다. 이 믿음 역시 「당위의 원칙론」이므로 '사명감' '협력' '이성' '실천'이란 단어들로 강조하지 않을 수 없게 된다.

"인간에 의한 다른 인간의 수탈·모순·대립·충돌 현상"을 다시 요약해보자.

1. 사람은 먹고 입고 집이 있어야 산다(생존의 필연성).
2. 이 衣食住 공급을 위해서는 누군가 반드시 노동을 해야한다(질량불변의 법칙).
3. 불행하게도 노동에는 고통이 따르며 따라서 누구나 가능한 한 노동을 기피하려 한다(감각을 가진 생명체의 본능).
4. 자연히 고통스러운 생산·공급 노동은 대체로 사회적 약자인 근로민중(농민·어민·노동

자·모든 서민대중)이 편중되게 떠맡게 된다('선의의 경쟁', '일시적 불평등'으로 假裝·美化). 종교인들의 헌금도 근본적으로는 근로계층의 피땀어린 봉사의 결과물이다.

5. 결국 근로서민대중은 생산·공급노동의 고통을 감수할 뿐 경영에서 거의 제외(소외)되어 있고 자산과 권력을 많이 가진(침략외세와 수탈적 수완이 있었던 조상의 배경을 가진) 계층일수록 다른 사람의 피와 땀과 고통의 결실인 생산물이나 판매수입을 (잉여가치 형태로 암암리에) 재량껏 수탈하여 간다(필연적 모순·대립 심화).

6. 이 같은 모순·대립을 해결하는 길은, 근로민중 편에서 주체의식을 가지고 각성·단결하고 경제활동, 즉 생산·유통·소비과정에서의 가치이동의 과학화를 통해 당당하게 자신들의 권익과 빼앗긴 자유를 쟁취하여야 하며, 노동을 하지 않거나 보답적 봉사없이 수탈을 일삼아온 계층의 사람들도 타의반·자의반 과거의 과오를 청산하고 개과천선하는 길로 나아가 복지사회 건설의 공동 참여자가 되어야 할 것이다.

※잉여가치는 자본계층의 수탈 가능부분 = 共有公用 부분

		자본계층의 독점	
임금	잉여가치	자본 이윤
노동력의 몫		자본의 몫	

◎ 봉건·자본주의와 사회·공산주의, 친일파와 평등민주세력의 모순·충돌

인류사회의 이상理想 이념理念과 그 대립관계를 용어개념을 통해 간단하게 풀어보기로 한다.

① 동서양을 막론하고 중세 봉건사회는 집권계층이 사회적 권력과 자산을 대부분 점유한 채 의식주 생산자인 농민대중을 수탈(착취)하였다.(자산소유 권력계층 ⟷ 가난한 농민대중, 모순·충돌)

② 자본주의 시대에 이르면 수탈·피수탈 관계는 정치권력층과 지주 및 자본가 계층이 노동자·농민 근로계층을 수탈 지배하는 과정에서 이해利害 충돌이 격화되었고 이것이 식민지 (남의 땅과 다른 민족 침탈) 쟁탈전으로 심화되어가는 과정에서 고통을 겪은 피수탈계층 속에서 공상적이나마 공산주의 이념이 탄생·강화되기 시작한다.

경제평등의 요구에서부터 민족 자주화·정치 민주화의 기치를 앞세운 근로대중의 반제국주의·반봉건주의 투쟁이 세계 연합적으로 전개된다. 전세계 근로대중의 자

주·평등·민주화를 위한 단결투쟁이 거대한 혁명세력으로 자리잡아간다.

이제까지 수탈의 행복을 누리던 봉건·자본계층으로서는 미칠 지경에 이르른 것이다. 더구나 세계도처에서 식민지를 이미 탈취했거나 새로운 식민지 쟁탈전에 참여하고 있던 유럽과 미국의 자본주의·제국주의 세력에게는 이같은 근로 대중의 단결투쟁은 진정 '붉은 악마'로 보였을 것이다. 물론 '악마' 개념은 기독교를 정의롭고 착한 선善의 세계이념으로 보는 입장에서 지어진 주관적이고 편파적인 개념이며 호칭이지만.

③ 그리하여 「공산주의」는 특히 제국주의·식민주의 실천에 열을 올리고 있던 기독교 세계의 증오의 눈총과 저주를 받기 시작한다.

여기에 제국주의 시대에 거대한 경쟁상대였던 러시아가 사회주의 혁명에 성공하면서 세계 근로민중의 간절한 소망인 「착취로부터의 해방」을 성취시켜줄 해결사로 기대를 모으게 된다.

바야흐로 전세계 근로대중의 사회·공산주의 이념투쟁 대상은 바로 봉건·자본주의와 제국주의세력이 되었고 이제 양대세력은 결사적인 단결투쟁으로 대결이 강화되어 간다.

④ 일본제국주의 세력에 의해 강압적으로 합병된 식민지 조선에서도 앞에서 서술된 이념대결의 역사는 거의 비슷하게 전달되고 인식되었다. 자연스럽게 일제에 진심으로 충성했던 총독부 산하 공무원, 경찰 및 사법계통 종사자들, 지주·자본가 계층등 수탈적 지위에 있었으면서 반성이 없던 사람들은 '친일파 역적'으로 몰렸고 이것을 강력하게 부르짖은 세력은 노동자·농민들이었으니 싸움의 이유와 방향은 밤중의 불을 보듯 뻔했던 것이다.

⑤ 반공제국주의의 최강자였던 미국을 배경으로 다시 세상에 나온 친일파 수탈세력은 근로민중을 푸대접 내지 배제시켜 가던 미군정의 정치에 감사를 표하면서 자기들의 재집권과 자산 점유 계속(생명·재산·권세 점유)의 길을 방해하는 근로민중을 적대시·증오하는 것은 당연했는지 모른다.

그러니까 「빨갱이 새끼들」 「붉은 악마」라는 저주의 호칭은 이처럼 착취의 죄인들에 의해 적반하장賊反荷杖의 반공동체적 몽둥이가 되어 그후 자주·평등·민주·복지사회 건설을 부르짖는 선량한 서민대중을 자주 후려쳐 침묵시키면서 민주 복지사회로의 발전을 가로막아 지연시켜온 것이다. 그리하여 분단 조국은 적반하장의 칼춤을 추어온 철없는 동족동포들과의 싸움으로 평화공존의 희망은 검은 구름에 자주 가리워지곤 했다.

친일파세력이 민족공동체와 동포들에게 저지른 죄는 한가지 더 있다. 이 조국 반역죄인들은 미국군이 점령하여 단독정권을 세워주자 아부세력이 되어 출세를 하고 근로민중을 마음껏 수탈하면서 민족 양심세력으로부터 민족배반자라는 비난을 받을 때마다 이 굴욕을 돌파하는 방법으로 좌파·우파의 이념대결 용어에서 도피처를 찾아냈다.

그들은 자기들이 비난받는 이유가 수탈을 하여온데 있다는 사실을 잊고 이 수탈을 반대하는 가난한 근로민중을 '좌파'라 하여 '공산주의 폭력혁명을 숭배하는 놈들'이라며 '붉은 악마'와 연결시키면서 자신들은 점잖은 이념상의 차이만을 가지고 반대편에 있을 뿐 민중과는 대등한 위치에 있는 (수탈의 범죄와는 상관 없는) 존재인 것처럼 가장(위장)하여 왔다. 그들은 이처럼 친일·친미 반역자의 혐의를 가리우고 싶을 때면 「좌파 빨갱이」「붉은 악마」라는 말을 유난히도 강조하여 외쳐대곤 하여 최소한 이념 호칭에서만은 비기기 작전에서 성공하였다. 거기에다 권력과 재산을 차지하고 있으니 승리는 언제나 그들의(빌딩 소유주들의) 것이었다.

2) 부당한 거대 재산권과 근로자 생존권의 모순관계

(1) 상품의 생산·공급거래·임금·노동시간 등 곳곳에서 수탈

이윤추구, 즉 얼마간의 착취행위는 으레 있기 마련인 개인기업체, 그 중에서도 간접착취에 의해 부와 권세와 명예를 누리고 많은 사람들의 선망의 대상이 되고 있는 언론사들(신문사·방송국)이 벌어들이는 광고수입의 사회경제적 성격을 상식 수준에서나마 살펴봄으로써 자본주의 사회의 착취의 고리와 사슬을 일정 부분만이라도 짚어보기로 한다.

신문사나 방송국에서는 수입의 중요 부분을 이루고 있는 광고료에 대해서 자사 일반 사원들의 노고나 시청자들과는 아무런 상관도 없는, 순전히 회사의 명망과 정보전달 능력 때문에 벌어들이는 것으로 하여 사내·외에 대해 죄의식은커녕 사회적 책임감마저도 별로 없이 행동하고 있는 것이 현실이다(한창 광고지면이 잘 팔릴 때는 하루 10억 이상의 광고료수입을 올렸다). 이러한 현상은 광고료에 의해 진행시키는 다른 모든 프로그램들의 내용이나 취지방향이 한결같이 권력과 재벌 위주의 것들이며 시청자들에게는 광고모델의 아름다움이나 코미디적 요소에 의해 상품정보를 제공해준 것으로 할 일을 다 했다고 시치미를 떼버리는 관행에서 충분히 드러난다.

여기서 신문사나 방송국에 광고료가 들어오기까지 그 광고료에 들어 있는 화폐가치

(노동가치)의 이동현상을 역추적하여 보자. 광고료는 제조업체를 비롯한 여러 기업체에서의 각종 광고선전비로 지출되며 이 광고비는 그 기업체가 벌어들인 수입(생산비와 이윤의 합계)의 상당 부분에 해당된다. 광고비를 지출하는 회사(주로 재벌급 제조업체)의 수입은 제조된 상품의 판매대금일 것이고 이 대금의 총액 속에는 모든 생산원가(노임과 원자재대금, 기계사용비, 운송비 등)와 이윤이 들어 있는데, 우선 자사의 노동자들에 의해 창출된 잉여가치와 원자재구입 및 제품판매, 운송과정에서 이루어지는 각종 부당이익 등이 착취에 의해 형성된 가치부분이 될 것이다.

잉여가치의 사회집단적 移轉과 集積圖

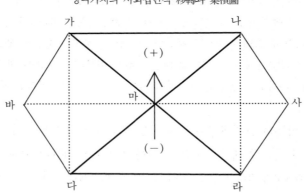

1. 삼각형 「가-나-마」 부분은 한 공동체사회의 생산력에 의해 창출된 가치 중에서 고통을 겪은 생산자 몫으로 직접 돌아가지 않은 부분인 잉여가치의 총량.
2. 삼각형 「다-라-마」 부분은 그 반대로 자기의 노동력에 의해 생산해 놓고도 차지하지 못하고 다른 사람 또는 공동소유 부분으로 들어가게 된, 빼앗긴 잉여가치의 총량.
  ○ 협동적 회사(공장·농장)운영 ⇒ 노동력(多數)+자본(1인 또는 少數) ⇒ 상품생산(가치총량) = 총수입(상품판매대금-총비용) = 노동력의 몫(임금+잉여가치)+자본의 몫+공동의 몫. 그런데 실제로는 資本主가 '총수입'의 독점적 주인 행세를 하면서 노동자의 고통스런 노동의 몫 가운데 상당 부분(잉여가치)을 재량껏 차지하며 이것이 '수탈' '착취'의 당연한 관행으로 되었다. 이것이 부익부 빈익빈의 경쟁적 자본주의의 모순·충돌의 자동원리이다.
3. 그러니까 (+)측 삼각형에 속하는 사람들은 말하자면 다른 사람의 노동가치를 많든 적든 차지해가는 계층이고, (-)측 삼각형의 경우는 자신들의 노동가치 가운데 많이 또는 적게 남에게나 공동체에 제공하는 계층이다.
4. (+)의 상층부로 갈수록 차지해가는 잉여가치의 양은 많고 아래로 올수록 적어지다가 (마)지점에서는 자기가 생산한 가치를 자기가 거의 다시 차지해가는 경우이고, (-)쪽의 경

우는 그 반대로 생각하면 된다.

5. 이로써 「수탈혐의」를 가지고 있으면서 재부 및 권력과 만족감을 충족시켜가는 사람들과 「빼앗기는」 위치에 있으면서 대체로 불만과 고통이 축적되는 사람들이 구별될 수 있는 바, 이것은 사회공동의 엄정한 수량경제 및 물리학적 노동에너지 계산에 의해서만 정확한 구별이 가능할 것이다. 자금의 해외도피나 여행·유흥 낭비도 다른 사람의 피땀을 보답없이 착취하는 범죄행위이다.

6. 결국 「가―나」線과 「다―라」線간의 간격을 좁히는 방법에 의해(합의된 上下限線의 적정한 조절에 의해) 경제적 평등과 사회복지, 나아가 경제적 측면을 비롯한 「인간 자주성」과 「민족 자주성」의 회복이 가능해질 것이다. 점선 「가―다」·「나―라」·「바―마―사」는 공동체의 공평성 지혜에 따라 伸縮(늘리고 줄임)이 가능함을 나타내고 있다.

7. 우리는 이 그림을 통하여 모든 인간은 자기가 속해있는 공동체내에서 절대로 정치·경제적으로 무책임해질 수 없다는 사실을 절감하여야 한다. 누구나 자신의 공동체 안에서의 사회경제적 위치를 가늠하여 보고 타인에 대한 침해성 여부와 공동체에 대한 책임과 봉사의식을 사명감으로 다지고 평생토록 반성하여 가는 성실한 인간이어야할 것이다.

다시 더 나아가 상품의 판매대금에 들어 있는 무수히 누적된 노동가치는 그 이전 단계의 회사에서 회사로, 근로자에서 근로자로 이동에 이동을 거듭하여(한 예로 건설업체의 경우 재벌급에서 하청업체로 일거리가 주어지면서 공사비 중에서 떼는 돈이 공식·비공식적으로 45~50% 정도나 된다는 사실이 신문 통계로 보도되었다) 마침내 언론사라는 장소에서 화려하고도 당당하게 탕진되기에 이른다. 이 돈의 일부는 신문사나 방송국의 경영주나 동료 재벌이나 권력자의 수중으로 확대 분산되거나 그들의 후대의 자산으로 물려져 대중을 언제까지나 착취·지배할 수 있는 권세와 영광과 재부의 재생산체제 속에 보태어진다. 먹이의 사슬이자 착취의 사슬이 온 사회, 온 근로자들에게로 이어져서 누군가는 크고 영광된 부자가 되고, 다수의 누군가는 아무리 발버둥쳐도 가난과 고통의 구석으로 밀려나야 한다. 착취하며 살 수 있는 자들에게는 이 사회가 '자유민주주의의 낙원'이고 착취를 많이 당하며 사는 사람들에게는 '화려한 지옥'이 될 수가 있다.

여기서 다시 재산권의 의미를 되새겨보자. 앞에서 보았듯이 애당초 근로자들에 의해 창조·건설 제조된 온갖 물질 문명의 형체들은 생산자 자신들에 의해 소유되거나 사용되기 보다 수탈에 의해 소유한 자본을 재투자하여 생산·판매과정을 독점적으로 통제함으로써 재수탈한 자본가들의 소유물로서(임금까지도 資本主의 소유와 재량에 맡겨져 있다) 거의가 독점되어 물건으로든, 돈으로든, 땅이나 건물로든 축적되고 관리되고 상속된다.

이것이 과거 식민지 체제에서나 자본주의 국가의 각종 법으로 확고하게 보장되어 있다. 인간은 일정한 자산이 있어야 생존·생활할 수 있으니까 재산권의 합법적 보장은 당연한 일일 것이다(John Locke를 비롯한 '고전적 진보주의자들'의 理性으로는 재산은 '자연법적 권리'로 인식되었다). 문제는 재산권의 보장측면이 아니라 재산을 형성해가는 과정이 불법부당한 수탈에 의한 것이 많다는 것과 (이를테면, 일제시 근로민중의 피와 땀으로 만들어진 일본인 소유자산들을 친일·친미 아부자들에게 헐값으로 불하한 일처럼) 이런 일을 국가가 수탈당한 사람들의 권리나 소망은 유린한 채 제도나 특혜에 의해 기존의 부유층을 편파적으로 보장해주거나 看過(간과)하고 있다는 데 있다.

우리가 흔히 접할 수 있는 자산형태에는 토지와 건물과 금은보화와 화폐, 기타 유가증권 등이 있으며 이같은 자산들은 소유주의 당대에 이루어질 수도 있으나 대개는 1대 혹은 2대 이상의 조부들에게서 물려받은 것들이다.

그런데 수탈을 문제시하는 사회의식이 보편화되어 있고 법이나 제도로서 엄격히 통제할 수 있는 사회에서라면 재산형성·소유·상속과정에서 자행되는 착취·수탈·사기수법 등을 경제학자나 담당 관리 등에게 맡겨서 얼마든지 그 당·부당성이나 규모의 많고 적음을 규명해낼 수 있을 것임에도 불구하고 자본주의의 불평등 경제사회에서는 철옹성 같은 재산권의 보호막속에 은폐시킨 채 「보이지 않는 권력의 손」에 의해서만 조종되도록 (사실은 상식적으로도 누가 어느 대목에서 수탈해 가는가가 훤히 보이는데도) 방치되어 왔다.

다시 말하여 근로자나 자산 소유관리자에게나 똑같은 인격권과 재산권과 정치 경제 참여권이 인정되는 사회에서라면 착취행위나 소규모 상속세 및 사기수법과 같은 부당이득 행위는 철저히 통제되어야 할 것이며 이를 위해 어느 대에서 이루어졌든 자산형성과정에서 저질러질 수 있는 불공정하고 비민주적이며 부당한 행위는 엄격히 규찰·시정해가야 하고 또 그것이 얼마든지 가능하다는 것이다.

〈한국의 의식주 생산·유통·점유·소비과정 인구분포〉

① 생산·건설·창조 계층	② 유통·서비스계층	③ 불로소득·자산점유 계층
농민·어민·공장노동자·광산노동자·건설노동자 등 1, 2, 3차 산업에 종사하는 육체 및 정신 근로민중과 서민대중. 이들의 조상은 봉건적 신분제로 1500여년 동안 노예신분이었고 지난 100여년 동안엔 자본제국주의자들의 잔인한 침탈로 노예적 고통을 당해왔다.	생산자와 소비자의 중간에서 물류이동·공급·운송을 하여주고 차액을 취하는 사람들. 자본주와 운송 근로자로 구분된다. 그리고 국가관리·의료·司法·언론·교육 등 사무직 종사자와 기술직 근로자. 중소기업 경영주들.	대자산가·권력자(재벌·종교집단과 언론집단 등 자산과 권세를 동시에 갖고 있는 자들) 권력자 중에는 국회의원·판검사·고급관료, 지배외세와 연결된 정보기관·군대·경찰 지휘자들.

1. 인간의 본능적 보편성향인, 행복추구지향과 힘든 노동을 피하려는 경향이 중첩되면서 ① 번보다는 ②번으로, ②번 분야보다는 ③번 영역에로 이동하려는 욕구에 따라 차츰 그 방향에로 인구가 증대되는 추세를 보여왔다.

2. 중국의 경우와 같이 사회주의 사회 혁명 초기에는 힘든 노동 중심으로 공동체로부터 후한 대우를 하는 추세를 보여 왔으나, 앞에서 설명된 본능적 추세는 언제까지나 인간공동체의 이성에 의해 영구혁명과제로 경계하여 가야할 것으로 생각된다.

3. 외세의 압제에서 벗어나 독립정권을 세운 뒤에도 각계각층의 친일파·친미집단에 의한 지배체제가 완고하게 이어지면서 ①번 계층은 3권의 어느 영역에도 가담하지 못하고 정치·경제적 권익주장이나 대변자를 갖지 못해왔다. 작은 저항에도 언제나 자주화 주창세력을 적으로 돌리고 있는 친외세정권에 의해 국가보안법과 집회시위법 위반혐의로 체포·구금·고문의 고통을 받아왔다.

4. 결국 농촌인구는 해방초기의 90%선에서 10%로 격감되었고 육체 노동자들의 수도 상대적으로 줄면서 생산자보다 놀고 먹는 불로소득 및 탈세자들이 대폭 늘어나 먹고 살기 위한 이기적 경쟁과 사기·부패가 극성스러운 지경에 이르렀다. 복지사회를 향한 공동체 성원 전체의 지혜와 용기가 획기적으로 필요한 시기가 되었다.

5. 특히 ②번 영역의 경우 각 분야마다 경쟁이 치열하여 이기배타적 욕망의 충돌로 말미암은 사기·부정부패·탈세·집단이기주의 등이 극심해져 있다. 복지사회 건설을 위한 관용과 아량을 넓히고 경제의 투명성과 법치제도를 철저히 시행함으로써 생산계층과 불로 사치 계층을 아우르는 평등 민주사회의 주역이 되도록 하여야 할 것이다.

6. 100여년에 걸친 일제와 미국이라는 침략적 외세의 영향력은, 교육·언론·종교·법제도를 통하여 사대주의·출세주의·재산탐욕 등 정치 경제적 쟁탈경쟁에서의 승리자들을 지배적 다수파로 집결시킴으로써 상대적으로 자주적이고 참다운 애민애족의 근로민중을 권익주장대열에서 극소수파로 밀어내는 비민주사회를 만들었다. 결국 생산근로대중은, 「자연↔인간」의 모순대결관계에서 가장 큰 고통을 감내하며 공동체에 노동·봉사·헌신하였음에도 불구하고 자기들의 노동의 대가(몫)를 침해당함으로써 「수탈자↔피수탈자」의 봉건적 모순 고통에다, 외세 침략으로 인한 「침략자↔식민지머슴」이라는 민족모순의 2중 질곡 속에서 헤매어왔다. 침탈세력은 근로대중의 자주·평등·민주화의 염원을 적대적 이념으로 몰아붙여(「치안유지법」 또는 「국가보안법」) 동족끼리 증오·살상케 만들어 놓았다. 이렇게 만든 온갖 수단이 바로 그네들의 교육·언론·종교에 의한 설득과 법제도 및 고문폭력을 통해 가르쳐지고 강제되었던 것이다.

결국 「자산 소유권」, 「재산권」은 소유해가는 과정의 당·부당성은 정확히 캐묻지 않은 채(사실상의 사기·강탈 범죄행위임에도 불구하고) 소유의 결과인 「소유권」만을 철저히 보장해줌으로써 자산을 점유해가는 과정에서 무수한 근로자들의 피땀어린 노동력을 부당하게, 상당부분은 범죄적으로 탈취해가게 되며 이 과정과 결과는 바로 근로자들의 사회적 기본권, 그 중에서도 가장 존귀한(재산권보다 더 중요한) 생존권 자체를 빼앗아가는 잔인성을 보이게 된다. 가진 자의 선택적 기본권(재산권)과 가난한 자의 필수적 기본권(생존권)이 적대적으로 충돌하는데도 폭력수단이 아니고는 해결가능성이 별로 없는 딱한 현상은 우리 사회의 어느 경제학 교과서에서도 눈에 띄게 다루어지지 않고 있다. 그러니까 세계 인류 공동의 선언에 의해 보장되고 있는, 무수한 근로자들의 「기본인권」은 소수 자본가들의 부당한 「재산권 보장」 때문에 극심한 침해를 받고 고통을 당하게 되는 것이다. 그래도 가진자들(재부와 권력)은 빼앗기며 사는 사람들이 자기네 지분과 평등성을 요구하면 "남의 것을 빼앗으려 한다"며 '자유민주주의 원칙'을 어긴다고 열을 올려 윽박지르곤 했다. 오늘날에도 그대로 인정되고 있는 Locke의 자연법적 기본권인 생명·자유·재산은 "남의 그것들을 침해하지 않고 평등성을 전제로 하는 한계 안"에서의 天賦人權(하늘이 준 권리)임을 명심해야 한다. 그러니까 少數 부유층만의 '무한자유'는 용납되지 않는다.(로크의 후손들인 영·미인들 역시 이같은 '신사적인 자기 절제'를 거의 지키지 않은 것은 물론이었다.)

결국 富益富 貧益貧의 극단화는 인간집단의 한쪽은 부패·타락시키고 다른 한쪽은 참담한 벼랑 끝으로 몰아가게 하여 극심한 사회혼란을 야기하고 만다. 경제학 교과서의 생산관계 항목을 보면 자본·기술·노동 3가지가 중요한 생산 요소로 되어 있는데, 이 가운데 자본이나 자본주는 실질적으로 경제주체이고 기술과 노동은 순전히 자본에 의한 이윤추구를 하는 데에 도움을 주는 물질적 수단이나 조건에 불과한 것으로 설명되어 있다. 그러니까 노동과 노동자는 자본가와 동일한 인격권자가 전혀 아니고 생산비나 소득분을 많이 혹은 적게 축내는 성가신 존재의 생산도구로서만 인정되고 만다.

그렇다고 교과서의 다른 항목을 정해서 생산주체로서의 노동자들의 인권이나 노동조건 등 경제적 권리보장에 관해 특별히 설명하고 있지도 않다. 그야말로 「자본」주의 체제답게 철저히 「자본」이 「인간」 위에 서있는, 또 그렇게 인식시켜 의식화·세뇌화시키기 위한 교육방침이 대학과정에까지 이르는 모든 교과서를 통해 관철되어 있으며 취직 역시 생산에의 공동 참여자나 동등 분배자가 아니라 「생산도구」로서 예속되어 가는 비굴한 약속에 불과하다고 볼 수도 있다. 어떤 사회가 진정으로 민주사회·복지사회가 되려면 이와 같은 소수자의 「재산권」과 다수자의 「생존권적 기본권」 간에 나타나는 충돌현상을 조정하지 않으면 안된다.

민주주의란 인격적 평등은 물론 경제적 평등이 먼저 이루어져야 가능하다(평등은 민주주의의 전제 조건)는 사실은 자본주의 사회 내의 정치학자들도 인정하는 바이다.

그리고 「자유」라는 것도 어떤 사람들은 「평등」과 모순관계에 있다고 말하고 있으나 그런 주장은 가난한 사람들의 고통을 무시하는, 많이 가진자들의 독점적 이기주의에서 나온 발상일 뿐이며 실제에 있어서는 다른 조건이 동일할 경우 자유는 경제적·정치적·사회적 평등에 비례한다는 것을 현실생활에서 언제나 경험하게 된다.

「자유」와 「평등성」이 대립되는 것이 아니고 생산과 소유과정에 관련된 사람들 사이에 불공정함이 있을 경우 초래되는 소유자의 자유(권익)와 무소유자의 자유(권익)가 대립된다고 하는 표현이 옳을 것이다. 다시 말하면 부유층 사람들의 생각은, 많은 사람들이 평등하게 살려면 자기네들의 자유와 행복은 그만큼 줄어든다며 못마땅해 하는데, 가난한 생산근로계층 사람들의 입장에서는 수탈당한 채 경제적으로 대등한 조건을 갖추지 못한 상태에서는 의식주생활이며 정치·경제활동에의 주도적인 참여 등은 아예 엄두도 내지 못하고 말기 때문에, 따라서 「자유 민주주의」는 그야말로 잠꼬대 같은 헛소리이거나 가진자·지배자들의 사기구호가 되고 만다는 것이다. 이 경우 역시 앞의 「재산권」과 「생존권」간의 관계에서와 같이 세심한 조정과 장치가 요구된다.

(2) 복지사회의 최소 조건과 원칙

일반적으로 사회경제적 재부의 소유가 많아질수록 자유와 행복의 폭이 커진다고 보아 민주주의를 위해서나 사회정의를 위해서나 최소한 인간의 고통을 덜어준다는 의미에서 재부의 소유를 어느 수준까지는(상한·하한선을 두어) 평준화시킬 필요가 있으며 그다음 공동협력과 자발성에 의해 사회성원 전체의 소유의 수준을 점차 얼마든지 높여갈 수 있다고 본다.

생산·소유·소비에서의 형평성 유지도

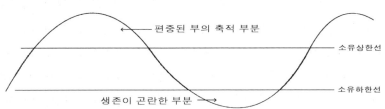

1. 소유가 편중된 부분(山)의 자산과 소득으로, 가난과 실업에 허덕이는 부분(谷)을 메우는 방식으로 공동체 구성원 모두의 공통된 필수적 생존보장 소득을 우선 먼저 공급해주고, 여

분으로 능력에 따라 배분하거나 공동체 관리 · 공동투자분 · 문화활동비 등으로 쓸 수가 있을 것이다.

2. 계곡부분에는 학습시기의 청소년들과 노동이 힘들어진 노년층, 장애인들과 실업자들 그리고 전국민의 의료혜택과 사회보장 등 일체의 소비활동이 여기에 속하므로, 자산의 개인적 이기적 대물림이 무한히 방임되어서는 복지 사회는 불가능하게 된다.

| 노동력의 몫 | 공동의 몫 | 자본의 몫 |

1. 공장이든 농장이든 여타의 일터에서든 집단에 의한 협동노동일 경우 일정 수입에 대한 자본의 몫과 노동자들의 몫은 사전에 배정된 비율에 따라 배당받도록 제도화되어야 할 것이다.
2. 이렇게 되면 "잉여가치 수탈"의 혐의도, 다툼도 사라질 수가 있을 것이다. (앞의 「잉여가치」그림 참조)

그런데 이때 이제까지 돈 때문에 힘든 노동을 도맡아 하던 가난한 이웃들이 경제적 평등상태에 이르게 됨으로써 "네가 안하는 힘든 일을 내가 왜하냐"라는 노동기피의식이나 어찌 보면 당연한 권리의식이 보편화됨으로써 전사회적으로 근로의욕 저하현상이 나타날 경우 최근의 사회주의권에서 보인 바와 같은 불행과 좌절을 겪을 수도 있으며 따라서 "착취건 무엇이건 자본주의가 그래도 낫다"라는 역설까지도 다시 등장할 것이다.

그러나 다시 말하지만 진정한 민주적 경제체제를 이루려면 "자본주의가 최고이고 사회주의는 안된다"는 식의 가진자들의 선전성 주장만으로는 안 되고 일단 평등한 상태에서의 다음 단계의 (자발적 노동에 의해 생산력도 높여갈 수 있는) 지혜를 창출하여 인간 모두를 함께 위하는 더욱 근본적인 해결책을 마련하지 않으면 안 될 것이다.

그리하여 침략외세와 그 앞잡이 집단의 수탈과 억압이 이 사회성원들의 자산과 권리와 자유를 빼앗아감으로써 초래된 비민주 · 반자주 불평등 상황과 그에 따라 비뚤어진 의식을 되돌려 정상상태로 회복시키는 일은, 이제까지의 피해자들인 서민대중과 지식인들이 자주 · 평등의식을 실천의지로 바꾸어 동포 이웃의 의식을 바르게 인도하고 협력을 증대해 가는 방법에 의해서만 가능할 것이다.

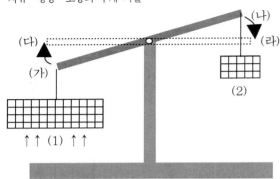

자유 · 평등 · 고통의 무게 저울

1. 각종 권리와 이익과 요구를 빼앗기거나 성취할 수 없는 계층의 사람들((1)번쪽)은 힘든 노동과 가난과 질병 등으로 「고통의 무게」가 항상 크게 내리누른다. 이와 반대로 권력과 자산을 넉넉히 가지고 있고 수시로 수탈이 가능한 자들의 고통의 무게는((2)번쪽) 가볍다.

2. (1)번쪽의 무게를 덜어주기 위해 노력하는 것이 (사회 공동체에 의하든 개인 또는 집단이든) 바로 「사회정의」를 위한 행동이 된다(상향 화살표). 그렇게 함으로써 저울대는 수평을 (「다-라」의 점선) 이루면서 빈곤층의 고통은 「가-다」만큼 줄고, 따라서 (반드시 그렇게는 되지 않겠지만) 그만큼 소득도 늘어나고 권리도 신장되며, 자유의 폭도 커질 것이다.

3. 물론 (2)번쪽의 경우는 「나-라」만큼 줄어들면서 무한정한 권리와 자유, 그것도 남을 희생시키면서 누리던 과분〔잉여〕의 자산과 권리와 자유의 폭은 당연히 줄어 들 수밖에 없게 된다. 결국 사회성원 누구나가 아주 똑같을 수는 없겠으나 다른 사람을 지나치게 침해하는 자산의 착취와 자의적恣意的 자유만은 줄여야 마땅하다고 생각된다.

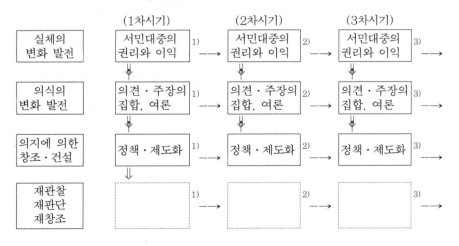

민주정치체제의 여론수렴 · 반영과 그 순환 발전도

1. 실물·현실의 실태를 정밀·정확하게 관찰하고, 발전적인 방향으로 反映·판단·주장하여, 제시된 의견을 모아가는 과정이 바로 「인식 단계」·「여론수렴 단계」·「기자의 취재·기사작성 단계」이다.

2. 의식의 결합(이제까지의 인류공동체의 경험·지식·기술·재능 등)에다가 인간소망과 이상에 따른 의지와 용기와 지혜를 엮어서 정치·경제 제도, 온갖 문화창조, 화해·협력 장치 건설→이 과정이야말로 언론사와 언론인은 물론 사회성원 모두의 활발한 의사소통·전달의 부지런함과 책임이 필수적으로 따르는 단계이다. 이 두 단계의 활동이 제대로(理想적으로)만 이루어진다면 「참여민주주의」나 「민주집중제」 등의 이상도 실현될 수 있을 것이다.

3. 이 실물→반영·의식→창조·건설→재관찰·반성·연구→재창조 과정은 무한히 확대·순환·발전되어 간다.

4. 진정한 자주·민주사회를 이룩하려면, 모든 입법부·사법부 종사자들도 기존의 식민지·半식민지사회에서 만들어진 이른바 「실정법」들을 서민대중의 권익요구에 따라(권익이 담겨진 법의 제정·집행을 위해) 고쳐나가도록 용기와 지혜를 갖고 노력하지 않으면 안 된다.

◎ 은혜에 보답하는(報恩) 길이 올바른 길(正道)

신神을 숭배하는 기독교나 이슬람교에서는 사람들에게 무한한 사랑과 은혜를 베풀고 있는 존재로 하나님(God·Allah)을 상정想定하여 왔다. 대자연의 위대함을 설파한 노자나 장자의 도교에서는 물론 석가모니를 성자로 모시는 불교나 공자를 교조敎祖로 모시는 유교와 박중빈을 대종사로 모시는 원불교에서도 인간에게 생명을 주고 기르고 가르쳐주는 존재는 대자연이며 이 위대한 자연과 인간 개체의 중간에 부모형제와 동포사회가 존재하여 친근·무한한 사랑과 앞선 경험들을 듬뿍 안겨주어 행복한 삶을 가능케 해주는 것이므로 이와 같은 자연과 부모·동포의 은혜에 대해 갚음이 없는 사람은 금수禽獸와 다를 게 없다고 훈계하였던 것이다.

이런 경우의 대자연은 고상한 철학적 개념이나 막연하고 추상적이며 주관적인 신앙상의 용어가 아니고 우리의 오감五感으로 매일 소리를 듣고 눈으로 바라보며 촉감으로 느낄 수 있는 구체적 현실이며 대개는 변화 발전해가는 과정을 과학적으로 살필 수 있는 객관적 작용이며 활동들이다. 이제 그 대자연의 은혜의 영역과 종류를 따져 보고 인간으로서 보은報恩의 도리와 책무도 정리하여 보자.

지구상의 모든 인간들은 뜨거운 광명체인 태양을 비롯하여 대지大地·대양大洋과 같은 대자연으로 둘러싸여 있다. 태양의 빛은 모든 생명체의 활동을 가능케 해주며 따뜻한 볕은 여러가지 화학작용과 함께 생명체의 성장 발육에 절대적 필수요인이 된다.

우리가 태어나 매일같이 딛고 사는 땅은 먹을 물을 주고 산천초목을 길러내어 사람을 비롯한 온갖 생명체의 생성 발전을 적극적으로 돕고 있다. 넓고 넓은 바다 역시 무한량의 만물을 간직하고 있으면서 영장류인 사람에게는 물론 일체 생명의 근원이며 활동의 무대를 제공해주고 있다.

그런데 이 온갖 생명의 어버이인 대자연은 철두철미 법칙에 의해 운행된다. 그러니까 대자연의 활동은 곧 자연법칙이기 때문에 인간의 지능만으로는 깊숙이 알 수 없으며 여기에서 인간들은 인간 상상력의 한계를 뛰어넘는 초월적이고 전지전능한 신의 존재를 상상하게 되었던 것 같다.

자연이 (자연)법칙에 따라 움직여간다는 것이 어찌 보면 인간들에게는 천만 다행한 일인지도 모른다. 특정의 「원인」에는 반드시 특정의 「결과」가 뒤따르니 무지몽매한 지능을 가진 인간들에게는 "알아내는 힘과 노력만 있으면 재앙을 행복으로 바꾸는 어떤 어려운 문제도 해결이 가능하다"는 자신감을 갖게 해주었다.

그리고 자연이 사람들에게 주는 영향력에는 사랑과 행복을 주는 일만이 있는 것이 아니고 무서운 재앙과 징벌도 있다. 우리가 사시사철 번갈아가며 겪고 있는 자연재해災害들이 바로 인간의 무지와 잘못에 대한 징벌인 셈이다. 여기서 우리 인간들은 은혜로운 자연에 대한 보은의 자세와 실천의 필요성을 갖게 되는 것이다. 수십만년 동안 살아오면서 자연재해를 겪어온 인간의 이성理性과 지혜는, 자연이 주는 행복공급의 은혜와 함께 재앙공급의 형태와 원인까지도 대개는 알아낼 수 있게 되었다. 부모·동포·국제사회와 같은 생명체 집단 환경 역시 대자연의 범주안에 포함하여 생각한다면, 이제 받은 만큼 또는 받은 것 이상의 보답을 하며 살아가야 한다는 보은報恩의 도리와 한계는 분명해질 것이다.

그러나 대자연이 인간들에게 무한량의 혜택과 수많은 재앙을 동시에 제공하듯이 인간들끼리의 시혜施惠와 보은의 길에도 도처에 장애障礙가 도사리고 있다. 행동의 마디마디에서 선택해야할 의지가 필요하게 된다.

① 우선 개인들 사이에서는 물론 개인의 권리 및 이익과 크고 작은 공동체의 公益 (그림의 小圓과 大圓 → 同心圓의 志向 및 내용들) 사이에 일치 또는 불일치하는 부분들을 조정하여 일치시키도록 노력하는 일이다. 개체의 사리사욕으로 공동체 이익을 해치거나 빼앗으려고 해서는 안 된다.

② 그리고 전체 공동체의 지향하는 바가 다수의 공익에 맞지 않는다고 생각될 경우 무조건 순종·맹종하는 것은 어리석은 자세일 뿐만 아니라 자신과 이웃 동포형제자매들에게 해를 끼칠 경우가 많기 때문에 불일치의 부분을 찾아내어 제거하고 공동의 이익을 늘

려가는 방향으로 포용력 있게 노력하여야 할 것이다.

역사적 사례를 들면, 일본 제국주의 침략자들에게 충성한 친일파 세력은 조선의 민족 공동체 전구성원들을 괴롭히고 특히 자주독립 애국투사들을 「악마」로까지 증오함으로써 고문과 학살을 정당화하고 매국노는 애국자로, 독립투사와 민주화 투사들은 매국노나 난동분자로 파멸시켜온 기막히는 일들이 벌어져 왔다.

③ 이상의 태도에는 「선택의 의지」와 「의지의 선택」이 동시에 필요할 것이다. 그럴 경우 대체로 판단의 기준은, 개개인(小圓) 또는 공동체 전체(大圓)에 미치는 피해被害와 고통苦痛의 크기, 손해를 끼치고 고통을 주고 있는 「빼앗는 측」의 부당성(惡)과 억울해 하는 「빼앗기는 측」의 주장(정당하거나 善)을 동시에 대조·참작하는 공평·공정성에 주의를 기울이는 자세가 필요할 것이다.

아무쪼록 어린 시절부터 지금까지 자기 주변으로부터 무한량으로 받은 기른 정과 가르침 받은 은혜·의식주 공급 은혜를 잊지 말고 명심銘心하여 나와 내 주위 사람들과 강과 바다와 산천초목에게도 감사 보은하는 자세로 열심히 근로하고 자연보호를 상시적으로 실천하는 성실한 사람들이 되어준다면 공동체 사회는 한결 평화롭고 질서 있는 세상이 될 것이 틀림없다.

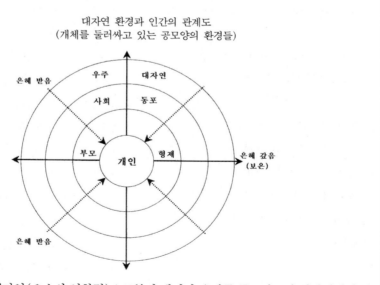

대자연 환경과 인간의 관계도
(개체를 둘러싸고 있는 공모양의 환경들)

[사람은 누구나 대자연(요소와 영향력)으로부터 태어나 은혜를 주고받으며 살아가다가 다시 대자연으로 돌아가며 개체와 집단의 생명은 끝없이 이어지고 반복된다.]

찾아보기